Richard Strauss
Biographie eines Klangzauberers

© 1994 by M&T Verlag AG, Zürich/St. Gallen
Alle Rechte, auch der fotomechanischen Wiedergabe, vorbehalten
Lektorat: Jochen Schürmann
Titelentwurf: Heinz von Arx
Titelfoto: Ullstein Bilderdienst, Berlin
Satz und Gestaltung: Litho Reno AG, MisterMac, Chur
Druck: Gasser AG, Chur
ISBN 3-7265-6032-7

Franzpeter Messmer

# Richard Strauss
## Biographie eines Klangzauberers

M&T Verlag

Meinen Eltern
Anne und Ernst Messmer gewidmet

# Inhalt

# Vorwort

Die Musik von Richard Strauss, insbesondere die Opern *Salome* und *Elektra*, faszinierte mich schon in meiner Jugend. Bei meinem Studium an der Universität München hatte ich das Glück, daß mir Dr. Reinhold Schlötterer, der Leiter der Richard-Strauss-Arbeitsgruppe, viele Wege zum Verständnis der Musik des Komponisten wies – durch sein reiches Wissen, sein tiefes Verstehen der Kompositionstechnik und die Vielzahl der Aspekte, die er in seine Arbeitsmethode einbezog. Ihm gilt mein besonderer Dank.

In eben jener Zeit begann Wolfgang Sawallisch, alle Bühnenwerke von Strauss an der Münchner Oper aufzuführen. Dabei wurde mir bewußt, wie wandlungsfähig der Komponist ist: von *Feuersnot* bis *Capriccio* verwirklichte Strauss unterschiedlichste Möglichkeiten der Musiktheaters, experimentierte mit neuen Formen und schuf in seinen Opern ein Universum des menschlichen Denkens, Fühlens und Handelns.

Nach meinem Studium bot mir Prof. Friedrich Prinz die Möglichkeit, an zwei Forschungsvorhaben der Universität München zur Geschichte Münchens mitzuarbeiten: über die Prinzregentenzeit (1886–1912) und die Trümmerzeit (1945–1949). Diese beiden Projekte betrafen zum einen die Jugend, zum anderen das Alter von Richard Strauss, behandelten den spannungsgeladenen Weg vom 19. ins 20. Jahrhundert mit all seinen Höhepunkten und Katastrophen. Welche Zusammenhänge gibt es zwischen der Musik von Richard Strauss und der Zeit, in der er lebte? Friedrich Prinz danke ich, daß er mir die Beschäftigung mit dieser Frage ermöglichte.

Ein weiterer wichtiger Mosaikstein zur Entstehung dieses Buches war die Zusammenarbeit mit dem bedeutenden und allzu früh verstorbenen Richard-Strauss-Forscher Franz Trenner. Er stellte mir seine große Sammlung von Uraufführungskritiken zu den Bühnenwerken von Richard Strauss zur Verfügung, die ich für die Münchner Richard-Strauss-Gesellschaft herausgab. Hierbei konnte die unmittelbare, zumeist umstrittene Wirkung der Musik von Strauss auf seine Zeitgenossen dokumentiert werden. Gegenüber den gängigen Vorurteilen ergab sich dabei ein neues, facettenreiches Bild des Komponisten.

Der Musiksammlung der Bayerischen Staatsbibliothek, insbesondere deren Leiter Dr. Hartmut Schaefer, sowie den Mitarbeitern der Musiksammlung der Münchner Stadtbibliothek danke ich sehr für die unermüdliche Hilfsbereitschaft.

Besonderen Dank schulde ich Richard Strauss, dem Enkel des Komponisten, und dem Strauss-Archiv in Garmisch für die großzügige Unterstützung bei der Bildbeschaffung. Die zumeist historischen Fotos tragen sehr dazu bei, die Zeit von Strauss wieder lebendig werden zu lassen.

Richard Strauss schrieb in seiner *Letzten Aufzeichnung*, daß das eigentlich Neue an seiner Musik »ein neuer subjektiver Stil« sei und daß in seiner Musik »der Mensch sichtbar in das Werk spielt«. Was sagt uns dieses Bekenntnis in Melodien und Klängen über sein Denken, sein Empfinden, sein Leben, seine Umwelt und seine Zeit? Dies ist das Leitthema der vorliegenden Biographie.

München, im Mai 1994                                         Franzpeter Messmer

# Ein Heldenleben?

Ein ungestümer Aufschwung,[1] ein Emporringen nach jedem trotzigen Nachgeben, tollkühne Sprünge, wilde Läufe – das Durcheinander des Kampfgetümmels, das Brausen und Toben, das Schneidende und Scharfe, die ungeheure Gewalt der Klangmassen, das verwirrende Durcheinander von Feind und Freund, schließlich der Sieg, den die Trompete ankündigt: Strahlende Höhe, Glanz und Ruhm sind erreicht.

So begann Richard Strauss seine Tondichtung *Ein Heldenleben*, die er 1898 vollendete, gerade als er dem »Biersumpf«[2] Münchens entkommen war und im weltoffenen Berlin Königlich Preußischer Hofkapellmeister wurde.

Ist dies der Klang des jungen deutschen Kaiserreiches: bombastisch, vorwärtsstürmend, wild und ungebändigt? In der Tat waren die Menschen der Jahrhundertwende von einem bisher nie dagewesenen Aufbruch bestimmt. Die deutsche Industrie begann die Welt zu erobern, und die Aufrüstung der deutschen Armee überschritt alle bisherigen Dimensionen.

Also eine Zeit der Helden? Doch welcher Helden? Wer waren im wirklichen Leben die Siegfriede, Hagens oder Alberiche aus Richard Wagners Opern? Die Bismarck, Krupp, Siemens und Wilhelm II.? Oder ein Richard Strauss, Hugo von Hofmannsthal und Thomas Mann?

Die Menschen erlebten einen ungeheuren Aufschwung – »ungeheuer« im doppelten Sinn des Wortes: Er überstieg alle bisherigen Maße und führte in die Katastrophen des 20. Jahrhunderts. Die Zeit von Richard Strauss ist zugleich faszinierend und abschreckend. Zum letzten Mal erblühte die europäische Kultur reich und vielfältig. Doch in den betörenden Duft mischte sich bereits der Moder aus dem Abgrund des untergehenden Abendlandes. Wie lebte damals ein Künstler? Was für Kompositionen schuf er? Was war er für ein Mensch: ein Held oder Antiheld?

Nach dem Sieg zerstören in Ein *Heldenleben* »des Helden Widersacher«[3] Pathos, Harmonie und heroischen Glanz. »Sehr scharf und spitzig«, »schnarrend«, dissonant und chromatisch nehmen sie das grandiose Bild auseinander, setzen dem allzu geradlinigen Pathos Widerstand entgegen, eine beckmesserische Karikatur, Fliegen und Mückenpack ähnlich, das Gegenbild zum Helden, die moderne Verneinung von Ordnung und Tradition.

Ist das noch Musik? – fragten sich bei der Uraufführung viele. Andere hörten hier die Moderne voraus, die Abkehr von Tonalität und Harmonie, also von den ehernen Gesetzen abendländischer Musik. War Strauss ein Avantgardist oder – wie er im Alter beschimpft wurde – ein Reaktionär?

Es ist kein Geheimnis, daß Strauss mit dieser dissonanten, »häßlichen« Musik seine Gegner, die Kritiker, porträtierte. Doch zeigt ein Held seine Gegner als verzerrte Karikaturen, verunglimpft er sie? Ritterlich fair war dies jedenfalls nicht, vielmehr ironisch, zynisch, ideologisch – und so war auch sein Zeitalter, das nicht mehr von Adel und Rittertum, sondern vom Bürgertum bestimmt wurde. Das Bürgertum freilich war als Gesellschaftsschicht diffus; die Armen, die kaum ihre Miete zahlen konnten, und die reichen Großbürger, die längst den Adel an Besitz und Macht überflügelt hatten, gehörten ebenso dazu.

In der Strauss'schen Tondichtung erholt sich der Held vom Kampf mit seinen Gegnern bei den sanften, verführerischen und kapriziösen Tönen seiner »Gefährtin«,[4] die ihn allerdings voll in ihrer Hand hat: »heuchlerisch schmachtend«, »leichtfertig« flirtend, »voll Sehnsucht«, dann nur »etwas schmachtend« (gespielt oder wahr?), »übermütig« und »sehr scharf«, nun »liebenswürdig«, »lustig«, »immer schneller und rasender«, dann »plötzlich wieder ruhig und sehr gefühlvoll«, »beruhigend«, jetzt »zornig« und zuletzt betörend erotisch klingt ihre Melodie. Die Gefährtin spielt mit dem Helden, als ob er eine Marionette in ihrer Hand wäre.

Nicht im Kampf mit der Welt, sondern mit dem Weib erlitten die bürgerlichen »Helden« ihre Niederlagen. In der Frau verkörperten sich für sie verführerische Reize, ein unschuldiger Flirt, kapriziöses Spiel, verbotene Küsse, Ehedramen (wie sie Ibsen, Strindberg und Sternberg zeigten), Sünde (wie verboten schön malte Stuck seine »Sünde«!), Ausbruch aus den bürgerlichen Konventionen, Perversionen und Exzesse: Damit schockierte Strauss in seinen Opern das Publikum im Zeitalter der Femme fatale und der beginnenden Emanzipation der Frau. Doch er selbst führte eine bürgerliche Ehe.

Aus den süßen Umarmungen der »Gefährtin« rufen Militärtrommel und Trompetenfanfare den Helden in den Krieg, in des »Helden Wallstatt«.[5] Großer Kampf mit den Widersachern, mächtiges Getöse, Motivmassen brechen hernieder, Katastrophen ereignen sich, die Trompete spielt wie verloren und etwas schräg im undurchsichtigen Gewühl des Kampfes ihr Lied vom Tod. Doch der Sieg ist dem Helden sicher, der Rhythmus der Militärtrommel verdrängt alle anderen, wild jagen die Violinen hinauf und hinunter, strahlend und monumental wie ein riesiger Berggipfel erhebt sich das Heldenthema, ins Unvermeßliche steigert sich der Siegesrausch.

Eine Apotheose des Kaiserreiches? Vielleicht hörten es die Menschen damals so. In den Werken von Strauss werden noch Durchbrüche, siegreiche Kämpfe, glänzende Schlußakkorde zelebriert – wie schon in Beethovens *Eroica*. Dagegen zeigt sein Zeitgenosse Gustav Mahler mehr das Leiden, das Verzerrte und das Auseinanderfallen der Welt. Doch nur mit aller und letzter Anstrengung erringt bei Strauss die Musik ihre Siege, und vor diesen schmetternden, gewaltigen Apotheosen herrscht oft mehr »Durcheinander«, mehr moderne Dissonanz, mehr Zusammenbruch und Katastrophe als bei Mahler.

Aber was sind das für Siege? Waffenstarrende und arrogante Gesten wie die des jungen deutschen Kaisers Wilhelm II.?

Der Fortgang von *Ein Heldenleben* zeigt, daß Strauss nicht an militärische oder wirtschaftliche Eroberungen dachte, sondern – wie die meisten gebildeten Bürger seiner Zeit – idealistische, »höhere« Ziele anstrebte. So folgt in *Ein Heldenleben* auf die Apotheose eine ruhige Coda mit »Des Helden Friedenswerken«,[6] als da sind *Don Juan, Zarathustra, Tod und Verklärung, Macbeth* und *Guntram*, deren Themen nun zitiert und mit dem Heldenthema verwoben werden. In den »Friedenswerken« des Komponisten Strauss sahen die Kritiker freilich Kriegserklärungen. Was für eine Ironie.

Der Übermensch, den Nietzsche propagierte, war für Strauss ein Übermensch im geistigen Sinn. Seine Werke sind Wissenschaft, Literatur, Kompositionen, Kunst, nicht Eroberungen. Doch machte dieser Idealismus Strauss und viele seiner gebildeten Mitbürger nicht blind gegen die »Übermenschen«, die sich nun in Wirtschaft, Politik und Militär durchboxten, schließlich nicht auch blind gegen einen Adolf Hitler?

In *Ein Heldenleben* ist der Lohn des Kampfes das Idyll, »Des Helden Weltflucht und Vollendung«[7]: das Englischhorn, der Nachfahre der Schalmei, spielt ein Hirtenthema, welches das längst verlorene Leben in der Natur, im Einklang von Mensch, Tier und Gott beschwört, ein fernes Paradies – und darunter pocht die Pauke wie eine drohende Zeituhr. Nun wird die Musik immer schwebender, in sich ruhender und elegischer, löst sich auf, nimmt sich zurück, verklingt und verlöscht. Einige Choralakkorde verdichten nochmals die Spannung in sich, bis dann die Musik ganz zur Ruhe kommt und sich im Nichts auflöst.

*Ein Heldenleben* endet nicht mit martialischen Trompetenfanfaren und Paukenwirbeln, sondern in der Stille. Richard Strauss wurde zwar von den Gründerjahren geprägt, doch er hatte genügend Distanz zu seiner Zeit, um ihr ein Gegenbild zu schaffen: der Held »vollendet sich«, indem er aus dieser Welt flieht. Seine »Weltflucht« führt ihn in die weitzurückliegende Vergangenheit, als es noch keine Großstädte, keine Industrie gab, sondern auf der Schalmei blasende Hirten.

Die Suche nach dem Ursprünglichen, nach den ewig gültigen Mythen erfüllte das Bürgertum in einer Zeit, da der Fortschritt beängstigend schnell davonjagte: Was war sein Ziel, die Zerstörung der bürgerlichen Welt, Revolution und Krieg?

Richard Strauss lebte, als die bürgerliche Kultur ihren Höhepunkt in Malerei, Literatur, Theater und Musik erreichte. Dort spielte er seine Rolle so erfolgreich wie kein deutscher Komponist vor ihm. Was mit Mozart und Beethoven begann, eine eigenständige, bürgerliche Musik, das vollendete er. Aber er mußte auch ansehen, wie seine bürgerliche Welt in den Katastrophen des 20. Jahrhunderts unterging.

*Ein Heldenleben* scheint das Selbstporträt eines Musikers und auch das Porträt seiner Zeit zu sein. Wer war Richard Strauss?

# I
# Glückliche Kindheit in der Großstadt

Skandale, Popularität, Erfolg und Reichtum im Künstlerleben von Richard Strauss waren eng mit einem neuen Phänomen verbunden: der Großstadtkultur.

Die Großstädte wuchsen um die Jahrhundertwende so schnell, grandios und krebsgeschwürartig gefährlich wie nie zuvor. Beispielsweise lebten in München 1854 120 000 Menschen, 1870, als Strauss sechs Jahre alt war, 163 000 und 1905, beim Tod seines Vaters, 539 037. Aus der ruhigen und beschaulichen Königsresidenz wurde eine hektische Großstadt.

München, Berlin, Dresden und Wien waren die Fixpunkte der Musikerkarriere von Richard Strauss. Die Großstadt war der Nährboden für seine Kunst. Doch im Urlaub suchte er das Idyll des Landlebens und zog sich im Alter ganz dorthin zurück.

Strauss komponierte nervöse, flirrend vielschichtige, turbulente, oft anstößig erscheinende, vieldeutige Großstadtmusik, in der freilich auch immer die Sehnsucht nach dem Naturidyll durchscheint. Er war ein Großstadtkind. Er wurde mitten in München geboren und wuchs dort auch auf. Dies prägte ihn für sein ganzes Leben.

## »Gesunder, kugelrunder, hübscher Knabe«

Am 12. Juni 1864 schrieb der Hofmusiker und Hornvirtuose Franz Strauss an seinen Schwiegervater, den reichen Großbrauer Georg Pschorr, der auf dem Land zur Kur weilte: »Hochverehrtester Herr Schwiegervater! Mit freudigem Vaterherzen beehre ich mich, Sie lieber Herr Schwiegervater, zu benachrichtigen, daß mich mein liebes gutes Weib, gestern (Samstag) morgens 6 Uhr, mit einem gesunden, kugelrunden, hübschen Knaben beglückte, und zugleich kann ich Ihnen mit größter Freude mitteilen, daß Mutter und Sohn sich sehr wohl fühlen.«[8]

Franz Strauss dachte bei der Geburt von Richard gewiß mit Bangen an seine erste Ehe zurück. Damals, vor elf Jahren, wurde seine Frau nach der Entbindung schwer krank; das 10 Monate alte Kind starb an Tuberkulose, ein Jahr später, 1854, verlor er sein zweites Kind und seine Frau bei der Choleraepedemie.[9] Diese Schicksalsschläge trafen den sensiblen Musiker so sehr, daß er aus München floh und nach seiner Rückkehr nicht mehr als Hornvirtuose, sondern nur noch als Bratschist im Orchester spielen konnte.[10] Das Asthma, an dem er zu leiden glaubte, war wohl eher nervlich bedingt; denn wenige Jahre später glänzte er wieder als Hornsolist.

Doch die zweite Ehe stand unter einem glücklicheren Stern. Der Sohn wuchs gesund und quicklebendig auf, und auch die drei Jahre später folgende Schwester Johanna war ein fröhliches Kind. Was konnte man mehr wünschen?

# Hornklänge in früher Kindheit

Bescheidene, aber geordnete Verhältnisse fand der kleine Richard nach seiner Geburt vor. Ihn erwartete keine Künstlerboheme, sondern solides Bürgertum. Die Wohnung der Eltern im Altheimereck war winzig klein: »So klein, daß Richard dort kaum das Laufen lernen konnte«, berichtete im hohen Alter Richards Schwester Johanna von Rauchenberger.[11] Dennoch mußte man bei der damaligen Wohnungsnot froh sein, überhaupt eine Bleibe in so guter und zentraler Lage an der Neuhauser Straße zu finden: nahe dem Marienplatz und der Hofoper, von wo es der Vater nur wenige Minuten zur Arbeit hatte. 1887 zogen die Eltern in eine größere Wohnung an der Sonnenstraße um, schließlich richtete ihnen der Bruder der Mutter, Georg Pschorr, einige Jahre später eine komfortable Wohnung im Pschorrblock, Neuhauser Straße 11, ganz in der Nähe der ersten Wohnung ein:

*Mutter Josepha und Richard Strauss, um 1866*

»Damals gab es noch keine chemischen Desinfektionsmittel, so wurden die Wände mit Schweinfurtergrün überstrichen, da rissen die Wanzen aus.«[12]

Von den ersten Tagen an war Richard von Musik umgeben. Sein Vater spielte Horn, Geige, Bratsche, Zither und Gitarre. Dabei reagierte das Baby »auf den Klang des Waldhorns mit Lächeln, auf den Ton einer Geige mit heftigem Weinen«, wie die Mutter später ihrem Sohn berichtete.[13]

Franz Strauss nahm seine Kunst ernst und übte hart. Wochenlang bereitete er sich auf die »schweren Hornsoli der Beethovenschen Sinfonien, *Freischütz*, *Oberon*, *Sommernachtstraum* vor«.[14] Das häusliche Glück beflügelte ihn zu hervorragenden künstlerischen Leistungen: Er komponierte ein Hornkonzert in c-Moll, das er 1865 im Odeon als Solist uraufführte; ein zweites Hornkonzert, Fantasien, ein Nocturno, die Romanze *Empfindungen am Meere* folgten.

Zugleich ereigneten sich damals im Opernorchester aufregende Dinge: Der Hofkapellmeister Lachner hatte sich aus Verbitterung pensionieren lassen, da nun der junge König Ludwig II. Richard Wagners Revolution des Münchner Musiklebens unterstützte: *Tristan*, *Meistersinger*, *Rheingold* und *Walküre* wurden hier zum Ensetzen der Orchestermusiker uraufgeführt. Der kleine Richard hörte die Schimpftiraden seines Vaters gegen »diesen besoffenen Lumpen«,[15] wie dieser Wagner nannte, ohne ihren Grund zu verstehen. Aber einfach, das erfuhr er schon von frühester Kindheit an, war das Künstlerdasein nicht. Der Vater arbeitete hart, war oft gereizt und führte einen beharrlichen Kampf gegen die neue Musik.

Davon erholte sich Franz Strauss bei Kammermusik, bei der er gerne zur Bratsche griff. Viele Kollegen besuchten den vielseitigen Musiker, darunter auch der Vetter Walter, Konzertmeister des Opernorchesters und ein anerkannter Solist und Quartettprimarius. Der Vater kannte alle wichtigen Musikerpersönlichkeiten Münchens, war sogar mit vielen befreundet. Für den kleinen Richard schien das ganze Leben nur aus Musik zu bestehen.

Höhepunkte im Alltag waren die Hausmusikkonzerte, welche die kunstsinnigen reichen Verwandten Pschorr in ihrer Villa veranstalteten. Dort erfreute man sich an Streichquartetten, Lieder wurden vorgetragen, Franz blies gefühl- und ausdrucksvoll ein Hornsolo neuester Komposition, oder man spielte musikantisch zum Tanz auf. Lebensfreude und Gemütlichkeit – das Idyll des alten München (zumindest wie man es sich im Nachhinein ausmalt) prägten diese Zusammenkünfte der Familienmitglieder und Freunde.

Der kleine Richard – so können wir es uns vorstellen – saß auf dem Boden, kroch unter den Notenständern hindurch und hörte und sah, wie die Erwachsenen musizierten. So wurde die Musik schon früh zu seiner eigentlichen Welt. Bereits mit viereinhalb Jahren erhielt er Klavierunterricht bei einem Freund des Vaters, dem Harfenisten Tombo. Die Liebe zu dem Instrument, das seine Kindheit prägte, dem Horn, bewahrte er sich bis ins hohe Alter. Dies bezeugt die wichtige Rolle des Horns in fast allen seinen Kompositionen.[16]

## Armer Musiker – reiche Bierbrauer

Wie verschieden waren die Eltern des kleinen Richard! Der Vater benahm sich »heftig«, »tyrannisch« und »jähzornig«.[17] Dies gab Franz Strauss selbst in einem Brief an seine Frau zu: »Ich möchte ohne dich nicht leben, und glaube mir, wenn ich auch brummig bin, daß Du doch mein alles bist.«[18] Die Mutter dagegen besaß »Milde« und »Güte«[19]: »Aus ihrem Munde kam nie ein böses Wort, und am glücklichsten war sie, wenn sie mit ihrer Handarbeit (Stickerei) beschäftigt, die Sommernachmittage still und einsam in dem hübschen Garten der Villa meines Onkel Pschorr verbringen konnte.« Sie war freilich wenig robust und »mußte von jeher ihre Nerven derartig schonen, daß sie, obwohl sehr poetisch veranlagt, wenig lesen konnte und Theater- und Konzertbesuche oft mit schlaflosen Nächten büßen mußte.«[20]

Nein, ein Idyll war das Familienleben im Haus des Musikers Strauss nicht. Der Vater schimpfte, tobte, war hart gegen sich und andere, kämpfte mit sich und seiner Kunst und stritt mit seinen Vorgesetzten, insbesondere mit Richard Wagner und dessen Gefolgsleuten wie dem damals noch ziemlich unerfahrenen Dirigenten Hans von Bülow. Da mußte die Frau beruhigen, ausgleichen, dämpfen und vieles in sich hineinfressen. Ihre Nerven litten sehr unter diesem aufregenden Leben; oft floh sie deshalb in die Erholung oder Kur.

Der Vater kam von unten, aus dem armen Volk, die Mutter dagegen stammte aus einer der reichsten Familien Münchens. Auch dies erklärt die Unterschiede zwischen den Eltern. Man kann sich vorstellen, was für eine Sensation es war, daß ein Musiker aus dem Hoforchester die reiche Pschorr-Tochter heiratete. Sieben Jahre lang warb Franz Strauss um Josepha, wagte aber nie, um ihre Hand anzuhalten. Die Liebe zwischen den beiden muß groß gewesen sein. Nun, 1863 erst, glaubte sich der reiche Schwiegervater sicher, daß der Künstler solid, herzensgut, treu und nicht berechnend war.

Trotz des langen Wartens: um wieviel besser ging es Franz Strauss bei dieser seiner zweiten Heirat! Damals, vor seiner ersten Hochzeit, mußte er viele Jahre hindurch um eine feste Stelle im Orchester, dann um eine Gehaltserhöhung betteln, bis er schließlich Elise Maria Seiff, die Tochter des Musikmeisters beim 1. Bayerischen Artillerie-Regiment, zur Frau nehmen durfte. Am 30 Januar 1851 reichte er ein Gesuch um die »Allerhuldvollste Erlaubnis zur Verehelichung mit Elisa Seiff, Tochter des k.Kreis-Kassadieners in Würzburg« ein. Als Voraussetzung nannte er »drei Jahre im

*Franz Strauss im Alter von 29 Jahren (links); Elise Maria Seiff, die erste Frau von Franz Strauss, um 1851 (rechts)*

Dienst der Hofmusik, Überschreitung des 28. Lebensjahres und 500 Gulden Jahresgehalt.«[21] Eine »Hof-Commission aus Ihren Excellencen, dem Obersthofmeister, dem Oberstkämmerer, dem funktionierenden Hofmarschall und adelichen Stallmeister, dem Viceoberststallmeister und dem Hofmusik-Intendanten«, trat zusammen und gab dem König trotz der bescheidenen Lebensumstände des Musikers ein zustimmendes Gutachten.

So feudal, hierarchisch, bis ins Privatleben hineinreichend herrschte der König damals noch über seine Untertanen. Gehorsam und Unterwürfigkeit gegen die Oberen galten noch als natürlich und selbstverständlich sogar bei einem solchen Querkopf wie Franz Strauss.

Jetzt, bei der zweiten Heirat, im Jahre 1863, war das Placet der Hof-Commission nur noch eine Formsache. Das Jahresgehalt, mit 700 Gulden zwar im Orchester ein Spitzensold, aber noch immer sehr bescheiden, spielte nun im Grund keine Rolle; denn der reiche Bierbrauer Pschorr gab seiner Tochter ein beträchtliches Vermögen in die Ehe mit: 20 000 Gulden!

Zum Vergleich: Damals verdiente ein Oberlehrer 1100 Gulden im Jahr, also 400 mehr als Franz Strauss, ein Schulrat 1700 Gulden; ein Pfund Ochsenfleisch kostete 19 Kreuzer und ein Maß Sommerbier 7 Kreuzer (60 Kreuzer waren 1 Gulden).[22] 58 Gulden standen Strauss im Monat zur Verfügung; die Familie hätte also ohne das Vermögen der Mutter sparsam leben müssen: 20.000 Gulden entsprachen fast 30 Jahresgehältern des Hof-musikers.

Franz Strauss gehörte nun zu einer der reichsten Münchner Familien. Die Pschorrs bestimmten seit mehreren Generationen maßgeblich das Wirt-schaftsleben der Isarstadt. Der Schwiegervater Georg Pschorr und dessen Bruder Matthias Pschorr hatten von ihrem Vater Joseph Pschorr ein – für damalige Verhältnisse – riesiges Unternehmen übernommen. Georg Pschorr führte die Expansion weiter, kaufte zahlreiche kleine Brauereien. Schnell erkannte er die Bedeutung der Eisenbahn und bezog sie in seine Unternehmensplanung ein. Außerhalb Münchens verkaufte er das Pschorr Exportbier, dessen Verbreitung mit dem Ausbau des Schienennetzes und der Dampfschiffahrt weltweit wuchs. Bereits 1861 wurden 1243 Hektoliter Bier ausgeführt. Man trank Pschorrbier ebenso in Rio de Janeiro wie in Pernambuco. 1865 kaufte Georg Pschorr jun. ein 2,283 Hektar großes Ge-lände an der Bayerstraße nahe dem Bahnhof, errichtete eine regelrechte Bierfabrik und belieferte Pschorr-Niederlassungen von Stockholm, Lon-don, Paris, Rom bis Konstantinopel, Kairo, Hongkong oder Mexiko-City.

*Die Großeltern: Georg (1798–1867) und Juliana Pschorr (1809–1862)*

Weltläufigkeit, unermeßlichen Reichtum, ganz neue Dimensionen von Größe, die Eroberungs- und Entdeckermentalität der Gründerjahre, all dies konnte Franz Strauss bei seinen neuen Verwandten erleben. Aus kleinbürgerlicher Enge kommend, war er nun in die Kreise des Großbürgertums gelangt, das den Adel an Reichtum und Glanz überholt hatte.

Gab es Spannungen zwischen dem Musiker und den reichen Bierbrauern? Die Klischees vom raffenden Materialismus im neuen Industriezeitalter stimmen jedenfalls für die Familie Pschorr nicht. Im Geschäftsleben zwar hart und unnachgiebig, waren sie privat gebildete und kultivierte Menschen. Sie schätzten und förderten die Malerei mit Kennerblick. Georg Pschorr jun. dilettierte selbst als Maler und hatte eine erstaunlich geschulte, fast professionelle Technik, wie die Skizzen und Ölbilder, die er bei Reisen oder im Urlaub von Landschaften, Städten und alten Sehenswürdigkeiten anfertigte, beweisen.

Doch auch die Kunst eines Musikers galt bei den reichen Bierbrauern viel. Georg Pschorrs charmante und geistvolle Frau machte die Villa »Saletti« zu einem Mittelpunkt des kulturellen Lebens,[23] indem sie dort regelmäßig Hausmusikabende veranstaltete. Geschmackvoll im schlichten Stil der italienischen Renaissance erbaut, stand dieses Haus inmitten eines großen Gartens. Dort, bei einer der regelmäßig stattfindenden Soireen, hatte auch Franz Strauss mit seiner Kunst die reichen Bürger beeindruckt und seine spätere Frau Josephine kennen- und liebengelernt.

Wie verkraftete Franz Strauss den Sprung vom armen Musikanten zum Angehörigen einer reichen Bürgerfamilie? Nach außen hin war er glücklich, endlich seiner materiellen Sorgen befreit zu sein. Stets erwies er sich als dankbarer Schwiegersohn und Schwager. Auch genoß er es, nun einer richtigen, intakten Familie anzugehören, was er in seiner Kindheit und Jugend immer vermißt hatte. Die Pschorrs gaben ihm das Gefühl von Heimat.

Das beflügelte ihn und setzte in ihm die Energie frei, den erfolgreichen Verwandten zu zeigen, daß auch er in seinem Fach zu den Besten zählte und Außergewöhnliches leistete. Gewiß konnte er nicht in bezug auf materiellen Reichtum mithalten – auch wenn sich nun seine Einnahmen erfreulich steigerten –, wohl aber in seiner gesellschaftlichen Stellung: 1871 wurde er Professor an der Akademie der Tonkunst, 1873 zum Königl. Kammermusiker ernannt und 1875 zum Dirigenten des Orchestervereins »Wilde Gung'l« gewählt, der – obwohl nur ein Dilettantenorchester – damals im Musikleben Münchens eine wichtige Rolle spielte. Die Pschorrs konnten stolz auf ihren Musikerverwandten sein. Er war eine allseits geachtete und geschätzte Persönlichkeit.

# Franz Strauss: dunkle Herkunft

Aber nach innen hinterließ dieser Sprung doch Risse. Franz Strauss hatte sich von ganz unten hochgearbeitet. Seine Herkunft wollte er am liebsten vergessen. Nicht einmal sein Sohn Richard wußte, wer der Großvater väterlicherseits war; denn Richard irrte, als er im Alter in den *Erinnerungen an meinen Vater* schrieb: »Mein Vater, der in der Oberpfalz auf dem Basaltfelsen Parkstein bei Weiden als Sohn eines Türmers geboren wurde ...«[24] Die Schwester kannte die Herkunft ihres Vaters genauer: »Er hatte eine harte Jugend hinter sich: ohne Elternhaus. Er wurde bei einem sehr strengen Onkel aufgezogen, von dem er aber seine erste musikalische Erziehung erhielt. Zu uns hat er niemals darüber gesprochen.«[25]

Über Unangenehmes redete man nicht, man vergaß und verdrängte es, ließ es im Dunkeln ruhen. Eine bürgerliche Untugend.

Franz Strauss verheimlichte seinen Kindern offenbar, daß er am 26. Februar 1822 als uneheliches Kind des Gerichtsdienerknechtes Urban Strauss und der Kunigunda Walter geboren worden war. Die Beziehung der beiden war etwas merkwürdig und – für bürgerliche Maßstäbe – leichtsinnig. Denn Urban Strauss, dessen Familie in Rothenstadt, südlich von Weiden, über einige Generationen hinweg das Amt des Gerichtsdieners – so hieß damals der Polizist – weitervererbte, also einem höchst seriösen Beruf nachhing, hatte mit Kunigunda im nahen Parkstein ein Verhältnis, aus dem neben Franz sechs Jahre später noch ein Mädchen hervorging, ohne daß er die Mutter seiner Kinder geheiratet hätte.

War er zu arm, um heiraten zu dürfen, stimmte es zwischen den beiden nicht? Immerhin muß festgestellt werden, daß Urban Strauss nach seiner Militärzeit im fränkischen Kirchenlamitz Gendarmeriebrigadier wurde, sich kaum um seine Kinder kümmerte und 1832, vier Jahre nach der Geburt der Tochter, Friederike Grässel zur Frau nahm, mit der er sieben Kinder hatte.[26]

An Franz Strauss haftete der Makel des unehelichen Kindes, er wuchs vaterlos auf, war arm und mittellos, auf die Hilfe seiner Onkel angewiesen. Wären die nicht gewesen, dann hätte er aus der bürgerlichen Ordnung verstoßen werden können, hätte vielleicht sein Leben als Straßenmusikant und Landstreicher, bei den Armen und Verachteten, bei den aus der Gesellschaft Verstoßenen fristen müssen. Doch Franz Strauss, »der mit seiner hohen Stirn, seiner Adlernase eher an einen Tscherkessenführer erinnerte«,[27] wie ihn sein Sohn Richard später charakterisierte, ließ sich von seinem widrigen Schicksal nicht entmutigen.

Eine Weiche war durch den treulosen Vater jedenfalls gestellt: Nicht in die Zunft der Gerichtsdiener, sondern in die der Türmer wuchs er hinein. Die Angehörigen dieses Handwerks mußten vielseitige Musiker sein: Sie wachten nachts auf dem Turm und spielten zu festgesetzten Zeiten ein

Trompetensignal, beherrschten viele Instrumente, um bei allen Gelegenheiten – ob in der Kirche, bei Beerdigungen, in der Wirtschaft oder bei der Kirmes – aufzuspielen.

Der Bruder von Kunigunda Walter, Johann Georg, lehrte Franz das Spiel auf Geige, Klarinette, Gitarre und allen Blechblasinstrumenten, selbstverständlich nicht zur Muße und künstlerischen Bildung, sondern um zum Lebensunterhalt beizutragen: Mit fünf Jahren begann Franz zu geigen, mit sieben mußte er bereits in der Wirtschaft zum Tanz aufspielen – ein hartes Leben für ein Kind. Schon mit neun Jahren setzte für Franz Strauss dann der volle Ernst des Lebens ein: Er wurde zum Onkel nach Nabburg geschickt, der ihn als Arbeitskraft aufnahm. Vormittags war er ein Schulbub, nachmittags Lehrer in Geige, Klarinette, Trompete und Posaune, und nachts mußte er oft auf dem Turm Wache halten. Er sang im Chor des Onkels mit, der ein harter Lehrmeister war: »Auf dem Chore in Nabburg werden nicht viele Plätzchen sein, wo ich nicht Ohrfeigen bekommen habe, denn dort habe ich viele Tränen geweint«,[28] erinnerte er sich später. Mit dem gestrengen Onkel zog er in die Dörfer und Städte der näheren und weiteren Umgebung und mußte, zum Umfallen müde, für die laut lachende und oft betrunkene Menge aufspielen.

Franz Strauss begann in seiner Kindheit ganz unten. Die Menschen dort konnten es sich nicht leisten, daß die Kinder nur spielten oder sich nur der Schule widmeten – bei einem unehelichen Kind schon gar nicht. Kinder mußten mitarbeiten. Das war selbstverständlich. Und man konnte sich auch keine Geduld mit den Kindern erlauben: Machten sie etwas falsch, so wurden sie geschlagen – Musikunterricht gleichsam mit der Peitsche.

Musik war für den kleinen Franz deshalb oft eine Hölle, der er entkommen wollte. Ein Strohhalm, an den er sich klammerte, war der Unterricht der Pfarrers. Während der nächtlichen Turmwache lernte Franz oft heimlich – denn der Onkel war dagegen – lateinische Vokabeln.

Die Energie von Franz Strauss war außergewöhnlich groß. Denn trotz der vielen Arbeit und wenigen Schlafs, trotz Hungers und seelischer Härte vervollkommnete er sich auf seinen Instrumenten, der Gitarre, der Geige und dem Horn, so sehr, daß der Onkel Georg Walter den Fünfzehnjährigen nach München in die Kapelle von Herzog Max holte. Das Hofleben erschien Franz vergleichsweise gemütlich. Er nutzte jede freie Zeit, um sich weiterzubilden, lernte Musiktheorie bei Onkel Joseph, begann nach einigen Jahren schon selbst zu komponieren und vervollkommnete sich als Virtuose: zunächst auf der Gitarre (mit seinen beiden Onkeln konzertierte er sogar in der Schweiz) und dann vor allem auf dem Waldhorn.

Franz Strauss hatte sich durch stetigen Fleiß, nie nachlassende Energie und eisernen Durchhaltewillen selbst aus der schrecklichen Hölle seiner Kindheit und Jugend in das vergleichsweise paradiesische Hofleben emporgearbeitet. Ein 1845 gezeichnetes Bild zeigt ihn als proper gekleideten,

*Franz Strauss als junger Hornvirtuose*

schlanken, intelligenten und eindrucksvollen Hornvirtuosen. Er konnte
nun zu Recht stolz sein: Die Stadt München hatte ihm das Bürgerrecht verliehen.

Freilich war sein Leben noch immer bescheiden und ärmlich. Zielstre-
big steuerte deshalb Franz Strauss seine nächstes Ziel an. Er bewarb sich
am 11. Mai 1847 um die Anstellung als »Accessist« bei der Hofmusikin-
tendanz.[29] Der Intendant Graf Pocci stellte ihn nach bestandenem Probe-
spiel als Eleve »vorerst jedoch ohne Gehaltsbezug« ein – auch in München
war der Musikerberuf kein Zuckerlecken. »Bald habe ich nichts mehr zu-
zusetzen, und diese meine gränzenlos traurige Aussicht kann nur auf die
höchste Milde und Gnade Euer Königlichen Majestät einige Hoffnung des
Trostes bauen«,[30] schrieb Franz Strauss im März 1848 unterwürfig in einem gebührenpflichtigen Gesuch an König Ludwig I. Immerhin erhielt
Strauss nun eine »momentane Gratification«, die allerdings erst am Ende
des Jahres beantragt werden konnte. So schnöde gingen damals die hohen
Herren mit ihren Musikern um.

Am 1. April 1848 wurde Franz Strauss zum Hofmusiker ernannt, und
immer noch war seine Lage erbärmlich; denn er verdiente nur 100 Gulden
im Jahr. 1851 drohte er deshalb, eine Stelle in Frankfurt anzunehmen, die
mit 800 Gulden dotiert war. Schon eine Woche später wurden ihm 500
Gulden bewilligt. Um weiterzukommen – lernte der junge Mann aus dem
einfachen Volk – mußte man mit allen Mitteln kämpfen.

Franz Strauss blieb in München und heiratete Elise Maria Seiff, hatte
nun eine sichere, aber bescheidene Hofmusikerstelle und wurde doch wieder vom Schicksal hart gebeutelt: Frau und Kinder verlor er bei der
Choleraepedemie von 1854. Doch dies wurde bereits berichtet.

## »Ein sogenannter Charakter«

Geschenkt hatte das Leben dem Franz Strauss nichts, nein, schwer war es.
Doch er ließ sich niemals niederwerfen. Und jetzt war ihm endlich auch
privates Glück gegönnt. Er hatte eine Familie und wachte nun streng,
manchmal zu streng darüber, daß seinen Lieben nichts Böses zustieß.

Franz Strauss war gelungen, was fast unmöglich erschien: Er hatte sich
vom einfachen Musikanten zum Hofmusiker und Akademieprofessor emporgearbeitet. Darauf war er stolz, darauf beruhte seine Autorität; denn
obwohl die Mutter bei der Heirat das Geld mitgebracht hatte, bestimmte
doch eindeutig der Vater in dieser Familie, was getan und gelassen wurde.

Ja sogar im Orchester, im Kampf gegen Richard Wagner, entwickelte er
sich zur gefürchteten Autorität. Berühmt sind die Anekdoten über den
Kleinkrieg zwischen Wagner und Franz Strauss sowie deren jeweiligen An-
hängern: Etwa als Bülow »rücksichtslos probierte« und, wie Richard

Strauss berichtet,[31] »am Schluß einer endlosen *Meistersinger*-Probe meinem Vater fast jeder Ton umschlug. Bülow klopfte immer wieder ab. Endlich erklärte mein Vater: ›Ich kann nicht mehr‹, worauf ihn Bülow anschrie: ›So gehen Sie in Pension‹.« Franz Strauss packte in der Tat sein Horn und reichte beim Intendanten sein Pensionsgesuch ein, der es freilich nicht annahm.

Nach einer *Tristan*-Probe traf er Richard Wagner und Cosima Bülow in der Musikalienhandlung Halbreiter und stritt mit dem Meister; während dieser glaubte: »Erste *Tristan*-Probe! Hat herrlich geklungen!« meinte der Hornist trocken-bayerisch: »Das finde ich gar nicht, in dem kleinen unakustischen Residenztheater klang es wie in einem alten Topf.«[32]

Franz Strauss war ein »sogenannter Charakter«, wie sein Sohn feststellte[33]: »Er hätte es für ehrlos gehalten, ein einmal als richtig erkanntes künstlerisches Urteil jemals zu revidieren.« Richard Wagner vermerkte in seinen Annalen vor der *Meistersinger*-Uraufführung am 21. Juni 1868: »Scheinbare Orchesterauflehnung (Hornist Strauss)«, und Hans von Bülow schrieb in einem Brief: »Selbst an das Hoforchester, dessen große Mehrheit mir im ganzen freundlich zugetan war, erinnere ich mich nur ungern, da die Herrn Concert Meister W (Walter), S., Str (Strauss) u.A. durch ihre ununterbrochene Beflissenheit mich durch Bosheit, Rohheit und Trägheit zu ärgern und zu reizen versuchten.«[34] Franz Strauss glänzte in der Wagner-Zeit oft durch Abwesenheit und ließ sich krankschreiben.[35]

Der Hornist mit der Adlernase und dem Tscherkessenführerkopf bekämpfte seine Gegner mit der Härte und Aggressivität, die ihm sein Lebensweg eingeprägt hatte. Für ein ruhiges Glück hatte ihn das Leben nicht geschaffen. Darunter litt seine Frau, deren Nerven durch ihn arg strapaziert wurden.

## Kindliche Topographie

»Richard war ein auffallend schönes Kind, ein Lockenkopf, lebhaft, mit sprühenden Augen, die aber auch, wie ein Kindheitsbildchen zeigt, verträumt und schwärmerisch blicken konnten.«[36] Der Kleine war lebhaft, sein Temperament schwer zu bändigen. Die jüngere Schwester stieß er in den Spiegelschrank, so daß es viele Scherben gab und die Mutter anstelle des geplanten neuen Pelzrocks für den Vater einen neuen Spiegel kaufen mußte. Doch Richard meinte tröstend und gewitzt: »Den neuen Pelzrock wird schon das Christkindlein dem Papa bringen.« Ob die Mutter dem Vater vom zerbrochenen Spiegel erzählte? Jedenfalls drücke sie »nur allzu gern ein Auge zu«,[37] erinnerte sich die Schwester. Franz Strauss dagegen war streng: »Ich bitte den lieben Gott alle Tage, daß er uns an unseren Kindern das Unglück nicht erfahren lasse. Denn das Einzige, was im Leben

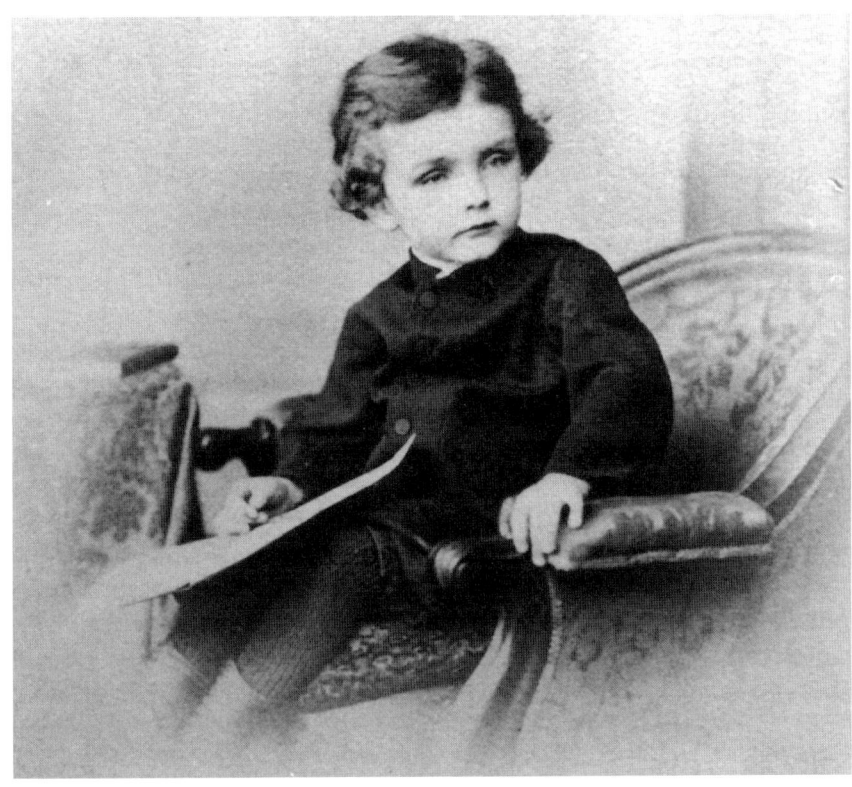

*Richard Strauss,*
*um 1869*

Stich hält, ist eine solide, gesunde Erziehung, welche auf einer liebevollen Strenge beruht.«[38]

Richard sprühte vor Lebendigkeit. Die Energie, die ihn später als Erwachsenen auszeichnete, zeigte sich bereits jetzt. Gewiß war die Großstadt damals nicht so gefährlich wie heute, aber Gefahren lauerten dort mehr als auf dem Land. Wie erschrak zum Beispiel die Mutter, als sie vom Einkaufen zurückkommend ihren Sohn frei in luftiger Höhe erblickte und »Mama, Mama« rufen hörte: Er saß im Reitsitz auf dem eisernen Gestell, das dazu diente, die Wassereimer hochzuziehen – Wasserleitungen gab es damals noch nicht – zwei Stockwerke hoch! »Ja, Richard verübte manche Heldentat!« seufzte die jüngere Schwester über ihren Bruder.

Glücklich war er, wenn der Vater mit ihm »mittags zum Standkonzert der Wachparade am Marienplatz« ging: »Unsere Urgroßmutter Pschorr hatte dort ein Haus, das später dem Neubau des Rathauses zum Opfer fiel. Begeistert hörte sich Richard vom Fenster dieses Hauses die Konzerte an und marschierte dann zu den Klängen der Marschmusik heim.«[39]

Musik faszinierte ihn also schon früh. Aber es mochte auch nur kindlicher Nachahmungstrieb gewesen sein: Welcher Junge war damals nicht von Trommeln, Säbeln und Helmen begeistert? Doch erstaunlich ist es schon, daß er eines Tages, vier Jahre alt, »mir auf dem Nachhauseweg die Marschmelodie vorgepfiffen, welche die Militairmusik spielte, und hat durchaus haben wollen, ich soll ihm auf dem Horn den ganzen Marsch vorblasen, was ich aber nicht konnte, weil ich nichts gemerkt hatte«,[40] wie der Vater berichtete.

Als die Eltern wieder in die Neuhauser Straße zurückzogen, lag das Haus der Urgroßmutter in kindlicher Reichweite. Der kleine Richard mußte nur ein kurzes Stück die Straße hinuntergehen, schon war er am Marienplatz, der damals noch ganz anders als heute aussah. Da wurde nämlich gerade das neugotische Rathaus gebaut, und daneben stand noch das stattliche Haus der Urgroßmutter, vor dem viele Pferdefuhrwerke parkten und fleißiges Getriebe herrschte.

In der Nähe befand sich auch die Oper, wo der Vater fast jeden Tag mit seinem Horn hinging. Da konnte man die Kollegen bestaunen mit ihren

*In diesem Haus, dem Pschorrblock, verbrachte Richard seine Kindheit. Zunächst wohnte die Familie Strauss im Rückhaus am Altheimereck, dann im Vorderhaus, Neuhauser Straße 11. Dazwischen hatte sie eine Wohnung an der Sonnenstraße. Die abgebildete Toreinfahrt führte zur Neuhauser Straße.*

kleinen Flötentäschchen, den Geigenkasten im Arm, oder wie sie ein großes Violoncello oder gar einen riesigen Kontrabaß daherschleppten.

Nicht weit war es auch zu den süßen Verlockungen beim Konditor Rottenhöfer. Doch die Eltern zeigten eiserne Sparsamkeit. Nur an Weihnachten, oder wenn man krank war, gab es Schokolade: »Die liebste Krankheit von mir und Richard war entschieden das Halsweh. Und warum? Weil die Mama sofort beim Konditor Fruchteis holte, dem man eine heilende Kraft zuschrieb. Wir beeilten uns deshalb niemals allzusehr mit dem Gesundwerden. Auch der Durchfall war beliebt, dann durften wir nämlich beim Hofkonditor Rottenhöfer eine ganz, ganz exquisite Schokolade trinken.«[41]

Ab wann ging Richard allein hinaus auf die Straße? So wild, wie Richard war, wird er des öfteren augebüchst sein. Unten im Pschorrhaus waren die Bierstuben, im Innenhof des Hauses ein gemütlicher Biergarten. Was für Menschen der Kleine dort beobachten konnte! Da saßen an den Tischen vornehme Geschäftsleute mit Zylinder, Studenten mit ihren Kappen, einige Lebenskünstler mit Strohhut, alle in vornehmen, schwarzen Anzügen, weißen Hemden, mit kunstvoll gebundenen Krawatten, zumeist mit Bärten, die ihren Gesichtern etwas Wildes verliehen: Eindrucksvoll waren diese Herren, die genug Muße hatten, am hellichten Tag ihr Bier zu trinken.

Ob er sie über das Bier schimpfen hörte? Denn die Qualität des Gerstensaftes, den sein Onkel braute, wechselte manchmal sehr und ließ oft zu wünschen übrig, insbesondere da dieser – wie die anderen Großbierbrauer – mit chemischen Mitteln experimentierte, welche die Haltbarkeit des Getränks verlängern sollten. Die Folgen waren übel: »Vergangenen Monat wurden hier allein in den Krankenhäusern 420 Personen an Darmkatarrh, 394 an Magenkatarrh, 256 an Typhus behandelt. Alles – wie die Ärzte sagen – meist Folge des niederträchtigen Gesöffes, das die Münchner als Bier trinken müssen.«[42] Und die »Münchner Volkszeitung« veröffentlichte ein »Taferl, auf dem de Namen von de saubern Herrn schön druckt z'lesen sind. s'Münchner Kindl meint, d'Münchner soll'n sich des Taferl zum Andenken einrahmen lassen und sammt de Bräuer aufhängen.«[43] Auf dieser Tafel standen auch die Namen der »ehr- und tugendsamen ›Bier‹-Brauer Herren« Georg Pschorr (zum Pschorrbräu) und Matthias Pschorr (zum Hacker). Wenn der kleine Richard mit seinen Vettern neben und unter den Bier trinkenden und auf das Bier schimpfenden Herren spielte, dann bekam er schon mit, daß man seine Widersacher hatte, wenn man so hoch hinaus wollte wie die reichen Pschorr-Onkel.

Manchmal wird er sich davon geschlichen haben und durch das Getümmel auf der Neuhauser Straße zum Haus der Urgroßmutter gerannt sein. Was sah er hier nicht alles! Da fuhren Pferdeomnibusse, die ihre Fahrgäste zum Bahnhof brachten, vornehme Kutschen mit verhangenen Fenstern, die Equipage des Königs (saß er auch wirklich darin?), dann kamen einfache, alte Pferdefuhrwerke vorbei, auf denen die Bauern aus dem nahen Dachau

*Neuhauser Straße mit*
*Blick auf das Karlstor,*
*das zum Stachus führt*

oder Fürstenfeldbruck in ihren schönen Trachten saßen und Kartoffeln, Gemüse, Eier, Hühner und Gänse in die Stadt fuhren. Manchmal konnte es auch passieren, daß die Bauern der nahen Dörfer gerade ihr Vieh durch die Stadt trieben, was der »Bayerische Landbote« gar nicht gut fand: »Am vergangenen Sonntag sahen wir vom Haidhauser Bahnhofe her, wahrscheinlich nach dem Zentralbahnhof, Nachmittags zwischen 3 und 4 Uhr, einer Zeit, wo die Straßen vor dem Isar- und Carlsthore von zahlreichen Spaziergängern angefüllt waren, eine Schaar Hornvieh nach der anderen durch die Stadt treiben. Darunter befanden sich auch Stiere. Muß es nun schon vom Standpunkte des Sittlichkeitsgefühles scharf gerügt werden, daß man Bullen in Gesellschaft von Kühen am hellen Tage durch die belebtesten Straßen treiben und sie Scenen aufführen läßt, welche nicht in die Öffentlichkeit gehören, so ist dergleichen umso verwerflicher, als dadurch Leib und Leben der Passanten gefährdet sind. Wir glauben, daß das in keiner anderen großen Stadt geduldet wird . . .«[44]

Diese enge Verquickung des Ländlichen, Ursprünglichen mit dem Großstädtischen war das Besondere der Isarmetropole. Die Münchner fühlten sich noch nicht so entwurzelt wie die Menschen in den großen Industriestädten des Nordens. Deshalb kamen viele Maler, Schriftsteller und Dichter in das große bayerische Dorf.

Wenn Richard durch die Straßen streunte, sah er die Künstler mit ihren Bildern und Mappen in den Cafés sitzen, darunter auch Berühmtheiten wie den Historienmaler Piloty, wie Karl Spitzweg, mit dem er um einige Ecken verwandt war, den Theatermaler Angelo Quaglio, den reichen Malerfürsten Franz von Lenbach, von dem sich die gute Gesellschaft porträtieren ließ, und den Bauernmaler Wilhelm Leibl, der mit seinen Freunden oft im Café Probst in der Neuhauser Straße saß. Die Künstler gehörten zum Stadtbild wie die Bürger, die Herren Offiziere der Garnison, die Bauern aus den Dörfern, die Dienstmädchen und Arbeiter.

War Richard dann beim Haus der Urgroßmutter angelangt, konnte er mit seinen Vettern manchen Streich spielen.[45] Doch es gab auch verbotene Winkel in München, wohin er auf keinen Fall durfte. So war die Schützenstraße berüchtigt. Bis zu zwanzig auffällig gekleidete Damen standen hier jeden Abend und warteten auf Freier. Doch auch die nahe Herrenstraße war verrufen: »Diese Schandsäulen des weiblichen Geschlechts, welche sämmtlich aus dem anrüchigen Viertel ›Herrenstraße‹ stammen, tragen folgende Namen: Barbara Zittler, Theres Mayerhofer, Karolina Hans, Florentine Weber, Bertha Rückert, Johanna Schmid und Johanna Schnapp. Zur heute anberaumten Verhandlung erschienen sie aufgeputzt wie die Pfauen, wie diese Sorte Weibsleute denn überhaupt mit reicher, aber gewöhnlich ganz geschmackloser Toilette zu prangen beliebt.«[46] Sogar im Ratskeller gingen Bauernfänger, Kartendamen und »Louis« (so nannte man die Zuhälter) ein und aus, auf dem Marsfeld trieben es die Dirnen mit ihren Kunden im Freien, und selbst in der noblen Residenzstraße erwischte ein Hausknecht zwei polizeilich privilegierte Kartendamen mit zwei »verheiratheten (!) Postbediensteten«.[47] Der heranwachsende Richard erlebte schon früh, wie brüchig, scheinheilig und verlogen die Fassade bürgerlicher Wohlanständigkeit war.

Der kleine Richard wird wohl mit seiner Schwester am Fenster gesessen haben, als am 16. Juli 1871 die bayerischen Truppen vom Frankreichfeld-

*Marienplatz mit dem teilweise fertiggestellten neuen Rathaus, links anschließend das Haus von Joseph Pschorr, dem Urgroßvater von Richard Strauss*

zug heimgekehrt in einer gewaltigen Siegesparade vom Oberwiesenfeld durch das Siegestor, über die Ludwigstraße zum Odeonsplatz zogen, wo der König den Vorbeimarsch der Kriegshelden abnahm, dann weiter durch die Residenzstraße zum Max-Joseph-Platz, durch die Dienerstraße zum Marienplatz und von dort durch die Neuhauser Straße unter den Augen des kleinen Richard vorbei zum Karlstor: »In der ganzen Länge des Einzuges vom Siegesthor bis zum Karlsthor werden Spaliere gebildet durch die Bürgerschaft, Künstler, welche mit ihren Fahnen ausziehen und besonderes Abzeichen am Hute bestehend in einer blau- und weißseidenen Schleife mit aufgedrucktem Münchner-Kindl tragen.«[48]

Ein erhebendes Gefühl erfaßte die Menschen, das große Deutschland kündigte sich an. Richard war von den Uniformen, den glänzenden Helmen und Säbeln, den Menschenmassen und vor allem dem klingenden Spiel der Militärkapellen begeistert.

Deutschland feierte. Doch dieses Siegesfest war eher ein deutsches, als ein bayerisches Fest. Denn die Bayern liebten mehr ihren Fasching, den Schefflertanz, den Metzgersprung, die Künstlerbälle und das große religiöse Spektakel der Fronleichnamsprozession. Denn in München verstand man zu feiern – mehr als anderswo. Und war nicht die Oper, wo der Vater spielte, auch ein Fest für alle Sinne?

## Ein Wunderkind?

Richard spielte, heckte Streiche aus, träumte wie jeder Junge: »Der heiße Wunsch eines jeden kleinen Buben ist doch eine Trommel! Und Richard wünschte sich nicht nur eine Trommel, sondern auch eine Trompete, einen Helm und einen Säbel, und wenn die Mutter mit Richard und einem kleinen Vetter spazieren ging, renommierten die beiden: ›Wenn jetzt ein Löwe kommt, dann schlagen wir ihn tot!‹ Doch ach, das Verhängnis schreitet schnell. Statt des erwarteten Löwen erschien ein kleines Hündchen und bellte unsere beiden Helden an, die sich ob dieses unerwarteten Angriffs schleunigst hinter Mamas weiten Röcken verschanzten«,[49] erinnerte sich die Schwester.

Dieser kleine Held erhielt bereits mit viereinhalb Jahren Klavierunterricht und machte erstaunliche Fortschritte. »Als er die Noten konnte, spielte er aus einem Heft Opernmelodien, ohne daß er dazu einer besonderen Anleitung bedurfte.« Sein bereits erwähnter Lehrer Tombo unterstützte diese besondere Begabung für das Vom-Blatt-Spiel, indem er daraus einen kindlichen Spaß machte: »Der Lehrer spielte mit der Linken den Baß, mit der Rechten die hohe Stimme und die Mittelstimme tippte er mit seiner langen spitzen Nase.«[50]

Im Schatten ihres begabten Bruders, der seine Überlegenheit nicht versteckte, stand die kleine Schwester: »Mit meinem Unterricht dagegen ging

*Richard Strauss und
seine Schwester
Johanna (Hanna),
um 1876*

es sehr langsam voran, und wenn ich üben sollte, rief Richard zur Tür herein: ›Hannerl, hör auf mit dem Geklimper!‹«[51] Sie staunte über ihn, sah,
daß er »alles von selbst konnte«, mußte freilich auch erleben, daß der Vater sie für talentlos hielt und sich deshalb keine Zeit nahm, mit ihr zu üben.
Sie überließ deshalb neidlos dem Bruder das musikalische Feld.

Nicht so leicht fiel Richard das Geigenspiel, das er ab dem achten Lebensjahr bei Benno Walter, einem Vetter des Vaters und Konzertmeister
des Hoforchesters, begann. Ihn strengte das Geigen so sehr an und es
machte ihn so »nervös«, »daß er höchstens eine halbe Stunde spielen und
üben konnte«.[52] Sein ganzes Leben lang blieb das Verhältnis zur Geige eher
schwierig.

War er ein Wunderkind? Gewiß, die Musik fiel ihm leicht, er hatte Talent, aber nicht so außergewöhnlich, daß er als Wunderkind hätte Konzerte

*Benno Walter war der Geigenlehrer von Richard Strauss. Der Vetter spielte im Orchester der Münchner Oper als Konzertmeister und war ein bekannter Quartettprimarius.*

geben können. »Ich war aber immer ein schlechter Schüler, da das notwendige ›Üben‹ mir immer wenig Spaß machte«,[53] schrieb Strauss zurückblickend im Alter. Ihm reichte es, wenn er die Musik vom Blatt spielte, »um möglichst viel Neues kennenzulernen«, und darin war er bald ein Meister. Makellos perfekte Virtuosenkunststücke vorzuführen, interessierte ihn dagegen wenig. Aussage, Stil, die Klänge, die Form, die Kompositionstechnik faszinierten ihn.

Neidlos bewunderte er den brasilianischen Geigenvirtuosen Maurice Dengremont, der zwei Jahre jünger als er war und schon im Münchner Hof- und Nationaltheater konzertierte: »Doch was den Dengremont betrifft, ich bin ganz entzückt. Der Bursche ist ein reines Phänomen. Mit welcher Technik, mit welchem Tone, mit welchem Vortrage und mit welcher Ruhe (man sieht ihm nicht die geringste Anstrengung an) er spielt, das ist staunenswerth«,[54] schrieb der fünfzehnjährige Richard über das zwölfjährige Wunderkind. Er dagegen war bis dahin noch nie öffentlich aufgetreten. Musizieren war für ihn etwas Privates, was anläßlich von Familienfeiern und -festen praktiziert wurde.

Frühe Kinderbilder zeigen Richard Strauss in einer Schar von maskierten Kindern bei den Kostümfesten im Odeon, welche die Orchestermitglieder mit ihren Kindern feierten. Die Kleinen führten damals ganze Opernszenen auf. Das eine Mal wirkte Richard in der Gruppe der Friedensboten aus Wagners *Rienzi*, das andere Mal als Minnesänger aus dem *Tannhäuser* mit. Oper für Kinder: Schon früh kamen sie mit der »avantgardistischen«

*Kinderfasching im Odeonsaal. In den Jahren 1870 und 1871 spielte Richard in Aufführungen von Wagner-Opern (»Tannhäuser« und »Rienzi«) mit.*

Musik in Berührung. Später musizierte Richard mit den Vettern, in der Schule und mit dem gestrengen Vater. Er spielte leidenschaftlich gern, aber daraus eine Profession zu machen, kam ihm nicht in den Sinn.

Oder war er doch ein Wunderkind? Immerhin komponierte er sein frühestes »Werk« schon mit sechs Jahren: »Seine erste Komposition, die *Schneiderpolka*, spielte er auf dem Klavier. Er war noch nicht im Stande, sie aufzuschreiben. Der Vater mußte es tun. Mama setzte mit Bleistift darunter ›vom Papa aufgeschrieben‹.«[55]

Die Schwester Johanna war damals erst drei Jahre alt: Ob sie von dieser Komposition erst Jahre später in den bewundernden Erzählungen der Eltern erfuhr oder ob sie sich selbst noch daran erinnerte? Immerhin komponierte der »charmante« Bruder die Polka, damit das Schwesterlein danach tanze.[56] Man kann sich diese Szene bildhaft vorstellen: Richard sitzt am Klavier, sucht sich Melodie, Rhythmus und Akkorde zusammen, das vierjährige Schwesterchen hüpft vergnügt im Kreis. Schließlich ist der Komponist zufrieden und etwas stolz: Er spielt den Tanz viele Male hintereinander. Ihm ist ein richtiges Musikstück gelungen. Der Vater hört mit Erstaunen einen Tanz mit Thema und Gegenthema, mit einem lyrischen Trio in der Unterdominanttonart, greift zum Notenblatt, notiert das Werkchen und rückt noch manches zurecht. Doch niemand kann bestreiten, sein sechsjähriger Richard komponiert!

Die herzensgute Mutter staunte nicht wenig über ihren Sohn, der Vater war zwar über das Talent verblüfft, entwickelte es weiter, war aber allzu kritisch, um hier gleich ein »Wunder« zu sehen. Nein, ein zweiter Mozart war sein Sohn nicht, sollte er auch nicht sein, sondern sich ganz natürlich wie jeder andere Junge entwickeln. Aus eigener, schlimmer Erfahrung wußte der Vater, wie hart ein zu früher Eintritt in den Musikerberuf ist. Dies wollte er seinem Sohn ersparen, und er ermöglichte ihm, was ihm selbst versagt blieb: eine unbeschwerte Jugend mit genügend Zeit und Muße, sich ganz der Ausbildung zu widmen. Richard durfte wie die anderen Kinder aus besseren Häusern auf das Gymnasium, wovon der Vater in seiner Jugend nur geträumt hatte. Durch Privatunterricht war er schon so gut präpariert, daß er in die zweite Klasse des Ludwig-Gymnasiums in der Sendlinger Straße aufgenommen wurde.

Das Komponieren blieb zunächst nur eine private Angelegenheit: Zu Weihnachten schrieb er für Tante Johanna Pschorr ein Lied. Sie sang es bei der Weihnachtsfeier, wie sie überhaupt gerne bei den Soireen im Hause Pschorr als Sängerin hervortrat. Die meisten Lieder, die der Bub nun komponierte, wurden von ihr »uraufgeführt«. Die kunstsinnige Bierbrauerfamilie staunte über die außergewöhnliche Begabung des kleinen Richard, der zwischen seinem sechsten und zehnten Lebensjahr schon eine beachtliche Zahl von Liedern mit außerordentlichem Fleiß vollendete. In diesen Liedern, welche die Tante mit Geduld und Freude vorsang, lernte er sich vielfältig musikalisch auszudrücken.

Inzwischen hatte der Vater die *Schneiderpolka* instrumentiert, und der Sohn leitete selbst die Aufführung beim Fasching im Odeon, wie er überhaupt schon musikalische »Führungsqualitäten« entwickelte: »Am Faschingssonntag durfte ich mit August, Georg und noch sechs kleinen Knaben Friedensboten beim Kinderfest im Odeon machen. Wir mußten drei Lieder singen, wobei ich der Chorführer war, unsere Sache haben wir recht gut gemacht und wurden sehr applaudiert«,[57] schrieb der achtjährige Musiker an seine Kusine Julie Hörburger.

Schon zwei Jahre nach der *Schneiderpolka* konnte der Vater stolz die Fortschritte seines Sohnes registrieren. Er leitete damals das »Harbni«-Orchester (diese gemütliche musikalische Runde aus Freunden der Familien Pschorr und Strauss hatte ihren Namen nach dem bayerischen »nie harb«, also nie herb oder böse) und legte ihm die neueste Komposition seines Kindes vor: »Gestern war Harbniorchesterprobe, wobei wir die Polka von Richard gespielt haben, die Anwesenden haben darüber gestaunt und wollten es nicht glauben, ich habe es ihnen aber auf Ehre versichert, daß sie ganz allein von ihm sei, nur instrumentiert habe ich sie, sie ist aber wirklich sehr nett und klingt ganz gut. Heute früh hat er mich schon gefragt, ob sie den Herren gefallen hat, und als ich bejahte, hat er ganz glänzende Augen gehabt«,[58] schrieb Franz Strauss am 1. Juni 1872 an seine wieder einmal auf Erholung weilende Frau.

Richard Strauss – ein komponierendes Wunderkind? Ich denke, daß er es war. Doch das Verdienst des Vaters ist, daß er daraus kein Geschäft, kein marktschreierisches öffentliches Aufsehen machte, sondern den Sohn sich ruhig entwickeln ließ.

## Fluchten aus der Großstadt

Der Großstadtmensch hat sein Leben lang Sehnsucht nach der freien, ursprünglichen Natur. Beethoven fuhr gerne in den Wiener Wald; seine Pastoralsinfonie ist eine elegische Erinnerung an das Landleben: an eine längst verlorene Lebensform, in welcher der Mensch noch in eins mit Landschaft, Tier und Gottheit lebte. In den Zeiten des Biedermeier zogen sich die politisch enttäuschten Bürger in ihre Gärten zurück und lasen schöne Gedichte, romantisch-sehnsuchtsvolle Naturpoesie. Nun galt die Menschenwelt als das Böse und die Natur als das Reine. Auch im großen Aufbruch der Gründerjahre blieb die Liebe zur Natur erhalten. Die armen Bürger mußten sich mit den Parks und der nahen Umgebung Münchens begnügen, die Bessergestellten fuhren zu Verwandten auf das Land oder machten Urlaub in Gasthöfen in Tölz, Murnau und Wiessee, und die Reichen hatten ihr Ferienhaus am Starnberger See. So erholte sich Onkel Georg Pschorr in seiner Tutzinger Villa.

Auch der Hofmusiker Strauss und seine Frau entflohen der Großstadt, sooft sie nur konnten. Er verreiste, um seiner vom Hornblasen überanstrengten Lunge gute Luft zuzuführen, und sie mußte ihre leicht überforderten Nerven in ländlicher Abgeschiedenheit beruhigen.

Die Mutter fuhr mit den Kindern regelmäßig an Ostern, Pfingsten und im Herbst zu ihrer Lieblingsschwester Bertha nach Mindelheim, die dort mit dem Bezirksamtmann Karl Hörburger verheiratet war. »Es war dort mit den Verwandten immer eine glückliche, frohe Zeit. Sie wohnten in einem alten Kloster. Ein mehr als fünfzig Meter langer Korridor führte in die schöne berühmte Barockkirche, und zwar direkt zum Chor und zur Orgel. Davon war besonders Richard begeistert, umsomehr als der Orgelbauer und Mesner mit am gleichen Flur wohnte. Seine Kinder waren unsere Freunde. Wenn Richard dann und wann Orgel spielen durfte, trat der Freund den Blasebalg. Auch sonst gab es dort noch viele Dinge, die zum lustigen Spiel anregten. Man konnte Fenster einwerfen und in Ställen, Höfen, Gärten und in der Kegelbahn Unfug treiben, wobei alle guten Freunde immer gerne halfen. Onkel Karl musizierte viel und sang und spielte oft und gern mit uns Kindern«,[59] erinnerte sich die Schwester Johanna. Der Stadtjunge Richard spielte so wild wie die Landkinder, und er war kein Eigenbrödler.

Vater Strauss zog es ins Gebirge, weil ihm die Luft dort besonders gut tat. Zunächst verbrachte die Familie Strauss ihre Ferien in Toblach, das allerdings für die zarten Nerven der Mutter zu aufreizend wirkte, dann ab 1872 in Sillian im Südtiroler Pustertal.

Franz Strauss kannte in Innsbruck den Pianisten Joseph Pembaur d.Ä., den Vater des berühmten Pianisten und Liszt-Schülers, die Mutter hatte in Pauline Nagiller eine gute Freundin. Im Juni 1872 spielte Strauss dort ein Hornkonzert von Mozart. Sein kleiner Sohn schrieb ihm: »Lieb's, gut's Vaterl! Deine Sau habe ich schon aufgehoben, wir haben sie sogar schon geschlachtet, sie war sehr gut, mir wenigstens hat sie sehr geschmeckt. Wie ist denn das Mozartische Hornkonzert gegangen ich habe den Daumen so fest als möglich gehalten . . .«[60] Ob Franz Strauss in Innsbruck blieb und wartete, bis die Mutter mit den Kindern zu Beginn der Schulferien nachkam?

Jedenfalls fuhren sie in diesem Jahr erstmals ins Pustertal. »Schon die Fahrt über den Brenner, die vielen Tunnels, die Kehrtunnels, das war vor siebzig Jahren das reine Wunder!«[61] schwärmte die Schwester in ihren Jugenderinnerungen. In Sillian erlebten die Kinder viel: »Dann machten wir Fahrten im Wagerl in die einsamen Täler und nach Cortina, wohin damals schon eine berühmte Straße führte. Richard durfte den Einspänner kutschieren, ich saß neben ihm auf dem Bock, während der Wirt unseres Gasthofes und die Mutter hinten im Wagen saßen. In einem zweiten Gefährt folgten Papa und Onkel Hörburger. Aber einmal verlor Richard die Zügel, das ›Füchsle‹, Richards Leibroß, stolperte. Ich konnte gerade noch herunterspringen, doch Mama wurde sachte, ohne Schaden zu nehmen, ausgeschüttet. Das war ein schöner Schreck und der stolze Kutscher wurde noch lange deswegen verhonackelt!«[62]

Der Vater stieg mit Richard in die Berge nach Heiligenblut und auf die Franz-Josephs-Höhe. Sie betrachteten den Großglockner und den Schwartensteingletscher, staunten über die Größe der Natur und brachten der Mutter Alpenrosen und Edelweiß mit. Die Natur war für Richard Abenteuer und »unbegrenzte Freiheit«, wie die Schwester schrieb: »In Richard wurde damals die Liebe zur Natur geweckt, die ihn bis ins hohe Alter nicht verlassen hat. Seine Liebe für alles, Berg und Wald, Wiesen und Blumen, für alle Tiere war groß.« Damit in der langen Sommerpause die Musik nicht zu kurz kam, hatte Richard den Wirt vom »Schwarzen Adler«, wo die Familie wohnte, überredet, ein Klavier zu kaufen. Außerdem spielte er in der Kirche Orgel und gründete mit anderen Feriengästen ein Quartett.

So war das Pustertal Idyll und Paradies zugleich, voller Entdeckungen, Freiheit und jugendlicher Träume. Sogar die Pschorr-Vettern, die wegen des Ferienhauses ihrer Eltern ihren Urlaub immer am Starnberger See verbringen mußten, beneideten Richard und Hanna »um diese herrliche Sommerfrische«.

## Ungleiche Freundschaft

Aus Tirol stammte der wichtigste Freund von Richard Strauss: Ludwig Thuille. Als sich die beiden Jungen 1877[63] erstmals trafen – Richard war 13, Ludwig 16 –, entstand eine spontane Freundschaft. »Mein lieber Ludwig!«, schrieb Richard in seinem ersten Brief und nannte sich am Schluß »Dein treuer Freund«,[64] später auch »Dein Dich innig liebender Freund«.[65] Richard schwärmte für den älteren Freund, und Ludwig? Dies kann man heute kaum mehr feststellen, da Strauss die von Thuille an ihn gerichteten Briefe im Zweiten Weltkrieg verlor.

Stets hob Richard die große Freude hervor, wenn er einen Brief erhielt, und verfiel in »Schreibwuth«, obwohl »Dir meine Mama gesagt hat, daß ich kein absonderlicher Freund des Briefschreibens sei; jedoch offen gesagt, an Dich schreibe ich mit so großem Vergnügen, das ich mir selbst nicht erklären kann. Es mag daher kommen, daß ich in Briefen an Dich mich vollständig aussprechen kann und Abhandlungen über unsre liebe Musik halten kann.«[66]

Richard litt in München unter der Einsamkeit vieler Frühbegabter: Er fand keinen Freund, mit dem er seine musikalischen Interessen hätte teilen können. Nun hatte er endlich jemanden, dem er seine Gedanken schreiben konnte und von dem er glaubte, verstanden zu werden.

*Ludwig Thuille*
*(1861–1907)*

Doch wenn der etwas schreibfaule Thuille nicht antwortete, litt Richard sehr: »Als ich Deinen letzten Brief erhielt, hatte ich es geschworen, Dich wegen Deiner Zögerung auch recht lange warten zu lassen, damit Du auch weißst, wie es thut, recht lange und sehnsüchtig auf einen Brief warten zu müssen.«[67] In seiner Ungeduld griff Richard zu geistvoller Ironie, etwa in dem folgenden Gedicht[68] in wagnerischen Stabreimen:

Nach langem und sehnlichen, sauren Warten
hielt in Händen ich endlich die neidliche Post;
ich wartete weilend auf Walhalls Zinnen
vor Sehnsucht verzehrte mich beinah der Rost;
doch da nun durchbrach das Gewölk die Sonne;
man brachte den Brief her aus ferner Zonne;
da jubelt ich auf; sprang in die Höh;
was war in dem Brief – gleich 40 (Flöh;) (nach Göthe gleich 40-;)

Entschuldigend fügte Richard zwar den Satz an: »Nimm den Vers ja nicht als Beleidigung auf. Es ist eine Dummheit.« Aber enttäuscht war er schon über Ludwigs Schreibfaulheit.

Grob, ironisch, bizarr, alles übertreibend, begeisterungsfähig, dann enttäuscht – ein wahrer Feuerkopf war Richard. Und Thuille, der ältere Freund? Der war offenbar nicht so begeistert, stand dem jüngeren kritisch gegenüber. Denn in diese Freundschaft mischte sich ein jungenhaftes Kräftemessen, das Richard unbekümmert betrieb, womit er den anderen manchmal ungewollt verletzte. Er freute sich so sehr, einen Gleichgesinnten gefunden zu haben, daß er nur so von Gedanken, Erlebnissen und Ideen sprühte – und der andere Schwierigkeiten hatte, mitzuhalten.

Diese Freundschaft war eng und innig und doch von Spannungen bedroht. Wie ähnlich und doch wie unterschiedlich waren die beiden! Ludwig sah in Richard den Großstadtjungen auf der Sonnenseite des Lebens. Er dagegen fühlte sich vom Unglück verfolgt: Als er sechs Jahren alt war, starb seine Mutter, als Zehnjähriger erlebte er den Konkurs der väterlichen Kunst- und Musikalienhandlung in Bozen, und als Elfjähriger war er bereits Vollwaise. Allein und arm versuchte Thuille dennoch, Musiker zu werden, komponierte schon sehr früh, spielte erstaunlich gut Klavier. Ein Stiefonkel nahm ihn 1872 in Kremsmünster auf, wo er das Stiftsgymnasium unentgeltlich besuchen durfte und dafür im Kirchenchor mitsingen mußte. Doch dann hatte er Glück: Als er 1876 in Innsbruck Verwandte besuchte, lernte er die seit zwei Jahren verwitwete Pauline Nagiller kennen, die ihn von nun an wie einen eigenen Sohn unterstützte. Er ging in Innsbruck auf das Gymnasium und lernte in der Musikschule bei Joseph Pembaur Klavier, Orgel und Musiktheorie.[69] Pauline Nagiller und Joseph Pembaur sorgten sich um die Zukunft der begabten Vollwaisen. Was lag da näher, als eine Verbindung zu dem berühmten und mit ihnen beiden befreundeten Hornvirtuosen Franz Strauss zu knüpfen? So kam es, daß sich die beiden Jungen kennenlernten.

Ludwig Thuille war älter und reifer, Richard Strauss temperamentvoller, ideenreicher und schwärmerischer. Er setzte alles daran, Ludwig zu beeindrucken: »Ich habe jetzt wieder Klavierstunden, Harmonieunterricht, Violinstunden und spiele (jetzt) die Schule der Fingerfertigkeit von Czerny, Nocturnen von Field, das Dmollconcert von Mendelssohn, und das wohltemperierte Klavier von J.S.Bach. In den Harmoniestunden habe ich jetzt den doppelten Contrapunkt und in den Violinstunden die Etüden von Kreutzer und die Duetten von Viotti«,[70] berichtete er im ersten Brief nach der Rückkehr aus dem Urlaub am 5. Oktober 1877. Im folgenden Brief erwähnte er: »Ich habe jetzt 3 Sätze meiner Serenade für Orchester vollendet: Adagio, Scherzo und Finale und habe sie bereits instrumentiert.«[71] Einige Monate später hatte er bereits vier Lieder (*Der Fischer* und *Lust und Qual* von Goethe, *Die Drossel* von Uhland und *Laß ruhn die Todten* von Chamisso) komponiert, seine Serenade »vollendet und in anderthalb Tagen (Vorgestern Vormittag) ein Trio in Adur für Klavier, Violine und Violoncell componiert«,[72] und im Januar teilte er mit, daß er »op.17 ein neues Lied *Spielmann und Zither* von Körner« schreibe und »den Grund eines letzten Satzes« zu seiner 2. Sonate in D-Dur lege.[73]

Richard war wie besessen von seiner Musik. Neben dem Schulpensum, dem Unterricht in Klavier, Geige und Theorie schrieb er ein Werk nach dem anderen – und überdies schickte er eine Flut von Briefen nach Innsbruck, in denen er mit beißender Ironie offenlegte, was die beiden Freunde unterschied: »Um dich recht zu beschämen, schreibe ich Dir augenblicklich; Du bist ja im Schreiben ganz elendig faul und es geht langsamer, als mit diesem hier abgezeichneten Postkarren, wenn kein Pferd dran ist, wenn keine Hand ihn schiebt, das heißt also, wenn er steht. Noch langsamer!«[74] Thuille, der Langsame, der angeschoben werden muß! Einen solchen Vorwurf mußte er, der Ältere, sich bieten lassen!

Ludwig staunte nicht wenig über diese Produktivität. Sie machte ihm sogar Angst. Auch mußte er sich an den ironischen, selbstdistanzierten Ton des Jüngeren gewöhnen: Da lobte er sich das eine Mal selbst – »mir recht gut gelungen« –, dann nannte er die von ihm komponierte *Hochzeitsmusik* »nur einen Witz«, und schließlich gab er zu, daß seine Hornvariationen nicht spielbar seien. Er benahm sich schon so selbstbewußt, selbstkritisch und selbstsicher wie ein professioneller Komponist. Die Musik bildete sich bei ihm »im Kopfe« wie von selbst, offenbar ohne seinen Willen, ohne sein Dazutun. War das Genie?

Verglichen mit ihm komponierte Ludwig wenig. Aber hatten seine Sachen nicht mehr Qualität? Die beiden jungen Komponisten begutachteten die »Werke« des anderen kritisch. Thuille bemängelte an der ihm gewid-

meten 1. Klaviersonate des »Vielkomponierers« Richard die etwas mecha-
nische, einfallslose Begleitung, und Richard tadelte im Rondo von Ludwigs
Sonate die Form, schrieb, »die Bauart sei grundfalsch«, milderte aber seine
Behauptung später: »Wollte nur andeuten, daß ziemlich viele und von einander gänzlich verschiedene Gedanken auftreten.«

Sachlich, genau bei der Arbeit, aber herzlich, großzügig, wenn es hart
auf hart ging, die Schuld bei sich suchend und gutmütig nachgebend – so
war Richard in dieser Freundschaft. Ludwig dagegen fühlte sich in seinem
Selbstbewußtsein von dem Jüngeren des öfteren getroffen, etwa wenn dieser erwähnte: »Daß Du nun endlich auch Harmonieunterricht erhalten
hast, freut mich sehr, ich bin noch immer bei dem doppelten Contrapunkt,
denn dieser muß tüchtig durchstudiert werden, da er die Grundlage zur
Fuge ist.« Oder Strauss gab etwas flapsig am Briefende und unterstrichen
den Rat seines Vaters weiter: »Papa rät Dir, das Chopinspielen aufzugeben
und Dich nur auf classische Musik zu verlegen.«[75] Auch kritisierte er das
Programm, mit dem sich Thuille bei seinem ersten Besuch in München als
Pianist vorstellen wollte: »Daß in Deinem Programm, das Du uns Ostern
vorführen willst, Mozart fehlt, wundert mich sehr, denn hauptsächlich an
diesem erkennt man einen feinen Klavierspieler.«

So war Ludwig Thuille gewiß gespannt und etwas aufgeregt, als er die
Familie Strauss an Ostern 1878 besuchte. Nun verbrachten die beiden Buben erstmals eine längere Zeit zusammen. Sie haben sich gut verstanden.
Aber wieder entstand Konkurrenz zwischen den beiden. Thuille etwa fiel
auf, wie schlampig Richard mit seinen Fingersätzen beim Klavierspiel umging: »Freund Thuille, der ›Pädagog‹, witzelte: aus dem Nebenzimmer
kann ich Richards Fingersätze angeben«, erinnerte sich der alte Richard
Strauss an diese Zeit.[76] Die Schwester resümierte: »Es war stets ein Wettei-
fern der beiden Freunde in gegenseitiger Anregung.«[77] Der Vater Franz
Strauss sah die Konkurrenz der beiden jungen »Komponistenkollegen«
nicht ungern; denn so wurde der Ehrgeiz seines manchmal im Feuereifer
allzu schnell vorangehenden und in den Details großzügigen Sohnes auf
das »Handwerk« gelenkt.

Nach glücklich bestandenem Abitur zog Thuille in die Isarstadt und besuchte dort die Königliche Musikschule. Nun waren die beiden Freude
nicht mehr getrennt. »Auf Vaters Bemühungen hin wurde Ludwig in die
Musikschule aufgenommen, und Mama bot alles auf, um ihm das Elternhaus zu ersetzen«,[78] erinnerte sich die Schwester.

Aber wie empfand es Thuille? Wie verhielt er sich gegenüber so viel
Hilfsbereitschaft? Neben seiner Freundschaft zu Richard erlebte er in dieser Zeit die zu seiner mütterlichen Freundin Pauline Nagiller, die ihm
schrieb: »Ihre Liebe ist ja das Höchste, was ich besitze.«[79]

Eine Art Wettstreit um die Unterstützung des begabten Waisenjungen
entstand zwischen ihr und der Familie Strauss. Wenigstens empfand dies

Frau Nagiller so: »Man ist hier auf den Anteil, den ich an Ihnen nehme, etwas eifersüchtig.« Sie redete Ludwig ein, er wäre viel begabter als Richard, so anläßlich eines Briefes, den sie von Frau Strauss erhielt: »...voll Lobeserhebungen über Richard, der, wie sie sagt, jetzt eifrig componiert (sogar eine Sinfonie), um in keiner Weise hinter Ihnen zurückzustehen. O Schwachheit!!! als ob er das, was Ihnen innewohnt, jemals durch Mühe erreichen könnte!« Ludwig Thuille glaubte ihr schließlich und urteilte recht undankbar und abschätzig über seine Münchner Wohltäter: »Die Teilnahme der Familie Strauss für mich erkaltet sichtlich, item, – was mir sehr angenehm ist. Die guten Leute mögen wohl den himmelweiten Unterschied zwischen Richard und mir endlich eingesehen haben.« Er dachte nicht so großzügig wie sein Freund, war kleinlich, machte ihn bei anderen schlecht. So schrieb er an seine mütterliche Freundin: »Richard hat jetzt den ersten Satz einer Klaviersonate componiert, der ein seltsames Mischmasch aus Stillosigkeit repräsentiert. Er gefällt sich jetzt in allen möglichen Ungeheuerlichkeiten, wobei aber immer der unreife Kindskopf herauslugt. Bin neugierig wie er sich auswächst, und glaube nicht, daß er je etwas Bedeutendes leisten wird; er wird immer in sogenannter ›Kapellmeistermusik‹ stecken bleiben.«[80]

Enstand dieses Urteil aus Neid? Fühlte er sich nun endlich dem jüngeren Freund überlegen, da er Student an der Königlichen Musikschule und Richard noch Gymnasiast war? Er spürte wohl das Genie seines jüngeren Freundes, aber er wollte es nicht wahrhaben und griff zu der Waffe kleinlicher Gehässigkeit, wie sie im bürgerlichen Daseinskampf nun üblich wurde. Ludwig war freilich arm, ein Kleinbürger, auch wenn er nach dem Tod von Pauline Nagiller 1881 ihr Vermögen erbte, während sich Richard, der »Großbürger«, seine Ritterlichkeit, seine Ironie, seine »Ungeheuerlichkeiten« leisten konnte.

# Erlebnisse und Alltag eines musikalischen Gymnasiasten

Die Briefe, die Richard Strauss zwischen 1877 und 1879 an Thuille schrieb, geben uns einen Einblick in seine Welt. Sie bestand fast nur aus der Musik. Doch auch über Alltagssorgen und besondere Erlebnisse berichtete er dem Freund.

Fast ein touristischer Allgemeinplatz ist sein Bericht über das Münchner Oktoberfest: »Es ist jetzt gerade hier sehr angenehm, da jetzt das Octoberfest ist, bei welchem auf der großen Theresienwiese außerhalb der Stadt eine Menge Buden, Circuse, Zaubertheaters, ein Hundetheater, Schießstände errichtet sind und am 7. und 14. October 2 große Rennen sind, vor welchen immer eine Preisverleihung für schönes Vieh und Pferde stattfindet.«[81] Vor allem die Buden, Zirkusse und verschiendenen Theater scheinen ihn beeindruckt zu haben. Entwickelte sich schon damals seine Theaterleidenschaft? Im Winter liebte er das Schlittschuhlaufen. Doch 1878 war er im Januar krank und durfte »wegen der kalten Füße«[82] nicht auf das Eis.

Spärlich berichtete er über die Schule, wozu auch wenig Anlaß war. Sein Lehrer in der zweiten Gymnasialklasse, Karl Welzhofer, war von ihm begeistert: »Nur wenige Schüler gibt es, die in gleichem Grade wie dieser Knabe Pflichtgefühl, Talent und Lebhaftigkeit in sich vereinen. Sein Eifer ist sehr groß, er lernt ebenso gern als leicht. Was er leistet, das macht ihm Freude und spornt ihn nur zu größerem Fleiße an. Seine Aufmerksamkeit beim Unterricht ist sehr groß, nichts entgeht ihm. Und doch kann er kaum eine Minute lang ruhig sitzen, eine Bank ist ihm ein sehr leidiges Ding. Ungetrübte Heiterkeit und Fröhlichkeit lacht ihm aus den blauen Augen Tag für Tag; Offenheit und Herzlichkeit liegen deutlich ausgeprägt in seinen Zügen. Seine Leistungen sind gut, sehr gut. Einen solchen Knaben muß jeder Lehrer lieb gewinnen, ja es ist fast schwer, keine Vorliebe zu verraten. Strauss ist ein angehendes musikalisches Talent.«[83]

Er war also ein guter Schüler. Doch selbst während des Unterrichts überkamen ihn seine musikalischen Einfälle, wie die Schwester Johanna von Rauchenberger erzählt: »Als Mama einmal in Ermangelung des üblichen blauen Glanzpapiers seine Schulbücher mit Notenpapier einband, kam er begeistert über diese ›gute Idee‹ nach Hause und hatte während des Unterrichts das Notenpapier vollkomponiert. Der französische Lehrer, weniger begeistert, hatte das aber bemerkt und ihn unvermittelt aufgerufen. Völlig geistesabwesend wußte Richard auf die ihm gestellte Frage keine Antwort. Zur Strafe wurde ihm aufgegeben, folgenden Satz ins Französische zu übersetzen: ›Bringe er seine Kasimulien (professorlich scherzhafte Verdrehung für Musikalien) und seine hübsche, angenehme Schwester mit.‹ Worüber die ganze Klasse in ein Freudengeheul ausbrach und rief: ›Ja, das soll er, das soll er!‹«[84]

Gemütlich und familiär scheint das Schulleben damals auf dem Ludwigsgymnasium gewesen zu sein. Aber Richard war auch ein Bub, der so offen, herzlich und freudig gegen alle war, daß ihm niemand böse sein konnte. Er hatte es leicht in der Schule.

Ein Problemfach allerdings gab es: die Mathematik. »Es ist schon ein Malheur«, schrieb Richard 1879 an seinen Vater: »Da sitzt man halt da und nützt einem alles Lernen nichts, wenn einem der Weg nicht einfällt, wie man es anpacken soll, ist man petschiert, und das kann ja selbst dem Besten passieren, also um wieviel leichter einem, der keinen Sinn für das Trockene hat.«[85] Der Mathematiklehrer erklärte schlecht und teilte schnell Strafen aus, nämlich Hausarrest: »Das ist immer ein Vergnügen, wenn er einem was naufhauen kann.«

Richard hatte also eine ganz normale Jugend. Er war fast ein Musterschüler, auch wenn er in Mathematik und Physik einige Schwächen zeigte und obwohl er sich intensiv der Musik widmete, komponierte, Klavier und Geige spielte, im Grunde neben der Schule schon ein Musikstudium absolvierte.

Allerdings hätte er damals gerne die Schule an den Nagel gehängt und sofort an der Königlichen Musikschule studiert. Doch der Vater, »der sich über die Zukunft seines Sohnes viel Sorgen machte, war unerbittlich, er wollte ihm eine feste Grundlage geben. ›Dann bist du frei und hast alle Möglichkeiten vor Dir. Ob Dein Talent standhält, wird sich zeigen. Schon ein guter Musiker ißt ein traurig Brot. Dann werde lieber Schuster oder Schneider‹«, sagte er.[86] So bürgerlich (freilich aus eigener, schwerer Erfahrung) argumentierte der Vater, und der Sohn beugte sich. In der Schule verhielt er sich so musterhaft wie jeder andere Bürgerssohn – ansonsten war er schon ein Künstler. Ob das eine oder das andere nur eine Fassade war, konnte damals noch niemand sagen.

So verlief das Leben des Gymnasiasten ohne schwerwiegendere Probleme. Warum also darüber an seinen Freund in Innsbruck schreiben? Die Musik war doch viel interessanter, und im übrigen hatte Ludwig viel größere Probleme, um die man sich sorgen mußte! Am 26. Januar 1878 hoffte er für ihn: »In Betreff der Mathematik wünsche ich Dir viel Glück und werde schon den Daumen halten, daß du durchkommst«,[87] und am 6. Februar bedauerte er ihn: »Daß es Dir in der Klaße so schlecht geht, thut mir leid, und werde ich aus einem Gebetbuche (für Dich) eine lange Litanei für Dich lesen . . .«[88] Von nun an hatten sie neben der Liebe zur Musik auch die Angst vor der Mathematik gemeinsam: »Was Mathematik betrifft, stimme ich Dir vollkommen bei; auch mir gruselt, wenn ich daran denke.«[89]

Doch ihre Welt war die Musik, und im übrigen frönten sie den verbotenen Freuden junger Gymnasiasten: »Den Tabak habe ich mitgebracht; wie ich ihn kaufte, erschien er mir furchtbar viel, aber durch das Packen wurde er so zusammengedrückt, daß ich ganz erschrak, als ich ihn sah . . .«, schrieb Strauss aus dem Urlaubsquartier in Sillian.[90] Als Thuille zum zweiten Mal nach München kam, erwartete ihn eine Überraschung: »Wenn Du auf Ostern unser Wohnzimmer betrittst, so soll Dein 1. Blick auf die Partitur von *Don Juan*, *Fidelio* und *Freischütz* fallen und dahinter sollen als Reserve gute bairische Cigarren und Bier, das wir im Hause haben, fallen.«[91] Das waren also die geheimen »Leidenschaften« der beiden jungen Künstler.

Den einzigen ausführlichen Bericht über ein Urlaubserlebnis schickte Strauss 1879 aus Murnau an seinen Freund: »Neulich machten wir eine große Bergpartie auf den Heimgarten, an welchem Tage wir 12 Stunden gingen. Nachts 2 Uhr fuhren wir auf einem Leiterwagen nach dem Dorfe, welches am Fuße des Berges liegt. Sodann stiegen wir bei Laternenschein in stockfinsterer Nacht auf und kamen nach 5 stündigem Marsche am Gipfel an. Dort hat man eine herrliche Aussicht. Staffelsee (Murnau) Reig-, Ammer-, Würm-, Kochel-, Walchensee. Dann das Isarthal mit Gebirge, Ötzthaler- und Stubeierferner, Innsbrucker Berge, Zugspitze, pp. Dann stiegen wir auf der anderen Seite hinab, um nach Walchensee zu kommen, verstiegen uns jedoch und mußten in der Mittagshitze 3 Stunden ohne Weg herumklettern. Der Walchensee ist ein schöner See, macht einem jedoch melancholischen Eindruck, denn er ist rings von Wäldern und hohen Bergen eingefaßt. Er hat herrliches, kristallhelles und hellgrünes Wasser. Sodann fuhren wir über den See nach Uhrfelden, das am Fuße des neben dem Heimgarten liegenden Herzogstand liegt. Von da eine Stunde über den Kösselberg an den Kochelsee (Wirtshaus Kösselberg). Schon auf dem Wege daher hatte uns ein furchtbarer Sturm überfallen, der Bäume entwurzelte und uns Steine ins Gesicht warf. Kaum im Trockenen, ging der Sturm los. Der Kochelsee, ein sehr romantischer, schöner See warf ungeheure Wellen, so daß an eine Überfahrt nach dem gegenüberliegenden Schlehdorf, wo uns der Leiterwagen erwartete, nicht zu denken war. Nachdem der Sturm sich gelegt hatte, mußten wir uns, ob wir wollten oder nicht, dazu bequemen, um den ganzen Kochelsee (2 Stunden) herumzulaufen. Auf dem Wege kam wieder Regen und so kamen wir endlich nach rasendschnellem Marsche (wir setzten nicht eine Minute aus) ermüdet, durchnäßt bis auf die Haut, in Schlehdorf an, wo wir übernachteten, und fuhren dann am nächsten Morgen in aller Gemütsruhe auf dem Leiterwagen nach Murnau.«[92]

Strauss empfand dieses gefährliches Abenteuer als spannend, wie er mit gespielt kalter Ironie feststellte: »Die Partie war bis zum höchsten Grad interessant, apart und originell.« Doch diese Bergbesteigung war nicht nur ein »apartes« Ferienerlebnis (denn warum berichtete er nicht auch über Ferienerlebnisse in Sillian?), sondern mehr. Sie löste in ihm etwas Schöpferisches aus. Seine Sprache im Brief ist malerisch und doch sachlich. Visuelle Eindrücke werden sehr genau, in naturwissenschaftlicher Haltung beschrieben, und doch werden Stimmungen wachgerufen. Die Energie der Naturgewalten schildert der Gymnasiast als Naturdrama, aber aus einer kühlen Distanz, als wäre er nicht betroffen. Obwohl das Wort »romantisch« fällt, war das Empfinden keineswegs romantisch.

Er erlebte die Welt anders. Wie, das war ihm damals noch nicht klar: »Am nächsten Tage habe ich die ganze Partie auf dem Klavier dargestellt. Natürlich riesige Tonmalereien und Schmarrn (nach Wagner). Neulich war ich in der *Götterdämmerung*.« Einen »Schmarrn« spielte er auf dem Klavier – »Tonmalereien« nach Wagner. So hatte diese Bergpartie etwas ausgelöst, was er jetzt eigentlich gar nicht wollte, was aber in seinem Unterbewußtsein noch über Jahrzehnte hinweg wachsen wird: Erst etwa 30 Jahre später komponierte er die *Alpensinfonie*.

# Besessen von Musik

Worin zeigt sich Genie? Woraus schöpften der Vater, die Pschorrs, die Lehrer des jungen Richard die Gewißheit, daß er ein »angehendes musikalisches Talent« sei?

Bereits in seiner Jugend war Richard Strauss monoman von Musik besessen. Was er auch tat, immer erschien ihm Musik, tauchten in seinem Kopf neue Themen auf, setzte sein Gehirn diese zu Formen – zu Rondos, Sonaten oder Variationen – zusammen. Die Musik verfolgte ihn, war immer gegenwärtig, lebte in ihm und er in ihr. Sie war seine Welt. Schon in der Kindheit fesselte ihn die Oper, etwa als er zum ersten Mal als Siebenjähriger mit seiner Mutter Carl Maria von Webers *Freischütz* sah. Bereits damals hörte er die Musik als »Fachmann« und reagierte doch kindlich, wie sich die Schwester erinnerte: »Die Hornsoli und die schwierigen Stellen, die Papa besonders geübt hatte, waren meinem Bruder und mir nur zu sehr bekannt. Wir hielten die Daumen voller Aufregung und atmeten auf, wenn alles gelang. Die Ouvertüre hatte Richard öfters schon vierhändig gespielt, auch die Arien kannte er ganz genau. Fast zitternd vor Erregung wartete er auf den großen Augenblick, da der Vorhang sich hob. Als Samiel zum ersten Mal im Hintergrund der Bühne erschien, drückte Richard Mutters Hand und flüsterte in Angst: ›Tut er ihm nun etwas?‹«[93]

Vom achten Lebensjahr an begleitete er den Vater zu den Akademie- und Kammermusikkonzerten, bei denen dieser mitspielte, besuchte zahlreiche Opern, auf die er sich jedesmal mit Hilfe des Klavierauszuges vorbereitete. So wurden für ihn die Königin der Nacht, Don Giovanni oder Figaro zu ebenso realen Personen wie der Griechisch-, Latein-, Geschichts- und Mathematiklehrer. Die Themen der Mozart- und Beethoven-Sinfonien bedeuteten ihm mehr als das, was König Ludwig II. oder Bismarck gerade taten. Zeitgeschehen oder Politik erwähnte er in seinen Jugendbriefen nie.

Er schwärmte für ganz andere Helden. Haydn, Mozart und Beethoven standen an der Spitze: »Man weiß nicht zu sagen, welchem dieser 3 Heroen man den Vorzug geben solle, alle 3 Quartette waren gleichschön, jedes in seiner Art, Haydn mit seiner Gemütlichkeit, Mozart mit seiner ernsten und doch wieder so lieblichen und frischen Composition, Beethoven mit seinem tiefen Ernst und seiner Düsterkeit.«[94]

Wehe, wenn jemand an dieser Reihenfolge im Olymp des jungen Richard etwas ändern wollte: »Dein Satz: Schubert sei mehr anerkannt worden als Mozart ist nicht ganz richtig, denn Mozart ist seinerzeit mehr anerkannt worden als jetzt, da er jetzt von den Meisten nicht mehr verstanden wird«,[95] korrigierte er Thuille und beschrieb dann, wie nach seiner Meinung ein musikalischer Held beschaffen sei: »Wenn Du nun wüßtest, was dieser in 35 Jahren componiert hat, Du würdest nur gerade so staunen und ausrufen, dies ist nicht möglich. U. doch ist es vollendet worden. Ja es ist sogar festgestellt worden, daß ein fleißiger Copist dies nicht in 35 Jahren schreiben kann, was dieser in der Zeit componirte. Und trotzdem ist er ganze Tage im Kaffeehaus gesessen und hat geknipt und sein Lieblingsspiel, Billard, gespielt ...« Wundervolle Prokuktivität, bürgerlicher Bienenfleiß, aber auch Muße und Gemütlichkeit gehörten zum Bild eines musikalischen Genies, wie es dem jungen Strauss vorschwebte.

Mit seiner Vorliebe für Mozart schwamm Strauss gegen den Strom der musikalischen Moden: »Überhaupt geht mir Beethoven nie über Mozart, die beiden stehn in ihrer Art auf ganz gleicher Stufe; ja Mozart ist sogar noch vielseitiger als Beethoven; komm nur erst hierher, da werden die Augen über Mozart schon noch aufgehen«,[96] schrieb er kämpferisch an Thuille, der – wie es ab der Mitte des Jahrhunderts unter fortschrittlichen Musikern üblich wurde – Beethoven den Vorzug gab.

Vor den Klassikern ließ er Bach, Händel und sogar Graun gelten. Über eine Aufführung von Grauns Oratorium *Tod Jesu* berichtete er: »Ich erwartete ein zopfiges Ding, bekam aber sehr schöne Rezitative, Arien und Chöre zu hören.«[97] Die Musik von »unserm Meister Bach«[98] klang ihm »feurig« und »voll Geist«. Schon als Jugendlichen zog ihn die alte Zeit an. Dies lag freilich in der Luft: Um die Jahrhundertwende werden die ersten Vereinigungen für alte Musik entstehen.

Kritischer beurteilte Strauss die musikalischen Heroen, die auf die Klassiker folgten. Schumann? Nein danke! Denn man hört in seiner C-Dur-Sinfonie den »unvermeidlichen Hang zu Figurenreiterei«, und außerdem hielt der Papa die Instrumentation für «sehr patzig, es blase und geige immer alles zusammen«.[99] Schumann mit Beethoven gleichsetzen, wie es Freund Ludwig tat? »O Du verblendeter Schumannianer! Ein Schumannadagio einem Beethovenadagio vergleichbar! ha! ha! ha! ha! das ist ja schrecklich! Was fällt Dir ein! Da hört sich alles auf! Da möcht' man ja in einen Hut hineinstehen!«[100] Nein, der junge Kritiker befand, daß Schumann, wenn er »einmal einen Rhythmus hat, den so zu Tode reitet, daß er oft gar nicht mehr anzuhören ist.«

Und wer konnte bei ihm neben den Klassikern bestehen? Strauss gestand zu, daß Mendelssohns Klavierwerke »auf einer bedeutenden Stufe« stehen,[101] daß Spohrs Violinkonzerte »ebenso originell als schön«[102] sind. Lortzings *Zar und Zimmermann*, Marschners *Hans Heiling*, Aubers *Die Stumme von Portici*, über die Ludwig lästerte[103] (»Ja staune nur, daß ich Meister Auber schreibe, und bebe vor meiner Rache, daß Du ihn gelästert hast, ein todeswürdiges Verbrechen ...«), Boildieus *Die weiße Frau* lobte er.

Dabei erstaunt, daß ihn französische Musik beeindruckte. Noch 1877 nannte er Hector Berlioz einen »rechten Klexer und Batzer«,[104] doch 1879 lobte er ihn: »... was mir überhaupt an Berlioz gefällt, es sind alle seine Sachen hübsch instrumentiert.«[105] Saint-Saëns nahm er gegenüber Thuille in Schutz: »nur wundert es mich, daß Du über die herrliche Samsonarie betreff der Composition nichts erwähnt hast und den Saint-Saëns mußtest Du keineswegs Kalb oder Esel betitulieren; er ist vielmehr ein genialer Kopf.«[106] Das Klavierspiel des Franzosen, das Strauss wegen einer Erkrankung nicht hören konnte, hat er sogar von seinem »Papa sehr loben hören, was bei einem neuern Componisten schon viel heißt.«

Seine Vorlieben und Vorurteile spiegelten noch ganz den Vater wider. Man war konservativ in München: Mozart wurde noch Beethoven vorgezogen, obwohl dies anderswo längst umgekehrt war, die Romantiker ab Schumann empfand man schon als gefährliche Abweichler vom rechten Weg und zog ihnen deshalb die Franzosen vor, die melodiöser, frischer und klarer komponierten.

Und es gab in diesem musikalischen Heldenreich einen bösen Feind: Richard Wagner. Thuille hatte Glück, daß er in dieser Frage mit Strauss übereinstimmte: »Dein lieber Brief bereitete mir sehr große Freude und kann ich Deinen Ansichten über Wagner nur beistimmen; mein Papa war ebenfalls ganz entzückt davon.«[107] Diese Gesinnung war fast eine Art Eintrittskarte, um in die Musikerfamilie Strauss aufgenommen zu werden. Man mußte dagegen sein.

Doch konnte sich Strauss dem Bann des Zukunftsmusikers wirklich entziehen? Sein Freund in Innsbruck hatte es da leichter, denn dort wurden die Opern Wagners nicht gespielt. Merkwürdig ironisch (wir kennen diesen Ton bereits von dem Bergabenteuer) berichtete Strauss über Wagners *Siegfried*: »Neulich war ich also im *Siegfried* und sage Dir, gelangweilt habe ich mich wie ein Mops, ganz grauenhaft habe ich mich gelangweilt, so fürchterlich, daß ich Dir's gar nicht sagen kann. Aber schön war's, wunderschön, dieser Melodienreichtum, die hohe Dramatik, diese feine Instrumentation und geistreich war's eminent schön! Du wirst Dir denken, dem rappelt's, ich werde es gleich wieder gut machen und sage Dir, es war scheußlich.«[108]

War es nun scheußlich oder schön? Ambivalenz zeichnet den Bericht des Gymnasiasten aus. Wagners Musik wirkte auf ihn schön und scheußlich, langweilig und geistreich, man konnte sagen, daß sie melodienreich, fein instrumentiert und dramatisch sei und ebenso das Gegenteil behaupten. Richard Strauss war verwirrt: »Dem rappelt's«.

Doch schnell bekannte er sich wieder zur Wagner-Gegnerschaft und schimpfte auf den Bayreuther Meister, so wie es auch sein Vater tat: »Die Einleitung ist ein langer Paukenwirbel mit Bombardon und Fagotten, die in den tiefsten Tönen brüllen, was so dumm klingt, daß ich grade hinausgelacht habe.« Er bemängelte, daß Wagner keine »zusammengehörigen Melodien« komponieren könne, höchstens einmal zwei Takte »zusammenpassen« und: »Ich sage, eine Unordnung ist da drin, Du machst Dir nicht den entferntesten Begriff.« Erschreckt wurde er von den Dissonanzen im I.

Akt: »Bei dieser Stelle wär' eine Katz krepiert und sogar Felsen wären vor Angst von diesen scheußlichen Mißtönen zu Eierspeisen geworden. Die Geiger erschöpfen sich in ewigen Tremolos und das Blech in Geigenpassagen und sogar die Trompetensordine hat Wagner angewendet, um alles nur recht scheußlich und infam zu machen.« Bei aller Abscheu beobachtete und analysierte er Wagners Musik doch sehr genau. Er meldete seinem Freund die revolutionäre Blechbesetzung nach Innsbruck: »4 Hörner, 4 Trompeten, 4 Posaunen, 4 Baßtuben, das macht mit Geigen und Holzbläsern einen grauenhaften Lärm.« Den Schluß der Oper fand er zwar langweilig, aber er regte ihn doch zu einer eigenen Sprachkomposition an: »Die ganze Oper kannst Du in 100 Takten ausdrücken, denn immer das Gleiche und immer das Gleiche und immer das Gleiche und immer das Gleiche und immer gleich langweilig und immer gleich langweilig und immer gleich langw . . . . . . pp Scheußlich hundemäßig pp *Aber geistreich!!!*« Hin- und hergerissen war Richard. Wem sollte er glauben: dem Vater oder dem Komponisten?

Er konnte über etwas so Fremdes, Verrücktes nur mit bizarren, verrückten und spaßigen Worten sprechen; denn ernst durfte und konnte er diese Musik noch nicht nehmen, allzusehr stand hier die Autorität seines Vaters dagegen.

Wenn Richard Strauss bei seinem Schulkameraden Max Steinitzer war, dann erfreute er diesen und dessen Eltern mit einer musikalischen Parodie: »Einmal setzte er sich nach einer Philippika gegen den Meister an den Flügel und traversierte Isoldens Liebestod im dreiviertel Takt als Walzer.«[109] Der ältere Bruder Alfred fühlte sich »an solchen Nachmittagen völlig abseits stehend, einerseits als Paria, andererseits als ›Wagnerianer‹ weit überlegen.«

Niemand ahnte damals, daß der junge Richard einmal noch »verrücktere« Opern schreiben würde als der alte Richard in Bayreuth.

## Ein außergewöhnlicher Abiturient

1882 bestand Richard Strauss das Abitur. Der »frische und strebsame, aber übereilte, der Besonnenheit entbehrende« Schüler – so charakterisierten ihn die Lehrer beim Eintritt in die Oberprima – brachte ein ziemlich gutes Abschlußzeugnis nach Hause mit. In den Sprachen – Latein, Griechisch, Französisch und Deutsch – war er gut oder fast gut, nur in Mathematik und Physik erhielt er die Note »mittelmäßig« und in Geschichte sogar ein »sehr gut«.

Er war also kein schlechter Schüler, wie es das Klischee vom hochbegabten, aber intellektuell unterentwickelten Musiker gerne kolportiert, und wie es Richard Strauss später vorgeworfen werden wird – und zwar nicht nur in dem Roman *Richard Strauss* von seinem Schulkameraden Hans Fischer-Hohenhausen[110] aus dem Jahr 1929. Vielmehr beurteilten ihn die Lehrer positiv: »Trotzdem er sich in hervorragender Weise auch mit Musik befaßte, hat er doch auch in den sprachlichen Fächern mit großem Fleiß gute Erfolge erzielt und reifes Verständnis bei der Erklärung der Klassiker gezeigt. Rühmenswert sind auch seine Kenntnisse in der Geschichte. Sein Betragen war durchaus tadellos.«[111]

Mit diesem Abiturzeugnis standen Strauss alle Wege für eine bürgerliche Karriere offen, hätte er Regierungsrat oder Arzt werden können. Doch das Abitur war das Ende seines bürgerlichen Lebensweges. Für ihn gab es keine andere Wahl: Er wollte und mußte Musiker werden. Dem widersetzte sich nun auch der gestrenge Vater nicht mehr, denn seine Bedingung war erfüllt. Wird das Talent Richards standhalten? Der Vater gab seinem Sohn die Gelegenheit, dies zu beweisen.

Das Abitur war die letzte Prüfung seines Lebens, die Strauss absolvierte, im Grunde war es auch das Ende seiner Lern- und Studienzeit, wenn man von einigen Semestern Universität absieht. Er besuchte nicht die königliche Musikschule wie sein Freund Thuille, und damit wurde eine wichtige Weiche gestellt: Er wird nicht den akademischen Weg vom Studenten eines Konservatoriums oder einer Musikhochschule zum Hochschullehrer und Professor einschlagen, sondern sich im freien Musikleben bewähren müssen – so wie einst Mozart und Beethoven.

Das Abitur war also sein Reifezeugnis im wahrsten Sinn des Wortes. Auf dem humanistischen Gymnasium hatte er sein Interesse für Sprachen und vor allem für die Antike entwickelt, die sein Schaffen prägen wird. Auch ist sehr bezeichnend, daß sein Wissen in Geschichte von den Lehrern gerühmt wurde: Strauss wird einer der ersten Komponisten sein, der das im 19. Jahrhundert entstandene Geschichtsbewußtsein in seine Werke einbezieht. Durch den Besuch von Vorlesungen an der Universität über Geschichte der Philosophie, Ästhetik, Kulturgeschichte und Shakespeare rundete er dieses Wissen ab – freilich wenig befriedigt über die trockene Wissenschaft: »Mein musikalisches Ohr ermüdete beim Anhören einer eintönigen Professorenstimme durch dreiviertel Stunden derart, daß ich es bald vorzog, mir derartige Kenntnisse durch Lektüre anzueignen und von verschiedenen Lehrern nach eigener Wahl!«[112]

Ein Komponist ohne Hochschulabschluß? War Strauss ein »dilettantischer Wunderknabe«, wie Fischer-Hohenhausen in seinem Roman[113] mit hintergründiger Bosheit schrieb? Die Jugend von Strauss fällt in eine Zeit, in der auch die Musik verakademisiert wurde. Während bei Bach, Mozart, Beethoven oder Schubert die Musik noch wie ein Handwerk bei einem in der Berufspraxis sein Brot verdienenden Lehrmeister gelernt wurde, gewannen ab der Mitte des Jahrhunderts die Konservatorien und Hochschulen an Bedeutung. Musik wurde dort zu einem akademischen Beruf mit Abschlußdiplom gemacht. Während Freund Thuille diesen bürgerlichen Weg wählte und ein angesehener Hochschullehrer, freilich nur mittelmäßiger Komponist wurde, vollzog sich die musikalische Enwicklung von Strauss noch auf die alte Weise. Sein strenger Lehrmeister war der Vater – wie schon einst Johann Sebastian Bach bei seinen Söhnen oder Leopold Mozart bei Wolfgang und dem Nannerl.

Die musikaliche Ausbildung von Richard Strauss war streng handwerklich. Schon als Abiturient mit 18 Jahren beherrschte er das Komponistenhandwerk zur Überraschung der Fachleute: »Freilich war er schon bei Absolvierung des Gymnasiums so weit darin vorgeschritten, daß damals der inzwischen leider verstorbene Prof. Josef Giehrl zu mir von ihm sagen konnte, es sei für alle Musiker etwas geradezu Verblüffendes, wie der junge Mensch alle Formen bereits vollkommen sicher beherrsche«,[114] schrieb der Mitschüler Arthur Seidl.

Vater Strauss war jedoch viel zu klug, als daß er die Erziehung seines Sohnes allein übernommen hätte. Vielmehr überwachte er nur dessen Entwicklung und überließ den Unterricht seinen Kollegen. Um sich dieses aufwendige Privatstudium leisten zu können, mußten die Eltern und die Schwester sparsam haushalten: »Mit freudigem Stolz habe ich auf manches Verzicht geleistet, damit meine Eltern alles aufbieten konnten, Richards Ausbildung und Entwicklung zu fördern, und hierfür brachten sie manches große Opfer. Innigste Liebe und rührende Zärtlichkeit waren sein Dank. Wir hielten zusammen wie Pech und Schwefel«,[115] erinnerte sich die Schwester.

Neben dem Vetter Benno Walter, der – wie bereits erwähnt – Richard Violinunterricht erteilte, prägten der Pianist Carl Niest und vor allem der Hofkapellmeister Friedrich Wilhelm Meyer seine musikalische Erziehung. Meyer unterrichtete ihn ab dem elften Lebensjahr in Musiktheorie: Der Knabe lernte Harmonielehre, Formenlehre, Instrumentation und Kontrapunt – und zwar vom einfachen Kontrapunkt über den »doppelten bis zum vierdoppelten«, dazu Kanon- und Fugenkomposition. 1879, also mit vierzehn Jahren, beherrschte Richard Strauss schon die Komposition vierstimmiger Fugen, das schwierigste, was das kompositorische Handwerk fordert.

Friedrich Meyer »liebte seinen Schüler sehr und war von seiner Begabung zutiefst überzeugt«.[116] Er und seine Frau waren kinderlos und behandelten Richard – so die Schwester Johanna – »wie einen Sohn«. Meyer war in seinem Beruf »nach damals noch recht verbreiteter Münchener Art überbescheiden«[117] und machte deshalb keine größere Karriere, obwohl er ein hervorragender Konzert- und Operndirigent war. Im Gegensatz zum Vater Franz Strauss verehrte er Richard Wagner und Franz Liszt, war offen für den musikalischen Fortschritt, verband dies jedoch »mit dem feinen Sinn für strenge technische Schulung im alten Sinn«.[118] In ihm hatte Richard ei-

nen Lehrmeister gefunden, der zwar streng war und schwierigstes von seinem Schüler forderte, ihn aber auch an die damalige musikalische »Avantgarde« heranführte, für Neues aufgeschlossen war, bescheiden eigenen
Ehrgeiz zurückstellte und sich am Fortkommen seines Schülers freute.
Meyer verkörperte die altmünchnerischen Tugenden – handwerkliche Ge-
nauigkeit und Strenge gepaart mit Bescheidenheit und Liberalität – wie
kein anderer. Ihm gelang das Kunststück, einem Gymnasiasten noch während der Schulzeit ein gediegenes berufliches Handwerk zu vermitteln.

In der Öffentlichkeit vermied Vater Strauss allzu großes Aufsehen. Zumeist komponierte Richard für seine Verwandten, die fleißig Hausmusik
pflegten. Doch im Mai 1880 führte Franz Strauss mit der Wilden Gung'l
die Gavotte D-Dur o. op. 59, IV in einem öffentlichen Konzert auf. Dann,
1881, schien dem Vater, dem Theorielehrer Meyer und dem Onkel Pschorr
die Zeit reif für einen entschiedenen Schritt an die Öffentlichkeit.

Am 17. Februar bot Richard Strauss den Festmarsch Es-Dur für Orchester dem renommierten Verlag Breitkopf & Härtel an. »Über den Marsch,
sowie auch über einige andere größere Kompositionen von mir sprach sich
Herr Generalmusikdirektor Franz Lachner, der mir die gütige Erlaubnis erteilte, ihm zuweilen eine meiner Kompositionen vorzulegen, sehr günstig
aus«, schrieb der Gymnasiast im Begleitbrief. Der Verlag freilich lehnte das
1876 komponierte Werk ab und wurde erst von Georg Pschorr, der die
Druckkosten übernahm, umgestimmt. Als op. 1 eröffnet der Festmarsch,
der dem »lieben Onkel Herrn Georg Pschorr« gewidmet ist, die Reihe der
vom Komponisten mit »opus-Rang« versehenen Werke. Damit war für
Aufsehen auch außerhalb Münchens gesorgt.

Schlag auf Schlag folgten nun die nächsten Schritte zur Durchsetzung
des außergewöhnlichen Talents. Am 14. März spielte das Quartett des Onkels Benno Walter erstmals das Streichquartett A-Dur op. 2. Schon zwei
Tage später, am 16. März, sang Kammersängerin Cornelia Meysenheim in
einem Liederabend drei Lieder von Richard: *Waldesgesang, O schneller
mein Roß* und *Die Lilien glühn in Düften*. Am 26. März dirigierte Franz
Strauss die Wilde Gung'l im Saal des Bürgervereins: Die Uraufführung des
Festmarsches stand auf dem Programm. Den Höhepunkt und Abschluß
dieser Serie von Strauss-Konzerten bildete die Uraufführung der ersten Sinfonie in d-Moll im 3. Abonnementkonzert der »Musikalischen Akademie«
unter Hermann Levi im Odeonssaal. Vater Strauss kopierte eigenhändig
die Partitur und die  Orchesterstimmen, damit sich ja kein Fehler ein-
schlich, und spielte selbst mit: »Vater war natürlich sehr nervös und aufgeregt, während Richard ganz ruhig blieb und gar keine Vorbereitungen traf.
Mama und ich hatten unsere Abonnementplätze und Richard stand in seinem Sonntagsanzug, wie immer, hinter der ersten Säule links, wo die
Künstler den Saal betreten. Ich hielt in meiner Erregung die Daumen noch
fester in die Handflächen gepreßt, als hinge von meinem Kraftaufwand das

München, Mittwoch, den 30. März 1881.

**Königl. Odeon.**

*Drittes Abonnement-*

# CONCERT

der

**Musikalischen Akademie.**

### Erster Theil.

1. **Sinfonie** D-moll (Manuscript) . . . . . . . . . . . . . . *Richard Strauss.*
   Andante maestoso, Allegro. — Andante. — Scherzo (molto
   Allegro). — Finale (Allegro con brio).

### Zweiter Theil.

2. **Variationen** für Orchester über ein Thema von Jos. Haydn. op. 56    *Johannes Brahms.*
3. **Concert** D-moll für drei Klaviere mit Streichorchester . . . . *Joh. Seb. Bach.*
   Allegro maestoso. — Alla Siciliana. — Allegro.
   (Fräulein *Eugenie Menter*, Herr *Bussmeyer* und
   Herr *Levi.*)
4. **Wellington's Sieg** oder die Schlacht bei Vittoria, für Orchester. op. 91    *L. van Beethoven.*
   I. Abtheilung: Schlacht.
   Marcia, Rule Brittania. Marcia, Malborough. Allegro. Sturm-
   marsch.
   II. Abtheilung: Sieges-Sinfonie.
   Intrada (Allegro ma non troppo). — Allegro con brio. —
   Andante grazioso. — Moderato (Hymne). — Allegro.

Die Concertflügel von **C. Bechstein** sind aus dem Magazin der königl. bayer. und herzogl.-sachs.-meining.
Hofmusikalienhandlung von Jos. Aibl.

Um Störungen zu vermeiden, wird das verehrliche Publikum ersucht, rechtzeitig zu erscheinen, da den nach Beginn
des Concertes Eintreffenden erst nach Schluss des ersten Satzes der Sinfonie ihre Plätze angewiesen werden können.

Concertprogramme sind zu **10 Pf.** am Eingange des Saales und der Galerie zu haben.

**Eintritts-Preise:**

Ein reservirter Sitz im Saal . . . . . . . . 3 ℳ. — ₰
Ein numerirter Sitz im Saal . . . . . . . . 3 ℳ. — ₰
Ein numerirter Sitz auf der Galerie . . . . . 3 ℳ. — ₰
Eine Saalkarte . . . . . . . . . . . . 2 ℳ. — ₰
Eine Galeriekarte . . . . . . . . . . . 2 ℳ. 50 ₰
Für jene Kategorien, bei denen bisher Preisermässigung
stattfand . . . . . . . . . . . . . 2 ℳ. — ₰

Für die Herren Studirenden an der k. Universität und
Eleven an der k. Akademie der bildenden Künste
und der k. Musikschule, sowie für die Herren
Studirenden und Zuhörer an der k. polytechnischen
Schule . . . . . . . . . . . . . 1 ℳ. 50 ₰
Für die Herren Gymnasiasten . . . . . . . 1 ℳ. — ₰

Die Abgabe von Eintrittskarten findet an der Casse im kgl. Odeon **Mittwoch den 30. März, Vormittags von 11–1 Uhr,** sowie **Abends von 6 Uhr** an statt.

**Saal-Eröffnung 6 Uhr. — Anfang präcis 7 Uhr. — Ende 9 Uhr.**

☞ Palmsonntag den 10. April: Concert ausser Abonnement. ☜
## Judas Maccabäus.
Oratorium von **G. Fr. Händel.**
Die Soli gesungen von Frau **Basta**, Frau **Vogl**, Frl. **Blank**, Herrn **Vogl** und Herrn **Fuchs.**

gute Gelingen der Aufführung ab. Still und angstvoll hockte ich auf meinem Stuhl und mit jedem Takt nahm das Gewicht, das mir auf der Seele lastete, ab, ich kannte ja jede Note. Der Erfolg war außerordentlich. Der dirigierende Musikdirektor Hermann Levi zeichnete selbst den jungen

Komponisten durch seinen Beifall aus. Welch ein Stein fiel Mutter und mir vom Herzen, und mein Vater mag nach keinem anderen Konzert so erleichtert aufgeatmet haben wie nach diesem. Was es überhaupt für ihn bedeutete, bei der ersten Aufführung eines größeren Werkes seines Sohnes mitzuspielen, im Odeon, an der vornehmsten Stelle des Münchner Musiklebens, vor einem anspruchsvollen Publikum und gegenüber einer überaus strengen Fachkritik, ist nur schwer nachzuempfinden!«[119]

Dem 15jährigen Komponisten stieg der Erfolg, wie sein Schulfreund Max Steinitzer später berichtete, nicht in den Kopf:»Straussens Mitschüler am Gymnasium wunderten sich, daß man ihm hernach in der Klasse so gar nichts Besonderes anmerkte; Strauss war eben schon damals der durchaus sachliche Charakter, der er geblieben ist.«[120] An dieser Bescheidenheit hatte gewiß auch die Erziehung der Eltern einen großen Anteil; denn sie »hielten in kluger Beherrschung mit dem Lob zurück«.[121] So kam es zu dem erstaunlichen »Gegensatz: gestern von 1800 Personen herausgejubelt und von dem dirigierenden Generalmusikdirektor selbst mit Beifallklatschen öffentlich ausgezeichnet, – und heute in der Schulbank stehend, vielleicht in dem zu Atomen vernichtenden Ton der meisten damaligen Münchner Gymnasialherrscher etwa auf die ungeheure Wichtigkeit des versus pseudoepikataprozeleusmaticus gestoßen.«[122]

Die »überaus strenge Fachkritik« beachtete das erste Auftreten des jungen Komponisten aufmerksam. Über das A-Dur-Quartett urteilten die »Münchner Neuesten Nachrichten« am 20. März 1881 positiv: »Dasselbe ist die Probe eines entschiedenen Talentes; natürliche Emfpindung, Gewandheit in der Beherrschung der Form, zeichnen es aus.«[123] Auch anläßlich der Uraufführung der d-Moll-Sinfonie staunte der Kritiker über »die bedeutende Begabung des noch in so jugendlichem Alter stehenden Componisten« und hob die »sehr bedeutende Gewandheit in der Handhabung der Form« und das »entschiedene Geschick in der Orchestration« hervor.[124] Gelobt wurde die technische Meisterschaft, vermißt freilich die Orginalität: Beim A-Dur-Quartett sah der Kritiker Mozart und Haydn als Vorbilder des ersten und letzten Satzes und das Vorbild Mendelssohns für die Durchführungsteile. Auch der Schulfreund und spätere Biograph Max Steinitzer schloß sich diesem Urteil an: »Technisch einwandfreie, elegante und feine Arbeit im reinsten frühklassischen Quartettstil, vielfach ganz im Geiste Haydns.«[125] Er hielt dieses Quartett für »entschieden konservativer und unpersönlicher« als die d-Moll-Sinfonie, der freilich vom Kritiker der »Münchner Neuesten Nachrichten« ebenso »eigentliche Originalität« abgesprochen wurde. »Es zeigt aber in allen Theilen eine mit großer Leichtigkeit reproduzierende musikalische Phantasietätigkeit.« Steinitzer allerdings erkannte in der Sinfonie schon fortschrittlichere Elemente, wie sie die Musik des von Vater und Sohn Strauss gar nicht geschätzten Robert Schumann aufwies.

So rätselten die Zeitgenossen, wie sich der Komponist Strauss entwikkeln würde. Seine Musik hielt sich noch in den Grenzen, die Vater Strauss, der mit ihm befreundete Komponist und Leiter der Musikschule Josef Rheinberger und die hausmusikliebenden Münchner Verwandten und Freunde für erlaubt hielten.

Der junge Richard Strauss war nun in der Öffentlichkeit als beachtliches Talent anerkannt, aber noch nicht als eigenständiger und eigenwilliger Komponist. Er begann, wie dies Arthur Seidl formulierte, als »Talent des Technischen«,[126] wie – so meinte dieser dem Studium der Musikgeschichte entnehmen zu können – alle Genies, »ganz wenige seltene und anderweitig wieder ihre Erklärung findende Erscheinungen, wie z. B. Berlioz oder Rob. Schumann ausgenommen«.

Als »Talent des Technischen« bestaunten ihn die Münchner Mitbürger; hätte er so eigenwillig wie einige Jahre später komponiert, wäre er wohl sofort abgelehnt worden. Aber die erste Reaktion der Kritiker setzte sich in den Köpfen der Zeitgenossen fest: In seinem Leben wird er noch oft als bloßer Techniker mißverstanden werden.

Die Konzerte des Jahres 1881 waren die »musikalische Reifeprüfung« des jungen Komponisten. Sie erfolgte bezeichnenderweise nicht vor dem Gremium einer Hochschule, sondern im Konzertsaal. Das Abitur, das der nun schon zu lokaler Berühmtheit gelangte Richard Strauss ein Jahr später bestand, war dagegen für sein späteres Leben unbedeutend, auch wenn »mit rosa Absolviamütze und Band, wie es damals üblich war, (...) nicht nur er sich so hoch gefühlt wie wohl selten in seinem späteren Leben, sondern auch wir mit ihm, die guten Eltern und die stolze, bewundernde Schwester. Nun lag die Bahn frei vor ihm für die Musik.«[127]

# II

# Jahre der Muße und Suche

»Daß nach dem Absolutorium eine festliche Veranstaltung mit Freunden oder Verwandten stattgefunden habe, ist mir nicht erinnerlich. Aber wir gingen gleich danach in die Sommerfrische nach Tirol, ins Pustertal und in die Dolomiten . . .«[1]

So begann der neue Lebensabschnitt. Drei Jahre lang, 1882–1885, widmete sich Richard Strauss – äußerlich betrachtet – dem Müßiggang, besuchte weder ein Konservatorium, noch ging er einer geregelten Arbeit nach. Vielmehr fühlte er sich bereits als Komponist, der freischaffend seinen Weg suchte. Die Technik beherrschte er, aber die eigene Sprache mußte er erst noch finden, und er mußte auch ergründen, wie man mit dieser brotlosen Kunst ohne bürgerliche Absicherung zu Erfolg gelangt.

Außergewöhnlicher Fleiß, wie er im Grunde nur in der bürgerlichen Gesellschaftsschicht anzutreffen war, prägte Strauss von frühester Jugend an. Darin waren ihm Mutter und Vater ein Vorbild. Untätiges Herumsitzen, sich passiv unterhalten zu lassen, das kannten diese Menschen nicht, und das blieb auch Richard Strauss bis zu seinem Tod fremd. Die Mutter stickte, wenn sie im Garten ihres Bruders saß, der Vater übte, musizierte, dirigierte und komponierte, und Richard entfaltete während seines ganzen Lebens als Komponist, Dirigent, Briefschreiber und Musikpolitiker eine Produktivität, die für einen einzigen Menschen fast unmöglich erscheint und nur mit seinem großen Vorbild Mozart verglichen werden kann.

Dennoch blieb noch Zeit für Muße und Besinnung. Vater Strauss ging gerne ins Caféhaus und Sohn Strauss erholte sich beim Skatspiel. Das Getriebensein der modernen, vom Kommerz bestimmten Zeit kannten die Münchner damals noch nicht. Aktivität und Ruhe hielten sich das Gleichgewicht.

## Münchner Orientierungspunkte

»Da namentlich dem Fremden zur leichteren Orientierung in dieser hochinteressanten und volkreichen Stadt ein kleiner Leitfaden willkommen sein wird, geben wir in gedrängter Kürze beherzigenswerthe Winke für den Aufenthalt in der vom Touristen vielbesuchten bayerischen Capitale, dem ›Isar-Athen‹«,[2] ist im Anhang des Führers durch die Internationale Kunstausstellung in München 1879 zu lesen. Der Fremde erreichte München über drei Bahnhöfe: den Centralbahnhof, den Südbahnhof in Thalkirchen oder den Ostbahnhof in Haidhausen. Eine Pferdebahn – die Tramway – verband die wichtigsten Plätze und Straßen miteinander, »Omnibusse verkehren nach allen Ausflugspunkten«, Fiaker oder Zweispänner sowie Dienstmänner konnten gemietet werden.

München gab sich modern und weltoffen. Im Katalog zur »Internationalen« 1883 warb der Onkel Pschorr mit einer Anzeige: »Export nach allen Ländern«, und verkündete stolz, wo überall das Pschorr-Bier prämiert wurde – ebenso in Köln und Paris wie in Wien und Philadelphia. Hier in München luden das Pschorrbrauhaus in der Neuhauser Straße Nr. 11 und der »Bavaria Keller« auf der Theresienhöhe Nr. 3 zu Biergenuß ein.[3]

Der Fremde wurde im gastlichen München nicht nur zu Bier und bayerischer Kost verlockt. Vielmehr wies der Führer auch auf die architektonischen Glanzpunkte hin, die man gesehen haben mußte. Die meisten Gebäude waren im 19. Jahrhundert gebaut worden, waren also modern und zeugten zugleich von dem an der Antike und Renaissance orientierten Geist, der in »Isar-Athen« herrschte.

Dies prägte den jungen Richard Strauss, als er hier aufwuchs. Die Antike und die Renaissance waren ihm also nicht nur durch den Griechischund Lateinunterricht am Gymnasium vertraut, sondern auch durch die Bauwerke, Straßenzüge und Plätze. Er und seine Altersgenossen fühlten sich wie schon seine Eltern in einer Renaissance, in einer neuerlichen Wiedererweckung der Antike, wie sie schon das glänzende 15. und 16. Jahrhundert auszeichnete. Ein Sohn Ludwigs I. war König der Hellenen in Griechenland; damit ging ein alter Traum der Bayern in Erfüllung. Als Otto von Griechenland 1862 nach 30jähriger Herrschaft abgesetzt wurde, war die Enttäuschung groß. Doch die gebildeten Bürger, die – wie das ganze Volk – von der Politik ausgeschlossen waren, kümmerten sich wenig um Macht- und Herrschaftsfragen – das war die Aufgabe des Adels –, sondern hauptsächlich um ihren Beruf und um Kultur, und diese wurde vom Bild einer neu erwachten Antike bestimmt. Richard Strauss schrieb noch kurz vor seinem Tod: »Musik des 20. Jahrhunderts. Der griechische Germane!«[4]

Der aus dem Norden kommende, durch München flanierende Tourist sah sich in eine südliche Stadt versetzt. Er fühlte sich schon dem lichtdurchfluteteten, hellen, lebensfreudigen und mediterran-heiteren Italien nahe, das die Menschen im Norden ersehnten. Hier fand eine Idealisierung der Vergangenheit statt, wurde eine rückwärtsgewandte Utopie gepflegt – und das in einer Zeit des technischen und ökonomischen Fortschritts, wie ihn die Menschen bislang noch nie erlebt hatten. Die Geschichte wurde in München nicht nur von hervorragenden Historikern wie Sybel, Giesebrecht, Cornelius sowie Ranke, dem Präsidenten der Historischen Kommission der Bayerischen Akademie der Wissenschaften, gelehrt, sie wurde auch gelebt, bestimmte den Alltag, die Lebensformen und die Weltsicht. Naturwissenschaft und Technik, diese vom Gymnasiasten Strauss so wenig geliebten Fächer, wurden zwar von König Maximillian II, dem Sohn Ludwigs I., gefördert – er holte namhafte Forscher wie den Chemiker Liebig, den Physiker Jolly, den Anatom Bischoff aus dem protestantischen Norden ins katholische München und ließ den Bayern Pettenkofer richtungsweisend die Hygiene in der oft von Choleraepedemien geplagten

Stadt verbessern –, doch dienten die Naturwissenschaften, die fließend als weitere Stützpfeiler in den geistigen Überbau der Gründerjahre eingefügt wurden, lediglich als Werkzeug des neuen, antik-heroischen Menschen und konnten an der Übermacht der Geschichte nichts ändern. Dies prägte auch Strauss, der zwar einer der technisch virtuosesten und fulminantesten Komponisten der Musikgeschichte war, doch sich kaum mit den ihm allzu trivial erscheinenden Errungenschaften moderner Technik befaßte – im Gegensatz etwa zum fast dreißig Jahre jüngeren Arthur Honegger, der im sinfonischen Satz *Pacific 231* (1923) eine Tondichtung über eine Lokomotive komponierte.

Als der junge Komponist noch seine eigene Musiksprache suchte, war ein anderer gerade dabei, seinen Weg zu vollenden. Ludwig II. trat seine Regierung 1864, im Geburtsjahr von Richard Strauss an. Auf das Leben des später zu Weltruhm gelangten bayerischen Musikers hatte er nur einen indirekten Einfluß, indem er nämlich als frisch gekrönter König Richard Wagner nach München rief. Der von seinen Schuldnern gejagte Meister jedoch wurde in München gehaßt, verspann sich in Intrigen, verursachte mit seiner offen gezeigten Liebe zur Frau seines Kapellmeisters Hans von Bülow einen Skandal und mußte schließlich 1865 dem Volkszorn weichen. Der König errichtete ihm in Bayreuth ein Festspielhaus. Damit war auch besiegelt, daß München in den folgenden Jahrzehnten musikalisch betrachtet eine Provinzstadt blieb. Den heranwachsenden Richard Strauss bewegte der »Rumorhäuser«, einer der vielen bösen Spitznamen für Wagner, sehr – zunächst als musikalischer Teufel, wie ihn der Vater sah, später als Vorbild. König Ludwig II. wandte sich enttäuscht von seiner Residenzstadt ab und beglückte die Provinz, Neuschwanstein, Linderhof und Herrenchiemsee sowie Bayreuth mit seinem kulturellen Ehrgeiz. Seine Welt war nicht mehr die Antike, sondern das Mittelalter eines Lohengrin und die barocke Pracht eines Ludwig XIV. Der bayerische Märchenkönig verspann sich so sehr in die von ihm erträumte Vergangenheit, daß er die Gegenwart kaum noch wahrnahm und dem Wahnsinn verfiel. Als er 1886 im Starnberger See seinem Leben ein Ende setzte, komponierte Josef Rheinberger, ein Freund von Franz Strauss, ein etwas schwülstiges Lied mit dem Titel *Der Königsstrand.*[5]

Den Touristen aus dem Norden und dem Ausland erschienen Bayern und München merkwürdig: ein König, der mittelalterliche und barocke Märchenschlösser baute, eine noch unverdorbene, hauptsächlich von der Landwirtschaft lebende Landbevölkerung, eine Capitale in Deutschland, die sich wie eine italienische Stadt gab und in der sich moderne Technik und bäuerlich-ländliche Gemütlichkeit einander gegenüberstanden . . . Dieses München hatte eine »couleur locale«, wie sie die Künstler suchten. Nicht umsonst wurde Isar-Athen im 19. Jahrhundert zum Mekka der Maler und Bildhauer.

Besondere Höhepunkte bildeten die Internationalen Kunstausstellungen im Glaspalast, in denen Künstler aus Frankreich, Belgien, England, Italien, Spanien und Amerika ausstellten. Hier konnten die Münchner den frischen Wind der weiten Welt schnuppern. Auch Richard Strauss, seine Eltern und die kunstsinnigen Verwandten Pschorr, die in den Ausstellungskatalogen für ihr Bier warben, besuchten die »Internationale«. An die denkwürdige »Internationale« von 1869 konnte sich Richard gewiß nicht mehr erinnern, aber die Erwachsenen werden ihm berichtet haben, daß hier zum ersten Mal Franzosen wie Corot, Millet, Dupré und Daubigny ausstellten und daß vor allem das naturalistische und sozialistisch wirkende Bild Millets der *Steinklopfer* großes Aufsehen erregte. 1879 und 1883 dagegen betrachtete Strauss die ausgestellten Gemälde schon mit bewußtem Blick. Er sah 1879 das acht auf sechs Meter große Kolossalgemälde *Kampf der Titanen* von Anselm Feuerbach, das sich »zur Aufgabe gestellt hat, die Großartigkeit der antiken Welt im Geiste des Alten durch eine hochpoetische Compostion vorzuführen«, wie der Ausstellungsführer erklärte.[6] 1883 bestaunte Strauss Carl von Pilotys *Unter der Arena*[7] – eine äußerst lebendig dargestellte Szene aus der Antike. Strauss erinnerte sich dabei an ein anderes Gemälde Pilotys: *Seni an der Leiche Wallensteins*, das den Ruhm der Münchner Historienmaler begründete. Auch auf diesem Bild waren die Menschen groß, fast übergroß dargestellt, die Geschichte erschien bedeutend und wichtig, wurde – an der Malerei des Barock und Rokoko geschult – lebendig, wie ein Ausschnitt aus der Wirklichkeit gezeigt, obwohl sie andererseits inszeniert und ins Ideale erhoben schien.

Dagegen zeigte der ungarische Maler Michael Munkacsy, der einige Jahre in München studiert hatte und nun in Paris lebte, sein Atelier – und zwar nicht als heiteres Genrebild, sondern in den dunklen und ernsten Farben, »der düsteren Tönung« seiner Gemälde »mit hochernsten« Themen. Hier fand der junge Strauss Realismus und Naturalismus, was freilich die Münchner Kritik verurteilte.[8] Noch weniger heroisch malten die meisten Franzosen, die »Nuditäten und – Heiligenbilder« ausstellten: »Die Sünde und daneben das kirchliche Heilmittel, der Cultus des Fleisches und demüthige Verherrlichung der Abwendung von aller Erdenlust.«[9] Strauss wird vor allem die koloristische Virtuosität der Franzosen bestaunt haben, etwa in Rousseaus *An den Ufern der Oise*, in Jules Duprés *Umgebung von Southampton* oder in Corots *Weiden*. Er war sicherlich auch überrascht, wie sinnlich und lebendig Gustave Moreau eine mythische Szene darstellte: »Das Haupt des von den Mänaden zerrissenen Orpheus war an die Küste getragen worden und ein Mädchen hebt es und die Lyra des Sängers auf.« Grauenvolles und Dämonisches wurde von dem französischen Maler verführerisch schön dargestellt. Ob Strauss Moreaus Bild *Salome tanzt vor Herodes* aus dem Jahr 1874 kannte? Schon damals kamen in Frankreich nämlich die Themen auf, die ihn später bewegen sollten.

Genrebilder von Defregger und Carl Spitzweg, Porträts von Lenbach, die realistische Darstellung eines *Eisensalzwerkes* durch Adolf Menzel – »Ein so kühner Griff in's volle Menschenleben, wie ihn nur ein Genie ungestraft thun darf«, hieß es im offiziellen Text[10] – waren weitere Glanzpunkte dieser Ausstellung. Dynamik, Wechsel der Farben ohne feste Grenzen, gleißendes Licht und Dunkelheit, Realismus, Humor und Ironie fand der junge Strauss in der neuen Kunst.

Wie sollte er dies mit der Geschichte, der Antike, dem Kolossalen und Monumentalen, mit der Sicht vom neuen Menschen der Gründerzeit verbinden? Kompliziert und schwer faßbar war diese Zeit. Orientierungspunkte fand der junge Komponist viele. Doch wie sollte er sich entscheiden, wie das Fühlen und Denken seiner Zeit in Töne fassen?

## Musikliebhaber und Berufsmusiker

Der Freund Ludwig Thuille spielte 1882 als Solist die Uraufführung seines Klavierkonzertes D-Dur und bestand glanzvoll das Abschlußexamen der Königlichen Musikschule. Er lebte nun von Privatunterricht und von dem Erbe, das ihm seine 1881 verstorbene mütterliche Freundin Pauline Nagiller hinterlassen hatte. Doch schon ein Jahr später, 1883, berief ihn Josef Rheinberger an die Königliche Musikschule als Lehrer für Klavier und Harmonielehre; fünf Jahre später wird er zum Kgl. Professor ernannt werden.

Richard Strauss dagegen genoß es, in München frei wie die Maler aus aller Welt, die hierher kamen, zu arbeiten. Wieviel änderte sich für ihn in diesen wenigen Jahren! Nach dem Abitur durfte er 1882 mit dem Vater erstmals nach Bayreuth, denn Franz Strauss mußte wegen einer alsbald zur Anekdote stilisierten Begebenheit in die Hochburg des von ihm gehaßten Richard Wagner. Als nämlich Hermann Levi 1881 die erste Sinfonie von Richard Strauss uraufführte, fragte ihn Franz Strauss, wie er ihm dies danken könne, er würde jede Bitte des Dirigenten erfüllen – und Levi nahm ihn beim Wort: Er bat ihn, als Hornist bei der Uraufführung des *Parzifal* in Bayreuth mitzuwirken. Franz Strauss konnte nun nicht nein sagen, so sehr ihm diese Aufgabe zuwider war.

Erstaunlich aber ist, daß er seinen Sohn mitnahm, obwohl er gewiß alles tat, um ihn dem Einfluß Wagners zu entziehen. Aber Richard hatte sich schon seit einiger Zeit mit den Partituren des Neutöners befaßt, wohl nicht ganz ohne Ermutigung durch seinen Kompositionslehrer Meyer. »Jedenfalls bin ich erst durch verbotenes Studium der *Tristan*-Partitur« – so erinnerte sich Richard Strauss im Alter – »in dieses Wunderwerk und später auch den *Ring* eingedrungen, und ich erinnere mich noch sehr wohl daran, wie ich, etwa 17jährig, gleichsam wie im Fieber die Partiturseiten des *Tri-*

*stan* verschlang und in einen Rausch der Begeisterung geriet, der erst eine Abkühlung erfuhr, als ich von neuem versuchte, in der lebendigen Aufführung die Eindrücke verstärkt zu sehen, die Auge und geistiges Ohr bei der Lektüre erhalten hatten.«[11] Was für Klänge und Melodien hörte der junge Strauss mit seinem inneren Ohr, wenn er Wagners Noten las und wie enttäuscht war er dann von den Aufführungen! Nur langsam überwand er das »durch Erziehung eingeflöste Vorurteil« und spürte, wie genial Wagners Musik ist.

Trotz seines Hasses gegen Wagner nahm also Franz Strauss seinen Sohn nach Bayreuth mit; im äußeren Umgang ruppig und schwierig war er im Grunde ein toleranter Vater. Und der Junge wollte gewiß prüfen, ob die vom großen Meister selbst geleiteten Aufführungen besser wären. Doch leider ist nicht überliefert, wie die Atmosphäre von Bayreuth auf ihn wirkte. Dagegen erlebte er die unerfreulichen letzten Zusammenstöße seines Vaters mit Richard Wagner: »Du machst Dir keinen Begriff, welch Götzendienst mit diesem besoffenen Lumpen getrieben wird. In mir hat sich die Meinung entschieden festgestellt, daß der Mensch an maßlosem Größenwahn und Delirium krank ist, denn er trinkt so viel und so starke Getränke, daß er immer besoffen ist. Neulich war er bei einer Probe so betrunken, daß er beinahe ins Orchester hinuntergefallen wäre«, schrieb Franz Strauss an seine Frau.[12]

Selbstverständlich wollte Vater Strauss mit so einem Menschen nicht zusammen zu Tisch gehen, weshalb er und seine Kollegen die Einladung Wagners, gemeinsam im Theater-Restaurant zu Mittag zu essen, ablehnte, worauf Wagner erwiderte: »Na, dann freßt Eure sauren Gurken, wo ihr wollt!«[13]

Wenige Monate später, am 13. Februar 1883, starb Wagner in Venedig. Richard Strauss hatte ihn also noch kurz vor seinem Tod erleben können. Ob er als Mensch abstoßend oder beeindruckend auf ihn wirkte, wissen wir nicht. Strauss war stets zu sachlich, um solche allzu menschlichen Dinge in seinen Briefen oder späteren Erinnerungen zu erwähnen.

Nach dem Aufenthalt in Bayreuth fuhr die Familie Strauss – wie jedes Jahr – in den Urlaub nach Sillian, und danach begann der Alltag des freischaffenden Komponisten. Seine einzige regelmäßige Beschäftigung war der Besuch von Orchesterproben der Wilden Gung'l, die sein Vater leitete. Ab Oktober 1882 gehörte Richard Strauss zu den 40 aktiven Mitgliedern – meist höheren Beamten[14] – des Laienorchesters und spielte am dritten Pult der ersten Violinen.

Die Wilde Gung'l war 1864 im Geburtsjahr von Richard Strauss gegründet worden, hatte ihre Namen von dem Militärkapellmeister Joseph Gung'l (1809–1889), der von 1864 bis 1870 in München lebte und mit seinem Orchester in allen großen Städten und in Amerika konzertierte.[15] »Wild« nannte der Gründer, Regierungsdirektor und Liedertafelmitglied

Ernst von Rutz, das Orchester, weil ihm Joseph Gung'l »zum zahmen Gung'l«[16] geworden schien. Die »wilden«, nämlich unausgebildeten Musikanten spielten Märsche, Walzer, Polkas, Mazurkas und Quadrillen von Johann Strauß und Joseph Gung'l, begleiteten die Liedertafel und wurden insbesondere von Vater Strauss auch an die ernste Musik herangeführt. Er wagte sich mit seinen Dilettanten an die erste und zweite Symphonie von Beethoven, an Symphonien von Haydn, Mozart, Schubert und Mendelssohn. Das Programm wies zumeist drei »Abteilungen« auf: »Die erste Abteilung jedes Konzerts brachte eine Sinfonie, die dritte war der Unterhaltung, besonders auch Straußwalzern, gewidmet.«[17]

Franz Strauss komponierte für seine Musikanten einen *Seerosenwalzer*, einen *Friedenspsalmen-Walzer*, eine *Pizzikato-Quadrille*, eine *Zigaretten-Polka* und manches mehr. Spielten die Wilden Gung'ler beim Fasching auf, dann nahm Franz Strauss die Violine in die Hand und leitete sein Orchester als Stehgeiger. Da war er dann wieder ganz der Musikant seiner Jugendjahre.

In der Wilden Gung'l lernte Richard Strauss die Wurzeln der Musik kennen: die Musik des Volkes. In den Gasthäusern hörte er die Volkssänger und Musikanten, ging er durch die Straßen, so klangen aus den Fenstern »Übungen auf dem Klavier, der Geige oder dem Violoncell, redliche und wohlgemeinte dilettantische Bemühungen« heraus, wie der ab 1894 in München lebende Thomas Mann in seiner Novelle *Gladius Dei* schrieb. Diese Dilettanten übten, um in einem der Orchester, den Quartetten oder anderen Kammermusikunterhaltungen mitzuspielen. So viel, wie damals in München, wird hier nie mehr musiziert werden.

Es war eine musikalisch glückliche Zeit, in der Strauss aufwuchs. Er reihte sich in die Dilettanten ohne jede Überheblichkeit des Berufsmusikers ein und besuchte die Proben seines gestrengen Vaters regelmäßig und mit Vergnügen, wobei er nicht selten das ganze Orchester zum Lachen brachte: »Die älteren Herren gewannen den bescheidenen Kameraden lieb und hatten auch ihre Freude, wenn er beim ersten Spielen einer schwierigen Passage einmal ›mit Kopfsprung ankam‹, oder sein Vater ihm vom Dirigentenpult aus ein zorniges ›Ruhig!‹ herabzischte, wenn er mit leisem Pizzikato immer wieder die Stimmung seiner Geige prüfte und den alten Herrn dabei im Auge behielt, ob er es wohl hörte.«[18]

Ob Franz Strauss seinen Sohn ans Dirigentenpult ließ, ist nicht belegt, doch ich vermute, daß er sich die Gelegenheit nicht entgehen ließ, Richard im Dirigieren zu unterrichten und ihm wenigstens eine Anfangspraxis zu vermitteln.

Und was wohl Thuille dachte, daß sein Freund und Konkurrent in einem Dilettantenorchester mitspielte? Damals freilich waren die Grenzen noch nicht so streng gezogen. Vater Strauss betrachtete es sogar als Ehre, Dirigent der Wilden Gung'l zu sein. Und sein Sohn wäre vielleicht nicht zu dem populären und berühmten Musiker geworden, wenn er nicht durch den Vater in der Musik des Volkes und der Musikliebhaber verwurzelt gewesen wäre.

Doch Richard Strauss lebte keineswegs als Müßiggänger. Er, seine Eltern und Verwandten dachten durchaus an sein Fortkommen. Wie bereits erwähnt, waren die Pschorrs über einen Urahnen im 17. Jahrhundert auch mit dem Kunstmaler Carl Spitzweg verwandt. Dessen Neffe Eugen Spitzweg führte zusammen mit seinem Bruder den vom Vater übernommenen Musikverlag Joseph Aibl. Bereits 1881 druckte Spitzweg das Streichquartett A-Dur op. 2 und die *Fünf Klavierstücke* op. 3. 1883 brachte er die Serenade Es-Dur für 13 Blasinstrumente op. 7, das d-Moll-Violinkonzert op. 8 und die Sonate F-Dur für Violoncello und Klavier op. 6 heraus. Er versuchte, den jungen Komponisten auch außerhalb Münchens bekannt zu machen, wandte sich als erstes an seinen Freund, den berühmten Pianisten und Dirigenten Hans von Bülow und schickte ihm zur Begutachtung die Klavierstücke op. 3. Bülows Antwort im Brief vom 22.10.1881 war abfällig: »Clavierstücke von R.Str. haben mir gründlichst mißfallen – unreif und altklug. Lachner ist ein Chopin an Phantasie dagegen. Vermisse alle Jugend in der Erfindung. Kein Genie nach meiner innigsten Überzeugung, sondern höchstens ein Talent, wo 60 auf's Schock gehen...«[19] Reagierte Bülow wegen der Feindschaft zwischen ihm und Vater Strauss so ablehnend? Oder gefielen ihm die Klavierstücke nicht, da sie – nach seiner Meinung – allzu konventionell im »münchnerischen« Stil gearbeitet waren? Spitzweg jedenfalls ließ sich nicht von Bülows Urteil beeinflussen und veröffentlichte Richards Kompositionen.

Doch nicht nur der Verleger Spitzweg bemühte sich um auswärtigen Erfolg seines Schützlings. Auch der Onkel Benno Walter nahm Richard unter seiner Fittiche. Für ihn hatte Strauss das Violinkonzert d-Moll op. 8 komponiert, das nun Walter in Wien im Bösendorfer Saal uraufführte. Zusammen mit ihm und der Pianistin Eugenie Menter reiste Richard nach Wien und versuchte die neben Berlin und München wichtigste Musikstadt zu erobern. Er nahm sein »Geschäft« ernst und machte bei einflußreichen Persönlichkeiten seine Aufwartung: bei dem Journalisten Ludwig Speidel von der »Neuen Freien Presse«, bei dem gefürchteten Eduard Hanslick, dem Musikkritiker dieser Zeitung, der ihm, dem Sohn eines Wagner-Feindes, hätte gewogen sein können; doch beide traf er nicht an; nur bei dem Musikredaktor der »Wiener Allgemeinen Zeitung« Max Kalbeck, der in München studiert hatte und auch den »Rumorhäuser« nicht leiden konnte, hatte er Glück: »...war sehr liebenswürdig und versprach eine Vorbesprechung unseres Konzertes und meiner Person.«[20]

Doch so tief auch die Gräben zwischen Wagner-Freunden und -Feinden verliefen: Selbst Hans Richter, einer der Hauptdirigenten von Bayreuth und in Wien als Operndirigent und Leiter der Philharmonischen Konzerte die beherrschende Figur des Musiklebens, wurde vom jungen Strauss aufgesucht und war »außerordentlich liebenswürdig«. Freilich bedeutete dies nicht viel; denn er versprach zwar, die bereits erwähnte Bläserserenade dem Kapellmeister Jahn weiterzugeben, aber eine Aufführung kam nicht zustande.

Doch Richard Strauss war selbstbewußt, ließ sich nicht einschüchtern und gab sich kritisch gegenüber den Berühmtheiten des Wiener Musiklebens: »Orchesterserenade D-dur, sehr schön von Brahms, nur das Adagio ist schwach, denk Dir, da ist gezischt worden. In Wien nach einer Komposition von Brahms und im Philharmonischen Verein gezischt!« schrieb er dem Vater nach München und fuhr fort: »Wenn es bei uns immer so präzise ginge, wären unsere Konzerte weit besser, da das ganze Blech hier schlechter ist als bei uns.«

Das Konzert am 5. Dezember verlief erfolgreich. Nach jedem Satz gab es Applaus (so spontan und – nach heutigen Maßstäben – »ungebildet« war damals noch das Publikum), und am Schluß mußte Strauss sich zweimal verbeugen. »Walter und Menter haben wunderschön gespielt, ich bei meiner Begleitung wenigstens nicht gesaut«,[21] kommentierte er seinen ersten Auftritt außerhalb Münchens. Freilich war dieser Erfolg noch recht bescheiden; denn das Violinkonzert wurde nur auf dem Klavier (vom Komponisten) begleitet, was damals nicht unüblich war, und der Saal war nur durch Freikarten »annähernd gefüllt«. So war diese Konzertreise ein Zuschußunternehmen.

Doch nicht nur in Wien, auch in Dresden begann man auf den jungen Münchner Komponisten aufmerksam zu werden. Dort leitete bei einer Matinee des dortigen Tonkünstlervereins am 27. November 1882, also etwa eine Woche vor dem Wiener Konzert, Franz Wüllner, Königlicher Hofkapellmeister und Konservatoriumsdirektor in Dresden, die Uraufführung der schon mehrfach erwähnten Bläserserenade, die für die Karriere des jungen Komponisten eine besonders wichtige Rolle spielte. Wüllner kannte die Familie Strauss recht gut, denn er war als Nachfolger Bülows von 1869 bis 1877 Dirigent der Münchner Hofoper und der Akademiekonzerte.

Die auswärtigen Erfolge wurden auch in München genützt. Benno Walter wiederholte am 8. Februar 1883 das Wiener Konzert. Im Tonkünstlerverein stellte der junge Komponist – wieder das Orchester auf dem Klavier vertretend – sein Hornkonzert Es-Dur den Münchnern vor. Den Solopart spielte einer der Brüder Hoyer (ob Franz oder Bruno ist nicht überliefert), beide Schüler von Franz Strauss. Richard hatte es zwar im Klavierauszug »Seinem lieben Vater Herrn Franz Strauss, Kg. b. Kammermusiker« gewidmet, doch dieser traute es sich wohl aus Altersgründen nicht mehr zu.

Neben und nach diesen Konzertereignissen konzentrierte sich Richard Strauss ganz auf das Komponieren und seine geistigen Interessen. Auf der

Universität wurde er durch »Jodls gehaltvolle und formvollendete Schopenhauervorlesung« – wie sich der Freund Max Steinitzer erinnerte[22] – zur ersten Beschäftigung mit dem Philosophen angeregt, die er in Gesprächen mit seinen Kommilitonen Steinitzer und Arthur Seidl vertiefte.

Im Sommer genehmigten ihm die Eltern zur Stärkung seiner schwachen Gesundheit eine Trinkkur in Bad Heilbrunn, von wo er glücklich-ironisch berichtete: »Ich steh um 1/2 7 Uhr auf, denkt Euch! Trinke um 7 Uhr mein Wasser, gehe dann spazieren, frühstücke um $^1/_2$ 9 Uhr, schlafe bis 12 Uhr, Mittagessen, Tarock, Erdbeer, Kaffee etc. etc.«[23] Außerdem stritt er sich mit dem Pfarrer, der ihm nicht erlaubte, auf der Orgel zu spielen: »Miserabler Pfaff!«, schimpfte Strauss – und ansonsten klagte er selbstironisch über Zerstreutheit: »Gestern wollte ich den Klavierauszug der Romanze machen, habe aber bloß das Klavierpapier bei mir. Die Zerstreutheit! Das zweite Paar Stiefel habe ich auch gefunden. Ebenfalls Zerstreutheit! Der ganze Brief: Zerstreutheit! Entschuldigt, aber es geht nicht anders, da ich den Brief in Gesellschaft von vier Damen und einem Herren schreibe.«

Unter diesen Damen war Frau Christine Schmitt, eine Schwester von Tante Johanna Pschorr, eine »sehr feine, liebenswerte, gebildete großstädtische Dame«, gegenüber der er sich »als ein rechter Kleinstädter» vorkam.[24] Eine andere Dame, die er hier kennenlernte, war Lotti Speyer aus Frankfurt.

Ihr schrieb er, nach München zurückgekehrt, einige Monate später: »Sie werden mich am Ende gar schon vergessen haben und sich mit bester Mühe nicht besinnen können, wie Sie zu der unerwarteten Ehre kommen, von einem unbekannten Herrn aus München namens Richard Strauss einen Brief mit Extrabeilage zu erhalten. So erfahren Sie denn, daß ich vor 3 Monaten das Glück hatte, Ihre so liebe Bekanntschaft zu machen, deren Erinnerung mich noch jetzt mit gleicher Freude erfüllt, mit der ich sie damals in leider nur 10 Tagen genossen habe . . .«[25] Die »Extrabeilage« waren Lieder, darunter das ihr gewidmete Lied *Rote Rosen* nach einem Gedicht von Karl Stieler. »Es paßt teilweise so treffend auf Sie, der Schluß auf mich, daß ich im ersten Augenblick total verblüfft war; ich sage nur teilweise, wie weit mögen Sie selbst beurteilen.«

Weißt du die Rose, die du mir gegeben?
Der scheuen Veilchen stolze heiße Schwester;
Von deiner Brust trug noch ihr Duft das Leben,
Und an dem Duft sog ich mich fest und fester.

Ich seh' dich vor mir: Stirn und Schläfe glühend,
Den Nacken trotzig, weich und weiß die Hände,
Im Aug' noch Lenz, doch die Gestalt erblühend
Voll, wie das Feld blüht um die Sonnenwende.

Um mich webt Nacht, die kühle, wolkenlose,
Doch Tag und Nacht, sie sind in eins zerronnen.
Es träumt mein Sinn von deiner rothen Rose
Und von dem Garten, drin ich sie gewonnen.[26]

Eine erste Liebe? Lotti Speyer schickte am 9. November ihr Photo nach München. Doch entweder ging dieser Brief verloren oder der »zerstreute« Komponist – nun schon auf dem Sprung nach Berlin – vergaß zu antworten. Am 4. Februar 1884 schrieb sie deshalb einen zweiten Brief mit der Bitte um eine Antwort: »Ich hoffe, ich belästige Sie nicht zu sehr mit meiner Bitte . . .«[27] Strauss schickte ihr endlich am 8. Februar einen ausführlichen Bericht aus Berlin, wo ihm die jungen Damen sehr gefielen, ». . . da ich in reizenden Kreisen durch liebenswürdige Empfehlungen eingeführt bin . . .«[28]

## Der »dumpfen Schwüle« Münchens entkommen

Für die Münchner waren die »Nordlichter« zum Trauma geworden. Die Könige Ludwig I., Maximilian II. und Ludwig II. beriefen Wissenschaftler, Literaten, Künstler und Musiker aus dem fernen, protestantischen Norden nach Isar-Athen, die nun das Sagen, während die bescheidenen, »hinterwäldnerischen« Bayern das Nachsehen hatten. Die Gesellschaftskreise, in denen Bayern und »Preußen« verkehrten, waren zumeist streng getrennt: König Maximilian lud die »Nordlichter« regelmäßig zu seinen »Symposien« in die Grüne Galerie ein. Die »Entwicklungshelfer« aus dem Norden trafen sich zu Salonabenden, bei denen kaum ein Bayer zugelassen war. Geibel rief die Dichtergesellschaft »Die Krokodile« ins Leben, während die einheimischen Dichter sich im biedermeierlichen »Poetenverein von der Isar« trafen. Fast schien es, als ob die Bayern von den Nordlichtern wie die Eingeborenen eines zurückgebliebenen Kolonialstaates betrachtet würden. Deshalb beschimpfte Ernst Zander in seinem »Volksboten für den Bürger und Landmann« die Zugereisten als »Schmarotzerpflanzen« und »Fremdenlegion aus dem Norden«. Sie benähmen sich wie »olympische Gottheiten« und behandelten die Einheimischen »in ihrer Kastenhoffahrt wie Kanaillen und Lumpenpack«, stand im Nordlichtkalender von 1860.[29]

Auch Vater Franz Strauss war von dieser durch mancherlei Minderwertigkeitskomplexe belasteten Aversion gegen die »Fremdenlegion« aus dem Norden geprägt, als er seinen Krieg gegen Richard Wagner führte. Mußte nicht verhindert werden, daß nun auch die Musik in München, die letzte bayerischen Bastion, von einem Sachsen und seinem nordischen Anhang geschleift wurde?

Sein Sohn Richard dagegen befreite sich von diesem Vorurteil. Er spürte offenbar, daß er aus den engen geistigen Grenzen des noch immer etwas kleinstädtischen München entfliehen mußte. Deshalb wünschte er sehnlichst, nach Berlin fahren zu dürfen. Von seinem Onkel Pschorr, der dort florierende Niederlassungen betrieb, erfuhr er, wie modern, fortschrittlich und groß Berlin gegenüber München war. Doch »die Eltern waren sich nicht recht schlüssig, ob sie seinem Wunsche, nach Berlin zu gehen, zustimmen sollten«,[30] erinnerte sich die Schwester. Aber schließlich sprang der Vater über seinen eigenen Schatten, ahnte wohl selbst, daß sein Sohn in die große Welt hinaus mußte, wenn er Erfolg haben wollte: »Daß sie es dann doch schließlich taten, war ein großes Glück für Richard, und für seine spätere Entwicklung von großer Bedeutung«, schrieb die Schwester.

Der erst 19jährige Strauss trat die Reise gerüstet mit einigen Werken und einem gehörigen Selbstbewußtsein an. Er fühlte sich als fertiger Komponist, der nun erstmals den Spieß umdrehte: Ein »Südlicht« beglückte jetzt den Norden. Und in der Tat, diese Reise stellte die entscheidenden Weichen für seine Karriere!

Noch kurz vor der Abreise erntete der junge Komponist einen Münchner Erfolg: Am 28. November 1883 dirigierte Hermann Levi die Uraufführung der ihm gewidmeten Concertouvertüre c-Moll op. 4, die von der Kritik »als neuer Beweis der Frische des Talents« gewertet wurde, wobei die »feurig vordringende Energie«, der Wechsel zwischen zwei- und dreizeitigen Rhythmen, die gekonnte Formgebung und die »sehr wirksame, wenn auch manchmal »überkräftige Instrumentation« hervorgehoben wurden. Freilich, noch immer wurde der junge Meister als Epigone betrachtet: »durch das Vorbild der *Coriolan*-Ouvertüre beeinflußt«.[31]

## Erste Kontakte in Leipzig

Am 5.Dezember schrieb Strauss den ersten Brief an seine Eltern von seiner Reise: »Leipzig selbst ist eine dreckige und ziemlich uninteressante Stadt, ich habe bereits den vierten Hemdkragen an, sonst geht's mir gut . . .«[32]

So empfing ihn der Norden! Leipzig hatte sich ab 1850 zu einer wichtigen Industriestadt entwickelt, Braunkohleabbau und Schwerindustrie sowie zahlreiche Buchdruckereien und Verlage prägten das moderne Gesicht der ehemaligen Stadt des Thomaskantors Johann Sebastian Bach und seines Wiederentdeckers Felix Mendelssohn Bartholdy, der bis 1847 Dirigent des Gewandhausorchesters war und das dortige Konservatorium gegründet hatte. Doch nun war Leipzig eine moderne Musikstadt. Dies betraf weniger die Pflege der neuen Musik – der Gewandhausdirigent Karl Reinecke (1824–1910) galt als konservativ und nicht als Freund der Wagner-Liszt-Richtung –, vielmehr die Entwicklung des Musiklebens. Während es in München nur ein Orchester für Oper und Konzert, das Staatsorchester, gab, spielte hier neben dem Gewandhausorchester das Euterpe-Orchester, und gab es die »Populärkonzerte« unter dem Dirigenten, Geiger und Komponisten Hans Sitt (1850–1923) im Kristallpalast. Als Strauss Leipzig besuchte, wurde gerade das neue Gewandhaus fertiggestellt, dessen großer Saal etwa 1700 Zuhörer faßte. Musik wurde hier einem Massenpublikum dargeboten. Auch das war für den jungen Komponisten neu.

Er eroberte die Stadt im Geschwindschritt, besuchte sofort den Kapellmeister Sitt, der ihn wegen des Violinkonzerts an den Gewandhauskonzertmeister Henri Petri verwies, machte seine Aufwartung beim Theorielehrer Leo Grill am Konservatorium, spielte dem Komponisten und Brahms-Freund Heinrich von Herzogenberg seine Ouvertüre und aus der neuen Sinfonie, die er gerade komponierte, vor und bot dem Gewandhauskapellmeister Reinecke seine Ouvertüre zur Aufführung an.

Freilich, sehr erfolgreich war Strauss nicht. Die konservativen Leipziger verhielten sich bedeckt gegenüber dem jungen Mann aus München. Nur Herzogenberg und seine »sehr musikalische Frau« brachten ihm größeres Verständnis entgegen. Gewiß versuchte Herzogenberg, Strauss für seinen Freund Brahms zu begeistern.

Doch bei einer Gewandhaushauptprobe hörte Strauss den *Gesang der Parzen* von Brahms und urteilte: »Ein recht interessantes Chorwerk, nur mitunter zu gesucht und bizarr.«[33] Noch war ihm also die neue Musik fremd.

## Liebe auf den ersten Blick: Dresden

Dresden, die nächste Station seiner Reise, gefiel ihm viel besser als Leipzig. Er wohnte zunächst im Haus des peruanischen Konsuls Weis und fühlte sich wie zu Hause. Die Verbindung zu Weis hatte er über dessen Tochter Dora Wihan geknüpft, die mit dem Münchner Cellisten Hans Wihan verheiratet war. Als die Söhne des Konsuls die Masern bekamen, zog Richard Strauss zu Ferdinand Böckmann, dem Solocellisten des Hoforchesters. Dort »übte er das Dirigieren mit Nachahmung von unserem berühmten von Schuch, mein Mann hatte damals große anstrengende Proben zu Wagner-Opern – er nahm ihm die Stricknadel weg mit den Worten: ›Lieber Richard, lassen Sie das nun mal sein, 3 Stunden hat mir Schuch heute vor der Nase herumgefuchtelt, nun habe ich genug!‹ – Auch den Flügel mußte ich mehrmals abschließen, wenn er so darauf loswütete«, erinnerte sich Frau Böckmann als 90jährige.[34]

Richard lebte damals in einem Freudentaumel: Er war bekannt – seine Bläserserenade war hier uraufgeführt worden –, wurde mit offenen Armen empfangen und erhielt viele neue Anregungen. Er lernte zwei Dirigenten kennen, die er bewunderte und die ihn besonders förderten: Ernst von Schuch und den Uraufführungsdirigenten seiner Bläserserenade Franz Wüllner.

Vater Strauss mahnte aus München: »Trage Sorge, den Leuten, welche Deine Sachen zur Aufführung bringen können, sie ihnen vorzuspielen, und bitte sie darum. Lasse Dich nicht durch erstmaliges Zurückweisen einschüchtern und ersuche sie, Deine Sachen versuchsweise zu probieren. Versuche bei Schuch und Wüllner.«[35] Der Sohn beherzigte den Rat, doch der Erfolg ließ noch auf sich warten: Wüllner wird einige Jahre später seine Werke in Köln dirigieren, und Schuch wird erst 1901 *Die Feuersnot* uraufführen.

Doch jetzt besuchte Strauss fleißig die Proben und Konzerte der beiden Dirigenten. Von Schuchs Aufführungen der Lortzingschen *Undine*, »eine sehr leichte Oper«[36], wie er meinte, war er ebenso begeistert wie von einem Orchesterkonzert mit Goldmarks *Sakuntala* (»besteht aus einem Thema der Königin von Saba! und ist ein ziemlicher Schund«[37]), mit Mozarts A-Dur-Sinfonie, mit den Sinfonischen Variationen von Jean-Louis Nicodé (»im ganzen aber ein interessantes und talentvolles Stück«) und mit Schumanns B-Dur-Sinfonie: »Das Orchester ist sehr gut, ich stelle es, mit Ausnahme des Hörner- und Fagottones, auf die Höhe des unsrigen. Schuch ist ein sehr guter Dirigent . . .« Ebenso angetan war der junge Komponist von einer Chormatinee Wüllners. »Eminent! Der Chor ist vorzüglich geschult, besser als unter Rheinberger, wenngleich der unsere schönere Stimmen (besonders Sopran) hat.«[38]

Doch er machte nicht nur musikalische Entdeckungen, sondern hatte bereits während der ersten Tage seines Dresden-Aufenthalts die Gemäldegalerie besucht und war von den Bildern Tintorettos, Veroneses, Correggios, van Dycks, Teniers, Brueghels, Lukas Cranachs, Dürers, Holbeins und vieler anderer begeistert. Er schwärmte von den »herrlichen großen Historienbildern« und davon, wie diese Gemäldegalerie »besonders unsere ältere Pinakothek in überraschender Weise ergänzt«.[39] Der Vater lobte aus dem fernen München: »Sehr erfreut hat mich auch Dein Bericht über die Dresdner Galerie, weil ich daraus sah, daß Du Dir alles recht genau angesehen hast«, wollte als Lokalpatriot nähere Details wissen: »Schreibe mir auch in einem Deiner nächsten Briefe, ob die hiesige alte Pinakothek oder die Dresdner Galerie eine größere Anzahl Bilder hat«, und ermahnte, auch das »Grüne Gewölbe« anzusehen.[40]

Richard Strauss war ein Augenmensch, was bei einem Musiker höchst selten ist. Visuelle Eindrücke werden ihn sein ganzes Leben lang zu Musik inspirieren. Auch in der Dresdner Galerie dachte er beim Betrachten der Gemälde an Musik. So schrieb er über Raffaels *Sixtinische Madonna*: »Diese Weichheit der Form, diese Abrundung und Großartigkeit der Konzeption und die Vollendung der Maße: Wie der Glorienschein, der weiße, sich allmählich in die Bläue des Himmels verliert, die sich dann konkreter in die für mich mit Opernglas sichtbaren Engelsköpfchen verdichtet, das ist herrlich. Mich erinnert das Bild mit seinem Totaleindruck lebhaft an die pp-G-dur-Stelle der Einleitung zur ›Weihe des Hauses‹, diese Milde, Weichheit und Versöhnung bei aller Großartigkeit des Entwurfes und Gedankens.« Ein Gemälde wurde ihm hier zu Musik: Raffael und Beethoven, die Kunst der Renaissance und die Musik der Wiener Klassik fügten sich ihm wie selbstverständlich zusammen, und das Bild erschien ihm fast wie eine Oper: Irrationale, geistige Dinge zeigen sich als sinnlich wahrnehmbares Geschehen, Farben verwandeln sich in Gestalten, eine schwerelose Welt des Geistigen offenbart sich.

In Dresden fühlte sich Strauss so wohl, daß er seinen Aufenthalt verlängerte. Dies hatte freilich auch berufliche Gründe, wie der Vater schrieb: »Es wäre mir sehr lieb, wenn Du über den Mittwoch, des Tonkünstlervereins wegen, in Dresden bleiben könntest.« Am 19. Dezember nämlich fand dort ein Konzert statt, in dem Cellist Böckmann mit Strauss die neue Cellosonate spielte: »Also meine Sonate hat außerordentlich gefallen, sie wurde kolossal applaudiert, von allen Seiten wurde mir gratuliert, und es herrscht nur eine Stimme über das Ganze. Böckmann, der sie ganz wunderschön gegeigt hat, war seelenvergnügt, und die Sonate gefiel ihm sehr, er wird sie noch in einer Triosoiree oder Produktionsabend spielen . . .«, berichtete Strauss stolz seiner »lieben Mama«.[41]

## Künstler-Boheme in Berlin

Als Strauss am 21. Dezember Dresden verließ und in den Zug nach Berlin stieg, konnte er sehr zufrieden sein. Er hatte viel Neues gesehen und gehört, erstmals einen Eindruck gewonnen, wie außerhalb Münchens musiziert und komponiert wurde, hatte wichtige Verbindungen geknüpft und als Komponist einen Achtungserfolg erzielt. Der gestrenge Vater in München wird zu der Überzeugung gelangt sein, daß sich die Reise bereits gelohnt hat und eine gute Investition für die Zukunft war.

Bei seiner Ankunft in Berlin wurde er von Onkel Fritz Fischer-Dick, einem Bruder seiner Tante Johanna Pschorr, am Bahnhof abgeholt. Sie fuhren durch das Straßenlabyrinth zum Belle-Alliance-Platz, dem »Hotel Fischerdick«, wie Richard die Wohnung seiner Verwandten scherzhaft nannte.[42] Der Onkel lud seinen musik- und kulturinteressierten Neffen zu großstädtischen Unterhaltungen ein: »Herr Fischerdick führte mich ins Belle-Alliance-Theater und ins Walhalla-Operettentheater, wo ich die sehr lustige Berliner Posse *Ein gemachter Mann* (das neueste Kompott nach Berliner) und die ziemlich mäßige *Nanon* von R. Genée, die weit hübscher ist als der *Bettelstudent*, hörte.«[43]

Musik und Theater als Unterhaltungsspektakel für die Massen und nicht mehr für die höhere Bildung der Bürger: So begrüßte ihn die Großstadt. Die Posse gefiel ihm – und er wird zeitlebens auf der Suche nach ei-

ner anspruchsvollen musikalischen Komödie sein, doch die Operette hielt er für nur »mäßig«; denn als Musiker war er anspruchsvoll: Er wird später mit seinen Opern stets gegen die Operette ankämpfen müssen.

*Berlin mit den damals modernen Verkehrsmitteln: S-Bahn und elektrische Straßenbahn*

Über die modernen Verkehrsmittel staunte der junge Mann aus München. Da gab es die Ringbahn, eine der ersten großstädtischen Eisenbahnen, die 1877 gebaut wurde, und durch die Innenstadt von Charlottenburg nach Lichtenberg fuhr die Stadtbahn, die erst im vergangenen Jahr eingeweiht wurde – also eine der neuesten Errungenschaften des technischen Fortschritts darstellte.

Schon in Bad Heilbrunn fühlte sich Strauss gegenüber Tante Christine, einer Schwester von Fritz, wie ein »Kleinstädter«.[44] München war gegenüber Berlin in der Tat klein. Während sich Isar-Athen vom bayerischen Dorf zu einer Großstadt mit nun ungefähr 250 000 Einwohnern entwickelte, war Berlin mit seinen über 1,3 Millionen Bewohnern auf dem Sprung zur Weltstadt, und zwar, wie Walther Rathenau später sagte, vom Spree-Athen zum »Spree-Chicago«, zur größten Industriestadt des Deutschen Reiches.

Nach einigen Tagen zog Strauss vom »Hotel-Fischerdick« in sein eigenes Zimmer an der Leipziger Straße 96/3 links um: »Für 36 M., es ist nicht teuer.« Strauss war nun mitten in Berlin, »dem lebhaftesten und schönsten

Teil der schönen Stadt (es kreuzen sich da wenigstens sechs Pferdebahnlinien)«.[45] Von der Leipziger Straße war es zu Fuß nicht weit zum Prachtboulevard »Unter den Linden«, zur Oper, zu den Theatern und den Museen.

Fühlte er sich einsam in der Großstadt? Am Anfang gewiß. Der um einige Ecken verwandte »Fischerdick«, den er mit »Herr« anredete, lud ihn nicht ein, Weihnachten in seiner Familie zu verbringen, sondern schickte nur einige Präsente: »Den Christabend habe ich ganz allein auf meiner Bude, in die ich Montag eingezogen, verlebt. Ihr könnt Euch lebhaft vorstellen, wie! In meiner Verzweiflung habe ich einen Brief an Böckmanns, an Tante Bertha geschrieben. Wenn nicht Herr Fischerdick so aufmerksam gewesen wäre, mir ein kleines Christbäumchen und einen Korb mit Äpfeln und Nüssen zu schicken, wär's trostlos gewesen.«[46]

An seinem Zimmer störte ihn, daß es inmitten eines Mädchenpensionats lag, wo das »viele Gekreische« seine musikalischen Ohren genierte. Doch hielt es ihn nie lange dort, schon bald erkundete er die Umgebung: »Berlin ist sehr schön, überall Asphaltpflaster, herrliche Läden, schöne Häuser, breite Straßen und billige Bierhäuser. Ich gehe meistens zu Printz, der mir am nächsten liegt.«[47] Dabei lernte er zwei junge amerikanische Musiker, Fabian (»famoser Klavierspieler«) und Jimette »(Geiger), sehr liebenswürdige Leute«, kennen. Nein, er war kein Kleinstädter, der sich in sein Zimmer verkroch, sondern ein junger Großstadtmensch, den es nach dem quirligen und aufregenden Leben dürstete!

Auch konnte er sich nicht über mangelnde Bekanntschaften, Freunde und Verwandte beklagen. Die Pschorrs, der Vater und sogar Hofkapellmeister Hermann Levi verschafften ihm Entrées zu den wichtigsten musikalischen und gesellschaftlichen Kreisen. Am zweiten Weihnachtsfeiertag besuchte er den berühmten Geiger Joseph Joachim, »der ganz liebenswürdig, aber trocken war« und ihm Karten für seine Quartettsoirée und das nächste Orchesterkonzert mit der 3. Sinfonie von Brahms schenkte. Martin Levi, ein Vetter des Münchner Hofkapellmeisters, nahm den jungen bayerischen Musiker freundlich auf: »Der wie seine Frau (sie haben ein wunderschönes Haus im Potsdamer Viertel) sehr nett war und die mir, glaube ich, musikalisch von sehr großem Nutzen sein werden.«[48]

Doch nicht nur rein musikalische Bekanntschaften pflegte Strauss: Ein Bekannter seines Vaters und seines Onkels Knözinger, der Historienmaler Carl Becker, führte ihn in die Berliner Künstlerkreise ein. Dort wurde auch viel und gerne musiziert, weshalb der versierte Vom-Blatt-Spieler Strauss sehr gefragt war. Beim Maler Teschendorff, dessen *Antigone* in der Münchner Kunstausstellung gezeigt wurde, spielte er zweite Bratsche, mit dem Historienmaler und Direktor der Berliner Akademie Anton von Werner Duos für Violoncello und Klavier sowie Quartett. Dazwischen und danach sprachen sie über die neuesten Kunstentwicklungen, und Strauss lernte die Ästhetik der Berliner Künstler kennen. Dabei war wohl von

Schopenhauer, Wagner und gewiß auch Nietzsche die Rede. Tausend Eindrücke strömten auf ihn ein.

Doch er sammelte nicht nur Anregungen und Begegnungen, sondern trieb auch seine Komponistenkarriere voran. Dem Hofkapellmeister Radecke machte er seine Aufwartung, spielte ihm die c-Moll-Ouvertüre auf dem Klavier vor, ebenso dem Kritiker Otto Lessmann, der vor einiger Zeit eine positive Kritik über die Cellosonate und das Violinkonzert veröffentlicht hatte und für den es »nur drei große Musiker gibt: Liszt, Wagner und er selbst! Schöne Gesellschaft!«[49] Seinen bayerischen Sarkasmus verlor der junge Strauss auch in der preußischen Hauptstadt nicht.

Doch am meisten half ihm Martin Levi, der den Cellisten Robert Haussmann dazu brachte, bei ihm in einem Hauskonzert Strauss' Violoncello-Sonate zu spielen. Botho von Hülsen, der Intendant der Königlichen Schauspiele, »bewilligte ihm Freibillets bis Ende März für Oper und Schauspielhaus im zweiten Rang«.[50] Dort begeisterte ihn das Theaterstück *Die Karolinger* von Wildenbruch, den er freilich überschätzte, und entsetzte ihn eine »sehr mittelmäßige« Aufführung des Mozartschen *Figaro*.[51] Auch der Konzertagent Hermann Wolff, der die philharmonischen Konzerte in Berlin organisierte und in engem Kontakt zu Bülow stand, versorgte ihn mit Freibillets.

Wieviel Neues lernte er hier kennen! Als er erstmals die 3. Sinfonie von Brahms hörte, reagierte er verstört. Das Adagio hielt er für »öde« und »gedankenarm«: »Man darf das zwar hier nicht sagen, da von Joachim etc. sehr für Brahms geschwärmt wird, und ich werde mich jedenfalls sehr in acht nehmen . . .«

Der gestrenge Vater beobachtete aus dem fernen München den Sohn mit Wohlgefallen, aber nicht unkritisch: »Mit großem Vergnügen habe ich vernommen, daß Du Dich in so schönen gesellschaftlichen Kreisen bewegst, was für Dich zu allgemeiner Weiterbildung von außerordentlich großem Nutzen ist; denn durch nichts wird der Sinn und die Empfindung feiner, als durch den Umgang mit gebildeten Männern und feinen, zartfühlenden Frauen. Was ist ein Künstler ohne feinen Sinn und warme Empfindung. Mache keinen Verstoß, sei mit Deinem etwas sehr raschen Mundwerk nicht zu vorlaut . . .«[52]

Richard Strauss hielt sich offenbar zurück. Nur nicht anecken, nur niemanden verprellen: Dieses bürgerliche Erfolgsrezept, dem sein Vater so häufig untreu war, schien Richard in Berlin zu beachten. Er war beliebt bei Künstlern, Literaten und Musikern – und unter diesen sowohl bei Wagner- als auch bei Brahms-Freunden. Er wollte aufnehmen, lernen, anerkannt werden, aber noch keine eigene Rolle spielen.

Mit Spannung erwartete er die Soiree bei Levi. »Das Gesellschaftsleben ist großartig, Davon hat man bei uns keine Idee. Wie aber die Leute alle eingerichtet sind!«[53] schrieb er voller Bewunderung nach München. An einem Mittwochabend im Januar traf sich bei Martin Levi eine illustre Gesellschaft, darunter die wichtigsten Männer des Berliner Musiklebens: der Geiger Joseph Joachim und der Hofkapellmeister Robert Radecke – ein bürgerlicher Salonabend, wie er vor allem in Paris und Berlin im 19. Jahrhundert in Mode gekommen war. Das musikalische Programm war anspruchsvoll und vom Feinsten: Als erstes erklang die Cellosonate von Richard Strauss, dann sang Frau Schulze von Asten eine Arie von Lotti »mit wunderbarem Vortrag, eminenter Tongebung und Stimmtechnik«,[54] spielte eine Schülerin von Clara Schumann, Fräulein Janota, »mit kolossaler Kraft, Technik, eminent originaler Auffassung, fast männlich-kernigem Vortrag« Chopins fis-Moll-Polonaise und eine selbst komponierte Gavotte, schließlich griff Meister Joachim selbst zur Violine und trug Beethovens G-Dur-Romanze sowie Bachs d-Moll-Chaconne vor: »Was soll ich sagen, in jeder Beziehung der größte Geiger, der existiert!«[55]

»Es war ein sehr interessanter Abend«, berichtete Richard seinen Eltern nach Hause. Doch war er für ihn ein Erfolg? So ganz begeistert jedenfalls schien das Publikum nicht gewesen zu sein, auch wenn man ins Kalkül zieht, daß «die Berliner nicht besonders gern applaudieren« und »überhaupt ein ziemlich unmusikalisches Publikum« sind, wie sie selbst »gestehen«.[56] Strauss schrieb jedenfalls sachlich und distanziert an seine Eltern, seine Sonate habe »glaube ich, schon« gefallen: »Radecke und Joachim sprachen sich sehr günstig darüber aus. Joachim kam danach her, drückte mir die Hand und sagte, sie hätte ihm gefallen, und er und Radecke hatten nur eine Nachahmung im Adagio auszusetzen...« Die berühmten Fachkollegen sparten also zwar nicht mit Lob, aber auch nicht mit Kritik – und das war schon ein Erfolg, wie Richard über Joachim urteilte: »Letzterer ist etwas unnahbar und würde, wenn sie ihm nicht gefallen hätte, nichts gesagt haben.« »Unnahbar« war also der große Geiger mit seinem wilden Vollbart und seiner gedrungenen Gestalt, aber menschlich und ehrlich; er half dem jungen Komponisten mit seiner Kritik und seinem Einfluß weiter, wie sich einige Wochen später zeigen wird.

»Lieber Papa! Eben Freitag, den 25., abends $1/4$ nach 8 Uhr, ist die Sinfonie fertig geworden –«, meldete der Sohn triumphierend.[57] Noch nicht zwanzig Jahre alt, hatte er nun schon zwei Sinfonien komponiert! Und das, obwohl er hier in Berlin fast jeden Abend ausging – zu Quartettabenden, musikalischen Soirees und Bällen... Richard sprühte vor Energie! Auch der Vater war zufrieden: »Über die Nachricht, daß Du Deine Sinfonie vollendet hast, haben wir uns alle sehr gefreut. Mein Segen begleite sie auf dem Pfade, den sie wandeln soll, und gebe Gott seine Gnade dazu, damit sie bald dem Publikum zu Gehör kommt.«[58]

Inzwischen häuften sich die Erfolgsmeldungen! Der Vater berichtete stolz, daß die Meininger Kapelle die Serenade in München, Neustadt und Worms gespielt habe – so jedenfalls schrieb es ihm sein Hornkollege Herr

*Der Violoncellovirtuose Hans Wihan (1855– 1920) spielte bei seinen Tourneen durch Deutschland als einer der ersten Kompositionen von Richard Strauss*

Leinhos aus Meiningen und forderte zugleich die Noten des Hornkonzerts zwecks einer geplanten Aufführung an. Und Vater Strauss schrieb weiter, daß Hans Wihan – wie ihm die für Richard schwärmende Dora Wihan erzählte – die Romanze in Mainz mit Orchester und in Freiburg mit Klavier gespielt habe und dabei in Mainz zweimal herausgerufen wurde. Richard seinerseits konnte nach Hause vermelden, daß Radecke seine Sinfonie dirigieren wollte[59] und daß Konzertagent Wolff ihm angekündigte hatte, Bülow würde nach Berlin kommen und hätte der Philharmonie die Serenade zur Aufführung vorgeschlagen! »Auf ein Zusammentreffen mit Bülow bin ich sehr begierig, ist mir eigentlich etwas Angst.«[60] Am 7. Februar war es schließlich sicher: »Bülow spielt am 26. Februar *hier* meine Serenade!!! Famos!« Und Radecke wählte statt der Sinfonie die Ouvertüre: »Anfang März dann die Ouvertüre bei Radecke. Levi hat mit Bock schon über den Verlag derselben gesprochen . . .«[61]

Vater Strauss freilich sparte trotz dieser glänzenden Aussichten nicht mit Ermahnungen und versuchte, die Begeisterung seines Sohnes etwas zu dämpfen. Aus der Heimat berichtete er Trauriges vom alten Spitzweg, dem Bruder des Malers, und Bedenkenswertes, freilich allzu Mißtrauisches vom jungen: »Herrn Spitzweg haben wir, Mama und ich, begegnet, und habe ihn noch sehr leidend gefunden, auch ist der alte Herr an Gelbsucht erkrankt und sieht fürchterlich aus. Der junge Spitzweg sagte uns auch, daß er sich in Berlin verwendet habe, daß Deine Serenade aufgeführt werde, aber er glaubt ganz sicher, daß entweder Wüllner oder Wolff es hintertrieben haben. Recht würde ich Wüllner auch nicht trauen, er ist ein Fuchs; über Wolff kann ich nicht urteilen, da ich ihn nicht kenne. Lasse Dir aber nichts davon merken und sei artig und zuvorkommend gegen sie und ersuche sie um ihre Beihilfe, denn derlei Leute sind eitel und warten oft nur auf ein gutes Wort.«[62] Zumindest bei Wüllner täuschte sich der allzu mißtrauische Franz Strauss, und auch Wolff blieb dem Sohn stets gewogen.

Sollte Strauss die Ouvertüre selbst dirigieren? Franz Strauss mahnte Richard zur Vorsicht. Er solle seine Bekannten, die sich besser im Berliner Musikleben auskennen, fragen und meinte außerdem: »Sollte also Deine Ouvertüre gemacht werden und Du selbst dirigieren, dann bitte ich Dich, sei ja mit den Orchestermitgliedern im höchsten Grade artig, damit Du sie Dir bei gutem Willen erhältst und sie Dir keine Possen spielen, denn die guten Berliner sind sehr von sich eingenommen und sehr eklige Leute.«[63] Da sprachen aus Franz Strauss nicht nur der vorsichtige Vater, sondern auch das Mißtrauen gegen die Nordlichter. Was Bülow anging, stärkte ihm der Vater den Rücken: »Lasse Dich nicht einschüchtern, wenn er eklig ist, und bitte ihn wiederholt darum. Auch in meinem Namen. Sage ihm, daß es für Dich von höchstem Interesse und Nutzen wäre, etwas von ihm einstudiert zu hören.«

Die Aufregung über die kommenden Ereignisse war groß – beim Vater wie beim Sohn. Doch verbissen, nervös und auf äußerste Konzentration bedacht bereitete sich der junge Strauss keineswegs darauf vor. Vielmehr ging er nach wie vor zu Hugo Close, einem mit der Familie Strauss aus Münchner Zeiten noch befreundeten Kaffeegroßhändler, wo er Skatspielen lernte – was er von nun an sein ganzes Leben lang mit großer Leidenschaft pflegen wird –, und wo man musizierte und sich für die Kompositionen des jungen Strauss begeisterte. Den »Umgang mit gebildeten Männern und feinen, zartfühlenden Frauen« übte Richard reichlich: Oft besuchte er den Bildhauer Reinhold Begas, für dessen Frau er schwärmte: »Dienstag habe ich einen reizenden Abend bei Frau Begas verlebt, ihr Mann war leider nicht da!«[64] schrieb er dem Vater. Oder: »So wurde ich ganz reizend aufgenommen bei der wunderschönen Frau Begas – näheres erzähle ich Dir mündlich . . .«,[65] berichtete er Freund Thuille über die Frau des Bildhauers, die ihn »sehr ins Herz geschlossen hat«.[66]

Das Leben war hier seltsam heiter und leicht. Die »wunderschöne Frau«, wie er immer wieder betonte, »liebt, ja verlangt das Courmachen, auch ein weniger feines Compliment«, sie und ihr Mann, »ein sehr bedeutender Künstler«, waren von seinen »Compositionen sehr entzückt« und »besonders auch von meinem Spiel ganz begeistert«: Nachts um $^1/_2$ 2 Uhr spielte Strauss noch zwei Beethoven-Adagios.[67]

Doch nicht nur für Frau Begas schwärmte der junge Komponist. Auf dem Ball bei Bankier Bleichröder (»4 Millionen« hob er im Brief an Thuille hervor[68]) gefiel ihm besonders eine der Töchter, eine »schwarzhaarige Jüdin«,[69] und auf dem Ball bei dem Kunstmaler Ludwig Knaus, wo er Robert von Piloty, den Sohn des berühmten Münchner Historienmalers, traf, hatten es ihm »unter andern hübschen Mädchen besonders die drei sehr interessanten, wenn auch sehr routinierten Töchter« des Romanschriftstellers Friedrich Spielhagen angetan: »... mit deren jüngster, einem wunderschönen achtzehnjährigen Blaustrumpf mit einer reizenden Figur, vollendet schönem Hals und Gesicht, glänzenden grauen Augen, Piloty und ich mich famos über Schopenhauer, naiv und sentimental und andere interessante Themen unterhalten haben.«[70]

Er führte keine traurige, weltabgewandte Komponistenexistenz. Vielmehr inspirierte ihn das quirlige, sich überschlagende Leben in der Großstadt. Er warf sich mit der gleichen Begeisterung und Intensität in diese Welt der Bälle, Soireen, Salonabende, geistreichen Flirts, leichtlebigen Genüsse wie er komponierte. Schon am 11. Januar hatte er seine Eltern gebeten: »Darf ich den Subskriptionsball mitmachen? Die Karte kostet allerdings 15 M.?«[71] Die Mutter antwortete postwendend am 15. Januar: »Wir waren gestern in der Wilden Gung'l. Produktion, die sehr gelungen war, darnach wurde wütend getanzt, wir kamen erst um 4 Uhr nach Hause. Den Subskriptionsball sollst Du schon mitmachen, es ist doch interessant in seiner Art.«[72] Die Mutter war wie immer großzügig und gütig – und selbst kein Kind von Traurigkeit.

Der Subskriptionsball galt als besonderes gesellschaftliches Ereignis. Am Dienstag, dem 1. Februar, betrat Strauss in seinem besten Anzug den Saal: »Ich war ganz geblendet von dieser Pracht der Toiletten. Frau Begas war in gelbem Atlas, mit kleinen und großen Federn besetzt, wunderschön, außerdem Komödianten, Juden, Offiziere wimmelten nur so...«[73] Der Ball spiegelte eine scheinbar intakte hierarchisch gegliederte Gesellschaft wieder. Wie es seit dem Mittelalter üblich war, gab es einen großen Umzug, vom Zeremonienmeister, dem Intendanten Hülsen, und dem Kaiser angeführt, denen nach Rang geordnet der ganze Hof folgte: »Voran schwang sich Hülsen, der sich riesig fühlte. Dann kam der alte Kaiser, der aber doch sehr wackelig und steif, mit erloschenem Blick nicht das ist, was die Zeitungen auswärts erzählen.« Kritisch betrachtete der junge Strauss die Herrscher: Die Schwiegertochter des Kronprinzen sei »ziemlich häßlich«, und der Kronprinz in der blauen Dragoneruniform mit gelben Aufschlägen und den Galareitstiefeln habe »nicht gut« ausgesehen. Doch er erlebte hier, wie sich die feudale, jahrhundertealte Traditionen bewahrende Gesellschaft in einem Fest selbst zelebrierte und als ein Ganzes empfand. Im *Rosenkavalier* wird er ihr ein Denkmal setzen, kurz bevor sie im Ersten Weltkrieg zusammenbricht. Jetzt genoß er sein Leben in vollen Zügen, schaute sich in der ersten Hälfte des Festes die Menschen an und tanzte in der zweiten sehr eifrig, sah »sehr viele hübsche und schöne Gesichter, Hälse und Figuren«. Als der Ball um zwei Uhr zu Ende war, hatte er noch nicht genug, im Café Bauer gab's noch einen Dachball . . .

Das Gegenstück zum offiziellen Subskriptionsball bildeten die Künstlerfeste. Auch sie wollte Strauss selbstverständlich nicht auslassen. Sein Quartettfreund, der Maler Anton von Werner, gestaltete dort ein lebendes Bild, und Richard wirkte mit, um ohne Eintritt auf den Ball zu kommen: »In der Mitte die Germania modelliert, rechts und links Soldaten, die ihr huldigen, in der Mitte kniet ein Mädchen, das ihr einen Kranz hinaufreicht. C'est moi. Das wird jut . . .«[74] Der griechische Germane, da war er wieder: etwas geschmacklos und teutonisch, aber man freute sich daran naiv und unbekümmert. Strauss stellte freilich dann doch nicht das Mädchen, sondern einen Friedensengel dar, »in griechischem Gewande, der als Pendant zum griechischen Kriegsgott auf einem Postament vor dem Bilde Anton von Werners stand.«[75]

Strauss tanzte bis morgens um $^1/_2$ 7 Uhr, und am Samstag war schon wieder Ball beim Kunstmaler Emil Teschendorff, »wo die kleinen Spielhagen wieder da waren«. Die jüngste faszinierte ihn: ». . . die wirklich das schönste, pikanteste und klügste Mädchen ist, das ich seit langem gesehen, mich fast verliebt hätte, das ist doch wieder mal Neues; das alltägliche Ballpack, mit denen man höchstens über deutsche Theater reden und die man allenfalls, wenn sie Geld haben, zur Not auch heiraten kann, habe ich furchtbar dick. Mit der geht einem der Stoff den ganzen Abend nicht aus, nebenbei ist sie wirklich verteufelt hübsch, da macht ›ihm‹ das Plaudern auch Vergnügen. Da spricht man über französische Stücke, Spinoza, das Vorhandensein eines höheren Wesens, dann mokiert man sich über Anwesende, – genug, es war reizend, und ich werde die Aufforderung, sie zu besuchen, nicht unbenutzt lassen . . .«[76]

Zwischen den Bällen, Konzerten und Opernaufführungen fand Strauss auch den Weg in die Nationalgalerie zu seinen geliebten Gemälden, wo ihn das Kolossalgemälde *Christus vor Pilatus* des ihm von den Münchner Internationalen Ausstellungen bekannten Mihály Munkácsy begeisterte: ». . . das wirklich wunderschön in Komposition, Farbe und Ton und in der Charakterisierung der Köpfe ist.«[77] Die Nationalgalerie – so schrieb er der Mutter – sei der Münchner Neuen Pinakothek überlegen, da hier die Bilder der »allerneuesten Größen« hängen, nämlich der mit ihm befreundeten Maler und Bildhauer wie Ludwig Knaus und Reinhold Begas. Aber ihn störte »das Überwiegen von Schlachtenbildern«. Für Krieg und waffenstarrendes Heldentum hatte er keinen Sinn. Er liebte zwar das Kolossale und monumental Große, wie es in seiner Zeit unter Künstlern Mode war, aber preußisches Soldatentum war ihm fremd, es sei denn, es waren preußische Offiziere »mit feinsten und höfischen Manieren«.[78]

Strauss war also aus der »dumpfen Schwüle« Münchens – wie Freund Thuille schrieb[79] – in die Berliner Künstlerboheme ausgebrochen. Er stand erst um 11 Uhr auf, machte am Tage Besuche und schrieb Briefe, ging abends in Gesellschaften, zu Konzerten oder ins Theater und kam »selten vor $^1/_2$ 2 Uhr zu Bette, sehr oft ist's 3 und 4 Uhr . . .«[80] Doch trotz dieses »Schwiemelns«, wie Strauss seine Künstlerboheme nannte,[81] hatte er seine Sinfonie und einen Zyklus von sechs Stimmungsbildern für Klavier vollendet und komponierte nun Variationen und Fuge in a-Moll für Klavier.

Freund Thuille in München dagegen schrieb in der selben Zeit gerade den 1. Satz seiner Sinfonie, und Strauss meinte ironisch: »Hoffe, daß Du Dich, wenn ich nach München komme, auch schon über Takt- und Tonart des Adagio entschieden hast.«[82] Wie muß ihn Thuille beneidet haben, der zwar nun eine feste Stelle an der Königlichen Musikschule hatte, aber sich nach einem »frischen Lufzug, der gegen die faule, ewig nach Richard Wagner riechende Windstille Münchens wohltuend genug absticht«, sehnte, gerne seine »Energielosigkeit« abschütteln würde und nun »auch so langsam der Verbauerung« entgegensah. Doch Strauss tröstete ihn nicht, sondern prophezeite: »Denn die träge Münchner Luft ist Dein künstlerischer Tod.«

Strauss fieberte nun dem wichtigsten Ereignis seines Berlin-Aufenthalts entgegen: »Heute ist erster Bülowabend. Ich werde Bülow am Mittwoch früh in der Probe vorgestellt, wo er mir meine Serenade vorführen will . . .«[83]

Inzwischen war ihm noch banger, da »Meister Bilse« in seinen »Bierkonzerten«, wie sie Strauss geringschätzig nannte, die Serenade vor Bülow aufgeführt hatte. Richard erfuhr dies aus der Presse: »Ich war anfangs wütend, das konnte doch nur eine Malice gegen Bülow sein, rannte gleich zu Wolff, der mich schon mit saurem Gesicht empfing, versicherte ihm, daß ich selbst nichts gewußt hätte, auch Bilse die Serenade nicht gegeben hätte (. . .) Noch nie war mir eine Aufführung so zuwider.«[84]

Benjamin Bilse hatte in Berlin 1867 ein privates Orchester gegründet und mußte 1882 erleben, wie über 50 seiner Musiker abtrünnig wurden und ein neues Orchester, die Berliner Philharmoniker, gründeten, das ab 1884 von Joachim und ab 1887 von Hans von Bülow geleitet wurde. Doch dieses Mal war »Meister Bilse« schneller als die Konkurrenz. Dem Komponisten gefiel jedoch die Aufführung nicht: »Viel zu langsam, ich glaube, sie schliefen alle ein, dann stimmten die Bläser absolut nicht.« Nun hatte er große Angst, daß Bülow dies erfahren und die Serenade in »seiner blinden Wut« vom Programm absetzen könnte.

Doch seine Befürchtungen waren unbegründet. Er traf Bülow schon vor dem Konzert beim Verleger Bock. Der alte Feind seines Vaters war »sehr liebenswürdig, sehr gut aufgelegt und sehr witzig und bestellte mich für Mittwoch in die Probe, um mir eigens meine Serenade vorzuspielen. Er lobte sie ganz außerordentlich und forderte·danach alle Musiker auf, mich zu applaudieren, wobei er selbst mithalf.«[85] Beim Konzert am Abend –

Franz Mannstädt dirigierte das Orchester – kam Bülow, der im Publikum saß, nach der Aufführung der Serenade zum Podium vor und »applaudierte nach hinten und winkte, ohne mich zu sehen . . .« Doch Strauss blieb bescheiden sitzen und dankte Bülow nach dem Konzert.

Dies war der Durchbruch für Strauss! Bülow war nämlich nicht leicht von der Begabung eines Musikers zu überzeugen. Das hatte Strauss selbst erfahren müssen, als der Meister gegenüber Verleger Spitzweg seine Klavierstücke für talentlose Dutzendware erklärt hatte. Bülow war autoritär, aber im Grunde doch jungen Komponisten gegenüber aufgeschlossen, weshalb er mit neuen Werken überschüttet wurde und sich 1879 und 1887 nur durch eine Anzeige in Musik- und Kulturzeitungen zu helfen wußte: »Nothgedrungene Erklärung. Nachdem ich durch die Güte derjenigen Herren Componisten, welche ihre Werke in den von mir geleiteten Orchesterkonzerten aufgeführt zu haben wünschen, mit einer größeren Anzahl von Novitäten versehen worden bin, als ich bis Ende laufenden Jahrhunderts zu berücksichtigen in der Lage wäre, muß ich jede fernere Musikalieneinsendung von jetzt ab zurückweisen.«[86]

Dieser schwierige, eckige, oft am Rand seiner psychischen Belastbarkeit stehende, vom Schicksal gezeichnete Mann, der sich einst so vehement und begeistert für Richard Wagner eingesetzt hatte und dem vom Bayreuther Meister in München die Frau ausgespannt wurde, war vom Genie des jungen Münchners überzeugt – trotz der alten Feindschaft mit Vater Strauss. Er verhielt sich dem jungen Komponisten gegenüber patriarchalisch und bei allem Wohlwollen doch distanziert. So weigerte er sich, Strauss' neueste Kompositionen anzuhören, da er sich für eine Konzerttournee vorbereiten müsse: Nur wenn er Brahms wäre, würde »er sich nachts 3 Uhr noch bei einer Tasse Schwarzen hinsetzen und studieren, aber so gehe es unmöglich!« Doch er sprach »mit kolossaler Hochachtung« von Vater Strauss, wie der Sohn diesem veremeldete: »Du seiest der feinste Musiker, der schönste Ton, herrliche Phrasierung und Vortrag: ›Ich habe von ihm viel gelernt‹, sagte er zu mir; ›schreiben sie es ihm nur‹.«

Richard staunte über Bülow, der das Orchester – auch in den Proben – auswendig dirigierte. Aber er war mit der Beethoven-Auffassung des Meisters nicht ganz einverstanden: »sehr gesucht«, »nuanciert« und »unnatürlich«, berichtete er dem Vater. Erst später wird er Bülows Musikauffassung verstehen.

Mit Bülow war ein Mensch in sein Leben eingetreten, der ihn faszinierte. Bülow kannte keine bürgerlichen Rücksichten, er schwieg nicht, wenn ihm etwas mißfiel, sondern nannte es beim Namen – wenn es sein mußte vor 2000 Menschen: »Bülow hat sich wieder durch eine Rede unsterblich gemacht, die er gehalten hat, nachdem er in der Philharmonie mehrere Sachen von sich dirigiert hatte und den *Propheten*-Marsch dreingab. Als der letztere vorbei war, klopfte er und sprach: Er hätte neulich im *Zirkus Hül-*

*Hans von Bülow
(1830–1894)*

*sen* !!! diesen Marsch so malträtieren gehört, daß er sich gedrungen gefühlt habe, dem Publikum denselben einmal anständig zu Gehör zu bringen.«[87] »Taktlosigkeit« und »Unverschämtheit« nannten die Zeitungen Bülows Verhalten. Aber Strauss staunte über die »Courage«; denn auch er hatte bislang hauptsächlich schlechte Aufführungen in der von Hülsen geleiteten Königlichen Oper gehört.

Die Zeit, in der Strauss die frische Berliner Luft atmen durfte, näherte sich nun ihrem Ende. Radecke führte am 21. März die Ouvertüre auf, die »gottlob *sehr*« gefiel und die Strauss neben Frau Begas, den Closes, Frau Christine und Spitta sitzend anhörte.[88] Das Fremdenblatt schrieb einen bösen Verriß, lobte freilich einige Tage später den ersten Satz der Cellosonate, deren Aufführung ihn jedoch verdroß: »Wurde leider schlecht gespielt, gefiel aber.«[89]

Nun hieß es Abschiednehmen. Beim »herrlich, warmen« Märzwetter bekam er »ordentlich Heimweh«, wie er der Mutter im Glückwunschbrief zum Namenstag schrieb.[90] Mit seinem in Berlin lebenden Schulfreund Ludwig Abel wanderte er in den Grunewald und zur Havel hinaus: »Diese Umgegend ist schöner, als *wir* glauben, natürlich nicht so schön, als die Berliner glauben. Doch hat für mich die Tiefebene ihre Reize. Wir stiegen den ganzen Tag im Wald und an reizenden Seen herum, die sehr malerisch liegen . . .«[91] Nach den Monaten im Getriebe der Weltstadt sehnte er sich nach der Natur.

So freute er sich auf München, auch wenn er nun die vielen Bekannten, die hübschen Mädchen – im März lernte er noch die reizende Sängerin Pollak, eine »gescheite und reizend liebenswürdige, bescheidene, anspruchslose und gemütliche und dabei wunderhübsche« Ungarin kennen – die Musiker, die Kunstmaler, das Gesellschaftsleben, die geistvollen Gespräche zurücklassen und wieder in die »dumpfe Schwüle« Münchens, wie es Freund Thuille nannte, zurück mußte.

Doch auch die Freunde in Berlin waren traurig, insbesondere Frau Begas, die einige Monate später an ihren »lieben kleinen Strauss« schrieb: »Mir geht es nicht immer besonders. Mein Leben ist dasselbe wie immer . . .«[92] Und noch 1887 wird die »hoffentlich noch nicht vergessene Pflegemama Gret B.« an »ihren lieben Pflegesohn Richard Strauss« Grüße bestellen.

So kam Strauss von einem turbulenten Berliner Winter zurück ins vergleichsweise ruhige und beschauliche München, und die Münchner staunten gewiß, »welch kolossalen Nutzen« ihm der »kurze Aufenthalt« gebracht hatte. Denn er hatte nicht nur Erfolg im Norden gehabt, sondern war auch ein anderer Mensch geworden.


## Psychogramm eines jungen Genies

In München nahm Richard Strauss wieder sein gewohntes Leben auf, komponierte, spielte in der Wilden Gung'l, musizierte im Streichquartett mit Onkel Knözinger oder bei den Pschorrs, machte Besuche in der Landvilla seiner reichen Verwandten in Feldafing und erzählte begeistert vom vergangenen Winter in Berlin.

Obwohl nun schon zu einigem Ruhm gelangt, spielte Richard wie früher mit Dilettanten zusammen. Doch in seinen musikalischen Urteilen war er hart, oft etwas blasiert, und in seiner Kunst kannte er keine Kompromisse – nicht einmal mehr gegenüber dem Vater.

Dieser hatte ihm nach Berlin Kompositionsratschläge geschickt, kaum daß der Sohn aus seiner Reichweite war: »Halt! Beachte in Deinen nächsten Kompositionen mehr das Quartett, und die Bläser weniger. Das Streichquartett bleibt immer die Hauptsache«,[93] kritisierte der Vater am 16.12.1883, und am 11.2.1884 mahnte er: »Bitte lieber Richard, wenn Du etwas Neues machst, sehe recht darauf, daß es melodisch und nicht zu schwer, und klaviermäßig wird. Ich mache immer mehr die Erfahrung, daß nur melodische Musik nachhaltig bei Musikern und Laien wirkt, und Melodie das hauptlebensfähige Element der Musik ist.«[94] Doch Strauss kümmerte sich kaum um die Ratschläge seines Vaters: Im Orchester bevorzugte er die Bläser und nicht die Streicher, und in den Stimmungsbildern für Klavier achtete er mehr auf Atmosphäre und Klangmalerei als auf Melodie, leichte Spielbarkeit oder eine »klaviermäßige« Komposition. Er ließ sich beim Komponieren nicht mehr hineinreden.

Sein Verhältnis zum Vater hatte sich geändert. Er spürte, daß auch der Vater in gewisser Weise zur »Windstille« in München gehörte, daß es jenseits von den Klassikern, von Lachner und Rheinberger Großes und Unerhörtes gab, daß man nicht nach den Vorlieben und Vorurteilen der Musiker und Musikliebhaber sich richten dürfe. Der Vater hatte sich Grenzen gesetzt, über die er sich nicht hinauswagte. Die Musik Wagners war schon weit jenseits dieser Grenze. Dem Vater genügte München: die Musikakademie, der Dienst im Königlichen Orchester, die Kammermusikabende im Hause Pschorr und die Leitung der Wilden Gung'l. Er hatte viel erreicht und besaß die Weisheit, auch einmal zufrieden zu sein. Doch sollte der Sohn auch so bürgerlich selbstzufrieden werden, »verbauern«, wie es Freund Thuille genannt hatte? Nein, er hatte nicht so weit unten wie sein Vater beginnen müssen, und deshalb würde ihn sein Weg auch weiter hinaus als den Vater führen. Er wollte nicht nur Festmärsche, Walzer und Streichquartette komponieren, auch wenn er damit in München vielleicht den größten Erfolg gehabt hätte. Aber er spürte, daß er dann nie eine eigene musikalische Sprache finden würde.

Noch immer hatte er seinen eigenen Weg als Komponist nicht gefunden. Aber seine Maßstäbe hatten sich verändert. Ein Schlüsselerlebnis war für ihn die Bekanntschaft mit der Musik von Johannes Brahms. Als er erstmals in Berlin dessen 3. Sinfonie hörte, konnte er noch wenig damit anfangen: »Mir brummt noch heute der Kopf von dieser Unklarheit, und ich gestehe offen, daß ich sie noch nicht verstanden habe, sie ist aber so miserabel und unklar instrumentiert, daß man während des ersten und letzten Satzes nur zwei zusammenhängende viertaktige Gedanken, die Mittelsätze, fassen konnte, während der scherzovertretende Satz sehr hübsch und interessant, das Adagio dagegen recht öde und gedankenarm ist.«[95]

Doch Herzogenberg, Wüllner, Joachim und Bülow bewunderten die Musik von Brahms. Lag es also an ihm, dem konservativen, noch nicht über die Klassik und Mendelssohn hinausgekommenen »Kleinstädter«, daß er Brahms nicht verstand? Einige Wochen später mußte er eingestehen, daß er mit seinem abschätzigen Urteil unrecht hatte. »Die Sinfonie ist wirklich wunderschön. Klar in Form und Aufbau, famos gearbeitet, hat sie reizende Themen und einen Zug und Schwung, der was Beethovensches hat.«[96] Seinem Freund Thuille teilte er mit, daß sie die »bedeutendste Sinfonie, die jetzt geschrieben worden ist«,[97] der erste Satz »kolossal frisch« und »schneidig« und der letzte »etwas dämonisch angehaucht« sei.

München war also nicht mehr sein Orientierungspunkt. Er hatte im Norden ein ganz anderes Konzertleben entdeckt als in der beschaulichen Residenz der bayerischen Könige. Ein neuer Musikertypus entwickelte sich dort. Einer der Virtuosen, die besonderes Aufsehen erregten, war Eugen d'Albert, der ebenso wie Richard Strauss erst knapp 20 Jahre alt war. »Wirklich phänomenaler Kerl! Nicht nur, daß er eine Riesentechnik, furchtbare Kraft und alle Phasen von p bis ppp hat, nein, er spielt auch sehr musikalisch, klar und rhythmisch und hat besonders das Rubinsteinsche d-moll-Konzert, das ja etwas ungeheuerlich gespielt werden darf, ganz eminent gespielt . . .«[98] Vater Strauss freilich teilte diese Begeisterung nicht, nachdem d'Albert auch in München konzertiert hatte: »Der junge Mann hat eine eminente Technik, aber ich liebe diese Art Klavierspiel nicht. Die Hände fliegen so in der Luft herum, daß man meint, es sitzt ein Akrobat am Klavier. Über mich kam das Gefühl, daß er zu wenig aus dem Innern heraus Künstler ist, sondern mehr ein Virtuose aus Büffelei.«[99]

Im selben Brief kritisierte der Vater Richards Begeisterung für ein Theaterstück von Sardou – und meinte gewiß dabei die ganze moderne Kunstrichtung, auch das Spiel d'Alberts, wenn er über den Franzosen schrieb: »Ich glaube immer, da hast Du Dich vom französischen Raffinement etwas zu viel packen lassen. Die Franzosen haben allerdings los, fürchterliche Spannungen zu erzielen, und bringen dadurch großen Effekt hervor, aber sehr oft auf Kosten der inneren Wahrheit. In der Kunst ist aber die Wahrheit die Hauptbedingung . . .« Richard Strauss wird diesen Vorwurf seines Vaters gegen Sardou und die neue Kunst überhaupt noch oft hören, nun allerdings auf seine eigenen Werke gemünzt. Doch was ist Wahrheit in der Kunst? Damals konnte er diese Frage noch nicht beantworten. Jedenfalls bewunderte er weiterhin d'Albert und widmete ihm 1886 die Burleske d-Moll für Klavier und Orchester. Bei der Uraufführung 1890 in Eisenach spielte d'Albert den Solopart und Strauss dirigierte – zwei junge Stars vereint in einem Konzert.

Doch trotz fachlich-musikalischer Meinungsverschiedenheiten achtete und liebte Richard Strauss seinen »lieben, guten Papa«, wie er ihn in seinen

Briefen anredete. Aber es war für ihn schwer, im Elternhaus lebend einen eigenen Weg zu finden; denn dem Vater erschien schon der letzte Satz von Beethovens 7. Sinfonie suspekt (»da roch man schon den Mephisto Richard Wagner darin«, schrieb Strauss später in den *Erinnerungen an meinen Vater*[100]), und er mißbilligte Schumanns Klavierwerke ab op. 20 »unter Mendelssohns Einfluß stehend« als »Leipziger Musik«. Richard Strauss brauchte einen starken Willen, um sich vom väterlichen Einfluß zu befreien und ein selbständiger Musiker zu werden, zumal der Vater »im Charakter verbittert, heftig, jähzornig und tyrannisch« war.

Inzwischen trat an die Stelle von Franz Strauss in musikalischen Dingen eine andere Vaterfigur: Hans von Bülow. Der Dirigent und der Hornist hatten allerdings manches gemeinsam. Beide waren sie Querdenker, standen mutig zu ihren Überzeugungen und vertraten diese, auch wenn es unpassend war. Lieber schufen sie sich Feinde, als daß sie darauf verzichtet hätten, die Wahrheit, oder das was sie dafür hielten, zu sagen. Beide waren sie kompromißlose Tyrannen im Dienst der Sache: Franz Strauss in seiner Familie, als Hornist im Orchester und als Erzieher (vor allem seines Sohnes), Bülow als Dirigent, Verfechter der neuen musikalischen Richtungen und weltberühmter Pianist. Sie waren Führerfiguren, »Helden« der Gründerjahre, eindrucksvolle, gebieterische und mit ihren Bärten wild und ungebändigt wirkende Männer. Auch ihre Anschauungen in bezug auf das Musizieren verbanden Bülow und Franz Strauss: Bülow bewunderte – wie bereits berichtet – die Vortrags- und Improvisationskunst von Franz Strauss und dieser schätzte Bülow als Pianisten. Beide waren sie verletzlich und verletzt. Strauss durch den Sieg Richard Wagners und damit der modernen Zeit über die alte, in welcher in der Kunst noch Wahrheit geherrscht hatte, wie er meinte. Bülow war persönlich verletzt durch Wagner, den er als Musiker verehrte, als Menschen dagegen verachtete; hatte er ihm doch – welch ein Skandal – während der Münchner Jahre die Frau ausgespannt.

Doch beide trennte auch vieles. Vater Strauss stammte aus dem einfachen Volk, Bülow dagegen war ein adeliger Herr. Bülow verehrte Wagner und Liszt, Strauss dagegen haßte sie. Bülow setzte sich für die neue Musik ein, während Strauss im Grunde nur Mozart, Haydn und den frühen bis mittleren Beethoven liebte. Doch trotz »der sachlichen Gegnerschaft«, wie Richard Strauss später schrieb, »blieb mein Vater mit Bülow auch nach Bülows Weggang auf gutem Fuß«.[101]

So vollzog sich der Wechsel der künstlerischen Vaterfiguren nicht ganz so dramatisch, wie es beim Temperament von Franz Strauss hätte befürchtet werden müssen. Dieser sah, daß Bülow dem Sohn für die Karriere sehr hilfreich war, und Richard Strauss erkannte, daß der Vater ihm den Weg in die moderne Musik nicht öffnen konnte. Da mußte er sich Bülow anvertrauen.

Doch nicht nur das Verhältnis zum Vater und damit zu dessen musikalischen Bewertungen und Vorstellungen geriet in Bewegung, auch in anderer Hinsicht löste sich die fest gefügte Welt der Jugend auf. Die Mutter bereitete nämlich der Familie zunehmend Sorgen. Schon in Berlin fiel ein Schatten auf das Verhältnis zwischen Josepha Strauss und ihrem Sohn. Richard hatte zweimal seine Briefe an den Vater adressiert, und nun schrieb ihm die Mutter nicht mehr: »Dabei denke ich doch wieder, meine gute Mama ist doch sicher nicht so kleinlich, daß sie darin eine Vernachlässigung ihrerseits erblicken kann, denn jeder Brief ist doch ebenso für Dich wie für Papa und Hanna –, daß ich ein einziges Mal die Adresse wechselte, kann doch meine liebe Mama nicht kränken, ich stehe also hier vor einem Dilemma, aus dem ich nicht klug werde.«[102]

Der Vater war tyrannisch, jährzornig, hart, streng, die Mutter gütig, liebevoll – aber auch schwierig. Beim Vater wußte man, woran man war, dagegen wurde Strauss aus dem Verhalten der Mutter nicht klug. Sie mußte ihre Nerven so schonen, daß sie kaum las, büßte Konzert- und Theaterbesuche mit schlaflosen Nächten, war labil, ging oft in die Erholung und zur Kur. Dennoch ließ sie es sich nicht nehmen, noch als über Vierzigjährige bis in die tiefe Nacht hinein zu tanzen.

Litten die »empfindlichen Nerven« der Mutter unter dem gestrengen Vater? Im Alter stellte sich Richard Strauss diese Frage. Denn 1884 und 1885 fiel ein böser Schatten auf die so harmonisch wirkende Familie. Die Mutter war mißtrauisch, wie die Episode während der Berlin-Reise zeigte, sie »bildete sich ein, von ihren Angehörigen verfolgt zu werden«.[103] Franz Strauss, Richard und Johanna erlebten schreckliche Familienszenen. Schließlich blieb dem Vater nichts anderes übrig, als die Mutter den Ärzten zu überlassen. Sie erhielt »eine Überdosis Morphium zur Beruhigung. Darauf bekam sie einen Tobsuchtsanfall, der die Verbringung in die Heilanstalt erforderte«.[104]

Am 14. April 1885 wurde sie abgeholt. Die Schwester Hanna war gerade in Ferien bei Verwandten im Rheinland. Franz Strauss schrieb ihr: »Vereine Deine Bitten zum lieben Gott mit den unsern um baldige Genesung für die brave, liebe gute Mama, damit wir sie bald wieder bei uns haben, um sie durch unsere unbegrenzte Liebe zu beglücken, denn ich weiß es, daß ihr höchstes Glück die Liebe der Ihrigen und der Pschorr'schen ist.«[105] Der Vater schrieb dankbar über Richard, daß er »sehr lieb und gut« gegen ihn wäre und »sich der größten Aufmerksamkeit bestrebe«. Doch Richard konnte das Verhalten seines Vaters nicht verstehen: »Mein guter Muth und Humor scheint allmählich auch flöten zu gehen, es hat eben alles seine Grenzen, und nehme ich mich schon zusammen, so sehr ich kann, und tröste Papa, doch hilft kein Zerstreuenwollen, das ist das Traurige, Papa wird immer menschenscheuer, ich glaube, er hat das Gefühl, daß er der guten Mutter Unrecht im Geiste tue, wenn er sich zerstreue und nicht den ganzen

Tag über unser Unglück nachbrüte. Wenn ich ihm auch immer vorpredige, daß er im Gegenteil die Pflicht habe, sich durch Zerstreuung und Ablenkung der schlimmen Gedanken so frisch und gesund zu erhalten, für Mama, Hanna und mich, so hilft das alles nichts und begreife ich da oft nicht, wo da die geistige Kraft bleibt, die doch ein Mann vor dem Weibe voraushaben soll.«[106]

Der Vater wirkte gebrochen: Wieder wurde er vom Schicksal geschlagen. Seine Frau war irrsinnig, wie man das damals nannte. Noch fünfzig Jahre zuvor waren Geisteskranke wie Aussätzige in finstere Verwahranstalten gesteckt worden; die Fenster waren mit Eisengittern gesichert, dunkle Gänge führten in die schlecht geheizten Zimmer, die überfüllt mit Kranken waren; die Wärter, »ein rohes, ungeschultes und ungebildetes Volk«[107], hielten die Kranken mit Zwangsstühlen und -jacken, Hand- und Fußfesseln in Schach und ließen oft ihre schlechte Laune zumeist ungestraft an den Kranken aus, denn ein Arzt kam nur einmal in der Woche in die Anstalt. Inzwischen freilich waren die Behandlungsmethoden humaner geworden. 1859 wurde eine für damalige Verhältnisse recht moderne »Kreisirrenanstalt« südlich von Haidhausen an der Isar erbaut, die mehrmals vergrößert werden mußte, zuletzt »nach langem mit aller Energie geführten Kampfe«[108] des Dr. Gudden, der 1886 zusammen mit dem geisteskranken König Ludwig II. im Starnberger See ertrinken wird. Doch wegen der großen Zahl von Irren mußte eine zweite Kreisirrenanstalt errichtet werden: In Gabersee wandte man die Prinzipien der »freien Behandlung« in Form einer »landwirtschaftlichen Kolonie« an. Eine auf Psychiatrie spezialisierte Medizin gab es damals noch nicht. Medikamente zur Beruhigung wurden verabreicht, vor allem Morphium – trotz der schlimmen Folgen –, manchmal sogar Opium und oft schwächere Medizin. Die Ärzte verschrieben Bäder, Elektroschocks und spezielle Diäten. Großen Wert legten sie auf eine psychische Behandlung. Wohlhabende erhielten ein Wohn- und Schlafzimmer, der Wärter war ihre Bediener, neben dem Speisesaal befand sich ein Conversationssaal, »wo die gebildete Bevölkerung der Anstalt sich trifft«. »Es ist für Musik, Gesellschaften, hie und da Theater, Lectüre, kurz für Alles gesorgt, was den Kranken an seine frühere Gewohnheiten erinnert.«[109] Auch für die Ärmeren bot die Anstalt große Annehmlichkeiten, wie sie die meisten in ihrem Leben draußen kaum kannten. Die Kranken gingen im schönen Garten der Anstalt spazieren und durften sich in weniger schlimmen Fällen auch außerhalb der Anstaltsgrenzen an der Natur erfreuen.

Josepha Strauss genoß als begüterte Frau in der Anstalt durchaus großen Komfort. Die Behandlung der 47jährigen Frau verzeichnete bald Fortschritte. Am 23. April, nach fünf Tagen also, war sie schon »oft halbe Stunden ganz klar« und las die Karten ihrer Tochter Johanna, und am 7. Mai war sie »sehr glücklich und vergnügt, vollständig klar und vernünftig, nur ein bißchen aufgeregt und zappelig«, wie Richard Strauss seiner Schwester schrieb. Im Sommer konnte Josepha Strauss die Anstalt verlassen und sich in Feldafing im Haus ihres Bruders erholen. Doch bereits im Winter mußte sie wieder in die Anstalt.

Über die Frage, ob die Anstalt der Heilung diente oder die Ärzte nur ihre reichen Patienten schröpften, waren Vater und Sohn Strauss uneins. »Doch gebe ich Dir den guten Rat, Mama so bald als möglich, sowie sie gesund ist, aus der Anstalt zu nehmen, ich bin der unmaßgeblichen Ansicht, daß Mama im Frühjahr zu lang in der Anstalt war, das hübsche Prinzip, welche sie bei Gudden verfolgen, die gut zahlenden Erste-Klasse-Kranken solange als möglich, d.h. länger als nötig dazubehalten, ist bereits im Frühjahr zu offenkundig gewesen, um nicht von mir durchschaut zu werden.«[110] Der Sohn war kritisch gegenüber den Ärzten, wollte der Mutter »unnötigen Aufenthalt« und dem Vater Geld – »um welches Gudden doch hauptsächlich zu tun« – sparen. Doch der Vater antwortete: »Ich bin nicht der Ansicht, daß wir sie im Sommer zu lange in der Anstalt ließen, ich glaube, eher zu kurz...«[111] Doch er konnte die freudige Nachricht hinzufügen: »Der lieben, guten Mama geht es sehr gut. Auch werden wir, wenn wir alle einverstanden sind, sie aus der Anstalt zurückholen...«[112] Aber die Mutter wird von nun an ihr ganzes Leben nervlich labil bleiben. Sie mußte noch mehrmals zu Aufenthalten zwischen einem und 10 $\frac{1}{2}$ Monaten in die Klinik.[113]

Psychische Erkrankungen nahmen um die Jahrhundertwende in bedenklichem Maße zu. Die Anstalten waren überfüllt, und bald wird die Zeit der Psychoanalyse eines Doktor Freud in Wien anbrechen. Die Verdrängung des Unterbewußten, des »Unnormalen« und Irrationalen in der modernen, von technischem und wissenschaftlichem Fortschritt beherrschten Welt zerstörte die Psyche der Menschen. Richard Strauss wird sich später nach außen hin als kerngesunde, bayerische Kraftnatur geben, doch in seiner Musik ein außerordentliches Gespür für das Abgründige, Kranke und Perverse im menschlichen Bewußtsein zeigen. Das Schicksal seiner geliebten Mutter öffnete ihm dafür die Augen.

Eine kranke Mutter, ein zwar guter, aber tyrannischer Vater – so schön und heiter verliefen also die Jahre der Muße in München nicht. Manches Mal dachte Strauss wohl mit Sehnsucht an Berlin zurück. Denn auch bei der Suche nach einem eigenen musikalischen Stil kam er zu Hause nicht weiter, ja waren die Monate nach seiner Berlin-Reise wenig fruchtbar: Für Wüllner komponierte er *Wandrers Sturmlied* von Goethe für Chor und großes Orchester, für Bülow die Suite B-Dur für 13 Blasinstrumente, für die Wilde Gung'l den Festmarsch D-Dur, für Seine Hoheit Georg II., Herzog von Sachsen-Meiningen, das Klavierquartett c-Moll und acht Lieder aus *Letzte Blätter* von Hermann von Gilm. Nein, er hatte auch jetzt noch nicht seine eigene Sprache gefunden, schrieb – das Klavierquartett und die Lieder ausgenommen – Musik auf Bestellung und zum Gebrauch.

Nur wenn er von der Ferne träumte, sah er Lichtblicke: Am 13. Dezember 1884 wurde in New York seine 2. Sinfonie von dem aus Ostfriesland stammenden Theodor Thomas uraufgeführt. Franz Wüllner leitete am 13. Januar 1885 die deutsche Premiere im Kölner Gürzenich: »Papa wird Augen machen, wenn er hört, wie modern die Sinfonie klingt, auch ist fast ein bißchen zuviel Kontrapunkt darin, aber dafür wogt und pulsiert auch alles, daß es eine Freude ist«, schrieb der »in sein Werk verliebte Komponist« aus Köln an seine Eltern.[114]

Wieder in München dachte er voller Sehnsucht zurück: »Ich zehre hier immer noch an meinem Kölner Erfolg, der wohl der schönste und bedeutendste war, den ich bis jetzt aufzuweisen habe«,[115] schrieb er dankbar an Wüllner.

Die Erfolge auswärts stärkten in ihm den Wunsch, von München wegzukommen. Nicht nur im Elternhaus war es schwierig und kompliziert. Er hatte sich auch in eine »unmögliche« Liebe verstrickt. Die vier Jahre ältere Dora, die Frau des Cellisten Hans Wihan, der ihm freundschaftlich zugetan war und seine Sonate und Romanze für Cello bei seinen Konzerttournen spielte, betete er an. Er mußte miterleben, wie die Ehe der beiden in die Brüche ging, und er selbst war wohl nicht ganz unschuldig daran. »Gegenwärtig bin ich auch nicht in guter Gemütsverfasung«, schrieb er am 23. April 1885 an seine Schwester.[116] Nicht nur, daß die Mutter in der Heilanstalt war, auch Freundin Dora reiste nach Bad Reichenhall wegen ihrer Bronchen, »wohin sie ihr Mann aus Eifersucht nicht allein hingehen lassen will«.[117] Sie fuhr mit ihrer Mutter, und Hans Wihan absolvierte eine Tournee nach Rußland.

Nach seiner Rückkehr entstand ein schlimmer Streit zwischen den Eheleuten. Dora Wihan floh zu ihren Eltern nach Dresden, Hans reiste ihr nach: »Ihr lieber Mann war wieder 8 Tage bei ihr in Dresden, zu ihrem Schrecken«, berichtete Vater Strauss.[118] Ihm war die Beziehung seines Sohnes nicht unbemerkt geblieben. Die Leute in der Stadt und im Orchester redeten bereits darüber. Wiederholte der Komponist Strauss mit seinem Interpreten Wihan, was einst Richard Wagner mit seinem Dirigenten Bülow vorexerziert hatte? Ein Jahr später wird Franz Strauss den Sohn ermahnen: »Vergesse nicht, wie man hier über Dich wegen Dora W. gesprochen hat.«[119]

Viele der besten Kompositionen des jungen Strauss stehen in Moll. Weltschmerz, Leidenschaft, Trauer, drückende Last, beethovensches Aufbäumen gegen das Schicksal prägen den Stimmungsgehalt dieser Werke. Sie zeigen den »Sturm und Drang« eines jungen Genies, das sich im Netz seiner Herkunft verfangen hatte: Waren sie nicht alle gut zu ihm, die Eltern, Dora und Hans Wihan, die Pschorr-Verwandten – aber mußte er nicht diese Verstrickung in Dankbarkeit, in Folgsamkeit gegenüber dem Vater, in psychologisches Feingefühl gegenüber der nervenkranken Mutter, in Schwärmerei gegen die schöne, aber verheiratete Dora abschütteln? Doch wie?

Er komponierte damals acht Lieder aus den *Letzten Blättern* Hermann von Gilms, Gedichte über eine unglückliche, ausweglose und dem Tod geweihte Liebe. Düster und dunkel ist die Farbe dieser Lieder, in denen romantischer Schmerz über den Wahnsinn der Gefühle und Todessehnsucht anklingen.

# III

# Famoses Debüt in Meiningen

»Sträusschen probiert frenetisch drauflos. Gestern vormittag drei Stunden an seiner Sinfonie allein. Zum Schluß Applaus vom Orchester . . .«, schrieb Frau von Bülow im Oktober 1885 an ihren auf Konzerttournee verreisten Mann.[1]

Plötzlich war er da: knapp 21jährig und Orchesterchef, Herzoglich Meiningischer Hofmusikdirektor und ziemlich bekannter, freilich auch umstrittener Komponist. Richard Strauss war eine Ausnahmebegabung: Komponieren und Dirigieren hatte er nie an einem Konservatorium studiert, und doch konnte er es besser als alle seine studierten, akademisch geprüften und diplomierten Kollegen. Wie ein Meteor erschien er auf der Bildfläche und schwang sich in eine steile Karriere.

Freilich gehörte dazu mehr als Begabung. Geld und damit – wenn auch bescheidene – finanzielle Unabhängigkeit waren durch die Pschorr-Verwandten gesichert. Vielfältige Beziehungen hatte der junge Strauss durch seinen Vater und bei seiner Berlin-Reise knüpfen können. Er mußte nicht erst langsam und geduldig in die oft hermetisch abgeschlossenen Musikerkreise eindringen, sondern war allein durch seinen Namen schon bestens eingeführt.

Doch zu diesen wichtigen Voraussetzungen für eine Karriere im bürgerlichen Konzertbetrieb kam die wichtigste hinzu: Er hatte Fortune, wie dies damals in Preußen genannt wurde. Denn man denke sich aus, was gewesen wäre, wenn Strauss nicht von Bülow, dem bedeutendsten Dirigenten jener Zeit, gefördert worden wäre . . .

## Kopfüber in die Dirigentenkarriere

Zum 64. Geburtstag gratulierte Richard Strauss seinem Vater selbstbewußt und ironisch: ». . . und ich hoffe nur, daß Dir das Geschick der Zufriedenheit mit Deinem oft etwas dickköpfigen und eigensinnigen Sohne zu diesem Geburtstag (. . .) in vollstem Maße beschieden sein möge. (. . .) Dein Sohn wird um das große Glück, das er bis jetzt noch immer gehabt hat, beneidet, bekommt sogar schon schlechte Rezensionen über Sinfonien (das erste Zeichen von Berühmtheit) . . .«[2]

Glück hatte Strauss in der Tat gehabt. Blickte er auf die vergangenen eineinhalb Jahre zurück, so mußten sie ihm wie ein Märchen erscheinen. Mitte Oktober 1884 zeigte ihm sein Freund Spitzweg einen Brief Bülows mit der überraschenden Mitteilung: »Jetzt eine neue Idee. Strauss hat gebeten, die neue Bläsersuite seines Sohnes von uns probiert zu hören. Schön. Wir studieren sie hier ein. Dann mag sie der Componist vom Blatt dirigieren, am 18. Vormittag.«[3]

Der aufregende 18. November rückte näher. Strauss hatte bislang noch nie öffentlich dirigiert, obwohl es schon lange sein Wunsch gewesen war, und fragte deshalb den Meister, wann er probieren könne:»›Proben gibts nicht, dazu hat das Orchester auf der Reise keine Zeit.‹ Sein Befehl war so kategorisch, daß ich gar nicht dazu kam, über mein Erschrecken nachzudenken.«[4]

Das Konzert fand an einem Vormittag vor geladenem Publikum statt. Bülow hatte »scheußliche Laune«, »tobte förmlich gegen München«: Die Wunde, vor zwanzig Jahren zusammen mit Wagner aus München vertrieben worden zu sein, saß noch tief. Strauss dirigierte seine Komposition »in einem leichten Dämmerzustand«: »Ich weiß nur, daß ich nicht umgeschmissen habe.« Bülow saß im Musikzimmer, »rannte eine Zigarette nach der andern rauchend wütend herum«. Nach dem Dirigierdebüt des jungen Strauss dankte der Vater Bülow »tief gerührt«. Doch dieser »sprang wie ein wütender Löwe auf meinen Vater los: ›Sie haben mir gar nichts zu danken‹, schrie er, ›ich habe nicht vergessen, was Sie seinerzeit hier alles mir angetan haben, hier in diesem verdammten München‹.« Nur wegen des Talents seines Sohnes, nicht seinetwegen, habe er Richard dirigieren lassen. Danach war Bülow wieder bester Laune, und für Strauss die Freude über »das Debüt gründlich versalzen«.

Aber der kantige und schwierige Bülow und sein Orchester vergaßen den jungen Strauss nicht. Denn als der zweite Kapellmeister Mannstädt Meiningen verließ, um in Berlin das Philharmonische Orchester zu leiten, dachte Bülow an Strauss: »Sehr eventuell: würde Richard II. gratis, interimistisch, zu seiner Bildung – als Praktiker – während meiner Urlaube in Ost und West die Meininger Kapelle dirigieren mögen, dabei auch den Gesangsverein exerzieren lassen? Dann . . . werde ich dem Duca Meldung thun.«[5]

Bülow wünschte, daß Strauss nach Frankfurt kam, wo er die Prinzessin Marie, eine gute Pianistin, »musikalisch erobern« müsse; denn sie hatte ein entscheidendes Wort bei der Besetzung der Stelle mitzureden und außerdem »erwartet sie von dem herzogl. Kapelldirigenten, daß er sich während des Winters mit ihr musikalisch beschäftige«. Außerdem könne er den Klavierkurs, den er, Bülow, dort gab, besuchen und so die Kunst des Vortrags, die im wesentlichen auf dem Klavier dieselbe wie im Orchester sei, erlernen.

Strauss fuhr selbstverständlich sofort nach Frankfurt, spielte der Prinzessin, »von Bülow aufgefordert«, die dem Meister gewidmeten Improvisationen und die Fuge a-Moll vor, »die der Situation ganz angemessen, aber ganz leidlich gingen«[6], und hatte am Schluß »halbes Nervenfieber«. Bülow staunte: »Donnerwetter, das ist ja eine gefährliche Concurrenz.« Und die Prinzessin bekam von seinem Klavierspiel »Respect«. Der junge Mann aus München hatte sie musikalisch erobert. Noch jetzt, als Strauss in Meiningen war, schwärmte sie gegenüber Frau von Bülow: »Das ist noch ganz was anderes als der Mannstädt.«[7]

Bülow schrieb nach der »musikalischen Eroberung der Prinzessin« durch Strauss sofort an Herzog Georg II. von Sachsen-Meiningen, ob er mit dem »ungemein begabten jungen Mann (ist er doch auch der Enkel des berühmten Bier-Pschorr)«[8] abschließen dürfe. Als Jahresgehalt erhielt Strauss 1500 RM, was sehr wenig war, aber dem aus so reichem Haus stammenden jungen Mann genügen mußte. Immerhin war Meiningen für ihn das Sprungbrett in eine erhoffte Karriere.

Doch auch für seine musikalische Bildung profitierte Strauss in Frankfurt. Bülows Klavierkurs war für ihn eine musikalische Offenbarung: »Was kann man alles von ihm lernen!«[9]

Ende September 1885 war es endlich soweit. Strauss stieg in den Zug, ließ seinen Vater, die nervenkranke Mutter und die geliebte Schwester in der »schwülen Windstille« Münchens zurück, um sein Glück zu suchen. In der »zwar kleinen, aber hübschen« Stadt Meiningen mit »reizender Umgegend« erwarteten ihn am Bahnhof der Klarinettist Mühlfeld, der Oboist Kirchhoff und der Hornist Leinhos, der sein Hornkonzert bereits gespielt hatte. So freundlich wurde also der Neue vom Orchester empfangen.

Auch Bülow nahm den jungen Mann herzlich auf. Bereits nach einer Woche lud er ihn zu »einem famosen Rehbraten mit Risotto« ein. Es ging hier im kleinen Meiningen familiär und gemütlich zu.

Dennoch wurde hart gearbeitet. Täglich fanden von 9 bis 12 Uhr die »denkwürdigen Proben statt, wie sie nur Bülow halten konnte«.[10] Daneben mußte sich Strauss auf sein großes Debüt vorbereiten. Am 20. Oktober sollte er das c-Moll-Klavierkonzert von Mozart selbst spielen und außer-

*Meiningen, um 1885*

dem seine f-Moll-Sinfonie dirigieren. Die ganze Familie Strauss fieberte diesem Tag entgegen. Strauss hatte das Konzert einen Sommer lang geübt, »zitterte aber, als keineswegs durchgebildeter Pianist, doch höllisch davor«.

Die erste Probe verlief zur Zufriedenheit Bülows. Der Vater gab aus München letzte Ratschläge: »Vergesse nicht, lieber Richard, was ich Dir öfter gesagt habe, die letzten Noten einer Figur deutlich zu machen und nicht zu überhudeln; Du kannst es recht gut, wenn Du Dir nur die Ruhe bewahrst, und die Baßstimme etwas sorgfältiger behandelst.«[11] Strauss tarnte seine Aufregung – und vielleicht auch seinen Ärger über die schulmeisterlichen Ratschläge seines Vaters – in dem ironischen Satz: »Papas liebevolle Ermahnungen amüsieren mich immer aufs famoseste«,[12] und studierte nach der Abreise Bülows zu Konzerten in Kassel seine Sinfonie mit dem Orchester ein. Das erste Durchspielen war chaotisch, die Sinfonie schwer, und das Dirigieren strengte ihn an. Doch er nahm es sportlich: ». . . werde es aber gewöhnen«.

Dazu kamen unerwartete Ablenkungen. So mußte er am 14. Oktober bei einer Probe vor hohen Herrschaften bestehen: Der blinde Prinz Alexander Friedrich von Hessen, ein hervorragender Geiger, spielte mit Konzertmeister Fleischhauer das Doppelkonzert von Bach, Strauss dirigierte die A-Dur-Serenade von Brahms und die musikkundigen Herrschaften – neben Prinz Alexander Erbprinz Bernhard, seine Frau Charlotte von Preußen und Prinzessin Marie – verlangten nach der etwas spröde klingenden Komposition von Brahms die Ouvertüre zum *Fliegenden Holländer*: »Ich war mitten in der Arbeit, als die Frau Erbprinzessin mit Gefolge in die Probe kam. Ich war bereits so hoffähig, daß ich die Probe unterbrach und die hohe Frau nach ihren Befehlen frug. Sie erwiderte: ›Ich möchte die *Holländer*-Ouvertüre hören.‹ Neue Verlegenheit für mich. (. . .) Mit der ganzen Schüchternheit meiner 20 Jahre erwiderte ich: ›Aber ich habe die *Holländer*-Ouvertüre noch nie dirigiert.‹ Die Prinzessin mochte denken: ›Das ist ein schöner Kapellmeister!‹ und sagte spöttisch: ›Na, die *Freischütz*-Ouvertüre werden Sie doch kennen.‹ Nun raffte ich mich aber auf und erwiderte: ›Dann wollen wir doch schon die *Holländer*-Ouvertüre machen‹, und es ging ganz gut, da das Orchester sicher war, und ich mit dem Mute der Verzweiflung meinen Takt schlug.«[13]

Strauss war von Bülow unvorbereitet ins Wasser geworfen worden und mußte nun schwimmen lernen. Doch seinen Eltern erzählte er nichts von diesen Schwierigkeiten, sondern spielte den selbstbewußten Künstler, als nun der Tag seines Debüts immer näher kam und Freund Thuille, der Münchner Musikfreund Graf Seilern und sogar Johannes Brahms anreisten: »Gestern die Hauptprobe ging sehr gut, das Konzert gelang sehr hübsch, auch die Kadenz und die Sinfonie spielten die Herren ganz wundervoll. Ich dirigiere und spiele es auswendig. Ihr braucht aber deswegen nicht in Angst zu sein, auch nicht mit tiefbewegtem Herzen an mich zu denken. Ich bin sehr vergnügt und munter und nicht die Spur von aufgeregt.«[14]

Daß er »höllisch« davor zitterte, verheimlichte er dem Vater also, und nach dem Konzert meldete er stolz nach Hause: »Konzert und Sinfonie sind famos gegangen, Herr von Bülow und Brahms haben sich günstig darüber ausgesprochen.«[15] Später sah er den Erfolg etwas gedämpfter: »Nachdem der erste Satz leidlich gelungen, ermunterte mich der liebenswürdige Meister mit den Worten: ›Wenn Sie nicht was Besseres wären, könnten Sie auch Klavierspieler sein.‹ Nahm ich das Kompliment auch nicht für voll verdient, so war ich in meinem Selbstvertrauen doch so weit gehoben, daß ich in den beiden letzten Sätzen mich freier geben konnte.«[16]

Seinem gestrengen Vater teilte er damals seine Selbstkritik nicht mit, kämpfte er doch darum, von ihm nicht mehr als Schüler, sondern als erwachsener Kollege geachtet zu werden, so wie Bülow ihn behandelte, der nach dem glänzenden Debüt seines Schützlings dem Konzertagenten Wolff nach Berlin schrieb: »Vielleicht interessiert Sie's, daß Rich. Str' Sinfonie recht sehr bedeutend, originell, formal reif ist und er ein geborner Dirigent. Er macht sich in jeder Beziehung vortrefflich: elastisch, lernbegierig, taktfest und taktvoll, kurz eine first-rate Kraft. Nb. er hat bisher noch gar nicht dirigiert – auch noch niemals öffentlich klaviziert – aber es gelingt ihm das Mozart'sche Concert, wie Alles Übrige, gleich auf's erste Mal. Schöne Carriere steht ihm bevor!«[17]

Schon bald begann die »schöne Carriere«. Denn bei der anschließenden Tournee des Orchesters mit Bülow – Strauss blieb in Meiningen, bereitete den Chor auf die Aufführung des Requiems von Mozart vor, komponierte und genoß das Leben in der kleinen Stadt – gerieten Brahms und Bülow in Streit, und Bülow trat schließlich als Intendant des Meininger Orchesters zurück.[18] Nun war Strauss alleiniger Dirigent der Hofkapelle. Im Alter von nur 21 Jahren wurde er der Chef eines der bekanntesten Orchester der damaligen Zeit!

Freilich plante der theaterbesessene Herzog, nach dem Weggang Bülows die Kapelle zu verkleinern: »Es wird wohl hier bald alles in die Brüche gehen . . .«,[19] schrieb Strauss an seine Eltern. Im Dezember teilte ihm der Vater mit, daß der Münchner Intendant Karl Freiherr von Perfall Strauss die Stelle eines Dritten Kapellmeisters anbot. Richard war begeistert: »Eine schönere Stellung bietet sich, glaube ich, für mich vorläufig nicht, der junge Mann hat Glück!«[20] Doch sein Mentor Bülow riet ihm, »sich der, freilich für Ihren regen Geist nicht sonderlich drohenden Gefahr, an den Ufern der Isar zu verphilistern, zu verrüpeln, eventuell zu verprotzen, zunächst nicht zu exponieren«.[21] Der im fernen Petersburg weilende Dirigent gab freilich zu, daß es leichter wäre, »Aufgaben im Contrapunkt der None zu lösen«, als einen »entschiedenen Rath in solch' Kapitalsachen« zu erteilen. Er schlug ein taktisch kluges Verhalten vor: zunächst in München ablehnen und den Herzog fragen, ob die Meininger Hofkapelle in ihrer bisherigen Größe bestehen bleibe. Immerhin, gab Bülow zu bedenken, wäre Strauss dann der alleinige Chef und nicht nur Dritter Kapellmeister wie in München: »Sie gehören zu den Ausnahmemusikern, die nicht von der Pike auf zu dienen nöthig haben, die das Zeug haben, sofort einen höhern commandirenden Posten zu bekleiden.«

Strauss nahm Bülows klugen Rat an und hatte eine Lektion in Taktik erhalten. Freilich kam es doch so, wie er vorausgesehen hatte. Der Herzog verkleinerte die Kapelle, viele Musiker mußten davonziehen, und auch Strauss ging zurück in die Heimatstadt nun als »gemachter« Mann. Erst knapp 22 Jahre alt, war er bereits Kapellmeister.

Doch so schön diese unglaubliche Karriere war, es drohten auch Gefahren, die Bülow vorausgeahnt hatte und vor denen ihn seine Mutter jetzt warnte: »Deine Anstellung hier hat Dir, wie zu erwarten, viele Neider gemacht, doch mußtest Du dich darauf gefaßt machen.«[22]

Strauss war ein beruflicher Erfolg beschieden, wie er ihn wohl nicht einmal in seinen kühnsten Träumen für möglich gehalten hätte. Er gab sich nun selbstbewußt, optimistisch, das Wort, das er häufig benutzte, war »famos« – und das war damals ein Modewort, denn in jenen Jahren gab es vieles, was durch seine Großartigkeit Bewunderung und Staunen erweckte: Karrieren von Industriellen wie Siemens und später Rathenau, von Maler- und Dichterfürsten wie Heyse, Lenbach oder Stuck, das Wachstum der Städte, eine bislang nicht für möglich gehaltene Geschwindigkeit des Reisens . . . Und auch Richard Strauss schien die Fortune der Gründerjahre zu besitzen. Was für ein Fortschritt und was für eine Zukunft!

## Der Vater und andere Kritiker

Der überwältigende Erfolg des jungen Strauss in Meiningen führte im Elternhaus keineswegs zu überschwenglichem Stolz oder kritikloser Freude. Vielmehr schien Franz Strauss es für notwendig zu halten, den berühmt werdenden Sohn nun besonders streng an die Kandare zu nehmen.

Graf Seilern berichtete nach der Rückkehr aus Meiningen belustigt von den Schlangenbewegungen des langgewachsenen dirigierenden Jünglings bei seinem großen Debütkonzert, »welches uns höchlich ergötzte«,[23] wie der Vater schrieb. Da lachten sie also in München über ihn! Der Vater riet: »Gewöhne Dir das Faxenmachen ab«, und legte ihm seine Anschauung vom Dirigieren ans Herz: ». . . es ist unschön, beim Dirigieren solche Schlangenbewegungen zu machen, und namentlich bei einem so langen Menschen wie Du einer bist. Es ist bei Bülow schon nicht schön, und der hat doch eine kleine graziöse Figur. Das Feuer zum Dirigieren liegt ganz woanders. Derlei Dinge reizen den Zuhörer zum Lachen und beeinträchtigen sehr bedeutend den guten Eindruck des Werkes. Die linke Hand hat beim Dirigieren gar nichts zu tun, als die Blätter der Partitur umzuwenden, und wenn keine auf dem Pult liegt, sich ruhig zu verhalten. Das Aneifern der Ausführenden durch den Dirigenten liegt in der Handhabung des Taktstockes.«[24]

Richard Strauss reagierte verärgert: »Woher weiß Papa, daß ich Faxen mache beim Dirigieren, ich bin doch kein Hanswurst . . .«[25] Und er ging nicht näher auf dessen Ratschläge ein. Denn waren die Anschauungen seines Vaters über die Kunst des Dirigierens nicht veraltet? Der moderne Dirigent war doch nicht mehr wie früher ein bloßer Taktschläger, sondern riß mit seinen Bewegungen das Orchester zu ausdrucksvollem Spiel mit, besänftigte es durch seine Gesten zu feinstem Piano oder stachelte es zu gewaltigem Forte an. Dies hatte er bei Bülow gelernt, der ziemlich erstaunt war, als sich Strauss an die Ratschläge seines Vaters hielt: »Nun paßt auf! Infolge der müßigen Bemühungen von Seilern hatte ich mich beim Dirigieren zusammengenommen und ziemlich ruhig dirigiert, so daß es Bülow auffiel. Er meinte, ich hätte nicht so elastisch dirigiert wie beim Concert, und als ich ihm sagte, daß ich mich absichtlich zusammengenommen habe, infolge Seilerns Rat, meinte er: Dummes Zeug, ich solle mich nicht irremachen lassen, ich hätte ganz hübsch dirigiert usw. Also seht ihr!«[26]

Doch bald amüsierten sich nicht nur Seilern und Vater Strauss über die Dirigierkunst des jungen Künstlers, sondern auch die Presse. Die »Isaria« in München druckte einen Artikel der dänischen Zeitung »Politika« mit sichtlichem Vergnügen ab: »Dr. Hans von Bülow spazierte auf der Tribüne herum und musterte den Saal. Ein blasser, langhaariger Jüngling soll die Ouvertüre dirigieren. Er sieht aus, als ob er die jüngsten vierzehn Tage von neugeborenen Lämmern gelebt und dazu Karlsbader Wasser getrunken hätte. Der Herzog mit Gemahlin tritt in die kleine Loge, und das Orchester beginnt. Herr von Bülow arbeitet in schwedischer Heilgymnastik i.e. Oberkörperschwingungen und der langhaarige Jüngling macht seekranke Bewegungen.«[27]

Die Schadenfreude der Münchner Neider kann man sich vorstellen. Doch wer hatte recht? Die kleinlichen, am Alten hängenden, »verphilisterten« Münchner (und Kopenhagener), zu denen leider auch der Vater gehörte, oder Hans von Bülow, der in den letzten Jahren wesentlich dazu beigetragen hatte, das Dirigieren zu einer eigenständigen Kunst zu entwickeln? Sein Schüler Richard Strauss wird es jedenfalls als junger Dirigent schwer haben, gegen das Alte anzukämpfen – sowohl bei den Orchestermusikern als auch beim Publikum. Doch – welche Ironie – im Alter wird er so dirigieren, wie es ihm sein Vater riet: mit sparsamsten Bewegungen.

Aber nicht nur seine Dirigierkunst wurde kritisch beobachtet, sondern auch seine Musik. Mit besonderer Spannung sah Strauss dem Urteil von

Johannes Brahms über seine f-Moll-Sinfonie entgegen. Brahms, den er damals sehr bewunderte und der »sehr gemütlich und nett«[28] war, ließ sich in »seiner wortkargen Art« nur zu einem »Ganz hübsch« hinreißen und belehrte den jungen Kollegen: »Junger Mann, sehen Sie sich genau die Schubertschen Tänze an und versuchen Sie sich in der Erfindung einfacher und achttaktiger Melodien.« Und: »Ihre Sinfonie enthält zu viele thematische Spielereien. Dieses Übereinanderschachteln vieler nur rhythmisch kontrastierender Themen auf einem Dreiklang hat gar keinen Wert.«[29] 1909, als reifer 45jähriger Meister, gab Strauss dem alten Brahms recht, als er seine *Erinnerungen an Hans von Bülow* niederschrieb. Doch als junger, feuriger, noch nicht zu Altersklarheit gelangter Mann ärgerten ihn diese Ratschläge sehr, und er hielt es nicht für opportun, sie seinen Eltern mitzuteilen; denn dies wäre Wasser auf die Mühlen seines Vaters gewesen.

Freilich kamen die Brahms-Worte doch ins ferne München – da war wohl wiederum Graf Seilern im Spiel. Und sofort erhielt er ausführliche Ermahnungen des Vaters, die noch schulmeisterlicher als die des bärtigen, norddeutsch-wienerischen Komponisten waren: »Hocherfreut war ich über den Rat, den Dir Brahms gegeben hat, über die Verwendung des Kontrapunktes in Deinen Sachen. Mein lieber Sohn! Ich bitte Dich herzlich, beherzige Dir diesen wahren, aufrichtigen Rat! – Es war mir immer ein großer Kummer, daß du in allen Deinen neueren Sachen mehr auf kontrapunktische Künstelei sahst, als auf die natürliche, gesunde Erfindung und Ausführung. Das Handwerk darf nicht gefühlt werden. Und wo es vorherrscht, ist es ja nur Handwerk und dann keine Kunst mehr. In der Kunst liegt das wahrhaft Bezaubernde, Göttliche vielfach in dem Unbewußten . . .«[30] Abschließend meinte der Vater, daß Richards Talent zu »etwas Besserem als zur Künstelei« reiche. Der Sohn freilich antwortete nicht, sondern schrieb der Mutter einen langen Brief über die Uraufführung von Brahms IV. Sinfonie, über eine Reise mit Brahms und Bülow nach Weimar, wo sie Liszts Wohnung besuchten, und über einen »unvergeßlichen« Nachmittag bei Brahms mit »hochinteressanten« Geprächen. Erst am Schluß steht die etwas verärgert wirkende Frage: ». . . woher weiß Papa so genau, was mir Brahms geraten hat, ich schrieb doch nichts Ausführliches darüber.«[31]

Das Verhältnis zum Vater erreichte nun einen Tiefpunkt. Strauss stellte seine ausführliche Berichterstattung ein und schickte dem Vater nur noch Kartengrüße. Freund Thuille versuchte zu vermitteln: »Papa ist etwas pikiert, dass Du in neuerer Zeit immer nur Correspondenz Karten sendest, und scheint ernstlich die Absicht zu haben, Dir vor Empfang eines Briefes nicht zu schreiben. Lass Dir deshalb die Mühe nicht verdrießen, Deine lakonischen Mitteilungen unter Couvert zu senden!«[32] Am nächsten Tag bereits raffte sich Strauss zu ausführlicheren Mitteilungen an seine Eltern auf. Der Ton dieses Briefes ist selbstbewußt, etwas Überheblichkeit schwingt mit, Richard scheint eine Pose – nämlich die des berühmten Künstlers – einzuüben, die gar nicht zu seinem bisherigen bescheidenen und selbstkritischen Wesen paßte. In der »Allgemeinen Musikzeitung« hatte Leßmann eine gute Kritik verfaßt, die ihn, »der ich auf Kritiken gar nichts gebe«, freute, und der bekannte Verlag Ries und Erler interessierte sich für seine Werke: »Ein Beweis, daß Euer Sohn anfängt, berühmt zu werden.«[33] Nach diesen Erfolgsmeldungen gab der junge Kapellmeister dann einen Einblick in sein Privatleben: »Doch nun muß ich in die Konditorei, wo ein paar lustige Schauspielerinnen auf mich warten; griechischer Wein ist sehr gesund, Papa soll ihn nur mal probieren (Macrodaphne).«

Diese Mitteilungen führten zu einer heftigen Reaktion des Vaters, dem offenbar der selbstbewußte, berühmt werdende, das Künstlerleben genießende Sohn Sorgen bereitete: »Aber Du darfst, so glaube ich, etwas mehr auf Deine Gesundheit achten, und besonders das Weintrinken meiden, denn es gibt nichts gefährlicheres für die Jugend als der viele Alkoholgenuß.« Auf diese Rüge hin folgte sofort die nächste: »Was den Umgang mit Schauspielerinnen betrifft, so wirst Du so klug sein, und Dich nicht in Dinge einlassen, welche in jeder Beziehung schädlich sein können.«[34] Von seinem guten Ruf – Richard leitete einen Damenchor –, vom Gerede, das bei der Affäre mit Dora in München entstand, und vom etwas zu lustigen Charakter der Wienerinnen schrieb der Vater und mahnte: »Schade Dir in Deiner Karriere nicht.« Und als ob das nicht genügte, entdeckte der Vater noch einen weiteren wunden Punkt: die schlechten Kritiken der vergangenen Wochen, die Richard hatte einstecken müssen. Er stellte fest, daß die f-Moll-Sinfonie in Berlin beim Publikum kein Glück hatte und daß »vieles aus Kritiken ihm aus dem Herzen geschrieben« sei. Warum komponierte Richard immer in düsteren Moll-Tonarten? Er solle haushälterischer mit den Blechblasinstrumenten sein, die Melodie müsse vorherrschen . . . Und er ermahnte ihn, Kritiken nicht zu übergehen, auch wenn sie noch so gehässig wären: »An Aussprüchen seiner Feinde erfährt man am ehesten seine Schwächen.«

Wie sollte Strauss auf diesen Brief reagieren? Immerhin hatte er wohl einige Affären, wie Frau Bülow in einem Brief an ihren Mann berichtete: »Daß er Eroberungen gemacht hat, versteht sich von selbst, natürlich schweigt sich der Schlaumeier darüber aus, doch wurde er noch nicht bis zum Punkt einer Verlobung erobert.«[35] Hatte der Vater davon erfahren? Jedenfalls schrieb Strauss nun wieder im alten, vertraulichen Ton ohne Künstlerpose: »Daß ich in dem von Gott Amor verfluchten Meiningen die Oase von ein paar lustigen Schauspielerinnen mit Freude begrüße, kannst Du mir nicht verargen. Du wirst doch nicht verlangen, daß das sonst so fidele Haus, Dein Sohn Richard, als Philister nach München zurückkommt.« Und vom Wein erzählte er begütigend, daß er die ganze Woche nur drei Gläschen getrunken habe. Nein, der Vater war überängstlich – wenn er sich nur etwas Lebensfreude gönnte, meinte dieser gleich, er verlottere in einer wilden Boheme.

Wesentlich schärfer entgegnete er der Kritik an seinen Kompositionen in den Zeitungen, die der Vater allzu ernstnahm: »Es ist nur ein Glück, daß ich selbst wohl am besten weiß, wie ich zu komponieren habe und daß ich es mir nicht von so einem Schafskopf zu sagen lassen brauche, der, wenn er das könnte, was ich kann, nicht die Sinfonien anderer herunterreißen, sondern selbst Sinfonien schreiben könnte.«[36] Nein, das mußte er seinem Vater schon sagen: Jetzt wußte er, was er konnte, und ließ sich von niemandem mehr dreinreden – auch nicht von ihm!

Doch wußte er tatsächlich, wie er komponieren mußte? Er war nun auf dem Weg von der akademischen, konservativen Richtung zur modernen, avantgardistischen. Die f-Moll-Sinfonie spiegelt diese Umorientierung von der Wiener Klassik zu Brahms wider. Eines stand nun fest: Er beherrschte die Kompositionstechnik für großes Orchester, obwohl er noch so jung war. Andere vor ihm besaßen dieses Rüstzeug erst in viel höherem Alter: Robert Schumann war 31 Jahre, Johannes Brahms 43, als sie ihre ersten Sinfonien vollendeten. Richard Strauss hatte nun mit seinen 21 Jahren bereits zwei Sinfonien komponiert.

Doch er setzte der Kritik des Vaters nicht nur Selbstbewußtsein entgegen, sondern auch eine Erfolgsmeldung: Sein Klavierquartett c-Moll hatte den 1.Preis beim Wettbewerb des Berliner Tonkünstlervereins gewonnen. Unter den Juroren – Heinrich Dorn, Joseph Rheinberger und Franz Wüllner – trat vor allem Wüllner für das Werk ein und erreichte die Prämierung. Er erkannte wohl bei der ihm ohne Namen vorliegenden Komposition den Autor, dessen Bläserserenade und 2. Sinfonie er schon dirigiert hatte. Rheinberger hingegen staunte: Er hätte nie gedacht, daß dies vom jungen Strauss komponiert worden war.

So konnte also Strauss seinem Vater einen ihm wichtig erscheinenden Erfolg vorweisen und ironisch fragen: »... doch seit wann bist Du unter die Pessimisten gegangen, das geht ja doch über Schopenhauer ...« Franz Strauss freute sich zwar über den Preis, schränkte aber ein: »Denn bei solchen Gelegenheiten wird nicht immer das Verdienst gekrönt, doch hier haben verständige, ehrliche Richter gewaltet und so warst Du Sieger.«[37] Der Ton in seinem Brief ist nun viel freundlicher, weniger kritisch, aber so streng wie immer.

Der Vater war ein lebenskluger und erfahrener Mann. Er ließ sich vom äußeren Erfolg seines Sohnes nicht blenden, sah immer die Gefahren, die lauerten, tadelte und mahnte, auch wenn er sich freute. So schrieb er, als Richard vom Meininger Herzog zum Abschluß seines Kapellmeisterjahres einen Orden empfing: »Ich war sehr überrascht, denn ich habe, Deiner Jugend wegen, es nicht erwartet, nimm, wenn auch im Geiste, einen herzlichen Kuß von mir, auch vergesse ja nicht, mein lieber Sohn, einfach, wahr und bescheiden zu bleiben, ich bitte Dich mit furchtsamen Herzen darum. Zwar zweifle ich nicht an Deinem klaren Verstand, aber ich habe auch schon die Erfahrung gemacht, daß das Glück übermütig und undankbar macht, bei Dir aber erwarte ich es nicht, denn es liegt nicht in unserer Familie, die Unbescheidenheit ebenso wenig wie die Undankbarkeit, und Du bist ja doch ein echter Sohn Deiner Eltern, nur glaube ich, daß eine leise Mahnung doch nicht schaden könnte . . .«[38]

Der Vater ließ Richard nun seinen Weg als Komponist gehen, auch wenn er mit der Richtung nicht einverstanden war, das Natürliche, Schlichte, Klare vernachlässigt sah und ihm das Kolossale, das Vielschichtige, das Ungebändigte und Leidenschaftliche, das der junge Strauss in seiner Musik zum Ausdruck brachte, Angst machte. Wahrheit in der Kunst, nicht technische Virtuosität war ihm wichtig. Doch die Zeiten hatten sich geändert: Die Technik erweckte nun überall das Staunen der Menschen – ob bei den Eisenbahnen und Dampfschiffen oder bei Kolossalgemälden und großen Orchesterwerken. Der Sohn war ein Kind seiner Zeit und nahm deren Herausforderung an. Doch es war gut für ihn, daß der Vater ein Gegengewicht zu den neuen Moden bildete, eine kritische Distanz schuf; denn sonst wäre vielleicht aus Strauss nur ein komponierender Kapellmeister geworden, wie Hans von Bülow einer war.

## Neue Impulse

Was bedeutete Meiningen für Strauss? Nur die erste Sprosse auf der Karriereleiter? War Meiningen nur eine kleine Provinzstadt im »freundlichen Werrathal«, inmitten von Höhenzügen, die zu »Terrassengärten umgestaltet« waren, mit »schmucken Häuschen und mit vielbesuchten Gesellschaftslokalen«, wo Spaziergänger dem Gesang von Nachtigallen lauschen konnten?

In Meyers Reiseführer[39] hatte man weniger Sinn für Romantik und bemängelte die »verengte und verdüsterte« Altstadt – verwinkelte mittelalterliche Gassen galten damals nämlich noch nicht als pittoresk. Deshalb waren die Meininger vielleicht gar nicht so traurig, als 1874 ein großer Brand die Altstadt lichtete, und man nun »breite Straßen und Trottoires« sowie »massive Bauten« im »großartigen Stil« errichten konnte. Aber trotz dieses Hangs zum Großen blieb Meiningen ein kleines Provinznest, zählte 1879 9.530 Einwohner, hatte nur aufgrund der »neuen großartigen Kaserne« mit zwei Bataillonen des 2. Thüringischen Infanterie-Regiments und als Residenz- und Hauptstadt der Herzöge von Sachsen-Meiningen einige Bedeutung.

Freilich stimmt diese Einschätzung nur in politischer Hinsicht. Kulturell nämlich überflügelte das kleine Meiningen viele Großstädte. Herzog Georg hatte bei seinem Regierungsantritt 1866 den Opernbetrieb eingestellt, das

Orchester jedoch nicht aufgelöst. Als Hans von Bülow 1880 die Leitung der Hofkapelle übernahm, entwickelte er sie durch harte Probenarbeit zum ersten und bedeutendsten Konzertorchester Europas. Die Musiker der Hofkapelle spielten stehend wie ein Solistenensemble und mußten ihre Stimmen auswendig können. So erreichte Bülow eine damals revolutionäre Perfektion und Präsenz. Neu war auch, daß er mit dem Orchester Tourneen durch ganz Deutschland unternahm. Nicht die Routine des Abonnement- und Opernbetriebs, sondern künstlerische Höchstforderungen prägten dieses Orchester, das damals an der Spitze der neuen Entwicklungen stand.

Welches Glück für Richard Strauss, mit einem solchen Orchester seine ersten Erfahrungen als Dirigent sammeln zu können und dabei einen Lehrmeister wie Hans von Bülow zu finden! »Die drei Proben waren ungeheuer interessant . . .«,[40] schrieb Strauss zu Beginn der Meininger Zeit an seine Eltern. Für sein ganzes Leben wird er von Bülows genauen Proben profitieren: Wie es der Meister verstand, die Grundidee der Werke, ihren Ausdruck in den feinsten Schattierungen und in bislang kaum gekannter Perfektion herauszuarbeiten. Ende Januar 1886 – Bülow hatte sich, wie bereits berichtet, von der Meininger Hofkapelle getrennt – sagte dieser eine bereits geplante Tournee durch Österreich ab (»Warum weiß ich nicht«, schrieb Strauss[41]), um noch einmal mit dem Orchester zu musizieren. Bülow spielte Rubinsteins 3. Klavierkonzert und Liszts 4. Rhapsodie für Klavier und Orchester. »Es ist sehr schwer, ihn zu begleiten, da er, zwar sehr im Takt, aber jedesmal anders spielt«,[42] berichtete Strauss über Bülows Klavierspiel nach Hause.

Doch nicht nur als Pianist imponierte Bülow dem jungen Strauss, auch als Komponist wies er ihm einen Weg. Er dirigierte nämlich bei diesem denkwürdigen Konzert seine Tondichtung *Nirwana*, und Strauss schlug die Becken. *Nirwana* sollte ursprünglich die Ouvertüre zu dem Selbstmorddrama *Ein Leben im Tode* von Bülows Schulfreund Carl Ritter werden. Doch nun nannte er dieses selbständige sinfonische Werk eine »Orchesterfantasie«. Strauss wird noch in diesem Jahr auch eine »Orchesterfantasie«, nämlich *Aus Italien* komponieren. Doch während Strauss etwas konservativ vier Sätze, wie in der Sinfonie üblich, freilich nicht streng die Reihenfolge und den Charakter der Sinfonie beachtend, einander folgen ließ, schuf Bülow eine einsätzige Tondichtung, wie sie der von ihm verehrte Liszt als erster komponiert hatte.

Strauss gefiel während der Proben *Nirwana* »täglich besser«: »Sie ist furchtbar stimmungsvoll und interessant, ein bißchen wild.«[43] Das Werk, das leise, aus dem Nichts kommend beginnt und auch so wieder verklingt, zeigt den Kampf zwischen äußerster Leidenschaft und der Suche nach Ruhe, Stille, nach dem Nirwana, das im »Molto quieto e misterioso«-Teil besungen wird. Weltkampf und Weltflucht im Sinne von Schopenhauers pessimistischer Philosophie werden hier im Orchester dargestellt.

Strauss wurde ermutigt, in seiner Musik mehr als nur »tönend bewegte Formen«, wie es der Wiener Musikkritiker Eduard Hanslick in seiner damals vielbeachteten, in mehreren Auflagen gedruckten Untersuchung *Vom musikalisch Schönen*[44] forderte, zu verwirklichen.

Auf den besonderen Wunsch seines jungen Nachfolgers dirigierte Bülow Beethovens *Eroica*. Strauss schrieb darüber so begeistert, daß sein Vater staunte: »Einen solchen Enthusiasmus an Dir war ich nicht gewohnt.«[45] Für Richard Strauss war dieses Konzert ein Schlüsselerlebnis: »Das Großartigste, was Du Dir denken kannst, . . . eine Aufführung, wie ich sie nie wieder hören werde. (. . .) Im Trauermarsch war in jeder Note ein Geist und eine Seele drin, wie ich es nie für möglich gehalten hätte, daß ein Orchester das leisten könnte, und das Finale: über das Finale, kann ich sagen, ging mir zum ersten Mal das ganze Licht der Beethovenschen Sonne auf; Beethoven, wenn er es gehört hätte, hätte gesagt, nun verstehe ich erst die ganze Größe meiner Musik . . .«[46] Der junge Komponist war »so ergriffen«, daß er »nach dem letzten Satz im Musikzimmer weinte wie ein Kind«. »Ich war mit Bülow allein und da hat er mich umarmt und mir einen Kuß gegeben, den ich mein ganzes Leben lang nicht vergessen werde.«

Richard Strauss hatte sich in Meiningen verändert. Der etwas blasierte, oft ironisch witzelnde junge Mann der Münchner und Berliner Zeit zeigte plötzlich Gefühle, genierte sich nicht einmal zu weinen, war befreit aus der Erstarrung der letzten Jahre.

Neben Bülow war noch ein anderer für diese Entwicklung des jungen Komponisten verantwortlich. Im Meininger Orchester spielte ein merkwürdiger Mann als zweiter Konzertmeister: Alexander Ritter. Sein Gesicht schien nur aus zwei leuchtenden Augen und einer markanten Nase zu bestehen, den Mund verhüllte ein kräftiger Vollbart.

»A. Ritter kommt morgen nach München, hat Papa in dessen Oper zu tun?«[47] fragte der junge Strauss am 8. Oktober 1885 seine Mutter. Der erstaunliche Geiger war nämlich auch Komponist. Nun wurde in München, nachdem Ritter über fünf Jahre darauf hatte warten müssen, die erste Oper des 52jährigen, *Der faule Hans*, uraufgeführt. Der berühmte Wagner-Sänger Heinrich Vogl spielte den Hans, Hermann Levi dirigierte, und der Komponist, dem – wie sein Biograph Sigmund von Hausegger feststellte – »das Martyrium des schaffenden Künstlers nach keiner Richtung erspart blieb«,[48] schöpfte neue Hoffnung: »Dies kündeten ihm der jubelnde Beifall der Zuhörerschaft, die begeisternden Urteile maßgebender Persönlichkeiten.« Richard bat den Vater, daß er ihm in München »ein paar freundliche Worte über seine Oper sagen soll.« (»Dies wird ihn freuen, er hat bisher nicht viel Erfolg erlebt.«[49])

Ritter lud Strauss nach seiner Rückkehr aus München oft zu sich ein. Bald besuchte ihn Strauss fast jeden Tag, sogar Weihnachten verbrachte er in Gesellschaft des »netten, liebenswürdigen und gebildeten Mannes«. Die-

se Freundschaft war erstaunlich; denn nicht nur der Altersunterschied, sondern auch die musikalische Auffassung trennte die beiden: Strauss war
»aufgewachsen in streng akademischer Korrektheit, auf der äußersten
Rechten der musikalischen Parteien stehend«, während Ritter sich als »radikaler Vorkämpfer« der modernen Kunst verstand, wie Hausegger feststellte.[50]

Suchte Richard schon wieder eine neue Vaterfigur? Ritter war das Gegenteil der zwar auch sehr verschiedenen, freilich in mancher Hinsicht
doch sehr ähnlichen »Väter« Franz Strauss und Hans von Bülow. In seinem Leben mußte Ritter viele Mißerfolge erdulden: Er hatte Geige studiert,
doch seine Begabung reichte nicht zum Solisten. Er war Musikdirektor in
Schwerin und Chemnitz und scheiterte jedesmal an der Realität des Musiklebens. Seit seiner Jugend komponierte er, wurde von Liszt ermutigt und
gefördert. Doch erst jetzt, im Alter, errang er erste Erfolge. Nachdem er
das kleine vom Vater geerbte Vermögen zusammen mit seinem Bruder Carl
verbraucht hatte, rettete er sich vor dem finanziellen Ruin, indem er in
Würzburg eine Musikalienhandlung eröffnete, freilich auch nur mit mäßi-
gem Erfolg. Schon um fünf Uhr stand er damals auf, um in den Morgen-
stunden die Oper *Der faule Hans* zu komponieren.

Ritter war – ganz anders als die beiden anderen »Väter« – ein Verlierer,
wie er selbstkritisch erkannt hatte: »Wäre es mir nur im Leben etwas besser
gegangen – d. h. auswendig, Du weißt schon, wie ich's meine – ich wäre sicher länger frisch geblieben, vielleicht besser geworden, jedenfalls brauchba-
rer, mit der Welt zusammenhängender«,[51] schrieb er an seine Frau.

»Auswendig« war er das Gegenteil von Vater Franz Strauss, der sich
emporgearbeitet hatte, während Ritter, Sohn eines reichen Kaufmannes in
der ostrussischen Stadt Narwa, nirgends richtig Fuß fassen konnte. Er
schien zum schrulligen, lebensuntüchtigen Künstler bestimmt, war ein nach
dem frühen Tod des Vaters verhätschelter Muttersohn, ein Träumer, ein
Idealist, ein verkanntes Genie.

Ritter erzählte Strauss von seiner Jugend, als er, sein Bruder Carl, ein
später noch erfolgloserer Musiker und Dichter, und Hans von Bülow in
Dresden für Liszt und Wagner schwärmten. *Rienzi, Fliegender Holländer,
Tannhäuser* zogen ihn und seine Freunde in den Bann. Als Wagner 1846,
1847 und 1849 die 9. Sinfonie von Beethoven aufführte, stand »blitzartig«
der »Riese Beethoven vor ihm«[52]. Mit funkelndem Leuchten in den Augen
erzählte Ritter dem jungen Strauss, wie er mit seinen zwei Freunden erstmals Wagner gegenübergestanden und dieser ihre Kompositionen begut-
achtet habe – und wie Wagner 1849 sogar die Mutter besuchte, und sie dabei dem umstrittenen Meister das Quartett von Bruder Carl vorspielten.
Doch 1848 mußte Richard Wagner aus Dresden fliehen. Ein reger Brief-
kontakt zwischen dem steckbrieflich gesuchten Revolutionär und Julie Ritter sorgte für weitere Verbindung. Die Mutter ließ dem von ihren Söhnen

so sehr bewunderten Komponisten manches Geld zukommen. Ritter zeigte Strauss Wagners Briefe an seine Mutter. Was für ein vertrautes Verhältnis hatte der angebetete Meister zu ihr: »Es ist unmöglich, daß Sie in mir nur den Künstler lieben, so wie es mir unmöglich ist, in Ihnen nur meine Wohltäter zu verehren. Zwischen uns flattert ein Band, das sich nur dadurch fest knüpft, daß wir uns – als Menschen lieben. Wir müssen uns sehen – Auge in Auge – bei der Hand fassen, miteinander leben, nicht nur im allgemeinen an uns freuen, sondern in jeder Einzelheit unseres Lebens gegenseitig an uns teilnehmen, traurig und freudig, weinend und lachend – wie es nun eben sein muß. Kennen Sie eine andere Liebe?«[53]

Julie Ritter, obwohl nicht übermäßig reich, half dem Komponisten selbstlos, sah über seine problematischen privaten Verhältnisse hinweg, erkannte sein Genie, scheute aber eine intime Beziehung zu dem schwierigen Mann.

Ritter wird Strauss auch von seinem Bruder erzählt haben, der dem skandalumwitterten Meister ins Schweizer Exil folgte und den eine schwärmerische, homosexuelle Liebe – wie der Wagner-Biograph Martin Gregor-Dellin vermutet[54] – an den Zukunftsmusiker band. Alexander Ritter selbst verliebte sich in Wagners Kusine Franziska, die Tochter des Regisseurs Carl Albert Wagner, und heiratete sie 1854. Sie war eine mäßig erfolgreiche Schauspielerin und eine gute, treu an der Seite ihres verkannten Mannes stehende Frau.

Aus dem musikalischen »Gottseibeiuns« Richard Wagner, wie ihn Franz Strauss beschimpfte, wurde durch die Erzählungen Ritters eine menschliche Gestalt. Liebenswürdig, aber doch mit missionarischem Eifer begann Ritter, Richard Strauss in die Welt Wagners einzuführen, als ob er ahnte, daß so vielleicht sein Leben doch noch einen Sinn erhalten könnte: indem er diesem jungen Genie den Weg zeigte. Von Wagners und Schopenhauers Schriften sprach er, nahm einzelne Kapitel vor und erläuterte sie »in erklärender Ausdauer«, wie sich Strauss erinnerte: »... bewies mir, daß der Weg von dem ›Ausdrucksmusiker‹ Beethoven über Liszt führe, der mit Wagner richtig erkannt hatte, daß mit Beethoven die Sonatenform bis aufs Äußerste erweitert worden – bei Anton Bruckner, dem ›stammelnden Zyklopen‹, platzt sie tatsächlich, besonders in den Finales – und bei seinen Epigonen, besonders bei Brahms, ein leeres Gehäuse geworden war, in dem bequem Hanslicks tönende Floskeln Platz hatten, deren Erfindung nicht allzuviel Phantasie und wenig persönliche Gestaltungskraft erfordern. Daher bei Brahms und Bruckner besonders in den Übergangsperioden so viel Leerlauf.«[55]

Alexander Ritter zeigte ihm ein neues Geschichtsbild. Plötzlich war Beethoven nicht mehr nur ein Klassiker, sondern schon ein Moderner. Entwicklungen wurden deutlich, und damit auch neue Perspektiven. Aus dem Sohn eines erzkonservativen und akademischen Musikers wurde so ein

Wagnerianer und Lisztianer. Der erfolglose, aber vehement für Wagner eintretende Ritter hatte ihm den Weg gewiesen. Strauss wird ihm dafür sein ganzes Leben lang dankbar sein.

## Das Meininger Theaterwunder

Doch nicht nur in der Musik bewies Meiningen, daß oft aus der Provinz die wirklich wichtigen und neuen kulturellen Impulse kommen. Das Herzogliche Meining'sche Hoftheater hatte nämlich schon lange vor dem Orchester seinen Siegeszug durch ganz Europa angetreten.

Dieses Theaterwunder ging vom Meininger Herrscher, der Geschichte, Kunstgeschichte und Historienmalerei studiert hatte, höchst persönlich aus.[56] Gleich nach seinem Regierungsantritt 1866 begann er mit der Theaterreform, benannte den Lyriker und Shakespeare-Übersetzer Friedrich Bodenstedt zum Direktor der Hofbühne. Doch in Wirklichkeit leiteten der Herzog und seine zweite Frau das Theater selbst. Georg von Sachsen-Meiningen heiratete in zweiter Ehe – damals ein Skandal – nicht standesgemäß, sondern eine Schauspielerin: Ellen Franz, die er zur Freifrau Helene von Heldburg erhob.

Die Reform des Herzogs richtete sich gegen jenes Theater, wie es damals in den Großstädten üblich war. Dort bewirkten der »stärker gewordene Kampf ums Dasein«, der »Lärm der Betriebsamkeit« und die »Jagd nach Gewinn und Genuß«, wie der Theaterkritiker Robert Prölß[57] schrieb, einen Niedergang: »Es entstand die schlüpfrige Operette, die frivole Burleske, das die Verirrungen und Laster der Zeit in anziehend aufregender Weise schildernde Sittenstück, das Sensations- und Ehebruchsdrama.«[58] Prölß bedauerte, daß nun viele, insbesondere »hübsche Mädchen« nicht »aus Beruf, sondern aus Spekulation« Schauspielerinnen wurden und mit ein »paar Dutzend Paraderollen die Welt« bereisten. Das Theater – auch die Oper – verkam zur Unterhaltungs- und Geldmaschine.

Versuche, gegen diese Entwicklung anzukämpfen, gab es einige. Die größte Wirkung hatten Richard Wagners theoretische und praktische Bemühungen um eine Reform der Oper. Seine Idee vom Gesamtkunstwerk erfaßte auch das Theater, war aber keineswegs neu, wie Prölß hervorhob. Schon bei den alten Griechen bildeten Gesang und Dichtung eine Einheit, schon Rousseau und Gluck forderten ein »harmonisches Zusammenwirken von Dichtung, Musik, Gesang, Schauspielkunst und Malerei«[59]. Doch Wagner erhob sein Theater, wie er es mit Hilfe des bayerischen Königs verwirklichen konnte, zur Ausnahmeerscheinung: »nationale Weihefeste« sollten die Aufführungen des selbsternannten »Hohepriester dieser nationalen Feier« sein. Es bestand kein Zweifel: Wagner dachte mit seiner Theaterreform nur an seine Opern, nicht an eine allgemeine Verbesserung.

Viel bescheidener, ohne nationale Weihe, im Rahmen eines kleinen Residenztheaters und einer Wanderbühne bewerkstelligte Herzog Georg von Meiningen seine Theaterreform, die er übrigens viel früher als der Bayreuther Meister begann. »Das Naturwahre«, das »Malerische«, historisch getreue Kostüme, die Verwendung des Zwischenvorhangs, um einen raschen Szenenwechsel zu ermöglichen, die »geschlossene Zimmerdecoration« und vielfach gebrochene, perspektivisch größte Raumtiefe erzeugende landschaftliche Hintergründe zählten zu den wichtigsten Neuerungen des Meininger Theaters. Herzog Georg verwirklichte damit die Ideale seiner Generation. Er suchte nicht mehr – wie früher – »die Wahrheit im Schönen«, sondern »das Schöne im Wahren«[60], weshalb die Aufführungen oft als »zu realistisch«[61] empfunden wurden; die Meininger zeigten auch das Häßliche und Skurrile.

Mit den Kostümen, Bühnenrequisiten und -dekorationen, die der Herzog meistens selbst entwarf, huldigte er einem Historismus, der sogar so weit ging, daß er beispielsweise echte Möbel aus der Entstehungszeit des Stückes verwandte. Ein Theaterstück sollte nicht als »schöner Schein«, sondern in »voller historischer, landschaftlicher und folkloristischer Echtheit« vor den Augen des Zuschauers erstehen, also eine perfekte Illusion der Wirklichkeit sein. Hier zeigte sich das historisch-philologische und naturwissenschaftliche Denken des Positivismus.[62]

Besonders wichtig waren dem Herzog malerische Wirkungen: Sein Theater war eine Art Fortsetzung der Historienmalerei, wie sie die Münchner Schule entwickelt hatte. Wirkten nämlich schon die Kolossalgemälde etwa eines Piloty wie eine Momentaufnahme historischer Wirklichkeit, so sollte nun im Theater die Vergangenheit echt und lebendig nachgespielt werden. Die Bühnenbilder der Gebrüder Brückner, die auch in Bayreuth arbeiteten, die Gestaltung einer räumlich-realistisch wirkenden Bühnenfläche, neue Beleuchtungseffekte und naturalistische Geräuschkulissen – zum Beispiel der Natur genau abgehörte Gewitterstürme mit Donner, Blitz und strömendem Regen in Schillers *Wilhelm Tell* – ließen alte, angestaubte Theaterstücke wie neu erscheinen.

Doch die Faszination, die vom Meininger Theater ausging, beruhte vor allem auf dem sinnvollen und bis ins letzte Detail geprobten Zusammenwirken von Schauspielern, Bühnenbild, Beleuchtung und Geräuschkulissen. Dies wurde durch stundenlange, harte Probenarbeit erreicht. »Ein Beispiel wie der Herzog arbeitete: an einem Sylvesterabend dauerte die Probe bis 9 Uhr, 10 Uhr, endlich schlug es Mitternacht, der Herzog steht auf, alles atmet beglückt auf. Der Herzog: ›Ich wünsche allen Herrschaften ein recht gutes neues Jahr, die Probe kann weitergehen!‹«[63], erinnerte sich Richard Strauss an die Theaterleidenschaft des Meininger Fürsten.

Strauss bewunderte »die sorgfältigst durchgearbeitete Massenregie«, die in der Tat revolutionär war. Herzog Georg hatte nämlich mit der Unsitte

Schluß gemacht, die Komparsen nur herumstehen oder mit dem Publikum schäkern zu lassen, während beispielsweise Cäsar ermordet wurde, vielmehr spiegelte sich bei den Meiningern in den Gesten der Masse genauestens geprobt das dramatische Geschehen wider. Als Statisten dienten keine unausgebildeten oder schlechten Schauspieler, vielmehr mußten »die am Stück nicht beteiligten Darsteller sich unter die Comparsen und Figuranten« mischen.[64]

Die Wirkung der Meininger war so groß, daß sie bei ihren Reisen als Wanderbühne ihre Stücke viele Male wiederholten; beim ersten Gastspiel in Berlin 1874 gaben sie beispielsweise 47 Vorstellungen. Selbstverständlich machten sie sich durch diesen ungeheuren Erfolg auch Feinde. Man kritisierte, daß nur »der Reiz der Neuheit, die Ausstattung, der theatralische Prunk, der Lärm der Szene«,[65] also der äußere Glanz das Publikum in Scharen anziehen würde.

Doch die Kritik konnte den Triumphzug der Meininger nicht aufhalten. Von 1874 bis 1890 spielten die Meininger in achtunddreißig Städten Europas. Sie bewirkten eine Theaterrevolution, prägten in Moskau Konstantin Stanislawsky, in Frankreich André Antoine und in Deutschland Max Reinhardt – und nicht zuletzt auch den Opernkomponisten Richard Strauss, der später mit Reinhardt zusammenarbeiten wird: »Der Meininger Aufenthalt gewann auch dadurch an Bedeutung, daß diesen Winter das Schauspiel nicht auf Reisen war und ich Gelegenheit hatte, die prachtvollen Klassikerabende des Herzogs Georg (...) zu bewundern.«[66]

Wie begeistert Richard Strauss von den Meiningern war, zeigt das Lob, das ihm die Freifrau, »die als alte Schauspielerin auf den Ruhm des Orchesters unter Bülow, der sie nicht mochte, eifersüchtig gewesen war«, zum Abschied gab: »Sie waren – der beste Claqueur, den wir je hatten.«

# IV

# Durchbruch in Italien

Schöpferische Arbeit vollzieht sich oft in Sprüngen. Plötzlich ist da, was allzu lange ungeduldig erwartet wurde. Oft bildet eine Reise den Anstoß zu bisher ungeahnten Entwicklungen. Felix Mendelssohn Bartholdy beispielsweise war von der schottischen Landschaft, dem wilden Meer um die Hebrideninseln und vom lichten Italien so beeindruckt, daß er die besten Instrumentalwerke seines Lebens komponierte.[1]

Richard Strauss empfing bei seiner Italien-Reise Eindrücke, die seine Musik sprunghaft veränderten. Die Orchesterfantasie *Aus Italien* war – so schrieb er an Bülow – sein »erster Schritt zur Selbständigkeit«[2]. Die Italien-Reise veränderte ihn so sehr, daß ihn seine Gegner danach für »halbverrückt«[3] erklärten.

## Eine Touristenreise im 19. Jahrhundert

Im Januar 1886 freute sich Strauss in einem Brief an den Vater über den finanziellen Gewinn seiner bei Spitzweg, Ries und dem »künftigen Verleger des Preisquartetts« erschienenen Kompositionen, der freilich in einigen Posten nur auf Hoffnungen und Versprechungen beruhte: »200 M. Reinertrag. Siehst Du? Italienische Reise! Juhe!«[4]

Vier Monate später hatte es Strauss dann eilig, von Meiningen wegzukommen. Das Theater war auf Tournee: »So ist's jetzt auf einmal recht öde«[5]. Am 5. April wurde der Abschied vom Orchester offiziell zelebriert: »Fleischauer sprach auf mich und wurde mir ein großer Tusch gebracht. Dann sprach ich noch auf Bülow, dem zu Ehren wir noch *Nirwana* spielten, und dann telegraphierten wir an ihn.« Freund Ritter schrieb darüber einen pathetischen Artikel für die »Allgemeine Deutsche Musikzeitung«: »Herr Strauß trat an das Dirigentenpult. Er dankte in einfachen, herzgewinnenden Worten, ein ›zuviel‹ der Ovation mit der ihm eigenen Bescheidenheit zurückweisend. Da gleitet etwas wie ein Strahl von Begeisterung über des jugendlichen Künstlers Züge, ein leises Beben der Stimme deutet auf innere Erregung. Er lenkt in beredten Worten Herz und Gedanken aller auf einen Namen, bei dessen Klange sich innigste Verehrung und Dankbarkeit aller wie in einem Brennpunkt sammeln: Hans von Bülow: ›Wie könnten wir diese Abschiedsstunde würdiger begehen, als in dankbarem Gedenken des Meisters, durch den allein die Meininger Kapelle das geworden ist, was sie bis heute war? (...) Des Meisters endlich, den wir alle zumeist lieben und verehren, den wir mit Stolz unsern Meister Bülow nennen durften!‹ Und nun stimmte das Bülow-Orchester seinen tiefernsten Schwanengesang an...«[6]

Am Freitag beteiligte sich Strauss an einem Kammermusikkonzert, und am Samstag nahm er vom kleinen Meiningen endgültig Abschied. Am Sonntag wollte er in München eintreffen und schon nach ein paar Tagen nach Italien weiterziehen.

Doch so schwungvoll der Plan klang – ein wenig Angst hatte Strauss doch: »Wie steht's mit der Cholera in Italien, weißt Du niemand, der mit mir die Reise macht, vielleicht Aschenbrenner? Ich kann kein Wort Italienisch . . .«,[7] fragte er seinen Vater.

Am 17. April war es dann endlich so weit. Für Begleitung hatte Franz Strauss gesorgt: Richard reiste zusammen mit den beiden Söhnen des Grafen Moy, des bayerischen Gesandten in Rom.

Italien zog schon damals Tausende Touristen aus dem Norden an. Auch wenn das südliche Land aufgrund der modernen Verkehrsmittel viel näher gerückt schien als zur Zeit der Postkutsche, war eine Reise dorthin noch immer ein Abenteuer. Doch die Touristen ließen sich von Räubern, Straßendieben und Bettlern, vom Vorurteil der Unreinlichkeit, von Flöhen und Mücken nicht abschrecken[8] und überwanden ihre Angst vor südlicher Hitze, gegen die sie sich mit Regenschirmen und dunklen Brillen, mit Überrock, Plaid und wollenen Unterkleidern schützten: So wurde Erkältungsgefahr »bei stärkerer Transpiration« durch Zugluft abgewehrt.

Strauss und die jungen Grafen Moy fuhren im Zug nach Innsbruck und von dort mit der Brenner-Bahn, die damals erst seit neunzehn Jahren bestand und durch 22 Tunnel und über 60 größere und kleinere Brücken führte, nach Bologna. Dort bestaunte Richard die Kirche S. Petronio – »großartig« notierte er wie ein richtiger Tourist[9] – und war in der Accademia delle Belle Arti von Raffaels Altarbild der Musikerheiligen Cäcilia so tief gerührt, daß ihm »die Tränen bei der Betrachtung dieses herrlichen Kunstwerkes« kamen. Wieder – wie bei Bülows Beethoven-Interpretation – ergriff ihn Kunst existenziell.

Italienische Kunst bewunderte er, italienische Musik dagegen strafte er mit Verachtung. In der Oper sah er Verdis *Aida*: »Scheußlich, Indianermusik.«

Rom empfand er als Höhepunkt: »Als Kunststadt und historischer Fleck ist Rom unerreicht, aber auch als Weltstadt, als moderne, dürfte es seinesgleichen suchen.«[10] Brav absolvierte Strauss das normale touristische Programm, betrachtete die Kunstwerke im Vatikan, umschritt das Capitol, »kroch« im Forum Romanum in Ruinen herum und bestaunte das bunte Treiben, das während des »Miserere« in St.Peter herrschte: »Alles spazierte da auf und ab, schwatzte und lachte wie am chinesischen Turm.«

In der Oper versuchte er es ein zweites Mal mit italienischer Musik und befand die Aufführung von Rossinis *Barbier von Sevilla* als »sehr mäßig«: ». . . zur italienischen Musik werde ich mich wohl nie bekehren, es ist eben Schund.«[11] Nein, er wollte nicht mehr ins Theater gehen und lieber »Kunstschätze in kolossalen Quantitäten« betrachten. Der Vater erteilte hierfür aus dem fernen München wohlgemeinte Ratschläge: ». . . mir besonders ist es eine große Freude, daß dieser Eindruck auf Dein künftiges künstlerisches Schaffen von Einfluß ist, und Du Dich mehr dem großen, breiten Zug in der Konzeption Deiner neuen Sachen zuwenden wirst. Gebe Dich voll und ganz den Eindrücken hin und nehme Michelangelos Größe zum Muster, denn der bleibt ja doch, was die Großartigkeit des Gedankens betrifft, der Bedeutendste . . .«[12]

Der Sohn erhielt diesen Brief, als er bereits in Neapel war, und antwortete etwas ironisch: »So großartig Michelangelo ist, so würde Papa doch schauen, wenn ich in meiner Musik diese Verkürzungen und Verrenkungen anbringen wollte. Das Ideal bleibt doch Raffael. Michelangelo verstehe ich zu wenig . . .«[13]

Inzwischen hatte er in Neapel pompejanische Wandgemälde gesehen und eine »Wagenpartie« nach Pozzuoli, Averrase und zur Grotte der Sibylle absolviert, war bei Regen und Wind von Sorrent über Castellaneum, Pompeji, Salerno und Amalfi gefahren, im Schiff bei Gegenwind, schließlich bei »schrecklichem Sturm«[14] nach Capri übergesetzt – eine Fahrt, die seine schönsten Erinnerungen bilden wird: ». . . der wundervolle Sonnenuntergang mit fernem Gewitter, vor uns das schwarze Capri mit seinen kolossalen Zakken und Felsen, es war kolossal, bei stockfinsterer Nacht kamen wir in Capri an, das Meer brauste gegen die Felsen, das Meer blitzte, trotzdem kein Mondschein ist, wie elektrisch unter den Rudern . . .« Der junge Tourist, der in seinen Briefen mit den Lieblingsworten »großartig« und »kolossal« nicht geizte, erlebte zum ersten Mal das Mittelmeer, und das südliche Land drang frisch, direkt und lang ersehnt auf ihn ein.

Doch er war kein gewöhnlicher Tourist. Diese Reise erweckte in ihm Töne und Melodien, Rhythmen und musikalische Formen, wie sie noch nie aus seinem Inneren drangen. Denn er war auch ein anderer Mensch geworden. Jetzt taumelte er nicht mehr wie damals in Berlin durch das weltstädtische Gesellschaftsleben, obwohl er genug Gelegenheiten dazu hatte. Lieber schaute er sich allein all die Kunstwerke, das »Leben und Treiben auf den Straßen, Corso« an. Er suchte mehr die Stille, die Gesellschaftskreise langweilten ihn »bodenlos«,[15] er wurde des bunten Treibens in Neapel bald müde und zog das »noble, stolze, in seinen antiken Teilen melancholische«[16] Rom vor.

In Rom hatte er den einzigen Menschen gefunden, der ihn während der Italien-Reise beeindruckte: den Maler Franz von Lenbach. »Die Bekanntschaft Lenbachs freut mich ungeheuer, er ist ein echter Künstler, dabei sehr geistreich in der Unterhaltung und gemütlich im Umgang, ich kneipe fast täglich abends mit ihm.«[17] Lenbach verbrachte seit 1882 jeden Winter in Rom, wo er in der Villa Borghese residierte. Der Sohn eines einfachen Baumeisters war zum Malerfürsten aufgestiegen, ließ sich gerade in München von Gabriel Seidl seine berühmte Villa bauen, hatte alle bedeutenden Fürsten, Adeligen, aber auch Künstler wie Liszt, Wagner, von Bülow, Levi, Eleonora Duse gemalt. Nun in Rom erholte er sich von seinen adeligen Kunden und aufwendigen Ölgemälden, indem er mit Kreide oder farbigen

Pastellstiften in »schnellen Strichen« den Zauber weiblicher Anmut festhielt, wie er sie bei schönen Römerinnen »aus der namenlosen Menge«[18] fand. Für Strauss hatte der Umgang mit dem berühmten Maler etwas Befreiendes, Anregendes und Anstachelndes: Würde auch er einst so berühmt und reich wie der Malerfürst werden?

Doch nicht nur mit Lenbach pflegte Strauss vertraulichen Kontakt, auch mit der geliebten Dora Wihan. Wir wissen aus einem Brief Johannas, daß Dora zur gleichen Zeit in Rom weilte. Strauss schrieb zwar seiner Schwester: »Von Dora Wihan habe ich nichts gesehen, wußte gar nicht, daß sie hier ist.«[19] Zu Recht aber bezweifelt der Strauss-Biograph Willi Schuh diesen Satz und vermutet, daß sich die beiden in Rom zu einem geheimen tête-à-tête trafen. Denn wie sollte Strauss Doras Rom-Reise unbekannt geblieben sein? War doch seine Schwester mit ihr eng befreundet und pflegten die beiden doch fast täglich Umgang miteinander. Aber nach dem Eheskandal wollte Dora wohl jedes Aufsehen vermeiden.

Immerhin paßt es gut ins Bild, daß Strauss keine Zeit für Gesellschaften hatte und lieber allein war: mit ihr? Die Briefe, die sie einander schrieben, sind nicht erhalten. So haben sich die Spuren verwischt, und so bleibt diese verbotene römische Liebesgeschichte im Dunkeln.

## Reiseporträt eines Landes: *Aus Italien*

In Rom fühlte sich Strauss wohl, war »kreuzvergnügt« und komponierte »auch viel«, wie er seinen Eltern berichtete: in C-Dur, in A-Dur, in G-Dur und (»natürlich auch ein bißchen«[20]) in c-Moll. Dieses »ein bißchen c-Moll« war wieder eine kleine Stichelei gegen den Vater, der das viele Moll in den Kompositionen Richards bemängelte.

Doch der »kreuzvergnügte« Sohn beherzigte nun den Rat seines Vaters. Das helle Licht Italiens verdrängte den düsteren Sturm und Drang. Er sah die Welt jetzt klarer, schärfer und sachlicher, befreite sich von der dunklen deutschen Romantik, konnte endlich auch in Dur Melodien und Klänge erfinden.

In diesem Brief berichtete er auch, daß er »eine herrliche Fahrt weit in die Campagna hinein auf der Via Appia« unternommen habe, und kündigte an: »Morgen werde ich, wenn das Wetter gut bleibt, nach Tivoli fahren.« Schon in den ersten Tagen seines Rom-Aufenthalts bestaunte er vom Lateran aus »den herrlichen Blick auf die Campagna und das Gebirge«,[21] nun in Tivoli sah er von der Villa d'Este in die »weite, in Sonnenglut getauchte römische Campagna«[22] und empfand dabei eine Stimmung, die er nur in Musik ausdrücken konnte.

Seine Sinfonische Fantasie *Aus Italien* begann er mit einem »Präludium«: »Auf der Campagna«. Ein lang gehaltener tiefer Ton, dann ein weiterer lang gehaltener Ton in gleißend heller Höhe, der von der Piccoloflöte als Glanzpunkt verstärkt wird, erklingen für die außergewöhnliche Weite der römischen Campagna. Doch dann hängen sich an die Töne Klänge, dissonante Vorhalte, schließlich Rückungen, die dem hellen Dur einen Mollschatten entgegenstellen.

Dieses Klangbild erfand er für die römische Campagna. Noch nie vor ihm hatte ein Komponist so direkt und ohne Rücksicht auf Konventionen äußere Wahrnehmung in Musik umgesetzt. Beim zweiten Erklingen gerät dieses Klangbild in Bewegung, gibt den Eindruck einer im Sonnenlicht flimmernden Landschaft wieder. Nun schillert der Orchesterklang zwischen dissonant und konsonant, zwischen hell und dunkel, und aus ihm entsteht eine Melodie – zunächst nur kurz und nach drei Takten abgebrochen, dann etwas länger –, die gleichsam die Erhebungen in der Nähe, die Hügel, die sich in der Weite verflachen, und die Berge in der Ferne nachzeichnet.

Lenbach und die vielen anderen Maler, deren Gemälde er in Italien bestaunte, regten ihn an, mit Musik zu malen, eine Landschaft musikalisch darzustellen, sie in Klang zu transformieren. Doch Musik ist keine gegenständliche Kunst, sie beruht auf Bewegung, auf den Relationen zwischen tiefen und hohen, langen und kurzen Tönen, dunklen und hellen, dissonanten und konsonanten Klängen. So übersetzte er den Eindruck der Landschaft, also von etwas Gegenständlichem, Materiellem, in ein Relationsgefüge, also in etwas Bewegtes und als Klang Vergängliches: in etwas Geistiges. Bei oberflächlichem Hören klingt diese Musik nur sinnlich schön, bei längerem Hinhören dagegen wird bewußt, wie äußere Realität zu einem geistigen, abstrakteren Bild – in musikalische Poesie – umgesetzt wird.

Auf das Klangbild folgt ein Gesang in großem und weitem Atem. Er wird von der Harfe begleitet, dem Instrument der Barden, die von der Vergangenheit berichten. Es ist die Haltung des »Es war einmal«, getaucht in die weiche, träumerische Tonart Es-Dur.

Diese Melodie war für damalige Verhältnisse ungewöhnlich. Sie sprengt das Schema der Formenlehre, die Melodien aus vier- und achttaktigen Einheiten vorschrieb, dauert beim ersten Einsetzen 11, beim zweiten 13 Takte, ist nicht symmetrisch teilbar, entzieht sich dem verstandesmäßigen, rechnerischen Zugriff, spiegelt subjektives, menschliches Empfinden wider und zeigt, was Strauss angesichts dieser Landschaft empfand und wie sich in ihm ein außergewöhnliches Glücksgefühl ausbreitete.

Die Melodie in »Auf der Campagna« hat schon ganz den Schwung, den langen Atem und die Leidenschaft der späteren Strauss-Opern. Sie ist unverkennbar »Strauss« und zeigt das ins Große, Kolossale drängende, von kühner Leidenschaft und Aufbruchstimmung geprägte Fühlen der Menschen während der Gründerjahre.

Dieser weite und großflächige Gesang steigert sich zu einem »appassio-nato«-Ausbruch, der zum ersten vollständigen Erklingen des Hauptthemas, wie es Strauss nannte,[23] führt: In scharfen Punktierungen, in einem »maestoso«, marschartig, von einem imposanten Harfenglissando eingeleitet, erhebt sich in der Weite der Landschaft eine gewaltige, monumentale Musik. Vor dem inneren Auge des Komponisten zeigten sich gewiß die römischen Heere, die Feldherren, die – wie er im Lateinunterricht gelernt hatte – um Rom kämpften und durch die Campagna in das riesige römische Reich hinauszogen. Doch dieses Bild bricht in einem leisen Pianissimo zusammen, und Strauss zeigt, was von dem martialischen Treiben übrigblieb: eine melancholisch abfallende Melodie wie ein Volkslied, von der Klarinette, der Oboe und der Flöte gespielt – poetisch, lyrisch und träumerisch. Größe und Gewalt, erzählt diese Musik, sind verschwunden, geblieben dagegen ist der viel schönere und poetischere, wenn auch melancholische Nachglanz. Strauss nannte dieses Thema das »Codathema«.

Es ist der Anfang einer erneuten, gewaltigen Steigerung, einer nochmaligen Beschwörung antiker Größe – ein musikalisches Monumentalgemälde, das wiederum im Grab der Zeit versinkt: Am Schluß erklingen die lang gehaltenen Töne des Anfangs. Strauss komponierte ein musikalisches Sinnbild: Die Landschaft, die Natur werden bleiben, die Menschen mit ihrer Leidenschaft, ihrem martialischen Eroberungsdrang dagegen kommen und gehen . . .

Doch nicht nur Roms Landschaft inspirierte den jungen Komponisten, sondern auch die antiken Ausgrabungen, in denen er »herumkroch«. Dabei kam ihm der Gedanke zu einem Stück Musik, wie es bislang kein Komponist gewagt hatte. So nannte er den zweiten Satz seiner Sinfonischen Fantasie »In Rom's Ruinen«. Er wollte »phantastische Bilder entschwundener Herrlichkeit« darstellen, setzte diesen »Gefühle der Wehmut und des Schmerzes« entgegen, die er beim Betrachten der Ruinen empfand, und vermittelte dabei gleichzeitig dem Hörer die »sonnigste Gegenwart« Roms im Frühling.

Gegenwart und Vegangenheit, objektive Wirklichkeit, nämlich die Ruinen, und »phantastische Vorstellungen«, aber auch »Gefühle der Wehmut und des Schmerzes«, die von ihnen hervorgerufen werden – so vieldeutig, vielschichtig, kompliziert sollte seine Musik sein. Er beabsichtigte nicht nur, tonmalerisch eine Ruinenlandschaft darzustellen, es ging ihm vielmehr um komplexe Relationen zwischen Gegenwart und Vergangenheit, zwischen den Vorstellungen vergangener Größe und den wehmütigen Gefühlen der Gegenwart.

Doch läßt sich dies überhaupt in Musik darstellen? Müßte man dazu nicht Philosoph, Psychologe, Historiker und Landschaftsmaler sein? Strauss beachtete keine Grenzen mehr. Er war noch viel radikaler als Richard Wagner, der in der Oper verschiedenste Künste zum Gesamtkunstwerk zusammenführte, indem er in umgekehrter Richtung vorging: Musik war für ihn sowohl Malerei, Bericht und Gefühlsausdruck, als auch abstrakte Philosophie.

Das Ergebnis ist reine Musik. Kein Hörer könnte ohne Kenntnis der Entstehung dieses Satzes erkennen, daß hier die Ruinen im Forum Romanum dargestellt werden – und doch gibt es Verbindungen, die man freilich nur bemerkt, wenn man die Grundgedanken des Komponisten kennt. Der Satz »In Rom's Ruinen« beginnt mit C-Dur-Akkorden: C-Dur erklingt hier für die Festigkeit und Zeitlosigkeit der alten Ruinensteine und für »sonnigste Gegenwart«; bedeutet doch diese Tonart schon seit Bachs Zeiten Festigkeit, Freude und Helligkeit. Paukenschläge und Trompetenfanfaren betonen den festlichen Glanz und die »Herrlichkeit«. Doch diese Helligkeit und Herrlichkeit verdunkelt sich plötzlich zu einem traurigen g-Moll und einer sehnsuchtsvollen chromatischen Melodie, die das anfänglich Gehörte mit »Wehmut« und »Schmerz« in Frage stellt. Strauss setzte also seine bildlichen und historischen Vorstellungen in ein Thema um, das wie ein Sinnbild den Grundgedanken dieses Satzes umgreift: die Vergänglichkeit von Größe.

Im weiteren Verlauf zeigt sich die außergewöhnliche Wandlungsfähigkeit seiner musikalischen Sprache. Er nimmt das Trompetensignalmotiv auf und entwickelt daraus ein gesangliches Thema, das nach einem kühnen Aufstieg in kleinen Tonschritten und chromatischen Halbtönen nach unten sinkt, während gleichzeitig von den Bässen her ein erneuter Aufschwung beginnt. So erklingen »Herrlichkeit« und »Wehmut« gleichzeitig.

Aus diesem polyphonen Gesang ersteht eines der »Bilder entschwundener Herrlichkeit«: über einem Fortissimo-Tremolo ein Paukenwirbel und eine Art Choral der Posaunen, markiert und hervorgehoben von der Trompete; der Choral führt ins helle A-Dur, allerdings gebrochen von manch dunklem Schatten. Dieser Abschnitt wirkt statisch, in sich ruhend: wie ein Bild.

Nach einigen aufwärtsstürmenden Takten taucht eine melancholische Melodie in der Oboe auf – eigene Gefühle des Komponisten, aber auch die Erinnerung an die Hirtenschalmei des antiken Arkadiens widerspiegelnd. Der Beschwörung antiker Herrlichkeit setzt Strauss also ein bukolisches Hirtenthema entgegen. So hin- und hergerissen zwischen der Größe menschlicher Zivilisation und der Sehnsucht nach dem ursprünglichen Leben in der Natur waren die Menschen der Gründerjahre – auch Strauss.

Doch es gibt für ihn nichts, was nicht verwandelt und umgewertet werden könnte; denn das Hirtenthema übernehmen die Streichinstrumente, die daraus einen glühend-leidenschaftlichen, spannungsgeladenen, sich in größte Höhe emporringenden Gesang machen, der zu einem weiteren Bild »entschwundener Herrlichkeit« führt: Wie in Stein gemeißelt erklingt eine aus drei Tönen (g-c-es) bestehende Formel, eine Chiffre für die »entschwundene

Herrlichkeit«; jedem dieser Töne beben Fortissimo-Töne in den Blechbläsern nach. Der Schauer vor vergangener Größe wird hier eingefangen.

Auch diesen dramatischen Ausbruch besänftigt eine lyrische Dolcemelodie, die ein in sich ruhendes Kreisen einfängt, so als ob Strauss sagen wollte: Das Auf und Ab in der Geschichte wiederholt sich.

Noch einige Male beschwört die Musik »entschwundene Herrlichkeit«. Doch dann versinnbildlicht sie die Ruinenlandschaft des Forum Romanum. Was bislang so fest gezeichnet und klar gesehen wirkte, zerfällt in »phantastische Bilder«, das Orchester scheint, seines festen Rahmens entledigt, auseinanderzubrechen und seinen Halt zu verlieren: In der Tiefe erklingt eine Melodie, darüber tauchen weitere Themenfragmente auf, und ein Baß, der dies zusammenhalten würde, fehlt. Nur im hohen Bereich der Oboen und Flöten sorgen liegende Töne für einen gewissen Zusammenhang.

Doch plötzlich erhebt sich im lautesten Orchesterfortissmo eine gewaltige Musik, die freilich sofort wieder in einzelne Fragmente zerfällt. Ruinenwirklichkeit wird der prachtvollen Vergangenheit gegenübergestellt. Strauss gestaltete das Gegenüber von entschwundener Herrlichkeit und Zerfall zu einer Tragödie.

Die musikalischen Bilder werden immer phantastischer und exzessiver. Das Ruinöse zeigt Strauss durch ein impressionistisches Auseinanderfallen des Orchesters in einzelne Klang- und Melodiepunkte, die »herrliche« Vergangenheit durch Lautstärke, durch spannungsvoll dissonante Klänge, die sowohl an den Schauer als auch an das der Macht geopferte Blut erinnern.

Der zweite Satz ist der längste und wichtigste von *Aus Italien*. Bereits in diesem Jugendwerk faßt Strauss das Schicksal seiner Generation zusammen: In den Gründerjahren erlebte sie einen himmelstürmenden Fortschritt, der an das »kolossale« alte Rom erinnerte. Aber die Katastrophe des Ersten Weltkriegs war nahe. In ihr wird das bis ins Mittelalter zurückreichende Kaiserreich, also die alte Welt, die in den Gründerjahren eine letzte Renaissance erlebte, zertrümmert werden.

Doch nicht nur Weltgeschichte entdeckte der junge Komponist in den alten römischen Ruinen, sonden auch die Natur. Als er auf Capri abends »allein noch nach der Villa des Tiberius hinaufrannte«, erlebte er dort »einen magischen Sonnenuntergang«: »Ganz allein auf dem hohen Felsen, unter mir und ringsum das schwarze, brausende Meer, alles in düsterem Kolorit, nur die Purpurstreifen der untergehenden Sonne, es war großartig. Dazu die alten Ruinen und nur die gewaltige Natur, keine faden Menschen, die irgendein unnötiges Geräusch verursachen, mir war wunderbar zumute.«[24] Was für eine Distanz hatte er nun plötzlich zu den Menschen, »allein« zu sein, war ihm wichtig, die »gewaltige Natur« suchte er jetzt anstelle von Gesellschaften. Dabei entstand in ihm das Gefühl des Wunderbaren, ja sogar des Magischen.

Strauss stellte die Natur auf eine bislang nie gehörte Weise musikalisch dar. Dies gelang ihm erstmals im 3. Satz von *Aus Italien*, der die Überschrift »Am Strande von Sorrent« trägt. Hier sind die Tonmalerei, die Darstellung außermusikalischer Realität so naturalistisch und abbildgetreu weiterentwickelt, wie es bis dahin noch nie gelungen war.

Man kann gegen diese Musik einwenden, daß sie nach Filmmusik klingt, wobei sie freilich viel kühner und radikaler ist, als alle Filmmusik, die später, Strauss nachahmend, komponiert wurde. Doch zur Entstehungszeit von *Aus Italien* gab es noch keine Filme. Vielmehr nahm Strauss den Naturalismus bewegter Bilder mit seiner Musik vorweg. Er war ein musikalischer Pionier und Visionär.

In diesem 3. Satz »ist der Versuch gemacht, die zarte Musik der Natur, die das innere Ohr im Säuseln des Windes in den Blättern, in dem Gesang der Vögel und allen feinen Naturstimmen, in dem fernen Rauschen des Meeres, von dem ein einsamer Gesang an's Ufer schallt, vernimmt, tonmalerisch darzustellen...«,[25] schrieb Strauss in einer Analyse der Orchesterfantasie, die er in der »Allgemeinen Musikzeitung« veröffentlichte.

Ein pastellartig schwebender Klang, der sich von A-Dur ins weitentfernte f-Moll bricht, darunter Harfenarpeggi wie sanfte Wellen, aufsteigende Violintriller und schnelle, abwärtssteigende Bewegungen, magisch verfremdet von Flageolettönen (wie »das Säuseln des Windes in den Blättern«) – so fängt Strauss die Atmosphäre am Strand von Sorrent ein.

In dieser Musik ist der Mensch abwesend. Man hört keine Motive oder klar gefaßte Rhythmen, sondern Bewegungen, ein Fließen, eine Aufspaltung in kleinste und schnellste Bewegungen. Die Natur wird als Energie gezeigt, als eine Vielzahl untergründiger Bewegungsvorgänge, die erst durch ihr diffuses, seltsam gebrochenes Zusammenklingen den tonmalerisch wirkenden Klang schaffen.

Die Natur wird hier nicht in einem toten »Bild« eingefangen. Die Wellen, der Wind, die Blätter sind Bewegung, sind Energie. Aus der Summe dieser Bewegungen entstehen die bis dahin so nie gehörten schillernden, magisch wirkenden Klangfarben. Es scheint fast so, daß Strauss hier einiges von der Malkunst etwa eines Lenbach in die Musik übertragen hat. Auch Lenbach erzielte seine Farbwirkung, indem er viele verschiedenfarbige Striche, Schraffuren nebeneinandersetzte und so beispielsweise ein Gesicht gleichsam durch die Bewegung der Pinselstriche herausmodellierte. Auch für ihn war Materie nicht etwas Totes, sondern voller Energie, Bewegung und Leben. Erst der Betrachter formt die vielen Pinselstriche zum Gegenstand. Musik, die Bewegungskunst schlechthin, kann freilich viel besser als Malerei zeigen, daß alles in Fluß ist.

Erst nach 32 Takten tritt der Mensch in die reine, unberührte Natur. Nun erklingen fest geformte Motive, Rhythmen, und jetzt ist die Musik expressiv und ausdrucksvoll. Der leidenschaftliche, von seinem Willen, seinen

Trieben bestimmte Mensch erscheint im Gegensatz zur fließenden, objektiv wirkenden Natur.

Im Mittelteil dieses Satzes, der in melancholischem a-Moll steht, beschwört Strauss freilich eine Zeit, in der Natur und Mensch noch im Einklang waren: die Zeit der Hirten und Fischer. Der »einsame Gesang«, der »an's Ufer schallt«, wird von der Oboe geblasen: elegisch, in sich versunken und volksliedhaft, aus Wellenbewegungen und Naturstimmen auftauchend. Hier ist der Mensch noch eins mit der Natur, eine Naturstimme unter anderen – freilich ein längst verlorenes Idyll. Dieser Hirtengesang bewirkt eine Veränderung; denn nun entsteht ein Dialog zwischen den Naturrufen und -klängen und der expressiven Melodie, die von der Solovioline vorgetragen wird.

Hier zeigt Strauss sein eigenes Naturerlebnis: In Italien fühlte er sich als ein Teil der Natur, als eine Naturstimme unter vielen. Nun löst sich die Musik in einzelne Melodiefragmente, Bewegungen, Klangtupfer auf. Ein Spiel von Klängen entsteht ohne zielgerichtete Bewegung, in und um sich kreisend. Alles scheint grenzenlos zu fließen.

Im Finale führt Strauss zurück ins quirlige »Neapolitanische Volksleben«. »Nach einigen lärmenden Eingangstakten beginnt das Hauptthema, von Bratschen und Celli vorgetragen, diesen tollen Orchesterspuk, der in einem lustigen Durcheinander von Themen das bunte Treiben Neapels schildern will . . .«[26] Dieses »bunte Treiben« wird freilich von Strauss nicht als folkloristisches Idyll gezeigt, sondern als hektische moderne Welt. Denn das Hauptthema ist kein altes »Neapolitanisches Volkslied«, sondern das Lied »funiculi« über die Vesuv-Dampftrambahn,[27] also über ein damals modernes Verkehrsmittel; die kleine Trommel, die das Lied begleitet, imitiert die Fahrgeräusche der Dampftrambahn. Strauss zeigt nun das Treiben der modernen Welt: In höchster Geschwindigkeit erklingen rasante Läufe, hektische, abgehackte Bewegungen, Motivfetzen, auseinandergerissene Melodiefragmente, verschiedenste Themen; Charaktere folgen plötzlich voller Witz und Verrücktheit aufeinander, grelle Dissonanzen lassen aufhorchen, fremde Tonarten zerstören im Hörer die Orientierung, die Musik wirbelt alles durcheinander, als wollte Strauss sagen: Die moderne Welt ist ein Spuk, der von »der anfangs nur von Ferne erklingenden Tarantella«, die schließlich am Ende »die Oberhand gewinnt«, beendet wird.

Dieser Schluß ist etwas vordergründig und bombastisch kolossal: Aber zeigte sich nicht die moderne Welt so technisch, in sich zerrissen, verrückt, daß man sie nur durch eine vordergründig virtuose Musik darstellen konnte?

# V

# Auf dem Weg zum Zukunftsmusiker

Strauss kehrte Ende Mai von seiner Italien-Reise zurück. In München war ihm nun nichts wichtiger, als mit Feuereifer zu komponieren: Zunächst führte er die in Florenz begonnenen Skizzen weiter, schrieb den schon in Italien ziemlich genau skizzierten II. Satz ins Reine und vollendete am 29. Juli den I., am 12. September den IV. und am 31. Oktober den III. Satz von *Aus Italien*.[1]

Das Komponieren fesselte ihn derart, daß er seinen eigentlichen Brotberuf etwas vernachlässigte. Immerhin mußte er nun bald sein Debüt als dritter Kapellmeister in München absolvieren: am 1. Oktober dirigierte er *Johann von Paris* von Boieldieu und am 12. November Mozarts *Così fan tutte*.

*Così fan tutte* blieb sein Leben lang eines seiner Lieblingswerke; dagegen langweilten ihn viele andere Opern, die er nun dirigieren mußte. Bei einer Oper von Lortzing beobachtete ihn Lily Reiff, eine Freundin von Johanna, wie er auf einmal zu dirigieren aufhörte und nach unten blickte. Nach der Vorstellung fragte sie ihn besorgt, ob er sich nicht wohl gefühlt habe; er antwortete: »Oh nein, es ist mir nur gerade eine Melodie eingefallen. Das Orchester kann es auch ohne mich.«[2]

Strauss bekannte später, daß er kein guter dritter Kapellmeister gewesen sei. »Wenn auch gewandt im Einspringen, war doch mein Mangel an Routine, in der mir viel untalentiertere Kollegen lange überlegen waren, mein Eigensinn im Durchsetzen ›eigener Tempi‹, der geforderten glatten Erledigung der Opernangelegenheiten oft hinderlich.«[3] Er war ein »Feuerkopf«, mußte sich »erst die Hörner abstoßen«, wie die Schwester in ihren Erinnerungen befand.

Der junge Kapellmeister Strauss fühlte sich damals in München jedenfalls als musikalischer Revolutionär, der die dort herrschende »dumpfe Schwüle« bekämpfte. Routine im Opernbetrieb – die ihm gewiß fehlte – schien ihm gefährlich, und die meisten Opern im Repertoire interessierten ihn viel zu wenig, als daß er sie »genau studiert« hätte. Stattdessen komponierte er lieber und sann über die Zukunftsmusik nach.

## Das Häuflein der Modernen in München

Am 6. Oktober 1886 erschien in den Münchner »Neuesten Nachrichten« eine kurzes »Bildchen aus dem Leben« von Emil Peschkau mit der Überschrift »Auch ein Zukunftsmusiker«[4]. In dieser satirischen Erzählung stört ein Herr Quilling einen Konzertbesucher durch sein Geschwätz so sehr, daß der vorzeitig geht und vor ihm flieht. Doch dieser Herr Quilling holt den Flüchtling ein, meint, wegen der langen Haare seines »Opfers« einen Gesinnungsgenossen gefunden zu haben (»Ich beschloß, am nächsten Morgen zum Friseur zu gehen und meine Haare so kurz als möglich schneiden zu lassen«, schreibt der Erzähler), berichtet stolz von seiner Erfindung der »Musik-Poesie«, der wahren »Zukunftsmusik«, und führt sie ihm auf der Straße gehend vor, nachdem er von ihm eine Zigarre geschnorrt hat: Er rezitiert Heines »Du bist wie eine Blume« »in einer eigenthümlich singenden Weise«. Danach sagt er: »Famos, nicht wahr? Da haben sie Melodie ohne Zerstörung der Poesie, da haben sie die ganze Poesie und doch die Melodie.« Doch er kommt nicht mehr dazu, dem Konzertbesucher die Art der Niederschrift zu zeigen. Dieser speist nämlich den Zukunftsmusiker mit dem »vergrämt, kümmerlichen Ausdruck des bartlosen, von tiefen Falten durchzogenen Gesichtes«, gekleidet in einen bedenklich heruntergekommenen, grau schimmernden Anzug mit einem Thaler ab: »Seine Augen blickten gierig nach meinen Händen, die Flügel seiner spitzen Nase blähten sich und seine Lippen zuckten schmerzlich.« Nie gab ihm Herr Quilling das geborgte Geld zurück. Er war zu sehr in Gedanken versunken, um ihn zu bemerken, wenn sie sich wieder begegneten.

So also sahen die Münchner das kleine Häuflein der »Zukunftsmusiker«, zu dem nun auch der junge Strauss gestoßen war. Versponnene, arme Kerle, nichts als heruntergekommene Schnorrer, die verrückten, dem gesunden Menschenverstand völlig abwegig erscheinenden Problemen nachhingen. Diese Feuilleton-Erzählung war natürlich eine satirische Überspitzung, doch Vater Franz Strauss war gewiß besorgt, daß das Leben seines Sohnes auch in eine solche Schieflage geraten könnte.

Seit 1885 gärte es in München. Mit der geistigen Umnachtung und dem Selbstmord von König Ludwig II. hatte sich auch das kulturelle Klima gewandelt. Erstmals gingen die kulturellen Umwälzungen nicht mehr von oben, vom Königshaus, sondern von den Bürgern aus.

Michael Georg Conrad gründete 1885 die Zeitschrift »Die Gesellschaft«, die gegen Fin-de-siècle-Dekadenz stritt und für die »Freien« war, »die nach eigenem Trieb, nach eigenem Geist und Herzen leben und sich nicht zu jenen gesellen, deren neuestes Gesetz sich sofort zu einer Mode von gestern wandelt, deren ruhmrediger Aufschwung zugleich ihr stiller Verfall ist«.[5] Conrads Ideale waren nicht abstrakt, keine »Lehrsätze«, »ewig vorgekaute Forderungen«, vielmehr »eine Erscheinung in Fleisch und Blut«. Er betrachtete »Uniformstücke, Gefreitenknöpfe, Achselschnüre, Kammerherrenfräcke, Priestermützen, Zunftsymbole« und »das ganze Inventar herdenmäßig gedrillter und aufgeputzter, der wahren, schlichten Geistnatur des Menschlich-Persönlichen entgegengesetzten Staatsmaschinenmacherei« als höchst »kulturwidrig«.[6] Conrad kämpfte gegen »Versumpfung oder Versteinerung, gegen Unduldsamkeit, gegen staatlichen oder kirchlichen oder proletarischen Geistesdruck«. Er schimpfte, daß nun wieder der »Gemeinheitsapparat des Schnüffel- und Denunziantenwesens, der Schweifwedelei und blutigen Hanswursterei wie in der ersten blödsinnigen reaktionären Hälfte dieses Jahrhunderts« die Oberhand im von Preußen regierten Deutschland gewinne.

Dagegen vertraute Conrad auf das Prinzip: »Alles was besteht, ist wert, daß es zugrunde geht«, also auf »das große Gesetz des Wechsels und der Erhaltung der Kraft«. Er bewunderte die »Linie des aufsteigenden Lebens« und vertraute auf die Zukunft, den »Morgenschimmer der noch größeren Zukunft«, die »Sonnenaufgänge, wie in solcher Kraft und Schönheit die Menschheit sie noch nicht gesehen«.

Conrad versah den Aufsatz zum 10jährigen Bestehen seiner Zeitschrift mit dem Titel *Jugend*. Er hatte eine große, programmatische Wirkung: Ein Jahr später gründete Georg Hirth die Zeitschrift »Jugend«, und in der Kunst entwickelte sich der Münchner Jugendstil. München war von einer konservativen, noch halb ländlich-bäuerlichen Residenzstadt in wenigen Jahren zu einer Schrittmacherin der Moderne in Deutschland geworden.

Wie schon so häufig auf seinem bisherigen Lebensweg kam Richard Strauss also in dem für seine weitere Entwicklung gerade richtigen Moment nach München zurück. Er wurde von den neuen Gedanken für sein ganzes Leben geprägt.

Das Häuflein der modernen Literaten, Künstler und Musiker war freilich noch ziemlich klein und wurde von den Konservativen belächelt. Die »Zukunftsmusiker« trafen sich fast jeden Abend von sechs bis sieben Uhr in der Weinstube von Leibenfrost am Promenadeplatz zum Dämmerschoppen, »wo man einem herben Serbischen mäßig zusprach«.[7] Der Mittelpunkt dieser verschworenen Tafelrunde[8] war Alexander Ritter. Um ihn scharten sich seine ihm verehrungsvoll zuhörenden Jünger: Richard Strauss und Ludwig Thuille, die Schulfreunde Friedrich Rösch und Arthur Seidl sowie Hermann Bischoff und Heinrich Zeller, zwei Schüler des jungen Komponisten. Oft kam auch Vater Franz Strauss und hörte mit kritisch gerunzelter Stirn zu, wie sein ehemaliger Feind Richard Wagner nun zum Abgott der »Zukunftsmusik« erkoren wurde.

Die Gespräche waren heftig: Da stritt der Nietzsche-Gegner Rösch mit dem Nietzsche-Verehrer Seidl. Da gab Vater Strauss bissige Bemerkungen über Wagner zum Besten, und erhitzt fuhr ihm Ritter in die Flanke. Doch die beiden Alten verstanden sich, wenn sie gegen die Juden schimpften: Ritter war ein eingefleischter Antisemit wie Richard Wagner, dessen Schrift *Das Judentum in der Musik* er fast auswendig kannte. Und Vater Strauss führte gerade den letzten Kampf seines Berufslebens gegen Hermann Levi, der einst von Richard Wagner zu dessen Lieblingsdirigenten erklärt, aber doch als Jude gedemütigt worden war.[9] Vater Strauss warf Levi vor, unfähig zu sein, das Tempo von Anfang an richtig zu treffen, schimpfte den Sohn Richard beim häuslichen Musizieren: »Du eilst wie ein Jude«, und meinte dabei Levi, gegen den er seine Opposition soweit trieb, daß er stur und abweichend von dessen Dirigieren sein eigenes Tempo im Orchester spielte.[10] Auch Richard Strauss ließ sich von diesem Antisemitismus anstecken, obwohl er mit Levi freundschaftlichen Kontakt pflegte und mit ihm Mahlers 1. Sinfonie vierhändig spielte.

Den Zukunftsmusikern ging es vor allem um deutsche Musik. In seiner neuen Oper *Der faule Hans* dichtete Ritter die Verse: »Heil deutscher Art / In Reine treu bewahrt«. So ging vieles bei den hitzigen Gesprächen in der Leibenfrostschen Weinstube durcheinander: Wagner, Schopenhauer, Nietzsche, Realismus, Zukunft, Nationalismus, Antisemitismus . . .

Die Zukunftsmusik war noch keine ausgegorene Angelegenheit, und nur einer in der Runde wird sie letztlich schaffen: Richard Strauss. Doch auch die anderen machten Karriere: Zeller wurde ein bekannter Sänger, Bischoff Kapellmeister und ein heute vergessener Komponist, Freund Rösch avancierte als Dirigent in Berlin und St. Petersburg, bevor er sich – er war auch Jurist – der Musikpolitik widmete, und Arthur Seidl entwickelte sich als Schriftsteller zum Wortführer der »Zukunftsmusiker«. Sie alle halfen mit bei der Verbreitung, der Aufführung und der publizistischen Verteidigung der Strauss'schen Werke. So klein also das Häuflein der Zukunftsmusiker war, so erfolgreich setzte es später die Musik ihres Meisters in Deutschland durch.

Doch im Zentrum der Gespräche im Weinlokal Leibenfrost stand Alexander Ritter. Sein Bart war nun weiß geworden, sein Gesicht voller Falten,

*Richard Strauss und Alexander Ritter, Gemälde von Leopold Graf Kalckreuth, Weimar 1890*

aber noch immer bewahrte er seinen feurigen Idealismus, trotz der neuerlichen Niederlagen, die er erlitten hatte. Aus der versprochenen Stelle als Geiger oder Bratschist im Hoforchester wurde nichts, und seine Oper *Der faule Hans* wurde trotz der erfolgreichen Aufführungen 1885 vom Spielplan abgesetzt. Nun wartete er jeden Abend im Lokal Leibenfrost ungeduldig auf seine musikalischen Jünger, um seine »flammend exklusiven Reden«[11] zu halten. Vehement wetterte er gegen Brahms, und als vom Nachbartisch jemand den norddeutschen Meister verteidigte, giftete er: »Brahms muß man eben so lang studieren, bis man merkt, daß nichts dahinter ist.« Bei Vater Strauss rannte er damit offene Türen ein, und auch der Sohn Richard wandte sich nun wieder von Brahms ab. Dies ging sogar so weit, daß er 1889 beim Musikfest in Wiesbaden das geplante Brahms'sche Requiem absetzte und dafür *Héroide funèbre* von Liszt spielen ließ: »Die brillante Geschichte (...) hat hier bei Frau Wagner großen Effekt gemacht«,[12] schrieb er seinem Vater aus Bayreuth.

Der verbitterte Alexander Ritter verbannte nicht nur Brahms ins Reich der Unmusiker, sondern predigte einen radikalen Traditionsbruch: »Verbrenne, was Du angebetet hast«,[13] lehrte er. Die Musik Mendelssohns und Schumanns tat er als »Kindereien« ab, die der Italiener und Franzosen nannte er wertlos und kannte nur einen Abgott: Richard Wagner, dem er und seine Jünger gläubig folgten.

So »egozentrisch« waren die Neudeutschen, die Zukunftsmusiker. So vergiftet war nun das Musikleben. Haß und Aggressivität wurden im Weinlokal Leibenfrost auf eine gefährliche und bedenkliche Weise gesät. Und wenn in den »Schönen Künsten« schon so verbissen gekämpft wurde, wie schrecklich mußte dann der Streit erst in der Politik werden, wo es um Macht und Geld ging. Freilich, auch die Zukunftsmusiker strebten Macht an, und Alexander Ritter, der im realen Leben ohnmächtigste unter ihnen, kämpfte am verbissensten darum.

Doch was lernte Richard Strauss von diesem merkwürdigen Mann, der das »Sträussle« nach der Tafelrunde oft »zu einem bescheidenen Abendbrot«[14] zu sich einlud? Ritter war außerordentlich belesen, kannte alle wichtigen philosophischen Werke in der neuen und alten Literatur und »stempelte« Richard »durch langjährige und liebevolle Bemühungen«, wie Strauss in einer autobiographischen Skizze 1898 schrieb,[15] »zum Zukunftsmusiker«.

Die Schriften von Wagner und Liszt und die Philosophie Schopenhauers bildeten den Lehrkanon des begeisterungsfähigen Mannes: »Sein Einfluß hatte etwa Sturmwindartiges«, staunte Strauss. Ritter sprach nicht trocken, nicht wissenschaftlich wie die Universitätsprofessoren, vielmehr begeisternd, entflammend, neue Ideen erweckend, freilich auch einseitig, subjektiv und parteiisch. Die jungen Musiker und Schriftsteller im Weinlokal Leibenfrost lernten ein neues Lebensgefühl kennen. Und der alte Franz

Strauss stellte resigniert fest, daß sein Sohn ins feindliche Lager übergewechselt war.

Aus den vielen Diskussionen mit Ritter wurde Richard Strauss nun etwas klar, das er schon bei Bülows Dirigieren empfunden hatte: »Musik ist Ausdruck«. Er fühlte sich am Scheideweg: Sollte er absolute Musik komponieren, also »Kunstfertigkeit« pflegen, die »mit Hilfe einer gewissen Routine und Handwerkstechnik jedem nur einigermaßen musikalischen Menschen möglich« ist, oder sollte er Programmusik schaffen, nämlich »wahre Kunst«, in der Musik »Ausdruck ist, eine ebenso präzise Sprache wie die Wortsprache, allerdings für Dinge, deren Ausdruck eben der letzteren versagt ist?«[16]

Strauss entschied sich selbstverständlich für die »wahre Kunst« und beschimpfte nun die Musik eines Bruckner und Brahms als Handwerk, das nur einer schematischen äußerlichen, anstelle einer dichterischen Logik folge.

Ritter ging mit ihm oft das Kapitel über Musik in Arthur Schopenhauers *Die Welt als Wille und Vorstellung* durch. Der Philosoph hatte mit seinen Gedanken maßgebend Wagner beeinflußt, indem er der Musik die wichtigste Rolle unter den Künsten zuerkannte. Musik »steht ganz abgesondert von allen andern« Künsten, lehrte der Philosoph: »Wir erkennen in ihr nicht die Nachbildung, Wiederholung irgendeiner Idee der Wesen in der Welt.«[17] Andererseits aber ist sie mehr als eine »unbewußte Übung in der Arithmetik«, wofür sie Leibniz hielt.

Doch wie sind dann äußere Welt und Musik miteinander verbunden, wenn die Musik einerseits nichts abbildet, andererseits aber doch nicht nur ein von der Welt abgehobenes mathematisches Spiel ist? Schopenhauer fand für den »tiefverborgenen« Vergleichspunkt zwischen Welt und Musik eine etwas komplizierte Erklärung, die von der platonischen Ideenlehre und seiner Lehre vom Willen ausgeht: Ein Gemälde eines Baumes beispielsweise, schrieb er, bilde die Erscheinung einer Idee, die sich individuell in diesem abgebildeten Baum verwirkliche, ab. Diese Idee des Baumes erklärte er als eine »Objektivation des Willens«, den man auch als Lebenskraft oder Lebenstrieb bezeichnen könnte. Die Musik dagegen macht diesen Umweg nicht. Sie zeigt unmittelbar den Willen, sie ist »ein Abbild des Willens« selbst: »Deshalb eben ist die Wirkung der Musik so viel mächtiger und eindringlicher als die der anderen Künste, denn diese reden nur vom Schatten, sie aber vom Wesen.«[18]

Strauss war von diesen Gedanken fasziniert. Wenn dies stimmte, dann konnte er Musik über alles, über Landschaften, Menschen, historische Begebenheiten und vieles andere komponieren, ohne daß dabei nur ein illustrativer Abklatsch entstand; vielmehr konnte er das Wesen seiner Programmideen unmittelbar hörbar machen. Was für eine Bereicherung!

Damit war widerlegt, was der Wiener Musikkritiker, Wagner-Feind und Brahms-Freund Eduard Hanslick zu seinem ästhetischen Credo erhoben hatte: Das »Tonmaterial«, schrieb er kühl und abstrakt denkend, drückte nichts anderes als »musikalische Ideen« aus: »Eine vollständig zur Erscheinung gebrachte musikalische Idee aber ist bereits selbständiges Schöne, ist Selbstzweck und keineswegs erst wieder Mittel oder Material der Darstellung von Gefühlen und Gedanken.«[19] Musik ist also l'art pour l'art, besitzt eine gleichsam abstrakte Struktur und hat nichts und wieder nichts mit dieser Welt zu tun. Sie ist Ornament, eine Arabeske: »Der Inhalt der Musik sind tönend bewegte Formen.« Damit setzte Hanslick die Gedankengänge von Leibniz fort und wandte sich gegen die Gefühlsästhetik seiner Zeit. Von den Zukunftsmusikern wurde er deshalb hart bekämpft (man kann sich vorstellen, welche flammenden Reden Alexander Ritter gegen ihn hielt), doch im 20. Jahrhundert, nach der Abkehr von Wagner, gewann er großen Einfluß auf das musikalische Denken.

Auch Strauss wandte sich gegen den Wiener Kritiker: »›Musik als Ausdruck‹, nicht als Hanslick'sche ›tönende Form‹«[20] war sein Ziel. Denn »Musik als Ausdruck« war gerade zum Kampfbegriff der Zukunftsmusiker geworden. Der Grazer Dozent für Musikgeschichte und -theorie Friedrich von Hausegger veröffentlichte 1885 sein gleichnamiges Buch, in dem er die Gegenposition zu Hanslicks Klassizismus begründete.

Hausegger arbeitete in seine Musikästhetik die Evolutionstheorie von Charles Darwin und Herbert Spenser ein und stellte fest, daß es schon bei den Tieren instinktiv Ausdruck und ein unmittelbares Verstehen von Ausdruck gebe.[21] Tiere drücken sich durch Bewegungen und Laute aus. Der Mensch entwickelte dies – so Hausegger – weiter zur Gebärde und zum Laut, schließlich auf der höchsten Stufe zur Kunst: zu Tanz, Theater und Musik. Zum Wesen des musikalischen Ausdrucks – und nun bezog er sich wieder auf Schopenhauer – gehört, daß er unmittelbar als direkte Objektivierung des Willens von der Gemeinschaft der Zuhörenden verstanden wird. Damit war »Musik als Ausdruck« nicht nur philosophisch, sondern auch evolutionstheoretisch und naturwissenschaftlich begründet.

Freilich übte der Gelehrte aus Graz auch Kritik an der neuen Musik. Er wandte sich nämlich eindeutig gegen die Programmusik: »Eine solche Musik macht den Eindruck, wie ein Musiker, der sich vergeblich bemüht, uns durch komplizierte Gesten ein Geschehen mitzuteilen; ein paar klare Worte würden ihm und uns Erlösung bringen.«[22] Illustratives Abbilden von Naturgeräuschen und eine sklavisch dem Programm folgende Musik durfte also nicht das Ziel sein, lernte Strauss.

Doch drohte ihm diese Gefahr überhaupt? War er nicht so erfüllt von Musik, daß sie immer die Oberhand gewann? Musik – um auf Schopenhauer zurückzukommen – mußte also zum Kern der Welt, zum Willen, zum Lebenstrieb selbst vordringen. Würde ihm das gelingen?

# Schreckliche Musik: *Macbeth*

1887 nahm Strauss ein neues Werk in Angriff, das die in *Aus Italien* gewonnene Selbständigkeit noch kühner weiterführte. Dabei wandte er sich einem »schroffen und grausigen«[23] Stoff zu: Shakespeares *Macbeth*. Nach der Vollendung am 8. Februar 1888 stellte er selbstbewußt fest: »Der genaue Ausdruck meines künstlerischen Denkens und Empfindens und im Stil das selbständigste und zielbewußteste Werk, das ich bis jetzt gemacht habe, ist nun *Macbeth*.«[24]

*Macbeth* war sein Durchbruch zur Tondichtung. Endlich hatte er sich ganz von der traditionellen Sinfonie befreit. In *Aus Italien* benützte er noch vier Sätze, auch wenn diese Sätze nicht dem normalen Schema folgen: Der erste, »Auf der Campagna«, ist ein Andante und entspricht damit dem zweiten, langsamen Satz der herkömmlichen Sinfonie, der zweite, »In Rom's Ruinen«, ein Allegro molto con brio, hat den Typus eines Kopfsatzes, der dritte, »Am Strande von Sorrent«, ist wiederum ein Andantino, also fehlt das übliche Scherzo, und der vierte, »Neapolitanisches Volksleben«, Allegro molto, ist ein regelrechtes und typisches Sinfonie-Finale.

In *Macbeth* dagegen verzichtet Strauss auf die Abfolge von einzelnen Sätzen und komponiert eine großangelegte Tondichtung, die aus einem einzigen monumentalen Satz besteht, der vom Anfang bis zum Schluß wie ein großer Roman durchkomponiert ist. Neu war dies aber nicht; Franz Liszt hatte bereits viele derartige Tondichtungen komponiert. Strauss bezog damit bewußt die Partei der Neudeutschen, der »Zukunftsmusik» gegen Brahms und Bruckner.

Er begründete diesen Bruch mit der Sinfonietradition, indem er sich auf einen großen Klassiker berief: »Eine Anknüpfung an den Beethoven der *Coriolan-*, *Egmont-*, *Leonore* III.-Ouvertüre, der *Les Adieux*, überhaupt an den letzten Beethoven, dessen gesamte Schöpfungen nach meiner Ansicht ohne einen poetischen Vorwurf wohl unmöglich entstanden wären.«[25]

Doch auch Brahms berief sich in seinen Sinfonien auf die Beethoven-Tradition. Was war geschehen? Strauss fühlte seit seiner f-Moll Sinfonie einen »allmählich immer größeren Widerspruch zwischen dem musikalisch-poetischen Inhalt« und der dreiteiligen Sonatenform der Klassik. Bei Beethoven sah Strauss noch eine vollkommene Übereinstimmung zwischen der Sonatenform und dem poetischen Inhalt, wobei allerdings beim späten Beethoven bereits neue Formen auftauchen. Nun aber – in den 60 Jahren seit Beethovens Tod – war die Sonatenform zu einer »Formel« geworden, zu einer toten Hülse, in die der Komponist seine Ideen »einzuzwängen« hatte oder »schlimmer, die mit einem ihr nicht entsprechenden Inhalt an- und auszufüllen war«. Strauss erschienen deshalb die Sinfonien seiner Zeit »wie ein riesiges, einem Herkules angemessenes Gewand, in dem ein dünner Schneider sich elegant bewegen will«.

Welche Sinfonien meinte er wohl? An Bülow schrieb er: »Brahms selbstverständlich ausgenommen«, doch das war diplomatisch gelogen. Selbstverständlich wandte er sich damit nicht nur gegen Anton Bruckner.

Die einsätzige Tondichtung – das war die damals modernste Kompositionstechnik. Doch Strauss gab mit der Sonaten- und Sinfonieform auch eine sanktionierte, allgemein verbindliche musikalische Form auf. Denn nun mußte der Komponist bei jedem Werk eine neue, dem poetischen Inhalt entsprechende Form erfinden. Er war freier, die Musik wurde subjektiver, Konventionen und Traditionen verloren ihre Gültigkeit. Was Michael Georg Conrad in seinem Aufsatz *Jugend* beschrieb, das verwirklichte Strauss als Komponist: Musik ohne Schablonen, ohne starre Lehrsätze, aus eigenem Trieb, Geist und Herzen.

Aber nicht die Form allein machte *Macbeth* zur Zukunftsmusik – denn Liszt hatte, wie bereits erwähnt, seit 1848 zahlreiche Tondichtungen komponiert –, vielmehr war es vor allem die kühne Harmonik. Selbst Bülow war das zuviel. Er störte sich anfangs an den vielen Dissonanzen, weshalb Strauss ironisch antwortete: »*Macbeth* ruht einstweilen stillvergnügt in meinem Pulte begraben, die darin niedergelegten Dissonanzen suchen unterdessen sich gegenseitig aufzufressen.« An seinen Vater schrieb er über Bülows Dissonanzen-Kritik: »Um die diesbezüglichen Marotten eines mit so empfindlichen Ohren behafteten Bülow kann ich mich doch wahrlich nicht mehr kümmern.«[26]

In der Tat, das Schockierende an *Macbeth* war ein bis dahin nie gehörter harter, aggressiver, schauerlicher Klang. So kühn war diese Musik, daß Strauss selbst froh war, daß sie im Orchester »lange nicht so schrecklich wie auf dem Klavier« klang.[27] Er konnte nicht anders, als so wilde Musik komponieren, war doch auch das Leben von Macbeth und Lady Macbeth so grausam und schrecklich. Doch warum wählte Strauss dann gerade diese Tragödie von Shakespeare?

*Macbeth* beginnt mit einer schneidend-scharfen Fanfare, die sich aus einem dunklen, von Paukenwirbeln durchbebten Piano grell erhebt. Ihre Schärfe entsteht durch die Instrumentierung: Der hohe Klang von Flöten, Klarinetten und Violinen wird vom Horn kaum gemildert. Die Fanfare führt zu einem drohend hohl wirkenden Forteklang, in dem die Terz ausgespart ist – ein Ausdruck archaischer Gewalt.

Seit der Klassik werden in Sinfonien häufig Fanfaren verwendet. Doch diese Fanfare ist anders: kein liebenswürdiges Posthornsignal, kein elegantes Zeichen des Hofzeremoniells, sondern ein monströses, Krieg und Blut verheißendes Menetekel.

Mit diesen wenigen Takten schuf Strauss den Raum, in dem Macbeth und seine Frau agieren: die heroische Vergangenheit des von Kriegen überzogenen mittelalterlichen Englands. Doch Strauss machte mit seiner Musik die Vergangenheit lebendig, denn er schrieb keine historische Musik –

analog zur Historienmalerei, die er in seiner Jugend in München bewunderte –, sondern drang zum zeitlosen Wesen vor. *Macbeth* war für ihn ein modernes Drama.

Nun tritt Macbeth auf: in den Hörnern ein marschartiges Motiv, das marcato nach oben schreitet, schließlich innehält und nach unten steigt, ein in sich geschlossener Bogen, der einen in sich ruhenden, in der Ordnung stehenden Charakter bezeichnet. Doch gleichzeitig spielen die Streicher und Bläser darüber ein wildes Motiv, mit zackigen, tollkühnen Sprüngen (über 12 Töne hinweg) und einem spannungsgeladenen Abwärtsfall in die große Septe in eine schreckliche Dissonanz, die sich in einer schnellen Aufwärtsbewegung entlädt. Diese Musik sprengt alles Maß, verneint das Geordnete und Gerundete des Hornmotivs, führt zu grellen Dur- und Mollkontrasten – Lichtbrechungen in der Kunst ähnlich – und verändert sich zuletzt in rhythmisch scharf gefaßten Abwärtssprüngen zu einem schmerzvollen Klagemotiv, aus dem heraus sich dann ein gewaltiger Aufschwung entwickelt, der in einem nebelhaften Tremolo zusammenbricht. So versinnbildlicht Strauss einen mittelalterlichen Helden, der allerdings auch ein Held der Gründerzeit ist: maßlos, extrem in seinem Ehrgeiz und doch voller Empfindung und Leidenschaft.

Macbeth wurde von den Hexen die Ernennung zum Than und zum König verhergesagt. Das erstere erfüllte sich sofort. Sein Aufstieg war bereits jetzt außerordentlich. Wie der mittelalterliche Macbeth, so fühlte auch die Generation von Strauss eine leuchtende Zukunft nahen. Auch sie sah sich in einer heroischen Situation, »auf jenen Höhen der Menschheit, wo es keine Kläger und Richter gibt«, wie Emil Mauerhof in seinem Ausatz *Lady Macbeth* in »Die Gesellschaft» 1887 schrieb.[28] *Macbeth* war also ein moderner Stoff, in dem sich die Menschen – wenn auch unwillig – wiedererkannten.

Nach dem großen Aufschwung des Macbeth-Themas schält sich aus der Tiefe der Bässe, Violoncelli, des Kontrafagotts, Fagotts und der Baßklarinette ein weiteres Macbeth-Thema heraus, welches das Böse, Finstere und Heimtückische symbolisiert. Die Sphäre der Ortrud im zweiten Aufzug von Wagners *Lohengrin* wird hier berührt. Sie wird unterbrochen von chromatischen Expressivo- und Fanfarenmotiven, steigert sich dann zum Fortissimo des Macbeth-Themas mit seinen großen Sprüngen, die nun nicht mehr suchend und drängend wirken, sondern als grandioses und zugleich Angst verbreitendes Thema erklingen – ein Triumphgesang des vom einfachen Krieger zum Herrscher emporgestiegenen Macbeth.

Dieses finstere Thema mit seinem dämonischen Charakter spielt auf die Welt der Hexen in Shakespeares *Macbeth* an, ohne diese illustrativ oder tonmalerisch darzustellen. Vielmehr zeigt Strauss, daß die »Hexen« ein Teil von Macbeth, ein Teil der in ihm angelegten Dämonie sind.

Daß der Mensch nicht nur ein hell-appollonisches Vernunftwesen sei, sondern von Göttern *und* Dämonen beherrscht wird, hatte schon Richard

Wagner in seinen mythischen Musikdramen gezeigt. Strauss jedoch war viel radikaler. Er verzichtete auf die Hexen und verlegte das Dämonische in die Psyche des Menschen, deckte mit seiner Musik eine unheimliche, unentrinnbare Macht auf: Trieb und Leidenschaft.

Strauss charakterisiert Macbeth als gespaltene, zerrissene Persönlichkeit. Ordnung und Ausbruch aus der Ordnung, wildes Auffahren, schmerzvolles Niedersinken, riesige Sprünge, klagende Halbtonschritte, heimtückisches Anschleichen und offener Kampf – das sind die Gegensätze, die ihn spalten.

Nun erscheint Lady Macbeth. Strauss zitiert in der Partitur aus ihrem Monolog in der 5. Szene des I. Aktes: »O eile! Eile her! Damit ich meinen Geist in deinen gieße, durch meine tapfere Zunge diese Zweifel und Furchtgespenster aus dem Felde schlage, die dich wegschrecken von dem goldenen Reif, womit das Glück dich gerne bekrönen möchte.«

Wer ist Lady Macbeth: »eine Überhexe«, wie Goethe sie nannte? Mauerhof schrieb in seinem Aufsatz: »Sie ist weder grausam, noch gefühllos, weder blutdürstig, noch kannibalisch – nur der Pöbel urteilt so, sie ist im Gegenteil vornehm und zart und von urgründlicher Güte, aber sie ist eine dämonische Natur.«[29] Diese Beschreibung deckt sich in hohem Maß mit der Art, wie Strauss Lady Macbeth musikalisch charakterisiert: Über dem Tremolo-Nebel der Geigen und Bratschen erscheint eine grazile und fragile Melodie in den Flöten und Klarinetten. Feinheit, weibliche Schwäche und Leidenschaft prägen sie. Sie erscheint im hellen D-Dur, nicht wie zuvor Macbeth im dunklen d-Moll, ist eine Lichtgestalt voller Schönheit. Wie sie hier in die Strauss'sche Tondichtung eintritt, wirkt es fast, als habe Strauss den Aufsatz von Mauerhof in Musik umgesetzt. »Und siehe da! die Nebel senken sich, verwehen und in sonniger Tageshelle schreitet über den frischen Rasen ihres Parkes die anmutigste Gestalt.«[30]

Die grazile Melodie der Lady Macbeth wird von einer gestisch wirkenden Streicherfigur unterbrochen, die betörend und verführerisch wirkt. Danach senkt sich ein langer, von vielen Halbtönen bestimmter, sehr sinnlicher, leidenschaftlicher Gesang nach unten, gleichsam in die Tiefen des Bewußtseins von Macbeth, und endet in einem dissonanten Spannungsklang – dies alles im Pianissimo. So befreit Lady Macbeth ihren Mann von seinen Zweifeln und Furchtgespenstern.

Es folgt ein heftiges und bestimmtes »agitato«, eine Musik, die im Grunde nur aus Bewegungsenergie, mächtigem Klang und Rhythmus, nämlich gewaltigen Paukenschlägen, besteht. Das ist Macbeth, der unterbrochen wird von der sanften, sinnlichen und schönen Frau. In ihrer Musik verlangsamt sich das Tempo zum »molto tranquillo«.

Dieses dramatische, fast schon opernhafte Gegenüber zweier verschiedener Musikwelten steigert sich zu einem Fortissimo-Ausbruch, der in einen »Liebesgesang« mündet: Strauss versinnbildlicht die Harmonie zwischen Macbeth und seiner Frau durch ein Duett von Flöte und Violine, das sehr lieblich und lyrisch beginnt, sich aber in ein grausames »Furioso« steigert. Aus dem Liebes- wird ein grausamer Kriegs-, Blut- und Mordgesang.

Schließlich erstarrt die Musik in einem schrecklichen Klang, und »marcatissimo« grell tritt die Fanfare des Anfangs hervor. Dreimal von Generalpausen getrennt, erklingen diese Klänge wie Schreie, jedesmal auf einer anderen Tonstufe und durch keinerlei Modulation miteinander verbunden. Hier zerbricht etwas, wird die Einheit zerstört, die zuvor im Liebesduett so harmonisch erklang. Verbrechen, Tod, Mord schreit diese Musik.

Doch nun ersteht im »Moderato maestoso« die glanzvolle, höfische Welt. Das Fanfarenmotiv ist eingebunden ins elegante Zeremoniell, hat den Charakter von Schrecken und Blut verloren. Macbeth ist König, nachdem er seinen Vorgänger ermordet hat. Er und die Lady haben erreicht, was sie wollten, ihren Ehrgeiz und Machthunger befriedigt.

Strauss komponierte in *Macbeth* eine Musik, die von außerordentlichen Extremen bestimmt wird und die auch ohne jegliche Kenntnis des Programmes in sich sinnvoll ist. Denn er illustriert nicht Shakespeares Drama, sondern überführt es in rein musikalische Vorgänge. Aus einer sinnlich-verführerischen Melodie entwickelt sich ein Duett und aus diesem lyrischen Duett eine Musik voll zerstörerischer Leidenschaft und dämonischer Gewalt. Strauss zeigt das Psychogramm von Macbeth und Lady Macbeth.

Ihn interessierte nicht das historische, mittelalterliche Drama. Er schuf hier kein musikalisches Historienbild und befaßte sich auch nicht mit moralischen Fragen. Macbeth und seine Frau werden nicht als böse Menschen dargestellt. Vielmehr deckt diese Musik die inneren Triebkräfte auf, ohne sie zu be- oder zu verurteilen, sie sagt nur: So ist der Mensch.

Auch in dieser Haltung besteht große Übereinstimmung zwischen dem *Macbeth* von Strauss und dem bereits mehrfach genannten Aufsatz von Mauerhof, für den Lady Macbeth eine Frau voller Grazie und natürlicher Güte, von »starker Phantasie und lebhaftester Empfindung« ist, in der jedoch die »uneingedämmte Leidenschaft des Kindes und des Weibes«, ein »riesengroßer Ehrgeiz«, eine »zaum- und zügellose Gier« ohne »jede Spur von Bedenken und Gewissensqual« glüht. Macbeth dagegen ist ein Mann voller Bedenken, voller Gewissensqualen, »nicht schlecht genug dazu«, sich den erhofften Königsthron durch ein Verbrechen zu erobern. Mauerhof beschreibt in Lady Macbeth die dämonische, verführerische »Femme fatale«, die Kindfrau, die »reinste Natur« ist: »für den einsichtsvollen Kenner ein Kunstgebilde von entzückender Wahrheit«. Strauss blickt mit seiner Musik tiefer. Dem himmelstürmenden Aufschwung stehen hier das Zerstörerisch-Dämonische und das Ende in der Katastrophe, in Mord und Verbrechen gegenüber.

Denn schon bald verliert das Moderato maestoso seine höfische Contenance, zerfällt die Musik wie in einer Bewußtseinsspaltung in einzelne Motive, die seltsam isoliert und schattenhaft vorbeihuschen: in das Schreit- und das tollkühne Sprungmotiv von Macbeth, in die betörenden und leidenschaftlichen Motive von Lady Macbeth.

Dieses Auseinanderbrechen der Musik zeigt, wie Macbeth nach seiner Untat von Gewissensbissen, grausamen Ängsten, vom Verlust der Selbstachtung, von Herrschaftsgelüsten und leidenschaftlicher Liebe zu seiner maßlos ehrgeizigen Frau hin- und hergerissen wird. Nachdem er durch den Mord die »Welt« des ritterlichen Ehrenkodex zerstört hat, bricht seine Welt auseinander, fällt er in den Abgrund des Wahnsinns.

Wie in der Reprise eines klassischen Sonatensatzes tauchen nun viele Themen des Anfangs wieder auf, allerdings in veränderter Form: weniger zusammenhängend, gewissermaßen in Zerrüttung begriffen, schärfer in den Gegensätzen, grausamer, dissonanter und greller; denn Verbrechen gebiert viele weitere Verbrechen, zeigt *Macbeth* von Strauss.

Die Steigerung, die nun einsetzt, sprengt an Lautstärke, Wildheit, Energie und Gewalt alles bisher Dagewesene. Die Holzbläser spielen rasend schnelle Läufe, die nach oben zielen, das übrige Orchester trägt einen Gesang voller Leidenschaft vor, der sich in höchste Höhe emporringt. Nachdem diese erklommen ist, hören wir Mark und Bein erschütternde rhythmische Schläge, die Kriegsfanfare in den Trompeten und der Baßtrompete im dreifachen Forte und einen Paukenwirbel für das Erbeben von Macbeths Welt. Doch nicht nur für ihr Erbeben, sondern auch für ihren Zusammenbruch, denn aus Lady Macbeths Musik ist nun – anstelle von Betörung und Verführung – eine »Schmerzensmelodie«[31] geworden. Aus dem geordnet schreitenden Motiv am Anfang entwickelt sich jetzt eine größere Melodie und stößt auf die Musik von Macbeth und Lady Macbeth, die sich ein letztes Mal gegen ihr Schicksal aufbäumen. Doch das die ritterliche Ordnung verkörpernde schreitende Marcatomotiv gewinnt die Oberhand. Der Wald nähert sich dem Schloß von Macbeth, und aus dem Wald wird das Heer von Macduff, der den unrechtmäßigen König besiegt.

Strauss baute in der ersten Fassung von *Macbeth* den Siegesmarsch des Macduff zum großen Finale aus, wogegen Bülow Einspruch erhob, wie Strauss sich erinnerte: »... bemerkte aber bei dem ersten Schluß (D-dur-Triumph)marsch des Macduff sehr richtig, das sei Unsinn! Eine *Egmont*-Ouvertüre könne wohl mit einem Triumphmarsch des Egmont schließen, eine sinfonische Dichtung *Macbeth* aber nicht mit dem Triumph des Macduff.«[32]

Nun wird zwar D-Dur erreicht und so der Triumph der ritterlichen Ordnung über den von Ehrgeiz besessenen Macbeth dargestellt. Doch dieser Triumph ist genauso martialisch, kriegerisch und aggressiv wie zuvor der von Macbeth. Am Schluß erklingen noch ein letztes Mal die leidenschaftlich-kühnen Motive von Macbeth und Lady Macbeth, verlöschen im leisesten Pianissimo, nachdem sie sich noch einmal ins Fortissimo aufgebäumt haben.

Die Ordnung in Gestalt des Macduff-Marsches hat gesiegt – und Macbeth? Macbeth und seine Frau – und damit auch die Liebe zwischen den beiden – müssen tragisch verstrickt in Ehrgeiz, leidenschaftlicher Zuneigung, Lüge und Mord zugrundegehen.

Der Hörer empfindet am Schluß keine Abscheu gegen sie, vielmehr Trauer. Denn Strauss stellt nicht Macbeth und seine Lady als scheußlich dar, sondern die Umstände, in denen sie leben: die Welt des Krieges. In den tollkühnen Sprüngen des Macbeth-Motivs, in der Intensität des Liebesduetts zwischen den beiden läßt er hörbar werden, daß er die beiden als Menschen der »Morgenröte« sah. »Ich fühle nun das Künftige im Jetzt«, läßt Shakespeare Lady Macbeth sagen, und Mauerhof schreibt: »Da sie so fühlt, über die Gegenwart hinaus schon im berechtigten Besitz der Zukunft lebt, so muß auch werden, ohne dem zu leben sie nicht länger vermöchte; sie schwört es sich zu und schwört es als – Weib; welches nur mehr Begehr, und solchergestalt das, was es begehrt, bedenkenlos und auf kürzestem Wege will.«[33]

Doch entsprach diese Charakterisierung nicht eher den Gründerjahren als Shakespeares Zeit? Wollten nun nicht die Menschen alle ihre Begierden auf kürzestem Wege erfüllt sehen? Strauss gab mit seiner Tondichtung *Macbeth* ein Porträt der modernen Welt. Er zeigte den himmelstürmenden Aufschwung, der auch Verbrechen nicht scheute, und ebenso das Ende in schrecklichen Katastrophen.

## Demütigung eines jungen Genies: Dritter Kapellmeister in München

»Meine hiesige Stellung beginnt mit 12. August und werde ich zunächst *Wasserträger, Templer und Jüdin* und *Johann von Paris* neu einstudieren; das Studium der (beiden) Partituren ist ein sehr zweifelhafter Genuß!«[34] beschrieb Strauss etwas überheblich seine ersten Aufgaben als Dirigent an der Münchner Oper. Er rümpfte die Nase über die Opern von Cherubini, Marschner und Boieldieu, denn mit dieser Musik konnte er wenig anfangen, sie erschien ihm zu italienisch und französisch – »Onkel« Ritter hatte ihn darin gewiß bestärkt.

Doch Bülow versuchte Strauss behutsam zu korrigieren: »*Wasserträger* und *Jean de Paris* haben mir seiner Zeit viel plaisir gemacht. Es sind beide Partituren ursauber und vorzügliche Unterlagen zum Erlernen von Eleganz und Grazie (ohne Affektation und Tüftelei) im Eintrichtern des entsprechenden – überaus abhanden gekommenen – Vortrages.«[35] Strauss nahm sich die Ratschläge zu Herzen. *Jean de Paris* gefiel ihm nun plötzlich, zumal er damit Bülows Erbschaft direkt antrat: »Das Operle war nicht mehr, seit sie zuletzt dirigierten.«[36]

Doch schon bald kamen ihm Zweifel, ob er Bülows Ansprüche an Orchester und Sänger in München überhaupt verwirklichen konnte, da »bezüglich Probenbesuchspünktlichkeit« ein »großer Schlendrian eingerissen« war. Aber wie sollte er hier als Dritter Kapellmeister für Ordnung sorgen? War er doch erst 22 Jahre alt und der Sohn des Hornisten Franz Strauss, den die meisten im Orchester noch als kleinen Buben gekannt hatten.

Bald traten die ersten Schwierigkeiten auf. Der berühmte Sänger Vogl stritt mit ihm auf der Probe über die Tempi.[37] Er gab ihm den Rat, nicht »mit zu langem Arm« zu dirigieren. »Vogl schonte gerne seine Stimme, liebte flüssige Tempi und fühlte sich mit Recht durch den langen Hebel am Schultergelenk des Dirigenten behindert.«[38]

Einmal passierte Strauss ein Schmiß: »So geschah es, daß er nach einer Vorstellung von *Zar und Zimmermann* ganz außer sich nach Hause kam, man habe ihn aufsitzen lassen, so daß er abklopfen mußte. Natürlich fiel die Kritik sofort über ihn her«,[39] erinnerte sich seine Schwester.

Was sich die Sänger und Orchestermusiker dachten, kann man sich leicht vorstellen: Da kam dieser junge Mensch, der nie das Dirigieren studiert hatte, dieser »Dilettant«, nach einem Jahr in Meiningen unter dem hier in München ziemlich verhaßten Bülow zurück und wollte alles besser machen und verändern, obwohl er selbst noch keinerlei Routine und Erfahrung hatte. Strauss dagegen klagte, daß er sich beim »geringsten ritenuto in einer klassischen Oper im größten Widerspruch mit beiden Kapellmeistern und Personal befindet«: »So ging es mir wieder mit dem *Wasserträger*: alles, was Lachner nicht gemacht hatte, sollte ich auch bleiben lassen.«[40]

Kein Wunder, daß Strauss von München so schnell wie möglich wieder fort wollte: »Um so zu dirigieren, wie ich möchte und fühle, muß man die Autorität einer ersten Stellung und einen Intendanten hinter sich haben, in dem man eine unbedingte Stütze hat«, schrieb er seinem Meister Bülow. Strauss wollte nach Hannover, doch Bülow mahnte ihn zu Geduld, warnte ihn vor den »Baiern des Nordens« und meinte, da wären selbst »die Hannoveraner des Südens« besser.[41]

Doch die »Hannoveraner des Südens« hatten Strauss das Münchner Engagement noch aus einem anderen Grund verleidet. Denn die Uraufführung seiner Orchesterfantasie *Aus Italien* am 2. März 1887 verlief nicht gerade erfolgreich, wie die Schwester sich erinnert: »Es war ein Ereignis, und ich kann die Angst und Aufregung meines Vaters gar nicht beschreiben. Schon lange vorher übte er zu Hause die schweren, kühnen Solostellen des Waldhorns. Dem Werk wurde von Seiten der Musiker und der Kritik sehr mit Zweifeln entgegengesehen. Die ersten drei Sätze wurden mit Beifall aufgenommen, aber beim letzten Satz war der Applaus geringer, ja es kamen sogar von verschiedenen Seiten Zeichen der Ablehnung und Pfiffe . . .«[42] Strauss freilich schien mit seinem Angriff auf die »Münchner

Schwüle« zufrieden. Als sein Vater »bestürzt und empört über die Zischer ins Künstlerzimmer kam, saß sein Sohn auf dem Tisch und baumelte vergnügt mit den Beinen«.[43] So überzeugt war er von seiner Musik, daß er dem Onkel Hörburger schrieb: »Die Aufführung meiner Fantasie über Italien hat großen Rumor hier hervorgerufen – allgemeine Verblüffung und Wut darüber, daß ich nun auch meine eignen Wege zu gehen anfange, meine eigne Form schaffe und den faulen Menschen Kopfzerbrechen verursache . . .«[44]

Aber die Kollegen seines Vaters machten Witze über den jungen Zukunftsmusiker; der Klavierprofessor Giehrl etwa bemerkte auf münchnerisch trockene Art: »Man merkt am Finale, daß Strauss gleich nach der Cholera in Neapel gewesen ist.«[45] Strauss seinerseits schrieb über dieses musikalische Fingerhackeln mit den erzkonservativen Münchnern: »Mir hat's aber großen Spaß gemacht! Der erste Schritt zur Selbständigkeit!«[46] Wie spießig, eng und zurückgeblieben kam dem jungen Zukunftsmusiker seine Heimatstadt nun vor!

Bülow war sein einziger Halt und seine Hoffnung. Als er vorsichtig anfragte, ob er ihm seine Fantasie widmen dürfe, antwortete dieser prompt: »Also: Ihre liebenswürdige Absicht, mir die durch Lokalopposition dekorierte sinfonische Fantasie widmen zu wollen, nehme ich mit dem gleichen Enthusiasmus an, den ich sonst gemeiniglich für Ablehnung ähnlicher Auszeichnungen an den Tag zu legen pflege.«[47] Für Bülow war dies eine Rache an München.

Doch so boshaft, wie der junge Strauss von den Münchner Musikern angegiftet wurde, mit so grimmigem Witz reagierte er. Die Programme der inzwischen weltberühmten Sofie Menter, der Schwester von Eugenie Menter, die bei seiner ersten Konzertreise in Wien dabei war, bezeichnete er als »musikalischen Speisezettel«, dessen Exekution nicht in den Konzertsaal, sondern ins Varieté gehöre.[48] Den Intendanten Karl von Perfall, der auch komponierte, nannte er »Baron Durchfall (der mit seiner neuen Oper übrigens weder in Frankfurt noch Köln einen Perfall erlebt hat)«[49]. Dem »unermüdlichen« Hofkapellmeister Franz Fischer, der ihm während der häufigen Erkrankungen von Levi fast alle Dirigierverpflichtungen wegschnappte, warf er »Dudelei«[50] vor.

Sogar Levi, der ihm so viel geholfen hatte, enttäuschte ihn. Am 26. Dezember 1887 schüttete Strauss nach einer Aufführungs von Beethovens 9. Sinfonie Bülow sein Herz aus: »Wir haben gestern unter Levis Leitung eine Aufführung der 9. Sinfonie gehabt, die das niederträchtigste, scheußlichste war, was ich je in Reproduktionen musikalischer Kunstwerke erlebt habe.«[51] Seine Kritik an Levis Aufführung zeigt, wie klassische Musik in der von Lachner begründeten Tradition aufgeführt wurde. Die ganze Sinfonie, schrieb Strauss, wurde »ohne einen einzigen Anlauf zu einem expressivo«, ohne Crescendi oder ein Fortissimo in den Streichern gespielt. Diese

Interpretation huldigte dem im 19. Jahrhundert entstandenen Klassikerideal: »Keine Gemütsaufregung störte diese olympische Heiterkeit. Alles war von bewundernswerter Ausdruckslosigkeit, das große Fortissimo sank mit Recht alle Augenblicke auf mfo, um die Gehirnnerven nicht zu stark anzustrengen«, spottete der junge Strauss.

Wie tot, museal klang Beethoven unter Levi: »Nirgends von Ausdruck eine Spur.« Strauss war entsetzt und empört und schimpfte: »Das Herz blutete mir, ich war, glaube ich, noch nie so wütend, ich hätte Levi herunterschlagen können, das war nicht mehr Talentlosigkeit, das war eine Gemütsverrohung und Verworfenheit ärgster Sorte.«[52]

Strauss war noch immer nervlich sehr gereizt. Als er in Meiningen Beethovens *Eroica* unter Bülow hörte, weinte er, und nun beschimpfte er einen ihm freundlich gesinnten Mann mit Worten, die maßlos böse waren: Hatte ihn der idealistische und freilich etwas fanatische Freund Ritter verleitet, jeden, der Beethoven anders, nämlich nach der alten Tradition, auffaßte, als »verroht« und »verworfen« zu beschimpfen? Es war sicher kein Zufall, daß er mit Hermann Levi einen Juden mit diesen Worten bedachte. Ritters Antisemitismus hatte Strauss angesteckt.

Konsequent war Strauss in seinem Antisemitismus allerdings nicht, denn zwei Monate vor diesem Verriß des Levi-Konzerts hatte er Bülow von einem jungen Dirigenten und Komponisten berichtet, den er lobte und bewunderte: Gustav Mahler. Bülow seinerseits war daraufhin mehrere Monate verstimmt, da er Mahlers Bearbeitung von Carl Maria von Webers *Die 3 Pintos* als »per Bacco einen infamen, antiquierten Schmarren« bezeichnete und Strauss »akute Urteilslosigkeit« vorwarf.[53]

Bülow beurteilte die Entwicklung seines Schützlings voller Ironie und Humor, was dem fanatischen Ritter gänzlich abging. So versuchte Bülow in einem späteren Brief Strauss davon abzubringen, ihn mit »Meister« anzureden: »Schimpfen Sie mich doch nicht immer ›Rabbi‹! Über die Bedeutung des Wortes (Begriffs) ›Meister‹ gibt ja schon Sachsens Lehrbuch und schon im Akt I die nötige Information. Bin nicht mal Kapell-mäster wie Hermann der Urlaubling. Au contraire – habe vorvorgestern die geflügelten (von der Presse verhörten, entstellten) Worte gesprochen: Die Hofkapellen werden vergehen (verkommen tun sie bereits), meine Herren, aber die freie Kunstgenossenschaft, von der Sie ein ideales Muster geben, wird bestehen: ihr gehört die Zukunft.«[54]

Bülow wehrte sich gegen Beweihräucherung, Fanatismus und einen blinden Führerglauben, wie ihn der junge Strauss Ritter und ihm gegenüber entwickelt hatte. Nein, ein »Meister« wollte er nicht sein, darüber lachte er nur – und die Ursache für die Mängel des Musikbetriebs sah er nicht in den Juden, sondern in den veralteten Hofkapellen. In den freien, neuen, selbstbestimmten philharmonischen Orchestern erblickte er die Musizierform der Zukunft.

Um Richard Strauss hatte er Angst, daß der sein gesundes Urteilsvermögen verlieren und zu einem Wagnerianer der schlimmeren Sorte werden könnte, wie sie sich damals in Leßmanns »Allgemeiner Musikzeitung« zu artikulieren begannen – und zu denen auch Freund Ritter gehörte.

Inzwischen eskalierte der Streit des jungen Dritten Kapellmeisters mit seinen konservativen Gegnern. Levi wurde im März 1888 krank und nahm drei Monate Urlaub; Strauss erhielt die Aufgabe, Richard Wagners frühe Oper *Die Feen* einzustudieren und war begeistert, endlich sein Können zeigen zu dürfen und nicht nur Hilfsdienste leisten zu müssen. Mit aller Intensität stürzte er sich in die Probenarbeit: »Ich habe nun das Werk mit ungeheurem Fleiße und sehr gut einstudiert«,[55] schrieb er an Bülow selbstbewußt.

Levi verlängerte seinen Urlaub, und Intendant Perfall eröffnete Strauss, »daß er die Direktion der *Feen* dem mir an Rang (Hofkapellmeister) und Ancienniät (in der Kunst!!) überlegenen Fischer übertragen habe«. Die Enttäuschung bei Strauss war groß: »Ich hatte kolossale Hoffnungen auf das Werk, als das erste, das ich von Grund aus studiert und mit dem ich endlich mein ganzes Können zeigen sollte, gesetzt; alle sind nun in's Wasser gefallen durch die schändliche Niedertracht Fischers (der mich das Werk ganz ruhig einstudieren ließ) und die impertinente Charakterlosigkeit und Schuftigkeit Perfalls, die ich nun glücklich auch gekostet hatte.«

Perfall stutzte bei der entscheidenden Besprechung das Selbstbewußtsein des jungen, ihm anmaßend erscheinenden Dritten Kapellmeisters zurecht: »Er könne die *Feen* nicht vornherein so diskreditieren, daß er die Leitung einem Musikdirektor übertrage« und nicht dem Hofkapellmeister, Fischer sei ihm an Routine überlegen, »Talent etc. käme hier gar nicht in Betracht, es gehe hier, wie überall, nach Ancienniät« und überhaupt könne er sein »Bülowsches Dirigieren nicht vertragen«, vielmehr müsse »Bülows Schule endgültig ausgerottet werden«, und er verurteile Richards »Dünkel«, in seiner Jugend »schon solche Ansprüche zu machen«.

So sahen ihn also die Münchner Musiker: als einen Feuerkopf, dem die Komponistenerfolge zu Kopf gestiegen waren und der unmögliche Forderungen stellte. Sie erkannten nicht – wie Bülow – seine Genialität, sondern kritisierten kleinlich seine Fehler und mangelnde Routine.

Strauss wollte jetzt so schnell wie möglich von München fortkommen: »Ich habe nun allmählich eingesehen, daß hier absolut nicht der Boden ist, wo ein erfreuliches Musikleben gedeihen kann. Aus dem Dreck, in dem ich hier alles finde, könnte ich allein den Karren nie herausziehen. Öder Sumpf, Biersumpf überall. Doch das wissen Sie besser als ich.«

Strauss nannte Bülow in diesem Brief seinen »wahrhaft väterlichen Freund und Beschützer«. Würde ihm Bülow aus München forthelfen? Dieser riet ihm, zunächst auszuharren – »Die gebratenen Schnepfen fliegen niemandem auf die Zunge«[56] –, suchte aber eine neue Wirkungsstätte für ihn und gab einen guten Rat: »Ich fürchte, Sie sind nicht genug Diplomat. Aber gerade darum könnten Sie sich bald darin üben . . .« Dies mußte Strauss in der Tat lernen; denn er hatte sich die Zurücksetzung gefallen lassen müssen und so Autorität eingebüßt. Wie schwierig für ihn die Arbeit nun war, kann man sich vorstellen.

Darüber hinaus war 1887 ein Konflikt zwischen Levi und Vater Strauss ausgebrochen, der sich erschwerend auf Richards Situation auswirkte. Zwischen beiden herrschte eine Art Krieg, den Franz Strauss mit seiner bekannten Dickköpfigkeit führte. Dabei ging es vor allem um Richard Wagner; denn in diesen Jahren wurden dessen Opern so oft wie noch nie zuvor gespielt. Der Intendant Perfall und selbstverständlich auch Franz Strauss waren »über Levis so entschiedene Parteinahme bei der Wagnerei sehr aufgebracht« und verlangten »mehr Unparteilichkeit«, für die der junge Strauss sorgen sollte.[57] Doch Richard Strauss war inzwischen selbst zum Wagner-Verehrer geworden, was Perfall – wie auch seinen Vater – sehr enttäuschte. Franz Strauss leistete gegen die Wagner-Aufführungen Widerstand, indem er möglichst wenig im Orchester spielte. Als Senior konnte er die Diensteinteilungen der Hornisten bestimmen, wirkte 1887 nur 78mal und 1888 sogar nur 53mal im Orchester mit, während seine Hornkollegen 221- und 266mal spielen mußten.

Doch nach der ungerechten Zurücksetzung seines Sohnes wurde der Widerstand des alten Strauss noch erbitterter. Als er Levi im Offiziantenbüro traf, grüßte er ihn nicht, sondern »starrte stramm in die Luft«, und als Levi auf der Straße vor der Eingangstür des Hoftheaters mit Fischer plauderte, ging Strauss »bedeckten Hauptes dicht« an ihnen vorbei, ohne sie zu beachten.[58] Levi erstattete daraufhin eine Anzeige beim Intendanten Perfall, der acht Wochen lang die Angelegenheit überprüfte und dann beim Prinzregenten Luitpold den Antrag auf Pensionierung des Hornisten Franz Strauss einreichte.

Franz Strauss saß am 11. Juni wie häufig in den damals noch recht gemütlichen Zeiten beim »Terteln«, einem bayerischen Kartenspiel, im Café de l'Opéra in der Maximilianstraße, als »ein Kollege«, wie Steinitzer erzählt, »ihn begrüßte: ›Na, Du hast's jetzt auch überstanden!‹ Auf seine betroffene Frage erfuhr Strauss, daß seine Pensionierung im Musikzimmer des Orchesters angeschlagen sei.« Er war völlig überrascht und durch die rüde Behandlung vor seinen Kollegen bloßgestellt.

Glanzlos, ohne jegliche Feier wurde Franz Strauss in den Ruhestand geschickt. So bitter endeten für ihn 42 Jahre im Dienst des Hofopernorchesters. Sein Sohn tröstete ihn in einem Brief aus Wiesbaden, wo er beim Tonkünstlerfest dirigierte: »Hannas Brief hat mich gestern abend allerdings arg erstaunt, da er mir die niederträchtige Handlungsweise unserer Taktjuden wieder so recht hell vor Augen führte. Bald aber gewann über Erstau-

nen und Ekel der Gedanke die Oberhand, wie sehr Du Dich über die lang
ersehnte Ruhe und darüber, daß Du nun nicht mehr diesen Dreckpfuhl von
Theater zu betreten brauchst, freuen wirst, und so freue ich mich denn
auch und gratuliere von ganzem Herzen. Na, nun sind da nur mehr ein
paar Künstler in dem Orchester; wenn es Levi gelungen sein wird, die auch
noch herauszubringen, dann paßt das ganze Orchester zu seinen Leitern
und alles schwelgt in höchstem Dilettantismus!«[59]

## Liebesgeschichten

Als Richard Strauss 1886 als Dritter Kapellmeister nach München kam,
lebte Dora Wihan noch immer in der Isarstadt. Von ihrem jähzornigen und
eifersüchtigen Mann war sie inzwischen geschieden. Hans Wihan hatte in
Prag eine neue Wirkungsstätte als Violoncelloprofessor, gefeierter Solist

*Dora Wihan, Tochter
des Konsuls Weis und
Frau des Cellisten
Hans Wihan, von dem
sie sich nach vierjähri-
ger Ehe scheiden ließ.
Die vier Jahre ältere
Frau war die große
Jugendliebe von
Richard Strauss.*

und Mitglied des »Böhmischen Streichquartetts« gefunden, freundete sich mit Antonín Dvořák an und spielte dessen Werke.

Richard und Dora trafen sich – wie bereits erwähnt – in Rom, doch sie kamen gewiß auch in München heimlich zusammen, achteten freilich mit größter Vorsicht darauf, daß es geheim blieb. Die Liebe zu einer geschiedenen, älteren Frau galt damals als anrüchig, gar als ein gesellschaftliches Tabu, dessen Übertretung dem jungen Kapellmeister in seiner Karriere gefährlich werden konnte.

Dora sah die Unmöglichkeit dieser Verbindung ein. 1887 verließ sie München und nahm eine Stellung als Gesellschafterin und Klavierlehrerin in Lixouri auf der griechischen Insel Kefallinia an. Nur das Untertauchen in der Ferne konnte sie vor Schmach und Leid bewahren.

Strauss litt unter dieser Trennung sehr. Wie bereits erwähnt, vernichteten er und Dora die Briefe, die sie sich schrieben. Ein Brief von Richard blieb jedoch erhalten und zeigt, wie leidenschaftlich, stürmisch und intensiv seine Liebe zu ihr war: »Tatsache ist, daß mich Dein Brief mit der nun in absehbare Ferne rückenden Aussicht, Dich, meine süße Dora, wiederzusehen, tief betrübt und bewegt hat. Gott, was für hölzerne Ausdrücke für das, was ich empfinde – Trösten soll ich Dich? Ja, womit denn? Ich kann Dir doch nicht schreiben, ›es ist nicht so gefährlich, Meister‹, oder die Zeit heilt alle Wunden, denn gerade die ›Zeit‹ schlägt ja die Wunden, Himmel, ich mache auch noch Witze – mit einem Worte: es ist abscheulich!!!!«[60]

In größter Vertrautheit berichtete Strauss über das »Münchner Sumpffieber«, daß er unter die Lisztianer gegangen sei – »kurz, ein fortschrittlicherer Standpunkt, als ich ihn jetzt einnehme, ist kaum mehr denkbar« –, und daß es ihm, besser: dem Künstler Strauss, gutgehe, obwohl dies »eigentlich Hohn« sei.

Er lieh ihr Wagners Schriften und bekannte sich zu der Überzeugung, daß Frauen besser als Männer seien, »denn jede Frau kommt als Mensch auf die Welt, während jeder Mann als Philister geboren wird und lange braucht, bis er sich, wenn überhaupt, zum Menschen durcharbeitet«. Ungeduldig hoffte er, daß seine »liebe, gute Dora« doch früher von Griechenland zurückkäme, auch wenn er schon ahnte, daß er »das Buch der Hoffnungen« mit den Worten »es will halt nicht gehen« zuschlagen mußte.

Eine unmögliche Liebe, die er, der junge Feuerkopf, erzwingen wollte. Dora dagegen resignierte. Sie schrieb ihm, daß sie mit 29 Jahren für ihn zu alt und außerdem »zu verdummt & verbauert« sei, um sich in Deutschland »in anständiger Gesellschaft zu bewegen«.[61] Den Süden bezeichnete sie als ihr »Verhängnis«: »Hier werde ich mein unnützes Leben wohl ausleben.«

Doch im Frühjahr 1888 plante sie, für einen Urlaub nach Deutschland zurückzukehren, »um mich noch einmal nach Herzenslust zu amüsieren & glücklich zu sein, wenn es möglich ist«. Sie wollte Strauss in Mailand treffen und ein paar Tage mit ihm nach Venedig reisen: »Sag' Richard, gingst

Du mit?« Sie hoffte in Bayreuth Wagner-Opern zu erleben und vielleicht sogar ihren »lieben guten Richard« dirigieren zu sehen . . .

Dora wollte sich mit ihm amüsieren. War ihm das zu wenig? Fast scheint es so, denn weder die Venedig-Reise noch ein Zusammentreffen in Bayreuth oder Weimar fanden statt. Die Damen Jacovato, bei denen sie Gesellschafterin war und mit denen sie durch Deutschland reiste, drängten bereits im April 1890 auf die Rückkehr nach Griechenland. Das vertraute »Du« in ihren Briefen an Strauss war inzwischen einem distanzierten »Sie« gewichen.

Was war geschehen? Darüber kann man nur Vermutungen anstellen. War Strauss das Warten auf seine Geliebte zu lange geworden? War seine Leidenschaft abgekühlt? Sah auch er ein, daß diese Liebe keine Zukunft hatte? All dies mag eine Rolle gespielt haben. Vielleicht schrieb er es ihr, vielleicht erwähnte er auch, daß nun eine andere in sein Leben getreten war: Pauline de Ahna – und zwar schon vor zwei Jahren.

1887 nämlich hatte ihm sein Freund Max Steinitzer geklagt, daß er »Schwierigkeiten im Musizieren mit einer sehr hübschen, liebenswürdigen junge Dame habe«.[62] Diese junge Dame wohnte direkt gegenüber der

*Pauline de Ahna, die spätere Frau von Richard Strauss*

Feldafinger Villa von Onkel Pschorr, wo Strauss damals – wie häufig – einen Erholungsurlaub verbrachte. Der Vater der Dame, der »wackere General de Ahna, hatte eine schöne Baritonstimme und war so musikalisch, daß er das *Meistersinger*-Duett (Hans Sachs/Walter) des III. Aktes sich selbst einstudieren konnte«, erinnerte sich Strauss in seinem 1947 niedergeschriebenen »kleinen Gedächtnisdenkmal« für Pauline.[63]

Die ganze Famile de Ahna schwärmte, wie Steinitzer hervorhob, für die Werke des jungen Zukunftsmusikers. So besuchte Strauss die junge Dame, gab ihr – seinem Freund Steinitzer aushelfend – Unterricht und stellte trocken fest: »Die ist viel talentvoller, als Du denkst, man muß es nur herausholen.« Strauss wurde ihr Lehrer: »Pauline hatte schon einige Monate auf der Münchner Musikhochschule studiert und in einem Prüfungskonzert im Odeon sogar mit Dilettantenmut die *Freischütz*-Arie naiv und unter dem Beifall ihrer militärischen Verehrer herausgeschmettert.«[64] Dem »Vater paßten die Umgangsformen am Odeonsplatz nicht«, und er gab seine Tochter in die Obhut des jungen Kapellmeisters.

Dies wird Strauss wohl seiner alten und fern in Griechenland weilenden Freundin gebeichtet haben. Sie mußte verzichten und hatte dies schon lange vorhergesehen. 1893 schrieb Dora im letzten der drei von ihr erhaltenen Briefe: »Innerer Zustand: die Erkenntnis des wahren Wortes, daß das größte Glück die Macht der Erinnerung ist.«

Sie resignierte – erst 29 Jahre alt. Bis zu ihrem Tod 1938 wird Richards Foto auf ihrem Flügel stehen. Sie blieb ihr Leben lang mit Hanna befreundet und beobachtete ihren alten Freund aus der Ferne, indem sie dessen Schwester ausfragte. Die Scheidung hatte sie aus der bürgerlichen Bahn geworfen und sie in eine neue, damals höchst fortschrittliche und schwierige Rolle gedrängt – die der beruflich selbständigen Frau. Nach ihrer Rückkehr aus Griechenland schlug sie sich in Dresden als Pianistin und Korrepetitorin an der Oper durch.

## Verführerische Musik: *Don Juan*

Zwei literarische Figuren zogen das Denken und Fühlen der Menschen im 18. und 19. Jahrhundert besonders in ihren Bann: Faust und Don Juan. Beide waren maßlos – Faust in seinem Grübeln und Forschen, Don Juan in seiner Begierde nach Frauen –, beide waren dämonisch – Faust durch seinen Pakt mit dem Teufel, Don Juan durch sein Ende, die Höllenfahrt –, beide hatten ihre Wurzel in der mythischen Bilderwelt des Volkes und Volkstheaters, und beide erschienen als Symbol für den modernen Menschen, für seine Grenzenlosigkeit im Drang nach Wissen und Lust.

Faust ist ein Stoff für Denker, Literaten und Dramatiker, Don Juan dagegen fordert nach Musik. Welche Kunst könnte Begehren, Sehnsucht,

Verführung, Liebe, Vereinigung besser als die Musik darstellen? Zwar gibt es mittlerweile auch viele Theaterstücke, die das Don Juan-Thema behandeln, aber seit *Don Giovanni* läßt sich Mozarts Musik von dem spanischen Verführer nicht mehr wegdenken.

Sie bemächtigte sich dieses Stoffes so sehr, daß Sören Kierkegaard 1843 schrieb: »Zwar lassen sich in der Musik viel mehr klassische Werke denken, ein Werk aber nur bleibt, von dem man sagen kann, seine Idee sei absolut musikalisch, dergestalt daß die Musik nicht als Begleitung hinzutritt, sondern in der Offenbarung der Idee zugleich ihr eigenstes innerstes Wesen offenbart.«[65] Musik ist erotisch, verführerisch, sinnlich, »drückt das Unmittelbare aus«[66], ist – wie die sinnliche Liebe Don Juans – »eine Sache des Moments«.[67] Kierkegaard kam zu dem Schluß, daß Don Juan eine »absolute Musikalität« besitze: »Er begehrt sinnlich, er verführt durch die dämonische Macht der Sinnlichkeit, er verführt alle.«[68]

Konnte, durfte man nach dieser Oper aller Opern noch Musik über Don Juan schreiben? 1887 feierte Mozarts *Don Giovanni* sein 100. Jubiläum. In Wien, Salzburg, München, Hamburg und vielen anderen Städten wurden sogenannte Musteraufführungen gegeben. Zahlreiche Artikel über Mozarts Werk erschienen in den musikalischen Wochen- und Monatsblättern. Und ausgerechnet nach dem Don-Giovanni-Jahr wagte es ein erst 24 Jahre alter Komponist, diesen für die Klassiker-Verehrer sakrosankten Stoff anzutasten, ja völlig neu zu gestalten: Richard Strauss.

Sein *Don Juan* ist keine Oper, sondern eine moderne Tondichtung, also ganz und nur Musik und damit noch mehr Musik als Mozarts *Don Giovanni* auf Da Pontes Libretto. Strauss verehrte Mozart seit Kindestagen an. Doch wenn er komponierte, dann wollte er etwas Neues und Eigenes schaffen: »Ich sehe nicht ein, warum wir uns, bevor wir unsere Kraft erprobt haben, ob es uns möglich ist, selbständig zu schaffen und die Kunst vielleicht einen kleinen Schritt vorwärts zu bringen, sofort in das Epigonentum hineinreden wollen und uns, im voraus auf diesen Epigonenstandpunkt stellen wollen ...«,[69] verteidigte er seine neue Richtung gegenüber Bülow.

Doch wie konnte er Mozarts *Don Giovanni* etwas Selbständiges entgegensetzen? Was bedeutete *Don Juan* für Richard Strauss? Im Juli 1885 sah Strauss in Frankfurt, wo er am Meisterkurs von Bülows teilnahm, Paul Heyses Trauerspiel *Don Juan's Ende*[70] und war beeindruckt.[71] Der alte Don Juan steht am Anfang des Stückes am Kraterrand des Vesuvs und ist von der »unentrinnbaren Magie des Grauens« so angezogen, daß er hinabgestürzt wäre, hätte ihn nicht sein Führer gehalten. Heyse verweltlicht die Dämonie Don Juans, der in seinem Stück die Höllenfahrt überlebt, nicht sterben kann, auch als alter Mann weiterhin Frauen verführt und so durch die Welt irrt.

Zufällig findet dieser Don Juan seinen Sohn, ohne es zunächst zu wissen. Der junge Mann teilt nicht Don Juans Ansicht über die Frauen: »Ihr

Gelüst ist ihr Gott, dem bringen sie jedes Opfer, und müßten es Menschenopfer sein.«[72] Er liebt vielmehr die adelige, ihm, dem vermeintlichen Kind einer Dienstbotin, unerreichbare Ghita mit großer Hingabe und diese ihn.

Am Ende des Stückes werden beide durch Don Juans Intrigen in den Tod getrieben, und der alte Schwerenöter muß erkennen, daß seine Zeit der Verführung und des zynischen Spiels mit Frauen vorbei ist. Um diese Erkenntnis zu erlangen, opfert er seinen Sohn wie einst Gott Vater: »War's nicht göttliche Selbstsucht, da er auf andere Art seine Welt von der Macht des Teufels nicht zu erlösen vermochte?«[73] läßt Heyse Don Juan lästern.

Der Münchner Dichterfürst zeigte Don Juan nicht mehr als Schaubudenstück mit Steinernem Gast und Höllenfahrt, nicht mehr als einen »Titanen und Giganten des Mittelalters«, wie Kierkegaard Faust und Don Juan nannte,[74] sondern naturalistisch als Mensch. Das Dämonische ist in ihm. Nicht mehr die Höllenfahrt ist sein Ende, sondern der Ekel vor seiner eigenen Begierde, deren Opfer ganze Friedhöfe füllen und deren jüngstes sein eigener Sohn ist. Der antiklerikale Ton, die fast blasphemische Gleichsetzung von Gott Vater und Don Juan, die beide ihren Sohn opferten, war damals revolutionär und weckte auch das Interesse von Strauss.

Don Juan verkörpert Sinnlichkeit in ihrer radikalsten Form. Kierkegaard entdeckte sie in seiner Abhandlung über das Musikalisch-Erotische als eigenes, vom Christentum ausgegrenztes Prinzip.[75] Indem Strauss den Don-Juan-Stoff wählte, bekannte er sich als moderner Freigeist. Dabei entbehrt es nicht einer gewissen Ironie, daß er die ersten Motive zu seiner Tondichtung während seines Italien-Urlaubs im Mai 1888 im Klosterhof von S. Antonio in Padua aufzeichnete.[76] Dort, in klerikaler Umgebung, kam ihm die Idee zu einer Musik, die in ihrer verführerischen Sinnlichkeit die extreme Gegenposition zu christlicher Askese darstellte.

Strauss freilich nahm für seine Tondichtung nicht Paul Heyses Drama zum Ausgangspunkt, sondern Nikolaus Lenaus »Dramatisches Gedicht« *Don Juan*. Lenau zeigte Don Juan bereits 1844 als Menschen und verzichtete auf dämonische Theaterwirkungen. Sein Don Juan ist ein zerrissener, gespaltener Mensch der Romantik: »Mein Don Juan darf kein den Weibern ewig nachjagender, heißblütiger Mensch sein. Es ist die Sehnsucht in ihm, ein Weib zu finden, welches ihm das inkarnierte Weibtum ist und ihn alle Weiber der Erde, die er denn doch nicht als Individuum besitzen kann, in dieser einen genießen macht. Weil er dieses, taumelnd von der einen zur anderen, nicht findet, so ergreift ihn der Ekel, und der ist der Teufel, der ihn holt.«[77] Lenaus Don Juan leidet unter seinem gespaltenen Gefühlsleben. Das Psychologische, das für Mozart und Da Ponte keine wesentliche Rolle gespielt hatte, tritt in der Vordergrund.

Strauss betonte in seiner Musik diese psychologische Sicht. Während Mozart Don Juan von außen, in der Gesellschaft, im realen Leben zeigte, gibt die Musik von Strauss ein Innenbild. So wie diese Tondichtung hatte zuvor noch keine Musik begonnen: ein stürmisch-schnelles Aufwärts des ganzen Orchesters, in seiner Wirkung verstärkt durch die Aufhellung von e-Moll nach E-Dur. Danach ein flüchtiges Hinweghuschen. Dies versinnbildlicht die Seelenlage von Don Juan:

Den Zauberkreis, den unermeßlich weiten,
Von vielfach reizend schönen Weiblichkeiten
möcht ich durchziehen im Sturme des Genusses.
Am Mund der letzten sterben eines Kusses.
O Freund, durch alle Räume möcht' ich fliegen,
Wo eine Schönheit blüht, hinknien vor jede
Und, wär's auch nur für Augenblicke, siegen.

Mit diesen Versen hatte Lenau Don Juan charakterisiert. Strauss setzte sie an den Anfang seiner Partitur.

Doch kann und darf Musik so wie in Straussens Tondichtung beginnen? Ist dies überhaupt ein Thema oder nur Bewegung? Gewiß, dieser Anfang besitzt keine Melodie, die man singen könnte. Hier erklingt etwas viel Elementareres: Bewegung ansich, stürmischer Aufstieg – und dies entsprach dem neuen Lebensgefühl der »Jugend« vor der Jahrhundertwende. Don Juan ist der Mensch, der nie stillsteht, immer neue Sinnenreize sucht und nie befriedigt ist.

Erst einige Takte später erklingt ein gestalthaftes Thema,[78] das mit spanischer Grandezza, scharf gefaßtem Rhythmus und weiten Sprüngen nach oben stürmt und sich dann in schnellen Triolen verflüchtigt.[79] Das »Hinaus und fort nach immer neuen Siegen/So lang der Jugend Feuerpulse fliegen« ist hier Musik geworden – und wie könnte man die Flüchtigkeit des Augenblicks besser als mit Musik zeigen! Straussens Musik verkörpert hier rauschhaft-dionysischen Lebensgenuß jenseits von Verstand und Vernunft, elementare Lebensenergie, die nicht zu bremsen oder zu regulieren ist. Dieses musikalische Feuerwerk gleicht einem Naturvorgang, einer vulkanartigen Entladung von Energie.

Strauss zeigt Don Juans Leidenschaft als etwas ungeheuer Dynamisches – »ungeheuer«, da ihr jeglicher Halt fehlt. Diese Energie – der Sexualtrieb, wie wenige Jahre später Sigmund Freud in Wien entdecken wird – treibt Don Juan in bodenlose Höhen. Er steht nicht nur – wie in Paul Heyses Drama – auf dem Vulkan, er selbst ist ein Vulkan.

Die Musik erzählt im Anschluß, wie Don Juan auf eine seiner 1003 Geliebten trifft. Wilhelm Mauke identifizierte sie in seinem populären Musikführer als »Zerlinchen«.[80] Die Musik freilich kann so genau nicht benennen. Doch auch Don Juan ging es nicht um die einzelne Frau: Ob es Zerlinchen oder eine andere war, bedeutet für ihn wenig, wie er in Lenaus Theaterstück bekennt: »Die einzelne kränkend schwärm ich für die Gattung.«

Diese einzelne – eben eine von 1003 – umwirbt Don Juan so beiläufig, daß für sie nur ein eintaktiges Motiv erklingt: pianissimo, zart, ohne eine bestimmte Richtung, fragend.[81] Don Juan erobert dieses zarte und schwache Wesen sturmwindartig[82] und verläßt sie nach wenigen Augenblicken: nun notiert Strauss über das Motiv der Frau, daß es »flebile« zu spielen sei, also »klagend, weinend«.[83]

Don Juan stürzt sich wieder ins volle Leben. Die Musik ist nun von einer impressionistischen, klangsprühenden und betörenden Sinnlichkeit erfüllt. Sie flirrt und huscht vorüber, so unbeständig wie Don Juan. War das nicht das neue Lebensgefühl der Moderne, der »Jugend«, wie es Conrad in seinem Aufsatz beschrieb?

Doch in diesen Sinnenrausch mischt sich gleichzeitig ein ganz anderes Motiv in den Holzbläsern, dem elegisch und melancholisch wirkenden Englischhorn, den expressiv hervortretenden Klarinetten und dem Fagott. Dieses Motiv[84] fällt chromatisch herab und drückt Ermüdung, Erschlaffung der Anspannung aus, wie es in Lenaus *Don Juan* heißt: »Ich fliehe Überdruß und Lustermattung.«

Strauss zeigt den Verführer als gespaltene Persönlichkeit: Stürmische Aufschwünge und das Überdrußmotiv verwickeln sich in einen Kampf, der sich in immer entferntere Extreme steigert. Schließlich[85] erklingt in den Flöten ein hoher, lang gehaltener Ton, der dem immer höher Hinaufstürmen eine Schranke setzt, und darunter erscheint das chromatisch abwärtssteigende Überdruß-Motiv, das – da ein Baßfundament fehlt – ins Bodenlose sinkt. Wenn seine Leidenschaft erschlafft ist – zeigt hier die Musik von Strauss –, wenn dem Mann aller Männer seine Potenz genommen wird, dann steht er vor dem Abgrund: Er ist nicht mehr Don Juan, vielmehr ein Nichts. Mit erstaunlicher Wahrhaftigkeit gelang Strauss hier ein musikalisches Psychogramm der Männlichkeit, und damit der Helden der Gründerjahre (die immer nur Männer waren).

Das nächste Abenteuer Don Juans – die erste große Liebesszene der Tondichtung – zeigt Strauss sehr ausführlich, über 150 Takte lang. Mauke[86] identifizierte die neue Geliebte als die Witwe eines Grafen: »Eine Villa bewohnt sie, eine Stunde vor Sevilla«, schrieb Lenau. Doch wiederum ist es für das Psychogramm Don Juans unwichtig, wer die neue Freundin ist. Auch sie ist nur eine weitere der 1003 Geliebten, die ihn allerdings viel mehr als die vorhergehende fesselt.

Ein Violinsolo[87] verkörpert sie mit seinem süßen, verführerischen Ton: Diese sanft nach unten fallende und sehnsuchtsvoll nach oben steigende Melodie ist ganz Geste, wirkt in sich geschlossen wie ein Kreis, kündigt Umarmung und Vereinigung an. Doch dieses Solo war nur ein vorsichtiges Berühren; denn aus den einzelnen Motiven entsteht nun erst eine vollständige Melodie, die im Kanon jeweils von Horn und Klarinette und erster und zweiter Violine vorgetragen wird.[88] Beide Instrumente spielen dieselbe Melodie, nur zeitlich verschoben: So wird der Kontrapunkt zum poetischen Bild der Liebe, des Einklangs zweier verschiedener Menschen. Diese beiden Melodien scheinen sich zu umarmen, zu liebkosen, zu vereinigen wie beim Liebesakt. In vielen neuen Anläufen steigert sich die Musik zu immer größerer Sinnlichkeit und Ekstase. Dabei tritt ein von Synkopen unterbrochener, eigenständiger, das Taktschema nicht beachtender Triolenrhythmus immer mehr hervor, bis schließlich nur noch er da ist: ein schnelles, ekstatisches Stoßen.[89] Danach die Wonne und Entzückung des Höhepunkts: ein befreites, kühnes und männliches Nach-oben-Stürmen.[90] Hier erklingt wieder das Thema des Anfangs,[91] das nun viel sinnlicher wirkt.

Don Juan feiert einen seiner vielen Siege. Doch der Leidenschaft folgt wieder Überdruß. Zu den emporstürmenden Läufen gesellen sich chromatisch abwärtsfallende Triolenfiguren.[92] Die Musik zeigt, wie nah Wonne und Ekel beieinanderliegen.

Im Großen wiederholt sich nun, was schon im Vorübergehen bei der ersten Geliebten anklang: Die Flöte trägt Seufzer vor, wieder »flebile«, also weinend zu spielen.[93] Nach dem Liebesakt ist auch diese Frau wie alle anderen Geliebten zuvor nur ein schwaches und beklagenswertes Opfer des Übermannes.

Während die Geliebte noch weint, regt sich bei Don Juan schon wieder die Lust nach neuen Eroberungen. Das »Licht«, in dem dies geschieht, hat sich allerdings jetzt verdunkelt. Denn an die Stelle von lebenssprühendem E-Dur ist nun düster leidenschaftliches g-Moll getreten. Verführte Don Juan seine Geliebten bisher im südlich hellen Licht, so wechselt er nun in den Schatten. Die Tonmalerei wird hier von den scharfen Hell-Dunkel-Kontrasten des Südens geprägt.

Jetzt tritt das Dämonische und Teuflische in Don Juan zutage; denn diese Liebe im Dunkeln und Düsteren betrifft zwei völlig verschiedene Menschen. Sie singen nicht – wie bei der vorigen Szene – dieselbe Melodie, sondern völlig verschiedene. Den Part der Frau – Mauke vermutet, daß die neue Geliebte »Anna«[94] ist – vertritt die Oboe, von der Strauss schrieb: »Kein anderes Instrument könnte in so herzbezwingenden Tönen das süsse Geheimnis keuscher Liebe uns verraten, als die Oboe im *Thannhäuser*.«[95] In der von Strauss überarbeiteten Instrumentationslehre von Hector Berlioz steht auch, daß die Oboe einen »ländlichen Charakter, voll Zärtlichkeit« hat und »naive Anmut, unberührte Unschuld, stille Freude, wie Schmerz eines zarten Wesens«[96] wiedergibt.

Dieses zarte Wesen, auf das Don Juan trifft, charakterisiert eine Melodie, die nach einem kühnen Oktavsprung, einer sehnsuchtsvollen Geste nach oben in vielen einzelnen Windungen schüchtern und demütig nach unten fällt: Ländliche Unschuld, mädchenhafte Träumerei und Entsagen werden damit versinnbildlicht. Doch unter dieser Oboenmelodie tobt leidenschaftlich der zwischen Begehren und Überdruß hin- und hergerissene Don Juan. Nun erscheint er als der dämonische, gefährliche Verführer, der auf ein unschuldiges Mädchen trifft.

Die zarte Oboenmelodie wird von heftigen, aus der Tiefe (der Leidenschaft) drängenden Violoncello- und Bratschenmotiven attackiert. Augenblicke des Überdrusses verdrängen die Begierde für einige Momente[97]: Der Verführer Don Juan wird angesichts dieser unschuldig-naiven Frau ungeduldig, sein Eroberungsdrang wird ihm verleidet – allerdings nur beinahe; denn nach einem neuerlichen Ansturm erstarrt die Musik in einem höchst dissonanten Sekundakkord über einem Paukenwirbel im leisesten Pianissimo. Gegenüber dem erfüllten Liebesakt bei der vorhergehenden Eroberung spricht hier die Musik von Unbefriedigtheit und Ekel bei Don Juan und vom Leiden des naiven, unschuldigen Mädchens, das erstarrt, wie ein Opfer in ängstlicher Ergebung.[98]

Nun erscheint ein Thema[99], das nicht aus Bewegungsmotiven besteht, sondern wie ein wagnerisches Leitmotiv zu seinem Siegel wird. Es korrespondiert mit der naiv-unschuldigen Oboenmelodie, indem es auch mit einem Oktavsprung beginnt. Doch anstelle von Schüchternheit, Zartheit und Sehnsucht drückt es eine wilde, archetypische Entschlossenheit aus.

Dieses berühmte Don-Juan-Thema, das sich aus allen bisher angeklungenen Don-Juan-Themen erstmalig zu einer vollständigen, geschlossenen Melodie zusammenfügt, klingt wie ein Jagdsignal und wie ein Brunftschrei. Daß es die Hörner spielen, unterstreicht seine Bedeutung: Das Horn ist das Instrument der Jagd und war deshalb schon im Mittelalter auch ein sexuelles Symbol, denn die Jagd wurde oft mit der Jagd nach Mädchen gleichgesetzt: »Er zog sein Netz wohl über den Strauch/Sprang ein schwarzbraunes Mädel heraus«, heißt es in dem Volkslied *Es blies ein Jäger in sein Horn* aus der im 19. Jahrhundert so populären Sammlung *Des Knaben Wunderhorn* Achim von Arnims und Clemens Brentanos.[100]

So enthüllt dieses Thema die letzten Tiefen von Don Juans Psyche, und eine beängstigende, animalische Aggressivität kommt zum Vorschein. Don Juan ist hier nicht mehr der galante Verführer des lasziven Rokoko, jetzt zeigt sich in ihm die unbändige Naturkraft. Strauss geht dabei noch weiter als Kierkegaard, denn Don Juan wird von ihm nicht nur als Mensch voller Sinnlichkeit gezeigt, auch die hinter der Sinnlichkeit wirkende Triebhaftigkeit erklingt in aller Deutlichkeit.

Die Oboe antwortet auf die wilde Hornmelodie mit ihrem Thema, das sich vor Angst und Aufregung in einem punktierten Rhythmus verliert: Sie ist »agitato«, aufgeregt und unruhig zu spielen – ein gebrochenes Opfer Don Juans.

Doch dieser stürmt weiter, läßt, blind für gebrochenen Stolz und angerichtetes Leid, seine Opfer zurück. Aber auch er nimmt Schaden, sein Kopf ist überdreht, die Welt gerät ihm im Sinnenrausch durcheinander.

Dies versinnbildlicht ein Abschnitt,[101] der als »Karnevalsszene«[102] populär wurde; in Lenaus Theaterstück gibt es einen »Maskenball«, der Strauss zu diesem Teil inspirierte. Motivisch nimmt er die impressionistische Tonmalerei des Anfangs[103] wieder auf, zerreißt aber den Zusammenhang und läßt Melodiefetzen wie Masken auftauchen: etwa das Überdrußmotiv und ein trivial schräges Trompetensolo[104], das Mauke als die »unverhüllte Schamlosigkeit« einer Dirne deutete[105], oder eine Melodie von der kalten Schönheit eines Glasperlenspiels. Diese »Maskenball«-Musik wirbelt unruhig, rasch und schemenhaft von Eindruck zu Eindruck, löst die Welt impressionistisch in einem Sinnenrausch auf und hetzt sich schließlich in einem wilden Nachobenstürmen und gleichzeitigen Nachuntendrücken des Überdrußmotivs[106] gleichsam zu Tode.

Aus dieser inneren Lähmung entreißt sich Don Juan nur mit äußerster Gewalt, um dann aber in einen tiefen Abgrund zu stürzen, den Lenau in seinem dramatischen Gedicht so beschrieb:

Es war ein schöner Sturm, der mich getrieben,
Er hat vertobt und Stille ist geblieben.
Scheintot ist alles Wünschen, alles Hoffen;
Vielleicht ein Blitz aus Höh'n, die ich verachtet,
Hat tödlich meine Liebeskraft getroffen,
Und plötzlich war die Welt mir wüst, umnachtet;
Vielleicht auch nicht; – der Brennstoff ist verzehrt,
Und kalt und dunkel wird es auf dem Herd.

Auch diese Verse stellt Strauss an den Anfang seiner Partitur. Don Juan endet am Überdruß, am Ekel vor sich selbst. Alptraumhaft erscheinen die Motive der von ihm eroberten und fallengelassenen Frauen.

In Lenaus Theaterstück stirbt Don Juan, weil er vor lauter Ekel nicht mehr leben will. Zu seinem Gastmahl lädt er arrogant und herausfordernd das Standbild eines von ihm ermordeten Edelmannes ein, doch an seiner Statt erscheint sein Sohn und fordert Don Juan zum Duell heraus. Don Juan besiegt den jungen Mann, holt aber nicht zum Todesstoß aus, sondern läßt sich von ihm erstechen.

Bis auf einige Takte, die vielleicht tonmalerisch ein Duell zeigen,[107] geht es Strauss freilich weniger um diese Theaterszene, vielmehr schildert seine Musik, wie die Don Juan'sche Lebensgier erneut erwacht, sich wieder und noch einmal zu höchster Ekstase steigert und zum orgiastischen Rhythmus des Liebesaktes emporstürmt.

Nach einer Generalpause senkt sich das Überdrußmotiv hinab, wird zum Todesmotiv, und die Musik verklingt ersterbend. Ist Don Juan nun endgültig tot? Oder wird er wieder – Frauen verführend und erobernd – auferstehen? Das läßt die Musik offen. Aber möglich erscheint es. Der

Schluß dieser Tondichtung ist nicht so fest und bestimmt, daß eine Fortsetzung nicht möglich erschiene.

Richard Strauss vollendete *Don Juan* am 30. September 1888 nach nur etwa vier Monaten Arbeitszeit. Er war in einem Schaffensrausch. Der von Anfang bis zum Ende beibehaltene Schwung, die außerordentliche Spannungssteigerung bis zum Schluß, die organische Einheit der Entwicklung – dies alles ist vollkommen.

Dem 24jährigen Dritten Münchner Hofkapellmeister gelang das erste Werk, das ihn unsterblich machte.

## Fluchten aus dem »Münchner Sumpffieber«

Die ersten bedeutenden Tondichtungen von Richard Strauss entstanden im trotzigen Widerstand gegen die Münchner Musikautoritäten. An München banden ihn nur noch seine Familie und seine beiden Freunde Thuille und Ritter. Aber das Musikleben verachtete er, es ekelte ihn an, und so ergriff er jede Gelegenheit, fortzukommen. Und Gelegenheiten boten sich viele, denn er begann als Dirigent und Komponist in Deutschland und sogar im Ausland bekannt zu werden.

Bereits am 7. Januar 1887, kaum vier Monate im Münchner Kapellmeisteramt, dirigierte er in Frankfurt seine f-Moll-Sinfonie und reiste von dort nach Hamburg weiter, um Bülow als Dirigent von Bizets *Carmen* und seiner f-Moll-Sinfonie zu erleben. An die Bülowsche *Carmen*-Aufführung dachte er sein ganzes Leben mit Bewunderung zurück, aber bei seiner Sinfonie – so berichtete er dem Vater – hätte der Meister »den letzten Satz auf ein Haar umgeschmissen«.[108] Nach nur etwas mehr als einem Monat in München fuhr Strauss nach Köln, wo sich Franz Wüllner für seine Musik einsetzte: Strauss dirigierte dort am 8. März die Uraufführung von *Wandrers Sturmlied* für sechsstimmigen Chor und großes Orchester. Nach der Sommerpause und einem Urlaub in Feldafing am Starnberger See, wo er – wie bereits berichtet – Pauline de Ahna kennenlernte, leitete er in Leipzig am 17. Oktober ein Konzert des Gewandhausorchesters, wieder mit seiner f-Moll-Sinfonie, die ihn in den letzten Jahren in ganz Deutschland als Komponist bekannt gemacht hatte, erhielt aber schlechte Kritiken, wie er Bülow schrieb: »Ich habe vor 14 Tagen in Leipzig mit meiner Sinfonie einen recht schönen Erfolg erzielt, der nur durch die Gehässigkeit einiger Skribenten etwas getrübt wurde. Doch das tut nichts! Publikum und Orchester waren sehr nett . . .«[109]

Anfang Dezember dirigierte er erstmals im Ausland. Graf Antonio Freschi hatte ihn eingeladen, am 8.12. und 11.12. zwei Sinfoniekonzerte in Mailand zu leiten. Das anspruchsvolle Programm – Anton von Weberns Ouvertüre zu *Euryanthe*, die eigene f-Moll-Sinfonie, Beethovens Ouvertüre zu *Leonore* I, *Kamarinskaja* von Glinka und Wagners *Meistersinger*-Vorspiel – erarbeitete er mit dem Orchester in »nur 6 Proben« und dirigierte in Bülows »Geist«: »Ich gab mir wenigstens größte Mühe«, schrieb er an seinen »hochverehrtesten Meister«.[110] Der Erfolg in Mailand war außergewöhnlich und baute den in München so geringschätzig behandelten jungen Dirigenten etwas auf: »...die Blätter feierten mich weit über Verdienst«, berichtete er Bülow bescheiden und fuhr mit einigem Stolz fort: »Vom Orchester wurde mir als Geschenk ein prachtvoller silberner Taktstock mit Dedikation überreicht, ich war sehr glücklich, um so mehr, als ich hier, in der lieben Vaterstadt mit Wohlwollen und Anerkennung absolut nicht verwöhnt werde.«

Mit besonderer Spannung erwartete er die Premiere von *Aus Italien* in Berlin. Werden die Berliner aufgeschlossener für Neues sein als die Münchner? Etwas Bauchschmerzen bereitete ihm Bülows Schweigen über das ihm gewidmete neue Werk. Von den Freunden Spitzweg und Ritter erfuhr er freilich, daß sein Mentor in Hamburg mit *Aus Italien* nicht so recht warm wurde. Als Praktiker beklagte Bülow »die colossalen Schwierigkeiten der Aufführung am meisten. Es ist z. B. kein Gedanke dran, eine Aufführung mit den abgetriebenen Theaterorchestern in Hamburg oder Bremen zu versuchen.«[111] Zwar gab Bülow zu: »Im Ganzen wie auch im Einzelnen hat mir das Werk ganz gewaltig imponiert.« Aber ihm war doch manches zuwider: »Macht mich das Alter reactionär? Ich finde eben, daß der geniale Autor bis an die äußerste Grenze des tonlich Möglichen (im Gebiet der Schönheit) gegangen ist, dieselbe eigentlich ohne dringende Noth häufig überschritten hat. Ein wundervoller, beneidenswerther Fehler, diese Üppigkeit von Einfällen, dieser Reichtum von Beziehungen, allein...« Doch Bülow überwand seine Vorurteile, legte seinen ganzen Einfluß in die Waagschale, damit das Konzert am 23. Januar ein Erfolg würde, und regte beim Konzertagenten Wolff Seperatproben an.[112] So waren die Berliner Philharmoniker gut vorbereitet, als Strauss mit den Proben begann, und empfingen ihn auch ganz anders als die mißmutigen Münchner Musiker: »Das Orchester hat nach dem ersten Lesen des Finales hell hinausgelacht, hier hat man noch Sinn für Humor«,[113] berichtete Strauss an seinen Vater. Der Beifall des Publikums war triumphal: »Also mein Erfolg war wirklich famos, ich mußte mich nach jedem Satz (nach dem 3. sogar zweimal) verbeugen und wurde am Schluß zweimal herausgerufen, für Berlin ein kolossaler Erfolg einer Novität und dazu noch einer so gewaltigen.«

Wenn er dieses Konzert mit der Uraufführung vor einem Jahr in München verglich – was für ein Unterschied! Wie begeistert war er von den Berliner Philharmonikern: »Das Philharmonische Orchester ist das intelligenteste, famoseste, frischeste Orchester, das ich kenne. Sie fassen jede Nuance des Dirigenten, eine Auffassungsfähigkeit, die kolossal ist, dazu technisch vorzüglich. Ich glaube nicht, daß ich je meine Fantasie schöner hören werde, alles kam heraus, dabei haben die Leute einen Ausdruck beim Spiel, eine Frische, ein jugendliches Feuer und haben die Fantasie mit großer Begeisterung und Liebe gespielt.«

Nicht ohne Hintergedanken lobte er im Brief an den Vater die Berliner Philharmoniker. Er wollte ihm damit zeigen, wie veraltet, wie dumpf, wie »verbaut« dagegen das Münchner Orchester war und wie wichtig es für ihn wäre, aus der Münchner Windstille wegzukommen. Mit besonderer Genugtuung berichtete er von Bülows Reaktion: »Bülow war reizend, sehr entzückt, ihm wie verschiedenen anderen hat der letzte Satz am besten gefallen: der Unterschied zwischen norddeutscher Intelligenz und süddeutschem Philistertum.«

Otto Lessmann lobte in der »Deutschen Allgemeinen Musikzeitung« Strauss als »Auserwählten«, außerdem seine Fähigkeit, »poetische Stimmung zu erwecken und festzuhalten«, und stellte fest, »daß dieses Werk in technischer, rhythmischer und harmonischer Beziehung das schwerste ist, was je ein Komponist einem Orchester zugemutet hat.«[114]

Doch in München wurde seine Stellung desto schwieriger und gefährdeter, je bekannter er auswärts wurde. Nun erkannten offenbar Levi und Fischer in dem jungen Mann einen Konkurrenten und unterließen nichts, ihn zu demütigen und zu schwächen. »Meine hiesige Stellung wird mir immer unerträglicher und möchte um jeden Preis fort; es ist wirklich in dem Sumpfe nicht mehr auszuhalten!«[115] schrieb Strauss an Bülow.

Doch auch auf sein Verhältnis zu Bülow war ein Schatten gefallen. Dieser hatte nämlich *Aus Italien* gerade noch akzeptiert, aber *Macbeth* ging ihm zu weit. Strauss setzte ihm deshalb in einem ausführlichen Brief seinen Standpunkt als Komponist auseinander und hoffte: »Vielleicht befreunden Sie sich an einem neueren Werk von mir, das einen weniger schroffen und grausigen Inhalt als *Macbeth* hat, mit dem von mir nun eingeschlagenen Wege.«[116] Damals komponierte er gerade *Don Juan*.

So sehr Strauss Bülow verehrte, von seinem Weg ließ er sich nicht abbringen. Er mußte so komponieren, wie er komponierte. Und Bülow? Der sagte gerade heraus, was er dachte, hielt trotz aller Freude über das von ihm entdeckte Genie Abstand.

Im März 1889 pilgerte Strauss mit den Freunden Ritter und Thuille, also dem Kern der Tafelrunde aus der Weinstube zum Leibenfrost, nach Berlin, um dort eine Aufführung von Beethovens IX. Sinfonie unter Bülow zu hören und sich dabei reichlich für die erwähnte schlechte Aufführung unter Levi zu entschädigen. Bis ins hohe Alter wird er von diesem außergewöhnlichen Musikerlebnis zehren. Aber trotz aller Bewunderung betrachtete er Bülow nun auch kritisch – vor allem wegen dessen Wertschätzung für Brahms: »Bülow dirigierte wie ein Gott, trotzdem er sich sonst, auch der heilige lederne Johannes war da, ziemlich hanswursthaft, auf der anderen Seite wieder ungeheuer rührend benommen hat! ›Zwei Seelen wohnen, ach, in seiner Brust!‹ Der arme Mann!«[117]

Die Autorität der »Väter« begann zu verblassen: Nach Franz Strauss mußte sich nun auch Bülow Straussens Ironie gefallen lassen. Nur Freund Ritter wurde von ihm noch restlos anerkannt. Aber bei dem war es auch etwas anderes; denn dem konnte und mußte er helfen, der stellte ihn nicht durch seinen Erfolg in den Schatten, den mußte er nicht einholen oder übertreffen . . .

Doch 1889 – welche Ironie des Schicksals – begann eine andere wichtige Freundschaft: Im März hatte Strauss Cosima Wagner kennengelernt – Bülows geschiedene Frau –, und diese war von dem Ernst und Können des jungen Komponisten tief beeindruckt. Beide waren sich über die miserablen Zustände an der Münchner Oper einig, und Cosima wollte ihn aus seinem »symphonischen Zigarren-Dusel heraus-«[118] zum Musiktheater hinbringen.

Auf Umwegen – über den Chordirigenten, Wagnerianer und Antisemiten Julius Kniese – hatte Bülow Strauss in Bayreuth bereits empfohlen. Im Sommer war es soweit: Nun war Strauss unter den Dirigenten Levi, Mottl und Richter als Assistent neben Carl Armbruster, Otto Gieseker, Engelbert Humperdinck, Oskar Merz, dem Münchner Musikkritiker, Hugo Röhr, Heinrich Schwartz und Arthur Smolian in Wagners Heiligtum eingedrungen!

Cosima Wagner bevorzugte Strauss gegenüber den anderen Assistenten, lud ihn zum Essen ein und nahm ihn freundschaftlich in ihre Familie auf: »Ich stehe bei Frau Wagner sehr in Gunst, bin der Einzige, der außer Levi und Mottl auf den Clavierproben spielt«,[119] berichtete er nach Hause.

Dabei wird Strauss mit ihr ausgiebig über die Münchner Oper gelästert haben. Einige Monate nach den Festspielen schrieb sie an Strauss: »In München ›sitzt‹ eben auch alles, vom *Fliegenden Holländer* an bis zu den Schwänen und Drachen, sie sitzen und besitzen, liegen und lügen . . .«[120]

# Musik über den Tod und das Jenseits:
## *Tod und Verklärung*

Was bedeutet der Tod, und was kommt danach? Wie geht ein Mensch, der nicht an die Dogmen der Kirche glaubt, mit diesem Phänomen um? Ermöglicht es die Kunst, den Tod zu überwinden?

Diese und viele andere Fragen gingen Strauss 1889 durch den Kopf. Sein Vater wurde vom Orchester auf das Altenteil geschoben. Und er? Zwar war er noch blutjung, aber liebte er das Leben noch? Oder empfand er – wie in seinem *Don Juan* so eindrucksvoll in Tönen gezeigt – nicht Ekel und Abscheu vor der Beschränktheit des irdischen Daseins? Verfiel er aufgrund der unüberwindlich scheinenden Münchner Schwierigkeiten in Todessehnsucht? Und wie verhielt es sich mit seinen künstlerischen Idealen, die auf dieser Welt nur unvollkommen verwirklicht werden konnten?

In der Weinstube zum Leibenfrost berührte das Gespräch oft auch die letzen Dinge – den Tod und was danach folgen könnte. Onkel Ritter war ein glühender Idealist, ein Schwärmer, ein Metaphysiker, der die Fragen des jungen Komponisten mit Eifer beantwortete.

Was folgt auf den Tod? Ritter sprach von dem Buch *Himmel und Hölle* des schwedischen Naturwissenschaftlers und Mystikers Emanuel Swedenborg, der schrieb: »Atmung und Pulsschlag bilden die eigentlichen Bande, nach deren Zerreißung der Geist sich selbst überlassen ist und der Körper erkaltet.«[121] Doch – so behauptete Swedenborg aufgrund seiner überirdischen Visionen – der Mensch stirbt nicht, »sondern wird nur von dem Körperlichen getrennt«, und der Geist verläßt den Leichnam, um in den Himmel oder in die Hölle zu gelangen.

Aber kann ein vernünftiger, aufgeklärter Mensch an solche Visionen glauben? Ritter gab Strauss auch Kants Erwiderung gegen die sehr genaue Beschreibung von Himmel und Hölle durch Herrn Swedenborg: Kant leugnete nicht ein Leben nach dem Tod – erfuhr Strauss – räumte aber bescheiden ein, daß eine »überzeugende und philosophische Einsicht«[122] unmöglich ist, da der Verstand des Menschen nicht fähig sei, das Jenseits zu erkennen.

Damals entdeckte Strauss mit Ritters Hilfe gerade Schopenhauers Philosophie. Lebenswille und Todestrieb bezeichnete dieser Denker als die entscheidenden Prinzipien der Welt. Schopenhauer verneinte ein individuelles Weiterleben des Menschen nach dem Tod, glaubte an die Wiedergeburt und war von den indischen Jenseitsvorstellungen fasziniert: »Das Sterben ist der Augenblick jener Befreiung von der Einseitigkeit einer Individualität, welche nicht den innersten Kern unseres Wesens ausmacht, vielmehr als eine Art Verirrung desselben zu denken ist: die wahre, ursprüngliche Freiheit tritt wieder ein . . .«[123] Der Sterbende gelangt wieder zum Wesen, zum »Ideal«, wie es Strauss nannte, er gibt »das Daseyn, welches wir kennen«, auf: »was ihm statt dessen wird, ist in unsern Augen *nichts*; weil unser Daseyn, auf jenes bezogen, *nichts* ist. Der Buddhaistische Glaube nennt jenes *Nirwana*, d. h. Erloschen.«

Erkennen, sinnlich wahrnehmen kann man dieses Nirwana als Lebender nicht. Oder doch? Etwa mit einer anderen Sprache? Mit Musik? Für die Musiker war Schopenhauers Philosophie so anziehend, weil er dieser Kunst, wie bereits erwähnt, den Vorrang einräumte. Die Musik kann nach seiner Ansicht direkt zum Wesen der Dinge vordringen. Strauss wollte, hiervon angeregt, den Übergang vom Leben in den Tod, den Weg vom Diesseits ins Jenseits in einer Tondichtung darstellen.

Wie groß dabei Ritters Einfluß war, zeigt das Gedicht des schwärmerischen Mannes, das als Programm bei den Konzerten veröffentlicht und in der Partitur abgedruckt wurde. Ritter schrieb sein Gedicht *Tod und Verklärung* in zwei Fassungen: Die erste war abstrakter, prägnanter und philosophischer, konzentrierte sich mehr auf die Ideenkonzeption; die zweite wirkt ausgemalt, naturalistisch und schwärmerisch, versucht – im Grunde unnötigerweise – die Stimmung der Tondichtung in Worte zu fassen. Die erste Fassung steht in der handschriftlichen Partitur, die zweite in der gedruckten.

Strauss schilderte in seiner Tondichtung das Diesseits sehr realistisch, so realistisch, daß populäre Musikführer wie der von Wilhelm Mauke[124] hier einen Menschen musikalisch abgebildet sahen, der in seinen letzten Stunden von Schmerzen gepeinigt wird, in Fieberträumen phantasiert, sich aufbäumt und schließlich vom Tod überwältigt wird und stirbt.

Am Anfang von *Tod und Verklärung* erklingt ein pochender, unregelmäßiger, manchmal stockender Rhythmus. Ritter schrieb in der zweiten Fassung seines Gedichts:

Und der Wanduhr leises Ticken
Nur vernimmt der im Gemach
Dessen grauenvolle Stille
Todesnähe ahnen läßt.[125]

Aber diese »Wanduhr« tickt allzu stockend und unregelmäßig. Viel eher erinnert dieser Rhythmus an den pochenden, gefährlich unregelmäßigen Herzschlag eines Sterbenden. Strauss dachte wohl an Swedenborgs Sätze über den Pulsschlag und sein Aussetzen. 1894 schrieb er an den Grazer Musikforscher Friedrich von Hausegger: »Der Kranke liegt im Schlummer schwer und unregelmäßig atmend zu Bette . . .«[126] Die Musik läßt – ähnlich wie heute auf einer Intensivstation – den Pulsschlag hörbar werden. Freund Ritter war diese klinisch-physische Darstellung des Sterbens offenbar zu wenig idealistisch.

Zu diesem bedrohlich unregelmäßigen Pulsschlag erklingen traurige Seufzermotive. Doch dann setzt das Pochen aus und der Sterbende nimmt einen »holden Traum«, wie Strauss in den Skizzen[127] schrieb, wahr: über Harfenklängen spielt die Flöte »dolce« eine sanfte, melancholische Weise. Die Träume werden mehrmals vom pochenden Rhythmus und der Seufzermelodie unterbrochen, doch jedesmal entgleitet der Kranke in seine Fieberträume: Wieder taucht über Harfenklängen ein »sehr zart« zu spielendes Motiv[128] auf, das die Kindheit symbolisiert, und ihm antwortet das Traummotiv. Ritter schrieb in seinem Gedicht:

Um des Kranken bleiche Züge
Spielt ein Lächeln wehmutsvoll.
Träumt er an des Lebens Grenze
Von der Kindheit goldener Zeit?

Dann aber tritt das beängstigende Pochen bestimmend in den Vordergrund, und plötzlich setzt ein »Allegro molto agitato«[129] ein, in dem ein leidenschaftlich aus der Tiefe aufsteigendes chromatisches Motiv, das »Fiebermotiv«, nervös-flimmernde Tremoli in den Violinen und der unregelmäßig pochende Rhythmus des Anfangs übereinandergeschichtet sind: Kampf, Unruhe, ein Fieberanfall, ein Aufbäumen gegen die Krankheit.

> Doch nicht lange gönnt der Tod
> Seinem Opfer Schlaf und Träume.
> Grausam rüttelt er ihn auf
> Und beginnt den Kampf auf's Neue.
> Lebenstrieb und Todesmacht!
> Welch' entsetzenvolles Ringen!

Die Musik steigert sich zu einem wilden »furioso«,[130] das zu einem kurzen, im dreifachen forte herausgeschmetterten Motivfragment führt, das Strauss in den Skizzen »Idealanfang« nannte.

Schon wird die Musik wieder wild und aufgewühlt, zeigt sie den Kampf zwischen Leben und Tod, der sich zu einem schrecklichen Höhepunkt steigert.[131] Sie wirkt hier so nervös und gehetzt, als ob das Herz des Sterbenden rasen würde, kurz bevor es zu schlagen aufhört. Doch ein neues Motiv taucht auf, das bestimmt und kämpferisch nach oben strebt, dann aber seltsam gebrochen, strauchelnd und stammelnd nach unten fällt[132] – ein Sinnbild für Schopenhauers Lebenswille und Todestrieb. Wieder steigert sich die Musik wie in einem wilden Fieberwahn, um plötzlich auf einem Fortissimo-Akkord in f-Moll[133] stehenzubleiben und wie in einer Brechung ins mild-helle Licht von B-Dur hinüberzuschweben, worin nun ruhig schreitend das »Idealmotiv« erklingt, dieses Mal etwas länger, freilich noch immer kein vollständiges Thema. Danach beruhigt sich die Musik und entschwebt in der Höhe – so versinnbildlicht sie das Einschlafen des Todgeweihten.

Strauss zeigt das Sterben zum einen als Kampf gegen den Tod, zum anderen als Suche des Todes; denn dem noch Lebenden zeigt sich etwas, das »Idealmotiv«, das er im Leben immer suchte und das sich ihm nun im Sterben immer vollständiger offenbart, freilich noch immer nicht in seiner ganzen Schönheit. Dieser Mensch will leben und gleichzeitig sterben, besitzt – in Schopenhauers Worten – noch den Willen und ahnt doch, was der resignierte, weltabgewandte Philosoph weiß: Erst der Tod führt zur Erkenntnis.

In der ersten Fassung seines Gedichts schrieb Ritter:

> Was er suchte je und je
> Mit des Herzens tiefstem Sehnen,
> Sieht er noch im Todesschweiß,
> Suchet – ach! und findet's nimmer.[134]

Wie von Ferne erklingt leise eine schlichte, fast naive Musik in heiterem G-Dur.[135] Damit meinte Strauss – wie aus den Skizzen hervorgeht – die Kindheit des Sterbenden, der, »als der Anfall zu Ende geht und die Schmerzen nachlassen, seines vergangenen Lebens gedenkt: seine Kindheit zieht an ihm vorüber, seine Jünglingzeit mit seinem Streben, seinen Leidenschaften . . .«[136] Das schon am Anfang gehörte Kindheitsmotiv und das Traummotiv tauchen wieder auf. Die Jünglingszeit[137] vesinnbildlicht Strauss durch lustige Hornfanfaren. Die Musik steigert sich nun immer mehr und mündet schließlich in einem »appassionato«-Teil in H-Dur, womit Strauss »Liebe« symbolisiert, wie er in den Skizzen notierte: Aus dem Jüngling ist ein junger Mann voller Lebensdrang und Leidenschaft geworden.

Der Sterbende träumt von dieser Jugendzeit so intensiv, daß nun wieder das gefährliche Pochen des kranken Herzens auftaucht. Die Posaunen müssen es – wie Strauss in der Partitur fordert[138] – »ungeheuer markant« und »eventuell die Schallbecher gegen das Publikum gerichtet« blasen. Leidenschaftliches Nachobenstürmen und der bedrohliche Rhythmus des Todesmotivs, dann Kindheits-, Fieber- und Schmerzensmotiv stoßen in einem wilden, letzten Kampf aufeinander, bis – wie in einer Vision – ein weiterer Teil des »Idealthemas« anklingt, wieder in dreifachem Forte, voller Kraft und Glanz.[139]

Nun läßt der Fieberanfall nach. Wie zu Beginn hören wir nur noch das gefährlich-unregelmäßige Pochen und schmerzvolle Seufzermotive. Dann – noch einmal – ein wildes Aufbäumen: wie am Anfang ein »Allegro molto agitato«.[140]

Doch es klingt nun nicht mehr so aufgewühlt und fiebernd, vielmehr verändert sich jetzt fast unmerklich das Zeitgefühl: Die Musik erscheint langsamer, wird ruhiger und weitet sich. Denn unter den wilden, den Todeskampf symbolisierenden Passagen schiebt sich das 14 Takte ausgehaltene G der Kontrabässe, ein Orgelpunkt, der gleichsam die Ewigkeit symbolisiert und den Sterbenden fast unmerklich in eine neue Dimension hinüberführt: Dieser Orgelpunkt leitet als Kadenz sanft zum hellen C-Dur hinüber[141], das den Tod und das Jenseits versinnbildlicht.

Die Musik weitet sich nun noch mehr, indem sich der Grundschlag von Viertel- auf Halbenoten verlangsamt. Anstelle des nervösen Pochens erklingt der regelmäßige Schlag des Tamtam. Die Musik wird sehr konsonant, wirkt entspannt, befreit und beglückt. Sie schwingt zwischen Tonika und Dominante und ist von Strauss hell und glänzend wie Glockenklang instrumentiert.

In diesem Glockenklang strebt scheinbar unendlich das Kindheitsthema nach oben, um schließlich das »Idealthema«, das nun erst ganz und vollständig erklingt, zu erreichen.[142] Das Idealthema erklingt zuerst wie von Ferne ganz leise und erstrahlt dann immer leuchtender, bleibt scheinbar ewig auf dem G-Dur-Klang stehen und erreicht schließlich noch ruhiger und leiser werdend C-Dur.

Das Schwingen, das anfangs innerhalb eines Takts stattfand, hat sich in größere Dimensionen geweitet: 10 Takte G-Dur – 21 Takte C-Dur. Die Zeit scheint nun viel langsamer zu vergehen, ein unendlich großer Raum tut sich auf. Von der irdischen Zeit am Anfang zur himmlischen Ewigkeit am Schluß, vom c-Moll der menschlichen Bedrängnisse und Leidenschaften zum C-Dur für das befreite, weite und in sich ruhende Schwingen des Kosmos führt der Weg dieser Musik.

Ritter beendete in der ersten Fassung sein Gedicht mit den Versen:

Aber mächtig tönt ihm
Aus dem Himmelsraum entgegen
Was er sehnend hier gesucht,
Was er suchend ersehnt.

In der zweiten Fassung setzte Ritter noch die allzu pathetischen Worte »Welterlösung, Weltverklärung!« an den Schluß. Der alte Schwärmer erwies damit seinem Schützling keinen guten Dienst. Denn *Tod und Verklärung* ist viel zu realistisch und viel zu individuell, als daß dieses Werk als Welterlösungsmusik verstanden werden könnte. Doch Strauss war damals gegenüber Ritter noch – was Philosophie, Denken und Sprache betraf – unselbständig und unkritisch.

Einige Jahre später beschrieb Strauss die Grundidee seines Werkes mit viel nüchterneren Worten: ». . . und dann, während schon wieder Schmerzen sich einstellen, erscheint ihm die Frucht seines Lebenspfades, die Idee, das Ideal, das er zu verwirklichen, künstlerisch darzustellen versucht hat, das er aber nicht vollenden konnte, weil es von einem Menschen nicht zu vollenden war. Die Todesstunde naht, die Seele verläßt den Körper, um im ewigen Weltraum das vollendet in herrlichster Gestalt zu finden, was es hienieden nicht erfüllen konnte.«[143]

Nicht um so hehre, religiös und ideologisch angehauchte Dinge wie Welterlösung oder -verklärung ging es Strauss, sondern im Grunde um sein eigenes, subjektives Denken und Empfinden. Damals, in seiner bedrängten Münchner Zeit, dachte er, daß der Mensch, auch ein Künstler, auf dieser Welt seine Ideale nicht verwirklichen könne, sondern daß er sie erst im Tod, im Nirwana, finden werde.

*Tod und Verklärung* ist die letzte der ersten drei kurz hintereinander, zwischen 1887 und 1889, entstandenen Tondichtungen des jungen Komponisten. Erst 1895 wird er wieder eine neue Tondichtung, *Till Eulenspiegels lustige Streiche*, komponieren. Ist *Tod und Verklärung* der Abschluß einer Entwicklung? Nonchalant gab Strauss 1931 in einem Brief an Wilhelm Bopp einen Hinweis: ». . . wahrscheinlich letzten Endes das musikalische Bedürfnis, nach *Macbeth* (beginnt und schließt in Dmoll), *Don Juan* (beginnt in EDur und schließt in Emoll) ein Stück zu schreiben, das in Cmoll anfängt und in Cdur aufhört! Qui le sait?«[144]

Alle drei von ihm genannten Tondichtungen sind ernst, beschäftigen sich mit menschlichen Leidenschaften und kennen noch nicht die Ironie des *Till*. Doch *Tod und Verklärung* überwindet das Schreckliche, Leidenschaftliche und Schauerliche dieser Welt, schließt den ersten Kreis der Strauss'schen Werke mit einem Blick ins Jenseits. Der 25jährige Komponist hatte das Bedürfnis, über Helden- und Verbrechertum wie in *Macbeth*, über Sinnlichkeit, Begierde und Vergewaltigung wie in *Don Juan* hinauszukommen. In *Macbeth* komponierte er einen Zustand: den Charakter von Macbeth und Lady Macbeth – c-Moll erklingt am Anfang und Ende –, in *Don Juan* eine Entwicklung ins Düstere – vom sinnensprühenden E-Dur zum öden e-Moll – und in *Tod und Verklärung* den Weg von der Erde in den Himmel – vom aufgewühlten, leidenschaftlichen c-Moll ins lichte und weite C-Dur.

# VI

## In Weimar: Der überwagnerte Wagnerianer

Endlich dem Münchner Sumpf entflohen! Welche Aussichten: ein Opernhaus, wo er selbständig arbeiten kann und einen verständnisvollen Intendanten hat! Mit diesen Hoffnungen trat der junge Zukunftsmusiker am 8. September 1889 seinen Dienst als 3. Großherzoglicher Kapellmeister in Weimar an. »Die Verhältnisse sind hier, wie mir scheint, sehr bummelig«,[1] berichtete er nach München und faßte seine ersten Eindrücke so zusammen: »Sonst gefällt mir Weimar sehr gut, die Lage mit den herrlichen Parks ist reizend und alles sehr still und ruhig.«

Eine Stille freilich, die eher museal wirkte, denn Weimar zehrte schon damals von der Vergangenheit. Das Haus Schillers an der breiten Esplanade war für die Touristen als Museum hergerichtet, während in Goethes für die Öffentlichkeit verschlossenem Haus noch die Zimmer »des alten Herren in demselben Zustand sind, wie er sie bewohnt und wie er darin gestorben«.[2] Die öffentlichen Plätze wurden von den monumentalen Standbildern der deutschen Klassiker beherrscht: Herder, Wieland – und am Hoftheater wachten Goethe und Schiller.

Doch Strauss fühlte sich von der großen Vergangenheit nicht erdrückt, wenn er durch Weimars Straßen schlenderte, im Gegenteil: Gerade hier entwickelte er sich zum Bürgerschreck und musikalischen Revolutionär. Weimar galt ihm als wichtiger Ort für musikalische Erneuerung. Hier lebte in der Altenburg von 1848 bis 1861 Liszt, komponierte seine Tondichtungen und führte die damals moderne Musik auf: Weimar wurde durch ihn zum Zentrum der Neudeutschen Schule. Nachdem Liszt wegen seiner avantgardistischen Bestrebungen, seiner wilden Ehe mit Prinzessin Caroline von Sayn-Wittgenstein und seiner Unterstützung des steckbrieflich gesuchten Revolutionärs Richard Wagner aus seinem Amt hinausgetrieben worden und nach Rom gezogen war, hatte Weimar seine Rolle als Zentrum der neuen Musik allerdings an Bayreuth wieder abgegeben müssen. Auch der junge Strauss blickte sehnsuchtsvoll und Rat suchend nach Wahnfried, wo seine neue Meisterin Cosima Wagner herrschte.

Weimar, das »deutsche Athen«, stand in Meyers Reiseführer, »vermag mit seinen zum Theil engen und winkligen Straßen nicht zu imponieren. Es ist alles beschränkt und bescheiden.«[3]

Würde Strauss, der junge Feuerkopf, die Stadt an der Ilm aus ihrer musealen Erstarrung in die moderne Zeit hinüberführen können? Anfangs war er voller Hoffnung...

## Des »Helden« erste »Wallstatt«

Nach Weimar kam Strauss voller Tatendrang. Er wollte es erobern und seine künstlerischen Ideen zum Sieg führen: großer, temperamentvoller Aufschwung in E-Dur also wie in *Don Juan*.

Dieser Aufschwung erhob sich aus der Tiefe einer bösen Niederlage in München, wie er 1889 dem Weimarer Intendanten Hans Bronsart von Schellendorf schrieb: »Aus Bülows Schule kam ich in erster Linie als Neuerer für einen guten, ausdrucksvollen Orchestervortrag hierher, den zu erzielen mir schon, aber nur zum Teil, und da nach hartnäckigen Kämpfen möglich war, und zwar infolge meiner dritten und dadurch autoritätslosen Stellung...«[4] Der oberste Chef – der Intendant Perfall – hatte ihn nicht unterstützt, die zwei Kollegen – Levi und Fischer – wollten sich lieber ein bequemes Leben machen, klagte der junge Dirigent. »Aus diesen Erfahrungen«, stellte er selbstbewußt fest, »resultiert für mich die Überzeugung, daß ich, um diesen maßgeblichen Einfluß auf das Orchester zu gewinnen, für Weimar auf einer ausgiebigen Beschäftigung (behufs genauer Fühlung mit allen Mitwirkenden), auf einer Coordination mit Lassen und auch auf den Titel und der Stellung des ›Hofkapellmeisters‹ bestehen muß.«[5]

Die erste Forderung des selbstbewußten jungen Mannes erfüllte Bronsart, die zweite dagegen nicht: Strauss wurde nur 3. Großherzoglicher Kapellmeister, erhielt anfangs weniger Gehalt als in München und wurde erst am 20. Juni 1890 zum »Großherzoglich-Sächsischen Kapellmeister«, aber nicht zum Hofkapellmeister ernannt, denn Hofkapellmeister war ein anderer: Eduard Lassen, nahezu 60 Jahre alt und schon seit 31 Jahre hier Dirigent.

Trotzdem trat Strauss sein neues Amt mit Begeisterung an. Mit Eduard Lassen pflegte er freundschaftlichen Verkehr, aß mit ihm fast täglich gemeinsam zu Mittag im Hotel Erbprinz, lieh ihm sogar eine kleine Summe Geldes und hielt ihn für einen liebenswürdigen, entgegenkommenden, aber bummeligen Kollegen: »...da Lassen alles gehn- und stehenläßt«,[6] schrieb Strauss an seine Eltern.

In Diplomatie hatte Strauss, wie von Bülow gefordert, nun einiges gelernt: »Ich werde hier sehr sukzessive vorgehen müssen...« Obwohl er sich an diese Erkenntnis nicht hielt, waren die Musiker dennoch von ihm begeistert: »An den *Lohengrin*-Klavierproben, wo ich den Sängern so ziemlich alles umgekrempelt habe, was sich bis jetzt als Tradition, d.h. als schlechte Gewohnheiten und Inkorrektheiten eingeschlichen hatte, habe ich viel Entgegenkommen gefunden...«[7] Die Aufführung war ein Erfolg, so berichtete er wenigstens den Eltern: »Alles ist sehr entzückt über den neuen Kapellmeister.«[8]

Aber den Eltern teilte er sich damals längst nicht mehr über alles mit, was ihn bewegte. Ein viel vertrauteres Verhältnis in künstlerischen Fragen hatte er zu Cosima Wagner. Erstmals suchte er sich nun nicht einen weiteren »Vater«, sondern eine »Mutter«, eine »Meisterin«. Sie wird die letzte geistige Führerin sein, auf seinem langen Weg zur Selbständigkeit.

Cosima Wagner berichtete er viel kritischer als den Eltern über die bereits erwähnte *Lohengrin*-Aufführung. Diesen hatte er nur den »ungeheue-

ren äußeren Erfolg« mitgeteilt, ihr aber schrieb er, daß ihm »die Aufführung nur teilweise Befriedigung gewährte«.[9] Glücklich war er zwar, daß das Orchester im Spiel von Piano und Pianissimo, »überhaupt in der feinen Nuancierung große Fortschritte« machte, daß er die langsameren Tempi, die in Bayreuth üblich waren, durchgesetzt hatte, kritisch dagegen beurteilte er die Sänger des Weimarer Opernensembles. Trotz seiner »ganzen Vorlesungen über den Stil« während der Proben verfielen die älteren Ensemblemitglieder zu seinem »nicht geringen Schrecken« wieder in den seit »20 Jahren bei ihnen eingefahrenen Rezitativopernbetrieb«. Besonders mißfiel ihm aber die Regie: Die Auftritte klappten nicht, man sang »ins Publikum«, Wagners szenische Vorschriften wurden mißachtet, und dies alles – schrieb Strauss – war der »absoluten Unfähigkeit eines alten, Baß singenden Theaterdroschkenpferdes von Regisseur« zuzuschreiben.

Strauss setzte deshalb bei Bronsart durch, daß die 30 Jahre lang so aufgeführte Oper neu inszeniert wurde. Cosima Wagner hatte Strauss während des Sommers in Bayreuth erklärt, wie man *Lohengrin* inszenieren müsse. Nun bat er, sie besuchen zu dürfen, um auch den *Tannhäuser*, seine nächste wichtige Aufführung, mit ihr durchgehen zu können.

Den »deutschen Stil« nannte Strauss diese von Wagner und Bülow neu entwickelte musikalische Vortragskunst, die auf Sprachverständlichkeit des Gesangs, auf klares und ausdrucksvolles Spiel von Motiven sowie auf feinste Schattierungen der Lautstärke und Klangfarbe achtete. Damals spukten manch nationalistische Ideen im Kopf des jungen Strauss herum. Nicht nur der alte Ritter, auch Cosima flüsterte sie ihm ein. In ihrer Antwort auf seinen Brief schickte sie den Verriß einer Aufführung von Emanuel Chabriers *Gwendoline* in Karlsruhe: Ein »schlechtes Werk«, das an Gounod, Meyerbeer und *Tristan* erinnere, auf einen Text, der »einfach schmächlich und von so jüdischem Mischmasch« sei . . .[10]

Strauss setzte inzwischen in Weimar seine Revolution des Musikbetriebs fort. Nach der Aufführungspraxis änderte er die Programme: In den Akademiekonzerten beabsichtigte er, nur Werke von Beethoven, Liszt, Berlioz, Wagner und Bülow aufzuführen. Bronsarts Reaktion – »er schlug die Hände über dem Kopf zusammen«[11] – konnte Vater Strauss im fernen München gut verstehen: ». . . das ist ja mehr als ein Straussenmagen vertragen kann. Es gibt ja doch außer Liszt, Wagner, Berlioz auch noch andere Komponisten, deren Werke gehört werden dürfen, gibt es denn für Euch gar keinen Mozart, Haydn, Spohr etc. mehr?«[12]

Sohn Richard warb für Verständnis: Da er nur vier Akademiekonzerte dirigieren dürfe, müsse er sich auf das wichtigste – Beethoven, Berlioz, Liszt und Wagner – konzentrieren. Doch der Vater grollte. In München hatte sich Richard über »die Einseitigkeit der hiesigen Konzertprogramme aufgehalten« und verfiel »nun jetzt in noch größerem Maßstabe in denselben Fehler«. Sein Sohn gehörte nicht mehr seiner musikalischen Welt an.

Der Vater sah, wie das Musikleben in Parteien zerfiel und Richard ein
extremer Parteigänger wurde.

## Umstrittener Komponist: *Don Juan*-Uraufführung

Doch Richard Strauss kämpfte noch an vielen anderen Fronten. An einem
Abend war er mit Lassen bei Bronsart eingeladen und spielte am Klavier
*Macbeth* und *Don Juan* vor. Bronsart war so beeindruckt, daß er darauf
bestand, *Don Juan* in Weimar zur Uraufführung zu bringen, obwohl diese
Aussicht Strauss gar nicht begeisterte; denn das Weimarer Orchester erschien ihm dafür zu klein, hatte nur sechs 1. Violinen, und viele Musiker
waren altersmüde.[13]

Nachdem er sein erstes Abonnementkonzert geleitet hatte – »ich habe
einen großen Dirigentenerfolg gehabt«[14] –, begann er dennoch mit den Proben zu *Don Juan*. »Alles klingt famos und kommt prächtig heraus, wenn
es auch scheußlich schwer ist«, berichtete er nach München.[15] Ironisch fügte er hinzu, daß ihm die Musiker »wirklich leid« täten.

Seine Anforderungen an die Musiker waren maßlos: Der erste Trompe-
ter, »ein alter, schwerfälliger Mann«, hatte noch nie bis zum hohen H gespielt, der erste Klarinettist noch nie bis zum hohen Fis und die Kontrabässe noch nie zum hohen H, »was aber gerade wundervoll charakteristisch
klang«. Dennoch – meldete er diplomatisch nach Hause – habe dem Orchester »die Geschichte Spaß gemacht«.

Aber stimmte das? Ein »schweißtriefender Hornist« jedenfalls – so berichtete Strauss nach Hause – rief: »Du lieber Gott! Was haben wir denn
verbrochen, daß du uns diese Rute (das bin ich) geschickt hast! Die werden
wir auch so bald nicht wieder los!«[16] Wagemutig wie Helden früherer Zeiten stürzten sich Strauss und sein Orchester in dieses Werk, bei dem es –
wie er zugab – »auf fünfzig Noten mehr oder weniger« nicht ankomme.
Danach lachten und weinten sie »über die Todesverachtung«, mit der sie es
gemeistert hatten.

Nach der Uraufführung genoß Strauss »einen für Weimar ziemlich unerhörten Beifallssturm« und freute sich über die Gratulation von Bülow,
der zugehört hatte und seiner Frau begeistert schrieb: »Strauss hier enorm
beliebt. Sein *Don Juan* vorgestern Abend hat einen ganz unerhörten Erfolg
gehabt.«[17]

Doch wie dachten die Menschen wirklich? Lassen vertraute Arthur M.
Abell, einem englischen Journalisten, an: »Mein Beifall gilt nicht dem *Don
Juan*, sondern Strauss.« Und der Vater warnte mit feinem Gespür: »Hoffentlich wirst Du durch die Aufführung Deines Werkes überzeugt worden
sein, daß Du künftig mit der Behandlung des Blechs etwas sparsamer und
vorsichtiger sein mußt, und nicht zu viel auf den äußeren Glanz, und mehr

auf inneren Gehalt bedacht sein mußt. Farbe bleibt immer nur ein Mittel zum Zweck . . .«[18]

Der Sohn jedoch zeigte sich vom »zauberhaften«[19] Klang seines Werkes entzückt und berauscht: nie habe er sich in der Berechnung der Orchestereffekte getäuscht, das Blech habe nie brutal geklungen, »wundervoll klang das Oboensolo«, »ebenso das glühende Mittelthema in H-Dur«. Erstaunt war er über den Erfolg beim »gesamten Publikum«: »So einstimmig habe ich ihn noch bei keinem Werke von mir erlebt.« Was sollte der Vater da noch sagen?

Doch nicht nur der alte Strauss kritisierte den Zukunftsmusiker, auch Cosima Wagner bemängelte ein Übermaß an Intellekt und vermißte Gefühl.[20] Strauss erwiderte, daß »Genies wie Mozart, Haydn, Schubert in größter Naivität schaffen« konnten, da sie nicht »die riesige Entwicklung der Gesamtkunst verarbeiten« müßten, kaum Bach kannten, während heute die jungen Komponisten die »ihrer Zeit so weit vorauseilenden Werke und Schriften des Meisters« studieren müßten, um nicht »in einfältiger Dummheit (wie der gute Brahms) auf längst in herrlicher Blüte stehenden Gefilden noch einmal ganz ruhig zu säen anzufangen«.[21]

Strauss gab mit diesen Sätzen einen seltenen Einblick in die Problematik seiner Komponistenexistenz: Er war sich der großen Geschichte durchaus bewußt, sie lastete auf ihm, doch er stellte sich ihr und ließ sich von ihr zu Neuem herausfordern.

Richard Wagner, seinem neuen geistigen Führer, gegenüber war er allerdings sehr devot. Bülow hatte es barsch abgelehnt, als »Meister« tituliert zu werden, aber jetzt nannte Strauss Richard Wagner nach Bayreuther Brauch ohne Namensbeifügung »den Meister«. Auch ihn hatte die gefährliche Suche der sich um die Jahrhundertwende orientierunglos fühlenden Menschen nach einem »Führer« ergriffen.

Doch hatte Cosima Wagner ihn verstanden? Wohl kaum. Wie der Vater verlangte sie nach »Einfachheit« und tadelte die »Unruhe, welche der spielende Verstand hineinbringt«. Aber gehörten diese Unruhe und der sinnlich-betörende Farbenreichtum nicht zur Gestalt des Don Juan?

Strauss bemerkte damals in seiner überschwenglichen Wagner-Verehrung nicht, daß Cosima Wagner ihn weniger als Komponisten, sondern mehr als Dirigenten und Wagnerianer schätzte, und sich vor allem freute, daß Strauss in Weimar den Wagner-Verein neu beleben, dort sämtliche Schriften des »Meisters« vorlesen lassen wollte . . .

# Erfolg und Mißerfolg auswärts /
# Entfremdung von Bülow

Strauss taumelte von einer Aktivität zur nächsten. Er widmete sich seinen Schülern, dem Tenor Zeller, dem er in Weimar ein Engagement vermittelt hatte, Hermann Bischoff, der ohne Gage als Korrepetitor mitarbeitete, und Pauline de Ahna, die »fleißig bei ihm« studierte.

Abends verkehrte er im Künstlerverein: »So eine Art Allotria mit einem reizenden Lokal in einer alten Schmiede«,[22] spielte leidenschaftlich Skat und fand am 14. Dezember sogar Zeit, beim Künstlerfest mitzuwirken: »Eine Imitation der Pariser Weltausstellung, auf welcher ich als bombon-verkaufender Hubin figurieren werde.« Doch zuvor mußte er noch ein anstrengendes Konzert mit Schuberts großer C-Dur-Sinfonie – »eine arge Schinderei« – dirigieren. Beides – Konzert und der Auftritt als Neger – erregten großes Aufsehen.

Trotz aller »Gegenthemen«, trotz so vieler »Neben- und Seitenthemen« hielt der stürmische Aufschwung an. Am 10. Januar 1890 war Richard in Dresden, wo Adolf Hagen seinen *Don Juan* dirigierte. Der »geschickte Musiker« entlockte dem »herrlichen« Orchester, wie Strauss dem Vater berichtete, einen »großartigen« und »klaren« Klang. Der Erfolg beim Publikum, das – so entschuldigte er sich – »nicht mehr und nicht weniger als nach der Beethovenschen Sinfonie« applaudiert hätte, war »anständig«: »Ich bin sehr froh, daß das Stück nicht durchgefallen ist, wozu in Dresden jede Novität die größten Chancen hat.«[23] Aber diese diplomatischen Sätze verdeckten den wahren Sachverhalt: »Dresden war ein Fiasko«, notierte Bülow.[24]

Doch der »Dresdner Don-Juan-Durchfall«[25] hinderte den großen Dirigenten nicht, nun diese Tondichtung in Berlin aufzuführen. Strauss, der in der Zwischenzeit in Weimar Marschners *Hans Heiling* neu einstudiert und Lortzings *Waffenschmied* dirigiert hatte, fuhr Ende Januar nach Berlin und feierte einen außergewöhnlichen Erfolg. Dreimal mußte er sich verbeugen, und die Kritiker schrieben voller Bewunderung.

Doch er war seinem alten Lehrer Bülow nur wenig dankbar, kritisierte, daß dieser eigentlich keine Ahnung von dem Stück,[26] zu seinem »Gaudium eine riesige Angst wegen eines Durchfalls ausgestanden« und sich »in Tempi, in allem total vergriffen, von dem poetischen Inhalt kein Ahnung« habe. »Er hat es eben wie andere wohlklingende, interessant kombinierte und harmonisierte, raffiniert instrumentierte Musik behandelt.«[27] Seitenlang befaßte er sich mit Bülows falscher Interpretation. Seine Vorwürfe steigerten sich immer mehr und wurden schließlich ideologisch: Bülow sei durch »seine scheußliche jüdische Umgebung verdorben«, weshalb ihm, Strauss, die Aufführung »nur Ärger und Qualen« bereitet hätte. Dann sinnierte er über Erfolg und Mißerfolg in der Kunst nach – »Was nützt mir ein Erfolg, der auf einem Mißverständnis beruht?« – und schrieb die hehren und ach so idealistisch-weltfernen Worte: »Ich will meiner Kunst ehrlich dienen und scheue keinen Mißerfolg ... Ein Erfolg auf einer anderen Basis ist mir gleichgültig, ja mehr, widerlich.« Da sprach Alexander Ritter aus ihm.

Bei der Wiederholung des Programms dirigierte Strauss selbst und rächte sich an seinem alten Lehrer. Er ließ das Orchester um ein Drittel schneller spielen, erzielte so statt »Pathos« »Leidenschaft«, begann nur den Anfang der Schlußsteigerung etwas langsamer, um dann das Tempo umso mehr zu beschleunigen, und änderte viele Details. Lessmann stellte in der »Deutschen Allgemeinen Musikzeitung« fest, daß unter Strauss' schwungvoller Leitung *Don Juan* nun keine »Längen«, wie unter Bülow, mehr habe.[28] Bülow wird dies gelesen haben.

Strauss und Bülow begannen sich einander zu entfremden. An Bronsart hatte Bülow einige Tage vor der *Don-Juan*-Aufführung geschrieben, daß ihm die f-Moll-Sinfonie von Strauss »mehr mundet, als seine neuesten sinfonischen ›*Dicht*ungen‹ (Ja, *dicht* geht's drin her – ›mehr *Licht*‹ möcht man mit eurem sterbenden Hofpoeten häufig exclamieren!)«.[29]

Als Bülow Mitte Februar in Weimar als Pianist und Dirigent gastierte, lobte Strauss zwar sein Klavierspiel, ärgerte sich aber über dessen »furchtbare Quatschrede«, in der er Wagner- und Brahms-Ouvertüren miteinander verglich und zwischen Wagner- und Brahms-Partei vermittelnd feststellte, »daß ein Muster das andere nicht ausschließe«: »Beide enthielten ein ganzes Drama und derartigen Kohl mehr.« Als Bülow das Orchester zu einem Hoch auf Brahms aufforderte, nahm sich Strauss »die Freiheit, nicht einzustimmen«.[30]

Er war nun ein leidenschaftlicher Wagnerianer und Lisztianer. Wer zu Brahms hielt, dem kündigte er Freundschaft und Respekt, selbst wenn es Bülow war, der so viel für ihn getan hatte. Musik war nun zum Parteienstreit herabgesunken, der so ideologisch und fanatisch wie in der Politik geführt wurde.

## Hinwendung zu Cosima Wagner / *Tannhäuser*-Premiere

Strauss war nun viel beschäftigt. Ende Februar gab er »dem erstaunten Frankfurt-Israel«, wie Cosima Wagner die Stadt nannte, seinen *Don Juan* »zum besten«.[31] Anschließend probte er mit größter Leidenschaft Wagners *Tannhäuser*.

Im Januar hatte er bei der erfolglosen *Don-Juan*-Aufführung in Dresden den *Tannhäuser* an der dortigen Oper gesehen und »kolossalen Mut« wegen der schlechten Inszenierung bekommen: »Wenn ich nur erst den Regis-

*Cosima Wagner,*
*Karikatur von*
*G. Brandt, 1905*
*(»Gralshüterin«)*

seur totgeschlagen hätte!« schrieb er an Cosima Wagner.[32] Im März bat er
sie dann in vielen Briefen zu Details der Regie um Rat, lamentierte über
das total verfehlte Bühnenbild und über die Macht der 30jährigen Auffüh-
rungstradition in Weimar, die wie eine hundertköpfige Hydra nicht zu be-
seitigen sei.[33]

Dazwischen flocht er politische Auslassungen: Ob Cosima Wagner den
neuen Reichskanzler Leo Graf Caprivi kenne? Ob von diesem die Million
für Bayreuth zu erwarten sei? Er – fügte Strauss hinzu – hoffe nur noch auf
die Sozialdemokraten, nachdem die anderen Parteien das »Kulturfeindliche
ihrer Existenz« bewiesen hätten, und sei bei einem großen Diner in Weimar »gründlich ausgelacht« worden, als er diese als die »Träger der wahren Kultur« bezeichnet habe. Cosima Wagner antwortete auf die extremen
Äußerungen ihres »Fähnrichs« und »Adoptivsohnes« beschwichtigend:
Was die Hydra »der jetzigen Kunstzustände« beträfe, litte sie genauso darunter, und seine »originelle Politik« erinnere sie an das Jahr 1870, als sie
behauptete, die Franzosen würden nun für »jeden Takt des *Tannhäuser*,
den sie ausgezischt, die gehörigen Schläge« erhalten.[34] Strauss entwickelte
sich unter dem Einfluß der Bayreuther »Hochverehrtesten gnädigen Frau«,
wie er sie anredete, zu einem argen Bürgerschreck, der sogar mit den Sozialdemokraten sympathisierte.

Am 26. März 1890 war dann *Tannhäuser*-Premiere: Strauss wurde mit
»stürmischem Jubel« herausgerufen, und die Musikberichterstatter melde-

ten in ganz Deutschland den »famosen« Erfolg. Auch Vater Franz Strauss erlebte diesen Triumph seines Sohnes.

## Vergebliche Liebesmüh: Uraufführung von Ritters *Wem gehört die Krone*

Doch Strauss eilte schon wieder zu neuen Taten. Er bereitete einen Abend mit den beiden Einaktern *Der faule Hans* und *Wem gehört die Krone* seines Freundes Alexander Ritter vor.

Die letztere Oper sollte nun in Weimar uraufgeführt werden. Bülow spottete von Hamburg über die große Aktivität von Strauss, »der selbst den Autor des oberfaulen Hans!« ermutigen würde.[35] Doch Strauss war ganz erfüllt von Ritters Musik, wie er dem »Onkel« schrieb: »... können Sie wirklich stolz auf Ihr Werk sein: Welch riesige Steigerung, wie prachtvoll empfunden ist dies alles; mir fehlen die Worte ...«[36]

Um die beiden schwierigen Werke erfolgreich aufzuführen, mußte er – wie er seiner Schwester Johanna schrieb[37] – Orchester und Sänger »fürchterlich schinden«. Ritters Oper regte ihn zu Spekulationen über Musikgeschichte an. Er entwarf einen – allerdings dann nicht geschriebenen – Artikel[38] für die »Weimarer Zeitung«, in dem er Ritter als »einzigen mir bekannten Componisten« bezeichnete, der Wagners Drama der Zukunft nicht nur äußerlich, sondern in seinem inneren Wesen fortführe, ohne es nachzuahmen. Er lobte den Bau des Dramas, die korrekte Behandlung der deutschen Sprache in der musikalischen Deklamation, die Sicherheit im Ausdruck einer poetischen Idee oder eines dramatischen Inhalts. In einem Brief an Cosima Wagner verdeutlichte Strauss die Tendenz seiner Gedanken: »Wenn wir nur erst so viele derartigen Werke hätten (...), daß mit ihnen ein ganzes Opernrepertoire zu füttern (...) und auf den gesamten italienischen und französischen Opernkram, der uns unsere Sänger so schrecklich verdirbt, zu verzichten wäre, – dann wäre vielleicht das deutsche Theater aus dem jetzigen Sumpfe noch zu retten, der echte deutsche Gesangsstil würde dann Gemeingut ...«[39]

Wie chauvinistisch und deutschtümelnd war diese Musiktheater-Utopie! Wie ungünstig beeinflußten ihn Ritter und Cosima Wagner! Er litt damals – wie Bülow schon vor einigen Jahren kritisierte – an einer Verneblung seiner Urteilskraft: Ritter, den er als Komponist so weit überragte, galt ihm mehr als Brahms, dessen Bedeutung er völlig verkannte.

Mit der Weimarer Aufführung errang Ritter den größten Erfolg seiner Komponistenkarriere, viele Bühnen spielten nun eine der beiden Opern nach. Freilich brachten es die beiden Einakter in Weimar nur zu acht Aufführungen und mußten bereits 1892 mangels Publikumsinteresses vom Spielplan abgesetzt werden. Pauline de Ahna war weitaus realistischer als ihr späterer Mann; sie notierte in ihrem Tagebuch, daß *Der faule Hans* beim Publikum keinen großen Erfolg hatte.

Doch Strauss eilte schon wieder zum nächsten Kampfplatz: Am 21.Juni führte er bei der Eisenacher Tonkünstlerversammlung erstmals *Tod und Verklärung* und die *Burleske* aus dem Jahr 1886 auf: d'Albert war der Solist. Die neue Tondichtung beeindruckte das Eisenacher Publikum: »*Tod und Verklärung* hat alles übrige tot gemacht, die Musiker waren wie verhagelt und ganz baff vor Erstaunen, es war ein merkwürdiger Eindruck.«[40]

*Tod und Verklärung* wird lange Zeit neben *Don Juan* das populärste Werk von Strauss sein. Dagegen konnte sich die *Burleske* nie richtig duchsetzen. Bülow weigerte sich stets, das eigentlich für ihn komponierte Werk zu spielen, und als es d'Albert im Januar 1891 in Berlin vorstellte, schrieb er abschätzig an seine Frau: »D'Albert admirabel in dem ebenso interessanten als meist häßlichen Stück von Strauss . . .«[41]

## Widerstände gegen extremen Feuereifer

Eine Energie, die sich nahezu durch nichts bremsen ließ, eine Radikalität, die alles Bisherige über den Haufen warf, fanatische Parteinahme, die jeden besonnen Kritiker als Feind stempelte, ein hehrer Idealismus, der die eigene Entfaltung der Persönlichkeit als Einstehen für »unsere Sache« verbrämte – diese Haltung wird einige Jahrzehnte später in der Politik zu Katastrophen führen und als typisch deutsch bezeichnet werden.

In der Musik waren ihre Folgen gewiß weniger schlimm: In den nächsten hundert Jahren wird unterschwellig der Parteienstreit – hie Wagner, hie Brahms – fortwirken, die Musik der jeweils anderen Partei abgelehnt werden, worunter auch das Verständnis der Strauss'schen Musik leidet.

In Weimar fühlte sich Intendant Bronsart zunächst gezwungen, den sehr begabten, aber allzu heißspornigen jungen Kapellmeister zu maßregeln. Strauss hatte ihm am 1. Juli, am Ende seiner ersten Saison, für »die wahrhaft edle Gesinnung«, für das »freundschaftliche Wohlwollen« und »die väterliche Nachsicht, die Sie meinen heißspornigen Excentricitäten angedeihen ließen«,[42] gedankt. Er sah ein, wie anders und um viel besser seine Stellung in Weimar gegenüber der in München war. Aber Bronsart fühlte sich zu einigen Ratschlägen veranlaßt, die an sachlicher und ehrlicher Kritik nicht sparten. Der Ausgangspunkt der Auseinandersetzung war Strauss' Forderung, als Kapellmeister dem neuangestellten Regisseur Fritz Brandt übergeordnet zu sein. Auch in der Regie wollte er – wie in der Musik – der bestimmende Mann sein. Bronsart konnte und wollte Strauss diese Forderung nicht erfüllen und nutzte diesen Disput zu einer generellen Mahnung. Erstens konnte er das Benehmen von Strauss, der sich wie ein heißblütiger Pultdiktator aufführte, nicht billigen. »Sie müssen sich auch in der Erregung so weit beherrschen lernen, daß Sie nicht jeden Augenblick Ausdrücke gebrauchen, die Sie im Munde eines Anderen streng verurteilen würden. Sie müssen die Individualitäten Ihrer (...) Künstler so weit achten lernen, daß Sie ihnen auch eine gewisse Selbständigkeit in der künstlerischen Auffassung zugestehen, – und nicht alles styllos nennen, was ein Anderer anders empfindet, als man selbst. Sie müssen endlich sich so weit beherrschen lernen, daß Sie auch in der erregtesten Stimmung nie ganz unsere gegenseitige Stellung außer Acht lassen.«[43] Diese Sätze zeigen, wie man sich damals eine Probe unter dem jungen Strauss vorstellen muß: Da flogen nicht nur Schimpfworte, sondern auch der Taktstock. Dieser junge Mann, der hier die Rolle des Pulttyrannen einübte, verschaffte sich bei den älteren Herrschaften des Orchesters Autorität durch Aggressivität und cholerische Beschimpfungen. Der Erfolg gab ihm scheinbar recht. Doch paßte dies zu seinem Charakter, oder war das nur eine, so mutmaßte Bronsart, »gewisse Sturm- und Drangperiode, wie sie geniale Naturen durchzumachen pflegen«?

Zweitens kritisierte der Intendant die skurrilen Tempi des jungen Kapellmeisters. »Sie überwagnern Wagner – von Beethoven gar nicht zu reden!« Bronsart hatte ab 1853 bei Liszt in Weimar studiert und auch Wagner als Dirigent erlebt. Deshalb sprach er aus Erfahrung, wenn er nun schrieb: »Franz Liszt dirigierte eine Beethoven'sche Sinfonie bei Gott frei und nicht à la Capellmeister-Metronom, aber es blieb doch Beethoven-Styl, und wurde nie so frei fantastisch, wie er etwa Chopin oder Weber spielte. Aber Sie, mein lieber Strauss, dirigieren oft Wagner so, daß ich nicht einsehe, weshalb Sie nicht ad Beliebitum auch andere Instrumente, andere Harmonien etc. setzen. Daß ich, und mit mir gewiß jeder Musiker, diese ›metrischen Umarbeitungen‹ ganz interessant finde, das ist eine Sache für sich; ein Musiker von Ihrer Begabung macht eben Nichts langweilig.« Bronsart wurde aber noch direkter: Manche Tempi – er nannte als Beispiel den Schluß der *Tannhäuser*-Ouvertüre – würden bei Strauss »notorisch den bekannten Intentionen Wagners« widersprechen ...

Drittens fühlte sich Bronsart – obwohl selbst ein Anhänger von Wagner und Liszt – gedrängt, den Fanatismus von Strauss zu dämpfen. Er forderte »eine Modifizierung« seiner »ultra-radicalen Anschauungen«, sah seine Einseitigkeit, seinen Hang »zum Überstürzen und Umstürzen« als unvereinbar mit dem Kapellmeisteramt an und versuchte, ihn von seiner blinden Anhängerschaft an Bayreuth abzubringen, und Bayreuth wurde damals von Cosima Wagner beherrscht. Bronsart untergrub damit die Autorität der »Meisterin« in musikalischen und szenischen Fragen beim »Sträussle«, wie diese den jungen Komponisten nannte: »Jeder gute Musiker, der mit Wagner in näherer Beziehung stand, weiß darüber mehr und zuverläßiges als die unmusikalische Witwe des großen Meisters.«

Strauss war von dieser Kritik tief getroffen, unterstellte Bronsart, daß er ins Lager der »Feinde« übergewechselt sei, und machte ihn in Worten bei

Cosima Wagner nieder: »Mit Bronsart, diesem Fortschrittler von vor drei-ßig Jahren, wird es wohl noch harte Kämpfe setzen!«[44] »Auf seinen teufli-schen Irrwegen« befände er sich »wohl und munter«; denn in Wagners »Kunstwerk der Zukunft«, schrieb er voller Überzeugung, stünde alles »schwarz auf weiß« und davon ließe er sich »kein Jota rauben«. So würde es bei Goethe heißen, und bei dem gebe es auch »die andere schöne Stelle von den Leuten, die's gut wäre, ›zeitig totzuschlagen‹«!

Das war verbaler Terrorismus, den Cosima Wagner in ihrem Antwort-brief zu besänftigen versuchte: »Am Ende hat seinen konservativen Sinn nur das Wort ›Fortschritt‹ geängstigt, welches auch ich gerne vermeide, ich setze am liebsten ›Leben‹ dafür ein, und daß der alte Opernstil kein lebendiges Möbel mehr ist, das wird uns Herr von Bronsart doch gerne zugeben.«[45]

Cosima Wagner war längst nicht so radikal wie Strauss. Doch dies ver-drängte er – und hinsichtlich des Streits mit Bronsart weigerte er sich, über die sachlichen Fragen zu diskutieren, sondern glaubte an eine Mißstim-mung des Intendanten.[46] Doch dieser schrieb verständnisvoll, daß sein Wohlwollen und seine Sympathie im Verlauf der Zusammenarbeit nur noch größer geworden, er aber in »ernster Besorgnis« sei. »In väterlicher Zuneigung« wolle er ihn »vor bittersten Erfahrungen bewahren, welche andernfalls lähmend und vernichtend auf Ihre ganze Tätigkeit einwirken könnten, Sie geistig und körperlich vor der Zeit aufreibend.« Wie prophe-tisch und voller kluger Menschenkenntnis diese Worte waren!

Und was dachte Vater Franz Strauss über seinen heißspornigen Sohn? Richard verbrachte damals den Sommerurlaub in München. Einen Brief-wechsel zwischen Vater und Sohn gibt es deshalb nicht. Aber auf die Sorge, die den Vater damals umtrieb, gibt ein am 17. Oktober 1890 an den inzwi-schen wieder in Weimar arbeitenden Sohn einen Hinweis: »Ich bitte Dich von ganzem Herzen, lieber Sohn, sei etwas zugänglicher Ansichten anderer, sachverständiger Leute, welche Deine Ansichten nicht teilen. Selbstbewußt-sein lasse ich mir ja recht gerne gefallen, aber bis zur Krankhaftigkeit darf es nicht kommen.«[47]

## Die Krankheit

Das Leben des jungen Komponisten verlief nun nach dem Drehbuch von *Tod und Verklärung*, als ob sein schöpferisches Unterbewußtsein die nahe Zukunft vorausgesehen hätte: Anfang Mai 1891 befiel ihn eine Lungenent-zündung, er mußte ins Sophienkrankenhaus in Weimar eingeliefert werden und schwebte mehrere Tage in Lebensgefahr. Die Freunde – Seidl, Ritter, Cosima Wagner –, ja die ganze interessierte Öffentlichkeit bangte um das Leben des erst 26jährigen Genies: Sollte er auch zu den Frühbegabungen gehören, die allzu schnell verbrennen?

Nachdem Strauss einige Wochen im Krankenhaus hatte verbringen müssen, fuhr er über München nach Feldafing, wo er sich im Ferienhaus des besorgten Onkel Pschorr erholte. Cosima Wagner zeigte sich mütterlich um ihn besorgt und besuchte dort mit Tochter Eva den kranken Künstler. Vater Franz Strauss führte die Gattin seines einstigen, von ihm erbittert bekämpften Feindes durch den Garten.[48] Wie friedlich wurden die Menschen angesichts des Todes.

Und Richard? Dachte er an *Tod und Verklärung*? Was bedeutete die Krankheit für ihn? Er hatte nun in Feldafing Zeit nachzudenken. Hatten Bronsart und der Vater nicht doch recht mit ihren Warnungen? Richard Strauss hatte sich in den vergangenen eineinhalb Jahren verzehrt. Er wollte Unmögliches in seiner Kunst erreichen, sich nicht mit der unvollkommenen Wirklichkeit, in die er hineingeworfen wurde, abfinden.

Bronsart und Cosima Wagner dämpften – freilich erfolglos – seinen Übereifer. Auch der Vater mahnte ihn, schrieb schon am 13. Dezember 1890 hellsichtig: »Die schreckliche Krankheit Schwindsucht schleicht heran, ohne daß man sich versieht und man führt dann bis zu seinem Ende ein freudenloses, trauriges Leben.«[49] Zweimal ermahnte er ihn in diesem Brief, nicht so viel zu rauchen. Strauss litt schon damals, im Dezember, unter schwerem Husten.

Strauss achtete wenig auf seinen Körper. Er lebte nur für die Kunst. Mit »Herrn von Bronsart hatte sich« zu Beginn der neuen Saison »glücklicherweise alles geregelt«.[50] Begeistert dirigierte er wieder Ritters Opern sowie Wagners *Tannhäuser* und brachte als Neueinstudierung Glucks *Iphigenie in Aulis* heraus. Er setzte sich engagiert für die Avantgarde seiner Zeit ein: Von Liszts *Faust*-Sinfonie war er überwältigt und kam »in die gewohnte, reizbare, polemische Stimmung«, daß die Kapellmeister dreißig Jahre lang »ein solches Werk« dem deutschen Volk vorenthielten,[51] Wagners *Rienzi*, den er neu einstudierte, bereitete ihm wieder viele Probleme, gelang nur halbwegs, wie er selbst eingestand,[52] und er fühlte sich als »müder, abgehetzter Theaterdroschkengaul«.

Dazu kamen lange, nächtliche Streitgespräche, etwa, als Siegfried Wagner zu Besuch in Weimar weilte, über Berlioz: Ist er der Schöpfer der modernen Instrumentation? Lassen behauptete das, doch der Wagner-Sohn bewies, daß die Kunst seines Vaters auf Webers *Freischütz* zurückgeht – und damit war die Ehre der deutschen Musik wieder gerettet. »Wir brachten um 1/2 3 Uhr nachts Siegfried auf die Bahn und waren sonst seelenvergnügt.«[53]

Dann hörte Strauss in Karlsruhe unter Mottl *Die Trojaner* von Berlioz und war hin- und hergerissen: »Ein Gemisch tollsten Blödsinns mit haarsträubender Genialität«, »krampfhaftes Ringen nach tiefstem, pathetischem Ausdruck«, »genialer Instrumentationswitz«, »Musik von so fabelhafter Schönheit und Klangzauber«.[54] Sein Fazit war: Solange man nicht ausschließlich die Musikdramen von Wagner und Ritter aufführte, gehörte auch Berlioz auf den Spielplan. Wagner, Ritter, Berlioz in einem Atemzug – was für eine Blindheit für musikalische Qualität.

Strauss war nervös, polemisch, gehetzt, die anderen hetzend, unzufrieden; er verzehrte sich an der Diskrepanz zwischen Ideal und Wirklichkeit. Wie ein Vulkan setzte er sich für die »Sache« – nämlich für Wagner und Liszt – ein und vergaß darüber fast völlig, daß er auch noch Komponist war. Er opferte sich und vor allem seinen Körper; mit Zigaretten betäubte er seine Nervosität, »die Unregelmäßigkeit des Junggesellenwirtshauslebens« vergrößerte nur seine Unruhe, und oft vergaß er über der Musik ganz das Essen.

Professor Dr. Max Joseph Oertel in München stellte nach der Heilung der Lunge Blutleere und schlechte Ernährung fest: »Ich habe also die ungeheuer massenhafte Nahrungsaufnahme, die hier in Feldafing mein herrlicher Beruf ist, auch noch weiterhin fortzusetzen, Eisenpillen zu nehmen, Zimmergymnastik zu treiben und derlei schöne Sachen mehr.«[55]

## Vision der eigenen Krankeit?/ Uraufführung von *Tod und Verklärung*

Hatte er sich selbst in die Krankheit getrieben? Hatte er sie in *Tod und Verklärung* in seinem Unterbewußtsein vorausgesehen? Wenige Monate vor seiner Erkrankung führte er *Tod und Verklärung* in Weimar und in Berlin auf. Die Berliner Premiere ermöglichte ihm wieder Bülow, wenngleich es davor einige Aufregung gab. Anfang Februar 1891 gab Vater Franz Strauss ein Konzert mit der Wilden Gung'l und sprach danach mit Freund Spitzweg, der sehr aufgeregt über zwei Briefe Bülows war. Darin stand: »Seitdem R. Strauss sich zum exclusiven Baireitknecht und decidirten, beinahe fanatischen Brahms-Thersites gemacht hat – hat er nur noch meine unpersönliche Symphatie, nämlich wenn er etwas Kunstschönes liefert.«[56] Bülow war damals in depressiver Stimmung, klagte über »Ekel an der ganzen Musikwelt« und »Verdruß über das undankbare Verhalten von Kritikern und Musikern«. Im nächsten Brief schimpfte er über die »Narrenseilexerzitien am Nebenmenschen«, die der »Maestro von der Isar-Werra-Ilm« an Spitzweg und ihm übe, da Strauss den Konzerttermin in Berlin mit *Tod und Verklärung* zum zweiten Mal verschieben wollte, und drohte, die Tondichtung vom Programm zu streichen.

Was tun? Freund Ritter riet, Strauss solle gar nicht nach Berlin gehen. Vater Strauss empfahl in seinem Brief,[57] jeden Konflik zu vermeiden, Grobheiten Bülows zu ertragen, und Freund Spitzweg fuhr nach Berlin, um einen Skandal zu verhindern.

Wie sehr diese Geschichte an den Nerven von Strauss zehrte, kann man sich vorstellen. Doch die Berliner Premiere verlief im Gegensatz zu allen Befürchtungen recht harmonisch, schon bei der Hauptprobe wurde Strauss gefeiert, und der Wagnerianer Lessmann schrieb in seiner »Deutschen Allgemeinen Musikzeitung« eine begeisterte Kritik. Er stellte *Tod und Verklärung* über *Les Préludes* von Liszt und attestierte dem erst 26jährigen »höchste Meisterschaft«. Das Publikum freilich – berichtete Lessmann – verhielt sich gleichgültig: »Diese Tonsprache ist neu, und es wird immerhin Zeit kosten, bevor unser Konzertpublikum sich mit ihr befreundet.«[58]

Und Bülow? Er war zwar »sehr freundlich wie immer«, schwieg aber über *Tod und Verklärung*. Cosima Wagner meinte daraufhin, daß ihr ehemaliger Mann im Grunde schon immer ein »vollständiger Reaktionär« gewesen und nur durch »die machtvollen Persönlichkeiten eines Wagner und Liszt und die Gelegenheit, tüchtig zu raufen, unter die Zukünftler getrieben« worden sei.[59] Aber auch Cosima Wagner war nicht allzu begeistert von *Tod und Verklärung*. Zwar nannte sie Strauss den »weitaus Talentvollsten«[60] von allen, schrieb aber einige Wochen später, er solle seinen »Werdegang nicht durch den Wust der Modernität« erschweren: »Lassen Sie russisches und französisches Zeug und bleiben Sie heimisch in den Gefilden hoher Ahnen«, schrieb sie gestelzt.[61] Was über Richard Wagner hinausging, das konnte seine Witwe nicht billigen.

In seinem ruhigen Feldafinger Erholungsdomizil erschienen Richard Strauss die vergangenen Monate wie ein Fieberwahn. Doch dieser Fieberwahn war die Musik, und diese ließ ihn auch jetzt nicht in Ruhe. Als er ins Weimarer Krankenhaus eingeliefert wurde, schrieb er an Freund Ritter: »Geistig ausspannen soll ich jetzt? Lieber Onkel Ritter, da müssen Sie mich schon, wenn ich nach München, resp. Feldafing komme, selbst darin unterrichten. Wie soll ich meine Gedanken bannen, die mir schon in den ersten Tagen der Reconvalescenz halbe Akte *Tristan* frei aus dem Gedächtnis vortrugen.«[62] Auch hier in Feldafing dachte er nur an Musik. Strauss war im Wagner-Fieber, wie es viele kunstsinnige Menschen um 1900 durchmachten. Doch bei ihm war es viel schlimmer; denn er war Musiker und dazu von Musik besessen.

## Eine schwierige Liebe

In Feldafing war ihm Pauline nahe. Aber was war das für eine Liebe! »Geehrter Herr Kapellmeister, mein lieber maestro« nannte sie ihn in einem ihrer ersten Briefe.[63] Von ihrem Studium bei Frau Ritter, vom Vorsingen und vom Unterricht bei »ihrem Meister« ist die Rede. Dann schrieb ihm der Vater, der Generalmajor a. D. de Ahna, nach Weimar, redete ihn mit »Euer Hochwohlgeboren« an, hoffte, daß Strauss »mit Vollendung von

*Pauline de Ahna als Hänsel in Humperdincks Oper »Hänsel und Gretel«, deren Uraufführung Richard Strauss in Weimar leitete*

Paulinens Ausbildung« beginnen werde, damit sie »bald die von ihr erstrebte Laufbahn« einschlagen könne.[64] War das Liebe? Oder war das nur eine zwar enge, aber rein berufliche Freundschaft, in der seine Gutmütigkeit ausgenutzt wurde?

Kaum war Pauline einige Monate bei ihm in Weimar, wurde die ehrgeizige junge Frau schon ungeduldig: Sie wollte nach Schwerin oder Kassel. In der letzteren Stadt bot man ihr sogar einen mehrjährigen Vertrag an. »Schade, daß ich sie nicht bei uns behalten kann«, schrieb Strauss an Cosima Wagner und fügte hinzu: »In Kassel habe ich noch am ehesten einige Fühlung mit ihr und werde sie noch hie und da kontrollieren können . . .«[65]

Auch der »wackere« General drängte; Strauss sollte in besonderen Proben mit einigen Musikern, die selbstverständlich von ihm bezahlt würden, Pauline die Kunst, gleichzeitig zu singen, schauspielerisch zu agieren und auf den Dirigenten zu achten, beibringen. De Ahna war ungeduldig, besuchte sogar Cosima Wagner, wünschte nun freilich, daß seine Tochter in Weimar bleiben könne und vielleicht wohl auch in Bayreuth auftreten dürfe. Wagners Witwe schrieb an Strauss wie eine ungekrönte, ihre Gunst verteilende Monarchin: »Die Sorge der Familie hat mich sehr gerührt und es tat mir leid, betreffs der Laufbahn des Fräuleins nichts Bestimmteres zur Beruhigung sagen zu können.«[66]

Doch Strauss erreichte schließlich, daß Pauline am 22. Mai 1890 »als ersten theatralischen Versuch«, wie im Besetzungszettel vermerkt wurde, die Pamina in der *Zauberflöte* singen durfte, und im Sommer führte er sie in Bayreuth ein, wo er sie Cosima Wagner vorstellte. Im Dezember sang das sich »so vortrefflich entwickelnde Küklein«[67] bereits das Evchen in den *Meistersingern*, und zum Jahreswechsel erhielt das »werte Fräulein und Bayreuther Kind« von Cosima Wagner die besten Wünsche zu ihrer Premiere als Elsa im Weimarer *Tannhäuser* mit den salbungsvollen Sätzen: »Möchte das Jahr 91 Ihnen die Befriedigung bringen, welche Sie suchen, nämlich in der vollen Entwicklung Ihrer schönen Anlagen, und möchten wir uns in Bayreuth uns dieser Anlagen erfreuen!«[68]

Was hatte Richard Strauss alles für sie erreicht! Und Pauline? Sie dachte weiterhin ans Wegkommen, obwohl nun auch der General streng dagegen war. Er wollte zunächst einige Mängel in ihrer Kopfstimme beseitig wissen.[69] Strauss schickte seiner »lieben Freundin« zu Weihnachten ein Geschenk und einen Brief, in dem von Treue gegenüber Richard Wagner und von »Ihrem idealen, schönen Streben im Dienste unserer herrlichen Kunst« die Rede ist.[70] Als er dann Ende Februar stark erkältet von Berlin zurückkam, schrieb er voller Freude an sein ebenfalls erkranktes »verehrtes Fräulein«, daß sie als »zweites Blumenmädchen« in Bayreuth eingesetzt werde und große Chancen für die Elisabeth im *Tannhäuser* habe.[71] Doch zwei Monate später brach ein heftiger Streit aus: »Allem Anschein nach beabsichtigen Sie jetzt so entschieden Ihren eigenen Weg zu gehen, daß Ihnen meine immerhin beeinflussende Gegenwart dabei doch nur lästig fallen würde; ich bedaure daher, sowohl heute wie für künftig Ihre freundliche Einladung ablehnen zu müssen . . .«[72]

Damals hatte Pauline unter Lassen in dessen Faust-Musik den Engel Gabriel gesungen und – so vermutet der Strauss-Biograph Willi Schuh[73] – allzu viele Ratschläge von ihm angenommen. Strauss fürchtete nun um seine Autorität. So bestimmend er auftrat, so wenig selbstsicher war er.

Nein, eine harmonische Liebe war das nicht, dachte der kranke Strauss in Feldafing, auch wenn sich die beiden inzwischen wieder versöhnt hatten.

## Der innere Dämon

In *Tod und Verklärung* kämpft der Sterbende um sein Leben und sucht doch den Tod. Strauss dachte bei seiner Lungenkrankheit gewiß nicht daran zu sterben. Oder doch? Trieb ihn sein »innerer Dämon«, wie es Cosima Wagner nannte,[74] in den Tod? Seine Krankheit damals war gewiß rein körperlicher Art, die Ursachen jedoch geistiger Natur. Hatte er die Überempfindlichkeit der Nerven von seiner Mutter geerbt? Er lebte damals in einer Art Ausnahmezustand, und nur so konnte sich die Krankheit ausbreiten. Der Körper rächte sich, da Strauss nur den Geist forderte und alles andere vernachlässigte. Er war nicht im Gleichgewicht.

Wäre er damals gestorben, so hätten die Historiker ihn als revolutionären, frühreifen, allzu schnell verschiedenen Komponisten der hereinbrechenden Moderne eingeordnet, der freilich an der Krankheit der Romantik starb: dem sich Aufreiben und Zerbrechen am Zwiespalt dieser Welt zwischen dem Denkbaren – den Utopien und Idealen – und dem im Alltag Realisierbaren.

Doch was hatte es mit dem »inneren Dämon« auf sich? Damals erfüllte ihn die Musik Richard Wagners wie eine Droge. Dieser fanatische Wagner-Kult trübte sein Urteil über musikalische, politische und menschliche Fragen und hemmte den eigenen Drang zum Komponieren: Über zwei Jahre lang schrieb er keine eigenen Noten mehr.

Auch hier kämpfte es in ihm: Wie sollte er weiterkomponieren? Er wollte wegkommen von der Tondichtung, hin zum Musiktheater. Doch da war der Koloß Richard Wagner, dem er etwas Neues und Eigenes entgegensetzen mußte. Wie sollte ihm das gelingen, ohne daß er Wagner untreu wurde? In den Weimarer Monaten arbeitete er am Text seiner ersten Oper *Guntram*. Wie Wagner wollte er sein eigener Librettodichter sein. Aber die Worte brachte er nur mit Mühe zu Papier. Er war kein Dichter. Damals war er in der schlimmsten Krise seines Lebens.

## Das Ideal: Bayreuth

In *Tod und Verklärung* findet der Sterbende im Tod sein Ideal. Doch was war Strauss' »Ideal«? Damals hätte er sofort die Antwort gewußt: Richard Wagner.

Sein Vater mahnte eindringlich: »Sehr erfreuen würde es mich, lieber Richard, wenn ich einmal wieder erführe, daß Du wieder etwas Neues komponierst. Laß doch Deine Fantasie wieder etwas erwachen. Ich weiß zwar, daß Du sehr fleißig bist, aber eigentlich doch nur für andere, und Dich etwas zu viel vernachlässigst. Ich möchte in den wenigen Jahren, die ich noch zu leben habe, etwas Neues von Dir hören . . .«[75]

Vorerst dachte Richard Strauss mehr an Bayreuth als an seine eigenen Kompositionen. Für Wagner opferte er sogar eigenes Geld: Um den Weimarer Großherzog dazu zu bewegen, für die 100. *Lohengrin*-Aufführung ein neues Bühnenbild zu genehmigen, lieh sich Strauss von seinem Vater 1.000 Mark, die er später zurückzahlte – und der Weimarer Fürst bewilligte nun den anderen Teil. Was für ein Idealismus!

Für den sterbenskranken Strauss gab es keinen schöneren Traum, als in Bayreuth zu dirigieren und in Weimar den *Tristan* aufzuführen – letzteres konnte er bald verwirklichen, ersteres dagegen war schwierig. Vom Feldafinger Krankenbett schrieb er an Cosima Wagner: »Daß ein echter Wagnerianer nicht so viel Willenskraft besitzt, daß sein elender Körper es wagt, zwei Monate vor den Festspielen ihn mit einer Lungenentzündung zu erfreuen, ist zwar eine rechte Schande . . .« Doch die Heilsbotschaft, fuhr er fort, daß er *Parsifal* und *Tannhäuser* dirigieren dürfe, richte ihn auf. Das hätte ihm wenigstens Fräulein de Ahna gesagt. Da wollte er nun auf einen Schlag gesund werden.

Doch waren das nicht nur eitle Hoffnungen, die man dem Schwerkranken machte, damit er gesund werde? Eva und Cosima Wagner rieten ihm zur Ruhe, empfahlen ihm als Lektüre Cervantes, Indische Sagen, Simrocks Volksbücher, Uhlands Abhandlungen über Thor und Wotan, Altdeutsche Poesie, Freytags *Bilder aus deutscher Vergangenheit* und anderes mehr,[76] und Tochter Eva träumte, »Sie wären bei mir und ich herzte und pflegte Sie wie mein Kind.«[77]

Doch Strauss schrieb sehnsuchtsvoll aus seinem »Gefängnis« in Feldafing über die Angst, die Cosimas Wagners »Drohung, daß ich heuer nicht nach Bayreuth dürfe«, ihm eingejagt habe.[78] Er unterschrieb mit »Ihr folgsamster, erziehungsbedürftigster Richard Strauss« und hatte nun die besten Vorsätze, sein unregelmäßiges Junggesellenleben von Grund auf zu ändern. Unter dem Datum 20. Juni notierte er: »9 Uhr früh, in Bayreuth beginnt soeben die erste *Tannhäuser*-Probe.«[79] Sein Küken Pauline de Ahna sah er nun die Elsa singen und seinen Schüler Zeller den Tannhäuser. Wird alles gut gehen? Anfang Juli bestieg er endlich den Zug nach Bayreuth und wurde dort herzlich und besorgt aufgenommen.

Aber seine Enttäuschung war groß: Er durfte nicht dirigieren, befand Cosima Wagner. »Sie sagt, sie hätte solche Angst und könnte keinen Ton ruhig anhören, den ich dirigiere . . .«[80] Dafür wurde er gleichrangig mit den Dirigenten Mottl und Levi behandelt, speiste zusammen mit der Familie Wagner zu Mittag und zu Abend, und Cosima vertröstete ihn aufs nächste Jahr.

War sie nur um ihn besorgt, oder war es auch Politik? Hielt sie ihn überhaupt schon für reif genug, um zu dirigieren? Es war wohl beides. Mütterlich besorgt war sie sehr. So schrieb sie ihm in Bayreuth die folgende Notiz: »Ich bin sehr traurig; Sie sahen gestern sehr übel aus. Ich bitte Sie, heute nicht in die Probe zu kommen, und flehe Sie an, nicht zu rauchen. Sie tun ein Unrecht an sich, aber auch ein größeres an mich (sic!)«[81]

Sein Gesundheitszustand war noch immer schlecht, aber den Vorsatz, nicht mehr zu rauchen, hatte er schon wieder aufgegeben. Schon wieder ergriff ihn Nervosität. Er war nur Korrepetitor, mußte zuschauen, durfte nichts tun und war unglücklich, obwohl ihm zugleich Bayreuth wie ein Himmel erschien: »Wenn auch das Wort hier versagt, so hoffe ich doch, daß Ihnen oftmals der ›Ausdruck‹ freudenstrahlenden Glückes auf meinem Gesichte gesagt haben mag, wie tief mein Eindruck von all dem unaussprechlich Herrlichem, was ich in Bayreuth erleben durfte, war.«[82] Cosima Wagner redete ihn von nun oft mit »mein Ausdruck« an und schlug vor, er solle ihr »Leibkapellmeister« werden und nach Bayreuth ziehen: »Aber sie müssen ja fuchteln Tag für Tag und rauchen und sich ärgern und mir Sorge machen. Ach, mein Ausdruck, machen Sie uns die letztere nicht mehr.«[83]

War Bayreuth tatsächlich der musikalische Himmel? Hatte man nicht auch dort nur einen Kompromiß mit den menschlichen Unvollkommenheiten schließen müssen? Bayreuth-Kritiker ließen die beiden Darstellerinnen der Elisabeth im *Tannhäuser*, Wiborg und de Ahna, »ziemlich übel wegkommen«,[84] Glanz und Virtuosität wurden vermißt, und Zeller war als Tannhäuser bei der ersten Aufführung »so verzagt«, daß »das große Publikum, begreiflicherweise, verstimmt erschien«, wie Cosima Wagner an den Redakteur der »Berliner Börsenzeitung« George Davidsohn schrieb.[85]

Doch für Strauss war diese Kritik nichts als Böswilligkeit. Er verfaßte einen Artikel für die »Bayreuther Blätter«, in dem er sein Aufführungsideal der Wagnerschen Musik sehr präzise beschrieb, nachdem er einige Polemik gegen die »Hohe Kritik« verschossen hatte. Keine Gesangsstars, sondern gute Sprachdeklamation, schauspielerische Begabung, eine große Bühne für die Massenszenen, eine dramaturgisch sinnvolle Gestaltung der Auftritte des Chores, meist recht langsame Tempi und die »Übereinstimmung von dramatischer und musikalischer Tendenz« sah er hier in Bayreuth mit großer Vollkommenheit verwirklicht. Er hoffte, daß sich dieser Bayreuth-Stil in ganz Deutschland durchsetzen würde: »Man muß nur etwas Geduld haben; denn in Deutschland dauert alles etwas länger als anderswo!«[86]

Mit diesem Artikel erwies er sich wieder als eifriger Wagnerianer, als kampfesmutiger Fähnrich für Bayreuth und gegen die böse Kritik. Aber im Kern unterschied sich dieser Artikel doch sehr von der üblichen gläubig-parteiischen Wagner-Verehrung in den »Bayreuther Blättern« und in Lessmanns »Allgemeiner Deutschen Musikzeitung«: Strauss beschrieb hier neidlos Mottls meisterhafte *Tannhäuser*-Aufführung – fachmännisch, mit vielen und genauen praktischen Hinweisen. Heute ist dieser Artikel eine reiche Fundgrube für eine dringend notwendige Revision der Wagner-Interpretation, also für eine historische Aufführungspraxis von Musik des 19. Jahrhunderts.

## Beginnende Katharsis und Rückfall in die Krankheit

Die neue Saison begann positiv. Bronsart war »noch immer sehr nett«, Richard bat ihn sogar, auf die Probe zu kommen, um ihm seine Kritik mitzuteilen, und befolgte seine »durchgängig vernünftigen Vorschläge«[87]. Das Konzert mit der *Faust*-Ouvertüre von Wagner und Beethovens fünfter Sinfonie gelang ihm außerordentlich gut, worüber nicht nur er sich freute: Das

Publikum empfing ihn schon am Anfang mit Applaus, und am Schluß wurde er stürmisch gerufen; der Großherzog sprach ihm »seine höchste Anerkennung« aus.

Trotz der vielen Arbeit – er probte eifrig Wagners *Tristan* – ging es ihm gesundheitlich gut, »da ich hübsch solid bin und um 11 Uhr zu Bett gehe«, wie er seinem »lieben Papa« schrieb.[88] »Appetit gut, Rauchen mäßig, Nervosität sehr gering.«[89] Er schien von seiner schlimmen Krankheit wieder geheilt. Doch der Vater war besorgt und mahnte: »Wenn Du nach Aktschluß vom Orchester auf die Bühne gehst und erhitzt bist, gebe acht, ziehe einen zweiten Rock an und halte den Mund geschlossen, bis Du wieder in einen warmen Raum kommst.«[90]

So ging das Jahr 1891 wesentlich ruhiger und friedlicher zu Ende, als es begonnen hatte. Strauss verbrachte Weihnachten in Bayreuth im Kreis der Familie Wagner. Dabei wurde ihm versprochen, daß er 1892 endlich bei den Festspielen dirigieren dürfe. Cosima Wagner vermittelte ihm familiäre Geborgenheit und spannte ihn zugleich für ihre Ziele ein.

Als Strauss von Bayreuth nach Weimar zurückkam, war er wie verwandelt. Mit Lassen spielte er Mozarts Es-Dur Konzert für zwei Klavier und kämpfte mit ihm um das richtige Tempo: »Für das Publikum ein Gaudium ersten Ranges.«[91]

Doch nach solchen »Musikantenallotrias« folgte die größte Herausforderung der Weimarer Jahre: die Aufführung des *Tristan*. Sie war im Grunde ein Spleen; denn weder das Orchester noch die Sänger besaßen die nötige Qualität für dieses schwierige Werk. Der Regisseur Fritz Brandt hatte »wenigstens ein dutzendmal« jedem Sänger den Text vorgelesen und die Rolle vorgespielt, Strauss schon seit Oktober Orchester und Solisten vorbereitet, der Vater aus München ihn ermahnt, das Orchester und die Sänger nicht durch zu lange Proben zu ermüden und zu verschleißen.[92]

Doch die Premiere am 17. Januar war – nach Strauss' Einschätzung – »wundervoll«. Seinen Schüler Zeller lobte er sehr, obwohl er am Schluß müde wurde. Frau Naumann leistete als Isolde »Wunderdinge«. Der Herzog und Bronsart waren »kolossal entzückt«, und Strauss schwebte im Glück: »Zum ersten Mal habe ich nun *Tristan* dirigiert, es war der schönste Tag meines Lebens!«[93]

Frau Wagner in Bayreuth seufzte anteilnehmend: »Ach, mein lieber Ausdruck, so Gott will, werden wir einmal ganz unter uns sein – 's wär fein!«[94] Aber wenige Tage später schrieb sie an ihren Sohn Siegfried: »Es gibt Leute, welche Freude an der Mediokrität haben, ich nicht.«[95] Spielte sie ein doppeltes Spiel? Der »einfache, so kindliche und männliche« Strauss, wie sie ihn charakterisierte,[96] durchschaute es jedenfalls nicht.

Oder war sie ärgerlich, daß Strauss den *Tristan* viel besser dirigierte als Mottl, der den Festspiel-*Tristan* in Bayreuth leitete? Ein wenig hinterhältig nämlich fragte sie, ob Strauss das *Tristan*-Vorspiel von Bülow gehörte habe, der die Oper bei der Uraufführung in München dirigierte. Strauss verneinte, aber aus seinem Tagebuch geht hervor, daß Bülow ihn mündlich unterrichtet hatte. Mottl begann das Vorspiel mit einem ruhigen Tempo, »ohne zu eilen«, wie der Strauss-Biograph Fritz Schuh schreibt,[97] und wurde dann im Tempo breiter und langsamer. Strauss dagegen ließ das Orchester wie »Ebbe und Flut« anschwellen und wieder ruhiger werden. Dies war viel spannungsvoller und lebendiger. Mottls Interpretation freilich – so vermutet Willi Schuh – war von der »unmusikalischen Witwe« Wagners angeregt worden . . .

Undurchsichtig und verwirrend erschienen Strauss alle diese Fallstricke und Intrigen. Mitunter stellte er sich dabei selbst eine Falle, so, als er während der *Tristan*-Zeit seiner Schülerin de Ahna geraten hatte zu kündigen, da ihr nicht die Rolle der Elisabeth im *Lohengrin* gegeben wurde, obwohl sie diese in Bayreuth gesungen hatte. Bronsart engagierte darauf »Knall auf Fall eine ausgezeichnete hochdramatische Sängerin«, Fräulein de Ahna mußte ihre Kündigung zurücknehmen, »worauf Bronsart auch bis jetzt eingegangen ist«. Strauss sah seinen Fehler ein: »Ich habe mir eine dicke Lehre aus meiner, wenn auch noch so gut gemeinten, aber dummen Hitzigkeit gezogen!«[98] Wie schwer machte er sich das Leben! Doch vor einem Jahr hätte er einen solchen Fehler noch nicht eingestanden. Das war schon ein Fortschritt.

Der General de Ahna schaltete sich wieder ein, bedauerte, daß seine »Ruhe und Seelenfrieden« zu leiden hatten, unterstellte bei dem »mißlungenen diplomatischen Manöver« Strauss nur gute Absichten und fragte an, ob Pauline dieses Jahr wieder in Bayreuth singen könne; das würde die »durch Bronsarts scharfes Vorgehen gegen Pauline beigebrachte Wunde« heilen.[99] Wie eng waren Herzlichkeit und handfeste Karriereplanung für die Tochter miteinander verknüpft.

Und Franz Strauss sparte wieder einmal nicht mit wohlmeinenden, allzu berechtigten Mahnungen: »Ihr habt dem Großherzog sowie Bronsart, wie man sagt, den Strohsack vor die Füße geworfen, das darf man einer vorgesetzten Behörde gegenüber nicht tun.«[100] Der Vater war zu Recht besorgt: Schon wieder kämpfte sein Sohn voller »Hitze« gegen den Weimarer Theateralltag, verstrickte sich, wollte das Handtuch werfen und nach Schwerin gehen – als ob es da besser wäre.

Und auch zwischen Strauss und Pauline gab es Streit. Der General war gerade bei Vater Strauss zu Besuch und erzählte voller Aufregung, daß Richard eine heftige Zwiesprache mit seiner Tochter, der »etwas exaltierten Dame«, wie sie Franz Strauss nannte, gehabt und ihr die Freundschaft gekündigt habe. Alles schien sich zu wiederholen – wie im letzten Jahr.

Als der Vater den Brief über den General, seine Tochter und die widrigen, aber nicht zu ändernden Umstände des Musikeralltages schrieb, war der Sohn bereits in Berlin, um eine seiner schönsten Überraschungen zu erleben: die Aufführung seiner Tondichtung *Macbeth*, deren Instrumentation er im vergangenen Jahr auf Anraten des Vaters geändert hatte. Kein anderer als Bülow ermöglichte ihm diese Premiere mit den Berliner Philharmonikern, obwohl Bülow noch vor einem Jahr an Spitzweg geschrieben hatte:

»Macbeth? Hm. Gernst nehme ich mit Excellenz Goethe an:
In wenigen Jahren wird es anders sein:
Wenn sich der Most auch ganz absurd geberdet
(NB. zu stark)
Es gibt zuletzt doch noch'nen Wein.

Warten wir ab, falls wir Zeit haben. Du hast davon mehr vor Dir als ich. Einstweilen scheint mir Hexenknecht nicht gleichbedeutend mit Hexenmeister.«[101] Doch im November wandelte sich Bülows Meinung, und er stellte Spitzweg die Aufführung von *Macbeth* in Aussicht: »Überragt doch dieser Dein Brahms an musikalischer Vorbildung wie genialer Phantasie Deine anderen Autoren wie – der Münchner den Ingolstädter Bahnhof.«[102] Die Aufführung in Berlin geriet zu einem außerordentlichen Erfolg. »Der Beifall war, trotz einiger Zischer, sehr lebhaft! (...) Bülow war ganz entzückt und hat mir über Direktion und Komposition die überschwenglichsten Komplimente gemacht«,[103] berichtete Strauss seinen Eltern. An Spitzweg schrieb Bülow nun: »Das Werk klang auch – überwältigend. Noch nie hat der Componist solche Aufnahme hier erlebt.« Dabei erkannte er etwas für die Musik von Richard Strauss sehr Wesentliches: »Viel Dynamit in der Luft, wollte sagen Elektrizität.«[104]

Das Verhältnis zu Bülow hatte sich also gebessert, obwohl Freund Ritter 1891 in einem verletzenden Artikel über das »Spanisch Schöne« gegen Brahms und Bülow zu Felde gezogen war. Strauss bewunderte Bülows Dirigieren und »entschuldigte« ihn: »Er ist den Juden verfallen und kann aus den Schlingen nicht mehr heraus.«

Die Elektrizität des *Macbeth* bestimmte nun auch wieder Strauss' Leben. Kaum zurück in Weimar trat er im Künstlerfest als »Vogel Strauss« auf und legte Eier mit Autogrammen, und am 12. März verreiste er schon wieder nach Leipzig, wo er im Lisztvereins-Konzert neben Werken von Liszt *Tod und Verklärung* dirigierte. Als er sein Werk bei einem Wohltätigkeitskonzert für Arbeitslose wiederholte, ging es erst »wirklich gut«, das Orchester begrüßte ihn zu Beginn der Probe mit einem Tusch, der »ganze Leipziger Erfolg war sensationell«, »junge Enthusiasten haben mich zur Bahn begleitet und Hoch geschrien, als ich abfuhr, einer hat mir sogar die Hand geküßt. Kurz, die Berühmtheit schreitet wacker voran.«[105] Strauss hatte seinen größten Erfolg nicht bei den konservativen, gesättigten Bürgern, sondern bei einem neuen Publikum, das in Berlin und in

Leipzig in die Konzerte strömte: junge Menschen, Arbeiter, einfache Ange-
stellte – die sogenannte breite Masse.

## Anarchismus und Sinnlichkeit

Inzwischen hatte bei Strauss ein Ablösungsprozeß von Alexander Ritter begonnen. War der Idealismus, die Besessenheit für den Wagner-Liszt-Kult,
die Ritter so radikal auslebte, nicht ein Irrtum? War der Freund nicht ein
seltsamer Mensch: einerseits ein erfolgloser Musiker, andererseits ein fana-
tischer Kämpfer gegen alle, die anderer Meinung waren als er? Richard
spürte, daß er so wie Ritter nicht leben konnte und wollte.

In Berlin lernte er einen jungen Mann kennen, den Bülow wohl auf die
Musik von Richard Strauss aufmerksam machte: John Mackay. Seinen Eltern schrieb Strauss über den aus Schottland stammenden sozialkritischen
Dichter: »Großer Anarchist und Biograph des Berliner Philosophen Max
Stirner, des bedeutendsten Antagonisten Schopenhauers und des Christentums, des Vertreters des absoluten Egoismus, des Verfassers von *Der Einzige und sein Eigentum*. Stirner ist dabei an der vollständigen Aufopferung
für seine Familie und Verwandte 1856 in Berlin Hungers gestorben. Theorie und Praxis!«[106]

Wer war Max Stirner? Wer war John Mackay? Über beide plauderte
Strauss mit Bülow in Berlin. Bülow erzählte ihm, daß er 1849/50 mit Stirner manche Abende »verkneipt«[107] und dessen Philosophie bewundert habe,
wenngleich er gewiß nicht einige sarkastische Bemerkungen über das Miß-
verhältnis von Theorie und Praxis, das nicht nur das Leben dieses Philosophen bestimmt habe, unterließ. Auch Mackay erzählte Bülow von seiner
Begegnung mit Stirner, diente diesem als Quelle für dessen Stirner-Biogra-
phie. Bülow unterstützte Mackay auch materiell, indem er sechs Exemplare
des Buches subskribierte, und stärkte seinem »Gesinnungsgenossen« mit
markigen Worten gegen die bösen Kritiken vor allem der »antisemitischen
Correspondenz (Schafsköpfe, die das Gute wollen und nur das Böse schaffen)«[108] den Rücken. Wenn er nun den jungen Schriftsteller mit dem jungen
Komponisten zusammenbrachte, hatte er gewiß einen Hintergedanken: Er
wollte den Bayreuth-Knecht Strauss von Nationalismus und Antisemitismus heilen.

Mit brennendem Interesse las Strauss nach seiner Rückkehr in Weimar
Stirners Buch *Der Einzige und sein Eigentum*. Da stand, daß das Christentum »kahl, abgestorben und inhaltsleer geworden ist«,[109] und dies ließ
den der Kirche kritisch gegenüberstehenden Strauss aufhorchen. Stirner
wandte sich gegen den »Geist« und das »Geistige«, das bei Ritter eine so
hohe Bedeutung hatte. »Den leibhaftigen Menschen mit Haut und Haaren
lieb zu haben, das wäre ja keine ›geistige‹ Herzlichkeit mehr, wäre ein Ver-

rat an der ›reinen‹ Herzlichkeit, dem ›theoretischen Interesse‹«, schrieb der Philosoph und bemerkte bitter: »Die reine Herzlichkeit ist gegen Niemand herzlich, sie ist nur theoretische Teilnahme, Anteil am Menschen als Menschen, nicht als Person.«

Dann setzte Stirner zu einem radikalen Schlag gegen den Philosophen Feuerbach und den deutschen Idealismus im allgemeinen an: Feuerbach habe mit seiner Behauptung, daß Gott im Grunde die Projektion des eigenen Wesens der Menschen ins Ideale sei, nur den Spieß umgedreht; nun wäre Gott nicht mehr im Jenseits, sondern im Inneren des Menschen als abstrakte Idee: der Mensch als Gott.

Doch Stirner wollte weder »der Mensch sein«, noch das »höchste Wesen« in sich verwirklichen, sondern als ein Egoist leben, der »für sich besorgt ist« und das Persönliche für wichtiger als geistige Ideale hält. Denn, so rief er aus: »Ja, es spukt in der ganzen Welt!«[110] Den Menschen, lehrte Stirner, umgebe eine gespenstische Welt voller Erscheinungen und Visionen. Er nannte diese Welt einen Spuk, in dem der Mensch das »eigentliche Gespenst«[111] sei. Denn durch das Christentum sei der Mensch gespalten in Geist sowie Seele einerseits und in die Sünde andererseits. Im Menschen spukten lauter heilige Ideen herum wie »höchstes Wesen«, »Volk«, »Familie«. Nur wenn man um solcher Ideale willen auf dieser Welt kämpft, werde man anerkannt, obwohl man dann im Grunde, wie Stirner meinte, ein Gespenst sei. Liebt man dagegen einen anderen als persönliches Wesen, aus egoistischer Lust, gilt man als verkommen.

Diese Gedanken faszinierten Strauss so sehr, daß er sie passagenweise in seinem Notizbuch festhielt: »Wenn ich dich hege und pflege, weil ich dich lieb habe, weil mein Herz an Dir Nahrung, Meine Bedürfnisbefriedigung findet, so geschieht es nicht um eines höheren Wesens willen, dessen geheiligter Leib du bist, nicht darum, weil Ich ein Gespenst d. h. einen erscheinenden Geist in dir erblicke, sondern aus egoistischer Lust: du selbst mit deinem Wesen bist Mir werth, denn dein Wesen ist kein höheres, ist nicht höher und allgemeiner als du, ist einzig wie du selber, weil du es bist.«[112]

Dachte Strauss an seine eigenen Bedürfnisse, die er damals so ganz der Musik Wagners und Liszts opferte? An die Liebe zu Pauline, die so überlagert war von Sittlichkeit, Reinheit, von höherem Streben in der Musik und handfesten Karriereinteressen der Familie de Ahna?

Nun zählte der Berliner Hauslehrer, spätere Milchhändler und von der Geheimpolizei überwachte Anarchist Stirner die »Sparren« des »Tollhauses« der am »Höheren hängenden Menschen«[113] auf: »fixe Ideen«, so nannte er es, wie »Majestät des Volkes«, »Staat«, »Wahrhaftigkeit«, »Liebe« und »Sittlichkeit«. Stirner wetterte gegen die sich modern gebärdenden Kritiker des Christentums, die gleichwohl durch ihren Glauben an die »Sittlichkeit« im Christentum gefangen blieben. »Monogamie«, das Verbot von Geschwisterliebe, von Doppelehe und von Homosexualität, für deren Anerkennung später sein Biograph John Mackay kämpfen wird, waren für ihn geistige »Sparren«. Früher, schrieb Stirner, hieß es: »Gott ist die Liebe« und jetzt: »die Liebe ist göttlich«. Dann fragte er weiter: Wenn die Liebe das Göttliche, also das wahrhaft Menschliche sei, was ist dann mit den Trieben, mit der Sinnlichkeit, ist das das Unmenschliche, der böse Egoist?

»Entweder treibt den Menschen seine Sinnlichkeit, und er ist, ihr folgend, unsittlich, oder es treibt ihn das Gute, welches, in den Willen aufgenommen, sittliche Gesinnung heißt: dann beweist er sich als sittlich«, räsonierte Stirner und beklagte, daß es nun noch schlimmer als in älteren katholischen Zeiten sei; denn jetzt würden nicht mehr die Menschen leben, sondern das Gesetz in ihnen,[114] während man sich damals wenigstens mit einen Ablaß den Genuß der Sinnlichkeit wieder hätte freikaufen können. Heuchelei bestimme nun die Welt, Ideale wie Selbstverleugnung und Uneigennützigkeit seien zu Modeartikeln verkommen, hinter denen sich Unverschämtheit und Gier verbergen.

Dann wandte Stirner seinen Blick auf die Welt außerhalb des Menschen, auf die Natur. Strauss notierte auch diesen Satz: »Wie weniges vermag der Mensch zu bezwingen! Er muß die Sonne ihre Bahn ziehen, das Meer seine Wellen treiben, die Berge zum Himmel ragen lassen. So steht er machtlos vor dem Unbezwinglichen! Kann er sich des Eindrucks erwehren, daß er gegen die riesenhafte Welt ohnmächtig ist?«

Als Strauss diesen Abschnitt las, dachte er an seine Liebe zur Natur, insbesondere zum Gebirge: Wie klein und unbedeutend gegenüber der gewaltigen Natur ist doch der Mensch! Später, in der *Alpensinfonie*, wird er diese Erkenntnis in Töne fassen.

Doch was machen die an »das Höhere glaubenden Menschen«? Sie – so behauptete Stirner – erklärten die Natur für »gleichgültig«[115], vertrauten »unerschütterlich« auf ihren Glauben, also auf ihre fixen Ideen und betrachteten die Natur mit »christlicher Weltverachtung«. »Alle Dinge sind möglich dem, der glaubet«, sagten die Christen und fühlten sich als »Eigner der Welt«. Dies war – so Stirner – der erste Schritt zum »Eigentum« zur »Herrlichkeit« und damit zum Egoismus. Doch die »chemischen Spannungen« im Inneren des Menschen waren noch lange nicht besiegt; denn Stirner analysierte: Der christliche Mensch kämpft gegen sich. Seine Natur befindet sich im Widerstreit zu den ihr fremden Idealen des höheren Geistes. Der Mensch selbst ist sich fremd geworden, ist nicht sein eigenes Eigentum. Nicht einmal selbständig denken darf er.

Auch den folgenden Abschnitt notierte Strauss: »Wie so bettelhaft wenig ist Uns verblieben, ja wie so gar nichts! Alles ist entrückt worden, an nichts dürfen Wir Uns wagen, wenn es Uns nicht gegeben ist: Wir leben nur noch von der Gnade des Gebers. Nicht eine Nadel darfst Du aufheben, es sei denn, Du habest Dir die Erlaubnis geholt, daß Du es dürfest. Und geholt von wem? Vom Respekte! Nur wenn er sie Dir überläßt als Eigentum, nur wenn Du sie als Eigentum respektieren kannst, nur dann darfst Du sie nehmen. Und wiederum sollst Du keinen Gedanken fassen, keine Silbe sprechen, keine Handlung begehen, die ihre Gewähr allein in Dir hätten, statt sie von der Sittlichkeit oder der Vernunft oder der Menschlichkeit zu empfangen. Glückliche Unbefangenheit des begehrlichen Menschen, hat man Dich an dem Altar der Befangenheit zu schlachten gesucht!«[116]

Bei Stirners *Der Einzige und sein Eigentum* handelt es sich nicht um eine akademische Abhandlung, vielmehr um Philosophie aus dem Bauch. Da werden keine Systeme, keine spekulativen Welterklärungen geboten, vielmehr psychologische Beschreibungen des Menschen im 19. Jahrhundert. Strauss las Stirner als Künstler. Er staunte: Wie genau paßte dessen Analyse auf ihn selbst! War er nicht auch besessen von Gespenstern, Idealen, fixen Ideen? Vom Liszt- und Wagner-Kult? Vom Respekt gegenüber dem großen Meister? Vom »Gesetz«, das Wagner dem »Drama der Zukunft« gegeben hatte? Hatte er nicht seine Selbständigkeit geopfert und seine frühere glückliche Unbefangenheit »geschlachtet«?

Doch Stirners Ideen betrafen auch sehr Persönliches: Seit Dora aus seinem Gesichtskreis entschwunden war, diente er dem »kapriziösen« Fräulein de Ahna in enthaltsamem, aufopferndem Minnedienst ganz nach dem strengen Gesetz der Sittlichkeit. Doch statt Dank erntete er Schwierigkeiten. Und war es nicht auch eine Kasteiung, daß er statt hübscher Mädchen die um 27 Jahre ältere Cosima Wagner anbetete, die seine Mutter hätte sein können?

Doch so sehr er im Leben seinen Körper der Musik aufopferte – und zwar nicht nur seine Lunge und seine Nerven, sondern auch den Geschlechtstrieb –, so wenig sittsam war seine Kunst: Sein *Don Juan* ist wohl die sinnlichste Musik nach Mozart – und dennoch wurde ihm vom Vater und Cosima Wagner vorgeworfen, sie wäre zu intellektuell. Verstanden ihn die älteren Menschen nicht, da sie zu sehr an Ideale glaubten? Fragen über Fragen.

Die Antwort auf Stirner und auf seine verfahrene Situation als Komponist und Wagnerianer war ein ungeheuerlicher Ausbruch von Strauss' Phantasie, der über alle damaligen, aber auch heutigen moralischen Grenzen hinwegfegte. Strauss entwarf nämlich nach der Lektüre von *Der Einzige und sein Eigentum* das Handlungsgerüst zu einer Don-Juan-Oper, in dem es um verbotene Liebe, um Blutschande geht: »Don Juan in den Gluten der Sinnlichkeit, Vertreter des absoluten Egoismus, des unbeherrschten Ichtums (Stirner?), schönen Frauen nachjagend, wird von einer 16 Jahre älteren Frau, die von rasender Leidenschaft zu ihm erfaßt ist, unwillkürlich angezogen; ihr näherkommend, weicht er von unbezwingbarer Scheu ergriffen, von ihr zurück und eilt anderen Weibern nach; unter anderem auch einem schönen, aber ganz verworfenen Geschöpf (Y), das ebenfalls in frühester Jugend verführt, nur in Sinnlichkeit wühlend, die wahre Liebe nie an sich erfahren hat. Diese Liebe erwacht allmächlich in ihr durch die Leidenschaft für Don Juan.«[117] Am Ende des I. Akts wird die ältere Frau von einem »in philosophischer Lebensanschauung absoluten Antagonisten (A.) des Don Juan'schen Ichtums, einem ›Pessimisten‹ (Schopenhauer, Christus)« darüber aufgeklärt, daß Don Juan ihr Sohn ist. »Die Leidenschaft für Don Juan ist jedoch in ihr bereits so grauenhaft zu Wahnsinn gesteigert, daß sie nichtsdestoweniger nach der Vereinigung mit ihm strebt.« Der Fortgang des Dramas ist schauderhaft: Don Juan und seine Mutter lieben sich, sie gesteht ihm »im Taumel der Liebesglut, gleichsam um diese ideel zum höchsten Wahnsinn zu steigern, daß sie seine Mutter ist«. Darauf erwürgt Don Juan seine Mutter, will sich selbst aus »Erkennntnis der furchtbaren Schuld des Individuums« ermorden, doch durch die »dazwischen tretende Y (?)« erscheint ihm der Tod nun als allzu billige Erlösung von seiner Schuld. Nun will er am Leben bleiben, um die »furchtbare Buße« auszuführen, »nie mehr ein Weib zu berühren«. Im 3. Akt wird der »büßende Don Juan im schauderhaftesten Kampf mit seinen furchtbarsten Trieben von Schergen (dabei vielleicht A, der Don Juan's Mutter unerwidert geliebt hat und ihren Tod rächen will) erschlagen und »empfindet den ihn von seinen Qualen erlösenden Tod als schrecklichste Strafe«.

Fürwahr ein grausames Drama! Wie konnte die Phantasie des jungen Strauss, der in so glücklichen, bürgerlichen Verhältnissen aufgewachsen war und schon so viel Erfolg genossen hatte, solche Abgründe des Menschseins an den Tag bringen?

Dieser Handlungsentwurf spiegelt verschlüsselt die »Krankheit«, die nicht nur eine körperliche, sondern auch eine seelische war, wider. Strauss spielte in diesem Handlungsgerüst eigene Gefühle und Leidenschaften durch. Mit »Don Juan« meinte er sich selbst, den jungen Verführer mit dem schneidigen Bart, der sich gerne bei Künstlerfesten amüsierte, ein recht »fideles Haus« war und bei den Fräuleins ein »Bedürfnis nach Abwechslung« hatte – »meine vielleicht schlechteste Eigenschaft«, wie er der Schwester schrieb.[118] Doch »Don Juan« bedeutete für ihn noch viel mehr; denn seit Mozart war der spanische Verführer zu einem musikalischen Mythos geworden. Strauss empfand seine eigene Kunst, die Musik, als das Sinnlichste und Verführerischste, das es gab. Mit ihr verführte er die Menschen und zu ihr hatte er eine Passion, die er höchstens beim Skatspiel vergessen konnte. Musik bedeutete ihm Sinnlichkeit, mit ihr verwirklichte er einen Sinnenrausch, wie er ihn im Leben nie genießen konnte, da er sich in das Gesetz der Sittlichkeit eingezwängt fühlte.

Seine Phantasie gebar Bilder erstaunlicher Anarchie: Mutter- und Tochterliebe stehen im Mittelpunkt der Don-Juan-Oper. War das ein Ödipuskomplex? Wer ist die Mutter? Das Unterbewußtsein verschlüsselt, wie wir seit Freud wissen, die Wirklichkeit und schafft Bilder, die viel intensiver als diese sind und eine eigene Logik besitzen. Die Mutter, die ihn im Unterbewußtsein »verführte«, war in der Jugend gewiß die eigene Mutter: Sie bewunderte ihn, nahm ihn in Schutz gegen den strengen, jähzornigen Vater, besaß eine stets verzeihende Güte. Erstaunlicherweise setzte sich diese während des Heranwachsens – wie Freud später erforschen wird – natürliche Liebe zur Mutter später als Suche nach älteren, mütterlichen Freundinnen fort: in München war er mit Dora Wihan, in Berlin mit Grethe Begas und nun mit Cosima Wagner befreundet. Und auch Pauline de Ahna war ein Jahr älter als er, stammte aus wesentlich höheren und angeseheneren gesellschaftlichen Kreisen und wird ihn später bemuttern.

Doch Pauline scheint in seinem Unterbewußtsein noch weitere Rollen einzunehmen. Denn sie war für ihn – im zweiten Entwurf der Don Juan-Oper – auch die von Don Juan verführte eigene Tochter: Sie war seine Schülerin, sein »Küken«, und er ihr künstlerischer »Vater«. Aber nicht nur »Tochter« war sie, sondern auch eine der vielen »schönen, verworfenen Geschöpfe«, die er am Theater als Schauspielerinnen (in Meiningen), Sängerinnen und eigene Schülerinnen mit seiner Kunst verführte (zumindest in seiner männlichen Wunschphantasie). Pauline de Ahna war auch das »ganz verführerische Geschöpf (Y)«. Sie war temperamentvoll, kapriziös, eine Kindfrau, die nie erwachsen werden wollte, das von den Männern nicht beherrschbare, sondern diese beherrschende Weib, die femme fatale.

Doch die Gebote der Sittlichkeit, die im Bürgertum mit größter Strenge herrschten, verlangten Enthaltsamkeit: Man durfte das Weib nicht berühren. Nur in der Phantasie konnte man als Don Juan mit der eigenen Mutter, der eigenen Tochter oder der verführerischen Kindfrau schlafen – und was dann folgte, war schaudervolles Unglück, ein gespenstisch-blutiger Kampf.

Im Don-Juan-Opernentwurf verkörpert der »Pessimist« A, der an Schopenhauer und Christus glaubt, das Gesetz der Sittsamkeit. Mit »A«, das entschlüsselte bereits Willi Schuh,[119] meinte Strauss Alexander Ritter. »A« ist also einer der »Väter« von Strauss. Strauss hatte einen sehr dominierenden Vater, suchte später neben mütterlichen Freundinnen weitere »Väter«: Hans von Bülow und Alexander Ritter – deren Autorität er fast blind anerkannte. Diese »Väter« spiegeln sich in den Figuren des »Pessimisten«, der stets das Negative und Kritische sieht, des »Nebenbuhlers«, der auch die Mutter liebt, und des »Schergen«, der ihn tötet und damit das sittliche Gesetz wieder herstellt.

Das »Gesetz« war freilich nicht nur das der Sittsamkeit im Leben, sondern vor allem das der Musik: Für Franz Strauss bildeten die Klassiker, für Bülow Brahms, für Ritter Richard Wagner dies »Gesetz«. Der junge Strauss, obwohl der entschiedenste Wagnerianer, fühlte sich 1892 vom »Gesetz« des Bayreuther Meisters, dessen Witwe – in seinem Unterbewußtsein – »seine Mutter« war, mit der er Inzest trieb, geradezu hingerichtet.

Seine Musik, das sagte ihm sein Unterbewußtsein, würde vom »Gesetz« Wagners erdrückt, denn sie anerkannte keine »Gesetze«, sondern wollte nur sinnlich sein und verführen. Sie nämlich war für ihn eine Form von Anarchie. Doch mußte Strauss deshalb »enthaltsam« sein, also keine Musik mehr komponieren, und würde sein Genie nun von Ritter getötet?

Strauss litt damals unter schlimmen Schuldkomplexen, in denen sich verbotene Erotik und verbotene Musik miteinander vermischten.

Der Entwurf einer Don Juan-Oper, der nie ausgeführt wurde, ist ein Bild dieser Seelenlage. Erst etwas mehr als ein Jahrzehnt später – in *Salome* und *Elektra* – wird Strauss den grauenvollen Kampf im Innern des Menschen in Musik darstellen.

## Aus Bayreuth verstoßen

Während Strauss im März 1892 Stirner las und die Pläne zu einem schaurig-anstößigen Musikdrama schmiedete, focht er seinen ersten Kampf gegen Bayreuth. Am 14. März beschwerte er sich mit heftigen Worten, daß weder Zeller noch Pauline de Ahna 1892 in Bayreuth singen dürften und Cosima Wagner stattdessen wieder Max Alvary engagieren wollte, den Strauss haßte: »Wenn ich meinen guten, herrlichen Zeller ansehe und dann des frechen, schamlosen Alvary gedenke, dessen Tannhäuser wirklich das Nichtswürdigste, Talentloseste war, was ich überhaupt jemals gesehen (es war unerhört!) . . .«,[120] beschwerte er sich bei der »hochverehrtesten, gnädigen Frau« in Bayreuth und konnte nicht einsehen, daß Zeller wegen »Stimmlosigkeit« und Pauline »trotzdem sie stimmlich genügte«, aus Bayreuth verbannt würden. Er fühlte sich von Cosima Wagner »desavouiert«. In ihren Artikeln hatten Ritter und er den Bayreuther *Tannhäuser* von 1891 verteidigt, und nun würde der Besetzungswechsel den Gegnern recht geben, die behauptet hatten, daß Sänger wie Pauline de Ahna oder Zeller nicht den Erwartungen entsprächen.

Alvary war für Strauss der Prototyp des Opernsängers, der nur durch seine Stimme, nicht aber durch musikalischen Ausdruck und richtige Darstellung das Publikum fesselt. Doch Alvary war damals ein berühmter Sänger, der nach einem Engagement in Weimar (1880–1885) an die Metropolitan Opera in New York übergewechselt war und nun in München, Hamburg und Weimar sang. Seinetwegen reisten viele Amerikaner und Engländer nach Bayreuth und waren 1891 enttäuscht, daß er nur den *Tristan* sang.[121] Zeller und Pauline dagegen waren unbekannte Anfänger, die für das Festspielpublikum kaum eine Attraktion bildeten. Bei Cosima Wagner war also Geschäftssinn im Spiel, bei Strauss noch ganz der Idealismus für die Sache Bayreuths, die er freilich auch mit dem Erfolg seiner zwei »Kunstzöglinge« verknüpfte.

Cosimas Antwort, die leider nicht erhalten ist, enttäuschte ihn. Die Witwe Wagners verstrickte sich in Widersprüche, wie Strauss feststellte: »Sie schreiben mir, teuerste, gnädige Frau: wenn Sie jetzt Zeller für *Tannhäuser* aufforderten, sähe es aus, als ob Sie meinten, er sei der Tannhäuser. Ist denn Alvary *der* Tristan? Ist Winkelmann *der* Tannhäuser? Außerdem schreiben Sie mir, ich solle die Dinge nie nach dem betrachten, wie sie die Leute etwa deuten könnten?«[122] Doch tat nicht Cosima gerade dies? Aber er wollte nun bescheiden schweigen.

*Seinen ursprünglichen Respekt – so mußte Cosima Wagner wohl bemerken – hatte »ihr Ausdruck« inzwischen abgelegt. Er konnte sehr hartnäckig und direkt sein. Sie erklärte dies gewiß mit der »lauteren, wahrhaftigen Natur dieses einzig seiner Überzeugung lebenden, genial begabten Künstlers«, der so losgelöst von »jeder Eitelkeit und jeder Frivolität« sei, wie sie an Mary Fiedler, die Frau des Münchner Kunstschriftstellers und Mäzens und spätere Gattin Levis, schrieb.[123] Von den banalen Dingen des Alltags und des Musikgeschäfts hatte der junge Strauss ja keine Ahnung! Doch sie klärte ihn nicht darüber auf, sondern verstrickte sich lieber in Ausflüchte.*

Strauss kam aber auf einen ihm noch wichtigeren Punkt zu sprechen: Er weigerte sich, für den »Festspieldirigenten« Hans Richter die *Meistersinger*-Proben abzuhalten und »(wenn der große Hans Richter mir das glücklich wieder ruiniert hat, was ich in diesen Proben zustandegebracht) die zwei letzten Aufführungen zu dirigieren«.

Etwas hatte er also von Stirners »Egoismus« nun schon gelernt: »Soll das nun meine einzige Aufgabe sein?« fragte er Cosima Wagner. War es »gekränkte Eitelkeit«, daß Strauss dieses Vorhaben ablehnte? Kannte er

*Hans Richter, Hermann Levi und Felix Mottl (von links nach rechts). Sie zählten neben Hans von Bülow zu den berühmtesten Dirigenten ihrer Zeit und beherrschten Bayreuth, als Richard Strauss hoffte, dort dirigieren zu dürfen.*

seine Grenzen nicht? War er für sein Alter nicht schon allzu selbständig und anmaßend, wenn er schrieb, er wisse ganz genau, daß er »so eingeschoben und als Lückenbüßer nichts leisten würde«? Strauss wies darauf hin, daß er in Bayreuth neu sei, »Zeit und Gelegenheit« brauche, um sich »langsam mit allen Mitwirkenden zusammen« in das ihm »anvertraute Werk einzuleben«. Er wollte also nicht von den älteren Dirigenten wie Richter und Levi lernen, sondern sofort selbständig eine Aufführung leiten. Doch die Herrscherin von Bayreuth hielt ihn noch für zu jung, zu wenig erfahren und zu eigenwillig und teilte Strauss dies in einem verloren gegangenen Brief auch mit.

Strauss antwortete: »Daß Sie mir persönlichen Ehrgeiz, Eitelkeit, Gefühl der Zurücksetzung unterschieben würden, das tut mir wahrlich sehr weh«,[124] und räumte ein, zu weit gegangen zu sein: ein »wahrlich böser Dämon« habe seine »Feder geführt«, doch in der Sache blieb er hart. Auch Mottl habe sich in den *Tristan* und *Parsifal* voll einarbeiten dürfen. Er sei nicht »ehrgeizig, gar nicht taktschlagwütig«, aber, »was Sie mir in Bayreuth zu tun geben, will ich gut, will ich ausgezeichnet machen«. Denn er ahnte aufgrund schlechter Erfahrungen bereits voraus, wie es ihm ergehen würde: »Als Aushilfsdirigent für Richter den Bayreuther Sternen gegenüber, die mir bei jedem Wort, das ich Ihnen sage, erwidern würden: ›Richter hat's anders gemacht‹, ›Richter wird's doch anders machen‹, dazu mein Eigensinn und Heftigkeit – ich sehe mich da nicht hinaus.« Mit Mottl könne er sich eine »gemeinschaftliche Arbeit« denken, aber Richter, schrieb er, »ist mein absoluter Gegensatz«. So wenig Respekt hatte er gegenüber dem berühmten, in Wien und London gefeierten Wagner-Dirigenten!

Strauss klagte im März von neuem über schlechte Gesundheit: »Magen und Nerven sind etwas parterre.«[125] Dennoch reiste er nach Berlin, um dort Beethovens 9. Sinfonie und einen weiteren Beethoven-Abend zu hören. Sein Schüler Zeller sang das Tenorsolo und Bülow dirigierte. »Wer weiß, wie lange man so etwas noch hört, da muß man sich dazuhalten«,[126] schrieb er an die Eltern. Neuerdings orientierte er sich also wieder mehr an Bülow und Beethoven, befreite sich vom Wagner-Kult. Und außerdem durfte sein Schüler dort singen, nicht aber in Bayreuth!

Cosima Wagner muß ihm nun einen diplomatischen, aber etwas hinterhältigen Brief geschrieben haben, der leider auch verlorenging, in dem sie ihm *Tannhäuser* oder *Tristan* zum Dirigieren anbot und überredete, die *Meistersinger*-Proben für Richter zu übernehmen. Strauss jubelte: »Ich han min lehn oder zu deutsch: Ich habe mein Werk für mich allein!«[127] Und den Eltern schrieb er über die Herrscherin von Bayreuth: »Frau Wagners Briefe zuerst abweisend und sehr vorwurfsvoll, dann Hinterpfötchen und zuletzt eingelenkt, ich habe meinen Willen und große Versöhnung. Der Schluß des letzten Briefes von Frau W. wörtlich: ›Ich bin alt, Sie sind jung. Ich will sehr gern Ihre Jugend verstehen, nur kann sie mein Alter und seine Entscheidungen nicht leiten.‹ So? Na, wir wollen doch sehen?«[128]

Wie unterschiedlich war der Ton dieses Briefes zu den gestelzten, gewundenen und idealistisch verbrämten Sätzen, die er nach Bayreuth übermittelte! Der Vater reagierte mit großem Zorn gegen seine alte Feindin und flocht antisemitische Bemerkungen ein: »Was das Dirigieren bei den Bayreuther Aufführungen anbelangt, so hätt ich gewünscht, daß Richard auf die Controverse mit Frau Wagner hin, für dieses Jahr ganz von Bayreuth weggeblieben wäre, denn ihn, der der Getreueste unter den Getreusten ist, einen Ungetreuen zu nennen, ist etwas stark. Es scheint, man will in Bayreuth nur Sklavendienst. Ich meine, dazu soll sie sich Juden nehmen, es gibt ja deren genug. (. . .) Ich sehe aus Allem, daß man mehr aufs Geld machen, als auf das rein Künstlerische sieht, wie könnte man denn einen Komödianten wie Alvary wieder bevorzugen. Ich ersehe aus dem ganzen Treiben auch eine Art Judentum im ›arischen‹ Gewand.«[129]

Wie klar erkannte der Vater, daß sein Sohn ausgenutzt wurde, und wie wirr flogen in seinem Kopf Begriffe wie Geschäftssinn, Judentum und Ariertum durcheinander. Für ihn war klar: Der Arier war der gute Mensch, wurde er geschäftüchtig, dann war er ein Jude im arischen Gewand. Stirner hätte dies ein Jonglieren mit fixen Ideen genannt.

Doch es kam so, wie Vater Franz Strauss vorausgesehen hatte, und der Sohn wurde von der Herrscherin in Bayreuth arg gedemütigt. Denn sie schrieb ihm nun einen Brief, in dem sie ihm die in Aussicht gestellte Übernahme einer allein von ihm dirigierten Oper entzog. Strauss muß sich nun wirklich als Bayreuth-Knecht gefühlt haben. An Weihnachten war es ihm noch versprochen worden, und nun mußte er verzichten. Cosima Wagner spielte mit ihm!

Er fügte sich aber und versuchte zu erreichen, daß er wenigstens sofort nach den *Meistersinger*-Proben öffentlich dirigieren könnte, und nicht erst, wenn Richter seine Intentionen wieder geändert hätte. So kleinlich mußte er hier um jedes Zugeständnis feilschen. Damals kam er zur Erkenntnis, daß es in Bayreuth auch nicht besser und idealer zuging als im übrigen Musikbetrieb. Er war um eine Illusion und eine Vision ärmer und mußte Stirner rechtgeben.

Cosima Wagner kam ihm auch bei seiner letzten Bitte nicht entgegen; denn Richters Terminplan ließ es nicht zu. Er mußte in der Probenzeit in London und bei den letzten zwei Aufführungen in Wien sein. So konnte also auch diese wenigstens einigermaßen erträgliche Lösung, zu der auch Onkel Ritter seinem »lieben, teuren Sträußchen« geraten hatte, nicht verwirklicht werden. Strauss schickte ein Telegramm nach Bayreuth, in dem er dennoch seine Einwilligung mitteilte.

Er hatte verloren, Cosima gesiegt! »Ach ja!! Es ist eine geschmacklose Welt! Wo sie nicht nach Juchten riecht, riecht sie nach Knoblauch! und

Rosendüfte werden uns selten beschert. Gott bessere es«, hatte Ritter seinen Brief beendet. Und Strauss fragte sich, ob man nicht notgedrungen ein Pessimist werden müsse?

## Sieg der Krankheit / Rückzug von der »Welt«

Erneute Nervosität, die Enttäuschung über seine Niederlage, die allzu viele Arbeit, die er sich in Weimar wieder aufgebürdet hatte, und seine Fahrlässigkeit gegenüber seinem Körper führten zu einem neuerlichen gesundheitlichen Zusammenbruch. Am 5. Juni erkrankte Strauss an Rippenfellentzündung, dirigierte am 12. Juni trotzdem die Uraufführung von Hans Sommers Oper *Loreley* in Weimar, reiste danach, nun schwer an Bronchitis erkrankt, zu seinen Eltern nach München und mußte bis Mitte Juli dort das Bett hüten. Dann fuhr er nach Bad Reichenhall – Pauline, ihre Eltern und ihre Schwester begleiteten ihn. Dort stellten die Ärzte fest, daß seine Lungenentzündung doch noch nicht ausgeheilt war, und rieten ihm dringend, den Winter in südlichem Klima zu verbringen. Lungenentzündung war damals eine lebensbedrohliche Krankheit.

Doch war die »Krankheit« in Wirklichkeit nicht Bayreuth? Sein Körper erschien Strauss als schwach, und von ferne leuchtete Bayreuth, wie vor drei Jahren in *Tod und Verklärung* in Töne gefaßt: »Denn auf einen solchen Krüppel wie ich einer bin, ist ja doch kein Verlaß, der jedes Jahr gerade vor den Festspielen krank, ja am letzten Tag vor der Probe sagt er noch ab. Es ist wahr, solche Leute kann man nur an Hoftheatern brauchen, da gehören sie hin und sollen sich nicht erdreisten, da mittun zu wollen, wo wirkliche Kunst getrieben wird.«[130] Er beendigte den Brief reichlich pathetisch: »Möge alles aufs schönste und wunderbarste gelingen zu Nutz und Fromm unserer erhabenen, deutschen Kunst!«

Doch war sie so erhaben, so hehr und hoch, wie es sich der Kranke vorstellte? Im August gab es nämlich noch ein kleines Nachspiel: Pauline erhielt ein Telegramm, in dem ihr Strauss mitteilte, sie könne doch in Bayreuth singen. Sie schickte sofort eine Depesche nach Bayreuth, in der sie zusagte, doch einige Stunden später wurde ihr von Bayreuth die Meldung übermittelt, ihre Zusage sei zu spät eingetroffen. Pauline war bitter enttäuscht: »Jeder Mensch, so er anständigen Charakters ist, läßt sich nicht wie einen Wischlappen, den man nimmt und in der nächsten Sekunde fort mit ihm – behandeln.«[131]

War das eine Intrige? Strauss fühlte dunkel, daß die hochverehrteste, gnädige Frau in Wahnfried mit ihm und den Seinen ein undurchsichtiges Spiel trieb.

# VII
## Die große Reise

Richard Strauss war krank an Leib und Seele. Er mußte nicht nur aus gesundheitlichen Gründen fort, wie er selbst spürte: ». . . in vollständiger Einsamkeit alles, was man in der Jugend gelernt und in sich aufgenommen hat, auf seinen eigentlichen Wert und seine Brauchbarkeit fürs spätere Leben einmal so recht zu prüfen, ins Anschauen fremder, herrlicher Kulturen versenkt, so recht weit weg von dem trostlosen Deutschland der Philister, die Zeit des selbständigen Mannesalters vorzubereiten . . .«,[1] schrieb er an Cosima Wagner.

Er fühlte, wie dringend notwendig es für ihn war, Abstand zu gewinnen, um zu sich selbst zu kommen. Schon einmal, 1886, war eine Reise für seine Entwicklung entscheidend gewesen.

Strauss hatte Glück. Onkel Georg Pschorr spendete ihm großzügig 5000 Mark für die Reisekasse – dies entsprach fast dem doppelten Jahresverdienst als Kapellmeister in Weimar –, und der Weimarer Großherzog bewilligte ihm ein Jahr bezahlten Urlaub. So wurde ein Traum wahr. Strauss konnte nach Griechenland und Ägypten reisen.

## In Griechenland: der griechische Germane

Strauss versah im September und Oktober in Weimar noch seinen Kapellmeisterdienst, führte dort zur Feier der goldenen Hochzeit des Großherzogs und seiner Gemahlin die von ihm komponierte Musik zu lebenden Bildern auf, welche die vaterländisch-hehren Ereignisse: »Bernhard von Weimar in der Schlacht bei Lützen«, »Wilhelm von Oranien, seine Schätze zum Wohl des Vaterlandes opfernd«, »Begegnung und Friedensschluß zwischen Oranien und Spinola« und »Versöhnung der Admirale« behandelten, erhielt das »Ritterkreuz 2. Abteilung des Großherzoglichen Sächsischen Hausordens der Wachsamkeit oder vom weißen Falken«, freute sich über das »hübsche weiße Vöglein am roten Band«[2] und dirigierte in Braunschweig seinen *Don Juan*, bevor er am 4. November aus Deutschland abreiste.

Mit dem Zug erreichte er Brindisi, bestieg dort das Dampfschiff »Mediterraneo« und mußte auf der vor Korfu liegenden Insel Vido eine fünftägige Choleraquarantäne erdulden. In dieser Zeit las er *Wilhelm Meisters Lehrjahre* von Goethe, in denen er erfuhr, daß »der Irrtum nur durch das Irren geheilt« werde.

Von Goethe angeregt, begann Strauss sein Reisetagebuch mit den Worten: »1892 – die Wanderjahre beginnen«. Er studierte auf der griechischen Insel Wagners Aufsatz *Über Staat und Religion*, in dem dieser Ähnlichkeiten zwischen Goethes Wilhelm Meister und dem Sozialismus entdeckte: Beide hoffen auf eine Gesellschaft, in der Arbeit nicht mit »entstellender Mühe und Last« verbunden ist. Doch vorläufig – so schrieb Wagner – sei das Volk dafür noch nicht reif, sondern nur der Künstler: »Auch der Künstler kann von sich sagen: Mein Reich ist nicht von dieser Welt«, resümierte er und fügte den Seufzer an: »Das Harte ist es nun eben, daß wir mit diesem außerweltlichen Reiche mitten in dieser Welt stehen, die selbst so ernst und sorgenvoll ist.«[3]

Später wird Strauss diese Idee der Arbeit zu seinem zentralen Lebensprinzip erheben. Doch nun entwarf er auf der griechischen Insel ein neues Musikdrama: *Das erhabene Leid der Könige*, das um ganz andere, für Strauss viel aktuellere Probleme kreist: der Kampf der Germanen gegen die Römer, in dem ein idealistischer, Macht und persönliches Glück für die Idee der nationalen Einheit opfernder Germanenfürst einem Widersacher gegenübersteht, der egoistisch nach Macht strebt, ihn verrät und seine Frau verführt. Dieser Entwurf war ein Germanendrama, wie es damals gerade Mode wurde und in dem Strauss – wie es Freund Rösch nannte – seinen »urgermanischen Gelüsten« nachgab, zugleich aber über das Verhältnis von Idealismus und Egoismus reflektierte. Ihn bewegten die nationale Einheit Deutschlands, Patriotismus und der Zwiespalt zwischen oft als Schwäche verstandener Aufopferung und häufig als Stärke gewertetem Egoismus. Auch dieser Entwurf wurde allerdings nicht verwirklicht.

Von der Insel Vido gelangte Strauss nach Korfu, wo er die »schöne, poetische Villa« der Kaiserin Elisabeth bewunderte, aber das dort aufgestellte Heine-Denkmal als einen »häßlichen Mißton«[4] bezeichnete. Strauss vertonte während seines ganzen Lebens nie ein Gedicht von Heinrich Heine.

In Olympia konnte er sich dann ein erstes Mal von den dunklen, national, germanisch und antisemitisch gefärbten Gedanken, wie sie in Deutschland gerade die Köpfe beherrschten, etwas befreien. Er bewunderte den Hermes des Praxiteles und die Friese des Zeustempels und sah dabei eine Entsprechung zu seiner Idee einer »Ausdruckskunst«: »Wie aus der Freude des sich entwickelnden technischen Könnens die Übertreibungen im ›Ausdruck‹ entstehen...«[5] Kühn suchte er nach geschichtlichen Entwicklungslinien von der Antike bis zur Gegenwart. Die Kunstgeschichte, meinte er, habe sich von der »Skulptur zur Musik« entwickelt, nämlich von »hellenischer Lebensfreudigkeit bis zum Christentum, vom äußeren bis zum inneren Menschen«.

Dabei brach in ihm nun wieder das alte Wagner-Fieber durch; denn er stellte Bayreuth auf eine Stufe mit Olympia. Doch während sich im alten Olympia »Volk, Kunst, Natur, Religion« in »Harmonie vereinigt« hätten, repräsentierte Bayreuth in seinen Augen »die äußerste Vereinsamung des christlichen Genius, der unerreichbar über einem Volke schwebt, das ihm nicht mehr zu folgen vermag«. Strauss faßte zusammen: »Jetzt gibt's kein Volk mehr, jetzt gibt's nur einsamen Genius.« Bayreuth sah er als »einsamen Koloss, den einer aufgetürmt hat, er schaut auf Fabriken, Zuchthäuser, Irrenanstalten hernieder!«[6]

Das war also das Weltbild, das er sich nun auf der Reise zurechtzimmerte: In der Antike, da war Harmonie, die er hier in Griechenland noch in den sanften Hügeln, dem »süßen Himmel« und »der seeligen Einsamkeit« nachempfinden konnte; heute dagegen herrschte Dissonanz: Das Genie war einsam, blieb vom Volk unverstanden, und anstelle einer arkadisches Landschaft umgab eine – wie Wagner es nannte – »ernste und sorgenvolle« Welt die Kunst: Fabriken, Zuchthäuser, Irrenanstalten – Strauss nannte diese modernen Errungenschaften in einem Atemzug als Symbole für die Krankheit der modernen Welt.

Am 16. November erreichte Strauss Athen, wo er sich an antiken Tempeln und Skulpturen nicht sattsehen konnte. Seine alte Liebe zur bildenden Kunst erwachte wieder. Obwohl von seiner Krankheit noch geschwächt, ließ er keine Sehenswürdigkeit aus. Dabei streifte er nicht als Intellektueller durch Museen und antike Ruinen, vielmehr konnte er seine theoretischen Gedanken über Griechen- und Hellenentum »ins unmittelbare Gefühlsleben«[7] übersetzen.

Der Vater im fernen München freute sich, daß der Sohn durch die griechische Kunst wieder einen Blick für das Einfache und Natürliche gewann. Franz Strauss war noch ganz vom Klassizismus geprägt, wie ihn die in München nach dem Vorbild der Antike gebauten Straßen, Plätze und Gebäude repräsentierten. Kein Wunder, daß er über die Bemalung antiker Statuen und Tempel, die Richard in seinem Brief erwähnte, negativ urteilte: »Mir scheint, Du hast das Unschöne der Bemalung der Statuen empfunden. Sollte es nicht identisch sein mit dem Übermaß der modernen Instrumentation? Ich glaube nicht, daß die Farbe die Statue verschönert und sie künstlerisch gehoben hat. Es kommt mir vor, als wenn dieses Bemalen der Anfang vom Untergang der altgriechischen Kunst gewesen wäre.«[8] So sehr hatte sich also Winckelmanns Idealvorstellung von der antiken Kunst im Kopf des alten Herren festgesetzt, daß er sie in ihrem tatsächlichen Erscheinungsbild nicht akzeptieren konnte – ebensowenig, wie die Instrumentationskunst seines Sohnes. Richard dagegen sah, wie anders die Antike gewesen sein mußte, wie sinnenfreudig, wie lebensvoll und wie falsch sie sich die Menschen im Norden vorstellten. Die Sinnlichkeit seiner Musik fand hier ihre Rechtfertigung.

Doch der junge Münchner Komponist mochte hier nicht theoretisieren, er gab sich lieber der südlichen Lebensfreude hin. Plötzlich wurde er wieder der lustige, humorvolle, optimistische junge Mann, der er einst als Gymnasiast gewesen war. Seinem Freund Thuille berichtete er begeistert über die »großen Eindrücke einer vergangenen herrlichen Cultur, eines höchst eigentümlichen Landes mit seinen einsamen braunen Bergen, dem blauen Meer und den melancholischen Ölwäldern!« Wieder wurde er ganz der Alte, der das Schöne, das er erleben durfte, gerne mit seinem Jugendfreund geteilt hätte: »Oh könntest Du's mit mir genießen; das würde Dir's

Componieren wieder lernen!« Und wieder schoß er mit seinem Übermaß über das Ziel hinaus. Seine Ratschläge klangen für den Musikprofessor in München überheblich, zeigten den Unterschied zwischen ihm und Strauss, zwischen Mittelmäßigkeit und Genie: »Da giebts keine Skepsis, man frägt nicht, ob man Selbstvertrauen hat oder nicht! Man schaut – und muß! (...) Was macht die Oper? Vergiß nicht, eventuell – selber machen! Es geht schon! Muth, lieber Freund! Und nur nicht lang fragen und nachdenken! Hinsetzen, probieren – und es gelingt Dir sicher!«

Strauss dachte nicht nur an sein eigenes Fortkommen, sondern auch an das seines Freundes und anderer junger Komponistenkollegen; so war er aber schon damals in Meiningen gewesen, wo er Thuilles Sinfonie uraufführte, und noch immer in Weimar, wo er die neuen Opern vieler deutscher Komponisten erstmals der Öffentlichkeit vorstellte; aber jetzt im fernen Griechenland klangen seine Worte nicht mehr so fanatisch wie in Weimar, der alte Humor war wieder da – auch der frühere Übermut, wird Freund Thuille geschmunzelt haben. Sein Freund wurde wieder gesund!

## Lungenkranker Tourist in Kairo und Luxor

Am 25. November bestieg Richard Strauss das Schiff nach Ägypten, wo er den Winter 1892/93 verbrachte, zunächst in Kairo, dann in Luxor. Der mit finanziellen Mitteln gut ausgestattete Tourist übernachtete in luxuriösen Hotels, erkundete aber auch die ihm so fremde Welt des Orients, wovon er im selben ironischen Ton berichtete, mit dem er einst als Wagner-Gegner die Opern des Bayreuther Meisters beschrieben hatte. Das »bunte und amüsante Volksleben« des modernen Orients erschien ihm fremd und doch anziehend. »Die heulenden Derwische haben mir mit ihrem Fanatismus, so brutal er sich äußert, doch einen gewissen Eindruck gemacht – Fanatismus ist nun einmal mein Fach – in jeder Gestalt«, schrieb er sarkastisch an Cosima Wagner.[9]

Der Orient stellte seine bisherigen Urteile und Vorurteile, seinen Nationalismus und Antisemitismus in Frage. In Deutschland erschienen die Juden als das Fremde und Bedrohliche, und nun erlebte er hier in Ägypten eine noch viel fremdere und andersartigere Welt, die von viel größeren Gegensätzen als in Deutschland bestimmt wurde: »Über dem Garten meines Hotels kreisen die Geier, in den Straßen wimmelt's von Eseln, englischen Gigerln, Kamelen, Deutschen, Büffeln, Arabern, Kairo vereinigt höchsten europäischen Komfort (so. z. B. habe ich im Theater hier *Dinorah* von Meyerbeer gesehen) mit afrikanischem Schmutz (da fällt mir ein, daß Meyerbeer eigentlich da hin rangiert) – kurz, es ist das verrückteste Durcheinander genau so bunt – wie mein Brief!«

Distanz, Humor, das hatte Strauss hier im Süden wieder gewonnen. So sehr er freilich vom bunten Leben des Orients fasziniert war – mit arabi-

*Richard Strauss (links)*
*in Ägypten, im Garten*
*seines Hotels in*
*Assuan*

scher Kultur konnte er so gut wie nichts anfangen. Moscheen erschienen
ihm »merkwürdig, aber ohne eigentliche künstlerische Wirkung«.[10] Die
Araber beschrieb er als »ekelhaft, dumm, albern, faul, schmutzig«. »Das
Volk ist so widerlich, daß ich sogar hie und da erwogen habe, ob mir nicht
die lieben Deutschen doch lieber sind, was sehr viel sagen will!«[11] Er fühlte
sich nun als Einsamer, als Genie, den übrigen Menschen weit voraus. Da
hatte er viel von Cosima Wagner übernommen, die in Bayreuth trohnte,
meistens von sich im pluralis majestatis sprach – »wir in Bayreuth« –, da
sie das Erbe eines Genies fortführte und sich deshalb über das Volk erhaben fühlte – und dies imponierte ihrem »Ausdruck«, dem »Sträussle« sehr.

Cosima Wagner machte auch in ihrem Antwortbrief keinen Hehl aus
ihrem Dünkel: »Sieht denn das Arabergesindel wenigstens hübsch aus?«[12]
Von arabischer Kultur glaubte sie etwas mehr als Strauss zu verstehen, verwies auf deren Leistungen in Spanien und flocht einen abwegigen Vergleich
zwischen dem arabischen und germanischen Stamm ein: »Jedenfalls ärgert
er einen nicht so wie der deutsche, dem alles geschenkt wurde, und der gar

nicht weiß, was er hat und mit seinen höchsten Gütern den Fremdling hausen läßt.« In ihren Worten schwang ein gefährlicher Rassismus mit.

Strauss hielt sich in Ägypen hauptsächlich an die Vergangenheit und staunte über die Pyramiden bei Kairo, die Tempel in Luxor und in Theben, die Gräber und Mumienschächte, den Ramseskoloß … Er war ganz ein Tourist, der – wie er seiner Mutter schrieb – die »nötigen Altertümer glücklich«[13] hinter sich brachte, die jahrtausendealte ägyptische Kultur bewunderte und das »arabische Gesindel« der Gegenwart verachtete.

Vor allem beeindruckten ihn aber das warme Klima, die heiß strahlende Sonne, Eselsritte, eine Segelfahrt auf dem Nil und die Landschaft, die er mit Worten zu malen verstand: »Die Kalksteinberge der Wüste sind von prächtiger Formation, von herrlichen Schluchten durchzogen; das Fruchtland ist reicher und größer als sonst, dem Auge wie ein großer Park mit Palmenwäldchen und allerdings nur sehr von weitem malerischen Dörfern.«[14] Er fühlte sich hier im Süden wohl und glücklich.

Sein Gesundheitszustand besserte sich. Während er im November und Dezember noch sehr müde war, jeden Tag bis halb elf Uhr schlief, wachte er nun schon um halb acht Uhr auf. Dann »bummele ich ein halbes Stündchen am Nil oder im Palmenwäldchen des Hotels, und von 10 bis 1 Uhr arbeite ich.«[15] Nach dem Lunch um 1 Uhr las er täglich Schopenhauer, arbeitete wieder von 3 bis 4 Uhr, ging bis 6 Uhr spazieren und »bewunderte pflichtschuldigst den üblichen Sonnenuntergang«, schrieb bis 7 Uhr Briefe, ging zum Diner, um »danach zu plaudern und zu rauchen (täglich 8-12 Stück)«. Ab 10 Uhr schlief er dann. So vergingen die Tage in Luxor, diesem in den Süden versetzten »Zauberberg« der Lungenkranken. Der Vater zu Hause wird den Kopf geschüttelt haben, daß sich der Sohn noch immer nicht das Rauchen abgewöhnt hatte.

## Persönlichkeitsveränderung unter südlicher Sonne

Das eigentliche Abenteuer dieser Reise war jedoch nicht Ägypten, sondern die Veränderung seiner Persönlichkeit, die durch Distanz, Einsamkeit und Selbstbesinnung zustande kam. Im Grunde war diese Reise eine Reise ins Innere, in das eigene Bewußtsein. Hier im Süden keimten – ohne daß es Strauss bewußt war – die ersten Ideen zum »griechischen Germanen«, als der er sich später verstehen wird. Hier erlebte er einen Rausch von Sinnenfreude, von bunter Exotik. Wie kalt, arm und erstarrt erschien ihm das ferne Deutschland!

Strauss las auch in Ägypten begeistert in *Wilhelm Meisters Lehrjahren*. Neben Wagner trat nun wieder die Klassik, sah er die Welt mit den Augen Goethes heiterer, distanzierter, weniger fanatisch und idealistisch, statt dessen sachlicher und klarer. So fand er langsam wieder sein Gleichgewicht zwischen den Polen Mozart und Wagner, die ihn fast auseinandergerissen hätten.

Im Reisegepäck war auch Schopenhauers Abhandlung *Die Welt als Wille und Vorstellung*, die er nun in Ruhe und unbeeinflußt von Ritter studierte. »Den wundervollen Aufbau dieses riesigen Gebäudes spekulativen Denkens«[16] bestaunte er als Kunstwerk. Doch bei aller Bewunderung übte er auch an einigen, entscheidenden Punkten Kritik. Diese Kritik war keineswegs intellektuell. Strauss war nicht geschult in philosophischer Argumentation. Wie sollte er auch? Er war Künstler – und widersprach Schopenhauer, da er anders fühlte.

Als er von Schopenhauers Buch aufblickend in den südlichen Nachthimmel von Luxor blickte, kam ihm der Gedanke: »Welch' ruhigen, beglückten Ausdruck hat der Mond, auf dessen Antlitz das von der alle Zeugung befördernden Sonne gespendete Licht durch die süße Nacht strahlt.«[17] Den Mond sah er als das Weib, »auf dessen Gesicht« nach der Vereinigung der beiden Geschlechter »noch lange das glückliche Lächeln der Beglücktheit leuchtet«. Ist in diesem Lächeln – »ich habe nie einen solchen oder ähnlichen Ausdruck wirklicher Glücksempfindung gesehen!« – nicht ein Weg zu finden, fragte Strauss, zur Erlösung des Willens, nämlich zu seiner Bejahung, anstelle der Verneinung von Liebesfreude und Lebenstrieb, wie es der Philosoph lehrte?

Schopenhauer beschrieb die Wonne des Zeugungsaktes als einen Wahn, betrachtete alles Leben nur als Leiden, war ein Pessimist. Strauss fühlte, daß sein Inneres dem widersprach: »Sein Pessimismus ist durchaus subjektiv und ermangelt der wundervollen Objektivität seiner ganzen übrigen Darstellung.« Hier, im strahlend hellen Licht des Südens, in einem luxuriösen Hotel, betrachtete der junge Komponist die Welt viel optimistischer: Man »ißt mit Genuß, nicht bloß um den Hunger zu stillen«, notierte er, »empfindet Freude an der Natur, am Kunstwerk ...« Und Liebe, dachte Strauss, ist »Bewußtsein«, nämlich das Bewußtsein des »Ewigseins in ewig neuem, nie endendem Werden, das Bewußtsein der ewigen Erzeugung (jeder Einzelne tut ebensoviel als er kann) und dadurch des ewigen Seins, eben das hohe Glück, das der Genuß des Zeugungsaktes gewährt.« Mit einem Seitenhieb gegen die christliche Religion beendete er dieses Lob der Sinnenfreude: »Wer kann da wagen, vom Fluch der Erbsünde zu reden!«

Nein, nicht die Verneinung des Willens, sondern seine Bejahung erschien Strauss als richtiger Lebensweg. Doch dies hieß für ihn auch »Bejahung des Leibes«. »Ich bejahe bewußt, dies ist mein Glück!« notierte er am 4. Februar 1893 in Luxor. Da hatte er sich wieder gefunden, wie er in der Jugend gewesen war, hatte all die Verunsicherungen überwunden, die ihm Pessimismus, Lebensüberdruß, Leiden, Sünde, Angst beschert hatten. Selbst den Tod fürchtete er nicht: »Schopenhauer stellt oft den Tod als das Schrecknis, als den Gipfelpunkt aller Leiden hin; dies widerspricht aber gar sehr seiner Deutung des Todes im II. Band. Wer diese Bedeutung des Todes einmal richtig erkennt, den kann der Tod doch nicht eigentlich schrecken.«

Bei aller Kritik an Schopenhauer lernte er von ihm dennoch, seine wirkliche Lebensbestimmung zu erkennen, nämlich sich nicht in einem Opernhaus wie in Weimar oder München, »in so einem Lumpentheater, das doch kein Aufenthalt für wirklich ernste Künstler, sondern so der richtige ›Streberstall‹ ist«,[18] schwarz zu ärgern, sondern ganz der »künstlerischen Anschauung, künstlerischen Produktion«[19] zu leben. So »wunschlos«, »im reinen willenlosen Subjekt der Erkenntnis«[20] arbeitend ist »die Aussicht auf Erfolg dabei ein ganz nebensächliches Moment gegenüber der Wonne des Schaffens«.

Im Leben des Genies sah er die Krone der Schöpfung, stellte die künstlerische Arbeit sogar über das Bewußtsein der Liebe. Bot ihm nicht die Musik die Möglichkeit, »die Glücksempfindung des Zeugungsaktes«, diesen Wahn, wie ihn Schopenhauer nannte, überhaupt nicht mehr verlöschen zu lassen. »Das wäre der Triumph des Bewußtseins der Bejahung des Willens«, schrieb er.

Das Komponieren, dem er sich hier in Luxor ganz hingeben konnte, war für ihn die Wonne des »Zeugungsaktes«. Ein derart sinnliches Verhältnis besaß er also zu seiner Kunst. Er fühlte sich als Don Juan, der mit Musik die Menschheit zur Befreiung der Sinne verführte, zur Befreiung von so fixen Ideen wie Schuld, Sittlichkeit oder Pflicht – wie Stirner es nannte.

Nachdem Strauss sechs Jahre lang am Text des *Guntram* geschrieben hatte und erst seit Beginn der Reise wieder konzentriert komponierte, konnte er nun, am 27. Februar 1893, die Vollendung des I. Akts nach Hause melden. Er komponierte wieder, er war wieder glücklich!

## Der kontemplative Künstler: über Moral und Sinnlichkeit

Wie schon im Opernplan zum *Erhabenen Leid der Könige* vermengte seine Phantasie Persönliches, Gedankliches und Historisches zum Entwurf eines Musikdramas, der Oper *Der Reichstag zu Mainz*. Auch dieser Entwurf blieb im Skizzenstadium stecken, ist aber bezeichnend für die Art, wie Strauss seine persönliche Wirklichkeit sowie das Denken und Empfinden seiner Zeit in Musik oder Musiktheater umformte.

Nach seiner Abreise aus Deuschland erfuhr Strauss von einer neuen Wendung im Leben seines »Onkels Ritter«. Dieser hatte sich nämlich in die russische Pianistin und Schülerin Bülows Sonja von Schéhafzoff verliebt, die ihrerseits Richard Strauss gern mochte. Vater Stauss verurteilte diese Liebe des alten Ritter zu einer jungen Frau: »Siehe nur Deinen Freund Ritter an; er hat sich durch ein Weib so beeinflussen lassen, daß er nicht einmal mehr an Deinen Sachen Anteil nimmt. Das sind in meinen Augen keine Freunde.«[21]

Die Russin übersiedelte nach München, »verzauberte« den guten »Onkel«, wie Freund Rösch berichtete, und Ritter war durch »das himmlische Kind«, wie Thuille ins ferne Ägypten vermeldete, »occupiert« und »ziemlich ungenießbar«.[22] »Schlimme Zeiten« brachen für die Familie Ritter an, von denen auch Strauss betroffen war; denn der »Onkel« wandte sich, wie der Vater bemängelte, von seinem berühmten Schüler ab.

Ritter war über den jungen Komponisten erbost, weil er – davon wird noch die Rede sein – im Libretto zu *Guntram* seine eigenen Wege ging und dabei seine Kritik in den Wind schlug. Er spürte, daß sich Strauss nicht nur von Schopenhauer, sondern auch von ihm befreite, und schimpfte in der Weinstube zum Leibenfrost erbost über seinen ungetreuen Schüler.

War das nicht ein Stoff für eine Oper? Strauss sah seinen Freund Ritter und sich als Minnesänger und fahrende Spielleute am Hof von Herzog Heinrich in Mainz; germanisch-mittelalterliche Stoffe waren damals – wie bereits erwähnt – bei Wagnerianern beliebt. Diese Spielleute diskutierten über Fragen der Kunst: »A., der echteste Künstler, dessen Hauptelement das bewußte Anschauen ist (ich selbst), preist die Sonne, dies erfreulichste der Dinge, und ihr Adäquat, das Auge; das dem Genesenden den Anblick der Natur, der Geliebten gönnt und ihm das höchste Ziel des Willens, das volle Bewußtsein der Bejahung oder Verneinung erst ermöglicht.« Mit diesen Worten porträtierte Strauss sich selbst: Er war – obwohl Musiker – ein Augenmensch, der ganz das Glück direkter Sinnenwahrnehmung genoß.

Doch sein Gegner, »B« (in Wirklichkeit Alexander Ritter), ein alter, »nach ethischen Zielen strebender Künstler«, erzählt von einem Blinden, der, »alles Herrliche in seiner Phantasie geschaut«, sehend wird und über die nun erblickte Welt enttäuscht ist: »Er hat sich die Sonne viel schöner vorgestellt etc; er sieht nun wirklich all das Elend, das bis jetzt nur wie ein fernes wüstes Geräusch kaum an sein Ohr geschlagen, das kaum die Reinheit seines Gemütslebens von ferne erschüttert hat.« Von seinem »blinden« Idealismus geheilt verfällt B. aus Enttäuschung über die Diskrepanz zwischen Ideal und Wirklichkeit der Sünde. B meint: »Wäre die Menschheit blind, die Sünde wäre unmöglich.« Doch A entgegnet: »Aber auch die Kunst.«

Um Kunst und Ethik geht es also in dieser Diskussion – eine Frage, die Richard Strauss damals sehr bewegte: Soll Kunst zeigen, wie die Welt sein sollte, oder nur, wie sie ist? Bei der Lektüre von Schopenhauers *Die Welt als Wille und Vorstellung* gewann er die Erkenntnis, daß »künstlerische Anschauung und Darstellung der Ideen an sich unabhängig von jeder Ethik« sind. Die reine Anschauung stellt sich nicht die Frage, was gut und böse ist – und Kunst ist nichts als reine Anschauung, glaubte Strauss.

In seiner geplanten Oper *Der Reichstag zu Mainz* hat der Gesang von A unbeabsichtigt dennoch eine ethische Wirkung; denn A singt auf dem

Reichstag so eindrucksvoll, daß Herzog Heinrich freiwillig gesteht, er habe seinen Bruder Otto I. ermorden wollen. Dagegen verstrickt sich der alte Spielmann B., der so sehr auf der ethischen Bedeutung von Kunst besteht, in ein zweifelhaftes Liebesabenteuer mit S., »die den A. liebt, ohne von ihm wiedergeliebt zu werden: sie hat sich hinter B. gesteckt, dessen großen erzieherischen Einfluß auf A. sie kennt. B. ist selbst in sie verliebt, real, während er glaubt, nur himmlische Liebe zu ihr zu empfinden.« S ist Sonja von Schéhafzoff, die in Richard verliebt war und nun mit dem alten Ritter ihr Spiel trieb. Strauss dagegen zog es zu P., also zu Pauline: »Eine echte Frau (!) von A geliebt und die ihn wiederliebt.«

P ist »die erste leidenschaftliche Frau ohne Intellekt im Gegensatz zu S., deren Blaustrumpfweisheit, religiöse Hysterie A. als unweiblich abstößt«. Sie findet das Geheimnis von Herzog Heinrich heraus, das dann A durch seine Musik entlarvt und ihn so zum bereits erwähnten Geständnis zwingt. Am Schluß »beweist und glorifiziert A die Schönheit echter Geschlechtsliebe; das ganz besondere Gebiet der irrealen Ergänzung des männlichen und weiblichen Elements in der Natur, das Schopenhauer so wenig erkannt und darum so schwer verkannt hat . . .«[23]

Strauss dagegen hatte sich nun entschieden: Keine schwärmerische, religiös-hysterische, intellektuelle Frau wie Sonja sondern ein leidenschaftliches, kapriziöses, weibliches Geschöpf wie Pauline wollte er für sein Leben suchen. Dies faszinierte ihn, dies wird der Stoff seiner zukünftigen Opern sein.

Damit hatte er sich innerlich von den mythos- und moralbeladenen Dramen Richard Wagners abgewandt. *Parsifal* erschien ihm als Endpunkt in der Kunst des Bayreuther Meisters, nicht als Wegweiser in die Zukunft. Dennoch komponierte Strauss damals gerade seinen *Guntram*, eine Oper, die noch allzusehr im Schatten Richard Wagners steht, auch wenn sich Strauss darin von ihm zu befreien versuchte.

# Die Rückreise:
## Zukunftschancen und wiederaufkommende »Bosheit«

Am 17. März erreichte Strauss nach einer anstrengenden Eisenbahnfahrt Kairo. Sand und Staub drangen durch alle Ritzen und Fenster ins Abteil herein, und »außerdem gibt es nirgends etwas zu essen, außer Zuckerrohr, Orangen und Brot«.[24]

Sehenswürdigkeiten wie der »prachtvolle Tempel bei Dendera« und der »Grabestempel Setis des Ersten mit wundervollen Reliefs und Malereien bei Abydos«, wohin er eineinhalb Stunden auf einem Esel ritt, sowie auf den Zwischenstationen Unterhaltungen mit einer verschleierten Türkin auf französisch – »sie war sehr niedlich« – boten einige Abwechslung.

Kaum war Strauss der Heimat ein wenig näher gekommen, erreichten ihn aufregende Nachrichten. Am 16. März berichtete ihm der Vater aus München: »Nach dem Mittagessen erhielt ich von Levi einen Brief, in welchem er mich dringend ersuchte, er schrieb: ›Könnte ich Sie heute noch in einer für mich (und vielleicht für Ihren Herrn Sohn) recht wichtigen Sache einen Augenblick sprechen?‹«[25]

Der alte Feind, den Vater und Sohn seit der erzwungenen Pensionierung von Franz Strauss haßten, kam also auf den ehemaligen Hornisten wieder zu und wollte den Streit begraben. Die beiden Herren trafen sich im Souterrain des Café Maximilian, wo sie »in halbstündiger gegenseitiger Aussprache Nachstehendes zu Tage förderten«: Levi wollte wissen, ob Richard wieder gesund sei, ob er von Weimar sich »freimachen« könne und ob er als »Hofkapellmeister hier in Stellung treten« wolle. Richard sollte denselben Rang wie er, Levi, haben, über Fischer stehen, der sich »resigniert damit einverstanden erklärt« habe. Nur eine Bedingung stellte Levi: »Daß Du mit ihm freundlich verkehren und wirken möchtest.«

Vater Strauss erinnerte an Richards erste Münchner Zeit, »daß man gegen Dich bei Deinem früheren Hiersein, hinter Deinem Rücken agierte und Dich auf eine sehr garstige Weise behandelte«. Levi seinerseits bekümmerte der große Einfluß Ritters auf Richard und fragte sich, was dieser gegen ihn habe, worauf Franz Strauss antwortete: »Ritter ist Antisemit und, wie ich glaube, einmal durch einen Juden zu Schaden gekommen.« Zugleich wies er aber darauf hin, daß Richard sich trotz der großen Freundschaft zu Ritter seine Selbständigkeit bewahrt habe. Levi klagte über seine schwierige Situation am Hoftheater, seit Possart anstelle von Perfall Intendant geworden war, und über die bösen Angriffe der Presse. Vater Strauss urteilte realistisch und trocken: »Mir scheint, Levi möchte jetzt nach allen Seiten versöhnend wirken, damit er noch einige Jährchen mittun darf.« Freilich hatte dieses Angebot einen Haken: Mit Mottl war Levi eng befreundet, und wenn dieser nach München wollte, dann konnte er ihm dies nicht ausschlagen.

Richard Strauss im fernen Kairo war über die Möglichkeit erfreut, von Weimar wegzukommen, reagierte aber weniger gefühlsmäßig und viel selbständiger als früher. Er stellte Fragen, sondierte und beobachtete aus der Distanz. Sofort schrieb er einen Brief an Mottl, um herauszufinden, ob dieser wirklich nach München wollte. Von Cosima Wagner traf gleichzeitig mit dem Brief des Vaters ein Schreiben ein, in dem sie Strauss davon benachrichtigte, daß Mottl aus Karlsruhe nach München gehe, da seine mit ihm neuvermählte Frau, die – laut Levi – eine getrübte Vergangenheit hatte, dort kein Engagement als Sängerin erhielt. Wie verwirrend war dies alles: Warum erhielt er ein Angebot, wenn Mottl schon für die Stelle ausersehen war?

Doch Strauss behielt einen kühlen Kopf, beauftragte den Vater zu ergründen, ob Levi vom Intendanten Possart überhaupt bemächtigt war, mit

dem Vater zu verhandeln und was Possart beabsichtige, und er fragte Cosima Wagner nach deren Wünschen. Da hatte er nun schon einiges an Taktik und Diplomatie gelernt.

Wenn er nun an Deutschland dachte, so zog es ihn nur wegen Bayreuth
dorthin zurück. Das andere Deutschland war ihm sehr zuwider: der »alber-
ne Kunsttrödel, den die Juden und Judengenossen da in unserer lieben Heimat aufführen«,[26] die »Goethe-und-Schiller-Traditionstempelruinen Weimars«,[27] wo er »über sechs erste Geigen den Taktstock« bald wieder wird
schwingen müssen – »eine Tätigkeit, die man auf die Dauer doch nur bei
übermäßigem Biergenuß aushalten kann«[28] – und das »Philistertum«, wie
er es gerne nannte.

Juden, Philister – das schienen die Feinde des jungen Mannes zu sein,
den Cosima Wagner in Briefen an den Münchner Kunsthistoriker und -mä-
zen Fiedler als so »einfach, so kindlich und männlich« charakterisierte[29]
und die in seinen Überlegungen über Schopenhauer »die Naivität und
Überlegenheit seines Wesens«[30] erkannte. Als ein gutmütiger, aber gerne
aufbrausender, naiver Bayer wurde er also zu Hause beurteilt – und gewiß
nicht nur von Cosima Wagner, sondern wohl auch von den Mottls, Bronsarts, Lassens, Levis und Possarts. Doch war er das noch? Werden sich seine
Freunde zu Hause nicht täuschen?

## Brummschädel über Nietzsche-Lektüre

Strauss verbrachte inzwischen herrliche Tage auf Sizilien. Von dort sah er
die Araber wesentlicher positiver als in seinen Briefen aus Luxor: »... und
wunderte mich – über die europäische Zivilisation, die in Sizilien herrscht,
– gegen das wüste, aber viel originellere Treiben der Araber.«[31]

Seine Deutschtümelei hatte er verloren. Während seines vierwöchigen
Aufenthalts in Taormina suchte er die »nette und lustige« Gesellschaft von
zwei Weimarer Malern – Arp und Böhm – und eines Engländers, Mr. Col-
beck, Direktor der Ägyptischen Bank in Kairo und »ein feiner Kerl«:
»... mir lieber als diese albernen Deutschen, die hier massenhaft herum-
wimmeln und über jede Apfelsine in Entzücken geraten.«

Seinen Eltern schrieb er: »Ich glaube, Ihr werdet mich verändert finden.« Der 29jährige Komponist war, so schien es, in der Ferne endlich
selbständig und erwachsen geworden. Doch hatte er sich schon ganz selbst
gefunden? Noch einmal machte er eine Entdeckung, die ihn so verwirrte,
faszinierte und zugleich abstieß wie einst die Musik von Richard Wagner.
In seinem Reisegepäck befand sich Nietzsches Buch *Jenseits von Gut und
Böse*, das eine »große Konfusion« in seinem »armen Kopfe« anrichtete:
»Es ist ein tolles Gemisch von Verrücktheit, Absurditäten (die Sehnsucht
nach dem ›Süden in der Musik‹ ist höchst komisch) und dann wieder Ge-

danken, die ich für das Bedeutendste mit halte, was ein Menschenkopf ersinnen kann.«[32]

»Höchst komisch« fand Strauss damals noch Nietzsches »Sehnsucht nach dem ›Süden in der Musik‹«, die der Philosoph bei Bizet erfüllt sah: »Dieses letzte Genie, welches eine neue Schönheit und Verführung gesehn – der ein Stück Süden der Musik entdeckt hat.«[33] Zwar sträubte sich Strauss noch dagegen, doch die große Reise und Nietzsche ließen in ihm die Idee vom »griechischen Germanen« dämmern.

Sympathisch waren ihm im Buch des umstrittenen Philosophen der »antidemokratische Zug«, der die demokratische Bewegung »nicht bloß als eine Verfalls-Form der politischen Organisation, sondern als Verfalls-, nämlich Verkleinerungs-Form des Menschen«, als seine »Vermittelmäßigung und Wert-Erniedrigung« bezeichnete,[34] und das Kapitel über Frauen, das Strauss als »sehr scharfsinnig« und »von feinster Beobachtung« lobte. Der Philosoph beklagte die Emanzipation als einen der »schlimmsten Fortschritte« zur »Verhäßlichung Europas«.[35] Nietzsche legte dar, was er unter dem »Ewig-Weiblichen«, verstand: »Seine große Kunst ist die Lüge, seine höchste Angelegenheit ist der Schein und die Schönheit. Gestehen wir es, wir Männer: wir ehren und lieben gerade diese Kunst und diesen Instinkt am Weibe: wir, die wir es schwer haben und uns gerne zu unserer Erleichterung zu Wesen gesellen, unter deren Händen, Blicken und zarten Torheiten uns unser Ernst, unsere Schwere und Tiefe beinahe wie eine Torheit erscheint.«

Sah Strauss Sonja von Schéhafzoff vor sich, als er dies bei Nietzsche las? An Cosima Wagner dachte er wohl nicht, als er im Brief an sie Nietzsches Bemerkungen über das Weib so sehr lobte. Überhaupt war ihm wohl nicht bewußt, daß Nietzsche in Bayreuth nach seiner Schrift *Der Fall Wagner* aus dem Jahr 1888 verhaßt war. Denn Cosima schrieb er völlig arglos von seiner Nietzsche-Lektüre und dem »Brummschädel«, die sie ihm verursacht habe, dagegen bat er seinen Vater, diesen Brief (er sandte auch eine Abschrift nach München) nicht Freund Ritter zu zeigen, um dessen Ärger nicht noch mehr zu vergrößern.[36]

Cosima Wagner schwieg über die »Nietzsche-Verwirrung« des jungen Strauss, aus der bald eine Nietzsche-Verehrung werden wird. Aus einem sieben Jahre später an die Schriftstellerin Malwida von Meysenbug geschriebenen Brief erfahren wir, daß Cosima Wagner nur den »ersten Nietzsche (ich möchte sagen, den einzigen Nietzsche)«[37] gelten ließ, seine späteren Schriften aber nicht las: »Was ich davon vernahm, war so abschreckend, daß mir gleich es aufging: er erliegt seinen Leiden, und wir wohnen einem Zersetzungsprozesse bei. Auch fiel mir bei dem, was mir mitgeteilt wurde, der völlige Mangel an Originalität auf. Es erschien mir wie eine neue Auflage der Enzyklopädisten und einzelner, geistvoller hirnverbrannter Deutscher, wie Max Stirner.«

# Ein wie besessen komponierender Tourist / Rückreise

Strauss komponierte auf Sizilien fast den ganzen zweiten Akt seines *Guntram*. Der Vater kritisierte indes den I. Akt als zu »dick« instrumentiert.[38] Der Sohn hatte diese Kritik erwartet und nahm sie voller Ironie auf: »Wenn's nach meinem guten, lieben Papa ginge, müßten die Hörner in der ganzen Oper pausieren, höchstens einmal im Finale so ein paar ausgehaltene Töne wie im *Don Juan* oder *Zauberflöte* blasen; ich finde eher die Fagotte etwas zu stark beschäftigt, aber das genierte das Papchen nicht, da freute er sich drüber, wenn die lieben Nachbarn recht viel zu tun haben. Gelt?« Dann drohte er, daß der II. Akt »schon etwas dicker« würde und berichtete stolz, er habe nun seit sechs Tagen von halb sieben Uhr bis zum Mittag komponiert.

Was für ein schönes Leben! Denn am Nachmittag bummelte er, badete im Meer, »was herrlich ist«, und »spielte den Kunsthändler«: »Verkaufe den beiden Malern Bilder bei den Gästen des Hotels...« Seit zwei Tagen freilich bummelte er »total«, »da ich der jungen Frau eines höchst alten Gutsbesitzers aus Hinterpommern die Cour machen muß, was auch einmal eine Abwechslung ist«.

Wenige Tage später berichtete er dem Vater, daß er an Levi einen »glaube ich, sehr diplomatischen Brief«[39] geschrieben habe, worin er »im Prinzip« die angebotene Stellung annahm. Dazu hatte ihm Cosima Wagner geraten, die damals »ihre« Kapellmeister – Levi, Mottl, Strauss – in wichtige Positionen hineindirigierte.

Strauss schrieb an Levi, daß er den alten Streit begraben wolle, da »Du, lieber Papa, anscheinend die Sache verschmerzt habest.« Mit der »Sache« meinte er die Umstände der Pensionierung seines Vaters. Im übrigen beruhigte er ihn, daß er bei den Verhandlungen »ganz langsam und systematisch« vorgehe. Ein Problem gab es nämlich noch: Die »sogenannten Festspiele« in München waren der Dame in Bayreuth ein Dorn im Auge. Sie wünschte deshalb nicht, daß Strauss dort dirigierte.

So spann Strauss von Sizilien aus die Fäden in der Heimat. Er war nun ein Diplomat und längst nicht mehr so naiv, wie die Freunde zu Hause glaubten. Von Taormina fuhr er am 29. April den Ätna bis Nicolosi hinauf, dann mit der Bahn nach Syrakus »durch herrliche Landschaft, das Meer mit Ätna, rechts sanfte Hügel mit Oliven und herrlicher Fauna...« In Syrakus besuchte er das griechische Theater und die Steinbrüche – »letztere einer der prächtigsten Plätze, die ich je gesehen: ein Urwald von Blumen, herrlicher Nachtigallengesang, in dem sogenannten Ohr des Dionysos die fabelhafteste Akustik, die Landschaft ist einfach, aber stimmungsvoll, Wetter herrlich.«[40] Die »Weite der Landschaft« erinnerte ihn an Ägypten, das nun schon weit hinter ihm lag. Papyrosstauden, Schlingpflanzen, eine tropische Vegetation und vor allem das »Nachtigallenkonzert« erfüllten ihn mit Freude. Sein ganz Leben lang wird ihm der Süden als Paradies erscheinen.

In Syrakus war zwei Tage zuvor auch Brahms gewesen. Strauss zeigte sich allerdings nicht allzu traurig, daß er ihn verfehlte: »Dagegen erfreut Max von Vicenti mein Auge!« In Palermo kaufte er für die Mutter und die Schwester Handschuhe: »Sie sind außerordentlich billig und berühmt.«[41] Außerdem erkundigte er sich beim Vater, welchen Umfang Tenorhörner haben und in welcher Tonart sie stehen – ein wie besessen komponierender Tourist!

Von Palermo zog es ihn nach Ramacca, wo die Tochter Cosimas und Bülows, Blandine Gräfin von Gravina, in einem alten Kloster lebte. Dort blieb er über eine Woche lang, konnte endlich wieder musizieren – er spielte mit Bülows Tochter den Klavierauszug von *Macbeth* vierhändig –, führte erstmals seinen *Guntram* einem »Publikum« vor, ritt mit dem Pferd in die Campagna – »heruntergeflogen bin ich nicht, der Galopp ging leidlich«[42] – und ließ sich vom Grafen in die Landwirtschaft einführen, wie er an Bülow schrieb: »Ich rechne es als großen Gewinn, auf dieser Reise den Blick aus der einseitigen Richtung des deutschen Musikanten auf alle Dinge dieser Welt zu lenken gelernt zu haben.«[43]

Von Palermo ging die Reise zurück aufs Festland nach Neapel, dessen Landschaft Strauss wiederum – wie schon vor sieben Jahren – in vollen Zügen genoß. Dort bestieg er ein Dampfschiff, das den »himmlischen Golf«, »an den Inseln Ischia und Procida vorüber« aufs Meer hinausfuhr, Capri und Elba passierte und ihn bei ruhiger See nach Livorno brachte. Er »kauderwelschte« mit »einer sehr netten kleinen Engländerin« in vier Sprachen und bekam nun »überhaupt Geschmack an den Engländern: sie haben etwas so Reinliches und Diskretes in ihrem Wesen, das man an den Italienern wie den lieben deutschen Landsleuten so sehr vermißt.«[44]

Von Livorno führte ihn sein Weg über Pisa nach Florenz, wo er ausruhte, Briefe las, dann die Stadt anschaute und die großen Kunstreichtümer in den Kirchen und Museen bewunderte. Vor allem zeigte er von sich Raffael begeistert, während er von »Herrn Michelangelo« sehr enttäuscht war: »Der mir wie ein höchst genialer Decorateur erscheint. (. . .) Dieser Athletenfotograf mit seinen ausdruckslosen Köpfen«,[45] schrieb er respektlos an Cosima Wagner. Zwei Tage später freilich urteilte er über Michelangelo schon viel nachsichtiger und bekannte seinen alten Fehler: »Wenn eine ganz alte Wahrheit in meinem dummen Kopfe zum ersten Male deutlich wird, sie dann gleich so extrem gegeben in die Welt hinauszuposaunen, daß die Wahrheit zur – Torheit wird.«[46]

In Florenz traf Strauss mit Levi zusammen und verbrachte mit ihm einen »netten Tag«. Dabei handelten sie den Vertrag für die Münchner Hofkapellmeisterstelle aus; 7000 Mark bot ihm Levi an, ein umfangreiches Repertoire, zwei Monate Urlaub. Für den knapp 30jährigen waren dies außergewöhnliche Bedingungen, und so willigte er ein. Dem Vater berichtete er, daß Levi »sehr nett, offen und liebenswürdig« gewesen sei. Er glaubte nun, mit ihm gut auszukommen. Immerhin war Levi der erste gewesen, der seine Werke aufgeführt hatte.

Und Weingartner? Die Opernleitung ging damals davon aus, daß er erst in drei Jahren nach München kommen würde. Strauss meinte: »Gelingt's nicht, neben Weingartner zu bleiben, dann gehen wir eben – wieder auf Reisen! Das findet sich!«[47] So gelassen sah er im schönen Florenz seine Zukunft. Weingartner wechselte dann erst 1898 nach München – und zwar nicht an die Hofoper, sondern zum Kaim-Orchester, den späteren Münchner Philharmonikern.

Am 17. Juni fuhr Strauss mit dem Nachtzug bis Mailand, verbrachte zwei Tage in Stresa am Lago Maggiore, lauschte im Garten des Hotels Iles Boromées noch einmal dem Gesang der Nachtigallen, bestieg dann »bei einer Knallhitze« die Kutsche nach Gravellona, um von dort mit der Bahn bis Domodossola zu gelangen. In einem Landauer fuhr Strauss in Begleitung zweier Engländer den Simplonpaß hinauf und schwärmte in Simplon über die »wundervolle Luft« und die »erste blau gesottene Forelle«, die er nach langer Zeit wieder aß.[48]

Am 21. Juni erreichte Strauss Zermatt, »fluchte« über den strömenden Regen, wurde aber am nächsten Morgen von strahlendem Sonnenschein überrascht. Nun zog es ihn den Berg hinauf; er stieg um 6 Uhr früh bis zur Riffelalp, frühstückte dort, ging weiter zum Riffelhaus, wurde »kühn« und erreichte schließlich den 3156 m hohen Gornergrat: »Wolkenlos, strahlend im Sonnenglanz. Monte Rosa, Breithorn, Matterhorn etc. ringsum lauter Schneeriesen von 4500 Metern und unter mir riesige Gletscher. Es war überwältigend. Die Sonne schien warm und ließ die Eislüfterln nicht recht aufkommen. Ich war sehr langsam gestiegen, Herz und Lüngerln haben sich famos benommen; mit dieser Quittung kann ich nun getrost in den deutschen Winter hinein . . .«[49]

Er war wieder gesund! »Glorreich bestanden hat mein Lünglein das große Schlußexamen, das ich heute mit ihm angestellt – und hat bewiesen, daß es des lieben Onkels Georg Großmut zu würdigen wußte.« Doch nicht nur sein Körper war gesund, auch sein Geist. »Auch komme ich ruhiger und, ich hoffe, über manches erhaben zurück, es ist doch merkwürdig, man schämt sich ordentlich des kleinlichen Gezänkes und Gezeters, was man so im hohen Kunstgetriebe vollführt und wofür?«[50] hatte er schon aus Taormina seinem Vater geschrieben.

Von Zermatt aus stattete er noch Montreux und Zürich einen Besuch ab, um endlich, nach siebenmonatiger Abwesenheit, am 15. Juli 1893 wieder daheim in München zu sein.

## *Guntram:* ein Anarchist?

»Vergebens schlug des Volkes Nothschrei. Geknechtet darbt es, die Herrscher verschwenden unsrer Arbeit Ertrag«,[51] klagen zu Beginn des *Guntram* eine alte Frau, ein alter und zwei jüngere Männer. Sie berichten vom Aufstand gegen den Herzog, der blutig niedergeschlagen wurde. Jetzt fliehen sie – völlig verarmt – vor der grausamen Fürstenherrschaft.

Die erste Oper von Strauss, die er bescheiden eine »Handlung in drei Aufzügen« nannte, beginnt wie ein sozialkritisches Theaterstück. Im Gewand mittelalterlicher Menschen erscheinen die ausgebeuteten, Hunger leidenden Arbeiter des 19. Jahrhunderts. Strauss war nicht blind für das Elend seiner Zeit. In großen Industriestädten wie Berlin und Leipzig sah er die schmutzigen Arbeitersiedlungen, die kränklichen, nur in Lumpen gekleideten Kinder und Frauen, die von schwerer Arbeit gebückten Gestalten der Männer.

Den Text für den Anfang seines *Guntram* hatte er bereits niedergeschrieben, als er – wie bereits berichtet – in Berlin John Henry Mackay kennenlernte. In Mackays Buch *Die Anarchisten*[52] fand er seine Beobachtungen bestätigt. Der aus Schottland stammende Schriftsteller beschrieb dort eindringlich die Elendsviertel von London, Paris und Chicago. Richard Strauss war zwar der Sohn einer angesehenen, ziemlich reichen Bürgersfamilie, und seine Onkel Pschorr standen auf der Seite der von den Anarchisten und Sozialisten bekämpften Kapitalisten, also der neuen Herrscher, die soziale Ungerechtigkeit erschütterte ihn jedoch so sehr, daß er seine erste Oper diesem Problem widmete. Freilich wurde daraus kein sozialkritisches (Musik-) Theater, wie etwa *Die Weber* von Gerhart Hauptmann, sondern ein Künstlerdrama. Strauss spiegelte im *Guntram* seine eigene Situation: die eines Komponisten und Musikanten in einer von Krieg und sozialer Ungerechtigkeit bestimmten Zeit.

Guntram ist Minnesänger und gehört dem Bund der »Streiter der Liebe« an. Zu Beginn der Handlung wird er aus dieser Gemeinschaft entlassen und muß hinaus in die Welt: »Schwer ist das Leben«, gibt ihm der Sänger Friedhold mit auf den Weg – und die ersten Menschen, die Guntram trifft, sind die vom Herzog verfolgten armen Leute. Diese und Friedhold ziehen fort. Guntram bleibt allein zurück und besingt den Frühling: »Weltabgeschieden den Frühling schauend, in süßem Erinnern des Kindheittraumes! Das Unschuldlächeln der erwachenden Natur, wie innig erfreut es des Staunenden Auge, oft erschaut, stets neu empfunden ergreift mich mild des Lenzes Zauber!«[53] Doch die Schönheit des Frühlings erscheint Guntram jetzt nur noch als »die gleissende Hülle schwarzen Wahnes, grausigen Elends«. Er hört »durch das täuschend holde Getön« der Vögel »den Schmerzensschrei der geängstigten Seele«. Die Natur ist schön, empfindet er, aber der sündige, leidenschaftliche Mensch macht sie häßlich, zerstört

»Guntram«, I. Akt:
Guntram schwört
seinen Eid für den
Bund der »Streiter der
Liebe«, bevor er in die
Welt hinausgeht.
Ferdinand Wiedey als
Friedhold, Heinrich
Zeller als Guntram
(Szenenfoto, Weimar).

sie durch Raffgier, Mord und Bürgerkrieg. Guntram, der »Streiter der Liebe«, erkennt jetzt seine Aufgabe, die ihm der Heiland gegeben hat: »im Lager der Sünde«, am »Hof des grausamen Tyrannen« zu »wecken den Lieb-
losen, zu rühren das Herz den grausamen Fürsten«. Er, der Minnesänger,
der Künstler, fühlt sich auserkoren und von Gott gesandt, Versöhnung,
Friede und Liebe in dieses böse Land zu bringen.

Gerade als er sein Pferd zu dem fremden Hof lenken will, sieht er eine
junge Frau aus dem Wald laufen. Sie singt in höchster Erregung: »Endlich
entflohn dem Schwarm, frei aller Fesseln! Ha, der See!« Den Tod ersehnt
sie als Befreier und Erlöser: »ew'ges Vergessen, Ruhe«. Doch als sie sich
ins Wasser stürzen will, hält Guntram sie fest und rettet sie vor dem Frei-
tod.

Wer ist diese junge Frau? Zunächst erfährt Guntram nur, daß sie frei
sein und sterben will. Schopenhauersche Todessehnsucht und ein anarchi-
stischer Drang, die Gemeinschaft zu verlassen, bestimmen sie. Doch was
sind ihre Gründe? Als sie aus ihrer Ohnmacht erwacht, beschimpft sie ihren Retter, sehnt sich nach dem Tod, klagt über »verhaßte Minne« und ihr
»unnützliches Dasein«. Nun hört Guntram Jagdhörner, die Stimme eines
alten Mannes ruft »Freihild«, und jetzt weiß er, wer die junge Frau ist: Sie
ist die einzige am Hof des Herzogs, wie ihm zuvor die Flüchtlinge berichtet
hatten, die den Armen hilft und sich für sie einsetzt. Guntram ist begeistert.
Er wurde, so glaubt er, von Gott gesandt, um Freihild zu helfen.

Freihild ist noch jung, schön, aber ihre Ehe ein Fiasko, da ihr Mann sie
daran hindert, ihrer wahren Bestimmung zu folgen – für die Armen und

Entrechteten da zu sein. Statt in einer mittelalerlichen Herzogs- könnte sie genausogut in einer Fabrikantenfamilie des 19. Jahrhunderts das Dasein einer schwärmerischen, unbefriedigten Ibsen-Figur fristen. Ihre Ehe ist unglücklich, von Dienstboten umsorgt fehlt ihr eine wirkliche Lebensaufgabe, und ihre christlichen Ideale zerbrechen an der Härte der Männerwelt.

Nur Guntram, der Künstler, der Kämpfer der Liebe, durchbricht die grausamen, unchristlichen Verhaltensmuster. Als nämlich der alte Fürst seine Schwiegertochter gefunden, ihrem Retter gedankt und ihm die Erfüllung eines Wunsches freigestellt hat, kommt Herzog Robert, Freihilds Mann, aus dem Wald geritten: Er und seine Jagdgenossen treiben die armen Leute mit Jagdspeeren vor sich her. Die Flüchtlinge, die – wie er singt – »Unfrieden, Empörung gestiftet«, will er in den Turm werfen. Doch Guntram erbittet nun als die ihm versprochene Gunst die Freilassung der armen Menschen. Robert ist wütend auf Guntram, aber der alte Herzog hält sich an sein Versprechen und läßt die armen Leute ziehen.

Guntram steht auf der Seite der Armen und träumt nicht nur idealistisch davon, ihnen zu helfen, sondern handelt. Ist er ein Sozialist im mittelalterlichen Gewand? Daß Strauss während seiner Weimarer Zeit mit den Sozialdemokraten sympathisierte, wurde erwähnt. Er gab sich als Revolutionär in der bürgerlichen Gesellschaft, wollte aus seinen Idealen ernst machen, obwohl er selbst nie das Leben der Armen hatte teilen müssen. Doch im Gegensatz zum Adel, der durch Geburt seine Stellung für gesichert hielt, war selbst den reichen und angesehenen Bürgern stets bewußt, daß sie wieder tief fallen konnten. Vater Strauss hatte seinem Sohn von seiner Jugend am untersten Rand der Gesellschaft erzählte, und einem Musiker wie Richard Strauss drohte stets die Gefahr, zu Armut abzusteigen. Richard Strauss fühlte sich nicht der Gesellschaft der Reichen – er bekam in Weimar nur ein kärgliches Gehalt – und der Angesehenen zugehörig, denn er hatte keinen akademischen Studienabschluß, der ihm – wie seinem Freund Thuille – eine Hochschullaufbahn ermöglicht hätte. Seine Existenz – fühlte er – war außerhalb der bürgerlichen Normen, und so suchte er seine Rolle. War es die eines Künstlers, der für soziale Gerechtigkeit kämpft wie der Minnesänger Guntram?

Guntram reitet mit der Jagdgesellschaft zum Schloß des Herzogs und nimmt am Siegesfest anläßlich des niedergeschlagenen Aufstands teil. Zu Freihild zieht ihn nun nicht mehr nur ritterliche Liebe, sondern Leidenschaft: ». . . zu der alle Sinne mächtig mich ziehn?«[54] Diese Leidenschaft ist sinnlich, doch er rechtfertigt sie mit Freihilds Hilflosigkeit: ». . . die ich leiden sehe im Pfuhle der Rohheit, gebannt an den Gatten, der ihr verhaßt.« Er spürt, daß seine Liebe zu ihr nun nicht mehr rein ist, nicht mehr nur selbstlose Nächstenliebe, sondern etwas anderes; Idealismus und Begehren vermischen sich.

Verkörpert Freihild Frau Begas, Dora oder Cosima Wagner? Ein Dramatiker spielt mit Figuren die Wirklichkeit nach und erfindet Kombinationen und Variationen, die weit über sie hinausgehen. Doch eine Grunderfahrung von Strauss – nämlich die Liebe zu einer älteren, noch sehr attraktiven, mütterlich-verständnisvollen Frau – bestimmt auch die Handlung von *Guntram*.

Während des Siegesfests wird der allein und abseits stehende fremde Sänger Guntram aufgefordert, seine Kunst zu zeigen. Guntram entschließt sich darauf, ein Lied zu singen, das diesen »Pfuhl« – wie er den Fürstenhof nennt – Frieden und Liebe lehren soll.

Die Friedenserzählung ist die Vision des jungen Strauss von einer schönen, idealen Welt. Er erfand dafür ein poetisches Bild: Der Friede fliegt wie ein Engel über die Erde; Fels, Wald und Flur begrüßen ihn voller Freude; die Menschen werden von »wunderbarer Wonne« erfüllt; »ein segenspendender, weicher Hauch« erfüllt die Welt und läßt den Landmann und Arbeiter glücklich sein Tagewerk vollenden; »freies Blühen«, »Fleiß« und »Eintracht« ermöglichen ein »ruhiges Glück«; der »Weckruf des Guten« ist vereint mit dem »Genius des Schönen, der die Reinen führt auf der Menschheit Höhen«, »sie im Wahnbild« der Kunst »erlöst von des Lebens Noth«. Natur und Mensch, Bauer und Arbeiter, Künstler und Philosoph sind hier in Eintracht vereint und streben mit Fleiß, in Freiheit und Reinheit dem Höchsten zu: der Kunst, welche die Menschen durch ihre Visionen von irdischer Not erlöst. Der Künstler ist hier zugleich Philosoph, die Kunst eine Art Religion.

Die Friedenserzählung bildet auch musikalisch das Zentrum der Oper. Sie ist eine riesige, sinfonisch komponierte Gesangsnummer, in der das Orchester mit seinem Klangfarbenreichtum, seinem mitreißenden Schwung den Gesang in sich aufnimmt, die in den Worten beschriebene Vision sinnlich erfahrbar macht und so zu künstlerischer Wirklichkeit werden läßt.

Doch die Musik ist hier noch sehnsuchtsvoll gestimmt, die Worte und Reime könnten aus einer Oper von Richard Wagner stammen. Diese »Handlung in drei Aufzügen« über ein mittelalterliches, germanisches Thema ist noch romantische Oper. Strauss hat hier Wagner »überwagnert«, hat eine Tenorpartie komponiert, die noch anstrengender, länger und schwieriger ist als die in *Tristan und Isolde*, hat die Bedeutung des Orchesters und seiner Klangfarben so gesteigert, daß der Sänger mit seiner Stimme kaum hindurchdringt. An technischer Virtuosität und im Anspruch an die Musiker übertraf Strauss Wagner bei weitem, auch was die Behandlung der Singstimme betrifft, die kaum Melodien singt, sondern ein gewaltiges Rezitativ deklamiert.

Nach seiner Friedensvision hält Guntram für einen Augenblick inne – der alte Herzog zeigt sich begeistert, der junge ist entrüstet über »solch frömmelndes Gebaren«, und Freihild erkennt in dem Gesang eine »Himmelsbotschaft«. Dann schildert Guntram die grausame Realität auf der Welt: Krieg und Mordlust – furchtbare Dämonen. Aber gerade als er dies singt, stürzt ein Bote herein, schreit »Krieg«, und aus dem Gesang wird Wirklichkeit: Ein erneuter Volksaufstand, dem sich auch viele Vasallen angeschlossen haben, bringt den Herzog in Gefahr. Als nun der Schwiegersohn Robert seine Ritter zum Feldzug sammelt, tritt Guntram dazwischen: »Greifet ihn Männer, befreit das Volk vor dem grausam wilden Tyrann!« Robert beschimpft Guntram als Verräter, zieht sein Schwert, doch Guntram kommt ihm zuvor und ersticht ihn.

Aus dem Minnesänger ist für einen Augenblick ein Freiheitskämpfer geworden. Wie einer der bei Mackay beschriebenen Anarchisten mißachtet er Staatsgewalt, Recht und Gesetz als Herrschaftsinstrumente der Tyrannen, um seine Vision des Friedens mit Gewalt zu verwirklichen.

Doch dann fällt er wieder in seine alte Künstlerrolle zurück. Anstatt die Vasallen auf seine Seite zu ziehen, starrt er erschüttert auf den totet Robert, läßt sein Schwert sinken und den alten Herzog handeln. Dieser entblößt seine Brust, fordert die schwankenden Vasallen auf, ihn, den alten, wehrlosen Mann zu erstechen, und zieht sie so auf seine Seite. Guntram läßt er ins Burgverließ werfen. Freihild, die allein zurückbleibt, jubelt, daß sie nun von ihrem ungeliebten Mann befreit wurde, und gesteht in ihrem den II. Aufzug abschließenden Monolog die Liebe zu Guntram.

Der Künstler Guntram stritt für die Liebe und verfing sich dabei in Schuld: Einen Menschen hat er getötet, seine idealistischen Absichten führten nicht zur Verbesserung der Verhältnisse, sondern zu einer neuen Untat. Ob er aus Notwehr handelte oder aus Liebe zu Freihild – Schuld hat er allemal auf sich geladen.

Wie kann dieses Drama enden? In der ersten, zusammen mit Ritter erarbeiteten Fassung »vollbringt« Guntram »die Heldentat der Selbstüberwindung, indem er sich dem Bunde als seinem Richter in Demut unterwirft«.[55] In der zweiten Fassung »warf« Strauss »den Bund überhaupt aus dem Drama heraus« und ließ Guntram nach der Entsagung von Freihild in die Einsamkeit gehen.

Doch während seiner Reise in den Süden entwickelte Strauss den folgenden Schluß, von dem er nicht mehr abzubringen war: Guntram liegt in seinem Verließ, er hört die Gesänge der Mönche am Totenbett von Robert und rechtfertigt seine Tat: »Du mußtest fallen, damit Tausende leben.« So könnte auch ein Anarchist des 19. und 20. Jahrhunderts argumentieren, der einen Anschlag auf einen Fabrikbesitzer oder Politiker unternommen hat.

Doch führt Gewalt nicht immer zu neuer Gewalt? In John Mackays Buch lernte Strauss die Ideen eines Anarchisten kennen, der den Teufelskreis von Gewalt und Gegengewalt zu durchbrechen versuchte. Aber wie ist das zu schaffen?

Freihild befreit Guntram aus dem Kerker – ihr Vater, der alte Herzog ist im Krieg gefallen –, gesteht ihm ihre Liebe, und küßt ihn leidenschaftlich. Doch er reißt sich aus ihren Armen, obwohl auch er sie liebt, weil er nicht mit der Frau zusammenleben will, deren Mann er getötet hat. Er entsagt einer von Blut beschmutzten Liebe (wie sie Macbeth und seine Lady in den Wahnsinn trieb) und damit dem immer neues Unheil gebärenden Lebenskampf, verneint den Willen zum Leben, um sich ganz der Kontemplation zu widmen.

Darin erweist sich Strauss als guter Schüler Schopenhauers, wie ein Brief an Ritter mit einer Rechtfertigung des neuen Schlusses zeigt: »Jetzt studiere ich seit vier Monaten nur Wagner, Goethe und Schopenhauer, und gerade aus dem letzteren hoffe ich jetzt zu schöpfen, was ich zur Entkräftung Ihres Tadels über unkünstlerische, unchristliche und unmoralische Tendenz des *Guntram* Ihnen entgegnen möchte . . .«[56] Strauss verschwieg in dieser Rechtfertigung einiges, indem er behauptete, Nietzsches *Jenseits von Gut und Böse* nie gelesen zu haben, obwohl er das Buch – wie bereits berichtet – in seinem Reisegepäck hatte.

Doch Ritter hatte längst gemerkt, daß Strauss eigene Wege ging: »Der Eindruck, den ich von der Lesung Ihres neuen dritten Aktes empfing und noch empfinde, zählt zu dem Tief-Schmerzlichsten, was mir das letzte Jahrzehnt meines Lebens überhaupt gebracht hat.« Strauss solle zur »inneren Läuterung« ein Kapitel aus dem Evangelium oder aus Schopenhauers *Ethik* oder Wagners *Religion und Kunst* lesen! Was hatte Strauss Schlimmes angestellt, daß der alte Herr so erzürnt war?

Nach der Entsagung Guntrams von der Liebe zu Freihild taucht Friedhold auf und verlangt von ihm, daß er sich seinen Richtern stelle, daß er im Bund der Streiter der Liebe für sein Verbrechen Rechenschaft ablege und dafür büße. Doch Guntram fragt: »Welcher Bund? Welche Richter?« Er scheint den Bund vergessen zu haben und kennt nur noch eines: »Mein Leben bestimmt meines Geistes Gesetz.« Er läßt sich von niemandem richten.

Guntram benimmt sich wie ein Anarchist John Mackays. Er anerkennt keine fremden Gesetze oder Regeln, bestimmt über sich selbst, bekennt sich zu seiner Tat (»sie war gut«), sieht aber auch erschüttert ein, welch schlimme Folgen Gewalt – selbst gut gemeinte – hat, und wählt selbst die Strafe für seine Schuld: Er entsagt einer von Verbrechen überschatteten Liebe.

Ritter bemängelte, daß diese Lösung Straussens Bühnenerstling »gründlich verdorben« habe. »I. Das Werk ist nun jedweder Tragik beraubt. II. Es ist ihm das unerläßliche mindeste Maß künstlerischer Einheit genommen. III. Aus dem Charakter des Helden ist eine düftelnd zusammengeflickte psychologisch ganz unmögliche Charakterlosigkeit geworden. IV. Die Tendenz des Werkes ist jetzt eine eminent unmoralische, jedweder Ethik hohnsprechende.«

Strauss entgegnete Ritter in einem zwölfseitigen »Riesenbrief«. Zum Vorwurf mangelnder Tragik schrieb er: »Sie haben in der letzten Zeit ein merkwürdiges Privathäßchen auf die Geschlechtsliebe und wollen nun die freiwillige Entsagung Guntrams von Freihild gar nicht als tragisches Moment gelten lassen. Zum Teufel: ich glaube, ich hätte der schönen Freihild nicht entsagt.« Besonders traf ihn der Tadel, ein unmoralisches Stück verfaßt zu haben. »Guntram«, schrieb er an Ritter, »ist aus einem Bunde hervorgegangen, der sich eine Vereinigung von Kunst und Religion in dem Sinne zur Aufgabe gestellt hat, in künstlerischer Fassung (die Wirkung der Kunst auf des Menschen Gemüt benützend), die christliche Lehre zu deutlicherer Gefühlserkenntnis zu bringen, als es das kirchliche Dogma vermag – kurz: durch die Kunst die Menschen zu bessern, also Kunstwerke mit ethischer Tendenz . . .« Doch diesen »Bund« und seine Ziele kritisierte Strauss nun als »Utopie« und berief sich dabei auf Schopenhauer, der »künstlerische Anschauung und Darstellung« als »unabhängig von jeder Ethik« bezeichnete. Wagners *Parsifal*, der Ritter als Vorbild diente, hielt Strauss zwar für gelungen, aber für eine Ausnahme: »So ist damit nicht gesagt, daß nicht jede andere künstlerische Betätigung, die von vorneherein zu stark ethische Tendenz bezweckt, als Kunst schon den Todeskeim in sich trägt.«

Indem sich Guntram also vom Bund löste, bekannte er sich zu seinem Künstlertum. Die anderen Mitglieder, wie Friedhold, waren – so Strauss – bessere »Christen als Künstler«. Musik als Religion, eines der zentralen Themen der Romantik, wurde von Strauss beiseite gelegt. Für ihn war Kunst nicht mehr Religion, sollte nicht die Welt bessern, wollte nur »anschaulich« machen, wie diese beschaffen ist. Doch lästert Guntram den Glauben, wie Ritter bestürzt schrieb? »Wo denn?«, antwortete Strauss: »Er betätigt ganz reines Christentum, das doch an und für sich mit der ›Gemeinschaft der Heiligen‹ und Katholischen Kirche nichts zu tun hat.«

Aber Ritter holte nun zum Gegenschlag gegen den Stirnerschen »Egoismus« aus. Guntram liebte nur noch sich selbst – so lautete der Vorwurf. »Nein!«, entgegnete der abtrünnige Schüler, »er haßt oder verabscheut sich selbst. Er hat sich erkannt; natürlich kann er das nur ganz allein. Das ist doch aber nicht unchristlich oder unmoralisch.« Strauss ließ sich von Ritter nicht mehr beeinflussen. Er löste sich von den Wagnerianern, die aus dem Bayreuther Meister eine religiöse und nationale Kultfigur gemacht hatten. Endlich begann er, sich selbst zu finden.

Die Oper *Guntram* steht zwar, was die Sprache des Librettos und die Art des Gesangs betrifft, im übermächtigen Schatten Richard Wagners. Aber sie spiegelt auch die Befreiung des nun bald 30jährigen Komponisten von der Romantik wider: Strauss wandte sich von der Kunst als Religion und vom Mythos der Wagner-Opern ab und ließ die Realität – die soziale Wirklichkeit und das Psychologische – eindringen. Als Musiker hatte er in den Tondichtungen bereits eine eigene Sprache gefunden, als Dramatiker war er nun auf dem Weg in die Moderne. Erst ein Jahrzehnt später wird er freilich sein Ziel erreichen.

Wer war mit dem alten Sänger Friedhold, mit dem Bund der »Streiter der Liebe« gemeint? Arthur Seidl, der enge Freund von Strauss, feierte *Guntram* als Absage an die konservative Wagner-Partei, als Bekenntnis zu einem »radikalen (benahe revolutionären) ›linken Flügel‹ innerhalb der Wagner-Bewegung«, der von »Nietzsche-Stirner-Mackay'schem Geiste beeinflußt und durchweht erscheint«.[57] Für ihn schien es klar, wen Strauss meinte: »Schon gelegentlich meiner Besprechung der Weimarer *Guntram*-Aufführung in der ›Neuen deutschen Rundschau‹ hatte ich angedeutet, daß unter dem geheimnisvollen ›Bunde‹ zuletzt doch wohl die Bayreuther Gralsgemeinde zu verstehen sei, zu der den ›Eigenfüßler‹ (Guntram-Strauss) sein Mentor Friedhold (Alex. Ritter) von Stirner-Nietzsche wieder zurückbringen wollte . . .«[58] Strauss habe sich damit »vom lediglich konservierenden rechten Flügel der »Wagnerschule« abzulösen begonnen, stellte Seidl, der Nietzsche-Anhänger, fest.

Doch Strauss widersprach der platten Gleichsetzung von Figuren seines Dramas mit Personen der Wirklichkeit. Er wollte sich nicht zu genau in die Karten schauen lassen. Musik und Drama stellten für ihn eine eigene Kunstwirklichkeit dar, zu der er zwar durch die »Anschauung« der Welt inspiriert wurde, die aber doch viel weiter als die Wirklichkeit ging. Sie war eine Maske, in die man hineinschlüpfen, aber auch wieder heraussteigen konnte und die viel deutlicher – nämlich übertrieben – die Welt, wie sie ist, aber auch, wie sie sein könnte, zeigt.

# Zurück in Deutschland: »nordisch, grau und griesgrämlich«[59]

»Es befindet sich Alles hier wie vor 100 Jahren, nur daß ein gewisser Göthe nicht mehr mittut«,[60] schrieb Strauss am 19. September aus Weimar an seinen Vater.

Die Reise hatte ihn verändert, er wollte sich nun nicht mehr über »die lumpige Wirtschaft« am Weimarer Theater oder über »die Münchner Bierbummler«, die lieber »im Kaffeehaus sitzen, als Proben halten«,[61] aufregen, vielmehr war nun seine Devise, »kühl und gleichgültig« zu sein. Er hatte Abstand gewonnen, er verschwendete sein Herzblut nicht mehr idealistisch, sondern erfüllte seine Aufgabe »mit allem Fleiß« als Künstler: Er war zwar Dirigent, aber vor allem Komponist.

Diese Distanz zum Alltag war freilich nun auch notwendig. In Weimar klagte er über die »bleierne Philisteratmosphäre«, und die Hoffnung, bald als Hofkapellmeister nach München zu kommen, zerschlug sich. Dort trieb der Intendant Possart ein für Strauss undurchsichtiges Spiel: Nachdem Mottl sich dafür entschieden hatte, in Karlsruhe zu bleiben (wohin Strauss auch gerne gewechselt wäre), hoffte er auf Weingartner und zögerte die

Einstellung von Strauss immer mehr hinaus; zunächst wurde der 1.Oktober als Eintrittstermin ins Auge gefaßt, dann erst der 1. Januar 1894. Ein schriftlicher Kontrakt ließ bislang auf sich warten.

War Strauss nur die dritte Wahl? Wenn er es kühl und objektiv betrachtete, mußte er sich dies eingestehen; denn der acht Jahre ältere Mottl und vor allem der nur ein Jahr ältere Felix Weingartner waren damals viel bekanntere Dirigenten als er. So war es für Strauss schon ein Erfolg, angesichts dieser Konkurrenten in die engere Wahl gekommen zu sein.

Doch Strauss ärgerte sich mit Recht über das zögernde Taktieren und die mangelnde Offenheit. Hermann Levi gab sich als väterlicher Freund: »Ihr Unmut ist nur allzu berechtigt, aber ich hoffe, daß Sie auch nicht einen Schatten davon auf mein armes Haupt abladen«, schrieb er an Strauss und berichtete von den eigenen Schwierigkeiten, die er mit Possart hatte: »Ich habe den Eindruck, als ob er mich los sein möchte, und dies wird ihm auch gelingen.«[62] Er hatte Strauss gegenüber Possart als »Persönlichkeit, original und interessant, wenig geneigt zu Compromissen, unbeugsamen Charakter«[63] bezeichnet und Strauss stets empfohlen, doch er übergab ihm nur ungern auch die Leitung der Akademiekonzerte und begründete dies mit Statutenfragen des Orchesters. Klar erschien Strauss Levis Haltung also auch nicht. Alles war ein Lavieren und Taktieren.

Ende Oktober erfuhr Strauss von Siegfried Wagner, daß Possart und Levi erneut mit Mottl verhandeln würden. Weingartner zögerte die Entscheidung immer weiter hinaus: »Die Angst, die die Berliner Berühmtheit vor mir kleinem, unberühmten Menschen hat, ist mir ja nur schmeichelhaft«,[64] schrieb Strauss ironisch an Cosima Wagner, bei der Weingartner in Ungnade gefallen war. Sie beschimpfte den berühmten jungen Dirigenten 1895 als einen Musiker, der »wie ein galvanisches Leben ohne Seele« und mit »einem Glanz, der an den Schuppenpanzer über Knochen erinnert«,[65] dirigierte. Weingartner seinerseits wurde vom Antisemitismus in Bayreuth abgestoßen, als anläßlich der *Parsifal*-Aufführung von 1888 die Parole ausgegeben worden war: »Endlich ist der *Parsifal* aus Judenhänden erlöst und dem Christentum zurückgegeben.«[66]

Nun galt Strauss als »getreuer Sendbote« Cosima Wagners, Weingartner dagegen als »echter, genialer Wagnerianer«. So stand es wenigstens in der Presse.[67] Doch was sollte Strauss unternehmen, sollte er sich aufhetzen lassen und – wie Siegfried Wagner vorschlug – »die ganze Geschichte« der Hinhaltetaktik, Vertröstungen und verschleierten Geringschätzung in der Zeitung veröffentlichen? Strauss ließ sich nicht mehr zu einer solch unklugen und hitzköpfigen Handlung verführen: »Ich setzte Siegfried auseinander, daß dies wegen des *Guntram* nicht ginge, und daß ich deswegen still halten müßte.«[68]

Mit München war er nämlich auch noch in anderer Hinsicht verflochten: Dort war ihm – als Einstandsgeschenk – die Möglichkeit zur Uraufführung seines Opernerstlings zugestanden worden. Doch auch in dieser

Frage verhielt sich der vorsichtige Possart undurchsichtig. Zunächst sollte die Uraufführung im März 1894 stattfinden, aber der Termin zögerte sich durch immer neue, unvorhergesehene oder vorgeschobene – wie Strauss argwöhnte – Schwierigkeiten hinaus.

Strauss war jetzt kühl und besonnen. Zum Dirigieren hatte er nun ein sachlich-geschäftliches Verhältnis gewonnen. Gewiß wollte er sein Bestes geben, aber er war nun so klug, sich nicht mehr aufzureiben und auch nicht mehr ausnutzen zu lassen. Je länger die Münchner warteten, desto höhere Gehaltsforderungen unterbreitete ihnen Strauss, desto mehr Urlaub beanspruchte er.

Selbstverständlich suchte er auch anderswo sein Glück. Cosima Wagner versprach ihm im November 1893, daß er nächstes Jahr endlich in Bayreuth dirigieren dürfe. Mitte Dezember teilte ihm Felix Mottl mit, daß *Guntram* in Karlsruhe im März aufgeführt würde, und Bronsart wünschte die Premiere für Weimar. In Hamburg interessierte sich Gustav Mahler für die Oper: »Ich, mit einem Wort – Sollte Ihnen irgendwo eine Erstaufführung vielleicht nicht vom Stapel gehen (in Folge der zarten Fürsorge unserer Herren Intendanten und Direktoren – ja sogar vielleicht Kapellmeister) – und Ihnen das Hamburger Stadttheater zu einer Aufführung nicht allzu unpassend dünken, so biete ich mich Ihnen ein für allemale zur Beseitigung solcher Schwierigkeiten an.«[69] Dieser Brief Mahlers stand am Beginn der fruchtbaren, aber schwierigen Freundschaft der zwei bedeutendsten Komponisten ihrer Generation.

Anfang November schien es, daß Weingartner doch nach München kommen wollte. Strauss blieb ganz ruhig: »Macht Euch keine Sorgen und um Gottes willen keine schlaflosen Nächte. Es geht auch ohne München«,[70] schrieb er dem Vater.

Wie verwandelt der Sohn nach der großen Reise war! Er zeigte Nerven wie Drahtseile, ließ nichts mehr an sich herankommen und blieb zuversichtlich. Er schlug also doch nicht der übersensiblen, nervenkranken Mutter nach, stellte der alte Herr beruhigt fest.

Richard Strauss stürzte sich inzwischen in die Arbeit. Am 10. Dezember hatte er eine »großartige Vorstellung von *Lohengrin*, die beste, die ich je hier dirigierte«,[71] wie er sich selbst lobte – und dies heißt bei seiner Selbstkritik viel! Dann leitete er im Abonnementkonzert Beethovens *Eroica*, was ihm einen »dreimaligen Hervorruf« einbrachte, und gab mit dem Cellisten Hugo Becker einen Sonatenabend: »Ich habe noch nie so gut gespielt, wie diesen Abend und allgemeine Bewunderung erregt. Der Großherzog war den ganzen Abend da, ebenso Bronsart und Becker schwammen vor Entzücken!«[72] Er hatte sich selbst gefunden. Auch in seinem Musizieren konnte man dies spüren.

Doch trotz seines »Egoismus«, den er von Stirner und Mackay gelernt hatte, und nun bei der Planung seiner Dirigenten- und Komponistenkarriere einsetzte, blieb er gegenüber den Kollegen der selbstlose, sich an den Erfolgen der anderen freuende, deshalb vielen bayerisch-naiv erscheinende Freund. So lobte er in einem Brief an Cosima Wagner die Dirigierbegabung von Siegfried: »Ein Dirigent von Gottesgnaden ist unser lieber Siegfried, damit ist alles gesagt: Heil ihm und unserer deutschen Kunst, der für Bayreuth ein solches Erbe entstanden ist.«[73] Aber nicht nur Lob spendete Strauss, er setzte sich als Dirigent für die Werke seine Kollegen auch selbstlos ein. Am 23. Dezember leitete er in Weimar die Uraufführung von Engelbert Humperdincks Oper *Hänsel und Gretel*. Schon in seiner Jugend hatte er mit Humperdinck, der Stipendiat an der Königlichen Musikschule war, musiziert, hatte ihm später zusammen mit Wüllner zu einer Stelle als musikalischer Gesellschafter des Großindustriellen Krupp verholfen[74] und setzte nun alles daran, daß die Uraufführung zu einem großen Erfolg würde. »Entzückt hat mich Dein Werk nach wie vor in gleicher Weise und gratuliere Dir nochmals zu dieser schönen, echt deutschen Tat«,[75] beglückwünschte er den Kollegen. Erst bei der nächsten Aufführung am 7. Januar war er auch mit den Leistungen der Sänger und des Orchesters zufrieden, insbesondere mit der von Fräulein de Ahna, die bei der Premiere wegen ihres verrenkten Fußes das Bett hüten mußte: »Sonntag hatten wir endlich eine ausgezeichnete Vorstellung, wo sich besonders Fräulein de Ahna durch höchst ausgelassenen Humor hervorgetan hat.«[76] Im nächsten Jahr wird Strauss Felix Mottls *Fürst und Sänger* herausbringen und Gustav Mahler die Aufführung seiner 1. Sinfonie bei der XXX. Tonkünstler-Versammlung in Weimar ermöglichen. Er wollte die moderne deutsche Kunst fördern.

Seinen Hang zum Nationalen hatte er also trotz der Ägypten-Reise und trotz der Lektüre von Nietzsches *Jenseits von Gut und Böse* nicht verloren. Doch war die »deutsche« Musik nicht eine Utopie? Jedenfalls schrieb er an Gustav Mahler: »Mir will's in Deutschland gar nicht mehr gefallen, Klima und Kunstzustände sind zu erbärmlich! In Ägypten schien immer die Sonne und von Theater auch nicht eine Spur!«[77]

## Das Erbe Hans von Bülows

Strauss war in Ägypten geheilt worden, ein anderer starb dort: sein Lehrer, väterlicher Freund und zeitweise gefürchteter Übervater Hans von Bülow.

Noch am 22. Januar des Jahres 1894 traf Strauss, der in Hamburg dirigierte, Bülow in dessen Wohnung. Krank und schwach wirkte jetzt der große Künstler, der einst so beherrschend, aufbrausend und temperamentvoll gewesen war: »Zweimal war ich bei Bülow, der sich das zweitemal zeigte und eine Stunde bei uns saß. Er ist zwar sehr traurig dran und schwach, doch weiß ich nicht, ob ihn nicht Ägypten, wohin er in zehn Tagen reist, wieder gesund macht.«[78]

Es war das letzte Mal, daß sich die beiden sahen. Bülow ahnte es wohl; denn während er sonst niemanden mehr empfing, ließ er Strauss doch zu sich kommen, und dieser war glücklich »über diese Auszeichnung«. Wehmütig berichtete er den Eltern: »Er war sehr lieb und machte nur den Eindruck eines von Schmerzen total zerschmetterten Menschen!« Schon lange litt Bülow an einem Gehirntumor – ein Grund für sein vieles Kopfweh, sein cholerisches Wesen und seine nervliche Reizbarkeit. Führte Strauss die Ägypten-Reise zurück ins Leben, so reiste Hans von Bülow in den Tod. Am 12. Februar 1894 verschied der erste große Dirigent der Musikgeschichte in Kairo.

Schon zuvor hatte Strauss mit dem Konzertagenten Wolff in Berlin verhandelt: Er und Mahler waren ausersehen, als Schüler Bülows die Nachfolge des kranken Maestro anzutreten. Was für Aussichten! »Zwanzig Konzerte im Winter, sechs Monate ganz frei, verlangt habe ich 12 000 Mark ... In Berlin sitze ich an erster Quelle als Bewerber um Weingartners Stellung, bin riesig berühmt, kann den Sommer zubringen wo ich will und komponieren usw«, schrieb er dem Vater.[79]

Und auch aus Hamburg war ein Angebot gekommen; Pollini, der Intendant der Hamburger Oper, hatte Strauss angeboten, für 15 000 Mark Jahresgehalt als Nachfolger Mahlers dort zu dirigieren. Allerdings berichtete der anständige Strauss, der hier eine Intrige witterte, dies sofort Gustav Mahler, und dieser schrieb ihm in aller Offenheit: »Pollini ist ein Schlichmensch. Weiß Gott, was er damit bezweckt. In jedem Falle bitte ich Sie, lieber Freund, nur Ihr Interesse zu bedenken, so wie ich in diesem Falle nur das meine bedenken will.«[80]

Dirigent sein, hatte Strauss nun gelernt, war nicht nur eine Frage des musikalischen Könnens, sondern vor allem ein Spiel um Macht und Geld. Dennoch ließ er sich seine Idealvorstellung vom wahren Musiker – und das war für ihn die Utopie des deutschen Musikers – nicht nehmen. Dies wurde deutlich, als Strauss gebeten wurde, ein Gedenkkonzert für Bülow in Hamburg zu leiten. Der Konzerttermin war schon seit längerem vereinbart worden. Nun mußte nach dem Tod Bülows das Programm geändert werden. Strauss schlug eine »sinfonische Totenfeier« vor: von Liszt *Héroide funèbre* oder *Orpheus*, von Bülow *Nirwana*, von Beethoven die *Eroica*, von Wagner das *Tristan-* oder *Meistersinger*-Vorspiel. Außerdem sollte Mahler den Trauermarsch aus der *Götterdämmerung* dirigieren.

Ein Werk von Brahms erschien in diesem Programm nicht. Da war Strauss ungerecht und stur, denn Bülow hatte sich genauso für Brahms wie für Liszt und Wagner eingesetzt. Doch der junge Anhänger der Neudeutschen Schule aus München wollte auch am Sarg Bülows keinen Frieden schließen und folgte darin seinem großen Lehrer nicht: Bülow hatte die Feindschaft der Wagner- und Brahms-Partei nie beachtet, sondern allein sein künstlerisches Urteil gelten lassen.

Aber Strauss hielt an seinen Prinzipien fest und verzichtete auf die Leitung des Konzerts in Hamburg, denn der Hamburger Intendant Pollini bestand auf Brahms, da die Hamburger Bülow-Gemeinde, hauptsächlich Damen der guten Gesellschaft, gedroht hatte, eine Gegenfeier zu veranstalten, wenn Musik von Liszt und insbesondere Wagner auf dem Programm gestanden hätte. Nicht musikalische, sondern moralische Fragen, die Affäre um Bülows erste Frau und Wagners mächtige Witwe, spielten die wichtigste Rolle. Also wieder ein Sieg der Sittlichkeit, wie sie Stirner – und Strauss – so haßten! Anstelle von Strauss dirigierten Julius Sprengel und Gustav Mahler, der sich über »die Weibergesellschaft, die hier jetzt die unglaublichsten Blüten treibt«[81], beschwerte.

Nach diesem Abonnementkonzert war anläßlich der Bestattung von Bülows aus Ägypten überführter Leiche eine zweite musikalische Totenfeier geplant. Cosima Wagner, Bülows Tochter Daniela Thode und deren Mann versuchten Strauss zu überreden, wenigstens bei dieser Feier zu dirigieren. »Er liebte Sie, Sie waren sein Schüler, eines der letzten Wesen, die er sah, an denen er Freude hatte«, schrieb Daniela Thode.[82] Sie bestärkte ihn sogar, Werke von Wagner und Liszt aufzuführen, während Cosima Wagner zur Konzession riet, auch ein Stück von Brahms ins Programm einzubeziehen. Doch Strauss weigerte sich wiederum, in künstlerischen Fragen nachzugeben – und so blieb er Bülows Totenfeier fern. Dort erklang neben der *Eroica* das *Deutsche Requiem* von Brahms. Die Wagner-Partei hatte also verloren.

Aber es gab ein Nachspiel. Der Violinvirtuose Joseph Joachim erfuhr das Folgende über Strauss: »Er soll den Vorschlag, das *Requiem* von Brahms zu dirigieren, mit den Worten zurückgewiesen haben: ›Ich führe keine Dilettanten-Musik auf!‹« Joachim fragte betroffen bei dem Weimarer Konzertmeister Carl Halir nach, mit dem Strauss oft musizierte, ob dies wahr wäre. Von Halir zur Rede gestellt, bezeichnete Strauss das Ganze als ein Mißverständis, gab aber keine klare Antwort.

So ging der Parteienstreit in der Musik, den Bülow immer abgelehnt hatte, noch bei seiner Totenfeier weiter. Eine hitzige, aggressive Polarisierung ergriff die Musik.


## Abschied von Weimar

»Nein, ich will kämpfen und siegen, ohne eine neue Wunde zu empfangen«, ruft Carrard Auban, die Hauptfigur in John Mackays Anarchisten-Roman aus.[83] »Ich sehe die Menschen, wie sie sind: die Welt, wie sie ist. Heute lächelt man nicht mehr über mich«, erkannte der ehemalige Sozialist, der sich nun zum gewaltfreien Anarchismus bekennt. John Mackay läßt seine Hauptfigur die Geschichte der Menschheit rekapitulieren: »Er watete bis an die Knie durch das Blut der Vergangenheit. Er sah das Entstehen und Vergehen der Völker. Er sah die Verantwortlichkeit für deren Leben auf die Schultern Einzelner gewälzt, und er sah diese Einzelnen unter ihr zusammenbrechen oder mit ihr spielen, wie das Kind mit dem Ball ... Er sah, wie die, welche das ›Gute wollten‹, das Schlechte schufen: den Irrtum.«[84] Doch trotz dieser schrecklichen Erkenntnis hatte sich Auban zu einer optimistischen Grundhaltung durchgerungen: »Nicht zu fallen, zu siegen – dafür sind wir da!«

Richard Strauss las während des letzten Weimarer Jahres begeistert und gefesselt John Mackays *Die Anarchisten*, wie sein Freund Seidl berichtete: »Am 10. Mai 1894, als ich ihn am Nachmittage vor der Uraufführung seiner Erstlingsoper, drei Stunden vor Beginn, in seiner Wohnung wieder begrüßte, philosophierte er bereits über Mackay's, aufgeschlagen vor ihm liegenden Anarchisten-Roman und spielte mir zwei jüngst gesetzte, tief poetische Lieder mit Mackay'schen Texten auf dem Flügel vor, wie als wäre er gar nicht derjenige, welcher am selben Abende noch seine allererste Oper auf der ›Welt bedeutenden‹ Brettern herauszubringen hätte!«[85]

Strauss nahm Abschied von Weimar, von seinem Wagner-Fieber, seinem idealistischen »Schnellsiedertum«, wie es Hermann Levi ironisch nannte, und vom in ihm steckenden »Oppositionsteufel«, den er selbst erkannt hatte: »... daß dieser redlichen Bethätigung sich oft die merkwürdigsten Hindernisse, auch in der eigenen Brust, entgegenstellen, die dann oft alles schon intendierte in's Wanken bringen und mit Hülfe recht überreizter Nerven oft die wunderlichsten Blüthen von paradoxem, oder wollen wir's Deutsch nennen, Unsinn treiben. Ein solches Hinderniß ist für mich ein Oppositionsteufel, der's ja eigentlich recht gut meint, der aber in der Welt drei gewaltige Feinde hat, bei deren Anblick der Kerl ganz verrückt wird«,[86] schrieb Strauss schon vor seiner Ägypten-Reise an den Gesangslehrer der Königlichen Musikschule in Müchen, den Komponisten Eugen Lindner. Die »drei gewaltigen Feinde« seines »Oppositionsteufels« waren »die Heuchelei« (»wenn z. B. einer die Religion der Liebe immer auf der Zunge hat und dabei der krasseste Egoist selber ist ...«), »Dilettantenfrechheit« (»... daß freche, ungebildete Laien über unsere erhabensten Kunstwerke urteilen, als wären ihre Schöpfer ihresgleichen«) und das »Philistertum mit seinem gepachteten Schönheitssinn und seinen Traditionen«.

Doch nun »wußte er, wie die Welt ist«, er war durch »den Schlamm und Sumpf« des Musiklebens »gewatet« und war doch kein Schopenhauerischer Pessimist geworden, ja hatte sich sogar von der Rolle des schrulligen, sich selbst lächerlich machenden Oppositionsteufels befreit. Denn Stirner, Mackay und Nietzsche eröffneten ihm eine neue Perspektive: Nicht um zu »fallen«, um sich zu »opfern« – wie Freund Ritter –, war er auf der Welt, sondern um zu »siegen«, um sein musikalisches Genie zu entfalten. Nicht die Wagner-Partei, sondern sein eigenes Schaffen, nicht christliche

Nächstenliebe und Heuchelei, vielmehr sich im harten Konkurrenzkampf durchzusetzen, das zählte.

Strauss hatte sich selbst gefunden, er hatte ein großes Ziel vor Augen, und nun wurde aus dem jungen Mann mit »überreizten Nerven« und naivem Idealismus ein äußerlich harter, durch keine Niederlage zu erschütternder, scheinbar mit Nerven wie Drahtseilen ausgestatteter Star des Musiklebens. Er ließ den Kollegenneid, den Haß der Kritiker, die Entrüstung der Spießbürger, die Intrigen hinter der Bühne nicht mehr an sich heran und verbarg seine sensible, empfindliche Künstlernatur hinter der Maske des distanzierten, ironischen Beobachters.

Dieser Selbstschutz war in den ersten Monaten des Jahres 1894 notwendiger denn je. Denn im Grunde steuerte Strauss wieder auf ein Fiasko zu. Seine Oper *Guntram* erwies sich als ein schwieriges, kaum aufführbares musikalisches Monstrum. Der Karlsruher Tenor Emil Gerhäuser studierte zwar seine Parie mit großem Eifer und sang auch die »Friedenserzählung« aus dem *Guntram* bei einem Konzert in Heidelberg – dies »gelang trefflich, klang wirklich zauberhaft und hat sehr gefallen«,[87] wie Strauss seinen Eltern schrieb –, enttäuschte den Komponisten dann aber doch; denn am 2. März mußte Richard Strauss dem Vater »die Hiobsbotschaft« mitteilen: »In Karlsruhe ist nischt mit *Guntram*, Gerhäuser hat mir einen großen, sehr netten und freundlichen Brief geschrieben, er getraut sich den Guntram doch nicht zu singen! Was soll ich machen?«[88]

Franz Strauss sah alle seine Befürchtungen bestätigt. Noch im Januar hatte er seinen Sohn ermahnt: »Auch das Violoncello gabelt mehr auf der Nase als auf dem Griffbrett. Das wird eine schöne Falschpreiserei abgeben. Ich habe noch alle die falschen Noten in den Ohren, welche die Cellisten bei der Aufführung Deines *Don Juan* hier verzapften. Geh' sei g'scheidt! Du schadest Deinem Werke ja nur selber!«[89]

Doch der Sohn zeigte sich – und da war er ganz der alte – starrköpfig, hatte gerade die erfolgreiche konzertante Aufführung der »Friedenserzählung« hinter sich und war im übrigen der Meinung: »Als Dirigent braucht man den momentanen Erfolg, als Komponist muß man etwas sein, das andere ist dann egal und findet sich schon!«[90] Franz Strauss schrieb nach der Karlsruher Niederlage väterlich: »Schon einigemal hast Du mir gegenüber geäußert, ich sei ein Gegner von Dir! Oh nein, lieber Richard! Ich möchte Dich nur auf den Weg hinweisen, der Deinem ehrlichen künstlerischen Streben eine etwas maßvollere Behandlung in Bezug auf die Ausdrucksmittel hinweist.«[91] Wieder einmal war der Vater der schärfste Kritiker des Sohnes.

Doch Richard Strauss zeigte sich uneinsichtig, obwohl sich nun auch in Hamburg die Hoffnungen, die Mahler ihm gemacht hatte, verflüchtigten. Bernhard Pollini, der Direktor des Hamburger Stadttheaters, weigerte sich, *Guntram* ins Programm zu nehmen. In München versuchte Perfall sich aus dem Versprechen, die Uraufführung zu geben, hinauszuwinden; vom Januar 1894 wurde der Termin auf den 1. Mai verschoben – und schließlich auf das nächste Jahr. Diese Taktik läßt vermuten, daß *Guntram* nie in München gespielt worden wäre, hätte Perfall doch noch einen anderen Hofkapellmeister gefunden.

So blieb nur Weimar – und das war für Strauss eine blamable Niederlage; denn im Herbst 1893 hatte er noch den Wunsch Bronsarts, *Guntram* hier erstmals aufzuführen, mit dem Einwand, das Orchester sei viel zu klein, abgelehnt, nun aber war Weimar seine einzige Chance, und *Guntram* wurde das Abschiedsgeschenk für die Goethe-Stadt.

Im März nämlich entschied sich der Münchner Intendant Possart endlich für Strauss und bot ihm »definitiv« den Kapellmeisterposten an. Doch Strauss zeigte sich gegenüber München spröde, meinte, dies sei für ihn »eine gewisse Genugtuung«, aber »nun ist's wahrscheinlich zu spät«;[92] denn damals hoffte er gerade, daß ihm Bronsart in Weimar bessere Arbeitsbedingungen und mehr Geld anböte. Dann nämlich hätte er »das ruhige Weimar« zusammen mit den bereits feststehenden Dirigaten bei den Berliner Philharmonikern »dem doch höchst unsicheren Münchner Boden« vorgezogen.

Zur selben Zeit focht Cosima Wagner einen Kampf gegen die Münchner Oper aus. Ihr erschienen die von Possart hervorragend ausgestatteten und sängerisch glanzvollen »Musteraufführungen« als gefährliche Konkurrenz für die Bayreuther Festspiele. Deshalb freute sie sich, daß sich Strauss »München gegenüber so stolz benahm«,[93] und sah in dem jetzigen Angebot

*Der Schauspieler Ernst Ritter von Possart (1841–1921) war 1895 bis 1905 Generalintendant der Münchner Oper. Hier in der Rolle des Shylock in Shakespeares »Der Kaufmann von Venedig«*

nur eine Intrige gegen Bayreuth: »Die Wahrheit zu gestehen, glaube ich, daß man Sie jetzt nur deshalb auffordert, weil wir Sie angekündigt haben und Herrn Possart an einer möglichst großen Verwirrung zwischen München und Bayreuth (zumal den Fremden gegenüber) liegt – er hat dies ausdrücklich und zynisch Levi gesagt . . .«

Die Herrin des Wagnerschen Grals versuchte also ihren Einfluß auf Strauss zu erhalten. Sie erreichte – so wollte sie ihn glauben machen – durch das Engagement von Strauss bei den Bayreuther Festspielen letztlich, daß er die Stelle in München erhielt. Was für ein Spiel um Macht und Einfluß!

In einem Brief an Strauss wurde sie sehr direkt und verbot ihm, in München *Lohengrin* zu dirigieren: »Führen sie ihn aber auf, dann kann ich nicht anders sagen, als daß sowohl dieser *Lohengrin* wie die sogenannten Musteraufführungen gegen uns gemünzt sind.«

War es ehrlich gemeint, als sie Strauss zuredete, die Münchner Stelle anzunehmen, allerdings nur wenn alles »niet- und nagelfest« sei? Nein, gewiß hätte sie es lieber gesehen, wenn Strauss im provinziellen Weimar geblieben wäre, »wo Sie bereits so manches Gute gewirkt haben und anerkannt und geschätzt sind . . .«[94] Da hätte sie über ihren »Ausdruck« viel mehr Macht gehabt, da wäre er von ihr viel abhängiger gewesen.

Strauss freilich mußte seinen »Stolz« gegenüber München bald aufgeben; denn Bronsart konnte ihm in Weimar keine besseren Arbeitsbedingungen anbieten. So blieben nur der Gastvertrag bei den Berliner Philharmonikern und die Münchner Oper. Also mußte Strauss den Vertrag mit München abschließen und fühlte sich nach dem »wirklich sehr guten« Dirigieren der *Meistersinger* in Weimar ohne vorhergende Probe für den schwierigen Kampf gerüstet. Um Frau Wagner entgegenzukommen, wollte er aber erst nach den »Musteraufführungen« am 1. Oktober seinen Dienst dort antreten. Doch seine Frage: »Gelingt es aber nicht, soll ich dann das Münchner Engagement mit den Musteraufführungen ganz fahren lassen?«[95] war nur noch rhetorisch gemeint. Er hatte sich für München entschieden – trotz der vorauszusehenden Schwierigkeiten mit Bayreuth.

Strauss hatte in der Zwischenzeit Mottls *Fürst und Sänger* in Weimar herausgebracht – »die Musik ist reizend, Instrumentation vortrefflich – schade, daß dem Textbuch ein eigentlicher tiefer Konflikt fehlt«, schrieb er an Frau Wagner[96] –, beachtete den »Zeitungskrieg« um ihn und Weingartner kaum – »höchst lustig«, war sein Kommentar[97] – und leitete mit Feuereifer die Weimarer Proben zur Uraufführung seines *Guntram*: »Gestern acht Stunden Korrekturproben dritter Akt *Guntram*; klingt famos, aber schwer, die Hornisten jammern, trotzdem macht es ihnen Spaß!« Doch der Mutter gestand er: »Am schwersten ist das Streichquartett, da ist mir selber etwas bang geworden, die Bläser sind nicht so schwer – aber die Streicher – lauter Bratschen-, Cello- und Kontrabaß-Konzerte. Unheimlich! Aber neu und großartig!«[98]

Strauss zeigte Nerven wie Stahl. Das Orchester war viel zu klein, die dritten Bläser mußten von der Militärkapelle ausgeliehen werden »und stimmten schlecht zu denen der Hofkapelle«[99]. »Aber der *Guntram*, dessen Partitur in keiner Weise mit den bestehenden Verhältnissen übereinstimmte und ein Beweis für meine damalige haarsträubende Naivität ist, wurde einstudiert«, bemerkte Richard Strauss im Alter selbstkritisch.

## Eine turbulente Verlobung

Doch nicht nur musikalische, auch private Turbulenzen ereigneten sich bei den *Guntram*-Proben. Sogar zu einem Duell wäre es fast gekommen, wenn man Edith Stargardt-Wolff, der Tochter des Berliner Konzertagenten, glauben darf. Sie war in dieser Zeit bei ihrem Onkel, dem Bariton Franz Schwarz, zu Besuch und erlebte, wie dieser überraschend von seinem in schwarzem Anzug und Zylinder gekleideten Sängerkollegen Gießen zum Duell aufgefordert wurde: »Herr Schwarz, ich komme als Kartellträger des Herrn Kapellmeisters Richard Strauss, um Sie zum Duell auf Pistolen zu fordern«, verkündete Gießen. »Sie haben seine Braut beleidigt.«[100]

Was war geschehen? Edith Stargardt-Wolff berichtet: »Während der Probe hatte die junge Sängerin de Ahna, die die weibliche Hauptrolle der Freihild im *Guntram* übernommen hatte, sich über einige Monita des Dirigenten Strauss so geärgert, daß sie ihm am Schluß einer kleinen Auseinandersetzung in Gegenwart meines Onkels, des Geigers Halir und anderer Zeugen die Noten von der Bühne aus ins Orchester vor die Füße warf. Schwarz, der für Strauss und sein Werk von Anfang an begeistert war, machte ihr, über die Behandlung des verehrten jungen Meisters empört, Vorwürfe, daß sie den genialen Musiker, der, eben erst von einer Krankheit genesen, an seinen Weimarer Posten zurückgekehrt sei, so despektierlich behandle. Es kam zu einem Wortgefecht, und Pauline de Ahna hatte sich nun ihrerseits bei Strauss über die Zurechtweisung meines Onkel beklagt, und die Folge davon – ein Happy-End – war ihre Verlobung mit dem Dirigenten. Strauss, der zuerst abgelehnt hatte, sich in den Streit einzumischen, hatte nun die Partei seiner Braut ergriffen und Gießen mit der Duellforderung betraut . . .«[101]

Eine Künstleranekdote? Frau Stargardt-Wolff veröffentlichte ihre Erinnerungen erst ein halbes Jahrhundert später. Aber einen wahren Kern – das vermutet auch der Strauss-Biograph Willi Schuh – hat die Geschichte sicherlich. Die Generalstochter Pauline de Ahna liebte turbulente, Aufsehen erregende und »militärische« Auftritte.

Die Geschichte mit den Noten, die sie ihrem Dirigenten vor die Füße warf, wiederholte sich im übrigen des öfteren. Lotte Lehmann erzählt in ihren Lebenserinnerungen: ». . . und in einer Probe irrte sie sich oder beschleu-

*Pauline Strauss-de-Ahna. Mit ihr führte Richard Strauss eine zwar turbulente, aber glückliche Ehe.*

nigte das Tempo (das Letztere scheint mir im Hinblick auf ihr Temperament wahrscheinlicher!), auf jeden Fall entspann sich zwischen ihr und dem Dirigenten ein Disput, der seinen Höhepunkt erreichte, als sie ihm den Klavierauszug von der Bühne herab an den Kopf warf, einige schreckliche Beschimpfungen schreiend die Probe verließ und in ihre Garderobe stürzte. Strauss, sehr verärgert, legte den Taktstock nieder, unterbrach die so heftig gestörte Probe und trat, ohne anzuklopfen, in Paulines Garderobe. Die draußen Wartenden hörten durch die geschlossene Tür wildes Geschrei und Bruchstücke von Beschimpfungen – dann war alles ruhig. Erbleichend schauten sich die Wartenden an: Wer hatte wen ermordet? Eine Delegation von Orchestermitgliedern näherte sich der bedrohlichen Tür. Ein scheues Anklopfen . . . Strauss öffnete die Tür und stand strahlend auf der Schwelle . . .«[102] Der Orchestersprecher kündigte in ergebener Treue gegenüber Strauss an, das Orchester wolle die Proben boykottieren, wenn Pauline de Ahna nicht von einer anderen Sängerin ersetzt würde. Doch Strauss sagte: »Das schmerzt mich sehr, weil sich Frl. de Ahna soeben mit mir verlobt hat.«

Pauline war eine temperamentvolle Frau, die Strauss' Leidenschaft ein ganzes langes Leben lang entfesselte. Die Fetzen flogen, sie stritten sich – und liebten sich doch. Ihre Verlobung verheimlichten sie eine Zeitlang, und kein Mensch hielt diese Verbindung für möglich. Strauss besaß die Nerven, seine femme fatale, diese jeder Vernunft spottende, ganz ihrer Spontaneität lebende, auf ihre Freiheit bedachte Kindfrau an sich zu fesseln. Sie dagegen wollte nur ihrem Beruf leben, fühlte sich »befangen«, nur »halb zurechnungsfähig« und »entsetzlich bang«: »So schnell, lieber Freund, brauchen wir wirklich nicht zu heiraten . . .«[103]

Strauss führte nun sein Lebensschiff in sicheres Fahrwasser und hatte während seiner Ägypten-Reise beschlossen, daß Pauline, die Frau seiner Träume, auch die Gefährtin seines Lebens werden müsse: keine bigotte, intellektuelle, heuchelnde Schwärmerin, sondern ein echtes, erotisches, kaum zu bändigendes Weib.

Trotz all dieser Ereignisse bewahrte Strauss seine Ruhe. Er war nach der großen Reise in der Tat ein anderer geworden. Es mochte um ihn herum noch so sehr brodeln, drunter und drüber gehen, Nervosität herrschen, er blieb gelassen.

Die Uraufführung von *Guntram* war ein »Achtungserfolg«, wie Strauss sich im Alter erinnerte: Sein Schüler Heinrich Zeller »quälte sich sehr mit der unsinnig anstrengenden Rolle – man zählte damals nach, daß sie so und so viele Takte mehr enthielte als *Tristan* – er wurde von Probe zu Probe heiserer und brachte sie auch in der ersten Aufführung nur mit Mühe zu Ende.«[104] Pauline dagegen glänzte als Freihild. Ihr hatte Strauss die Rolle auf den Leib geschrieben.

Die Weimarer Kritik zeigte sich begeistert, bezeichnete Strauss als »kühnen Forscher«, der selbständig nach Wagner einen neuen Weg für der

Musikdrama eröffnete,[105] freilich – wie auch in den Erstlingswerken des Bayreuther Meisters – mit noch einigen Monstrositäten, wenig Klarheit und fehlender Knappheit.

Vater Strauss und der »Herr General« fuhren von München nach Weimar, um die Premiere zu erleben. Beide waren stolz auf ihre Kinder. Über die Ovationen des Weimarer Publikums freuten sie sich, der General gewiß naiver als der Hornist, der die Schwächen des Werkes und der Aufführung sehr wohl wahrnahm. Aber immerhin stand sogar in den »Münchner Neuesten Nachrichten«: »Das Werk steht auf dem Boden des Musikdramas Wagner's, lehnt sich aber in keiner Weise an Wagner'sche Melodik und Rhythmik an, ist sonach vollkommen selbständig.«[106] Doch trotz dieses Erfolgs blieben die Sorgen von Franz Strauss: Wird der Sohn endlich seinen Weg finden, wird er vom Extremen, Überhitzten, allzu Nervösen sich befreien können und zu Klarheit finden?

Nach der *Guntram*-Premiere nahm Strauss Abschied von Weimar. Dort sollte d'Albert sein Nachfolger werden, der jedoch von einem mittelmäßigen Künstlern hinausgeekelt wurde: Bernhard Stavenhagen wurde Kapellmeister, zu Straussens Zeiten war er Korrepetitor gewesen.

Strauss verließ Weimar, um sich endlich den lang ersehnten Wunsch zu erfüllen, in Bayreuth dirigieren. Er übernahm den *Tannhäuser* in eigener Verantwortung, und Pauline sang die Elisabeth. Cosima Wagner war bei den letzten Proben so begeistert, daß sie ihm sogar ein Billett schickte: »Mein lieber Freund, ihre gestrige Leistung war so außerordentlich und hat mir so viele Freude gemacht, daß ich nicht umhin kann, es Ihnen sogleich nach der Ruhe der Nacht und nach der Begrüßung des Morgens, noch einmal zu sagen. Es war alles bewußt, lebendig, schwungvoll und tief empfunden, so wünsche ich Ihnen und auch dem Werke Glück und hoffe nur, daß Sie sich nicht übernommen haben.«[107]

Doch das internationale Festivalpublikum war vom neuen Dirigenten keineswegs so begeistert wie Cosima Wagner. Der englische Dramatiker und Musikkritiker George Bernard Shaw schrieb: »Bayreuth möge die Stunde segnen, die Wagner mit dem dritten Akt des Thannhäuser inspirierte; denn zum Ende des zweiten Aktes hin am Sonntag Abend fühlten wir, daß unsere Last mit dieser Musik größer war, als wir sie aushalten konnten. Strauss, der neue Dirigent, schien eine hoffnungslose Fehlbesetzung zu sein; er hielt das Orchester so ruhig, aber auch so albern wie ein steifer Stehkragen; und seine Tempi, ausgenommen einen gelegentlichen Galopp am falschen Platz, waren zumeist unerträglich langsam. Nach Mottls Leitung des Lohengrin konnte uns diese Art von Dirigieren überhaupt nicht verlocken; und wir saßen alle da und wünschten, wir wären nicht gekommen und daß Strauss niemals geboren worden wäre.«[108]

Beruhte diese Kritik nur auf Unverständnis, oder war Strauss damals noch unsicher und in seiner Tempowahl zu extrem? War dieser Mißerfolg der Grund, daß Cosima Wagner Strauss nie mehr zum Dirigieren nach Bayreuth einlud? Fragen über Fragen. Verglichen mit anderen Dirigenten wie Weingartner und Mottl machte es sich Strauss allzu schwer. Er war nicht der blendende Pultvirtuose, sondern ergründete die Musik allzu tief und allzu unkonventionell, so daß sogar die Wagnerianer an Wagner verzweifelten. Bis Strauss ein Wagner-Dirigent wurde, mußte noch einige Zeit vergehen – und ein Pultvirtuose wie Arthur Nikisch, dessen Stern damals gerade aufging, wurde er nie.

Cosima Wagner wandte sich in den folgenden Jahren von Strauss ab. Seine Mitwirkung bei den Münchner Musteraufführungen war ein Grund dafür, ein anderer seine Modernität, die sie ihm schon nach einer *Tannhäuser*-Probe ironisch vorgeworfen hatte: »Ei, ei, so modern und dirigiert den *Tannhäuser* doch so gut.«[109] Meinte sie sein Dirigieren? Oder den vor wenigen Wochen uraufgeführten *Guntram* und die dort dargestellte Abkehr vom »Bund«, vom Gral der Wagnerianer und die sich abzeichnende Hinwendung zu Nietzsche?

Doch Strauss ließ sich weder von Cosima Wagner noch von anderen beeindrucken. Er hatte nun sein inneres Gleichgewicht gefunden und erkannt, was der Sinn seines Lebens war. Diese Festigung seiner noch vor wenigen Jahren so labilen Persönlichkeit war das Ergebnis der Weimarer Jahre. Das war viel und zugleich wenig. Denn ansonsten war die Ernte dieser Zeit eher mager: Nur sehr wenige neue Werke hatte er komponiert, nur und endlich den *Guntram* vollendet, weder seinen Dirigierstil noch seine Sprache als Opernkomponist gefunden und nur in seinen Tondichtungen bereits Meisterwerke komponiert. Doch diese waren schon vor der Weimarer Zeit entstanden.

So waren die Weimarer Jahre eine Zeit der Gärung, des wilden Sturm und Drang, der Krankheit, der Entwicklung, aber nicht der Ernte.

# VIII
# Musikalischer Revolutionär

Am 1. Oktober 1894 begann Richard Strauss seine Arbeit als Kgl. Kapellmeister am Münchner Hoftheater. Er war erst 30 Jahre alt und hatte bereits eines der höchsten Ämter, die einem Musiker in München offenstanden, erobert. War er nun saturiert? »Mein Mann ist so bürgerlich«,[1] klagte jedenfalls scherzhaft Pauline.

Tatsächlich bildete das zweite Münchner Engagement eine entscheidende Wende: Erstmals konnte er von seinem Musikerberuf leben und eine Familie ernähren, privat verlief sein Leben in geordneten, bürgerlichen Bahnen mit eigener Wohnung, Frau und bald einem Kind . . . Doch dem bürglichen Privatmann stand der öffentliche, revolutionäre Komponist und Dirigent gegenüber. Strauss war bei den Konservativen verhaßt und wurde von den Fortschrittlichen umjubelt. Wie kein anderer spaltete er das Musikleben, schockierte mit seinen neuen Werken und mit seinen Interpretationen die behäbigen Münchner.

*Strauss-Porträt von Fritz Erler, 1898*

War das Bürgerliche ein Maske? Oder war das Revolutionäre eine Pose? Weder noch, Strauss war Bürger und musikalischer Revolutionär zugleich. Doch wie war dies möglich?

## »München leuchtet«

Im selben Jahr 1894, als Strauss Hofkapellmeister in München wurde, ließ sich hier ein 18 Jahre junger Mann, der Schriftsteller werden wollte, nieder: Thomas Mann. Er sah München von außen, mit den Augen eines Norddeutschen, im Grunde eines Fremden. Sein Verhältnis zur Isarstadt, die nun so viele Nordlichter – Künstler, Dichter, Musiker – anzog, war gespalten.

Manns Erzählung *Gladius Dei* beginnt mit den berühmten Sätzen: »München leuchtete. Über den festlichen Plätzen und weißen Säulentempeln, den antikisierenden Monumenten und Barockkirchen, den springenden Brunnen, Palästen und Gartenanlagen der Residenz spannte sich strahlend ein Himmel von blauer Seide, und ihre breiten und lichten, umgrünten und wohlberechneten Perspektiven lagen in dem Sonnendunst eines ersten schönen Junitages . . .«[2] Doch dieses »leuchtende« München war für ihn auch eine Stadt der Sinnlichkeit, des Verbotenen und der Sünde, das ihn magisch anzog und den von norddeutsch-protestantischem Bügergewissen Geplagten zugleich abstieß.

In *Gladius Dei* ist es ein Madonnenbild, »entblößt und schön«, mit »großen, schwülen Augen« und »delikat und seltsam lächelnden Lippen«, das den jungen mönchischen Hieronymos so erregt und in seinem religiösen Empfinden verletzt, daß er den Kunsthändler Blüthenzweig zwingen will, es aus seinem Schaufenster zu entfernen . . .

Doch für Thomas Mann war München nicht nur die Stadt der pikanten Reize, sondern auch eines rückständigen, »südlichen« Lebens: »Man ist von Erwerbsgier nicht gerade gehetzt und verzehrt dortselbst, sondern lebt angenehmen Zwecken.«[3] In München herrschten »Gemütlichkeit«, Herzlichkeit, fast noch bäurisch einfache Lebensfreude. Dem Lübecker erschien diese Stadt damals so pittoresk und zurückgeblieben, wie vielleicht im 20. Jahrhundert einem Norditaliener Sizilien. Als Tony im Roman *Buddenbrooks* erstmals in München ist, schreibt sie nach Hamburg: »Man befindet sich eben in einem fremden Lande.«[4] Gewiß spielt die Romanhandlung zu diesem Zeitpunkt im Jahr 1857. Doch soviel hatte sich in der Zwischenzeit nicht geändert. Man trank immer noch viel Bier, aß »zuwenig Gemüse und zuviel Mehl«, schluckte – »es ist doch ein Wahnsinn« – »beständig Gurken- und Kartoffelsalat mit Bier durcheinander« (»Mein Magen gibt Töne von sich dabei.«) – und verstand kaum das Bayerisch des Dienstpersonals. Als Tony Buddenbrook dann den Hopfenhändler Permaneder heiratet, staunt und verzweifelt sie, daß er ihre beachtliche Mitgift zum Privatisieren verwendet, fortan nur noch von den Zinsen lebt, mittags eine Schweinshachse ißt und abends ins Hofbräuhaus geht, während Tony sich ärgert, daß niemand sie als geborene Buddenbrook achtet, unter der mangelnden »Formlosigkeit« und »dem geringen Sinn für Distanz« leidet und fremd bleibt in der »Münchner Luft«: »Die Luft einer großen Stadt, voller Künstler und Bürger, die nichts taten, eine ein wenig demoralisierte Luft . . .«[5]

Dennoch erlebte München in der Prinzregentenzeit den größten Aufschwung seiner Geschichte, wurde zur Großstadt. Aber noch immer bewahrte es sich etwas von seinem »Dorf«-Charakter, von seinen bäuerlichen, gebirglerischen Wurzeln. Bräuche wie der Schäfflertanz, die feierliche Fronleichnamsprozession, der Metzgersprung, daß der Prinzregent am Gründonnerstag zwölf alten Männern die Füße wusch und zwölf Waisenmädchen beschenkte, und das Oktoberfest wurden mit Inbrunst gepflegt. Das Bayerische war noch nicht zur Folklore und Touristenattraktion herabgesunken. Allerdings zog München nun sehr viele Fremde an. Sie sahen hier noch eine ursprüngliche, alte Welt, wie sie im Norden Deutschlands längst versunken war.

*Marienplatz in München, um 1880*

Vor allem aber »leuchtete« München als Kunststadt. In der Prinzregententzeit lebten hier viele bedeutende Kunstmaler, Bildhauer und Dichter aus ganz Deutschland. Sie schätzten die gute »Münchner Luft«, die südliche Lage, die Nähe zu den landschaftlich besonders reizvollen Bergen und Seen des Umlandes, aber auch die Herzlichkeit und Liberalität der Einheimischen.

Was für Gegensätze! München war »nicht nur das Paradies der Regensburger Würste, sondern auch das Eden der italienischen Malerei«, hier »duftete nicht nur der Knoblauch, sondern auch die Blume moderner Mystik« und die Münchner »produzierten nicht nur das beste Bier, sondern auch die schönsten Mädchen«, so wenigstens schrieb ein »Münchner Eremit« in Conrads Zeitschrift »Die Gesellschaft«.[6] Doch in einem übertraf München alle anderen deutschen Großstädte: in seiner Gemütlichkeit, die – so merkte der Eremit ironisch an – man in der Lokalbahn nach Garmisch am besten kennenlernen könne, wenn der Zugführer in Weilheim 20 Minuten Aufenthalt einschiebt, um drei Maß zu trinken, oder an den großen Bäuchen der Stammtischgäste im Augustinerbräu, deren Fett mehr Seife ergeben würde, »als zur Reinigung des König Max-Monuments erforderlich sein dürfte«. München war katholisch, und – so resümierte der Eremit – »in katholischen Ländern sind die Menschen naiver, kindlicher, ursprünglicher, treuer und heiterer – sie sind wohl auch dümmer, weswegen zum Beispiel die neueren Künste ihren Herd im Süden haben.«[7]

München war Großstadt geworden, doch auch ein Sündenpfuhl? Den protestantischen Nordlichtern schien es so. Thomas Mann erwähnt in *Gladius Dei* die »reichen und schönen« Damen, von »deren Liebesleben man spricht« und deren Porträt man aus der Kunstausstellung kannte. Wenn man Glück hatte, konnte man ihnen auf der Straße begegnen. Doch vor allem galten die Künstlerfeste als Ort moralischer Zweideutigkeit: Dort sah man die »Königinnen der Künstlerfeste«, »ein wenig geschminkt, ein wenig gemalt, voll einer edlen Pikanterie, gefallsüchtig und anbetungswürdig«. Dort wurden von nackten Mädchen und Männern griechische Statuen nachgestellt, tauchte man in ein »Meer des glänzenden Scheines unter Poseurs und Faiseurs auf den Wogen der Leidenschaft und der geistreichen Torheit« ein, beobachtete berühmte Maler, etwa Lenbach oder Stuck, Dichter, Wissenschaftler, »Menschen und Dinge erfassend, aussaugend, genießend . . .«[8]

Ein gehobenes Lebensgefühl, ein Rausch, eine trunkene, nervöse Sinnenfreude erfüllte München. Oder war dies nur der Mythos »München«? Hermann Obrist verurteilte nämlich die Kunststadt München als ein »architektonisches und kunstgewerbliches Dauerkostümfest«[9] und Michael Georg Conrad schrieb wehmütig: »Wenn ich auf meine zwanzig Jahre intensiv erlebter Münchner Kunstgeschichte zurückblicke, faßt mich ein Schauder: Wie viele Ströme edlen Künstlerblutes sind in diesem bajuwari-

schen Biersumpf elend verdampft, wieviele herrliche Keime verheißungs-
vollsten Lebens gingen in dem stagnierenden Pfuhl des Spießbürgertums, in
der Öde des Schranzentums würdelos zugrunde! Mit welchen Opfern wurde das sich durchsetzende Echte und Gerechte, Große und Glänzende, das
München mit Stolz sein ideales Besitztum nennen darf, dem Widerstand
der Stumpfen und Dummen und Boshaften abgerungen!«[10]

Das Spießbürgertum, das Ludwig Thoma bald in seinen Theaterstücken
aufs Korn nehmen und verspotten wird, der Biersumpf aus Intrigen, Neid
und Abneigung gegen alles Neue waren die Kehrseite der Kunststadt München. Der Freizügigkeit in den Künstlerkreisen stand die gerade neuverord-
nete Prüderie im wilhelminischen Kaiserreich gegenüber. So wurden keusche Weinblätter aus Blech an griechischen Skulpturen angebracht, und
»der Director einer Mädchenschule in M. hielt es für nötig, bei einem Besuch des dortigen Museums Dürers Adam und Eva vor den neugierigen
Augen seiner Schäflein mit einem züchtigen Vorhang zu verhüllen.«[11] Wie
weit – so der Autor jenes Berichts – waren die Menschen noch vom »wahren Kultus des Nackten in der Antike« entfernt, »wenn das Auge in schlak-
kenloser Sinnenfreude, schönheitstrunken, sei's in der Natur, sei's im
Kunstwerk den herrlichen Bau des menschlichen Körpers, das göttliche
Nackte genießt.«

Statt dessen wehrten sich die Philister mit Gotteslästerungsprozessen gegen die respektlosen Bohemiens: 1895 fand ein aufsehenerregender Prozeß
gegen Oskar Panizza, den Autor des skandalauslösenden Theaterstücks
*Das Liebeskonzil, Eine Himmelstragödie in 5 Aufzügen*, statt. Panizza
wurde »wegen Vergehens wider die Religion« zu einem Jahr Gefängnis
verurteilt. Der zwanzigjährige, streng konservative Thomas Mann hielt dieses Urteil gegen »die neunzig kleinen Gotteslästerungen« auch vom künstlerischen Standpunkt aus für gerechtfertigt.[12]

Die süddeutschen Künstler kannten solche Skrupel nicht. Thomas
Mann erkannte in seinen *Betrachtungen eines Unpolitischen* sehr gut, was
sie auszeichnete: »Das Wichtigste aber ist, daß wirkliches Künstlertum hier
auf alte, echte Weise aus dem Bürgertum erwächst und mit ihm verwach-
sen bleibt, daß das alteingesessene Münchner Bürger- und Handwerkertum
künstlerisch durchsetzt ist: der geistig-kulturelle und selbst der gesellschaftliche Abstand zwischen dem Handwerker (artista) und dem akademischen Künstler ist sehr geringfügig, und es ist münchnerisch, daß von zwei
Brüdern, Trägern eines altbürgerlichen Namens, der eine etwa Bäcker oder
Brauer (und Mitglied des Kunstvereins!), der andere ein berühmter Architekt oder Erzgießer ist. Diese Kulturverhältnisse sind sehr altdeutsch-städ-
tisch – man hört die *Meistersinger* nirgend besser als in München . . .«[13]

Der Künstler war in München also nicht das unbürgerliche Genie, sondern ein Handwerker, der »höheres Kunsthandwerk fabrizierte«. Er empfand sich nicht, wie viele Maler und Schriftsteller aus dem Norden, als de-

kadenter Bürger, der – wie Thomas Mann – ein Leben lang unter dem Zwiespalt zwischen geregeltem Leben und einem von anstößiger, dämonischer Sinnlichkeit gefährdeten Künstlertum litt, vielmehr zeigte sich im Schaffen dieser Künstler eine unbekümmerte, naive, technisch-handwerklich gekonnte, keinerlei puritanische Moralschranken beachtende Sinnenfreude. Einer dieser Münchner Künstler war Richard Strauss.

## Epatez le bourgeois! – *Till Eulenspiegel*

Als Strauss 1886 von seiner Italien-Reise zurückkehrte, komponierte er *Aus Italien*. In seiner Entwicklung war dies der erste bedeutende Sprung zur Eigenständigkeit. Doch dann brach unter dem allzu mächtigen Einfluß Alexander Ritters in ihm das Wagner-Fieber aus. Den Musikdramatiker Strauss lähmte dies über fünfzehn Jahre lang. *Guntram* war eine Art Befreiungsschlag gegen den erdrückenden Schatten des großen Bayreuther Meisters, aber kein eigenständiges Werk. Doch auch Strauss' Tondichtungen kämpften mit Wagners Schatten: Er wählte heroische Themen wie *Macbeth* oder *Tod und Verklärung* oder er ließ in *Don Juan* naturgegebene Sinnlichkeit mit dem Schopenhauer-Wagnerischen Lebensüberdruß ringen.

Nun war er wieder im Süden gewesen, noch südlicher als damals und noch länger. Abstand hatte er gewonnen, sich selbst gefunden und den *Guntram* ganz anders vollendet, als es der »Onkel« Ritter von ihm erwartete. Frei, allein auf sich gestellt, auch frei vom Wagnerschen »Gral« – bei aller Liebe zu Wagners Werk – wollte er komponieren: ein unabhängiger Bürger, zumal ein Münchner Bürger – also ohne alle die intellektuellen Skrupel, Idealismen, moralischen Hemmungen der Norddeutschen. Er war kein – im Sinn Schillers – sentimentalischer, sondern ein naiver Künstler. Die Musik war für ihn keine Sünde, nicht anstößig – sie war sein Leben.

Strauss hatte sich in Ägypten vom Wagner-Fieber befreit. Aus ihm drang nun eine ganz andere Musik, die nichts von deutscher Schwere, mythosverbrämtem Pathos und dem Überernst Wagnerscher Musik mehr hatte. Strauss' Musik war jetzt witzig und leicht, von Ideen sprühend, glasklar, sehr direkt, voller Überraschungen und Ironie. Am 6. Mai 1895 vollendete er seine Tondichtung *Till Eulenspiegels lustige Streiche nach alter Schelmenweise in Rondeauform* – knapp ein Jahr nach seiner Rückkehr von Ägypten.

*Till Eulenspiegel* ist das bislang kühnste Werk von Strauss – und das, obwohl er damals auf die musikalischen Erfahrungen seiner Jugend zurückgriff: auf Mozart. Die Form der Tondichtung ist ein Rondo, Melodien, die eingängig, populär, sogar nachpfeifbar sind, stehen im Vordergrund, ohne daß Strauss auf Polyphonie und Klangfarbenschattierungen verzichtete. *Till* ist sein handwerkliches Meisterstück, eine brillantere, virtuosere Musik war zuvor noch nie und wurde danach kaum mehr für Orchester geschrieben.

Schon bei seiner Rückreise von Ägypten beschäftigte sich Strauss mit *Till*. Damals plante er noch eine Oper, in der sich Till den Spießbürgern von Schilda so vorstellt:

Die Philister verhöhnt,
der Freiheit frönt,
gegen Dummheit wettert,
die Natur vergöttert,
aber nur bis zum Menschen,
denn der ist ihr mißlungen
in dem sie sich glücklich
zur Vernunft durchgerungen![14]

Dieser Text war noch von einigem philosophischen Ballast beschwert, der die Volksfigur Till zum skeptischen Philosophen und Weltverächter stempelte. Strauss erschien der Schalk Till für eine Oper zu seicht, er erkannte jedoch, wie er dem Vater schrieb, daß »eine Vertiefung der Figur nach der Seite der Menschenverachtung hin aber auch seine großen Schwierigkeiten habe«.[15] Mit dem Entschluß, eine Tondichtung zu komponieren, umging er dieses Problem.

Die Musik des *Till* sollte den Bürger aufschrecken: »Krieg gegen alle Mäßigkeits-Apostel, wider die alte Zunft der nur Tugendhaften und Behäglichen, alle guten Spießer und sicheren ›Enthaltsamkeitschulen‹!«[16], schrieb sein Freund Arthur Seidl, dem *Till* gewidmet ist.

Für Strauss war die Volksfigur des Mittelalters ein Teil seines Selbst. Auch Strauss rächte sich mit Eulenspiegeleien an seinen Zeitgenossen, etwa als er das Lied *Wenn . . .* mit Des-Dur beginnen, aber mit D-Dur schließen ließ und dazu bei der Veröffentlichung in der Zeitschrift »Jugend« sarkastisch anmerkte: »Sängern, die noch im 19. Jahrhundert dieses Lied öffentlich vorzutragen beabsichtigen, räth der Componist, dasselbe von hier ab einen halben Ton tiefer (also in Des-Dur) transponiert zu singen und somit das Musikstück in der Anfangstonart auch abzuschließen.«[17] Der Intendant Perfall – so erinnerte sich Strauss im Alter – hat diesen Witz »immer entrüstet kolportiert«.[18]

Strauss, der Bürgerschreck. Er bekannte sich damals offen zur neuen Richtung, die in den Zeitschriften »Jugend« und »Gesellschaft« ihre umstürzlerischen Gedanken proklamierte. Dort beschrieb 1895 Curt Heinrich in seinem Artikel »Bürgersweisheit« die zeitgenössischen Bürger so: »Immer so thun, als ob . . ., immer den Schein über das Sein setzen, ist eine Hauptforderung der Bürgermoral. Wer sich dem widersetzt, stürzt um, und die Umstürzler sind vogelfrei; wenn nicht das Leben, so wird ihnen doch die Ehre, die Stellung, der Lebensfrieden genommen. In jeder Stunde, was sie auch vornehmen, müssen sie an tausend schmerzenden Nadelstichen empfinden, daß die Gesellschaft sie geächtet hat, daß sie Menschen zweiter Klasse oder gar Kulturfeinde geworden sind. Zu einem solchen Martyrium fühlt sich kein Bürger geschaffen, er will ruhig, friedlich leben, etwas vom Leben haben. Der moralische Mut ist ihm ja schon in seiner Kindheit durch die Erziehung ausgetrieben worden, zusammen mit der Freude an der Wahrheit und am geistigen Kampfe. Das mahnende Gewissen wird leicht mit probaten Hausmittelchen wie Tradition, Pietät, Ehrfurcht vor dem Bestehenden, Toleranz, oder frivolen, aber resigniert klingenden Gemeinplätzen, wie der ewigen Unreife des Volkes zum Schweigen gebracht. In der Kunst des Sichselbstbelügens ist man heute zu einer staunenswerten Virtuosität gelangt.«[19]

Panizza, Wedekind, Sternheim, Ludwig Thoma, Heinrich Mann und manche andere Literaten machten mit Lust und Wonne die Spießbürger ihrer Zeit zum Gespött. Zu »Gesellschaft« und »Jugend« gesellte sich bald der noch bissigere »Simplicissimus«. Doch diese Hatz war nicht nur lustig, sondern auch bitter ernst, denn die Spießbürger saßen an den Hebeln der Macht, und die Ümstürzler waren – wie Curt Heinrich schrieb – so vogelfrei wie einst Till Eulenspiegel. Die Künstler hielt man für machtlose Narren und lächerliche Schalkfiguren. Mit seiner Tondichtung *Till* bekannte sich Strauss in aller Öffentlichkeit zu ihnen.

Während Sprache und Karikatur offenlegen, verschlüsselt die Musik. In einer Zeichnung des »Simplicissimus« oder in einem Theaterstück von Carl Sternheim werden gesellschaftliche Mißstände in aller Deutlichkeit bloßgestellt, den *Till* dagegen kann man auch nur als ein sehr virtuoses, witziges Orchesterkunststück hören. Strauss weigerte sich anfangs, ein genaueres Programm zu veröffentlichen, wollte nur die beiden *Till*-Motive – das berühmte Hornthema und die witzige Klarinettenmelodie – sowie die absteigende große Septime, die das Todesurteil über Till symbolisiert, preisgeben: »Es ist mir unmöglich, ein Programm zu *Eulenspiegel* zu geben: in Worte gekleidet, was ich mir bei den einzelnen Teilen gedacht habe, würde sich oft verflucht komisch ausnehmen und viel Anstoß erregen«,[20] schrieb er an Wüllner, der die Uraufführung dirigierte, und riet: »Lassen Sie diesmal die lustigen Kölner raten, was ihnen ein Schalk für musikalischen Schabernack angetan hat.«

Immerhin ließ sich Strauss von Wüllner und später von Mauke[21] dann doch überreden, genauere Programmangaben zu machen. So konnte Wüllner bereits im Programmheft der Uraufführung über das, »was der Komponist zugleich mit höchster Verwegenheit und mit formeller und orchestraler Meisterschaft in Tönen uns erzählt«,[22] schreiben: »von Eulenspiegels ersten losen Schwänken, von dem Streich, den er den keifenden Marktweibern spielt, von seinen Liebesabenteuern, seiner Promotion in Prag, bei der er durch seine monströsen Thesen bei den philisterhaften Professoren eine wahrhaft babylonische Sprachverwirrung anrichtet, von der nach tollster Ausgelassenheit über ihn hereinbrechenden Gerichtsszene, dem Urteilsspruch, der Exekution ... bis zuletzt ein reizend beruhigender ›Epilog‹ das humorvolle Werk abschließt.« Eine wichtige, freilich anstößige Episode unterschlug Wüllner, sie ist erst in Maukes Musikführer zu finden: »Als Pastor verkleidet trieft er vor Salbung und Moral.«[23]

Die Marktweiber, also das einfache Volk, das wäre ja noch angegangen, aber auch den Klerus, die Professoren und die Liebe nahm Strauss aufs Korn. Doch im Grunde ist das Programm nur wichtig, um zu wissen, daß diese Tondichtung nicht als ein belangloses, rein virtuos-brillantes Orchesterstück gemeint ist, vielmehr eine musikalische Satire über die Bürger um 1900 – und überhaupt – darstellt. Aber der Schalk sitzt nicht im Programm – dann nämlich wäre diese Musik längst nicht mehr lebendig – sondern in den Tönen, wie Strauss schon vor der Uraufführung in einem Telegramm an Wüllner andeutete: »analyse mir unmöglich, aller witz in toenen ausgegeben.«[24]

Wie aber ist »Witz in Tönen« möglich, und welcher Art sind die musikalischen Witze von Strauss? Schon der erste Auftritt von Till ist komisch: Das Horn, das Instrument der Helden und Könige, spielt ein keckes Thema, drei kurze, aufsteigende Töne, dann ein Stillstehen auf einem langen, dissonanten, also »falschen« Ton, der zudem aus den Regeln des Taktmetrums herausfällt, dann ein markantes Nachobensteigen – das Ziel ist wieder ein dissonanter, »falscher« Ton – und ein schnelles Weghuschen in größte Tiefe hinab. Diese Musik ist frech, regelwidrig und respektlos.

Auch das zweite *Till*-Thema hält sich nicht an traditionelle musikalische Regeln. Strauss schrieb an dieser Stelle in Maukes Partitur: »Das war ein arger Kobold«[25], und die »lustige« Klarinettenmelodie treibt es in der Tat »arg«; sie springt nämlich in einen bös dissonanten Klang, der kaum noch – oder nur sehr verschlungen – als herkömmlicher Akkord erklärt werden kann, vielmehr bitonal ist. Doch nicht nur Regelwidrigkeiten begeht die *Till*-Musik, sie treibt diskontinuierlich, pointenreich das Orchester von einem Extrem ins andere: Da erklingt es im vollen und lauten Tutti, und schon zerfällt es wieder in einzelne Stimmfetzen; da beginnt die Klarinette hoch oben mit der *Till*-Melodie und die Baßklarinette antwortet – dissonant einsetzend – mit einem tiefen chromatischen Abwärtslauf: »Wartet nur ihr Duckmäuser«, notierte Strauss in die Partitur.

Die »Duckmäuser« entpuppen sich als Marktweiber, die mit hoher greller und dissonanter Stimme (kleine Sekund a-b) schreiend nicht vom Fleck kommen. Till dagegen: »Hop! zu Pferde mitten durch die Marktweiber«,[26] und ein schlimmes Durcheinander entsteht. Doch Till »kneift mit Siebenmeilenstiefeln aus«[27], bis nur noch eine Generalpause, dann einige huschende Sechzehntelfiguren und schließlich Sekunddissonanzen übrigbleiben: Till ist »in einem Mauseloch versteckt«.[28] Das »Mauseloch« des Bürgerschrecks Strauss sind also die Dissonanzen, mit denen er die Marktweiber karikiert, und sein Schalk besteht darin, anarchistisch Chaos zu stiften.

Aus dem Mauseloch wagt sich Till schließlich als Pastor verkleidet hervor. »Gemächlich«, gravitätisch, fürchterlich simpel klingt nun die Musik.[29] Selbstverständlich hält Till diese Rolle nicht durch, spielt die Klarinette einen »schelmischen« Einwurf (»Doch aus dem großen Zehe guckt der Schelm hervor«). Aber ihm kommen auch Bedenken: »Faßt ihn ob des Spottes mit der Religion doch ein heimliches Grauen vor dem Ende«[30]; diese dämonisch-gespenstische Melodie wird am Schluß vor der Hinrichtung Tills wieder erklingen. Bei allem Spaß und Schalk – zeigt die Musik hier – ist die Situation von Till todernst. Till spielt mit dem Feuer, sein Humor ist Galgenhumor, Lachen und Weinen, Schalk und Tragik sind nah beinander.

Doch rasch wirft er sich nach diesen besinnlichen Augenblicken wieder in den Trubel. Die Solovioline stürzt sich mit einem tollkühnen Glissando zurück ins Leben: Till parodiert nun den Kavalier, verliebt sich wirklich in ein Mädchen, doch erhält einen Korb. Sein Thema verwandelt sich in eine leidenschaftliche, glutvolle Melodie. Aus dem Schalk Till entsteht ein leibhaftiger Mensch mit Gefühlen, Sehnsüchten und der Hoffnung auf Liebe. Doch »wütend«, wie in der Partitur steht, muß er ansehen, wie er aus der festlichen, glanzvollen Welt hinausgeworfen wird. Till findet keine Liebe, hat keinen Platz in der Gesellschaft.

Die Hörner spielen fortissimo das *Till*-Thema und über dem wehmütigen Ton des Englischhorns huscht das andere *Till*-Thema davon.[31] Wut und Angst verbergen sich hinter musikalischer Komik.

Nun ist Till nicht mehr nur der harmlose Spaßmacher, sondern »schwört Rache zu nehmen an der ganzen Menschheit« – so Strauss. Opfer sind die »Philister«, die hier als Pädagogen und Professoren erscheinen. Das Philisterthema[32] klingt einfalls- und geistlos, wirkt langweilig und trocken. Till spielt seine frechen Melodien darüber, und schon erscheint es interessanter. Doch dann erfindet er eine Art Fuge, also das Schulbeispiel musikalischer Gelehrsamkeit, und wirbelt die Tonarten durcheinander, gelangt zu so kühnen Klängen und Dissonanzen, daß es den philisterhaften Professoren die Sprache verschlägt und sie ihr Motiv nur noch stammeln können.

»Nachdem er den Philistern ein paar ungeheuerliche Thesen aufgestellt, überläßt er die Verblüfften ihrem Schicksal«, schreib Strauss in Maukes Partitur. Die »Thesen« sind musikalischer Natur: Klänge, die noch nie so kühn gegen die gültigen Regeln komponiert wurde. Die Pädagogen auf den Konservatorien konnten diese Musik mit ihren Theorien nicht mehr erklären. Selbst sein Freund Thuille, Professor an der Königlichen Musikschule in München, warnte fortan seine Studenten, so wie Strauss zu komponieren.

Und Strauss-Till? Er schnitt den Spießbürgern eine häßliche Grimasse: einen bitonalen Klang, in dem E-Dur und b-Moll vereint sind.[33] Das ist nicht nur frech und – nach den Lehrsätzen des Konservatoriums – verboten, sondern auch anstößig und aggressiv. Erstmals – wenn auch in der Gestalt eines Narren – erhält das Häßliche für die Musik eine ästhetische Bedeutung. Damit übernahm Strauss eine Ästhetik, die in der avantgardistischen Literatur und Malerei schon seit einigen Jahren galt: die Idee des Antihelden. Till ist ein Antiheld, er ist »ein Lump als Held«.

Die moderne Welt – schrieb Hans Merian 1891 in der »Gesellschaft«[34] – kenne nicht mehr das absolut Gute und Böse, vielmehr werde der Mensch nun als Produkt seiner Erbanlagen, seiner sozialen Verhältnisse und seiner Willensstärke oder -schwäche im evolutionistischen Daseinskampf betrachtet: Der scheinbar Schlechte ist in Wirklichkeit der Kranke. Doch Krankheit sei nun im Grunde das Gesunde – ergänzte Merian –, da sie die Entwicklung fördere, ja geradezu beschleunige. Sie sei eine Störung des Spießbürgertums, nämlich eines der Evolution schädlichen »Gleichgewichtszustandes«. So wie Merian dachten damals viele Künstler, auch Richard Strauss.

Nach seiner bösen Grimasse »singt« Till einen Gassenhauer.[35] Der Schalk – zeigt dieser musikalische Witz – pfeift auf alle Gelehrtenweisheit, hohe Gesellschaft und große Kunst. Er schaut lieber dem einfachen Volks aufs Maul – und Straßenmusikanten, Volksmusiker und Humoristen bevölkerten damals noch in großer Zahl die Münchner Gassen, Biergärten und Lokale, etwa der Komiker Papa Kern und der Kapellmeister Zaska mit den G'stanzln aus dem Bockbierliederbuch im Café Metropol, Papa Geis im Hotel Oberpollinger, der die Tagesereignisse aufs Korn nahm, oder Anderl Welsch mit seinen komischen Szenen, Liedern und Couplets im Apollotheater.[36] Für den Münchner Strauss war also die gegenüber der Obrigkeit und den Spießern respektlose Volksfigur Till nicht nur ferne Vergangenheit, sondern höchst gegenwärtig.

Doch das tolle Treiben des Till Eulenspiegel findet sein bös-tragisches Ende: Die Philister sitzen über Till zu Gericht und verurteilen ihn zum Tode. Noch einmal erklimmt die Klarinette höchste Höhen, ein zu den übrigen Tönen schmerzvoll dissonantes b''', um dann in den Abgrund hinabzustürzen.[37] Wieder einmal haben die Philister einen Humor- und Geistvollen, einen gegenüber der alten Ordnung Respektlosen und Frechen, einen Neuerer voller Phantasie und Geistesblitze zur Strecke gebracht. Die bürgerliche Ordnung hat gesiegt.

Oder doch nicht? Strauss umgab seine Tondichtung mit einer Art Rahmen, mit Prolog und Epilog, die besagen: »Es war einmal ein Schalksnarr.« Aber stimmt dieses »Es war einmal«? Strauss ist optimistisch; denn er läßt Till aus dem langsamen Epilog mit dem Thema des Prologs »sehr lebhaft« wieder auferstehen. Eulenspiegel, sagt Strauss in seiner Musik, ist so schnell nicht umzubringen. Mit dieser Pointe endet seine Tondichtung.

# Eine bürgerliche Ehe?

Am 10. September 1894 heirateten Pauline de Ahna und Richard Strauss in Marquartstein. Der musikalische Bürgerschreck schlüpfte in den Hochzeitsanzug, mimte beim katholischen Trauzeremoniell den gläubigen Christen, obwohl er bekanntermaßen von der Religion wenig hielt, bezog mit seiner neuvermählten Frau eine Wohnung in der Hildegardstraße 2/I und genoß die Hochzeitsreise nach Pegli und Venedig. Auch ein Münchner Bierbrauer oder Medizinalrat heiratete damals nicht anders.

So revolutionär sich Strauss in seiner Kunst gab, im Leben war er ganz ein Bürger. Nach Jahren des ungeregelten Junggesellendaseins gründete er jetzt eine Familie, was er sich finanziell nun leisten konnte. Er war kein Brahms, der nur mit der Musik verheiratet sein wollte, kein Wagner, der

*Das Ehepaar Strauss,*
*um 1890*

ständig Frauengeschichten hatte, sondern blieb ein ganzes Leben lang ein treuer Ehemann. Die Gefährtin, der Sohn, das gemeinsame Heim bildeten für ihn den Ruhepunkt, den er benötigte, um draußen seine musikalischen Kämpfe auszufechten. Die Familie war seine Burg. So hatte er es in seiner Jugend erfahren, und so wollte er es weiterführen.

Und Pauline? Sie heiratete Strauss nur widerwillig. Alles deutet daraufhin, daß Strauss sie durch seinen Heiratsantrag vor vollendete Tatsachen stellte. Was wäre geschehen, wenn sie ihm einen Korb gegeben hätte, woran sie offensichtlich dachte? Der Vater schrieb ihr: »Willst Du Dich unglücklich machen und ganze Familien blamieren, so thue es, bleibe dann aber mir vom Halse.«[38] Mit Richard Strauss wäre es dann aus, sie verlöre einen Lehrer und Förderer ihrer Karriere, die bislang freundschaftlich verkehrenden Eltern würden einander entfremdet.

Pauline versuchte sich Strauss gegenüber möglichst schlecht zu machen: »Sie wissen selbst am besten, wieviele Fehler ich habe. Überschätzen Sie mich denn nicht, und Ihre Eltern und Hanna kennen ja auch meine Launen; ach Gott, und nun soll ich plötzlich ein wahres Muster von Hausfrau werden, damit Sie sich nicht enttäuscht fühlen...«[39] Sie hatte »Angst vor einem neuen Leben«, war »nur halb zurechnungsfähig« und benahm sich wie vor einem Opfergang: »Bitte lassen Sie mich wenigstens hier noch recht viele Partien singen; das wird mir über manches hinweghelfen.« Noch immer fühlte sie sich als Kollegin und Konkurrentin: »Darf ich nicht zuerst in Hamburg gastieren, um wenigstens voll Stolz meinem verehrten Lehrer auch einen schönen Erfolg aufweisen zu können?«

Sie war nicht nur »sprunghaft« und »temperamentgeladen«,[40] wie Willi Schuh sie charakterisierte, sondern eine moderne, einunddreißigjährige Frau, die sehr genau wußte, daß sie sich nun zwischen Karriere und Hausfrauenberuf entscheiden mußte. Da sie Strauss liebte, aber ebenso und vielleicht sogar noch mehr die Musik, fiel ihr dies schwer. Verriet sie damit nicht die neuen Ideen, wie sie nun in den fortschrittlichen Blättern veröffentlicht wurden: »Warum wird das Weib mit solch unlogischer Konsequenz wieder und immer wieder auf die Fortpflanzung als den es allein seligmachenden Beruf hingewiesen?«[41] Sollte nicht die Frau auch »das geistige Gebiet okkupieren«, »als ganzer voller Mensch«? Schon damals wurde die »stolze Fahne der Frauenemanzipation« dem Mann vorgehalten.

Doch die Folge dieser umstürzlerischen Ideen war Verwirrung; Gefühl und Verstand gerieten in Widerstreit, die Karriere schloß die Liebe aus, und die Liebe gefährdete die Karriere. Pauline war kein Mensch, der seelische Bedrängnis in sich hineinfraß, und stieß deshalb mit ihren Temperamentsausbrüchen und Launen den Verlobten, die Eltern und Schwiegereltern vor den Kopf.

Doch Strauss ließ sich davon nicht beirren. Er hatte beschlossen, daß Pauline seine Frau werden müsse, und versicherte, sie könne selbstverständlich Bühnensängerin bleiben. Ihn schienen ihre Gefühlsausbrüche nicht zu berühren, ja er liebte sie sogar. Seine ruhige Überlegenheit, sein Nichternstnehmen ihrer kapriziösen Launen mögen sie in Wut versetzt haben, letztlich aber imponierte ihr dies auch. Sie war verliebt und wollte es sich und den anderen nur nicht zugeben.

Alle sprachen ihr zu, die Schwester, der Vater; sie stand im Mittelpunkt, und der wackere General meinte, man könne den Beruf der Opernsängerin und Hausfrau »so schön vereinen«. Sie wird später oft daran denken, wie naiv dies war. Doch der Vater redete ihr auch ins Gewissen: Ihre Karriere verlief keineswegs steil und erfolgversprechend, und ihmmerhin war Pauline schon 31 Jahre alt. Strauss dagegen trat bereits eines der höchsten musikalischen Ämter an. De Ahna mahnte sie zu »liebenswürdigem, gleichmäßigem Benehmen«: »Es bedarf von Deiner Seite nur etwas mehr Selbstbeherrschung – denn wenn die rüden Worte heraußen, dann reut es Dich doch gleich wieder – und Ihr werdet ein ganz vergnügtes und glückliches Künstlerehepaar.«[42]

Richard und Pauline wurden in der Tat ein »vergnügtes und glückliches Künstlerehepaar«! Richard liebte sein »Bauxerl«, und sie lernte auch bald das Glück der Gemeinsamkeit schätzen. Zwar erfüllte sich ihre Hoffnung nicht, in München fest engagiert zu werden. Aber sie erkannte bald, daß ihr eine andere wichtige Aufgabe zufiel, ihrem Mann nämlich eine Atmosphäre zu schaffen, die ihn zum Komponieren anregte. Sie achtete darauf, daß er regelmäßig spazierenging, daß die Luft frisch und gesund für seine schwachen Lungen war, daß er sich nicht überarbeitete. Sie selbst war eine Künstlerin und konnte sich deshalb in Richards Empfinden und Denken hineinversetzen. Sie schuf für ihr gemeinsames Leben eine künstlerische Ordnung, diszipliniert und doch voller Muße. Sie tat alles für ihren Mann und pflegte doch ihre Extravaganzen.

Vor allem war sie sein »Oppositionsteufel«; in die *Till*-Partitur schrieb sie zum Beispiel: »Entsetzliches Componieren« und er die Replik: »Anmerkung der Frau Gemahlin«.[43] So mußte er nun nicht mehr – wie früher – sein eigener Oppositionsteufel sein. Sie hakelten sich – oft in aller Öffentlichkeit – und waren doch unzertrennlich. Pauline spielte die maßlos eifersüchtige Ehefrau und flirtete gerne mit anderen Männern. Doch immer blieb es ein Spiel.

Strauss komponierte wie nebenbei, ohne jede Anstrengung, so wie andere Ehemänner die Zeitung lesen. Das Lied *Traum durch die Dämmerung* entstand beispielsweise folgendermaßen: »Ich wollte abends mit meiner Frau spazierengehen und hatte schon den Hut in der Hand. Als meine Frau nicht gleich kam, ging ich nochmals kurz in mein Zimmer zurück, auf dem Schreibtisch lag zufällig das Gedicht von Bierbaum aufgeschlagen; ich las es durch und hörte zu dieser gehenden Bewegung auch gleich die Melodie der Singstimme, die sich aus den Worten ergab. Ich notierte das Lied, fragte dann meine Frau, ob sie fertig sei, und als sie dies bejahte, gab ich ihr zur Antwort ›ich auch, wir können gehen.‹«[44]

Pauline inspirierte ihren Mann zu zahlreichen Liedern. Als Gegengewicht zur großen Form seiner Tondichtungen und Opern komponierte er wie besessen Lieder, die freilich en miniature Opernszenen, kleine Tondichtungen, lyrische Skizzen, musikalische Notate, eine Art musikalisches Tagebuch und ein Zettelkasten neuer Ideen waren. Pauline sang die neuen Lieder von ihm am Klavier begleitet und trug sie später bei Liederabenden der Öffentlichkeit meisterhaft vor.

Sie war seine erste und strengste Kritikerin – und Richard war kein Mensch, der verschlossen und einsam um seine Werke rang. Vielmehr brauchte er das Gegenüber, forderte Widerspruch geradezu heraus und ertrug ihn ironisch und selbstkritisch: die Kritik seines Freundes Thuille in den Jugendjahren, diejenige Bülows und Ritters, des Vaters von Anfang an bis jetzt und Paulinens von nun an bis zum Lebensende, später auch die Hofmannsthals und Zweigs. Sie alle leisteten ihm den geistigen Widerstand, den er so dringend benötigte, um aus seiner bayerischen Gemütlichkeit geweckt und zu seinen großen Werken angestachelt zu werden.

Doch Pauline half ihm auch entscheidend, seine Musik nach außen durchzusetzen. In den *Guntram*-Aufführungen in Weimar und München überzeugte sie als einzige Darstellerin, wie selbst der Münchner Kritiker Oskar Merz zugeben mußte: »Sie bot (...) eine wahrhaft glänzende Leistung, welche ihre Szenen mit viel größerer musikalischer und dramatischer Klarheit hervortreten ließ, als die der übrigen Mitwirkenden.«[45]

Dieser Erfolg erwies sich allerdings für Paulines Opernkarriere keineswegs als nützlich. Sie war nun als Frau des Bürgerschrecks Strauss abgestempelt und erhielt nicht den erhofften Gastspielvertrag am Münchner Hoftheater: »Possarts Schuftigkeit entpuppt sich mehr und mehr. (...) Er hat meiner Frau einen Gastspielvertrag vom 1. Jan. 1896 (6000 Mk., 40maliges Auftreten garantiert) versprochen. Er rührt sich nicht. Ignoriert meine Frau krankhaft und hetzt die Presse auf sie und mich, um uns gefügig zu machen. – Auf der anderen Linie Perfall. München gute Nacht!« schimpfte Strauss.[46]

Wie gehässig die Münchner Presse über Pauline urteilte, wird etwa aus der Besprechung ihres Gastauftritts als Marzelline am Hoftheater deutlich: »Pauline Strauss-de Ahna als ›Marzelline‹! Ach, ihr hehren Götter der heiligen Gesanges-Kunst – das hieß aushalten! Wenn ein Reibeisen Verstand hätte und den verlieren könnte – es brächte keine ohrenzerschneidenderen Töne hervor.«[47]

Doch außerhalb Münchens begann Paulines Stern aufzugehen. In allen großen Städten Deutschlands, dann auch in der Schweiz, Frankreich und Spanien gewann sie als Lied- und Konzertsängerin einen guten Namen. »Der stolze Gatte einer süßen Sängerin«[48] freute sich Richard am Erfolg seiner Frau und unterstützte sie, so gut er konnte. Besondere Anerkennung erwarb sich Pauline mit der Partie der Elisabeth in Liszts *Christus*-Oratorium, die sie in Zürich und Bayreuth unter dem Bayreuther Chorleiter Kniese sang: »Die Elisabeth ist Dir ja auf Dein süßes Leibchen geschrieben und wenn du's an der nötigen Körperlosigkeit nicht fehlen lässest, so kann dir ein Weihekuß der Frau Kniese nicht fehlen. Also Glück auf, mein lieber Lebens- und Kunstkamerad!!«[49]

In Paris debütierte sie mit den Orchesterliedern ihres Mannes und »mußte *Morgen* auf stürmisches Verlangen unter der Reihe wiederholen!« wie Strauss stolz den Eltern berichtete.[50] In Wien schrieb der gestrenge Hanslick über ein Konzert mit *Heldenleben* und Strauss-Liedern: »Wie ein freudiger warmer Sonnenstrahl erglänzte über diesem Schlachtfeld der Gesang der Frau Strauss-de Ahna, der anmutigen Gattin Richards ... Wie labte uns Frau de Ahnas meisterhaft geschulte reiche, süße Sopranstimme! Von Richard Strauss unvergleichlich schön begleitet, fanden die Vorträge seiner Frau enthusiastischen Beifall. Wir dürfen sie wohl seine schönere Hälfte nennen.«[51]

Im gehässigen München freilich wurde auch an der Liedkunst von Pauline kein gutes Haar gelassen. Selbst 1899, als das Künstlerehepaar München bereits verlassen hatte und nun sogar die Kompositionen von Strauss bei der Presse Gnade fanden, erhielt sie Prügel: »Wenn ich nun auch Leute höre, welche Frau Pauline Strauss-de Ahna eine Sängerin nennen (ganz abgesehen davon, daß sie die Betreffende als ›Sängerin‹ sogar ›vortrefflich‹ finden), trotzdem sie bei ehrlicher Beleuchtung der Dinge von vornherein schon gar nicht das hat, was man – ehedem wenigstens – eine wirkliche Singstimme nannte, so erlaube ich mir doch bei der Behauptung zu bleiben: wäre sie eben nicht Frau Pauline Strauss-de Ahna, dann gnade ihr Bragi!«[52]

Ihre Kunst war also so umstritten wie die ihres Mannes. Doch Strauss hielt immer zu ihr. Er war ein moderner Ehemann, kein allein bestimmender Patriarch, sondern ein »Kunst- und Lebenskamerad«. Nietzsches Verurteilung der weiblichen Bestrebungen zu mehr Selbständigkeit – »das gehört zu den schlimmsten Fortschritten der allgemeinen Verhäßlichung Europas«[53] – teilte er in dieser Radikalität nicht, vielmehr hoffte er optimistisch auf eine neue Form der Ehe, wie sie etwa Heinz Starkenburg in seinem Aufsatz *Die Frauenbewegung und die Liebe der Zukunft*[54] beschrieb: Er sah das »Weib endlich befreit von der Vormundschaft des Ehemannes«.[55] Pauline und Richard fanden eine neue Form des Zusammenlebens. Noch im Alter bewunderte Strauss die Gesangskunst seiner Frau und schrieb etwas wehmütig: »Schade, daß sie sich zu früh dem schönen Beruf einer vorbildlich ausgezeichneten Hausfrau und Mutter zugewandt hat!«[56]

Freilich ergab sich diese Harmonie nicht von selbst. Dafür waren beide viel zu starke Persönlichkeiten. Viel Streit und Theaterdonner bestimmte diese Ehe. Am 9. Dezember 1896 schrieb Strauss etwa aus Lüttich: »Liebstes Zornbrötlein! Soeben deinen grimmigen Sendbrief erhalten, – ha, da ist einmal wieder mein altes schneidiges Frauchen, diesmal ›Bi‹ unterzeichnet, das bezeichnet immer etwas Sturm! Macht nichs, mein liebes Bauxerl, habe jetzt so viel sanfte Briefe gekriegt, daß auch einmal einer mit einigen Modulationen nach Moll dabei sein darf.«[57] Was war der Grund? Wir wissen es nicht. Aber immerhin schrieb Strauss damals vergnügte Briefe über lustige Unterhaltungen mit hübschen belgischen Damen, »leichtfertigen, echten Cocotten, von denen eine scheußlich nach Patschuli roch, die andere blond, aber ein recht nettes, gemütliches Tierchen war, mit denen ich schauderhaftes Französisch radebrechte, mich aber sehr fidel unterhielt.«[58]

Paulines Launen und Reizbarkeit, die oft aus heiterem Himmel zu dramatischen »Scenen« führten, erklärte Strauss verständnisvoll mit ihren »schwachen Nerven«[59]; seine Eltern und seine Schwester freilich sahen dies viel kritischer. 1896 muß es zu einem ziemlich heftigen Streit zwischen Pauline und seinen Eltern gekommen sein. Strauss schrieb ihnen nicht ohne Seitenhieb auf den Mann seiner Schwester Otto Rauchenberger: »Wenn ich Euch versichere, daß meine Frau das redliche Bemühen hat, ihre kleinen, zum Teil recht harmlosen Fehler zu verbessern (Fehler, die sie selbst und ich am besten kennen), so muß ich doch mit Bedauern aussprechen, daß

*Der Komponist mit dem dreijährigen Sohn Franz (links), Pauline Strauss mit Franz 1905 (rechts)*

von Eurer Seite so gut wie gar nichs geschieht, um den Eigentümlichkeiten ihrer Natur ein bißchen Verständnis und Nachsicht entgegen zu bringen; wenn ich sehe, daß ein elender Altweiberklatsch (wie der, auf Grund dessen Ihr heute morgen so schlimme Vorwürfe gegen Pauline erhobt) genügt, um alle Bemühungen meinerseits und von Paulinens Seite um gutes Einvernehmen, dessen Grundlage allerdings von vorneherein liebevolle Nach- und Einsicht für Paulinens unüberlegte, heftige, zu burschikose, aber im Grunde seelengute kindlich-naive Art wäre –, von neuem zu zerstören, so frage ich mich doch, ob es nicht besser wäre, den Verkehr zwischen Euch und Pauline ganz aufzuheben. (...) kurz ich stelle Euch anheim, Eure ungeratene Schwiegertochter einfach aus dem Familienkalender zu streichen und Euch bloß mit dem desto besser geratenen Schwiegersohn zu begnügen.«[60] War es nur Paulines impulsives Wesen, was die Eltern störte? Oder nicht auch ihre Emanzipiertheit?

Das Verhältnis zu seiner Schwester und ihrem Mann war fortan distanziert. Hielt Strauss Hannas Lebensweg an der Seite eines Offiziers für allzu philisterhaft? Er äußerte sich darüber nie schriftlich. Solche Fragen ließ man lieber ruhen.

Aber zu den Eltern entstand doch bald wieder ein enges und gutes Verhältnis, wozu nicht wenig die Geburt des Sohnes beitrug. Am 12. April 1897 – Strauss war auf einer Konzerttournee in Stuttgart – notierte er in seinen Kalender: »Stuttgart (Hotel Marquardt), Abends 7 $\frac{1}{2}$ Uhr mein Riesenknabe zur Welt gekommen!!!!!!« und schrieb quer über die Seite »Hallelujah.«[61] Die Geburt die Kindes war mit großen Komplikationen verbunden, Pauline schwebte in Lebensgefahr, das Kind erhielt eine Nottaufe. Doch nun war alles gut. Der Sohn wog über acht Pfund, hatte »einen Riesenschädel von 39 cm Kopfweite«, wie der glückliche Vater an seine Eltern schrieb, und »meine grauen, großen Augen, den Kopf voll brauner Haare, 37 cm Brustbreite, Nase ein Mittelding zwischen Pschorr und de Ahna, Paulinens hübschen geschweiften Mund, Riesenpfoten, dabei schläft er so friedlich und gesund.«[62] Nun war sein Glück vollkommen, und er war gerührt über seine tapfere Frau: »Als sie aus der Narkose erwachte, waren ihre ersten Worte: Herr Doktor, mögen Sie nicht Arrak? Ihr Hausfrauenherz dachte zuerst an den Arzt, nicht an sich.« Das kleine Baby ließ der stolze Papa auf die Namen »Franz Alexander« taufen: »Franz« für den glücklichen Großvater, »Alexander« für den genau vor einem Jahr, am 12. April 1896, verstorbenen Ritter.

Diese Ehe kannte nicht den moralischen Muff, die Scheinheiligkeit, das Patriarchat, die Bequemlichkeit und Ruhebesessenheit der Philister. Pauline und Richard verstanden sie als einen Teil ihres Lebensabenteuers und ihres Glücks, verbanden Bürger- und Künstlertum, und dies war echt münchnerisch: Das Bürgerliche war für sie nicht – wie für den norddeutschen Thomas Mann – ein Gegensatz zum Künstlertum, nicht eine Fassade der

Anständigkeit, sondern eine positive, naiv genossene, in die Zukunft weisende Lebensform.

## Musikalische Morgenröte: *Also sprach Zarathustra*

Till Eulenspiegel war ein Schalk und Narr. An seinen Späßen – auch wenn sie noch so gewagt schienen – konnte sich der selbstzufriedene Bürger der Gründerjahre noch freuen. Aber war es nicht geschmacklos, Sensationsmacherei – so schimpfte der Wiener Musikkritiker Hanslick[63] – wenn Strauss »mit dem Orchester philosophiert«,[64] Philosophie – und gar die von Nietzsche – in Musik umsetzt, wie es nun in seiner neuesten Tondichtung *Also sprach Zarathustra* geschah?

Cosima Wagner rechnete »die Verirrung des *Zarathustra* zu den überstandenen Kinderkrankheiten, nach welchen der Mensch umso gesünder ist«.[65] Scherzend gratulierte sie zur Geburt des Sohnes Franz: »Heil der Familie Ausdruck, bitte nicht Zarathustra als Erzieher, biete mich als Gouvernante an.«[66] Doch Strauss antwortete ebenso sarkastisch wie respektlos: ». . . möchte ich schnell für das freundliche Telegramm danken und der größten und genialischsten Erzieherin mitteilen, daß die gütigst offerierte Gouvernantenschaft für Franz Alexander von den vergnügten Eltern dankbaren Herzens für alle einschlägigen Wissenschaften des 19ten und aller vorhergehenden Jahrhunderte acceptiert wird . . .«[67] Freilich – das sagte er ihr ironisch durch die Blume – fürs 20. Jahrhundert war sie nicht die richtige Erzieherin, vielmehr Nietzsche-Zarathustra.

Welch »übermütiger« Stimmung der avantgardistische Komponist war, wird auch aus dem zunächst geplanten Untertitel deutlich: »Symphonischer Optimismus in Fin-de-Siècle-Form, dem 20. Jahrhundert gewidmet.«[68]

Doch hatte dieser Untertitel nicht auch einen wahren Kern? *Also sprach Zarathustra* ist Tondichtung, Programmmusik, ein musikalisches Kolossalgemälde für riesiges Orchester, benützt also die Formen des Fin de siècle, die aufgrund ihrer Hypertrophie, ihrer kaum mehr überbietbaren Monumentalität, ihres Pathos und ihrer Geschichtsbeladenheit dem Untergang geweiht waren, und doch handelt die Musik vom Menschen der Zukunft.

Strauss überwand mit dieser Musik, wie auch schon in seinen vorhergehenden Tondichtungen, die »Fin-de-siècle-Lähmung«. Er war – das wollte er in dieser Tondichtung in aller Deutlichkeit zeigen – kein Dekadent, nicht einer der »sehr zart organisierten Menschen, die aus einer fernen, schönen Welt zu uns gekommen – zu sein scheinen«, deren »Ohren sonst den feinen, silberklaren Lauten der Glockenblumen gelauscht« und in die nun »Maschinenstampfen und Pfeifen mächtiger Schwungriemen« eindringt, die deshalb »krank: nervös« werden, für die das »ganze Leben ein großer Schmerz ist«, die ständig »Sehnsucht nach dem Kinderlande« haben, sich

»beständig müde und matt« fühlen und sagen: »Man muß die Welt zerschlagen.« So charakterisierte Max Bruhns die Künstler des Fin de siècle.[69]

Strauss dagegen war seiner Zeit voraus, hatte seine Fin-de-siècle-Krankheit während der Ägypten-Reise überwunden und gestaltete nun in seiner Tondichtung den Optimismus einer neuen Epoche. Nietzsches Text galt ihm nicht als philosophisches System, was dessen *Zarathustra* ja auch weder ist noch sein will. Vielmehr faßte der Gelehrte ein neues Lebensgefühl in Worte, schrieb nicht trockene Philosophie, sondern philosophische Poesie, eine Philosophie der Ekstase, der dionysischen Sinnesfreude und einer aus den Angeln gehobenen Logik. Insbesondere *Zarathustra* hatte eine so große Wirkung auf die Jugend, daß der »unzeitgemäße« Philosoph schon 1897, etwas mehr als zehn Jahre nach der Entstehung des *Zarathustra*, als zeitgemäß betrachtet wurde. Die junge Generation war – wie Nietzsche – antidemokratisch, aristokratisch und individualistisch eingestellt, sah eine neue Renaissance des Übermenschen hereinbrechen. Als wirklicher »Neu-Schöpfer und Befruchter« galt Charles Darwin, Nietzsche als zeittypischer, moderner Denker: »Also heute braucht jemand, der als typischer Vertreter der jungen Generation geboren ist, Nietzsche garnicht gelesen zu haben und wird ebenso fühlen wie er, und in der That giebt es in seinem ganzen *Zarathustra* nicht einen Gedanken, den wir nicht selbst ›erlebt‹ hätten«,[70] schrieb 1897 der Nietzsche-Gegner Rudolf Klein.

*Zarathustra* war also ein modernes Lebensgefühl, das Aufbruch, Fortschritt, Zukunft, Lebensfreude, Überwindung des Christentums und die Verwirklichung der Naturgesetze, wie sie Darwin entdeckt hatte, in der menschlichen Gesellschaft versprach. Strauss nannte seine Tondichtung »frei nach Nietzsche«, ihm ging es nicht darum, Nietzsches Philosophie mit Musik zu predigen, sondern den modernen »Optimismus« in Musik zu fassen.

Nietzsche wollte seine Schrift *Also sprach Zarathustra* als »Fünftes Evangelium« und Dichtung verstanden wissen: »Ich bilde mir ein, mit diesem *Zarathustra* die deutsche Sprache zu ihrer Vollendung gebracht zu haben. Es war nach Luther und Goethe noch ein dritter Schritt zu tun . . .«[71] »Kraft, Geschmeidigkeit und Wohllaut« verlieh Nietzsche der deutschen Sprache, und der Musiker Strauss eiferte dem Dichter-Philosophen mit seinen Mitteln nach. Neben den revolutionären Gedanken faszinierte ihn vor allem der außerordentliche ästhetische Genuß, den Nietzsches Sprache bereitet.

Wie Nietzsches *Zarathustra*, so beginnt auch die Strauss'sche Tondichtung mit dem Abstieg des Weisen von der zehnjährigen Einsamkeit im Gebirge hinunter zu den Menschen. Trommelwirbel und Tremolo in den Kontrabässen zeigen das Erbeben der Erde. Ein kraftvolles Trompetensignal in C-Dur, mit dem Strauss das Universum symbolisiert, ein Zurückweichen voller Schauer im ganzen Orchester und ein »immer breiter« zu spielender mächtiger Aufstieg aller Melodieinstrumente zum strahlenden C-Dur-Akkord versinnbildlichen eine Morgenröte epochalen Ausmaßes – dies ist die Vision einer Zeitwende voller Schrecken, aber auch Zukunftshoffnung.[72] Strauss schrieb dazu in sein Skizzenbuch: »Die Sonne geht auf. Das Individuum tritt in die Welt oder die Welt ins Individuum.«[73]

Die nun folgenden musikalischen Abschnitte lassen sich von einzelnen Kapiteln aus Nietzsches *Also sprach Zarathustra* anregen. Aus den über 80 »Reden Zarathustras« wählte Strauss sieben für seine Vertonung aus und folgte dabei nicht einmal der Reihenfolge des Philosophen. War das Willkür oder hatte Strauss eine eigene Idee?

Die erste durch Strauss vertonte »Rede« Zarathustras handelt von den »Hinterweltlern«: »Einst warf auch Zarathustra seinen Wahn jenseits des Menschen, gleich allen Hinterweltlern. Eines leidenden und zerquälten Gottes Werk schien mir da die Welt.«[74] Strauss symbolisiert die »Hinterweltler« mit sehr tiefen Tremoli in den Kontrabässen, einer qualvoll sich windenden Melodie in der Orgel und einer zarten, freilich nur sehr flüchtigen Aufhellung des Klanges durch die Flöte. Diese Musik wirkt gespenstisch, wie »farbiger Rauch«, leidend und niedergedrückt. Die so von Strauss charakterisierten »Hinterweltler« glauben nach Nietzsche an einen »Wahn«, nämlich an Gott, der freilich »Menschen-Werk und -Wahnsinn« sei: »Mensch war er, und nur ein armes Stück Mensch und Ich: aus der eigenen Asche und Glut kam es zu mir, dieses Gespenst, und wahrlich! Nicht kam es mir von Jenseits!«[75] Die Hörner läßt Strauss »credo in unum deum» intonieren,[76] und darauf setzt eine Art Choral ein, der zur schönsten Musik zählt, die Strauss bis dahin komponiert hatte. Dieser »mäßig langsam, mit Andacht« zu spielende »Choral« wird nur von den Streichinstrumenten und der Orgel, später auch den Hörnern gespielt. Das Orchester klingt wie ein Streichquartett: warmer, voller, homogener Streicherklang, der zu pastoser Fülle anwächst; denn Strauss komponiert nicht einen vierstimmigen Satz, sondern teilt die Instrumentengruppen in einzelne Pulte auf, so daß bis zu zwölf unterschiedliche Stimmen entstehen. Damit schuf Strauss gleichsam ein »Porträt« der Kirchenmusik: Die Streichinstrumente vertreten den Chor, also die Gemeinde der Gläubigen, und die Vielstimmigkeit erinnert an die alte Vokalpolyphonie des 16. Jahrhunderts.

Zwar ist die Melodie dieses Chorals »leidend«, traurig, wird von einem »frommen Schauer«[77] erfüllt, aber dennoch wirkt diese Musik nicht als »Wahn«, wie Nietzsche das Christentum verurteilte, sondern real, sie versinnbildlicht Geborgenheit, Zusammengehörigkeit und Einheit.

Strauss war kein Philosoph, er war Künstler – und ein Künstler sollte nicht urteilen oder verurteilen, sondern nur zeigen, was ist. Auch zu dieser Einsicht war er in Ägypten gelangt.

Allerdings hat die Musik der »Hinterweltler« etwas Gedrücktes, allzu Strenges, allzu wenig Individuelles. Im folgenden Teil »Von der großen

Sehnsucht«[78] schwingt sich eine einzelne Melodie empor, das Trompetensignal des Anfangs erklingt schüchtern im Englischhorn, und die Orgel intoniert das »Magnificat«. Die Musik befreit sich von den engen Grenzen des Chorals, und ein stürmischer Aufschwung setzt ein, der die bisherigen Grenzen und Dimensionen übersteigt. Die Befreiung der Seele vom »Einst« und »Ehemals«, von »Staub, Spinnen und Zwielicht«, von »Scham« und »Winkel-Tugend«, von »Gehorchen«, »Kniebeugen und Herr-Sagen« zum »Hier und Da und Dort«, zum »nackt vor den Augen der Sonne zu stehn«, zur »Wollust des Zukünftigen«, wie es Nietzsche in der »Rede von der großen Sehnsucht«[79] beschrieb, löst »einen Sturm aus, welcher ›Geist‹ heißt«: »Blies ich über deine wogende See; alle Wolken blies ich davon, ich erwürgte selbst die Würgerin, welche ›Sünde‹ heißt.« Diesen Sturm stellt Strauss musikalisch dar.

Er führt zum Abschnitt »Von den Freuden und Leidenschaften«.[80] Nun verdunkelt sich die Musik zum schicksalshaften c-Moll (wie in Beethovens 5. Sinfonie) und zu einem leidenschaftlichen, kleinteiligen Zwiegesang zwischen Violoncello und Violine, der expressiv, hin- und hergerissen seinem Höhepunkt zustrebt, der wie ein Schrei wirkt. Danach springen beide, Violoncello und Violine, tollkühn in höchste Höhen empor, um dann immer von neuem qualvoll und leidend niederzusinken, bis die Musik ermattend das »Grablied« erreicht.[81]

Was hat diese Musik mit Zarathustras »Rede von den Freuden und Leidenschaften«[82] gemeinsam? Zarathustra spricht dort von den Tugenden des Übermenschen, die »irdisch« sein sollen, die aus den nicht mehr als »böse« geltenden »Leidenschaften« wachsen und »die sich selbst verleumden und erstechen«: »Der Mensch ist etwas, das überwunden werden muß: und darum sollst du deine Tugenden lieben – denn du wirst an ihnen zugrunde gehen.« Strauss zeigt diese Leidenschaft, die zur »Tugend« wird, die sich immer höher hinaufschwingt und stets wieder zugrunde geht. Freilich ist seine Musik allgemeingültiger, hat deshalb viel mehr Wahrheit als die Rede Zarathustras: Sie zeigt hier nichts anderes als das ständige »Werden und Vergehen«, das die Natur bestimmt.

Das folgende »Grablied« besteht aus den Themen der vorhergehenden Teile. Es faßt die bisherigen Geschehnisse zusammen, freilich im Licht einer »Steigerung der Trauer« von h-Moll nach fis-Moll, wie es Strauss in seinen Skizzen plante.[83] Im Zusammenhang mit Nietsche-Zarathustras »Grablied« ergibt dies durchaus einen Sinn; denn im Grablied besingt Zarathustra die »Gräber seiner Jugend«:[84] »Mich zu töten, erwürgte man euch, ihr Singvögel meiner Hoffnungen!« Diese »Singvögel« erklingen sogar als Trillerfiguren in der Flöte.[85] Strauss drückt also in diesem Abschnitt die Trauer über die Zerstörung jugendlicher Ideale, Freude und Lebenslust in der Erwachsenenwelt der Spießbürger aus. Er selbst hatte dies oft erleben müssen.

Das »Grablied« bildet den wichtigsten Einschnitt, den Wendepunkt der Tondichtung. Hier ist der tiefste Punkt der tragischen Fallhöhe erreicht, und hier wird nun auch deutlich, wie Strauss Nietzsches *Also sprach Zarathustra* in eine Tondichtung verwandelte. Man kann nämlich Nietzsche den Vorwurf nicht ersparen, daß sein Text eine ziemlich lose Abfolge hat, keinem System folgt, vielmehr in den einzelnen Reden die Idee des »Übermenschen« umkreist. Die kleine Form feiert hier einen Triumph, aber zu einem großen, zusammenhängenden und geschlossenen Gedankengebäude hatte der Denker nicht die Kraft. So sehr Nietzsche die Dekadenz überwinden wollte, so sehr war er doch von ihr geprägt: Er war an Syphilis erkrankt und der geistigen Umnachtung nahe, als er den *Zarathustra* niederschrieb.

Strauss dagegen war ein Meister der großen Form, besaß die Kraft, die Welt noch einmal als Einheit, als großen Zusammenhang in seiner Musik zu gestalten. Deshalb wählte er mit sicherem Instinkt die einzelnen Reden des *Zarathustra* so aus, daß sich gleichsam ein musikalisch-philosophischer Roman ergab: Diese Musik beginnt mit dem Abstieg auf die Erde und der Morgenröte – der Geburt des Individuums –, dann folgt die Umwelt des Individuums: die Geborgenheit in der Gesellschaft mit all ihren – freilich hinterweltlerischen – Regeln und Normen, schließlich der Ausbruch voller Sehnsucht zu den Freuden- und Leidenschaften, die allerdings dem Heranwachsenden alle genommen werden: Trotz seiner Jugend singt er schon das »Grablied«. Strauss schuf in seiner Tondichtung den musikalischen Bildungsroman des Fin de siècle.

Dies wird im folgenden Abschnitt »Von der Wissenschaft«[86] noch deutlicher. Nun nämlich beginnt nach dem Verlust der Jugendträume die Erziehung, und »Erziehung«, »Wissenschaft« war für einen Musiker dieser Zeit der Kontrapunkt, die Fuge – Techniken, die Strauss schon in seiner Jugend virtuos beherrschte. Daß die Gelehrten für Strauss Philister waren, wissen wir aus *Till Eulenspiegel*. Auch in *Zarathustra* erklingt für die »Wissenschaft« eine Fuge, allerdings eine ganz besondere: Sie besteht nämlich aus einer Zwölftonreihe, wie sie später Schönberg zum System erhob. Am Anfang dieses Themas erscheint das Fanfarenmotiv aus der Morgenröte in C-Dur, mit dem Strauss – wie bereits erwähnt – das »Universum« symbolisiert. Das nächste Motiv – abwärtssteigend – versinnbildlicht den Menschen in H-Dur. Obwohl nahe beisammen, nämlich nur von einem Ton getrennt, sind freilich C-Dur und H-Dur zwei der entferntesten Tonarten, wie Strauss selbst betonte: *Zarathustra* »ist musikalisch genommen als Wechselspiel zwischen den zwei entferntesten Tonarten (die Sekunde) angelegt«, tondichterisch verstanden also als Wechselspiel zwischen Universum und Mensch. In der Zwölftonreihe des Fugenthemas werden diese beiden so fernen Bereiche über alle Tonartengrenzen hinweg zu einer Melodie verknüpft. Dabei wird die romantische Zerrissenheit zwischen Mensch und

Natur mißachtet. Musikalisch ist dies ein Kraftakt, der dem von Nietzsches Philosophie entspricht, und auch das klangliche Resultat ist der Wirkung von Nietzsches Philosophie ähnlich: Der Hörer fühlt sich verunsichert, zwar befreit von den Schranken der Tonalität, aber ohne festen Halt. Regel und System gibt Strauss aber der Musik durch die strenge Beachtung der Fugentechnik: der Kontrapunkt als musikalisches »Gesetz«.

Diese Fuge, die alle 15 Orchesterstimmen erfaßt, ist ein kompositionstechnisches Meisterstück und zeigt, wie weit Strauss seiner Zeit voraus war: Schönberg wird die kontrapunktische Kompositionstechnik zum Prinzip seiner Zwölftonmusik erheben.

Strauss freilich verachtete alle schulmeisterlichen Prinzipien. Beim Eintritt der bislang ausgesparten I. Violine verschwindet die Fuge – also die »Wissenschaft« – und eine »sehr feurig« zu spielende Musik erklingt.[87] Diese Musik wirkt wie von aller Schwere befreit. Nur noch die hohen Instrumente spielen, während die Bässe schweigen. Wie ein blendender Lichtschwall, der in unvorstellbare Höhen, in eine Leichtigkeit ohnegleichen führt, wirken hier die Klänge. Die Musik von Strauss vermittelt so die Erfahrung mystischer Entrückung.

In Nietzsche-Zarathustras »Rede von der Wissenschaft« streiten sich ein Zauberer und ein »Gewissenhafter des Geistes«.[88] Dieser nennt den Zauberer einen »Verführer zu mehr Unsicherheit, – mehr Schauder, mehr Gefahr, mehr Erdbeben«: »Euch gelüstet (. . .) nach dem Leben wilder Tiere, nach Wäldern, Höhlen, steilen Bergen und Irr-Schlünden.« Dieser »Gewissenhafte des Geistes« aber hat davor Furcht: »Aus der Furcht wuchs auch meine Tugend, die heißt: Wissenschaft.« Zarathustra jedoch widerspricht diesem »Gewissenhaften« heftig: Nicht »Furcht«, sondern »Mut« prägte den neuen Menschen.

Die Musik von Strauss zeigt den »Zauber«, die Vereinigung widerstrebendster Tonarten in einer Zwölftonmelodie, die »Wissenschaft«, nämlich die mehrstimmige Verarbeitung dieser Melodie als Fuge, und Zarathustras »Mut« zum Ausbrechen aus der ängstlichen, von sogenannter Wissenschaft legitimierten Kunst – dem Kontrapunkt – in freie, unvorstellbare Geisteshöhe.

Dieser Ausbruch aus der »Wissenschaft« führt zum Abschnitt »Der Genesende«. Im musikalischen Bildungsroman von Strauss befindet sich der Held nun auf dem Sprung zum selbständigen Menschen. Marcato wird von Posaunen, Violoncelli und Kontrabässen das vorhergehende Fugenthema gespielt. Darüber erklingt eine atomisiert, impressionistisch wirkende Musik: Splitter aus dem »Leidenschaftsthema«, Naturlaute wie Triller oder hinweghuschende Läufe. Die Musik blüht zu einer tropischen Fülle auf, wie sie Nietzsche so liebte. Sie ist voll Duft, Bewegung, Entwicklung, Spannung, ein Fließen und Emporwachsen – erscheint wie ein riesiges Geflecht, ein Universum. Doch plötzlich verändert ein Entwicklungssprung die Situation: In einem tollkühnen Aufwärtslauf erreicht das Orchester den acht Takte dauernden C-Dur-Akkord: Der Genesende schaut die Natur, das Universum in seiner Größe und Gewalt.

In Zarathustra-Nietzsches Bericht vom »Genesenden« zeigen die Tiere dem Weisen die Welt: Sie »wartet dein wie ein Garten«.[89] Doch Zarathustra ist vom »großen Überdruß am Menschen« geplagt, vom »Ekel« gegen die Menschen. Das war seine Krankheit. Aber die Tiere fordern ihn auf: »Geh hinaus zu den Rosen und Bienen und Taubenschwärmen! Sonderlich zu den Singe-Vögeln: daß du ihnen das Singen ablernst.« Diese prächtige, gesunde Natur symbolisiert Strauss mit all den Vogelstimmen-Naturlauten, den Wind- und Bachgeräuschen und vor allem mit dem C-Dur-Akkord. Dies ist das Universum, in dem der »kleine Mensch ewig wiederkehrt«.

Danach wieder h-Moll: der Mensch, der das Erlebte verarbeitet, seinen Ekel überwindet, sich am Naturklang freut, das Lachen lernt, vom Zauber tropischer Lebensfülle, von einer Musik voller Sinnlichkeit und Klangfülle zu dionysischer Lebenfreude im Hier und Jetzt angeregt wird.

Und schon stimmen sich die Instrumente zum Tanzlied ein. In der Haltung von Tanzmusikern, die vor dem eigentlichen Beginn die leeren Saiten anspielen und ihre Instrumente stimmen, spielen die Violinen das »Universum-Motiv« c-g-c, nachdem es die Trompete intoniert hat.[90] Dann greift der Konzertmeister in die Saiten und führt sein Orchester mit süddeutsch-wienerischem Schmelz wie ein Stehgeiger zum schwungvollen Walzer an. In die tiefernste Tondichtung dringt Unterhaltungsmusik ein: Was für ein Bruch, was für ein Skandal!

Am 29. Oktober 1894 hatte Strauss die Berliner Konzertbesucher schockiert, als er das *Perpetuum mobile* von Johann Strauß, das er auch später noch »mit viel größerem Vergnügen« dirigierte »als manche viersätzige Sinfonie«,[91] in ein ernstes Programm der Berliner Philharmoniker als »Musikalischen Scherz« hineinschmuggelte. Schon Bülow hatte ihm in Meiningen Strauß-Walzer vorgespielt: »Mir allein, einen unvergeßlichen Walzerabend lang.« Johann Strauß war für ihn »von allen Gottbegnadeten der liebenswürdigste Freudenspender«, den »Ursprünglichkeit« und »Urbegabung« auszeichneten. Er galt ihm als »einer der letzten, die primäre Einfälle hatten«: »Ja, das Primäre, das Ursprüngliche, das Urmelodische, das ist's.«

Doch für die Philister unter den Hörern war ein Strauß-Walzer in einem Konzert mit ernster Musik ein unverzeihlicher Fauxpas. Für die Gegner war es klar: Strauss wandte sich in seiner Musik dem Populären, dem Modischen zu, um aufzufallen, Skandale auszulösen und berühmt zu werden: Nietzsche und Johann Strauß – welche Verbindung!

Zarathustra singt sein »Tanzlied«[92], als er auf einer grünen Wiese Mädchen sieht, die mit Cupido tanzen. Er fordert sie auf, weiterzutanzen: »Wie sollte ich, ihr Leichten, göttlichen Tänzen feind sein? Oder Mädchen-Füßen mit schönen Knöcheln?« Sein nun folgendes Lied ist ein »Tanz- und Spottlied auf den Geist der Schwere, meinem allerhöchsten großmächtigsten Teufel«. Das Leben, sagt Zarathustra in seinem Lied, ist ein »Frauenzimmer«, »böse und falsch«: »Aber gerade da verführt sie am meisten.« Doch das Leben »lacht boshaft«, und die »wilde Weisheit« sagt zu Zarathustra zornig: »Du willst, du begehrst, du liebst, darum allein lobst du das Leben.«[93]

Erotik, Wildheit, Begierde – alles dies drückt der Walzer aus, der zur Zeit von Strauss ein beliebter und verruchter Tanz war. Noch immer durchschüttelte das Walzerfieber während des Faschings die bürgerliche Sittsamkeit, und noch immer verband man mit dem Walzer Leidenschaft und Ausbruch aus engen moralischen Normen – und gerade diesen Tanz verwandte Strauss als Finale für seine Tondichtung über ein philosophisches Thema.

Doch der Walzer bedeutete für Strauss mehr als erotische Verführung: Er war für ihn ein Symbol der Urmelodie, der Ursprünglichkeit, und deshalb läßt Strauss ihn auch mit dem »Universum«-Motiv beginnen. Die Tondichtung kehrt damit zu ihrem Anfang zurück. Der Tanz wird zum Symbol des Kreises, der ewigen Wiederkehr, der Leichtigkeit und des »großen Lachens«[94] – »mit Tönen tanzt unsere Liebe auf bunten Regenbögen«, schrieb Nietzsche.[95]

Der »musikalische Entwicklungsroman« von Strauss hat nun sein Ziel erreicht: die Befreiung seines Helden zur Leichtigkeit, zum Einklang mit dem Rhythmus des Universums und zum Lachen. Er sieht nun das Leben nicht mehr als leidender Dekadent, sondern als »Übermensch«, hat Distanz zu sich und der Welt, tanzt spielerisch über Abgründe hinweg, sieht seinen eigenen Untergang als Beginn von etwas Neuem – das Leben als ewiger Reigen.

Zuletzt erscheint der Mensch als »Nachtwandler«[96]. »Nacht ist es: nun erst erwachen alle Lieder der Liebenden. Und auch meine Seele ist das Lied eines Liebenden. Ein Ungestilltes, Unstillbares ist in mir, das redet selber die Sprache der Liebe«,[97] sagt Nietzsche-Zarathustra im »Nachtlied«.

Dieses »Ungestillte« und »Unstillbare« zeigt auch Strauss, wenn er seine Tondichtung mit einer atonalen Gegenüberstellung des C-Dur- und H-Dur-Klanges enden läßt. Dieser Schluß ist offen, Natur- und Menschenklang erscheinen unabänderlich als zwei gegensätzliche Pole.

Die Tondichtung *Also sprach Zarathustra* ist keine Programmusik. Sie ist vielmehr eine Art musikalischer Roman, angeregt von Nietzsches Philosophie und analog zu Goethes Roman *Wilhelm Meisters Lehrjahre*, den Strauss sehr gut kannte. Aus der Schrift des »kranken Philosophengehirns«,[98] wie Strauss im Alter Nietzsche charakterisierte, baute der Komponist sehr frei ein musikalisches Geschehen, das den Aufbruch von der Fin-de-siècle-Stimmung in eine neue Welt darstellt.

Strauss zeigte den »Übermenschen« nicht als martialischen Helden, sondern als Geisteshaltung. Er selbst benahm sich nun lachend, distanziert, ironisch und – in seiner Karriere und seinen Werken – kraftvoll: Zeichnete Strauss seinen eigenen geistigen Entwicklungsroman? Zumindest könnte *Zarathustra* eine der vielen Masken seiner Persönlichkeit sein.

Zur gleichen Zeit, als Strauss *Zarathustra* komponierte, schuf Gustav Mahler seine 3. Sinfonie, die sich ebenfalls mit Nietzsches Schrift befaßte. Im 4. Satz erklingt das Altsolo »O Mensch! Gib acht!« aus *Also sprach Zarathustra*. Doch Mahlers Sinfonie endet ganz anders als die Tondichtung von Strauss. Im Schlußsatz wendet sich Mahler dem Christentum zu: »Vater, sieh an die Wunden mein! Kein Wesen muß verloren sein!«

Richard Strauss, der kraftstrotzende, naiv-bajuwarisch schaffende Komponist, und Gustav Mahler, der in sich gespaltene, zwischen Nietzsche und Christentum hin- und hergerissene, leidende Mensch – der Gegensatz könnte nicht größer sein!

# Hofkapellmeister in München: das zweite Fiasko / eine neue Mozart-Tradition

Seine größte Niederlage als Komponist mußte Strauss in München einstecken. Wie bereits erwähnt, war mit seinem Engagement als Hofkapellmeister die zunächst geplante Uraufführung des *Guntram* verbunden, die dann freilich 1894 in Weimar stattfand. Nun endlich, am 16. November 1895, wurde die Oper auch in der Heimatstadt des Komponisten gespielt.

Doch unter was für Umständen! Die berühmtesten Sänger der Hofoper – Vogl, Brucks und Fräulein Ternina – schickten die Rollen an die Intendanz zurück, wie der Musikkritiker Oskar Merz in den »Münchner Neuesten Nachrichten« schrieb: »Da dies aber nur bei triftiger Begründung zulässig ist, so wurde beigefügt, Vogl und Fräulein Ternina hätten diese auf ihre eigene Autorität hin abgegeben, Brucks jedoch gar unter dem Hinweis darauf, daß er bereit sei, die Entscheidung des berühmten Theoretikers Professor Rheinberger darüber anzurufen, ob *Guntram* überhaupt noch – Musik sei...«[99] Mikorey übernahm schließlich die Partie, »beschränkte sich allerdings auf die möglichst richtige Wiedergabe der Noten«,[100] und erklärte sich nur bereit, weitere Aufführungen zu singen, »wenn er eine erhöhte Pension erhielte«.[101] Doch nicht nur die Sänger, auch die Orchestermitglieder traten in Streik. Besonders hart traf Strauss, daß sein eigener Vetter und einstiger Geigenlehrer Benno Walter der Anführer einer Deputation war, die »beim Generalintendanten Perfall gebeten, das Orchester von dieser ›Gottesgeißel‹ zu befreien.«[102]

Begeistern konnte Strauss die widerborstigen Musiker für sein Werk also keineswegs, er mußte schon froh sein, wenn sie richtige Noten sangen, keinen Schmiß provozierten und so nicht auch noch den Dirigenten Strauss blamierten.

Doch böse war auch die Kritik. Oskar Merz, der noch vor wenigen Jahren neben ihm Assistent in Bayreuth gewesen war, schrieb hämisch: »... schon die Ankündigung und Einstudierung der Oper hatte in ähnlicher Weise Erregung hervorgerufen, wie einst – vor 50 Jahren – das Erscheinen der ›erschröcklichen‹ Zukunftsmusik, – nach dieser Richtung hin also: ›nil novi sub sole‹. Nun wäre es ja recht erfreulich, eine so bedeutungsvolle, zukunftsverheißende Zeit neuerdings anbrechen und sich entwickeln zu sehen; ›denn wo kühn Kräfte sich regen, da rath’ ich offen zum Krieg‹. Gänzlich verkehrt müßte es dünken, wollte man einer gewissen Ähnlichkeit derartiger äußerer begleitender Umstände nach solcher Richtung hin inhaltsschwere Schlüsse ziehen. Denn im vorliegenden Falle handelt es sich ja keineswegs um irgend welche bahnbrechende Kunstthat, sondern nur um das üppige Produkt einer stark und tief nachempfindenden, reich veranlagten Musikernatur, welche, sich der Bühne zuwendend, nun im Reiche der Töne keck zugreift und nach Lust und Laune schaltet und waltet ...«[103] Merz kritisierte den »unverhältnißmäßigen, harmonischen, rhythmischen und instrumentalen Aufwand«, über den die Anhänger Wagners »bedenklich den Kopf schütteln müssen« und der den konservativen Musikern als eine »Art musikalischen Gottseibeiuns erscheinen möge«. Den vernichtenden Schlag gegen den Strauss’schen Bühnenerstling führte er mit der Behauptung, ihm fehle eine dramatische Anlage, er sei vielmehr »ein psychologischer Vorgang in einem Akt mit zwei Vorakten«. Wagner habe nur für Posaunen geschrieben, wenn ihm etwas dafür eingefallen sei, und ebenso nur Musiktheater, wenn er dafür neue Ideen gehabt habe, die jungen Musiker dagegen schrieben wieder »froh und sorglos« für die Bühne, was »ihnen für den Konzertsaal einfällt«.

Schlimmer hätte es also kaum kommen können: Die Musiker des eigenen Orchesters und die Sänger der Oper, an der Strauss dirigierte, führten das Werk nur widerwillig auf, und der wichtigste Münchner Kritiker schrieb einen Verriß – dies war die böseste Blamage, die einem Künstler zustoßen konnte. Strauss fuhr noch am Abend nach der Aufführung mit dem Fahrrad nach Bozen. Er mußte München entfliehen.

Bei allem Unglück seines *Guntram* konnte er freilich doch etwas Positives feststellen, das selbst der Kritiker Merz zugeben mußte: »Der Beifall, nach dem ersten Akte noch etwas zurückhaltend, erreichte nach dem zweiten seinen Höhepunkt. Nach diesem und dem dritten wurde der Komponist mit den Sängern wiederholt vor die Rampe gerufen.« Nicht das Publikum war gegen ihn, sondern die Musiker und Kritiker; denn in der Oper saßen auch junge fortschrittliche Menschen – Literaten, Künstler. Sie waren von seiner neuen Musik begeistert. Nur das alte München, der »Biersumpf«, den er so haßte, sträubte sich gegen die Musik eines der ihrigen.

*Die Aufführung von
»Guntram« in Mün-
chen 1895 war eine
große Niederlage für
Strauss. Orchestermu-
siker und Sänger der
Hofoper wandten sich
gegen ihn, selbst sein
Vetter und ehemaliger
Geigenlehrer Benno
Walter. Bühnenbild
des I. Aktes.*

*Bühnenbild des II.
Aktes*

Vor der *Guntram*-Aufführung hatte Strauss als Dirigent recht gute Kritiken erhalten, freilich etwas von oben herab, belehrend – er galt noch immer als der junge Münchner Bursche, dem man freilich nicht die Aura eines Künstlers zubilligte. Von der Wagner-Partei wurde Franz Fischer
favorisiert, sogar vor Levi, obwohl Fischer diesem und nun auch Strauss

untergeordnet war: »Richard Strauss, der jüngste unserer drei Hoftheatercapellmeister hat eine für ihn sehr anstrengende Zeit zu durchleben, denn er muß an Stelle des leider immer noch kranken Generalmusikdirector Hermann Levi und des beurlaubten Hofcapellmeister Franz Fischer thätig sein. Jedoch scheint es, als wäre gerade diese Anstrengung eine Schule für Richard Strauss, denn es ist nicht schwer zu beobachten, wie er auch als Wagner-Dirigent immer mehr sich vervollkommnet. Allerdings hat er noch einen unendlich weiten Weg zu Franz Fischer's Leistung, welcher als Richard-Wagner-Dirigent überhaupt einzig dasteht. Allein der gestrige Beifall nach der Ouvertüre zu *Rienzi* bewies deutlich, daß es Strauss nicht an warmer und lebhafter Anerkennung fehlt für sein Bemühen . . .«,[104] lobte Paula Reber in der »Neuen Zeitschrift für Musik« die intensiv geprobte Neueinstudierung von Wagners *Rienzi* durch Strauss.[105]

Doch nach der *Guntram*-Premiere verschlechterte sich das Klima. Das Orchester liebte ihn wenig und erreichte, daß er als Dirigent der Akademie-Konzerte durch den höchst mittelmäßigen Dirigenten Max Erdmannsdörfer abgelöst wurde. Strauss hatte das Orchester durch seine Programmwahl verärgert: Immerhin gelang ihm eine auch von den Gegnern der Neuen Schule bewunderte Aufführung von Liszts *Faust-Symphonie*, konnte er Smetanas *Má Vlast*, Schillings *Seestücke: Seemorgen und Meergruß*, Ritters *Sursum corda* und Rezničeks *Donna Diana* erstmals dem Publikum vorstellen. Außerdem erregte er mit dem Vortrag von Haydns Sinfonien und Beethovens 7. Sinfonie große Bewunderung, die aber nicht reichte, um ihm »nach kühnen Anläufen« Zeit zu lassen, »sich zu entwickeln«.[106]

So mußte er anläßlich seiner Absetzung als Dirigent der Akademie-Konzerte am 22. Dezember 1896 zur Audienz beim Prinzregenten erscheinen, »der mich u.a. frägt, ob und wie ich mit dem Wiener Strauß verwandt bin!!!«[107] Prinzregent Luitpold befaßte sich lieber mit den Bildenden Künsten als mit der Musik. Nur mit diesem musikalischen Desinteresse ist zu erklären, daß er den genialen Sohn der Stadt im kleinkarierten Intrigenspiel der Münchner Musiker so wenig unterstützte.

Obwohl Strauss in München Wagners *Rienzi*, *Tristan*, *Tannhäuser* und *Meistersinger* nicht nur unterm Jahr, sondern auch während der Festspiele dirigierte, wurde er – hinter Fischer und Levi – nur als drittrangiger Wagner-Dirigent angesehen. Allzu verkrustet waren die Münchner in ihrer Wagner-Verehrung, als daß sie neue Interpretationen angenommen hätten. Zu diesem Negativ-Renommee trug auch bei, daß Strauss nach 1894 nicht wieder als Dirigent nach Bayreuth eingeladen wurde. Auch dort hatte er die Wagnerianer vor den Kopf gestoßen. Überhaupt wurde seine Dirigentenkarriere nun gebremst; denn auch die Berliner Philharmoniker, die er 1894/95 als Nachfolger Bülows leitete, wählten sich einen anderen Dirigenten, »den prächtigen Nikisch«, wie ihn Strauss nannte, nach Bülow der faszinierendste Virtuose am Dirigentenpult. In Berlin machte sich Strauss

*Arthur Nikisch*
*(1855–1922)*

durch die Programmwahl das Leben schwer: Er führte die ersten drei Sätze von Mahlers 2. Sinfonie auf, worauf Otto Lessmann, der ihn früher unterstützt hatte, schrieb: »Der Altar, den Bülow geweiht hat, haben nunmehr Pygmäen besudelt.«[108] Strauss, der Bürgerschreck, mußte also auch die Leitung der Berliner Philharmoniker abgeben. Aber immerhin war dort sein Nachfolger nicht ein mittelmäßiger Kapellmeister, sondern ein ihm überlegener Dirigent.

Durfte Strauss also froh sein, daß er überhaupt noch an der Münchner Oper, der einzig ihm verbliebenen festen Stellung, dirigieren durfte? Der Münchner »Biersumpf« sah es gewiß so.

Man ließ – selbst wenn man ihn lobte – kein gutes Haar an seiner Dirigierkunst. Bissig und böse wurde der Bürgerschreck bekämpft, etwa wenn die Wagnerianerin Paula Reber anläßlich einer »Thannhäuseraufführung« schrieb: »Hofcapellmeister Richard Strauss ist eifrigst bemüht, durch gutes Leiten des Orchesters sich beliebt zu machen, und ohne ihm irgend etwas abzusprechen, kann man doch nicht umhin, ihn mitunter sehr komisch zu finden. Lang und hager, wie er ist, hat schon sein zappeliges Auftauchen am Dirigentenpult etwas unwiderstehlich Drolliges. Am kostbarsten jedoch ist er, wenn ein pianissimo vom Orchester soll besonders fein herausgearbeitet werden. Da legt er den linken Zeigefinger an die Lippen, hält die

Rechte mit dem Taktstock himmelhoch und waagrecht ausgestreckt, den Hals scheint er sich nach vorwärts ausrenken zu wollen, er steht in die Knie gesunken, als wolle er sich alle Augenblicke setzen und müsse die Füße aus irgendeinem Gefängnis herausziehen. Alles in Allem macht er den Eindruck: als hänge er in der Luft und fürchte alle Augenblicke zu fallen. Ist die Stelle zu Ende, dann schnellt Richard Strauss zu seiner ganzen schmalen Länge empor, wie ein Springteufelchen, von dem man den Schachteldeckel hebt.«[109] Gewiß übertrieben und ins Komische gezogen beschreibt die Kritikerin die revolutionäre neue Art des Dirigierens, wie sie Strauss bei Bülow gelernt und mit seinem Temperament und Ausdruckswillen weiterentwickelt hatte. Dirigieren war nun nicht mehr nur Taktschlagen, sondern auch die Kunst, durch »Pantomime« das Orchester zu besonderem Ausdruck zu bewegen. Die uneinsichtige Paula Reber freilich schrieb die vorzügliche Leistung des Orchesters nicht Strauss zu, sondern der Vorarbeit Fischers . . .

Die einzig wirklich schöne Erinnerung an München blieben für Strauss »die gemeinsam mit Possart inaugurierten Mozartfestspiele«.[110] Die Neuinszenierungen von *Figaro, Don Giovanni, Die Entführung aus dem Serail, Così fan tutte* und *Die Zauberflöte* in den Jahren 1895 bis 1898 bedeuteten eine Revolution der Mozart-Interpretation. Entsprechend den Forderungen, die Richard Wagner in seiner Schrift *Das Publikum in Zeit und Raum*[111] aufgestellt hatte, sollten Mozarts Opern im Stil ihrer Enstehungszeit aufgeführt, also nicht dem »heutigen Publikum« angepaßt, sondern dieses mit »Mozarts Schöpfungen in Übereinstimmung« gebracht werden: Anstelle von Star-Sängern, die mit maßvollen, erhabenen, statuarischen Bewegungen die Oper zelebrierten, anstelle von großem Orchesterklang und einer oft üblichen Neuinstrumentation herrschten Ensembletheater, ein »leichter musikalischer Lustspielton« und der »intime Charakter der ganzen Darstellung auf einer echten Komödienbühne«[112] vor. Wagner hatte geplant, im alten Markgräflichen Theater in Bayreuth solche Mozart-Aufführungen zu verwirklichen, in München stand das von Cuvilliés erbaute Residenztheater zur Verfügung. Hier fanden nach einem Jahrhundert romantischer Mozart-Pflege die ersten stilgetreuen Mozart-Aufführungen statt.

Die Regie »im heiteren Rokokoton« durch Possart fand allgemein Zustimmung. Anders verhielt es sich mit der umstürzlerischen musikalischen Interpretation durch Richard Strauss, der anstelle des zelebrierenden Vortrags von Sprache, Gesten und Musik dramatische Theateraktion anstrebte.[113] Strauss nahm wesentlich schnellere Tempi, als man damals bei Mozart gewöhnt war, um das leichte, geistreiche, überraschende und blitzschnelle dramatische Geschehen hervorzuheben. Diese Art der Interpretation erschien damals so radikal und respektlos gegenüber der Tradition wie der Strauss'sche *Till Eulenspiegel*: ». . . ein grober Unfug und eine nicht genug zu strafende Rücksichtslosigkeit, wenn Herr Hofcapellmeister Richard Strauss den ›Tamino‹ derartig jagt, hetzt und peitscht, wie er es diesmal wieder that. Eigentlich ist es ja ganz selbstredend, daß Jemand, dessen Aesthetik so hervorragend ist, daß er das Gehenktwerden ›humorvoll musikalisch‹ zu veranschaulichen unternimmt, wie Herr Hofkapellmeister Richard Strauss das in seinem *Till Eulenspiegel* wagt, daß so Jemand sage ich, kein Verständnis mehr für die entzückenden Melodien eines Mozart haben kann. Wahrhaftig: Kapellmeister Hugo Röhr's musikalische Leitung der *Zauberflöte* ist schon heute unvergleichlich besser als jene des gleichgiltigen Herrn Hofkapellmeisters Richard Strauss. Es war kein Wunder, daß theilnehmende Beobachter nicht übersehen und überhören konnten, wie ärgerlich Heinrich Knote in seiner letzten Arie des ersten Actes wurde . . .«[114]

Bei der Kritik und bei den Musikern blieb also die Mozart-Reform weitgehend unverstanden. Gegen Strauss entbrannte ein regelrechter Pressekrieg. Er wurde als Herr »›Riechkapellmeister Hoffahrt-Strauss‹ – wie der Münchner Volkswitz sich Name und Titel des herzhaft Unbeliebten mit bewundernswürdiger Findigkeit verschmolz«,[115] beschimpft, sein Melodram *Enoch Arden* wurde fälschlicherweise als Oper mit den Worten »hoffentlich ist sie genießbarer wie die früheren«[116] – angekündigt, und man argwöhnte, daß Mozarts Musik durch ihn so entstellt wäre, daß dieser – käme er wieder auf die Erde zurück – sein eigenes Werk kaum mehr wiedererkennen würde. Strauss legte sich ein dickes Fell zu und konterte, wie die Kritikerin Paula Reber berichtete: »Er bedürfe keines Lobes mehr, er habe die Freundlichkeit der Kritik durchaus nicht mehr nötig, denn er sei ja bereits so weit, daß das Lob ihn ebenso gleichgiltig lassen könne wie der Tadel.«[117]

Woher nahm Strauss sein Selbstbewußtsein – daher daß er seit 1896 als Nachfolger Levis Hofkapellmeister war und immerhin 12 000 Mark im Jahr verdiente? Gewiß, der 33jährige Strauss war nun kein »Nachwuchskünstler« mehr, wie etwa der junge Sigmund von Hausegger, dessen Oper *Zinnober* Strauss uraufführte und die auch von der Presse verrissen wurde. Aber nicht diese äußere Stellung, sondern das Wissen um sein Können und um die Unfähigkeit der Kritiker gab ihm größte Gelassenheit. Doch mit dem Ausspruch, er habe kein Lob der Presse mehr nötig, wollte er Hausegger helfen, der als junger Komponist eine gute Kritik durchaus gebraucht hätte. So war Strauss: arrogant, zynisch, bissig und scheinbar teilnahmslos und gelangweilt gegenüber seinen Feinden, aber zugleich der uneigennützigste Förderer junger Kollegen – sei es Hausegger, Thuille oder Schillings, deren Werke er trotz des eisigen Widerstandes gegen die neue Musik uraufführte.

# Der Antiheld: *Don Quixote* /
# Musik verliert ihren Verstand

Psychiater der Heidelberger Universitätsklinik bezeichneten damals ein *Trinklied* Dehmels, von dem Strauss auch Gedichte vertonte, Max Klingers Graphik *Der Philosoph* und das Sonett *Quand il est sorti* von Mallarmé als »Zeichnungen und schriftliche Elaborate von Irren«. »Paranoia«, »Größenwahn« oder »leichte Verblödung« wurde den Künstlern vorgeworfen. Dies wenigstens berichtete der Münchner Jules Saint-Froid in »Die Gesellschaft«.[118]

Die modernen Künstler wurden von den bürgerlichen Wissenschaftlern, Ärzten und Richtern oft für geisteskrank erklärt. Saint-Froid empfahl deshalb ironisch: »Entweder die gesamte moderne Künstlerschaft – Schriftsteller, Dichter, Maler, Bildhauer, Musiker – petitionieren beim Reichstag oder ihrem Landesfürsten, für ungefährliche ›Geisteskranke‹ erklärt zu werden, um unter diesem Kreuzeszeichen vor weiterer brutaler Behandlung sicher zu sein; um unter dem Schutz dieser Wartburg, wie einst Luther, ihre Zeit abzuwarten, und inzwischen die Sprache ihrer Seele in ihr geliebtes Deutsch zu übertragen – Oder: die heutigen Psychiater, Staatsanwälte und Richter entschließen sich in Gottes Namen, die Augen aufzuthun, ihre Bildung zu vervollständigen und die Zeichen ihrer Zeit zu verstehen.«[119]

»Don Quixote verliert über die Lektüre der Ritterromane seinen Verstand und beschließt, selbst fahrender Ritter zu werden.«[120] Dies ist das Programm der Introduktion zur Tondichtung *Don Quixote, Introduzione, Tema con variazioni, Finale. Fantastische Variationen über ein Thema ritterlichen Charakters op. 35.* Strauss bekannte sich damit zum »Ritter von der traurigen Gestalt«, der seinen Verstand verloren hat – freilich nur in den Augen der Philister und der »geisteskranken Psychiater«, wie sie Saint-Froid nannte.

Nach *Till Eulenspiegel* ist *Don Quixote* ein weiterer Anschlag auf die Spießer. Auch hier orientiert sich die Tondichtung an einer traditionsreichen Form. War es in *Till* das Rondo, so ist es hier der Variationssatz. Der altertümlich wirkende Untertitel weist darauf hin – und ist freilich bereits eine Respektlosigkeit; denn Strauss wandte hier ein Mittel an, das Oskar Panizza in seinem Essay *Der Klassizismus und das Eindringen des Varieté* so beschrieb: »Das Varieté setzt sich meist auf eine seriöse Kunstform auf, oder tritt mit dem Anschein und dem Anspruch einer älteren, anerkannten Kunstgattung, deren Kleidung es borgt, an die Rampe, um dann durch eine kecke saltimbanque, eine Grimasse oder erotische Volte den Feierlich-Gestimmten, den Philister zu überraschen, zu übertölpeln, und so Aufmerksamkeit und Beifall à tout prix sich zuzuwenden, wobei die alte, mißbrauchte Kunstform in Trümmer geht.«[121] Panizza sah dieses neue Kunstprinzip auch in der Malerei von Franz Stuck verwirklicht. Strauss, der die Hörer auf die von Panizza beschriebene Weise schockierte, erwähnte er nicht. »Das Varieté ist die absolute Charakterlosigkeit in der Kunst«, schrieb der Dichter.

Strauss »zertrümmerte« in *Don Quixote* respektlos die Variationsform. Doch zugleich führte er die Variationskunst mit größter kompositionstechnischer Virtuosität zu einem Höhepunkt, verband sie mit sinfonischen Kompositionstechniken und mit dem Solokonzert – *Don Quixote* kann man nämlich auch als ein Violoncello-Konzert auffassen –, und etwas Neues entstand: die Tondichtung *Don Quixote*.

Sie war wieder ein Meisterwerk des nun 33jährigen Komponisten. Der Widerstand, den der Bürgerschreck im heimatlichen München als Dirigent und Komponist überwinden mußte, spornte ihn zu außergewöhnlichen Leistungen an. *Don Quixote* wurde – wie Norman Del Mar schreibt[122] – »im Humoristischen und in der unglaublichen Fruchtbarkeit der Erfindungsgabe« von keinem anderen Strauss'schen Werk mehr übertroffen. Diese Tondichtung beruht nicht auf einem philosophischen oder historischen Gedankenkonzept wie *Macbeth*, *Don Juan*, *Tod und Verklärung* oder *Also sprach Zarathustra*, sondern ist der musikalische Roman einer literarischen Figur ähnlich dem *Till Eulenspiegel*. Strauss schuf das musikalische Porträt des *Don Quixote* so eindrucksvoll, daß alle anderen Vertonungen dieses Stoffes dagegen verblassen. Die Tonmalerei ist hierbei – zumindest äußerlich betrachet – auf die Spitze getrieben, wie Romain Rolland zugleich bewundernd und kritisierend feststellte: »In keinem anderen Werk beweist Strauss mehr Klugheit, Geist, wundervolle Geschicklichkeit, und es gibt kein Werk, ich sage es frei heraus, wo so viel Kräfte zum reinen Verlust verausgabt sind, für ein Spiel, einen musikalischen Scherz, der 45 Minuten dauert und Komponisten, Mitwirkende, Publikum zu einer mühevollen Arbeit zwingt.«[123]

Doch ist diese Tondichtung nur ein Scherz, nur die »dekadente Vorstellung einer spielerischen Kunst, die Schnurrpfeiferei für eine leichtfertige und raffinierte Gesellschaft«, wie der französische Schriftsteller urteilte?

Gewiß, hier werden literarische Episoden aus Cervantes' *Don Quixote*-Roman musikalisch nacherzählt:
- Wie Don Quixote beim Lesen von Ritterromanen verrückt wird und selbst ein fahrender Ritter werden will (Introduzione)
- das Abenteuer mit den Windmühlen (1. Variation)
- der siegreiche Kampf gegen das Heer des Kaisers Alifanfaron: gegen eine Hammelherde (2. Variation)
- das verrückte Gespräch zwischen Don Quixote und Sancho Pansa (3. Variation)
- das »unglückliche Abenteuer mit einer Prozession von Büßern« (4. Variation)
- »Don Quixotes Waffenwache« (5. Variation)

- »Begegnung mit einer Bauerndirne, die Sancho seinem Herrn als die
verzauberte Dulzinea bezeichnet« (6. Variation)
- Ritt durch die Luft (7. Variation)
- Unglückliche Fahrt auf dem verzauberten Nachen – eine Barcarole
(8. Variation)
- Kampf gegen den vermeintlichen Zauberer, zwei Pfäfflein auf ihren
Maultieren (9. Variation)
- Zweikampf mit dem Ritter vom blanken Monde. Don Quixote zu Bo-
den geschlagen, sagt den Waffen Valet und zieht, mit dem Beschlusse,
Schäfer zu werden, seiner Heimat zu (10. Variation)
- Wieder zur Besinnung gekommen, beschließt er seine Tage in Beschau-
lichkeit. Don Quixotes Tod (Finale).

Doch diese Episoden sind für Strauss nur ein Anlaß, »verrückte« Musik zu
komponieren, verrückt zumindest in den Augen der Philister. Als Strauss
am 11. März 1900 seine Tondichtung in Paris dirigierte, schrieb Romain
Rolland in sein Journal: »Das Publikum erstickt vor Entrüstung. Dieses
alte ehrliche französische Publikum, das umso größeren Wert auf die hoch-
heiligen Regeln der klassischen Korrektheit und des guten musikalischen
Geschmacks legt, je weniger musikalisch es ist. Es duldet keinen Scherz.
Die Leute sind außer sich über das Blöken von Schafen; sie glauben, man
wolle sich über sie lustig machen, man bringe ihnen nicht die gehörige
Achtung entgegen. Schreie: ›Das ist gemein.‹ Dem spöttischen und ver-
schlafenen Strauss scheint alles gleichgültig zu sein.«[124]

In den Tonmalereien für die »Windmühlen«, die »Hammelherde« und
den »Ritt durch die Luft« hob Strauss die bisherigen musikalischen Regeln
aus den Angeln. Diese Musik ist vor allem Klang: Der Klang gewinnt ein
Eigenleben vor Melodie und Rhythmus und ist nicht mehr in die Dur-Moll-
Harmonik eingebunden. Hier greift Strauss weit voraus: Erst nach 1950
werden in der Musik wieder solche Klangflächen komponiert, dann freilich
zum alleinigen Prinzip erhoben und nach ihren musikalischen Regeln er-
forscht. Für Strauss sind diese »Klangbilder« primäre Einfälle, so wie früher
Melodien erfunden wurden. Seine musikalische Phantasie gebiert seltsam
schwebende, verfremdete, dissonant spannungsvolle Klänge von hohem äs-
thetischem Reiz. Er erkundete neues musikalisches Terrain – und nebenbei
betrieb er mit Vergnügen »eine recht lustige Verhöhnung aller Schafsköpfe,
die's aber nicht gemerkt, sondern darüber noch gelacht haben.«[125]

Gleichzeitig mit *Don Quixote* entwarf Strauss in seinem Skizzenbuch
auch *Ein Heldenleben*. Für ihn gehörten beide Werke zusammen: »Sinfonische Dichtung Held und Welt beginnt Gestalt zu bekommen; dazu als Sa-
tyrspiel – Don Quichote.«[126]

Held und Antiheld zeigte Strauss in diesen beiden Tondichtungen – und
beide sind Spiegelungen seiner selbst. Er sah sich ebenso als »Ritter von der
traurigen Gestalt«, der über seiner Kunst den Verstand verliert, wie als

Held, der seine Feinde bezwingt. Bei aller Gegensätzlichkeit haben beide Tondichtungen gemeinsam, daß sich der Held aus der Welt in die Kontemplation zurückzieht.

Die »Weltflucht« spiegelt die Sehnsucht von Strauss wider, dem ungeliebten Dirigentendienst zu entfliehen, um sich ganz dem Komponieren widmen zu können. Doch daran war jetzt noch nicht zu denken. Freilich, seine Gleichgültigkeit gegenüber der öffentlichen Kritik, seine Distanz und Ironie waren eine Art innere »Weltflucht«.

## In München verkannt – im Ausland gefeiert / Beginn der internationalen Karriere

Strauss' Verhältnis zum Dirigieren war durchaus ambivalent. Manche Oper, die ihn nicht interessierte, dirigierte er nur »herunter«, wie er selbst zugab. Doch dann verschenkte er wieder sein ganzes Herzblut an die aufzuführende Musik, wie in Weimar an Wagners *Tristan* oder nun in München an die Opern Wolfgang Amadeus Mozarts. Er war nur mit Leib und Seele Dirigent, wenn die Werke ihn auch als Komponisten interessierten – und dies war nur bei seinen Hausgöttern Mozart, Beethoven, Liszt und Wagner sowie bei jenen Zeitgenossen der Fall, für die er sich aus Kollegialität einsetzte. Aber im Grunde war er nicht wie der geniale Arthur Nikisch vom Dirigieren, sondern vom Komponieren besessen. Das erstere war sein Brotberuf, das letztere seine Berufung.

Strauss gelang es als einem der wenigen großen Komponisten der Jahrhundertwende, zugleich ausübender und neuschöpferischer Musiker zu sein – wie einst Mozart oder Beethoven. Obwohl Strauss unter der Doppelbelastung häufig litt, wirkten sich seine beiden Musikerberufe – zumindest was die Karriere betraf – doch sehr positiv aufeinander aus. Zwar befremdete seine Dirigierkunst die konservativen Hörer ebenso wie die von ihm komponierte Musik, aber dennoch wollte das Publikum in ganz Europa den musikalischen Revolutionär erleben.

So bestieg Strauss im März 1896 den Zug nach Moskau, lobte vor allem den russischen Schlafwagen ab Warschau: »höchst comfortabel und warm mit Doppelfenstern (...), ein sehr gemütlicher Restaurationswagen im Zuge, vortreffliche Küche...«,[127] und vertrieb sich die Fahrt durch »die Gegend in ihrer totalen Einförmigkeit, Wälder und Ebene, Felder und Wälder« mit »Essen, Schlafen, Lesen und Componieren«. In Moskau angekommen, wurde er auf einem offenen Schlitten – »mir schauderte« – ins Hotel gebracht, wo er »großartigen Kaviar mit Schnaps« aufgetischt bekam. Abends bummelte er zum Kreml, den er »ebenso geschmacklos wie prächtig« fand. Die Moskowiter erinnerten ihn »ein bißchen an die Araber: riesige Straßen, ein tolles Schlittentreiben...«[128]

Strauss genoß das Reisen: die Bekanntschaften mit fremden Menschen, das Essen, den Komfort feudaler Hotels und das beschauliche Flanieren durch Großstadtstraßen. Immer fand er Zeit, Musiker zu besuchen, Beziehungen zu knüpfen, Gemäldegalerien anzuschauen und an Gesellschaften teilzunehmen. Obwohl er Proben leiten und für seine weitere Karriere wichtige Konzerte geben mußte, war er die Ruhe selbst, fast wie ein Tourist.

Im Mai 1896 führte Strauss beim Rheinischen Musikfest in Düsseldorf *Don Juan*, *Till* und sein *Sturmlied* auf, im Dezember lud ihn Joseph Dupont nach Brüssel ein, wo er *Tod und Verklärung*, *Macbeth* und *Till Eulenspiegel* dirigierte. An Pauline berichtete er nicht nur von Konzerterfolgen, sondern auch von einem »glänzenden Diner« mit Dupont, wo Strauss die besondere Beachtung der Damen fand: »Als gefeierter Meister des Tages erhielt ich von jeder, ohne daß ich gefragt wurde, eine Portion Busserl appliziert, zu denen ich, wahrscheinlich, denke ich mir, ein saudummes Gesicht machte und als ›oh, comme est-il timide‹ recht ausgelacht wurde, die Unterhaltung war recht ulkig . . .«[129]

Strauss war nicht nur ein unermüdlicher Arbeiter, er verstand es auch, das Leben zu genießen. Schnell hatte er Kontakt und gewann Freunde: Musiker, Künstler und Literaten, wie nun in Belgien den Komponisten Vincent d'Indy, den Geiger Eugène Ysaye sowie den Dichter Georges Khnopff.

»Für mein wohlgelungenes Konzert belohnt«, schob Strauss einen touristischen Ausflug nach Antwerpen ein, »wo wir heute Museen, Hafenbassins an der Schelde, Kirchen besuchten«.[130] Anschließend dirigierte er in Lüttich Beethovens *Eroica* sowie *Don Juan* und *Zarathustra*.

Das Jahre 1897 war besonders wichtig für seine europäische Karriere. Im Oktober dirigierte er erstmals das Concertgebouw-Orchester in Amsterdam, das fortan stets für seine Werke aufgeschlossen war. Das erste Konzert verlief – wie der holländische Komponist Alphons Diepenbrock berichtet – nicht besonders gut: ». . . sein Erfolg war am ersten Abend nur mäßig. Strauss hat hier nicht, zum Mindesten viel zu wenig, den Virtuosen herausgekehrt. Das Orchester findet, daß er ›nicht dirigieren‹ kann.«[131] Diepenbrock, mit dem sich Strauss anfreundete, der eine sehr gute Kritik in der Avantgardzeitung »De Kroniek« schrieb und der mit dem »bescheidenen und schlichten« Komponisten das Rijksmuseum besuchte, wurde freilich beim zweiten Konzert, das einer der größten Triumphe von Strauss wurde, eines Besseren belehrt. Über 2000 Menschen jubelten Strauss zu, sein Pult zierte ein Lorbeerarrangement, und das Orchester begleitete ihn bei der Abreise vollzählig zum Bahnhof. Vor der Abreise hatte er dem Vater noch ein Fäßchen mit Austern geschickt.[132]

Wie gut taten Strauss die Erfolge im Ausland, und wie ungern reiste er zurück nach München! »Was München für ein Bauernnest und seine Bewohner für trottelhafte Rüppel sind, merkt man immer wieder im Ausland . . .«[133] Wie schon die Ägypten-Reise, so änderte auch die nun einsetzende internationale Karriere sein Denken. Anstelle der nationalen Engstirnigkeit der Jahre seines ersten Münchner und des Weimarer Engagements traten Aufgeschlossenheit und das Gefühl, ein Weltbürger zu sein. Er lernte jetzt die ein oder andere Oper von Verdi zu schätzen und interessierte sich für belgische und französische Komponisten.

Nach einem Gastspiel in Hamburg am 4. November zog es ihn nur wenige Tage später in den Süden – nach Barcelona: »Ich taute auf wie eine gefrorene Zwetschge und fing natürlich, nach alter Gewohnheit, sofort zu komponieren an.«[134] Das Konzert in der katalanischen Metropole war überaus erfolgreich: »Schon nach dem I. Satz der *Eroica* ging ein Sturm los, als wenn ich den größten Stier umgebracht hätte.«[135] Strauss wohnte »in einem Prachthotel wie ein Fürst« und war »wie immer auswärts seelenvergnügt«.[136]

Von Barcelona reiste er nach Brüssel, wo er sich mit Pauline traf, die dort eine Auswahl seiner Orchester- und Klavierlieder sang. Er war rührend besorgt um sie, schrieb ihr vor seiner Abreise aus Spanien nochmals die Zugabfahrtszeiten und riet: »Nimm eher ein Kleid und einen Hut zu viel als zu wenig mit, damit Du recht fesch und flott bist, nur tadellose Stiefel mitnehmen«,[137] freute sich »kolossal« auf die »schöne gemeinschaftliche Unternehmung«, und beide hatten großen Erfolg. Georges Khnopff, der Dichter und Bruder des bekannten symbolistischen Malers, taufte aus Begeisterung über *Till* seinen im folgenden Jahr geborenen Sohn »Richard Till«. Die Straussens fühlten sich in Brüssel so wohl, daß sie den Zug nach Paris versäumten. Wie leicht und wie humorvoll nahm Strauss jetzt sein Leben! Alle Schwere der vergangenen Jahre schien verflogen.

Das Konzert in Paris war für seine weitere internationale Karriere sehr wichtig, Strauss jedoch blieb ruhig wie immer: »Die guten Pariser machen etwas viel Wesen daraus, daß man die Ehre hat, hier zu dirigieren: ich bin aber sehr kühl und stehe an Stolz meinen Mann. Paris ist eine große Stadt, viel altes Gerümpel und viel Tradition und etwas wenig Gegenwart.«[138]

Vor allem Pauline wurde in Paris gefeiert, während das Publikum auf die Tondichtungen ihres Ehemannes eher »amüsant«, wie er es nannte, reagierte. Zweimal wurde er nach *Tod und Verklärung* hervorgerufen, dagegen gefiel *Till Eulenspiegel* bei weitem weniger: Till ist zwar in Flandern und Deutschland eine Volksfigur, nicht aber in Frankreich, wo deshalb das Publikum kaum etwas mit der Tondichtung anfangen konnte.[139] Aber beeindruckt hatte Strauss die Franzosen auf jeden Fall – immerhin so sehr, daß er dort in den folgenden Jahrzehnten stets ein interessiertes Publikum fand.

Nach dem Konzert blieb das Ehepaar Strauss eine Woche lang in Paris. Endlich konnte Strauss alle die geliebten Gemälde in den Museen der französischen Hauptstadt betrachten. Er nahm sich Zeit für Muße und Erholung.

So überstand er sein bewegtes Reiseleben ohne Nervosität; schon wenige Tage später erreichte er London und dirigierte dort in der Queens Hall. Seit März hatte er sich durch Englischstunden auf seine Londoner Premiere vorbereitet. Auch hier hinterließ er einen nachhaltigen Eindruck. Bis zu seinem Tod blieb ihm die Themsestadt treu – und wiederum besuchte er die Museen und knüpfte Bekanntschaften mit Künstlern; so besuchte er die beiden Maler Edward Burne-Jones und Lawrence Alma-Tadema.

Das Jahr 1897 brachte Strauss den internationalen Durchbruch. Er war nun in Amsterdam, Brüssel, Paris und London bekannt, war zwar als Neutöner berüchtigt, wurde aber als temperamentvoller Orchesterleiter gefeiert. War er nun nicht ein Held? Oder nur ein Don Quixote, der mit seinen Erfolgen gegen Windmühlen und Schafherden ankämpfte? Strauss war sich darüber wohl selbst nie im klaren.

Der große europäische Siegeszug setzte sich 1898 fort. Am 25. Januar dirigierte er erstmals in der Züricher Tonhalle – wieder ein »kolossaler Erfolg« für Pauline und ihn –, und Ende Februar bis Anfang März feierte das Ehepaar Strauss in Madrid Triumphe. In drei Konzerten stellte Strauss den Spaniern eigene und Werke von Beethoven und Wagner vor. Die Infantin Isabella zeigte den deutschen Künstlern das königliche Schloß, Strauss erhielt einen Orden und seine Frau ein kostbares Armband. Der deutsche Bürgerschreck genoß seinen Erfolg in Spanien und schwelgte im Betrachten der Gemälde von Velázquez im Prado und von Tiepolo im Königsschloß. Nach diesen Auslandserfolgen konnte niemand mehr seine Meisterschaft als Komponist und Dirigent bezweifeln. In München gedemütigt und vom »Biersumpf« erstickt, erkämpfte er sich im Ausland den Durchbruch. Was für ein Sieg!

Zu Hause fühlte er sich als »Don Quixote«, als Ritter von der traurigen Gestalt, und außerhalb von Isar-Athen als strahlender Held, wie er sich und seine Gefährtin nun in *Ein Heldenleben* porträtierte: die Gefährtin – so vertraute Strauss Romain Rolland an – sei sehr komplex, sehr fraulich, ein wenig pervers, ein wenig kokett, niemals sich selbst ähnlich, vielmehr ändere sie sich jede Minute.[140]

Und sein eigenes Selbstporträt zeigt – wie Romain Rolland schreibt – einen Helden, der sehr verschieden von dem der Beethovenschen *Eroica* ist: »Die alten und revolutionären Züge sind verschwunden, und wie die äußere Welt, so nehmen die Feinde des Helden bei Strauss einen breiten Raum ein! Der Held hat es viel schwerer, sich freizumachen und zu siegen. Es stimmt, daß sein Triumph rasender ist. (. . .) Wie viele brennende Städte! Wie viele Schlachtfelder! Es gibt ferner im *Heldenleben* eine geißelnde Verachtung, ein böses Lachen, wie wir es fast nie bei Beethoven finden. Wenig Güte. Es ist das Werk des heroischen Ekels.«[141] Doch Selbstporträts sind nur Masken, Verfremdungen, Teilwahrheiten, Vexierspiele mit Facetten des Ichs.

Strauss hatte sich einen bedeutenden Platz im europäischen Musikleben erkämpft. Aber wozu? Er wollte doch eigentlich in Ruhe komponieren, vor der Welt in die Einsamkeit fliehen, die er während seiner Ägypten-Reise so genossen hatte. Wie sollte er dann freilich seine Familie ernähren?

So zeigte sich im Künstlerleben von Richard Strauss jenes Spannungsfeld, in dem sich das Leben des Bürgertums um 1900 bewegte, in aller Deutlichkeit: zwischen Brotberuf und Neigung, im Fall von Strauss zwischen Dirigieren und Komponieren, zwischen Daseinskampf und dem erträumten aristokratischen Lebensstil ohne Existenzängste.

# IX

# Weltbürger und Kapellmeister des Kaisers

Strauss in Berlin: In diesem Lebensabschnitt gelang ihm der Durchbruch als Opernkomponist, wurde er zum internationalen Stardirigenten und -komponisten und war der fortschrittlichste, provozierendste und doch anerkannteste Musiker Deutschlands.

1898 bis 1918: Diese Berliner Jahre waren zugleich die letzten Jahre des deutschen Kaiserreichs – und überhaupt der Monarchie auf dem europäischen Kontinent; die Habsburger und die Hohenzollern mußten ebenso abdanken wie der russische Zar.

Am Ende der Berliner Zeit war Strauss ein Mitfünfziger, galt bereits als Klassiker der Moderne und wurde längst nicht mehr als Revolutionär, vielmehr als Reaktionär angesehen. Seine große Zeit hatte Strauss also im Kaiserreich. Bis zum Ausbruch des Ersten Weltkriegs komponierte er die Opern, die noch heute seinen Ruhm auf der ganzen Welt begründen: *Salome*, *Elektra* und *Rosenkavalier*. Er war ein Künstler jener Epoche, die 1918 unterging.

So bedeuteten Strauss die ersten Berliner Jahre das, was einst für Mozart die ersten Wiener Jahre gewesen waren: der Höhepunkt seines Wirkens. Er arbeitete in einer glücklichen Konstellation an der Berliner Hofoper, seine Musik wurde als aktuell, herausfordernd und faszinierend empfunden, weshalb das Publikum in seine Konzerte und Opernaufführungen strömte. Die musikinteressierte Weltöffentlichkeit riß sich um den bayerischen Musiker in Diensten des preußischen Kaisers. Strauss war daheim wie auswärts immer gut für einen Eklat, für geistige Auseinandersetzung und musikalische Höhenflüge.

War Strauss der Musiker des Kaisers? Wurde der Bayer ein Berliner? Bildete sein musikalisches *Heldenleben* das musikalische Äquivalent zum militärischen Säbelrasseln Wilhelms II.? Oder war seine Musik das Gegenbild zu Arroganz, Prüderie und Verdrängung im preußischen Großdeutschland?

## Die Weltstadt: Berliner Spinnennetz

Überraschend schnell entschied sich der Wechsel von München nach Berlin. Dabei half Strauss Carl Halir, der einst sein Konzertmeister in Weimar gewesen war, nun in derselben Funktion in der Berliner Hofkapelle spielte und außerdem im Joachim-Quartett mitwirkte. Halir informierte Strauss Mitte März, daß Felix Weingartner in Kürze nach München überwechsle, um das Kaim-Orchester, die späteren Münchner Philharmoniker, zu dirigieren, und so die Stelle des preußischen Hofkapellmeisters vakant werde. Wieder einmal drehte sich das Dirigentenkarussell.

Strauss bewarb sich bei Pierson, dem künstlerischen Leiter der Königlichen Schauspiele, und dieser legte ihm bereits im April einen fertigen Ver-

Die Berliner Hofoper:
Hier dirigierte Strauss
regelmäßig von 1898
bis 1918

trag vor. Zwar dachte Strauss damals auch daran, in New York die frei gewordene Stelle Anton Seidls zu übernehmen; dort hätte er doppelt so viel
wie in Berlin verdient. Doch Berlin erschien ihm so geeignet, seinen »Namen in Europa noch mehr in die Höhe zu bringen«, daß er am 9. April
1898 einwilligte. Er erhielt 18 000 Mark im Jahr, doppelt so viel wie in
München, und einen Monat mehr Urlaub als dort. Der Vertrag lief über
zehn Jahre, und auch eine Pension fürs Alter wurde ihm zugesichert. Diese
Bedingungen waren für den Dirigentenkomponisten geradezu ideal. Sein
Lebensunterhalt war mehr als gesichert, und er hatte Zeit zum Komponieren. Strauss war begeistert: »Ha, welche Freude, daß ich endlich einmal der
Münchner Bande, die mich wirklich doch schmählich behandelt hat, die
Prügel vor die Füße werfen kann.«[1]

Am 16. April stand es in den Zeitungen, auch in den »Münchner Neuesten Nachrichten«: Strauss wird Erster preußischer Kapellmeister. »Die
Münchner Stadt, wie bei allen großen ›Trauerfällen‹ würdig und gefaßt«,[2]
notierte Strauss in seinen Schreibkalender. Den Abschied konnte er kaum
mehr erwarten. Er blickte »heiter und fröhlich« in die Zukunft: »Ich werde
erleichtert aufatmen, wenn der Druck der Münchner Atmosphäre nicht
mehr auf mir liegt.«[3] Schmerz bereitete ihm nur, daß er den »geliebten Eltern« nicht mehr so nahe war.

Oder war die größere Distanz zur eigenen Familie eine Befreiung? Die
Mutter wurde zwei Tage nach dem denkwürdigen Vertragsabschluß mit
Berlin wieder in die Anstalt eingeliefert. Der Vater nörgelte noch immer an
seinen Kompositionen herum. Waren die Eltern nicht auch ein Teil dieses

muffigen, grantigen, kranken München, das sich krampfhaft an der alten, untergehenden Zeit festklammerte, das den Sprung vom großen Bauerndorf zur Großstadt kaum verkraftete, das seine Bequemlichkeit über alles liebte und in dem der Kampf zwischen Philistern und den Fortschrittlichen böser und aggressiver ausgetragen wurde als anderswo?

Wie schon vor vierzehn Jahren, als Strauss, knapp 20jährig, die Hauptstadt des jungen deutschen Reiches erstmals besucht hatte, atmete er auch jetzt in Berlin erleichtert auf.

Strauss behielt sein Leben lang den bayerischen Dialekt, liebte an seiner Heimat die Landschaft, Marquartstein, später Garmisch, doch alles Provinzlerische war ihm verhaßt. Der Aufbruch der Gründerjahre, in denen Deutschland erstmals als Nation erstand, prägte ihn und hatte ihn in Weimar zum Nationalisten gestempelt. Doch die schon so oft erwähnte Ägypten-Reise weitete seinen Horizont, und die Erfolge der letzten Jahre trugen dazu bei, daß er sich nun als Weltbürger fühlte. Weder München noch Berlin, sondern die Musik empfand er als seine Heimat.

Berlin war im Gegensatz zu München eine Weltstadt – also gerade der richtige Wirkungskreis für einen so berühmten Musiker wie ihn. Dies sah auch der Vater so: »Dein Ruhm und Dein Ansehen in der ganzen gebildeten Welt bedingt, daß Dein Domizil in einer Weltstadt ist, wie es bei allen großen Meistern der Fall war. Beethoven, Mozart, Gluck, Haydn, Schubert in Wien, Bach in Leipzig (welches zu Bachs Zeit eine Weltstadt war), Händel in London. Berlin ist für Dich der einzige Platz, der für Dein Ansehen paßt . . .«[4]

Fast zwei Millionen Menschen lebten in Berlin. Groß, prächtig und prunkvoll erhoben sich die Häuser der Gründerzeit. Da zeigte sich ein Zug ins Große und Weite, der verheißungsvolle Beginn eines neuen Jahrhunderts. Strauss schwärmte: »Erstens gefällt mir Berlin mit seinen herrlichen Verkehrsmitteln, zweitens ist die Lage meiner Wohnung wundervoll, alle Bequemlichkeiten des Haushaltes, Verkehrs und gute Luft in unmittelbarer Nähe, die Wohnung selbst höchst gemütlich, glänzend, hell, freundlich, außerordentlich elegant . . .« Seine Wohnung lag in der Knesebeckstraße 30 im vornehmen Stadtteil Charlottenburg. »Hell« erschien sie Strauss – wie überhaupt die Berliner Atmosphäre. Das »helle rationalistische Licht, das die Dinge mit der Schärfe eines sauberen rationalistischen Stiches umgrenzt«, bezeichnete Willy Pastor als eines der wichtigsten Merkmale Berlins.[5] Nach dem undurchsichtigen Biersumpf Münchens war die preußische Klarheit für Strauss ein heilsames Gegengewicht zu seinem süddeutsch barocken Hang zu tropischer Fülle und polyphoner Überladenheit.

Wie erlebte Strauss die preußische Weltstadt? Ging er durch das »Spinnennetz« der Straßen und Gassen im Zentrum? Sah er abseits der modernen Hauptverkehrsadern mit ihrem Lärm die kleinen Straßen, in denen es noch altberlinische Idylle zu entdecken gab – an den Fenstern Blumenkästen, emporrankende Bohnen, ein Vogelbauer oder ein Goldfischglas im Laubwerk? »Merkwürdig, man redet so viel von der Unruhe unserer Stadt, von ihrem lauten Wesen und ihrer Nervosität, und hier ist alles doch so still, so historisch, als gingen wir durch ein Museum!«[6]

Was empfand Strauss, wenn er mit dem Zug durch die Vorstädte fuhr, Schutt und Staub, Abfallhaufen, Kohlehalden, Elendsquartiere und die großen Fabriken sah? Betrachtete er sie als Wunde in der Natur oder – wie Willy Pastor – als die eigentliche Quelle, das Lebenselexier der Stadt?[7] Pastor gelangte angesichts der modernen Fabriken zu der Einsicht, »daß der Mensch nur eine Naturmacht ist unter den Naturmächten, und daß andererseits diese leblosen Mächte Kinder der Erde so gut sind wie wir selbst«.

Strauss scheint – zumindest bewußt – dieses andere, schmutzige und elende Berlin, das Heinrich Zille in seinen Zeichnungen und Photographien festhielt, nicht beachtet zu haben. Ihm war wichtig, daß er von seiner Wohnung mit der Stadtbahn in sechs Minuten nach Grunewald fahren konnte, »der mit seinen Seen und Föhrenwäldern riesige Spaziergänge in herrlichster Luft bietet mit sehr eigentümlichen Landschaftsbildern, uns Hochebenenmenschen ganz ungewohnt, aber trotzdem sehr schön«.[8]

Aber das Elend war unübersehbar. Doch Strauss interessierte das Große, Bedeutende und Heldenhafte. Die Armen sind in seinen Opern zumeist Randgestalten, stehen nicht wie in Gerhart Hauptmanns Theaterstücken im Zentrum. Unterbewußt spürte freilich auch Strauss die Risse, die klaffenden Wunden, die der Mensch des Industriezeitalters als »Naturmacht« unter Naturmächten aufriß. Auch davon zeugt seine Musik.

In der gesellschaftlichen Hierarchie orientierte er sich nach oben, am Lebensstil der Aristokratie. Nietzsche hatte ihn eine elitäre Haltung, gleichsam eine Artistokratie des Geistes – und die Abneigung gegen Demokratie – gelehrt, und auch Pauline hatte einen Hang zum Aristokratischen, was freilich die emporstrebenden Bürger der Gründerzeit allgemein prägte: die Industriekapitäne – die Krupp, Siemens und Rathenau – lebten in Schlössern oder Stadtpalästen und versuchten, den Adel an Pomp, Glanz und Reichtum zu übertreffen. Auch die erfolgreichen Künstler ahmten den aristokratischen Lebensstil nach, lebten in herrschaftlichen Villen und hielten Dienstboten.

Es war selbstverständlich, daß es eine gesellschaftliche Hierarchie und einen Kaiser gab, auch wenn dieser weder mit kultureller Bildung noch mit politischer Klugheit glänzte. Strauss war als Hofkapellmeister Kaiser Wilhelm II. direkt unterstellt. Dieser mußte persönlich seinen Vertrag als Erster Preußischer Kapellmeister an der Hofoper und spätere Änderungen billigen. Doch der Kaiser verstand nichts von Musik. Schon Richard Wagner erschien ihm allzu modern, er hielt ihn für einen »ganz gewöhnlichen Kapellmeister«,[9] und Cosima Wagner, die ihn vergeblich als Schirmherren der Bayreuther Festspiele zu gewinnen suchte, urteilte über ihn: »Der Kai-

## Hofkonzert.

Im weißen Saal. Der Hofmarschall ruft einen Lakaien heran und sagt ihm leise: „Majestät haben die Entdeckung gemacht, daß sich unter den Musikern ein anscheinend Verrückter befindet. Der Mann soll sofort entfernt werden." Nach wenigen Minuten meldet der Lakai dem Haushofmeister: „Zu Befehl, Exzellenz —

*Karikatur aus der ersten Berliner Zeit*

— bestens besorgt!

ser ist menschlich sehr sympathisch, aber um ihm auch nur die Anfangsgründe der Kunst klarzumachen, müßte ich drei Jahre mit ihm allein auf einer einsamen Insel sein.«[10] Von der Musik seines ersten Opernkapellmeisters Strauss hörte der Kaiser kaum eine Note: nur die ihm gewidmeten Militärmärsche und einige Lieder sowie eine einzige Oper. »Nur so«, meinte der Strauss-Biograph Steinitzer, »war ein gutes Vernehmen wohl einzig möglich«.[11] Der Kaiser lernte nie, aus seinen »Potsdamer Leutnantauffassungen« zu »staatsmännischen Reflexionen«, wie es Bismarck sich gewünscht hätte, emporzuwachsen. Auch in der Kultur blieben seine Anschauungen so bieder und philisterhaft wie die des durchschnittlichen Deutschen. Musik sollte für das ganze Volk da sein, und so berauschte sich der Kaiser an Chor- und Liederkonzerten sowie Militärmärschen.

Strauss war verurteilt, an diesem Spiel teilzunehmen. Er paßte sich an, auch wenn er darüber ironische Witze machte. So mußte er im Mai 1899 als Preisrichter bei einem Chor- und Sängerwettstreit um den Kaiserpreis in Kassel teilnehmen und schrieb an »sein geliebtes Bauxerl«: »Ich sitze hier in der Sängerhalle vor 10 000 Personen auf der riesigen Preisrichtertribüne, vor mir ein Tisch mit Schreibmaterialien, die ich benütze, um während des hundelangweiligen Concertes an Dich zu schreiben. Dr. Beier dirigiert. Nebenan die kaiserliche Loge. Ich sitze zwischen Schuch und Wüllner. Ich schreib', es sieht aus, als ob ich mir wichtige Notizen mache. Gehört haben wir schon im Adagiotempo das Meistersingervorspiel und einen Chor von Mendelssohn. Jetzt verzapfen sie einen scheußlichen Chor a cappella . . .«[12]

Zwar nannte Strauss diese Veranstaltung »einen unglaublichen Mumpitz«, aber er spielte seine Rolle als Erster Preußischer Kapellmeister. Gegen die Hierarchie lehnte man sich nicht auf, war ein braver Untertan und über die große Ehre beglückt: Immerhin erhielt Strauss einen Oberst als persönlichen Adjudanten; der vor kurzem in München noch so feindlich seine Macht über Strauss auskostende Perfall benahm sich »riesig liebenswürdig« – was für eine Genugtuung für Strauss –, und Strauss wurde erstmals dem Kaiser persönlich vorgestellt: »Er sagte zu Schuch vor mir: Sie, das ist der Allerschlimmste, der ist ganz modern, da habe ich eine schöne Schlange an meinem Busen genährt.« Der Kaiser war in Kassel gutgelaunt, und so konnte dieses Bonmot Wilhelms II. als ein leutseliger, preußischdirekter Witz aufgefaßt werden. Aber auf der Hut mußte Strauss sein, dies erkannte er. Seit diesem Zusammentreffen hatte er im übrigen einen Spitznamen: »Hofbusenschlange«.[13]

Erstaunlicherweise erreichte Strauss beim Kaiser fast alles, obwohl dieser seine Musik gewiß nicht hätte ausstehen können – hätte er sie gehört. Als »Hofbusenschlange« gab er dem Kaiser »Zucker«, wo es einfach für ihn war. So komponierte er einen *Königsmarsch* für Orchester und einen *Parademarsch* für Kavallerie, »Seiner Majestät dem Kaiser und König Wilhelm II. in tiefster Ehrfurcht gewidmet«. Zuvor hatte er zusammen mit dem Kaiser eineinhalb Stunden lang alte Militärmärsche hören müssen, worauf der Herrscher die Komposition der Strauss'schen Märsche anregte. Man mußte dem Kaiser seinen Tribut zollen, das war selbstverständlich. Doch dieser Tribut brachte Strauss auch einigen Gewinn: den Kronenorden III. Klasse und – wie Steinitzer vermutet[14] – 10 000 Mark, also für wenige Stunden Arbeit mehr als die Hälfte des Jahresgehalts als 1. Kapellmeister!

1905 schrieb Strauss an den Generalintendanten Georg von Hülsen-Haeseler einen Brief zur Weitergabe an Kaiser Wilhelm, der sich in Untertänigkeit kaum überbieten läßt: »Ich erlaube mir, Euer Exzellenz mitzuteilen, daß ich eine größere Komposition für Männerchor und Orchester (einen schönen Bardenchor aus Klopstocks Hermannschlacht) begonnen habe, die vielleicht nicht unwürdig wäre, auch das Wohlgefallen S. M. des Kaisers zu erregen. Wenn S. M. die Widmung dieses Werkes, sobald es vollendet, anzunehmen geruhen würde, wäre ich überglücklich, dadurch auch S. M. meine Dankbarkeit für die erwiesene Gnade zu beweisen.«[15] Damals wollte Strauss wegen der bevorstehenden Uraufführung der *Salome* gut Wetter machen. Der Kaiser nahm die Widmung nicht an.

Offizielle Briefe an Generalintendanz und Kaiser schrieb man damals noch so unterwürfig wie eh und je – auch ein musikalischer Revolutionär und Bürgerschreck. Dies war die Grenze, über die man nicht hinausging, zumals als Hofbeamter, auch wenn man das Ganze für »Klimbim und Schwindel« hielt,[16] wie er nach dem Ende des Kaiserreichs anläßlich der Ankunft des belgischen Königs in Rio de Janeiro grantig urteilte: »Mit einem Aufwand an Fahnen und Militär, wie es Wilhelm seinerseits nicht schöner hätte machen können. Bei uns wird der Klimbim abgeschafft, und hier blüht der Schwindel!«

Cosima Wagner resümierte im hohen Alter über Wilhelm II.: »Er hatte mehr das Dekorative als den Ernst seines Berufes im Auge.«[17] Der geniale, in der ganzen Welt gefeierte Komponist und Dirigent Strauss gehörte zum Dekor des kaiserliches Hofes, und der international gefeierte Strauss gab dem Hofleben, das der engste Freund des Kaisers, Philipp von Eulenburg, mit dem Bonmot charakerisierte: »Alle Tage Maskenball«, den Glanz, der ihm fehlte.[18] Die Repräsentation des Kaisers, der am Tag bis zu sechsmal die Uniform wechselte, hatte die Perfektion und den schönen Schein einer Operette, an der sich das Volk nicht sattsehen konnte und in welcher Strauss den Hofkapellmeister mimte.

Doch in dieser Operettenwelt zogen bald böse Wolken herauf. Der Kaiser sprach und handelte »ohne Augenmaß«, wie schon Bismarck erkannt hatte, und riß sein Volk mit in den Untergang. Daß er beim Boxeraufstand in China und in der Marokko-Krise mit Frankreich durch preußisch-militaristische, großdeutsch-arrogante Worte den Frieden gefährdete, interessierte freilich das Bürgertum wenig. Die Politik überließ es den hohen adeligen Herren – auch der Weltbürger Strauss kümmerte sich darum nicht. Da war er ein Anarchist im Sinne Stirners und Mackays, der Regierung und Staat verachtete und sich nur um sein eigenes Fortkommen kümmerte. Er fühle sich als Individualist und Stirnerscher Egoist. Staat und Gemeinschaft waren nicht seine Sache, auch wenn er sich um der Karriere willen vor dem Kaiser unterwürfig zeigte.

# Rache an München: *Feuersnot*

Strauss sah sich nicht wie Zille und Hauptmann zur Kritik am sozialen Elend oder an der gefährlich blind funktionierenden preußischen Militärmaschinerie herausgefordert – nein, diese Realität war dem Nietzsche-Leser und musikalischen »Höhenmenschen« zu niedrig. Er war ein Stirnerscher Ich-Mensch und spiegelte sein eigenes Schicksal in der Musik, indem er es in *Feuersnot* zum Opernstoff heroisierte: Er rechnete auf Bühnenbrettern mit München ab.

München – so ließ er zur Melodie des Münchner Volksliedes »Guten Morgen Herr Fischer«, selbstverständlich gemünzt auf seinen Gegenspieler, den Kapellmeister Fischer, singen – ist ein Ort, wo »man in schäumenden Krügen ertränkt die zögernde  Zeit, wo inniges Genügen die notige Enge weiht, wo leichter Sinn die Sorgen mit Singen jach verjagt . . .«[19] Diese Münchner haben nicht nur ihn, Richard Strauss (in der Oper: Kunrad) verjagt, sondern schon »Reichhart« Wagner: »Der warb um Eure Herzen lang, gewann der Größten Gunst – Allein – Euch Kleinen macht' er bang. (. . .) Schmählich habt Ihr ihn ausgejagt in neid'ger Niedertracht. Er wollt' Eu'r Wesen auf Räder setzen, – Ihr lieber kriechend am Boden Euch ergetzen! Wärt mit deme zu Vieren gefahren, Ihr wolltet den langsamen Schritt Euch bewahren, damit den Pfäfflein und alten Weiben nit etwa der Schnaufer möcht' ausbleiben.«[20]

War solch böse öffentliche Kritik an München berechtigt? Überschätzte Strauss nicht seine Schwierigkeiten, die doch jedes Genie hat, wenn es Neues durchsetzen will? Der Kritiker Carl Söhle schrieb: »Woher nur eigentlich all die Galle, dieser unerschöpfliche Abrechnungszorn bei Meister Strauss? Bei so frühzeitigen großen Erfolgen und Anerkennung seines Genies kann man doch bei ihm von einem Märtyrerthum des Fortschritts nicht groß sprechen. O jerum, man denke da doch an Wagner und Liszt, wo der Eine erst als Greis voll zu Ehren kam und Liszt als Componist gar erst nach seinem Tode.«[21] Auch Vater Franz Strauss empfand das Vorgehen seines Sohnes als ungehörig: »Um Gottes willen, was fällt Dir denn ein? Willst Du denn Deine Gegner mit Gewalt zum Schimpfen herausfordern? In diesen musikalischen Zoten liegt kein Witz. Warum denn ewig nörgeln?«[22]

Doch Strauss ließ in *Feuersnot* nicht nur Spottlieder über seine Heimatstadt und seine einstigen Kollegen an der Oper singen, sondern zeigte seinen philiströsen Mitbürgern wieder einmal die böse Eulenspiegel'sche Grimasse: Kunrad läßt nämlich in München das Feuer erlöschen und erst wieder aufleuchten, wenn die von ihm angebetete Diemut ihm ihre Unschuld opfert. So endet *Feuersnot* mit dem von Kunrad durch seine Zauberkunst erzwungenen Geschlechtsverkehr, zwar nicht auf offener Bühne, sondern in Diemuts Kammer, aber doch unter den gespannt-voyeuristischen Blicken des Statistenvolks auf der Bühne und des Opernpublikums vor der Bühne und zur erotischen Musik von Strauss.

Wieder forderte der junge Bürgerschreck die sittsamen Philister heraus. Er zeigte – wie ein Stierkämpfer – dem konservativen Opernpublikum das rote Tuch, und es hagelte, wie der Vater vorausgesehen hatte, böse Kritiken: »Wir rechnen uns nicht etwa zu den großsprecherischen, philiströsen Tugendhelden, aber solches abgeschmacktes, versumpftes Sinnenkitzeln muß jeden anständigen Menschen mit Abscheu erfüllen. Unsre Schriftsteller werden noch gewisse Häuser auf die Bühne bringen und diese dann als recht empfehlenswert hinstellen. Durch die ganze *Feuersnot* weht noch die Satire, die die andren Menschen, die außer Strauss und Wolzogen auf diesem runden Erdball herumlaufen und die das Genie Strauss und das Genie Wolzogen nicht voll und ganz anerkennen, zu den beschränkten Geistern stempelt«, schrieb der Kritiker Georg Richter nach der Uraufführung.[23]

*Feuersnot* ging bei der Premiere in Dresden, dann in Wien, wo sich Gustav Mahler für die Strauss'sche Musik einsetzte, und in Berlin nur knapp am Verbot durch die damals noch allmächtige Zensur vorbei. Am sittenstrengen Berliner Hof stieß das Sujet sofort auf Ablehnung. Strauss war verärgert und teilte der Generalintendanz mit, er würde »auf die Ehre der Erstaufführung der *Feuersnot*, wie auf die Auszeichnung irgendeines seiner dramatischen Werke am Berliner Opernhaus ein für alle Mal höflich dankend verzichten«.[24] Konsequent machte Strauss diese Drohung wahr: Die Uraufführungen seiner Opern fanden in den folgenden Jahren immer in Dresden statt. 1902 wurde die *Feuersnot* dann doch in Berlin gespielt – und bereits nach sieben Wiederholungen wieder abgesetzt. Die sehr christliche, bigotte Kaiserin entrüstete sich über die Unmoral des Stückes, nachdem eine Postkarte mit dem Text: »Feuersnot!? Pfui Deibel! Einer aus der Provinz!« den Generalintendanten erreicht hatte. Der Generalintendant Hochberg und sein Verwaltungsdirektor Pierson mußten abdanken, Strauss aber, der Urheber des Skandals, blieb.

Er war nun international so berühmt, daß er sich Provokationen leisten konnte, ohne Konsequenzen fürchten zu müssen. Nein, er hatte sogar gewonnen; denn von nun an waren die Uraufführungen von Strauss-Opern skandalträchtige öffentliche Ereignisse – ein letztes Mal stand Musik im Mittelpunkt der öffentlichen Auseinandersetzung und berichtete die Presse über die Entstehung einer neuen Oper des Meisters mit demselben Interesse wie heute über politische oder sportliche Ereignisse.

Strauss bezeichnete *Feuersnot* im hohen Alter als einen »Auftakt« am »Anfang des Jahrhunderts« zu einem »neuen subjektiven Styl im Wesen der alten Oper«.[25] »Nach der Absage an die Tradition« – notierte er 1945 – »war der Weg frei für unbehindert selbständiges Schaffen.« Das Neue an dieser Oper sah er »(wenigstens gegenüber der normalen Operntradition

mit ihren Rittern, Banditen, Zigeunern, sicilianischen Bauern, Trouba-
dours, Hofnarren) im neuen Genre einer Dialektoper, im Mut, darin persönliches, polemisches Bekenntnis des Autors abzulegen, in ihrem leicht satirischen Charakter . . .«[26]

Doch woher kam dieses Neue? Was führte – abgesehen von moralischer
Anstößigkeit und Polemik gegen München – zum Eklat? Strauss befreite
sich in *Feuersnot* von Richard Wagner – und damit von der deutschen
Oper mit ihrem Ernst, ihrer romantischen Inhaltsschwere – und wandte
sich einem Phänomen der modernen Großstadtkultur zu, dem Kabarett,
der »zehnten Muse«. Wie schon in *Till Eulenspiegel* und *Don Quixote*
griff er auf das von Panizza proklamierte Prinzip des »Varietés« zurück,
vermischte mit größter Artistik Satire, Bänkelgesang, bayerisches Stanzlsin-
gen und Kabarett mit der ernsten nachwagnerischen Oper, seiner raf-
finierten Instrumentations- und sinfonischen Kompositionskunst. Dabei
entstand nicht deutsche, sondern internationale Weltstadt-Musik.

Im Uraufführungsjahr 1901 hatte im Berliner Sezessionstheater Ernst
von Wolzogens »Überbrettl« seine Premiere. Dieses gehobene literarisch-
künstlerische Varieté entstand aus dem Berliner »Tingeltangel«,[27] in dem
mit Bänkelgesang und erotischen Liedern der Ausbruch aus der bürgerlichen Welt geprobt wurde. Man ahmte die seit 1895 in Paris entstehenden
literarischen Cafés nach, in denen junge Maler, Dichter und Musiker ihre
musikalische und literarische Kleinkunst witzig, unterhaltsam und frech
zum Besten gaben. Wolzogen vereinigte Montmartre und Schwabing in seinem Theater am Alexanderplatz.

Während Wolzogen sein »Überbrettl« ins Leben rief, arbeitete er auch
am Libretto zur *Feuersnot*. Bissig und respektlos »schrieb er den lieben
Spießern hinter die Ohren« und wollte, daß Strauss »mit der Deutlichkeit
einer idealen Bockmusik ihnen hineintutet«: »Wenn die Liebe sich mit dem
Zauber des Genius vereint, dann muß auch dem ärgsten Philister ein Licht
aufgehen!«[28] Das Libretto stellt eine artistische Stilmischung von Volks-
und Kunstliedtexten dar und geht höchst respektlos mit den traditionellen
Formen um. Da singt ein Kinderchor böse G'stanzln, werden Münchner
Bürger satirisch zu lächerlichen Figuren typisiert, da drückt Kunrad seine
leidenschaftliche Liebe zu Diemut aus, indem er Wagnersche Stabreime
parodiert, und lehrt die Münchner Spießer, was geistige Größe, Zauber-
und Willenskraft sind.

Doch über Satire und Zeitbezug hinaus schuf Wolzogen – von fran-
zösischer Dichtung beeinflußt – ein symbolistisches Libretto: Das Sonn-
wendfeuer bezeichnet die Zeitenwende zum Fortschritt, das Licht ist das
Symbol für den neuen Menschen, für Liebe und Leben, Diemuts Haare, an
denen sich Kunrad vom Förderkorb in die Kammer hinaufzuziehen versucht, sind wie in Maeterlincks *Pelléas et Mélisande* ein erotisches Symbol.
Die Fähigkeit zu zaubern, die Richard Wagner und Richard Strauss zu-

erkannt wird, charakterisiert den neuen, für den Philister unverständlichen und deshalb obskuren »Übermenschen«.

Genauso vielschichtig wie der Text ist die Musik. Sie reicht vom bayerischen Volkslied und dem G'stanzl-Singen der Kinder anläßlich des Sonnwendfestes bis zum ausdrucksvollen, polyphon-durchwebten Gesang nachwagnerischer Prägung. Bei der Begleitung der Sänger nimmt Strauss das Orchester sehr zurück: »*Feuersnot* wird der reine Lortzing«, schrieb er an die Eltern.[29] Wie bei Mozart ist aber diese Begleitung nicht nur ein Klanghintergrund, sondern besitzt Bedeutung, ist eine Art Kommentar zum Gesang, etwa wenn Kunrad, wie bereits erwähnt, von den spießigen Münchnern erzählt umd das Orchester das Lied »Guten Morgen Herr Fischer« anstimmt. Die Mahnungen des Vaters, die auch nach der Uraufführung von *Heldenleben* nicht ausgeblieben waren, zuviel Polyphonie zu vermeiden, nahm er also in *Feuersnot* endlich ernst. Nur im Orchestervorspiel und an einigen dramaturgisch wichtigen Stellen tritt das Orchester bestimmend hervor. So schwillt in der Szene zwischen dem verliebten Kunrad und der ihn »derblecken«, also hinters Licht führen wollenden Diemut das Orchester zu sinfonischem Klang an, stellt hierdurch die sich steigernde Leidenschaft und am Höhepunkt das Aufflackern des Sonnwendfeuers dar.[30] Hier sorgt plötzlich ein sinfonischer Spannungsbogen für großflächige Einheit und spiegelt psychische Entwicklungen wider: Diemut, die anfangs ganz gegen Kunrad ist, wird – wenn auch widerwillig – von Liebe gepackt und singt mit ihm vereint ein Duett. Daß dabei der übertriebene, Wagner parodierende Pathos von seiten des Mädchens nur halb wahr empfunden und halb gespielt ist, die Musik also »übertrieben«, im Grunde eine Lüge ist, dieses raffinierte Spiel zwischen ernst und ironisch gemeinten Gefühlen übernahm Strauss von Mozarts *Così fan tutte*, die er in München so stilgerecht aufgeführt hatte.

Erst am Schluß, im zweiten großen sinfonischen »Orchesterauftritt«, meint die Musik wirklich, was sie ausdrückt: Kunrad ist bei Diemut im Kämmerlein, das Publikum sieht einen schwachen Lichtschein, und die Musik stellt dar, was die Zuschauer nur ahnen, aber nicht sehen: die sexuelle Vereinigung zwischen den beiden Liebenden. Wieder – wie in *Don Juan* – beschwört der Hexenmeister Strauss Klangfarben, Akkordbrechungen, Instrumentationskunst, um den Rausch, die Ekstase und das Glücksgefühl sexueller Erfüllung in aller Sinnlichkeit darzustellen. Der Geschlechtsakt wird von ihm als Naturereignis und als Naturgewalt gezeigt. Sprache und Gesang, menschliche Reflexion schweigen angesichts des sich offenbarenden Lebenstriebs.

In Frankreich war ein anderer moderner Komponist, Claude Debussy, von dieser Liebesszene begeistert: Er sah hier den Anfang der modernen Oper.[31] In der Tat: Strauss befreite sich in *Feuersnot* von Wagner, schrieb eine wirkliche Oper und nicht eine sinfonische Tondichtung und zeigte in der Vielfalt der Stilebenen, der Ausdrucksweisen, Spiegelungen und Brechungen die Vielschichtigkeit der modernen Welt. Und noch ein Franzose, mit dem er fortan befreundet war, zeigte sich spontan begeistert: Romain Rolland.

So war die *Feuersnot* viel mehr als eine böse Rache an München und ein Theaterskandal: Strauss hatte seine Sprache als Opernkomponist gefunden.

## Fortschrittliche Musikpolitik

Gemeinschaft, Staat, Volk, Nation – waren das nicht »Sparren« und »fixe Ideen«, wie er bei Stirner gelesen hatte? Man muß sein Schicksal selbst in die Hand nehmen, lamentieren hilft nichts, nur die Besinnung auf die eigene Kraft und eigene Taten ermöglichen einen Fortschritt, lernte Strauss von dem Anarchisten John Mackay.

Strauss war Musiker, und die Musiker zählten um 1900 zu den sozial ungesichertsten, gefährdetsten Berufsgruppen. Sie waren Künstler, in den Augen vieler Bürger Angehörige einer nicht ganz seriösen, der Sinnlichkeit und Sünde nahen Berufsgruppe, Abkömmlinge der asozialen, sich herumtreibenden fahrenden Musikanten. Das Schicksal Mozarts hatte Strauss vor Augen: Dieser starb arm und fast vergessen, obwohl er der genialste Musiker gewesen war und eine Zeitlang sogar Erfolg, Bewunderung, Popularität und Wohlstand genossen hatte. Wie konnten er und seine Kollegen diesem Schicksal entgehen?

Strauss sah sich in echt münchnerischem Verständnis, wie es Thomas Mann beschrieb, nicht als asozialer Boheme-Musikant, sondern als Bürger. So lag es für ihn nahe, daß sich die Komponisten wie schon vor 500 Jahren im Mittelalter als Berufsstand organisierten. Sie mußten sich zusammenschließen und so ihre Rechte verteidigen. Das war nicht nur mittelalterlich, sondern auch modern gedacht: eine erste Form der Lobby zur Einwirkung auf die Politik.

1898 gründeten Strauss und sein Freund Friedrich Rösch die Genossenschaft deutscher Tonsetzer.[32] Mit dem Prestige von Strauss gelang es, die prominentesten deutschen Komponisten als Mitglieder dieser Genossenschaft zu gewinnen, darunter Gustav Mahler, Max von Schillings, Ludwig Thuille. Die Tonsetzer kämpften um eine Verbesserung des Urheberrechts, das damals nur für 30 Jahre nach dem Tod eines Komponisten galt. Außerdem wurde eine »Anstalt für musikalisches Aufführungsrecht« gegründet, welche die Tantiemen für die Komponisten eintrieb. Viel Überzeugungsarbeit war notwendig, die Komponisten dazu zu bringen, daß sie die Vertretung der Aufführungsrechte der Genossenschaft überließen. Strauss, Rösch, Schillings und Sommer gaben sogar eigenes Kapital in die Genossenschaft,

damit diese anfangs überhaupt lebensfähig war. Daß die Konzertveranstal-
ter und Verleger davon nicht begeistert waren, kann man sich vorstellen.
Auch die Freundschaft zwischen Strauss und Spitzweg wurde dadurch getrübt.

Strauss widmete sich trotz seiner vielen Arbeit als Dirigent und Komponist mit Begeisterung und Engagement der gemeinsamen Sache. Sein Idealismus fand hier ein Betätigungsfeld. Er stellte dabei persönliche Interessen
hintan, um allen Komponisten, nicht nur den erfolgreichen, zu denen er
selbst gehörte, ein Auskommen zu ermöglichen. Er setzte durch, daß von
den eingehenden Tantiemen auch die erfolglosen oder erst am Anfang stehenden Tonsetzer einen Betrag erhielten. Nein, er war kein Egoist, sondern
ein guter Kollege.

Dies zeigte sich auch bei seiner Arbeit für den Allgemeinen Deutschen
Musikverein, dessen Vorsitzender er von 1901 bis 1908 war. Hier verhalf
er der neuen, fortschrittlichen Richtung zum Durchbruch, ließ in den Ton-
künstlerfesten junge oder noch unbekannte Komponisten zu Wort kommen, beurteilte die Werke objektiv, großzügig und kollegial. 1902 setzte er
die Aufführung von Gustav Mahlers 3. Sinfonie durch und bewirkte dadurch, daß der Wiener Opernkapellmeister nun auch als Komponist
ernstgenommen wurde. Er förderte Pfitzner, Schillings, Bischoff, Sommer,

*In seinen reifen Jahren
dirigierte Strauss mit
sehr sparsamen
Bewegungen. Er
benutzte die linke
Hand fast nie – nur
um äußerste Steigerun-
gen anzuzeigen.
Dennoch übte der
Dirigent Strauss auf
Orchester und Publi-
kum große Faszination
aus.*

Wolf-Ferrari, Delius, Sekles, Schönberg und viele andere, war weder akademisch, arrogant noch überstreng, trat vielmehr für eine großzügige Förderung schöpferischer Begabungen ein: »Laßt doch die Zeit richten. Ob man einen überschätzt, das macht nichts! Besser zwanzig zu hoch taxiert, als einem den Weg versperrt! Die Hauptsache ist, daß einer was will und kann.«[33]

Strauss dachte nicht opportunistisch allein an seine eigene Karriere, war kein Philister, sondern ein selbstbewußter schöpferischer Mensch, der sich an den Schöpfungen anderer freute und sie sogar in der Öffentlichkeit durchsetzen half. Er war ein Großbürger des Geistes, erhaben über jede Kleinlichkeit. Selbst einen gefährlichen Konkurrenten wie Gustav Mahler und einen Neutöner wie Arnold Schönberg unterstützte er.

Aber diese Aktivitäten genügten ihm noch nicht. Er begründete 1901 eine neue Konzertreihe mit »Modernen Konzerten des Berliner Tonkünstler-Orchesters«, mit dem er auch Tourneen unternahm. Dabei dirigierte er fast ausschließlich Aufführungen von Werken, die noch nie in Berlin gespielt worden waren, und brachte das ganze Spektrum der zeitgenössischen Musik von Liszt, Bruckner, Mahler bis d'Indy, Charpentier, Tschaikowsky oder Elgar zu Gehör. Das kostete ihn viel Energie und geschah ganz für die Sache der Neuen Musik. Strauss war damals alles andere als ein egomanisches, nur auf sich selbst bezogenes Genie. Auch darin ähnelte er Wolfgang Amadeus Mozart.

## Musikalisches Familienporträt: *Sinfonia Domestica*

Fast in allen Strauss'schen Werken finden sich Spiegelungen seiner Persönlichkeit. Er war ein betont subjektiver und individualistischer Künstler. Die Erforschung der eigenen Psyche war für ihn der Schlüssel zur Wirklichkeit – und Strauss' Persönlichkeit war so vielschichtig wie seine Zeit und seine Werke. In zwei Kompositionen schuf er jedoch explizit ein Selbstporträt: in der Tondichtung *Sinfonia domestica* und in der etwa zwanzig Jahre später entstandenen Oper *Intermezzo*.

»Er hatte ein faltenloses, reines und klares Gesicht wie das eines Kindes, eine hohe glänzende Stirn und eine schmale Nase. Der untere Teil des Gesichtes war etwas verzerrt; der Mund wurde oft unschön, wenn er ihn in Ironie oder Unzufriedenheit verzog. Seine langen, feinen, sehr gepflegten, kränklich vornehm wirkenden Hände, die gar nicht zu seiner sonstigen Person paßten, zogen den Blick auf sich. Ton und Benehmen wechselten vollständig, ja nach der Person, an die er sich wandte.«[34] So sah der französische Schriftsteller Romain Rolland Richard Strauss. Er erkannte das Gespaltene, Zerrissene seiner Persönlichkeit. Einerseits, so schrieb Rolland, hörte Strauss »nie auf zu arbeiten«, andererseits war er oft »blitzartig« vom »Dämon der

Trägheit, Verweichlichung, der Ironie und Gleichgültigkeit besessen«, zum einen »unter vier Augen mit einem Freund, den er achtete« – was freilich selten war – »zeigte er sich so, wie er war: sehr abwägend und gemäßigt«, zum anderen »spielte er den witzereißenden Zyniker, um den Philister vor den Kopf zu stoßen, erging er sich in Paradoxen«. »Am auffallendsten war« – faßte Rolland seine Beobachtungen zusammen – »ein fast rhythmisches psychologisches Wechselspiel zwischen seinen beiden Naturen: die eine ganz Aufschwung, Aufzucken, die andere ganz träge Erstarrung.«

Doch wie sah Strauss sich selbst? Im Gegensatz zu den meisten Künstlern seiner Zeit war Strauss glücklich geborgen in seiner Familie. Sein »sinfonisches Familienpotpourri und Selbstporträt«[35] war deshalb kein Strindbergsches Ehedrama, sondern wurde eines seiner heitersten Werke, voller Freude und mozartisch klar.

*Richard Strauss mit Pauline und Sohn Franz, um 1905*

»Es ist schön jetzt«, schrieb er an die Eltern im Juni seines ersten Berlin-Jahres, »wenn ich nicht dirigiere, so sitzen wir jeden Abend bis 11 Uhr in einem der hübschen Grunewaldrestaurants oder neulich am Wannsee im Freien; untertags auf unserer Loggia, die voll blühender Geranien ist, und wir haben hier mehr Luftgenuß als in München, wo das Klima eben so rauh, besonders abends, ist. Mir geht's vortrefflich!«[36] War dies das Glück der in wilhelminischer Zeit so beliebten Schrebergarten-Laube? War dies eine Wiederkehr des Biedermeier oder die Künstlerehe, von der einst der Schwiegervater und General de Ahna sprach?

Die *Sinfonia Domestica* ist eines der bürgerlichsten Werke von Richard Strauss. Hier singt einer das hohe Lied des Familienglücks in einer Zeit, in der Geschlechterkampf (etwa von Sternheim und Strindberg), bürgerliche Scheinmoral (etwa bei Wedekind und Ludwig Thoma) und das Auseinanderbrechen der Familie (etwa in Thomas Manns *Buddenbrooks*) in Romanen und Dramen nachgezeichnet wurden. Der Bürgerschreck Strauss dagegen zeigte: Ich kann auch anders, ich kann auch ein positives Lied komponieren, der gegenwärtigen Literaturmode zum Trotz.

Das Strauss'sche Lob der Familie klingt weder moralisch muffig, preußisch diszipliniert, noch puritanisch-bigott und weltfremd, sondern voller Freude und Sinnlichkeit. Auch hier greift Strauss auf das »Varieté«-Prinzip zurück, vereinigt die Themenvielfalt eines Potpourris mit der großflächigen Einheit einer Sinfonie zu einer neuen Form, in der die Vielschichtigkeit der modernen Welt nicht unterdrückt wird, aber auch nicht zum Auseinanderbrechen des Zusammenhalts derselben führt.

Strauss beginnt diese Apotheose bürgerlichen Familienglücks mit drei Themen, in denen er sich selbst porträtiert: das erste »gemächlich«, das zweite »träumerisch«, das dritte mürrisch und das vierte »feurig« und »frisch«.[37] Bayerische Gemütlichkeit, träumerisches Versinken, Überdruß und der bekannte Strauss'sche Schwung – so zwischen Gegensätzen hin- und hergerissen, spannungsgeladen und doch voller Ruhe charakterisiert sich Strauss in seinem motivischen Selbstporträt. Hier erklingt nicht – wie bei Richard Wagner – ein einziges Leitmotiv für eine Person, statt dessen ergibt eine Vielzahl von Motiven erst den dargestellten Menschen. Man fühlt sich an die vielen Linien und Striche, die Licht- und Schattenseiten in den Selbstporträts Rembrandts erinnert – doch ebenso an die kubistischen Porträts Picassos, in denen sich mehrere Gesichter in einem zeigen.

Die Gegensätze zwischen den Motiven sind so groß, daß dies der Beginn eines Seelendramas in der Art Strindbergs hätte sein können. Aber dem ist nicht so. Hinter den verschiedenen Motiven, diesem Kosmos von Gefühlen, Empfindungen und Gedanken, steht ein Schöpfer, Richard Strauss, dem wir beim Anhören der Sinfonie gleichsam während der Arbeit zuschauen: »Gemütlich zwischen allem arbeitet Richard immer an einer Melodie. Diese Melodie in ihrem Werden und Wachsen bildet quasi den

Cantus firmus, der durch das Ganze zieht«,[38] schrieb Strauss in seinem Skizzenbuch. Übersetzt in eine nicht musikalische Sprache könnte dies auch heißen: »Durch seine schöpferische Arbeit überwindet Strauss die Gegensätze, und diese stetige Arbeit in ihrem Wachsen und Gedeihen ist der Cantus firmus seines Lebens.«

Was das Strauss'sche Familienglück von der spießbürgerlichen Gartenlaube und vom modernen, damals aufkommenden Ehekrieg unterschied, war das unbedingte Arbeitsethos. Strauss erlebte in den Berliner Jahren einen Schaffens- und Arbeitsrausch, der dem seines Vorbilds Mozart nahekam. Er dirigierte an der Berliner Oper, studierte unter hohem Arbeitsaufwand die modernen Programme mit dem Berliner »Tonkünstler-Orchester« ein, begleitete auf dem Klavier Liederabende seiner Frau und anderer Sänger, reiste fast in jedem Monat zu Gastspielen im übrigen Deutschland und im europäischen Ausland, unternahm Tourneen mit oft mehr als 30 Konzerten hintereinander, kämpfte als Musikpolitiker für seinen Berufsstand, förderte die fortschrittliche Musik im Allgemeinen Deutschen Musikverein, komponierte zahlreiche Lieder, die *Sinfonia Domestica* und seine bedeutendsten Opern, deren möglichst gute Uraufführung ihm viel Mühe und diplomatisches Geschick abforderten, schrieb Briefe, die heute ganze Bände füllen, und fand noch Zeit für gemütliche Nachmittage auf der Loggia mit seinem »Bauxerl« und dem »Bubi«.

Was für eine unglaubliche Fülle von Aktivitäten! Dabei war die Gesundheit von Strauss stets gefährdet. Er litt oft unter Erkältungen, war häufig knapp am Rand eines Zusammenbruchs, so daß der Vater besorgt schrieb: »Die Nachricht über Deine Gesundheit und die furchtbaren Hetzen und Überarbeitung macht uns bis ins Tiefste des Herzens traurig und für Dich besorgt. Wir sind ganz unglücklich darüber, zu sehen, wie Du auf Deine Gesundheit losstürmst. Dieses sinnlose Gebaren wird sich in allerkürzester Zeit furchtbar rächen. Glaube ja nicht, daß es dann wieder gut zu machen ist, denn ein Körper, der geistig und psychisch heruntergebracht ist, erholt sich nicht mehr, nimm Dir ein Beispiel an Hugo Wolf . . .« Die Mutter, die in den vergangenen vier Jahren sehr unter ihrer Nervenkrankheit gelitten hatte und ebenso schwarz wie der Vater sah, fügte hinzu: »An Papas herzergreifende Zeilen möchte ich nur die innigste Bitte beifügen, daß Du dieselben beherzigst und Vernunft annimmst.«[39]

Doch Strauss antwortete auf die elterlichen Mahnungen: »Euer angstvoller Brief war ganz unnötig: von vieler Arbeit ist noch nie ein Mensch krank geworden, wenn er sonst solid und vernünftig gelebt hat, und das tue ich ja. Hugo Wolf war krank von Anbeginn und wäre auf alle Fälle so zugrunde gegangen. Es gibt noch viele Leute, Juristen, Kaufleute etc., die noch viel mehr arbeiten als ich und sich dabei wohl befinden.«[40]

Diese Sätze beinhalten das Credo des bürgerlichen Künstlers Richard Strauss: Das Ethos der Arbeit bestimmte sein Leben – und dieses Arbeitsethos war und ist die zentrale Wertvorstellung, die das Bürgertum prägte, wie Thomas Mann in den *Betrachtungen eines Unpolitischen*[41] feststellte. Der Adel war durch Geburt, was er war; der Bürger wurde nur durch Arbeit zum freien, über sich selbst bestimmenden Menschen. Dies galt schon einst für die mittelalterlichen Handwerker, aber auch für Künstler wie Dürer, Rembrandt oder Rubens, und dies bestimmte nun auch die Pschorrs, Siemens, Krupp oder Rathenau, einen Lenbach, Stuck oder Thomas Mann.

Das Glück schöpferischer Arbeit war sein Lebensinhalt, wie Strauss seit seiner denkwürdigen Ägypten-Reise erkannt hatte – und er arbeitete naiv, ohne Skrupel, wie sie den norddeutschen Schriftsteller Thomas Mann plagten. Die Musik war für Strauss ein Handwerk wie jedes andere auch. Dies war typisch münchnerisch, fast noch mittelalterlich, wie Thomas Mann schrieb, aber auch modern, fern aller romantischen Sentimentalität. Der Künstler als Bürger: Strauss verwirklichte diesen Lebensentwurf als einer der ersten nach der Romantik – vor Strawinsky oder Hindemith.

Das Selbstporträt von Strauss endet mit den gemütlich-gemächlichen Motiven des Anfangs. Doch da platzt die Frau herein: sprunghaft, temperamentvoll und ohne Rücksicht auf die gemütliche Stimmung ihres Mannes. Nach einem übermütigen Abwärtssprung über neun Töne hinweg fängt sie sich, wird ganz Dame (»grazioso«) und überschüttet den träumerisch-versunkenen Mann mit einem Redeschwall, was der Komponist durch Motive, die mit »Flatterzunge« in der Flöte und Klarinette gespielt werden müssen, andeutet. Dabei ändert sich ihr Temperament vom Sprunghaften zum »espressivo« und zum »gefühlvollen« Gesang, bis ein Zornesausbruch den Raum beherrscht: Nun donnert sie fortissimo mit dem ganzen Orchester – mit Saxophon, Hörnern, Trompeten, Posaunen und Pauke – in stampfenden Akkorden und mit schneidend scharfen Akzenten in den hohen Violinen los.[42]

Ein kapriziöses, launenhaftes, unbeherrschtes, dominantes und zügelloses Wesen stellt Strauss hier der Öffentlichkeit vor. Dies ist kein »offizielles«, geschöntes Porträt seiner Pauline, sondern eine Demaskierung. Um Wahrheitsliebe, nicht um gesellschaftliche Repräsentation geht es ihm. Daß Pauline diese Zurschaustellung ihrer Persönlichkeit klaglos mitmachte, zeugt von innerer Größe.

Doch war sie wirklich so? Vieles deutet darauf hin, daß dieses Porträt der Lebensgefährtin der Wirklichkeit entsprach. Als beispielsweise 1902 während Richards Abwesenheit der Brief eines Fräulein Mücke eintraf, schöpfte Pauline sofort Verdacht, daß Strauss Umgang mit Dirnen pflegte, und ein fürchterliches Ungewitter zog am Himmel auf. Von der Isle of Wight schrieb Richard: »Die Sache mit Dame Mücke ist saudumm! Also am Pfingstmontag hast Du das Schriftstück schon erhalten, die ganze Woche den furchtbaren Groll über den verbrecherischen Gemahl im Herzen herumgetragen, und ich dampfe ahnungslos der in meinem Rücken aufsteigenden Gewitter nach dem schönen England ab. Da wäre es schon wirklich schlau gewesen, Du hättest mir die Sache noch schnell nach Düsseldorf geschickt, von da war sie rascher aufzuklären und zu erklären. Acht Tage brauchtest Du zur Überlegung, was Du mit Deinem Untier von Mann anfangen solltest, aus Rache hast Du vorerst mein schönes Geld von der Bank geholt. Wenn ich nur wüßte, was Du mit vollen 2000 Mark anfangen willst.«[43]

War das Paulines Rache? »Da würde ich Dich doch bitten, vorerst mal zu warten, ob Du auch Grund zur Rache hast, und damit dürfte es diesmal wohl faul bestellt sein.« Doch Pauline machte aus dem Brief der Frau Mükke eine Affäre, sie erwartete »großartige Erklärungen« von Strauss, schickte »feierlich« Briefe zurück: »Was bei mir wirklich nicht paßt! Da Du aber mal eben so bist und noch immer nicht weißt, wen Du in mir vor Dir hast, es auch nie wissen wirst, so muß ich Dich schon bitten, Dir den Beweis und die Aufklärung in Berlin selbst zu verschaffen, da ich sie Dir auf Wight nicht gut verschaffen kann.«

Strauss wußte nur zwei Erklärungen: »Also entweder liegt eine Verwechslung der geschätzten Dame Mücke vor: es gibt ja noch Edmund von Strauss, Oscar Strauss etc. in Berlin. Oder es hat sich jemand mit uns einen dummen und sicher recht überflüssigen Witz gemacht.« Strauss beauftragte seinen Freund Rösch, die Dame Mücke in Berlin ausfindig zu machen und sie zu fragen, an wen der Brief gerichtet sei, und nach der Aufklärung ein kurzes Telegramm zu schicken: »Mücke erledigt und aufgeklärt.«

Strauss erwies sich als unschuldig. Dafür war er viel zu bürgerlich, wie sich einst Pauline selbst beklagt hatte, und ein allzu »trockener Arbeitsphilister«[44], wie er sich nannte. Doch für Pauline war Fräulein Mükkes Brief ein gefundenes Fressen: endlich ein Skandal, eine Unterbrechung des normalen Ganges, eine Möglichkeit zum Säbelrasseln im Ehealltag, zum Krieg der Geschlechter. Aber dieser Krieg endete als Farce, wie auch in der *Sinfonia Domestica* der Zornesausbruch in sich zusammenfällt und das »lustig« gemütliche Motiv des Mannes obsiegt. Der Stoff dieser Ehe wäre auch für ein Strindbergsches Drama geeignet gewesen. Doch Strauss war nicht der Mann dazu.

Und Pauline? Sie gab sich ungeniert, redete oft zuviel, war von augenblicklichen Stimmungen und Temperamentsausbrüchen bestimmt, lief oft geradezu ins offene Messe, etwa bei Alma Mahler, die in ihrem Tagebuch über Paulines Benehmen bei der Aufführung von *Feuersnot* in Wien schrieb: »Sie tobte die ganze Zeit: Niemandem könne dieses Machwerk gefallen, wir seien verlogen, wir täten so, als gefiele es uns, wir wüßten aber genau so gut wie sie, daß nicht ein eigener Ton darin sei, alles gestohlen, von Wagner, von vielen anderen, ja sogar von Schillings (vom ›Maxi‹, wie sie ihn nannte), der ihr viel lieber sei als ihr Mann. Kurz sie raste . . .«[45] Nach der Premiere, berichtet Alma Mahler, gab es einen so heftigen Streit zwischen Pauline und Richard, daß sie im Hotel blieb und nicht am Premierendiner teilnahm: »Bald kam Strauss, sichtlich erschöpft, setzte sich neben mich und sagte wörtlich zu mir: ›Mei Frau ist oft arg ruppig, aber wissen S', i brauch des.‹«[46]

Strauss las Alma Mahlers Bericht im Jahre 1946 und fügte Randbemerkungen in das Exemplar seines Biographen Willi Schuh ein. Über die angeblich mißfälligen Äußerungen seiner Frau zu *Feuersnot* notierte er: »Völlig unglaubhaft! Jedenfalls ganz erlogen, zum mindesten rätselhaft, auf welchem Mißverstehen diese ganze Historie aufbaut. Um so mehr als gerade die *Feuersnot* meiner Frau immer besonders gut gefallen hat.«[47] Alma Mahlers Erinnerungen sind gewiß einseitig, von Konkurrenzdenken geprägt, aber sie bemühen sich doch um Wahrheit. Lag also ein Mißverständnis vor? Verstand Alma Mahler die temperamentvolle Pauline falsch? Redete Pauline abfällig bei der *Feuersnot*-Premiere, da sie nervös war? Wollte sie durch ihre negativen Äußerungen Lob und Anerkennung für ihren Mann herausfordern? War sie so »ruppig«, weil sie Angst hatte? Immerhin war die *Feuersnot* knapp an der Zensur vorbeigegangen. Fest steht jedenfalls: Sie redete allzu ungeschützt, allzu viel und gab sich ganz ihren augenblicklichen Launen hin. Doch welche Nerven mußte Strauss haben, daß er nicht nur das Premierenfieber, sondern auch noch seine zu Hysterie neigende Frau aushielt!

Ganz anders zeigte sich Pauline, als Mahler 1906 zu Besuch in Berlin war: »Gestern Nachmittag war ich bei Strauss. Sie empfing mich bei der Thüre mit: Pst! Pst! Richard schläft, zog mich in ihr (sehr schlampiges) Boudoir, wo ihre alte Mutter bei Kaffe (nicht Kaffee) saß und überschüttete mich mit einem Wolkenbruch von Tratsch über sämtliche finanziellen und sexuellen Ereignisse der letzten beiden Jahre, frug dazwischen hastig über ›tausend und ein‹ Ding, ohne die Antwort abzuwarten, ließ mich unter keinen Umständen gehen, erzählte, daß Richard gestern Früh in Leipzig eine anstrengende Probe gehalten, dann nach Berlin zurückgefahren, abends die *Götterdämmerung* dirigirt und heute matsch, nachmittag sich schlafen gelegt, und sie sorgsamst seinen Schlaf bewacht. Ich war ganz gerührt. Plötzlich fuhr sie auf: Jetzt muß der Schlingel aber geweckt werden. Ohne daß ich es verhindern konnte, zog sie mich mit beiden Fäusten in sein Zimmer und fuhr ihn mit Stentorstimme an: Aufstehen! Gustav ist da! (Eine Stunde lang war ich Gustav – nachher plötzlich wieder der Herr Direktor). Strauss fuhr auf, lächelte mit Duldermiene und nun gings zu 3en sehr lebhaft in den Quatsch und Tratsch wieder zurück . . .«[48]

*Gustav Mahler (1860–1911)*

Gewiß, Mahler war nicht unvoreingenommen – er war damals von Neid erfüllt, daß Strauss mit *Salome* so erfolgreich war –, aber der Brief zeigt doch, wie es bei Straussens zuging, und es wird deutlich, daß Pauline ein Naturereignis an Temperament, Spontaneität und Offenheit war. Die beiden führten in der Tat eine Künstlerehe. Mahler und seine junge Frau verstanden die beiden nicht, waren aus »anderem Stoff«, wie Mahler einsah, hatten kein Sinn für Extrovertiertheit, Ironie und süddeutsches Temperament. Auch aus diesen Negativberichten wird eines deutlich: Pauline war für Strauss noch immer die femme fatale, das launische, unbeherrschbare, aber faszinierende Weib, das ihn fesselte und inspirierte.

Doch Pauline hatte auch andere Seiten, war rührend um die Kunst ihres Mannes, um seine Gesundheit und um die Erziehung des »Bubi« besorgt. Sie hatte eine sehr rauhe und wilde Schale, aber einen guten Kern. Auch Vater Franz Strauss lobte 1905 die gute Entwicklung der Schwiegertochter: »Pauline war bei ihrem letzten Hiersein sehr liebenswürdig und ruhig, worüber wir hocherfreut waren. Hoffentlich wird es so bleiben, da es nur zu ihrem Vorteil ist.«[49]

In der *Sinfonia Domestica* wird aus dem ruppigen Gegenüber von Mann und Frau ein Miteinander. Die gemütlich lustige Melodie Richards vereinigt sich mit dem Espressivo-Gesang der Frau, aus dem gemütlichen Mann wird der feurige Liebhaber, und beide verbinden sich zur Ekstase erfüllter Liebe über alle Gegensätze hinweg.[50] Aus dieser Symbiose entsteht das III. Thema, das die Oboe d'amore »sehr zart« unter dem flirrenden Tremoloklang der Violinen anstimmt. Dieses Thema wirkt weniger charakteristisch, eher amorph und entwickelt sich erst zu Deutlichkeit und Ausdruck. Es bezeichnet das Kind, das aus der Liebe der ach so verschiedenen Eltern hervorging.[51]

Die Reaktion auf dieses »3. Thema« ist übermütig und voller Freude: »Mama lächelt matt«, notierte Strauss in seinem Skizzenbuch: Diese verhaltene Freude fängt Strauss auf innige Weise mit den Pauline zugehörigen Motiven ein.[52] Viel größere Begeisterung zeigt Richard: »Papa tut einen Luftsprung«, schrieb Strauss in den Skizzen, und sein gemütliche Motiv rafft sich zu einem übermütigen Sprung auf.[53] Das Orchester verbreitet überschäumende Freude, die Tanten und Onkels trompeten oder posaunen »Ganz der Papa« und »Ganz die Mama«,[54] Bilder aus dem Familienleben folgen: ein Scherzo – »Bubi spielt / Mama spielt mit«[55] –, danach ein Frage- und Antwortspiel zwischen Kind und Mutter (»nachdenkliche Fragen des Kindes / zärtliche Antworten der Mutter«[56]), dann wird das Kind übermütig und trotzig,[57] da es nun bald ins Bett muß: »abendliche Waschung des kleinen Ungeheuers: Bubi schreit / Mama sehr energisch / Bubi sträubt sich«,[58] schließlich singen die Eltern ein Wiegenlied[59], die Glocke – das Glasperlenspiel – schlägt sieben[60] – und Bubi schläft ein.

Strauss komponierte wundervolle Musik über ganz Alltägliches: über die Liebe und die Sorge für ein Kind. Waren Helden oder Antihelden sein Sujet, so schrieb er heroische, auftrumpfende oder häßlich zynische Musik. Hier aber erweckt er das Orchester zu einem herrlich aufblühenden, erquickend lebendigen Klang, der das Wunder des Lebens feiert. Damals in Ägypten hatte er sich dazu durchgerungen, kein Pessimist zu sein. Jetzt

*Familie Strauss, um 1905*

komponierte er eine Hymne auf das Leben. Nicht die Banalitäten und Äußerlichkeiten, die Alma und Gustav Mahler am Ehepaar Strauss störten, spielen in der *Sinfonia Domestica* eine Rolle, vielmehr lenkt die Musik den Blick auf das Wesentliche: die Freude am Leben, wo sie am deutlichsten spürbar wird – beim Kind.

Nach dem Einschlafen von »Bubi« folgt ein Adagio-Teil. In den Skizzen notierte Strauss: »Papa componiert«. Später gab er diesem Teil auch die Überschrift »Schauen und Schaffen«.[61] Die Musik versenkt sich in das Glück. Das träumerische Mannesthema, das zarte Frauenthema, die Vereinigung in Liebe, das Kindesthema tauchen wie in einer Rückblende nochmals vor dem geistigen Auge des Komponisten auf, während er komponiert – und was für eine Musik komponiert Strauss hier: ein Auf- und Abschwellen, ein Heineinfluten in die Ekstase der Freude, ein Versinken in der Zeitlosigkeit, in einem Meer von Tönen und Klängen. Die Musik wird hier reines Spiel und reine Anschauung. All die Gegensätze, all das Zerrissene, Ruppige löst sich auf im Rhythmus der Klangbilder, im Rausch der Freude. Komponieren, zeigt diese Musik, war für Strauss der Augenblick höchster Erfüllung, die Zeit blieb für ihn stehen, und er war in eine andere Welt versetzt.

Die Glocke schlägt wieder siebenmal und bringt den Komponisten zurück in die Wirklichkeit.[62] Es ist Morgen, lebhaft tritt Pauline mit grellen Trillern, wilden Läufen auf, und ein riesiger Tumult entsteht. Strauss bändigt ihn zwar durch eine Fuge, sogar eine Doppelfuge: als erstes Thema[63] erklingt in neuer Rhythmisierung, frech, ungezogen, in tollsten melodischen und rhythmischen Kapriolen das Kindesthema, als zweites wie rasend, ungehemmt und sturmwindartig das Frauenthema[64]. Ein gewaltiger Sturm bricht los, der Vater mischt sich ein, die Musik wird immer verwirrter, dissonanter, droht auseinanderzubrechen: ein Familienkrieg in Strindbergschen Dimensionen. Wer nur diese Seite der Familie Strauss erlebte, zumal wenn er kritisch war wie Alma Mahler, mußte ein schlechtes Bild von diesen Menschen haben. Ehekampf, Familienzwist, Krieg des Kindes gegen die Eltern und der Eltern gegen das Kind sind hier musikalisch eingefangen. Wahrlich: dieses Familienpotpourri ist kein Idyll.

Doch der Streit »löst sich in allgemeines Gelächter auf«[65], wird mit Ironie zur Farce entwickelt – was für ein Glück, daß Pauline einen so gutmütig-humorvollen Mann hatte! – und Vater und »Bubi« sonnen sich in strahlender Wonne und freudigstem Lachen, während die Mama klein beigeben muß. So endet das Familiendrama versöhnlich als Komödie. Ein Mozartsches Lachen prägt diese Musik.

Gustav Mahler war dagegen von ganz anderem Stoff. Er mußte alles depressiv, grüblerisch und schwer nehmen. Doch er hatte auch ein viel dunkleres Schicksal, litt unter seiner unglückliche Ehe mit Alma und faßte seine Zukunftsängste, die sich bewahrheiteten, in Töne: In den 1904 vollendeten *Kindertotenliedern* sah er den Tod seiner fünfjährigen Tochter Maria im Jahr 1907 voraus.

## Weltkarriere / Die erste Amerika-Tournee

Am 12. Februar 1904 dirigierte Strauss in Hamburg die *Feuersnot*, am nächsten Tag schon fuhr er mit dem Extrazug nach Cuxhaven und ging an Bord des Schnelldampfers »Moltke«. Den Sohn und sein »liebes Heim«[66] ließ er zurück und hoffte, sich auf dem Schiff bei schönem Wetter erholen zu können.

Wie Antonin Dvořák, der zwölf Jahre vor ihm in die Neue Welt gefahren war, erwies sich auch Strauss als seefest, genoß das faule Bordleben, frönte mit seinem »Skatklub« der Spielleidenschaft und lebte »rein animalisch«, da er durch den Lärm der Wellen zu jeder geistigen Tätigkeit unfähig war: Man »rennt wie ein Besessener auf dem Deck herum, schläft und frißt und säuft Hunyadi und macht eine allerdings glänzende Luftkur durch.«[67] Strauss begeisterte sich für den »elektrischen Turnsaal, wo man massiert wird, Pferd- und Kamelreiten kann, alles elektrisch...«, und staunte über das »großartige Schauspiel« eines kurz vor der Ankunft in Amerika aufkommmenden Schneesturmes: »Das Schiff stampfte, rollte, stieg und fiel, und heute morgen erwachten wir, nachdem wir gut geschlafen, bei Eis und Schnee und im Anblick eines geradezu tobenden Ozeans.«[68] Er lief »wie ein wahnsinniger Fliegenfisch« auf dem Promenadendeck herum, um sich die Füße zu wärmen, während Pauline, die schon zu Beginn der Reise seekrank geworden war, im Bett lag.

So begann die größte und anstrengendste Tournee, die Strauss je in seinem Leben unternahm. Diese Konzertreise war für damalige Verhältnisse ein Superlativ. Wähend Dvořák zwei Jahre in New York verbrachte, absolvierte Strauss sein Amerika-Debüt in zwei Monaten, gab 35 Konzerte, dirigierte und trat als Lied- und Kammermusikbegleiter auf. Dies war der Beginn des modernen Musikbetriebs, des musikalischen »Jet-Set«, lange bevor es die Düsenflugzeuge gab.

Strauss stellte den Amerikanern fast sein ganzes bis dahin komponiertes Œuvre vor. Er dirigierte *Zarathustra, Heldenleben, Don Juan, Don Quixo-*

*Richard und Pauline Strauss (Mitte) vor den Niagara-Fällen am 22.4.1904*

te, *Tod und Verklärung* und mit Pauline als Sängerin seine Orchesterlieder, gab mit ihr zusammen Liederabende in New York (27. Februar bis 3. März), Philadelphia (4./5. März), Boston (7./8. März), reiste von dort am 9. März zu einem dritten Konzert nach New York zurück, war dann in Cleveland (10. März), am folgenden Tag in Pittsburgh, gab am 14. März in Morgantown nachmittags zusammen mit Pauline ein Liederrezital und dirigierte am Abend das Orchester, kehrte am 18. März wieder nach New York zurück, wo ein Kammermusik- und Orchesterkonzert anstand, war am 22. März in Providence, dann am 25. abermals in New York, fuhr nach Boston (27./28. März), Milwaukee (31. März), eroberte Chicago (1. bis 4. April), Detroit (5. April), Cincinnati (8./9. April), Minneapolis (11. April), kehrte zu einem Liederabend mit Pauline nochmals nach Chicago zurück, dann wieder New York (16. bis 18. April), Boston, Buffalo, nochmals Chicago, Washington D. C. Wahrlich ein imposanter Tourneeplan, der allein schon an die körperliche und geistige Kondition höchste Anforderungen stellte.

Strauss war einer der Pioniere des modernen, weltweiten Musikbetriebs. Er kam nicht wie Dvořák nach Amerika, um die Musik dieses Landes kennenzulernen, zu beeinflussen und selbst inspiriert zu werden. Kein Werk enstand in dieser Zeit oder wurde von Amerika geprägt. Vielmehr war Strauss bei dieser Tournee nicht Komponist, sondern sein eigener Interpret: Dirigierend und klavierspielend machte er seine Werke in der neuen Welt bekannt und populär.

Diese massive Eroberung des amerikanischen Musiklebens war ein spektakuläres Ereignis. Die Orchester empfingen ihn oft mit einem Tusch, dem Ehepaar Strauss wurden überall feierliche Empfänge, Feste und Bankets bereitet, in Cleveland rief ein Komitee von 150 Deutschen in einer Zeitungsanzeige dazu auf, den Komponisten »würdig« zu feiern, in Morgantown wurde er »in feierlichem Staatsakt in der Aula der Universität in Anwesenheit des Gouverneurs«[69] zum Ehrenbürger ernannt, erhielt unter dem klingenden Spiel des Militärs eine große Proklamation und einen gläsernen Ehrensäbel.

Die Presse berichtete ausführlich über den Musiker aus Bayern: »In der Zeitung steht natürlich in Interviews das möglichste und unmöglichste Zeug, was ich niemals gesagt habe, auf den Programmen und illustren Zeitungen alle möglichen Bilder von Marquartstein, Bubi etc.«[70] Strauss war in Amerika zur öffentlichen Person geworden. Der Presserummel, die Reklame – die Zeichen der neuen Zeit – waren so marktschreierisch, impertinent und direkt, wie er es selbst im weltstädtischen Berlin nicht erlebt hatte. Auch die Kleidung, in der die Künstler auftraten, wurde von der Presse erwähnt, wie Pauline etwas naiv berichtete: »Das Publikum ist enthusiasmiert und applaudiert rasend; in New York schrieb eine Zeitung u. a., Herr Strauss müßte aber auch eine Sinfonie über seiner Frau märchenhafte

Toiletten schreiben – dabei sind sie sehr einfach, aber so zart und stehen mir ausgezeichnet.«[71]

Daß Musik auch eine Show ist, lernte das deutsche Künstlerehepaar in Amerika und spielte mit. Strauss wurde so populär, daß sogar das New Yorker Warenhaus Wannemaker zwei Konzerte veranstaltete. Eine ganze Etage des Kaufhauses wurde geräumt und zum Konzertsaal umgebaut, nachdem Strauss die akustische Eignung geprüft hatte. Er erhielt für die Leitung der zwei Matineen die damals horrende Summe von 1000 Dollar. Zu Hause im kulturstrengen Deutschland wurde Strauss dieses Konzert im Kaufhaus als großes Sakrileg angekreidet. Doch er meinte: »Wahre Kunst adelt jeden Saal, und anständiger Gelderwerb für Frau und Kind schändet nicht – einmal einen Künstler.«[72]

Der Höhepunkt der Strauss-Tournee durch Amerika war die Uraufführung der *Sinfonia Domestica*. Ort und Zeitpunkt hätte Strauss nicht besser treffen können. Wie sehr liebten die Amerikaner doch die Familie, mit welcher Freude spürten nun die Reporter dem Privatleben des Komponisten aus Bayern nach, bildeten die Villa der Schwiegereltern im bayerischen Marquartstein ab, weil die viel mehr hergab als die Berliner Großstadtwohnung. Strauss war entrüstet: »Was diese Zeitungen hier zusammenlügen und schmieren, ist unglaublich. Was ich alles gesagt haben soll! Alles pure Erfindung der Reporter! Und Reklame. Es ist schauderhaft, aber nicht zu ändern.«[73] Das Selbstporträt des Komponisten wurde so einer breiten Masse schmackhaft gemacht. »Mit der Anarchistenbande der New Yorker Musikanten« erarbeitete Strauss in fünfzehn Proben »mit Aufgebot von viel Energie und reichlichem Schimpfen eine glänzende Aufführung«.[74] Der Er-

*Das New Yorker Kaufhaus Wannemaker, in dem Strauss zwei Konzerte dirigierte, was ihm in Deutschland viel Kritik einbrachte.*

folg der Premiere war »kolossal enthusiastisch«, wie Strauss nach Hause berichtete: achtmal wurde er hervorgerufen, zwei Lorbeerkränze wurden ihm überreicht, und die anfänglich feindlichen New Yorker Kritiker begannen nun »allmählich ihr Maul zu halten«.

Sein neues Werk lobte der Komponist selbst: »*Domestica* ist sehr fein, auch brillant, dauert zwar 41 Minuten, hält aber das Publikum trotzdem in atemloser Spannung. Die Doppelfuge ist mir glänzend geglückt, die virtuose Coda mit kolossalen Steigerungen sehr dankbar, das Adagio klingt wundervoll, kurz ich bin zufrieden.«

Doch nicht nur für Strauss selbst war diese Tournee der wohl größte Triumph seines Lebens, sondern vor allem auch für Pauline. Sie sang in der Carnegie Hall vor 4000 Menschen, und ihre Stimme, die oft als zu klein kritisiert wurde, erfüllte den ganzen Raum. Strauss lobte: »Pauline trägt alle Strapazen famos, hat sieben Tage nacheinander gesungen, großen Erfolg, überall drei und vier Dacapos, vortreffliche Kritiken fast überall«,[75] und sie freute sich über die vielen Zugaben, die das Publikum von ihr verlangte, und die »herrlichen Rosen«, die sie erhielt, war »der Schwarm aller Amerikanerinnen«, wurde »riesig verwöhnt und gefeiert mit Blumen und Geschenken«[76] und aß Austern »in allen möglichen Fassons, da dieselben herrlich frisch und wohlschmeckend sind und die Portion zu acht Stück nur eine Mark kostet«.[77] Sie genoß ihren Erfolg und das Leben in Amerika und war im übrigen noch ganz die Alte, scharfzüngig und temperamentvoll, wenn sie über böse Kritiker schimpfte: »Ich habe überall sehr gute, famose Kritiken, nur in New York reißen mich zwei Zeitungen herunter, dieselben, die meiner Schumann-Heink kein gutes Haar lassen und von der Melba und Sembra bezahlt sind.«[78] Ernestine Schumann-Heink war eine berühmte deutsche Altistin, die bis 1904 an der Berliner Hofoper sang und von den beiden Sängerinnen der Met, Nellie Melba und Marcella Sembrich, als Eindringling in New York mit allen Mitteln, wie Frau Strauss argwöhnte, bekämpft wurde. So hart war das Musikgeschäft.

Als das Ehepaar Strauss am 28. April mit dem Dampfer »Blücher« nach Europa zurückfuhr, konnte es zufrieden sein: Man hatte Amerika musikalisch erobert. Strauss war der erste junge deutsche Komponist von Weltgeltung. Der alte Vater Franz Strauss durfte den größten Erfolg seines Sohnes noch miterleben und war stolz: »Von Eurer Reise, von der ihr ruhmgekrönt wieder zurückgekehrt seid, werdet Ihr jetzt in Eurem schönen Heim Euch glücklich fühlen, wozu wir Euch von Herzen gratulieren.«[79]

## Der verführerische Duft des Orients in der Großstadtkultur: *Salome*

Strauss war nun ein Weltbürger. Doch wie müßte Weltstadtmusik klingen? In *Feuersnot* rechnete er mit der Provinzialität und dem Spießertum Münchens ab. Jetzt hatte er sich befreit von seiner Heimat, war überall zu Hause und doch heimatlos. Seiner Musik eignete nun das Weltstadtidiom, das in Paris, London, Rom oder New York verstanden wurde.

Um 1900 änderte sich in Berlin die Mode. Die Damen legten Schleppenkleider und Schnürkorsetts ab, man ging ins Freibad und besonders Fortschrittliche trafen sich in Nacktclubs, wo sie in »freier und offener Innigkeit und deutscher Reinheit« die Schönheit des Körpers erlebten: »Schönheit kann nur in der Nacktheit vollendet gedeihen«,[80] schrieb Hans Ostwald in seinem Buch *Das galante Berlin*.

Dieses neue Körperbewußtsein beeinflußte auch den Bühnentanz. Statt auf Zehenspitzen, mit gebauschten Röckchen und gepanzerter Schnürbrust traten die Tänzerinnen nun nach dem Vorbild alter griechischer Vasenbilder in losen, schleierartigen Gewändern und barfuß auf. So eroberte die Amerikanerin Isadora Duncan um 1900 Berlin und eröffnete dort eine einflußreiche und populäre Tanzschule. Das »Natürliche« wurde nun betont und die »verknöcherte und inhaltlose Tradition« abgelehnt.[81] Doch bald hieß es in Karikaturen etwa der »Jugend« über den Barfußtanz: »Kolossal, wie hoch sich der Barfußtanz entwickelt hat! – Ja, höher geht's nimmer.« Eine Tänzerin namens Ruth St. Denis trat nämlich mit unverhülltem Oberkörper auf, und Olga Desmand schließlich zeigte sich splitternackt auf der Bühne. Sie »wollte nur dem Ideal des schönen weiblichen Körpers dienen«, schrieb Hans Ostwald, und zunächst skeptische Kritiker konnten nur »andächtig schweigen«: »Die Keuschheit dieser Kunst ergriff aller Herzen und drang durch die dicke Kruste aller Vorurteile.«[82] Freilich wurde dieser ideale Gedanke bald von der Wirklichkeit konterkariert. Das lüsterne und voyeuristische Publikum drängte in die Tanzveranstaltungen, die Kabaretts und Nachtclubs. Weltstadtsumpf und griechisches Körperideal waren nah beieinander.

Strauss fühlte sich bestärkt in seiner musikalischen Revolution der Sinnlichkeit und in seinem Kampf gegen spießerhafte Sittlichkeit. Die gedankliche Saat Stirners und Nietzsches schien nun endlich aufzugehen, die einst elitären Künstlerfeste im Berlin und München der 80er und 90er Jahre begeisterten jetzt breite Massen, und die Gemälde von Moreau und Stuck wurden Wirklichkeit. Obwohl Kaiser Wilhelm und seine Frau streng über die Sittsamkeit wachten, befreiten sich die Menschen und entwickelten ein neues Körperbewußtsein. Laster wurden zu Tugenden, wie es Nietzsche in seinem *Zarathustra* verkündet hatte. Bücher über das »Perverse Berlin« erschienen, und die Homosexualität, um deren Anerkennung John Mackay, der Anarchist und alte Freund von Strauss, kämpfte, trat erstmals ins öffentliche Bewußtsein. Die staatlichen Behördern betrachteten sie freilich noch immer als Verbrechen und Perversion: Als Maximilian Harden öffentlich die Homosexualität des Grafen Eulenburg, des engsten Freundes von Kaiser Wilhelm II., aufdeckte, erschütterte dieser Skandal den Kaiserhof wie kein anderes Ereignis.

Strauss war kein Moralist. Er beobachtete und suchte nach Parabeln für seine Zeit. Doch diese Parabeln fand seine Phantasie nicht in den grauen, verrußten Großstadtgassen, sondern im fernen Süden und in weit zurückliegender Vergangenheit. Wie Nietzsche sehnte er sich nach dem Mittelmeer und der Antike.

*Salome, Gemälde von Franz von Stuck*

1891 schrieb der englische Dichter Oscar Wilde ein Drama über die Bibel, das die Zeit Christi fern von moralinsaurer Sittsamkeit und romantisch-schwärmerischer Gläubigkeit zeigte. In Wildes *Salomé* herrschen das sinnliche Kolorit des Orients, Leidenschaft, erotisches Verlangen, dekadenter Voyeurismus, Perversion, Wildheit und Grausamkeit. Die Kindfrau Salomé verliebt sich in den gefangenen Propheten Jochanaan, einen schönen, jungen Mann, und wird von heftigem Verlangen nach ihm getrieben. Doch dieser ist asketisch, verweigert körperliche Berührung und denkt nur an die Religion, an die Verkündigung der Ankunft des Messias. Die Königstochter Salomé ist bitter enttäuscht, daß sie von ihm abgewiesen, ja sogar verflucht wird. Als sie ihr Vater, Herodes, in der folgenden Szene bittet, für ihn den Tanz der sieben Schleier zu tanzen, willigt sie ein, nachdem er ihr versprochen hat, ihr alles zu gewähren, was sie sich wünscht. So tanzt sie, und der Herrscher schaut lüstern zu. Danach fordert sie den Kopf des Jochanaan auf einem Silbertablett, um ihn nun zu küssen, nachdem er ihr dies als Lebender verweigert hatte: »Du hast deinen Gott gesehen, Jochanaan, aber mich hast du nie gesehen. Hättest du mich gesehn, du hättest mich geliebt!«

Die *Salomé* von Oscar Wilde war eine Revolution gegen die von oben verordnete Moral. Er suchte, wie Friedrich Brandes schrieb, »nach der wirklichen Salomé, deren Bild die Zeiten verwischt hatten«[83], so wie Tizian sie einst gemalt und Gustave Moreau sie jüngst dargestellt hatte: Sie tanzt vor dem Tetrarchen Herodes, der würdevoll, mächtig auf seinem Thron sitzt, einen streng abgezirkelten, rituellen Tanz. Die Farben, das Licht wirken schillernd, gleichsam von einer magischen Kraft aus dem Innern beleuchtet. Das, dachte Oscar Wilde, war die wirkliche *Salomé*: eine Frau in einer fernen und wilden Welt.

Mit einer überaus kunstvollen und bilderreichen Sprache fing Wilde die Schönheit, die sinnliche Fülle und den verführerischen Duft des Orients ein. Sein Theaterstück hatte seit über einem Jahrzehnt großen Erfolg; die Salomé wurde eine Paraderolle der Sarah Bernhardt. Aber Wildes Stück wirkt mehr durch das, was hinter den Worten steht. *Salomé* ist ein inneres, ein Seelendrama, ein Drama der Gefühle, der Leidenschaften, eine Tragödie zwischen menschlicher Triebhaftigkeit und Geistigkeit.

Strauss bewunderte Sarah Bernhardt, und als er in Max Reinhardts »Kleinem Theater« das Stück mit Gertrud Eysoldt sah, wußte er spontan, daß *Salomé* ein Stoff für ihn war. Zunächst bat er den Wiener Lyriker Anton Lindner, daraus ein Opernlibretto zu machen, doch dann entschloß er sich zu etwas völlig Ungewöhnlichem und Revolutionärem: »Warum komponiere ich nicht gleich ohne weiteres ›Wie schön ist die Prinzessin Salome heute Nacht!‹«[84] Ironisch fügte Strauss hinzu: »Von da ab war es nicht schwer, das Stück so weit von schönster Literatur zu reinigen, daß es nun ein recht schönes Libretto geworden ist. Und jetzt, nachdem der Tanz und besonders die ganze Schlußszene in Musik getaucht ist, ist es kein Kunststück zu erklären, das Stück ›schrie nach Musik‹.« Die Literaturoper war geboren!

Aber Strauss fühlte sich zu Oscar Wildes Stück nicht nur hingezogen, weil es nach Musik verlangte. Vielmehr entsprach die *Salomé* seiner eigenen Phantasie, seinen Träumen und Alpträumen – und die reichten bis zur Zeit der Ägypten-Reise, also zwölf Jahre zurück. Ihn interessierte nicht nur das orientalische Kolorit, wie er es im Orient selbst erlebt hatte, vielmehr kreist der Inhalt von Wildes *Salomé* auch um Gedanken, Vorstellungen und Ideen, die Strauss seit langem bewegten.

Salome ist die ungezähmte Kindfrau, ein sinnliches Weib, wie es im *Guntram* Freihild oder in dem unausgeführt gebliebenen Entwurf *Der Reichstag zu Mainz* »P«, also Pauline, ist. Inzest spielt in dem vor der Ägypten-Reise entstandenen Entwurf einer *Don Juan*-Oper eine wichtige Rolle: Don Juan geht dort mit seiner Mutter ins Bett, und in einer späteren Fassung verführt er seine Tochter; hier ist also die Herodes-Salome-Situation bereits angelegt.

Doch die Verbindungen zu diesen jugendlichen Dramenentwürfen reichen noch tiefer: Jochanaan vertritt die Moral, die Sittsamkeit, das Christentum, also die Welt der »Sparren«, wie sie Stirner genannt hatte, so wie A. (nämlich Alexander Ritter) in der geplanten *Don Juan*-Oper oder der Sänger B. (ebenso Ritter) im *Reichstag zu Mainz*.

Aber nun ist dieser Vertreter der Sittlichkeit nicht wie in den Opernentwürfen zur Zeit der Ägypten-Reise ein Pessimist und Greis, kein scheinheiliger Sittlichkeitsapostel wie der Sänger B. im *Reichstag zu Mainz*, sondern ein Prophet und zudem ein attraktiver Mann. Er steht mit seiner asketischen Strenge der Dekadenz des Herodes-Hofes gegenüber, fürchtet weder die tiefe Zisterne, in die er eingesperrt ist, noch den Tod.

Salome dagegen »beweist und glorifiziert die Schönheit echter Geschlechtsliebe«,[85] sie ist von den »Gluten der Sinnlichkeit«[86] erfüllt und ihre Leidenschaft zu Jochanaan »in ihr bereits so grauenhaft zu Wahnsinn gesteigert«,[87] daß sie ein perverses Verbrechen begeht: Sie küßt den Kopf des ermordeten Jochanaan.

Jochanaan und Salome sind die beiden jungen Menschen in diesem Drama, sind nicht dekadent wie der ängstliche Herrscher Herodes und seine Frau Herodias. Vielmehr sind sie ungebändigt, wild, scheuen weder Blut noch Tod, sind Übermenschen, wie sie die junge Generation suchte. Aber die beiden trennt der unüberbrückbare Zwiespalt zwischen männlichem und weiblichem Prinzip, wie Strauss es schon in *Macbeth* darstellte. Moral und Trieb, die Regeln der Gesellschaft und die Forderungen des Körpers, Ethos und Sinnlichkeit brechen auseinander. Ein tiefer Riß zwischen Bewußtsein und Unterbewußtsein spaltet die Menschen in dieser Oper und führt sie in die Katastrophe.

*Salomé* ist ein Drama des Unterbewußtseins. Wilde umschrieb dieses untergründige Geschehen im Innern der Menschen mit vielen Symbolen. Doch während Sprache hierfür kaum noch Worte findet, kann die Musik viel direkter Gefühle, Leidenschaften und Triebe zeigen. Diese von der Sprache unerreichbare Innenwelt »schrie« nach Musik. Strauss komponierte Wildes *Salomé* so kongenial, daß sie als selbständiges Theaterstück im Grunde vernichtet wurde.

Allein schon Salomes Tanz ist eine genuin musikalische Szene, und dieser Tanz dient nicht nur als folkloristische Einlage, sondern als dramaturgischer Wendepunkt. In Nietzsches *Zarathustra* gilt der Tanz als höchste Erfüllung des neuen Menschen: Im Tanz zeigt sich für ihn der neue Geist der Leichtigkeit, Eleganz und Sinnlichkeit.[88] Tanz war im Jugendstil das Sinnbild für Werden und Vergehen, Lust und Lebensfreude. Wenn nun Salome tanzt, so wird daraus ein Ritual der Liebe und des Todes – die femme fatale als archaisches Symbol. Strauss wollte dabei keine »exotischen Tingeltangelteusen mit Schlangenbewegungen, Jochanaans Kopf in der Luft herumschwenkend« als Inszenierung sehen, vielmehr die »Dezenz« orientalischer Frauen: »Salome als keusche Jungfrau, als orientalische Prinzessin nur mit einfachster, vornehmster Gestik.«[89]

*Aubrey Beardsley widmete der Geschichte von Salome einen ganzen Zyklus. Hier die Szene, in der Salome das abgeschlagene Haupt des Jochanaan küßt.*

Die Musik von Strauss vibriert, verführt und trägt doch schon den Keim des Todes in sich. Sie wirkt mehrdeutig: der Tanz kann voyeuristisch begafft – wie von Herodes –, als Inkarnation der Schönheit antiker Tänze betrachtet oder als Ekstase der vor Leidenschaft wahnsinnig gewordenen, den Kopf des Propheten fordernden Salome gedeutet werden. Die »exotische Harmonik schillert besonders in fremdartigen Kadenzen wie Changeant-Seide«, stellte Richard Strauss fest. Dieses Schillern, die Unklarheit, die schwüle und heiße Atmosphäre spiegeln die innere Zerrissenheit der Salome wider. Ihr Tanz ist zugleich Striptease und Totentanz. Das Panizzasche Prinzip des Varietés trieb Strauss hier auf die Spitze.

Die Musik erst läßt dieses Theaterstück zum Drama werden. Strauss stellt dem Text eine selbständige sinfonische Tondichtung gegenüber, die das Seelendrama zwischen Salome und Jochanaan widerspiegelt. Dabei werden das Ineinander von Liebes- und Mordgedanken der Salome, das Schwanken zwischen herrscherhafter Attitüde und ängstlicher Dekadenz des Herodes, das Wechselbad der Gefühle zwischen Mutterliebe zu Salome und Haß gegen Jochanaan der Herodias als fürchterliche Ambivalenz deutlich. Strauss setzt diesen Riß in Musik um: Bitonalität trennt die Welt des Jochanaan von der des Herodes. Erst die Musik macht den Wahnsinn Salomes erlebbar – den wilden, ungebändigten Wahnsinn einer ins Übergroße und Übermäßige gesteigerten Leidenschaft. Dabei gibt das Orchester das innere Geschehen der Menschen wieder, zeigt mit Leitmotiven und ihrer Veränderung die innere Entwicklung Salomes, wie sich unbewußt in ihr die Liebe zu Jochanaan in den Wunsch, ihn zu töten, wandelt. Das Orchester wird zum Seismographen für das menschliche Unterbewußtsein. Die Musik ist grell, dissonant, voller Farbenpracht, wild und schrecklich wie ein Vulkan. Unbeherrschbar, hysterisch, manisch und wahnsinnig rast sie in die Katastrophe.

Die Psyche des Menschen erscheint hier wie ein Naturereignis, ein tragisches Spiel der Triebe, der Leidenschaften und Empfindungen, das dem Untergang geweiht ist. Dies war der Abschied vom rationalen Menschen und der Sieg des archaischen, aber nun wieder so modernen Triebmenschen, wie ihn Sigmund Freund damals erforschte.

Die Musik von Strauss wühlte die Menschen viel mehr auf als Wildes Drama. Denn seine Musik läßt die hinter den Worten stehenden psychischen Spannungen, Archetypen und Leidenschaften erleben. Strauss kritisierte an den bisherigen »Orient- und Judenopern, daß ihnen wirklich östliches Kolorit und glühende Sonne fehlt«. Er fing dies mit bis dahin ungekannter Klangfarbenpracht ein. Dabei wird das orientalische Kolorit zum Symbol für die Ambivalenz der Welt, ihre Unfaßlichkeit, die Fragwürdigkeit aller Werte, den Zerfall einer klaren Weltsicht in wilde, aber exotisch schöne, schillernde Bilder von Erotik, Askese, Dekadenz und brutaler Gewalt.

Die Uraufführung der *Salome* am 9. Dezember 1905 in Dresden war eine Sensation. Schon Wochen zuvor berichteten die Zeitungen über das riesige Orchester, die alles Bisherige überschreitenden Schwierigkeiten für Sänger, Instrumentalisten und den Dirigenten, über ein neues, eigens für diese Oper gebautes Instrument, das Heckelphon, eine tiefe Oboe mit dem sogenannten »Liebesfuß«, der ihr ein schalmeiartiges, rauhes und erotisches Timbre gibt, und vor allem über die moralische Anstößigkeit dieses Werkes.

Zweieinhalb Monate lang war an der Dresdner Oper unter der Leitung Ernst von Schuchs jeden Tag von 10 Uhr bis halb drei Uhr geprobt worden; nur leichte Spielopern konnten während dieser Zeit gegeben werden, da fast das ganze Personal in der *Salome* beschäftigt war. Der Orchesterraum wurde vergrößert, wofür man im Zuschauerraum zwei Sitzreihen opferte: Das 120 Mann zählende Orchester sprengte selbst Richard Wagnersche Dimensionen; nach der Leseprobe am Klavier gaben außer dem Herodes-Darsteller Karl Burrian alle Sänger ihre Partien zurück, da sie ihnen unsingbar erschienen; doch Burrian sagte: »Ich kann es schon auswendig.« »Nun« – so berichtet Richard Strauss – »schämten sich die anderen doch, und die Probenarbeit begann tatsächlich.«[90] Die Sängerin des Isolde, Marie Wittich, die wegen ihrer großen Stimme für die Titelrolle ausgewählt worden war, deren Figur

*Szenenfoto der Uraufführung von »Salome« in Dresden, 1905*

aber überhaupt nicht zu der eines 16jährigen Mädchens paßte, protestierte wie eine »sächsische Bürgermeistersgattin« – so Strauss – gegen die vom Regisseur Willi Wirk geforderten »Perversitäten« und »Ruchlosigkeiten«: »Das tue ich nicht, ich bin eine anständige Frau.«

Doch dann war es soweit. Der Wiener Kritiker Relda berichtete nach Hause: »Aus allen Gegenden Deutschlands und des Kurlandes waren Musiker, Musikfreunde und Journalisten, Kapellmeister, Theaterdirektoren und Intendanten herbeigeeilt, um Zeugen des Ereignisses zu sein. Es war das Publikum da, das sich stets bei solchen Anlässen einfindet, gleichviel, ob es sich in Dresden, Berlin, München oder Hamburg abspielt.«[91]

Nach der Uraufführung stritten die Kritiker darüber, ob in der *Salome* die »Überkultiviertheit«[92] der Dekadenz und die »Hysterie« der Großstadtkultur dargestellt werde und man »angeekelt«, ja »angewidert« sein müsse »von der peinlich genauen Schilderung abnormaler Geschlechtsverhältnisse, mit denen die viehische Gemeinheit der Salome ja nur zu erklären ist«,[93] oder ob diese Oper ein christliches Werk, ein »schauerlich ernstes Geschichtsbild«[94] und Salome »im Zauber der verklärenden Macht der Musik in gänzlich verändertem Lichte eine im Wahnsinn des Liebesrausches verklärte übermenschliche Figur« wäre, »die gleichsam unter dem Zwange einer höheren Macht so handelt, wie sie es nicht anders kann«.[95]

Strauss wurde einerseits wegen seiner »übergroßen ehrlichen Kraft und Wahrhaftigkeit«[96] bewundert, andererseits als ein »rechter Sohn« seiner Zeit kritisiert, der die »sinnlich schwärmenden Gefühle der Männlein und Weiblein nach Liebe, Gold, Glanz und Rausch« wecke und vom »schillernden Lügengewand der Weltstadt« angelockt werde: »Nicht die in der Musik unmögliche objektive Schöpferkraft ist es, sondern eine fieberkranke Seele, die Strauss treibt zu Till-Eulenspiegelstreichen, Hammelkämpfen, übermenschlichen Zarathustra-Taumeltänzen, Neidergequack, Schlachtengetöse und . . . doch hiervon später. Damit sind wir, über alle spitzfindigen Erklärungen und Erläuterungen der Sterngucker des Strauss-Himmels hinweg, zu dem in diesem Himmel thronenden Gott angelangt. Dort erkennen wir nun einen bedeutenden Menschen, in dem die Krankheit unserer Zeit: der starke Zug nach dem Materiellen, Sinnlichen, Sensationellen, zum Ausbruch gekommen ist. Ein ursprünglich echtes, reiches musikalisches Talent, das erstickt wurde durch die faulen Dünste des großen Zeitsumpfes Weltstadt genannt«,[97] schrieb der Kritiker Georg Gräner.

Heikel war bei der Uraufführung vor allem die Tanzszene. Frau Wittich schien zu behäbig und anständig, weshalb ihr Tanz den Kritiker Carl Krebs an ein »Damenpensionat«[98] erinnerte. Dagegen war Paul Pfitzner von der Tanzszene hingerissen: »Jedenfalls ist das sinnlich aufregende Element, wie es bei den orientalischen Tänzerinnen zur Geltung kommt, ganz virtuos getroffen.«[99] So ambivalent und schillernd wie das Werk, so gespalten waren auch die Kritiker.

Die Uraufführung von *Salome* war ein Eklat. In ganz Deutschland, ja auf der ganzen Welt redete man davon. Überall machte die Zensur Schwierigkeiten, was die Schaulust des Publikums nur noch anstachelte. In Wien kämpfte Gustav Mahler vergebens gegen das Verbot der Zensur: Erst 1918 durfte *Salome* dort gespielt werden. In Berlin wurde die *Salome* nur mit einem veränderten Schluß erlaubt: Nachdem Salome von den Soldaten des Herodes getötet worden war, deutete der Morgenstern »das Kommen der Heiligen Drei Könige« an. Kaiser Wilhelm II. meinte über das jüngste Werk seines Kapellmeisters: »Es tut mir leid, daß Strauss diese *Salome* komponiert hat, ich habe ihn sonst sehr gern, aber er wird sich damit furchtbar schaden.«[100] Strauss' sarkastischer Kommentar in seinen *Betrachtungen und Erinnerungen*: »Von diesem Schaden konnte ich mir die Garmischer Villa bauen!«

In der Tat, kurz nach der Uraufführung hatten schon zehn weitere Theater das Stück angenommen. *Salome* wurde ein Welterfolg. Noch heute zählt die Oper zu den wichtigsten Werken, die in keinem Repertoire eines größeren Opernhauses fehlen.

Mit *Salome* trat Strauss endgültig aus dem übermächtigen Schatten Richard Wagners und fand einen neuen, eigenen Weg für das moderne Musiktheater. Der Kritiker Ludwig Hartmann feierte deshalb die Uraufführung der *Salome* als ebenso wichtiges Ereignis wie die der *Götterdämmerung* Wagners 29 Jahre zuvor.[101]

Und Cosima Wagner? Sie und ihr Sohn Siegfried waren von dem neuen Werk angeekelt. Obwohl Strauss ihr davon abriet, bestand sie am Karfreitung 1905 darauf, daß er ihr aus der Partitur vorspielte, und Cosima war von der Musik entsetzt: »Das ist ja Wahnsinn.« Dies war das letzte Mal, daß sie mit Strauss zusammentraf. In einem späteren Brief hoffte der Komponist voller Ironie, daß sie »nach der Bekanntschaft mit meinem verrückten Judenmädchen eine nicht allzu schlechte Nacht in der Eisenbahn verbracht« habe, und fügte bei den Grüßen die seiner »nicht ganz unverrückten Gattin« hinzu.[102]

## Abschied vom Vater

Vater Strauss erlebte die Uraufführung der *Salome* nicht mehr. Am 3. März 1905 hatte er noch geschrieben: »Mit großer Freude denke ich schon an die Tage, wo wir in Marquartstein beisammen sein werden, die wir noch friedlich miteinander verleben können, ehe ich die große Reise antreten muß. Wir kommen dann, wenn mir Gott das Leben schenkt, am 15. Juli nach Marquartstein.«[103]

Doch er mußte die große Reise früher antreten. Am 31. Mai starb der 83jährige, der bis zuletzt wach und kritisch den Weg seines Sohnes beglei-

*Familienfoto aus dem
Sommerurlaub in
Altenmarkt, 1904:
Sohn Franz, Mutter
Josepha, Richard und
Vater Franz Strauss*

tet hatte. Richard reiste vorzeitig vom Tonkünstlerfest in Graz ab, um seinen Vater auf dem Weg zur letzten Ruhestätte zu begleiten.

Schwer war das Leben des Vaters gewesen, und schwer hatte er es sich gemacht. Wie leicht verlief dagegen Richards steile Karriere! Doch Franz Strauss war nicht nur hart in Nehmen, sondern auch im Austeilen. Wie gallig war er gegen die Münchner Musikoberen gewesen! Noch im letzten Brief, erinnerte sich Richard nun, hatte der Vater über die Oper geschimpft: »Das ganze Institut ist zu einem Provinztheater herabgesunken, ich glaube nicht, daß Mottl es wieder heben kann.« Sarkastisch beobachtete er, wie die jungen »Karriere« machten: »Nun, Dein Freund Schillings scheint à la Weingartner unter die Streber gegangen zu sein, denn gestern abend stand in der Zeitung, daß er den Titel eines k. Professors erhalten habe.«[104] Grantig war der Alte geworden, allzu schnell verlor er seine Ruhe, im Gegensatz zum optimistischen Sohn sah er vieles schwarz.

In Konzerte gingen er und seine Frau kaum noch. Sie hatte oft Kopfweh und ihn hinderte seine »Erregtheit«.[105] Die Nervenkrankheit der Mutter war seit Richards Umzug nach Berlin wieder schlimmer geworden. Im Juni 1899 schrieb der »schmerzgebeugte Papa«: »Deine Karte aus London erhielt ich gestern unter sehr traurigen Verhältnissen. Die gute, liebe Mama, welche schon seit mehreren Wochen an großer Nervosität litt, mußte leider gestern wieder in die Heilanstalt nach Giesing gebracht werden, um sich, geb's Gott! dort wieder zu beruhigen. Wie uns allen zumute ist, kannst Du Dir wohl denken. In der trübsten Stimmung bitte ich den lieben Gott, daß er uns Kraft verleihe, diese schweren Prüfungen in Geduld zu ertragen. Aber, mein lieber Richard! In meinem Alter tun diese Schicksalsschläge sehr weh!«[106] Und die Schwester, die nun mit ihrem Mann, dem Offizier und späteren General Otto Rauchenberger in München lebte und für die Eltern sorgte, fügte hinzu, daß die Mutter immer größere Angstgefühle gehabt habe, »verschiedene Male äußerte, ›uns im Weg zu sein‹, ›ob sie nicht verschwinden soll, um Otto in seiner Karriere nicht zu schaden‹«, und berichtete über den Vater: »Pappale geht es besser, nur ist er sehr gedrückt wie wir, wie Du Dir wohl denken kannst.«

Strauss war zwar fern von seinen Lieben in München, doch das Schwere, die Angst, die Nervosität wohnten – wie seine Musik zeigte – auch ihm inne, auch wenn er nach außen das Leben leicht, ironisch, ja sogar gefühlskalt wirkend – so schrieb wenigstens Gustav Mahler – nahm.

Für den Vater waren die Triumphe des Sohnes die einzig verbliebene Lebensfreude. Genauestens wollte er über Konzerttermine, Kritiken und Kompositionspläne informiert sein. Daß der Sohn, der in München so schändlich, wie der Alte zu Recht schimpfte, behandelt worden war, nun in der ganzen Welt dirigierte und seine Werke aufführte, war ihm die größte Genugtuung. Mit welcher Schadenfreude berichtete er von dem folgenden Gespräch mit Possart nach Berlin: »Während ich, nichts denkend, so vor mich hinsah, stand ganz überraschend Possart vor mir und sprach mich an, woraus sich folgendes Zwiegespräch entwickelte: Er: ›Ah, Sie drängt es noch immer in die Nähe ihres früheren Wirkungskreises!‹ Ich: ›Ein alter Fuhrmann läßt das Schnalzen nicht!‹ Er: ›Nun, was macht ihr vortrefflicher Sohn?‹ Ich: ›Oh, dem geht es sehr gut, der ist sehr gerne dort!‹ Er: ›Ja, es ist eine große Stadt!‹ Ich: ›Und sind keine Perfalle dort‹ (Er brummte etwas in seinen Bart und machte dazu ein Gesicht, das ich nicht beschreiben kann.) Er (nachdem er nach der Richtung zeigte, wo das neue Theater zu stehen kommt): ›Da könnten wir ihn brauchen.‹ Ich (auf das Hoftheater deutend): ›Und da drin auch!‹ Er zog grüßend den Hut, machte ein süßsaures Gesicht, empfiehlt sich und wandert dem Theater zu. Ich lachte für mich und ging langsam in meine Wohnung hinauf. (Hat mir Freude gemacht.)«[107]

Sein Sohn wurde in München plötzlich vermißt: »Die Orchestermitglieder wünschten einstimmig jetzt Dich! Diese Simpel! – Mich freut es jedesmal, wenn ich gefragt werde und dann mit lächelndem Gesicht sagen kann: O, mein Sohn wäre ungeschickt, wenn er seine brillante Stellung in Berlin, wo man ihn achtet und schätzt, verließe und in seine Vaterstadt zurückkehren würde, zumalen er einen so liebenswürdigen, tüchtigen Chef hat.«[108] Mit feinen, boshaften Spitzen übte der Alte seine Rache an den

Münchnern. Diese Freude half ihm darüber hinweg, daß er nur noch von Ferne am Leben seines Sohnes teilnahm.

Doch bei allem Stolz über Richard, Franz Strauss war ganz der Alte geblieben. Noch immer war er der scharfsinnigste und strengste Kritiker seines Sohnes. Bei jedem neuen Werk beschwerte er sich über das Übermaß an Polyphonie und Kakophonie. Doch jedesmal steigerte der Sohn noch die Größe des Orchesters und die Kühnheit der Dissonanzen. Immer hatte der Vater Angst, wenn der Sohn seine Frechheiten, seine Eulenspiegelsche Grimasse zeigte, und der Sohn tat es gerade deshalb erst recht. Es war das alte Spiel, das sie miteinander trieben, seit Richard sich von den konservativen Ideen des Vaters losgesagt hatte und ein Zukunftsmusiker geworden war.

Der Vater stellte den größten Widerstand dar, gegen den er nun schon seit über zwanzig Jahren opponierte. Auch das neueste Werk, dessen Uraufführung Franz Strauss nicht mehr erlebte, trotzte den väterlichen Mahnungen. Als Strauss seinem Vater die Musik der *Salome* ein paar Monate vor dessen Tod »auf dem Klavier vortrommelte, stöhnte dieser verzweifelt: ›Gott, diese nervöse Musik! Das ist ja gerade, als wenn einem lauter Maikäfer in der Hose herumkrabbelten‹«.[109]

## Verbrechen, Dämonie und Blut: *Elektra*

Die Jahre vor dem Ersten Weltkrieg waren glänzend, die Industrie expandierte, der Fortschritt erschien fast allen spürbar, die Horizonte weiteten sich, das deutsche Reich war eine Großmacht – ein neues Lebensgefühl der Morgenröte und der Dünkel des Übermenschen erfüllte die meisten Deutschen.

Doch zugleich litten die Sensiblen an einer Wunde. Die Welt verlor ihre Reinheit, nachdem man sich mit Nietzsches Philosophie von den überkommenen Moralvorstellungen befreit hatte. Plötzlich kamen Alpträume hoch, man sah Blut, Verbrechen und Brutalität; die Welt schien auseinanderzubrechen. Der Wiener Maler Gustav Klimt zeigte in seinen Bildern verkrümmte, verkrampfte Leiber, die von Farben und Ornamenten überlagert und zugleich offengelegt wurden: Zeichnung und Farbe liegen im Kampf miteinander. Jüngere Maler wie Egon Schiele oder Oskar Kokoschka nahmen dem nackten Körper alle verführerische Sinnlichkeit, zeigten ihn häßlich, erbarmungswürdig, ausgezehrt, verletzt und krank. Auch Schriftsteller fühlten die Krankheit, die sich ausbreitete. So diente Thomas Mann im *Zauberberg* ein Lungensanatorium zur Parabel auf die Vorkriegszeit. Andere Autoren freilich waren viel konkreter, etwa der von Thomas Mann als »Zivilisationsliterat« beschimpfte Bruder Heinrich, der in seinem Roman *Der Untertan* die Vorkriegsgesellschaft erbarmungslos sezierte. Gerhart Hauptmann legte seinen Finger in die Wunde des sozialen Elends, und der Bayer Ludwig Thoma moralisierte über bürgerliche Heuchelei.

Diese »Wunde« erkannten die Zeitgenossen auch beim höchsten Repräsentanten, dem deutschen Kaiser. Als Walther Rathenau 1901 Wilhelm II.
erstmals gegenüberstand, urteilte er: »Ein Bezauberer und ein Gezeichne-
ter. Eine zerrissene Natur, die den Riß nicht spürt; er geht dem Verhängnis
entgegen.«[110] Rathenau sah in der Monarchie Wilhelms II. den letzten Versuch, gewaltsam »im offensichtlichen Interessensgegensatz und Kampf zwischen Volk und Herrscherhaus patriarchalische Ohnmacht und ihren frommen Gefühlsausdruck« zu erhalten. »Schmachvoll« nannte er »das
Ankriechen« des Großbürgertums an die herrschende Schicht um des peku-
niären Vorteils willen, und als »eine tiefe innere Unwahrheit« geißelte er
den Glauben an die Monarchie, welcher der beherrschten Schicht auf der
Schule und von der Kanzel eingetrichtert werde.[111]

Lüge, Selbstbetrug und Heuchelei herrschten. Der Soziologe Georg Simmel schrieb, »daß die Lüge vielfach für den Lügner selbst unerträglich ist,
wenn er ihr nicht den Unterbau des eignen Glaubens an sie errichtet: er rettet sich dadurch vor Selbstverachtung und Selbstvernichtung.«[112] Die meisten Menschen verdrängten und spürten doch das drohende Unheil.

Beim Kriegsausbrach sollten sie später jubeln, als bedeute dies die Befreiung von der »Krankheit«. Prophetisch schrieb damals Oswald Spengler
in seinem Buch *Der Untergang des Abendlandes*: »So schließt das Schauspiel einer hohen Kultur, diese ganze wundervolle Welt von Gottheiten,
Künsten, Gedanken, Schlachten, Städten, wieder mit den Urtatsachen des
ewigen Blutes, das mit den ewig kreisenden kosmischen Fluten ein und dasselbe ist. Das helle, gestaltenreiche Wachsein taucht wieder in den schwei-
genden Dienst des Daseins hinab, wie es die chinesische und römische Kai-
serzeit lehren . . .«[113]

Als Richard Strauss wiederum im Kleinen Theater und wieder mit Gertrud Eysoldt in der Hauptrolle Hugo von Hofmannsthals *Elektra* sah, fühlte er sich sofort zu diesem Stück hingezogen. Wie in Wildes *Salomé* erkannte er auch hier »wunderbare musikalische Angriffspunkte«,[114] zudem
empfand er, daß diese antike Tragödie in den Worten des Wiener Dichters
eine Parabel auf die Gegenwart war. Auch Strauss spürte die »Krankheit«
seiner Zeit, die klaffende Wunde, wie es seine Tondichtungen und bisherigen Opern zeigten. Das »dämonische und ekstatische Griechentum des 6.
Jahrhunderts« wurde ihm zum Sinnbild der epochalen Katastrophe, der
dunklen, dämonischen Zeit, welche die Menschen 1909 kommen sahen.
*Elektra* ist der blutigste und grausamste Stoff, dem Strauss sich jemals zu-
wandte.

Wie bei *Salome* wählte er ein bereits vollendetes Theaterstück, ein psychologisches Drama der Gefühle, Begierden und Alpträume im Innern des
Menschen. Strauss kürzte es an einigen Stellen, straffte den dramaturgi-
schen Ablauf und ließ sich vom Wiener Dichter einige neue Verse einfügen,
die ihm als Ruhepunkte für die Musik dienten. Strauss war über diese erste

Zusammenarbeit mit Hofmannsthal so glücklich, daß er ihn überschweng-lich lobte: »Sie sind der geborene Librettist, in meinen Augen das größte Kompliment, da ich es viel schwerer halte, eine gute Operndichtung zu schreiben, als ein schönes Theaterstück.«[115]

In der Tat: Die Übereinstimmung von sprachlichen und musikalischen Bildern ist erstaunlich. Hofmannsthals Drama erscheint sinfonisch kompo-niert – wenn etwa Elektra am Ende ihres erstens Monologs von ihrem Tri-umphtanz träumt und dieser dann am Ende des Stücks Wirklichkeit wird. Andererseits deutet die Sprache vieles an, was die Musik erst erlebbar macht, beispielsweise das Blut, das von Agamemnons Augen hinabrinnt und »wie das Bad von seinem Blut dampfte«.[116] Strauss erfand hierfür Klangbilder, die das Ungeheuerliche des Textes alptraumhaft wirklich wer-den lassen. Trotz dieser engen Verbindung von Text und Musik fechten »Wort und Ton« dennoch einen Kampf aus, was »seit Beginn das Problem meines Lebens« war, wie Strauss erkannte: »Mein Gesangsstil hat das Tempo des rezitierten Dramas und kommt oft mit der Figuration und Poly-

*Karikatur: Die »Elek-trische« Hinrichtung durch den musikali-schen Scharfrichter*

phonie des Orchesters in Konflikt.«[117] Dieser »Kampf« zwischen den natürlich, gleichsam sprechend singenden Darstellern und dem Orchester mit
all seinen Klangbildern zeigt die tiefenpsychologische Dimension von Hofmannsthals Drama. Hofmannsthal schrieb es, nachdem er die 1895 veröf-
fentlichten *Studien über Hysterie* von Sigmund Freud und Joseph Breuer
gelesen hatte. Er stellte im Gegensatz zu Sophokles nicht Orest, sondern
Elektra in den Mittelpunkt. Damit betonte er das innere Drama der drei im
Zentrum stehenden Frauen Elektra, Chrysothemis und Klytämnestra, die
dem Dichter »wie die Schattierungen eines intensiven und unheimlichen
Farbtons gleichzeitig aufgingen«.[118]

Wie *Salome* beginnt diese Oper ohne Vorspiel. Die grausamen Schläge
der Pauke und Großen Trommel und das unheimliche tiefe B der Baßklarinette schaffen den spirituellen Raum, in dem die Tragödie spielt, nämlich
in dunklen, dämonischen Bezirken. Die Mägde berichten von Elektras Ra-
chedurst: Jetzt »ist die Stunde, wo sie um den Vater heult, daß alle Wände
schallen.« Sie wurde aus den prunkvollen Gemächern des Palasts verstoß-
ßen, lebt wie ein Hund, geschlagen und erniedrigt am Hof und »kommt
aus dem dunklen Hausflur gelaufen«, wie es in der Szenenanweisung heißt;
im Orchester huschen Läufe seltsam unwirklich und angsterregend nach
oben. Elektra wird von den Mägden gesehen, was der grelle übermäßige
Dreiklang der Trompeten andeutet, und schon »springt sie zurück wie ein
Tier in seinen Schlupfwinkel«, wie der zuckende, gegen das Metrum ver-
stoßende Rhythmus zeigt. Über das Wesen von Elektra sagt diese Musik
mehr als alle Worte Hofmannsthals.

Dann ist Elektra allein. Ein schauderhafter Akkord mit scharfen Dissonanzen zeichnet ihre innere Wunde: »Weh, ganz allein, der Vater fort, hin-
abgescheucht in seine kalten Klüfte.«[119] Das Bild des Vaters Agamemnon,
seiner grausamen Ermordung im Bad durch die Mutter und deren Liebhaber und das seiner ersehnten Wiederkunft erstehen vor ihren Augen so, als
ob dies nicht Vergangenheit, sondern Gegenwart wäre. »Mit starren, offenen Augen« und »einem königlichen Reif aus Purpur, der sich speist aus
des Hauptes offener Wunde«, soll der Vater ihr heute nacht wieder erscheinen. Schrille Dissonanzen in den Flöten und Oboen lassen die Folter an
Agamemnon – und den Schmerz der Elektra – zur Folter des Publikums
werden. So expressiv und modern hatte bis dahin niemand komponiert.

Durch sein Erscheinen soll Agamemnon sie zur Rache mahnen; denn,
so jubelt die Tochter: »Vater! Agamemnon, dein Tag wird kommen.«[120]
Die Musik schwillt an, ein Aufschwung erhebt sich im Orchester, wie er
sinnlicher und ekstatischer nicht im *Don Juan* stattfand, und führt zur Vision der Rache und des Triumphes über die Verbrechen der Mutter: »Dann
tanzen wir – dein Blut rings um dein Grab – und über Leichen hin werd ich
das Knie hoch heben, Schritt für Schritt, und die mich werden so tanzen
sehn, ja, die meinen Schatten von weitem nur so werden tanzen sehn, die

werden sagen: einem großen König wird hier ein großes Prunkfest angestellt ...«[121], und in der Musik erklingt ein ritueller, ekstatischer Reigen im Sechsachteltakt.

Das Rasen, der Wahnsinn, der Sieg der inneren dämonischen Bilder werden hier von der Musik besungen. In ihrer Hysterie wird Elektra zur Geliebten des Vaters, ist besessen »vom Rachewahnsinn«: »Sie hat alles andere vergessen, jedes weiche, menschliche Gefühl in sich ertötet in dem glühenden Durst nach Rache an Ägisth und Klytämnestra. Tanzen will sie durch deren Blut, jauchzen über deren Leichen ...«, schrieb angewidert der Musikkritiker Ferdinand Geißler.[122]

Doch dann erscheint Chrysothemis. Strauss sah sie als »Lichtgestalt« und »irdische Schwester« der »dämonschen Rachegöttin« Elektra[123] und umgab sie deshalb bei ihrem Auftritt mit lichtem E-Dur.[124] Chrysothemis will aus dem »Kerker« des von Verbrechen verdüsterten Elternhauses fliehen, beschwört Elektra, die Rachepläne aufzugeben, damit die beiden Schwestern den Palast verlassen können, um endlich zu leben: »Kinder will ich haben, bevor mein Leib verwelkt, und wär's ein Bauer, dem sie mich geben.«[125]

Chrysothemis will vergessen, verdrängen, sucht Lebensfreude, will lieber sterben, als »leben ohne zu leben«, glaubt wieder zurück zu können zur Unschuld, zur Naivität, zur Reinheit der Natur, zu jenem Zustand, wie er vor den blutigen Verbrechen geherrscht hat. Sie ist schwach, hat unermeßliche Angst vor ihrer Mutter und um ihre Schwester. Doch Elektra bleibt hart, denkt nur an ihre moralische Pflicht, die Erinnerung an die Verbrechen wach zu halten, bis jemand kommt, der sie rächt. Sie ist »verrückt«, klammert sich an eine fixe Idee, so erscheint es wenigstens denen, die vergessen und verdrängen.

Dann erscheint Klytämnestra mit ihrem Hofstaat, die Mägde »schleppen Tiere und Opfermesser«. Chrysothemis warnt die Schwester: »Wenn sie zittert, ist sie am schrecklichsten.«[126] Der »Zug, der an den grell erleuchteten Fenstern hastig vorüberklirrt und schlürft«, ist merkwürdig: »Es ist ein Zerren, ein Schleppen von Tieren, ein gedämpftes Keifen, ein schnell ersticktes Aufschrein, das Niedersausen einer Peitsche, ein Aufraffen und Weitertaumeln«, schrieb Hofmannsthal in der Szenenanweisung. Klytämnestra stellte sich Hofmannsthal als eine archaische, dämonische, auf Magie und Zauber vertrauende Gestalt der Urzeit vor. Sie gleicht »einer aufgerichteten Schlange«, ist »über und über bedeckt mit Edelsteinen und Talismanen. Die Arme sind voll von Reifen, ihre Finger starren von Ringen«.[127] Sie hat Angst vor ihrer Tochter, hadert mit den Göttern: »Warum bin ich lebendigen Leibes wie ein wüstes Gefild und diese Nessel wächst aus mir heraus und ich hab nicht die Kraft zu jäten?«[128] Aber trotzdem wendet sie sich in ihrer Verzweiflung an ihre kluge, starke Tochter und weiß, daß diese sie am besten versteht: »... und träume, daß sich mir das

Mark in den Knochen löst . . .« Bräuche soll ihr Elektra nennen, welche die Angst vertreiben. Doch Elektra will den Grund der Angst wissen: Ist es Orest? Nein, lügt die Mutter, der lebt an einem fremden Ort, viel Geld habe sie gegeben, damit er wie ein Königskind aufwachsen könne, aber er werde wie ein Tier gehalten, und im übrigen sei für sie dieses Thema tabu: Darüber zu reden, hat sie Elektra verboten.

Dieses Gespräch beginnt also wie ein gutbürgerliches Familientreffen: Man redet über Schlafstörungen und sucht Mittel dagegen. Aber Elektra hält sich nicht an die Spielregeln: Sie bohrt in der Vergangenheit, durchbricht den Schein bürgerlicher Anständigkeit und entlarvt den Grund der Angst. Ja, es kommt noch ungeheuerlicher, sie fordert als Opfer kein Tier, sondern die Mutter selbst: »Erhängt ist dir die Seele in der selbstgedrehten Schlinge, sausend fällt das Beil, und ich steh da und seh dich endlich sterben. Dann träumst du nicht mehr, dann brauche ich nicht mehr zu träumen, und wer dann noch lebt, der jauchzt.«[129]

Noch während Elektra »in wilder Trunkenheit, gräßlich atmend«, Aug' in Aug' mit Klytämnestra stehend diese schrecklichen Worte der Mutter ins Gesicht schlägt, überbringt eine Dienerin dieser die Nachricht vom Tod des Orest. Klytämnestra genießt ihren Triumph über Elektra und geht in den Palast zurück.

Die Musik zeigt das Prächtig-Gewaltige, die imponierende Macht und Grausamkeit, das Taumeln, die morbide Dekadenz von Klytämnestra. Die impressionistische Aufsplitterung der Musik in einzelne Bewegungen, Motive, Akkorde und Klangfarben ist hier auf die Spitze getrieben. Zerrissen, haltlos, verwirrt, grell und dissonant wirken Melodien und Klänge. Strauss ging hier, wie er später bekannte, »an die äußerste Grenzen der Harmonik, psychischer Polyphonie (Klytämnestras Traum) und Aufnahmefähigkeit heutiger Ohren«.[130]

Die Musik zeigt gleichsam das Innere des Gehirns, das Über- und Gegeneinander verschiedenster Vorstellungen, Empfindungen von Wahrheit, Heuchelei und Selbstbetrug. Dieses Gehirn droht – wie die Musik – in einer gewaltigen Explosion auseinanderzubrechen. Die »psychische« Polyphonie seziert und zeigt den überreifen Menschen am Ende des »Abendlandes« – wie es Spengler nannte – in all seiner Abgründigkeit, Gespaltenheit, in seiner Angst und seinem Größenwahn, seiner ganzen Ungeheuerlichkeit – trotz all seiner Kultur, Bildung und Zivilisation.

Chrysothemis überbringt Elektra die Nachricht vom Tod des Orest, Elektra weigert sich daran zu glauben, doch dann fordert sie von ihrer jüngeren Schwester die grausame Tat: Sie wird das Beil, mit dem der Vater umgebracht wurde, ausgraben, und sie beide werden Mutter und Stiefvater töten. Wie in einem Rausch besingt Elektra die jungfräuliche Stärke ihrer Schwester: »Sehnen hast du wie ein Füllen«, »Laß mich deine Arme fühlen, wie kühl und stark sie sind«, »Ich spüre durch die Kühle deiner Haut das warme Blut hindurch«, »Du bist wie eine Frucht an der Reife Tag.«[131] Während Elektra dies singt, schwillt die Musik in einem großen Spannungsbogen zu ekstatischem Schwung und sieghaftem Forte an. In ihrem Rachewahnsinn verliebt sich Elektra in den schönen Körper ihrer Schwester – »Mit meinen traurigen, verdorrten Armen umschling ich deinen Leib.« – und zwingt sie zur Bluttat. In dieser Szene klingt – wie es Alma Mahler nannte – die »lesbische Atmosphäre zwischen den Schwestern« an.[132]

Doch die beiden Schwestern müssen die Bluttat nicht begehen; denn die Nachricht vom Tod des Orest war eine Falle für Klytämnestra und Ägisth, Orest selbst überbrachte sie, tötet Mutter und Stiefvater – und Elektra tanzt: »Schreitet von der Schwelle herunter. Sie hat den Kopf zurückgeworfen wie eine Mänade. Sie wirft die Knie, reckt die Arme aus: es ist ein namenloser Tanz, in welchem sie nach vorwärts schreitet«,[133] schreibt Hofmannsthal in der Szenenanweisung. Diesen »namenlosen Tanz« komponierte Strauss als wilde, ungebändigte und zugleich grausam strenge, rituelle, dem Sechsviertel-Rhythmus unterworfene Musik – ein Triumph- und Todesreigen gleichermaßen. Am Ende bricht Elektra zusammen und liegt starr am Boden, und Chrysothemis ruft hilfesuchend: »Orest«.

In *Elektra* fehlen die Anspielungen auf den prickelnden Sinnenreiz der Großstadt, wie sie in *Feuersnot* und *Salome* allgegenwärtig waren. *Elektra* ist strenger, ernster, tragischer, zeigt eine abstoßende Wahrheit, die der Zuschauer nur ungern sieht: Die Kinder durchbrechen in dieser blutigen Griechenoper Heuchelei und Selbstbetrug und töten die Eltern wegen der Ver-

*Uraufführung »Elektra« in Dresden, 1909, von links nach rechts sitzend: Annie Krull (Elektra), Ernst von Schuch, Hugo von Hofmannsthal, Richard Strauss; rechts stehend: Ernestine Schumann-Heink (Klytämnestra)*

brechen, die diese begangen haben. So grausam endet der Generationskonflikt.

Es verwundert nicht, daß der Beifall nach der Uraufführung an der Dresdner Oper kühler war als bei *Salome*, daß die Sänger, der Dirigent von Schuch und das Orchester mehr als der Komponist gefeiert wurden.[134] Man war betroffen, voller Abscheu, von Elektras Gestalt angewidert: »Tanzen will sie durch deren Blut, jauchzen über deren Leichen, und sie beginnt am Schluß wirklich diesen schaudervollen, fast kannibalischen Triumphtanz«,[135] schrieb der Musikkritiker Ferdinand Geißler. Der Musik stand er verständnis- und fassungslos gegenüber: »Die nervöse Unruhe der Musik ist in *Elektra* noch größer als in *Salome*, die Motive selbst sind noch spröder und fragmentarischer, der Verzicht auf Tonalität ist noch vollständiger. Bisweilen scheint es, als suche der Komponist eine neutrale Mischtonart, in der alle Tongeschlechter zusammenfließen.« Strauss wurde vorgeworfen, »auf die Gesetze des Wohlklangs keinerlei Rücksicht zu nehmen«, Geräusche anstelle von Musik einzusetzen und überhaupt »einen langsamen, aber sicheren Stimmenmord«[136] an den Sängern zu betreiben.

Die Zuhörer waren von dem »ewigen Gemorde und Glitschen im Blut«, das die Musik darstellt, abgestoßen. Sie wollten die Wahrheit, die in dieser Oper der eigenen Zeit vorgehalten wurde, nicht sehen und hören und waren doch betroffen. Strauss verwirklichte in seiner Musik, was der Theaterkritiker Hermann Bahr empfunden hatte, als er Hofmannsthals *Elektra* als Theaterstück mit der außergewöhnlichen Schauspielerin Gertrud Eysoldt sah: »Hier ist die Welt zu, der Atem der Menschheit stockt. Ein We-

*Strauss im Gespräch mit Annie Krull (Elektra) und Ernestine Schumann-Heink (Klytämnestra)*

sen, ganz ausgesaugt und ausgehöhlt vor Leid; alle Schleier zerrissen, die sonst Sitte, freundliche Gewöhnung, Scham um uns zieht. Ein nackter Mensch, auf das Letzte zurückgebracht. Ausgestoßen in die Nacht. Haß geworden. Haß essend, Haß trinkend, Haß speiend. Wund vor Haß, geil vor Haß, toll vor Haß. Nicht mehr irgendein Wesen, das haßt, sondern Haß selbst. Schreie, wie aus ferner Urzeit her, Tritte des wilden Tieres, Blicke des ewigen Chaos. Gräßlich, sagen die Leute zusammenschauernd. Gräßlich. Aber eben darin griechischer, als es jemals die Kunst der strengen Linie, der klugen Mäßigung, der zarten Stille sein kann. Denn griechisch ist: aus Gräßlichem Schönheit holen.«[137]

Auch Strauss hatte Gertrud Eysoldt als Elektra gesehen. Was sie mit großer Schauspielkunst aus dieser Gestalt machte, das führte er fort in seiner Musik, die noch heute erlebbar ist. *Elektra* ist das strengste, modernste und radikalstes Werk von Richard Strauss.

## »Füreinander geboren«? – Hofmannsthal und Strauss

Strauss begegnete dem zehn Jahre jüngeren Hugo von Hofmannsthal erstmals 1898 oder 1899 – wahrscheinlich bei dem Dichter Richard Dehmel in Pankow. Begeistert entwarf Hofmannsthal danach für Strauss das Ballett *Der Triumph der Zeit*. Doch Strauss entschloß sich nicht zur Vertonung; denn 1900 waren ihm ein eigenes, freilich unvollendet gebliebenes Ballett *Kythere* – »trotzdem es wahrscheinlich schlechter ist als ihre Dichtung«[138] – und sein »kleines Öperchen« (*Feuersnot*) wichtiger.

Als Strauss aber Hofmannsthals Theaterstück *Elektra* sah, war er Feuer und Flamme und stellte sogar die Bedenken zurück, ob er »unmittelbar nach *Salome* die Kraft habe, einen in Vielem derselben so ähnlichen Stoff in voller Frische zu bearbeiten«.[139] Er erkannte die künstlerische Verwandschaft und die Bedeutung des Wiener Dichters für sein Schaffen: »Jedenfalls bitte ich Sie dringend, mir in allem Komponierbaren von ihrer Hand das Vorrecht zu lassen. Ihre Art entspricht so sehr der meinen, wir sind füreinander geboren und werden sicher Schönes zusammen leisten, wenn Sie mir treu bleiben.«

*Elektra* komponierte Strauss – wenn auch mit Veränderungen – noch auf ein Theaterstück. Doch danach arbeitete er mit Hofmannsthal wieder in der alten Tradition: nicht eigenständige Theaterstücke, sondern speziell und minuziös auf die Musik abgestimmte Libretti bildeten die Grundlage für die Musik. Damit verabschiedete sich Strauss gänzlich von Wagners Idee des Dichterkomponisten und von der Literaturoper. Die Zusammenarbeit mit Hofmannsthal gestaltete sich so eng und intensiv wie einst jene zwischen Lorenzo Da Ponte und Mozart oder zwischen Arrigo Boito und Verdi. Dies war ein seltener und außergewöhnlicher Glücksfall der Operngeschichte.

Doch waren sie tatsächlich »füreinander geboren«, waren sie nicht allzu verschieden? Schon die Herkunft der beiden zeigt wenig Gemeinsamkeiten. Bei Strauss schien alles klar und einfach: ein Bayer, voller Kraft, Gesundheit und Naivität, so wenigstens sahen es viele Zeitgenossen und vergaßen, wie nervlich labil, wie sensibel, nervös, voller Opposition und in seiner Gesundheit gefährdet der Komponist war. Sein Optimismus, zu dem er sich während der Ägypten-Reise durchgerungen, beruhte nicht auf Naivität, sondern auf bewußter Selbstdisziplin im Wissen der eigenen Gefährdung.

Hofmannsthal entstammte dem Völkergemisch Österreichs. Der Urgroßvater Isaak Löw Hofmann, der sich mit der Seidenraupenzucht und der Pottaschegewinnung ein Imperium von 36 Fabriken erarbeitet hatte, wurde 1835 von Kaiser Ferdinand I. in den Adelsstand erhoben. Der Großvater Augustin Emil heiratete in Mailand Petronilla Antonia Cäcilia, ein Mädchen aus bestem italienischem Hause, und trat vom jüdischen zum ka-

*Hugo von Hofmannsthal in Rodaun bei Wien*

tholischen Glauben über. Der Vater des Dichters, Hugo Laurenz August Hofmann, Edler von Hofmannsthal, war Jurist, Beamter in der Central Bodencreditanstalt, schließlich Bankdirektor. Wie Tausende von anderen Juden gelang also auch den Hofmannsthals die Assimilierung, fühlten sie sich in der deutsch-österreichischen Kultur zu Hause und wurden von der Gesellschaft akzeptiert. Sie durften auch Beamte werden – und sie brachten einen der bedeutendsten deutschen Dichter der Jahrhundertwende hervor: Hugo von Hofmannsthal.

Schon aufgrund seiner Herkunft strahlte der österreichische Dichter etwas Weltläufig-Europäisches und Aristokratisches aus. Allein dies machte ihn für Strauss und seine Frau Pauline mit ihrem bekannten Hang für das Höhere sympathisch. Hofmannsthal besaß eine außergewöhnliche Bildung, war vor allem auch ein Kenner der französischen Literatur, ein Bewunderer von Balzac und wurde in der bilderreichen, vergeistigten Sprache seiner Gedichte von Maeterlinck geprägt. Er huldigte einem artistischen Ästhetizismus voller Feinheit, Symbolschwere, poetischer Durchdringung, sprachlicher Schönheit und Formvollendung. Doch auch er litt unter der Krankheit seiner Zeit, als er 1902 den erfundenen Brief des Lord Chandos an den englischen Philosophen Francis Bacon veröffentlichte, in dem er diesen über eine merkwürdige Erfahrung berichten läßt: »Um mich kurz zu fassen: Mir erschien damals in einer Art von andauernder Trunkenheit das ganze Dasein als eine große Einheit: geistige und körperliche Welt schien mir keinen Gegensatz zu bilden, ebensowenig höfisches und tierisches Wesen, Kunst und Unkunst, Einsamkeit und Gesellschaft; in allem fühlte ich Natur, in den Verirrungen des Wahnsinns ebensowohl wie in den äußersten Verfeinerungen eines spanischen Zeremoniells«, läßt Hofmannsthal den Lord über seine Jugend sagen. Jetzt aber hat sich dies geändert: »Mein Fall ist, in Kürze, dieser: Es ist mir völlig die Fähigkeit abhanden gekommen, über irgend etwas zusammenhängend zu denken und zu sprechen.« Der Lord empfindet »ein unerklärlichen Unbehagen, die Worte ›Geist‹, ›Seele‹ oder ›Körper‹ nur auszusprechen«. Urteile wie »gut« und »böse«, »hoch« und »tief«, »zu beneiden« oder »zu verabscheuen« erscheinen ihm »so unbeweisbar, so lügenhaft, so löchrig wie nur möglich«. Nun leidet der Lord unter einer seltsamen Krankheit: »Es zerfiel mir alles in Teile, die Teile wieder in Teile, und nichts mehr ließ sich mit einem Begriff umspannen. Die einzelnen Worte schwammen um mich; sie gerannen zu Augen, die mich anstarrten und in die ich wieder hineinstarren muß: Wirbel sind sie, in die hinabzusehen mich schwindelt, die sich unaufhaltsam drehen und durch die hindurch man ins Leere kommt.«[140]

Die Sprache entglitt den Décadents und Symbolisten, zu denen der junge Hofmannsthal gehörte, ihre Inhalte wurden fragwürdig, leer, Worte erschienen bedeutungslos und bezeichneten statt dessen Synästhesien und Sinnesvermischungen: »Das Hören von Farben, Sehen von Tönen, Schmek-

ken von Gerüchen«, wie Egon Friedell schrieb.[141] Der Duft und Klang, die
Mimik und der Rhythmus, die Melodie und die Farbe der Worte und Sätze
stehen im Vordergrund ihrer Gedichte, Novellen und Bühnenstücke, während der Inhalt immer mehr verschwindet, oft ein Nichts ist – nichts als
Leere hinter der schillernden, ambivalenten, impressionistisch auseinander-
fallenden Vieldeutigkeit der modernen Welt: »Was wir allein berechtigt
sind, eine reale Erfahrung zu nennen, ist ein unentwirrbares Gemenge der
verschiedensten Qualitäten von Sinnesreizungen, dem doch die für gewöhnlich nicht bewußten Gemeingefühle ihre besondere Färbung geben . . .«,[142] schrieb Egon Friedell.

Dem Dichter Hofmannsthal erschien sein Kunstmittel, die Sprache,
fragwürdig und verdächtig. Sie wurde ihm zur Musik, Pantomime, zum
Tanz und zum Bild. Doch konnte eine solche Sprache, die im Grunde keine
Sprache mehr war, das Fundament für ein größeres Kunstwerk – ein Drama oder einen Roman sein? War sie nicht zu labil und brüchig? Dieses Un-
genügen seiner Kunst machte Hofmannsthal zum Skeptiker und Pessimisten: Er fühlte, daß seine Kunst allein zu schwach war.

So traf der an seiner eigenen Kunst zweifelnde und leidende Dichter auf
den vor Kraft, Ideen und Vertrauen in seine Musik strotzenden Komponisten. Der Gegensatz hätte nicht größer sein können.

Dennoch verband die beiden vieles. Strauss komponierte nämlich ebenso synästhetisch, wie Hofmannsthal schrieb: Seine Musik war voller Bilder,
ließ Farben, Düfte, Gesten Klang werden und schuf mit erstaunlicher Magie die Atmosphäre, die Hofmannsthals Worte nur andeuten konnten. Erst
durch die Strauss'sche Musik wurde dessen Sprache vollkommen. Und
Strauss fand einen Menschen, der ihm an Bildung und Kultiviertheit überlegen war, der ihm neue Wege eröffnete.

Als die beiden nach der erfolgreichen *Elektra*-Uraufführung den *Rosenkavalier* in Angriff nahmen, entwickelte sich eine Zusammenarbeit, wie sie
enger und fruchtbarer nicht hätte sein können. Hofmannsthal erinnerte
sich: »Gesellig wie das Werk selbst war seine Entstehung. Das Szenarium
ist wahrhaft im Gespräch entstanden, im Gespräch mit dem Freund, dem
das Buch zugeeignet ist (und zugeeignet mit einer Wendung, die auf wahre
Kollaboration hindeutet), dem Grafen Harry Keßler.«[143]

Im Februar 1909 begann die Arbeit am *Rosenkavalier*. In Weimar trafen sich der Dichter und sein Freund, Graf Keßler, arbeiteten drei Tage
lang jeweils drei bis vier Stunden am Szenarium, gingen im Zimmer auf
und ab, entwickelten gemeinsam die Ideen, so daß sie am Schluß nicht
mehr sagen konnten, was von wem stammte. Als Hofmannsthal Strauss
das Szenarium vorstellte, war dieser begeistert: »Sein Zuhören war ein
wahrhaft produktives. Ich fühlte, wie er ungeborene Musik an die kaum
geborenen Gestalten verteilte. Dann sagte er: ›Das werden wir machen.‹«
Noch im selben Jahr nahm er das Werk in Angriff, und Hofmannsthal

mußte sich beeilen, aus dem Skelett des Szenariums ein lebendiges Theaterstück erstehen zu lassen. Die Tage waren für ihn nun »recht erfüllt und angespannt, in angenehmem Sinn«.[144]

Schon zu Beginn der Zusammenarbeit wurden ihm die Unterschiede zu dem berühmten Komponisten bewußt, ja er fühlte sich ihm sogar überlegen: »Ich hoffe, ich kann eine gewisse Einwirkung auf ihn nehmen, daß er auch sich von *Salome* und *Elektra* energisch differenciert. Denn Kunstverstand habe ich mehr als er, oder höheren, auch besseren Geschmack. (Im ürigen mag er mir an Kraft oder eigentlichem Talent überlegen sein, das gehört ja nicht hierher.)«[145]

Bald freilich legten sich Hofmannsthal Schwierigkeiten in den Weg: »Das Zusammenkriegen fließender Übergänge, das Herauskriegen der Figuren bei einer nirgends stocken bleibenden Handlung, dies alles ist kein Kindspiel, und sowohl Scribe als Daponte arbeiteten vielleicht innerhalb einer simpleren Konvention.«[146]

Strauss dagegen schien die Arbeit leicht zu fallen: »Die Szene ist reizend, wird sich komponieren wie Öl und Butterschmalz, ich brüte schon ...«,[147] bedankte sich der Komponist für den Text zur ersten Szene. Er gab sich burschikos, unprätentiös, ländlich, bayerisch – und dachte auch an das Publikum: »Ersten Akt gestern erhalten: bin einfach entzückt. Es ist wirklich über alle Maßen reizend: so fein, vielleicht ein bißchen zu fein für den großen Haufen, aber das tut nichts.«[148]

Der empfindliche und nicht so selbstbewußte Dichter erwiderte aus Rodaun: »Die Ausführung aber muß, glaube ich, so sein, wie sie ist, nämlich

*Richard Strauss am Klavier*

völlig abgehend vom Trivialen und Konventionellen, denn der wirkliche und dauernde Erfolg setzt sich zusammen aus der Wirkung auf die groben und feinen Elemente des Publikums, und die letzteren schaffen das Prestige, ohne das man ebenso verloren ist, wie ohne Populärwirkung.«[149]

Der Komponist war voller Schaffensfreude – »Meine Arbeit fließt wie die Loisach, ich komponiere alles mit Haut und Haar. Morgen beginne ich schon mit dem Lever . . .«[150] – und bestellte vom Dichter noch zusätzlichen Text: »Am Schluß der Arie des Barons nach der Stelle: ›und Heu muß in der Nähe dabei sein‹ brauche ich eine große Konklusion in Form eines Terzetts . . .« Ihm schwebte eine »Terzettsteigerung« vor, ja sie war schon Wirklichkeit: »Wollen Sie mir dazu noch etwas nachdichten: die Musik ist schon fertig, ich brauche nur Worte zur Begleitung und zum Ausfüllen?« Außerdem bestellte er »ein kontemplatives Ensemble« für den 2. Akt »nach dem Moment, wo vielleicht gerade eine dramatische Bombe geplatzt ist, die Handlung stille steht und alles sich in Betrachtung verliert. Solche Ruhepunkte sind sehr wichtig.«

Hofmannsthal mußte sich in die harte Disziplin der Musik einfügen. Manchmal fühlte er sich nur als Textlieferant, als Wortausfüller. War er es wirklich, der Strauss, dem er sich – wie er geschrieben hatte – an Geschmack und Kunstvestand überlegen fühlte, leitete? Oder war es nicht umgekehrt: Führte ihn nicht der Komponist, der sich wesentlich instinktsicherer zeigte, was den dramatischen Aufbau der Komödie anging?

Wieder begann sich Hofmannsthal schwach zu fühlen. Hinzukam, daß Keßler manche Ansichten von Strauss nicht teilte. An der Arie des Ochs übte er harte Kritik, worauf Hofmannsthal »zuerst grün vor Wut« wurde, »den Suppenteller wegstieß« und »durch die Landschaft lief«. Dem Grafen fehlte in dieser Szene der Humor, er hielt eine Arie des derben, rohen Baron Ochs, der dadurch »plötzlich ein großer Dichter würde« für einen Stilbruch.[151] Keßler wollte den Landbaron jordaensscher, grotesker, rabelaisianischer, unpoetischer sehen. Doch dem feinsinnigen Hofmannsthal lag nicht die derbe Burleske und die Schwarzweißmalerei: »Mein Lerchenau (. . .) ist kein dummer Rüpel pur et simple – keineswegs ein Philister, sondern ein ›Kerl‹, ein rusticaler, im Falstaff stecken gebliebener kleinadeliger Don Juan, oder wenn schon Philister, jedenfalls gesteigerter Philister, Halbgottphilister und kein Vieh.«[152] Hofmannsthal dachte differenziert, keine der Theatergestalten sollte völlig verschieden von den anderen sein, vielmehr Verbindungen zwischen allen herrschen; ihn bestimmte ein zutiefst musikalisch-sinfonisches, aber freilich nicht dramatisches Empfinden. Den tieferen Grund für Keßlers Unbehagen sah er »in der inneren Haltung, im Mimischen: »Das Arienhafte durchbrach mir die mimische Präzision, mit der die Figuren sonst gehalten sind. Nun muß aber das Arienhafte sein, denn mache ich dem Strauss eine arienlose Dialog-oper, so componiert er (ohne viel Kritik zu üben) drüber hinweg – und es entsteht, wie bei *Elek-*

*tra* (ich verstehe diese Dinge jetzt klar) ein in sich completes Stück, über das er eine – entbehrliche – Symphonie schüttet wie Sauce über einen Braten.«[153]

Nun verlor auch der Dichter seine feine Zurückhaltung. Was er hier dem Komponisten vorwarf, wird als Vorurteil gegen Strauss bis heute haften bleiben. Strauss wurde von Hofmannsthal in die Ecke des kulturlosen Musikanten gestellt: »Strauss ist halt ein so fabelhaft unraffinierter Mensch. Hat eine so fürchterliche Tendenz zum Trivialen, Kitschigen in sich. Was er von mir verlangt an kleinen Änderungen, Verbreiterungen etc. geht immer nach dieser Richtung. Z. B. bei der Arie des Ochs hatte ich genau dieselbe Mimik vor Augen, die du mir schriebst. Er läßt ihn das alle prestissimo herunterbrüllen, so unnuanciert, daß die Veränderungen des Textes gar nichts ausmachen, so wenig schmiegt sich die Musik ans Wort. Und die Zeile ›Muß halt ein Heu in der Näh' dabei sein‹ statt zu flüstern läßt er ihn brüllen: Muß halt ein Heueueueueu (ff!) in der Näh' dabei sein. Sonst ist im ersten Akt vieles Hübsches, vieles Witziges, vieles Melodiöses selbst am Clavier ohne den Glanz des Orchesters. Eine merkwürdig gemischte Natur, aber das ordinäre so gefährlich leicht aufsteigend wie Grundwasser. Todtmachen wird er's nicht, aber von Beardsley wirds soweit sein wie eine bairische Kuh vom Menuett-tanzen!«[154]

Enttäuschung, das Gefühl des gegenseitigen Mißverstehens sprechen aus dieser Klage an den Freund. Menschlich nämlich kamen sich der Komponist und Dichter trotz der intensiven Zusammenarbeit nicht näher: »Hätt ich einen Componisten, der minder berühmt aber meinem Herzen näher, meiner Geistesart verwandter wäre, da wärs mir freilich wohler«, schrieb Hofmannsthal einige Jahre nach der Vollendung des *Rosenkavalier* an seinen Freund Bodenhausen.[155] Er war in diesem Künstler-Duo der Schwierige und Empfindliche. 1923 wird er Strauss ganz klar sagen: »Auch gibt es zwischen zwei Menschen wie wir nichts als gemeinsame Arbeit, und eigentlich auch kein anderes gemeinsames Thema.«[156]

Strauss störten diese Empfindlichkeiten wenig, ja er brauchte gerade einen Oppositionsteufel. Er lobte, zeigte sich begeistert, beschwichtigte die Ängste des Dichters und war – wie schon bei seinem Jugendfreund Thuille oder nun bei seiner schwierigen Pauline – der Überlegene, der nicht aus der Ruhe gebracht werden konnte. Hofmannsthal spürte die kraftvolle Persönlichkeit des Komponisten, seine Stärke, sein von keinerlei Skepsis gebrochenes Genie, fügte sich letztlich immer seinen Wünschen, auch wenn er sich bei anderen über seinen Partner beklagte.

Strauss dagegen schrieb in seinen Briefen nie ein abträgliches Wort über Hofmannsthal, kritisierte den Dichter aber hart, direkt und schonungslos. So bat er ihn am 9. Juli, den gesamten II. Akt des *Rosenkavalier* umzuarbeiten: »Schon bei der ersten Lektüre des II. Aktes fühlte ich, daß daran etwas nicht stimmte, daß er matt und flau sei und die richtige dramatische Steigerung entbehre.«[157] Er schlug als Höhepunkt des Aktes ein Duell zwi-

*Karikatur:*
*Die Rosenkavaliere*
*(links Hofmannsthal,*
*rechts Strauss)*

schen dem Baron Ochs und Octavian vor. Und bereits am folgenden Tag erhielt der geplagte Dichter einen weiteren Brief: »Nachdem ich schon einmal im Kritisieren bin, riskiere ich, da Sie nun den ersten Schrecken über meinen gestrigen Brief überwunden haben, mit weiterem Freimut fortzufahren . . .«[158] Strauss war das Geschehen im II. Akt nicht dicht genug, und überhaupt fehlte ihm die Intuition des I. Aktes. Am Dialog zwischen Baron und Sophie störte ihn: »Ich finde denselben im Verhältnis zu allem Übrigen etwas erfindungsarm, matt, und habe das Gefühl, Ihr Geschmack und Talent könnten da noch etwas viel Geistreicheres und feiner Geschliffenes schaffen. Dieser Dialog steht nicht auf der Höhe des I. Aktes.«

Hofmannsthal antwortete etwas kleinlaut und sehr kurz: »Sie werden im Ernst nicht glauben, daß ich Sie in einer solchen Situation im Stiche lassen oder Ihnen Schwierigkeiten machen könnte.«[159] Strauss glättete daraufhin die Wogen: »Zurückgekehrt, danke ich Ihnen herzlich für Ihr liebenswürdiges Entgegenkommen im II. Akte. Ich freue mich sehr, daß mein Vorschlag Ihnen sympathisch ist, und glaube, so wird's famos werden.«[160]

Hofmannsthal hatte nun sogar die Größe, Strauss recht zu geben: »Diese Kritik war entschieden sehr fördernd und fruchtbar.«[161] Auch Harry Graf Keßler zeigte sich über den Strauss'schen Einfall entzückt: »Ich finde übrigens, daß wir zu dreien, du, Strauss und ich, einen ganz ordentlichen Sardou abgäben. Doch, Scherz beiseite, natürlich wird ›Quin-Quin‹ viel besser als der Artus'sche Faublas, weil der dichterische ›Charme‹, das Individuelle und Seltene deiner Vision hinzukommt.«[162]

Noch viele andere Details wurden verändert. Trotz aller Gegensätzlichkeit des Temperaments und Metiers entstand eine Einheit zwischen Dichtung und Musik, wie sie bislang noch nie eine Oper ausgezeichnet hatte. Die Sprache ist gleichsam sinfonisch in die Musik und die Musik
in das Theater verwoben, wie Hofmannsthal im *Ungeschriebenen Nachwort* 1911 schrieb: »Ein Werk ist ein Ganzes und auch zweier Menschen
Werk kann ein Ganzes werden. Vieles ist den Gleichzeitig-Lebenden gemeinsam, auch vom Eigensten. Fäden laufen hin und wider, verwandte Elemente laufen zusammen. Wer sondert, wird unrecht tun. Wer eines heraus-
hebt, vergißt, daß unbemerkt immer das Ganze erklingt. Die Musik soll
nicht vom Text gerissen werden, das Wort nicht vom belebten Bild . . .«[163]

## »s'ist doch der Lauf der Welt«: *Der Rosenkavalier*

Der Uraufführung des *Rosenkavalier* im Königlichen Opernhaus von Dresden am 26. Januar 1911 ging eine »Haupt- und Staatsaktion«, eine »lächerliche Komödie um diese ›Komödie für Musik‹« voraus, wie der Kritiker Fitz Jacobsohn ironisch feststellte: »Noch nie, in neuerer Zeit, ist für
irgendeine Angelegenheit der Kunst solche Reklame gemacht worden. Es
regnete Bulletins über Bulletins. Der Stand der Arbeit wurde gewissenhaft
registriert; Schleier wurden ›diskret‹ gelüftet; außergewöhnliche Forderungen wurden gestellt. Und das Resultat?«[164]

Das Resultat der Zusammenarbeit »unseres bedeutendsten Musikers
und eines feinen Dichtersmannes« – wie Jacobsohn urteilte – wurde von
Kritikern weitgehend verrissen, mißverstanden und abgelehnt, so wie es
Strauss schon am Anfang der Arbeit am *Rosenkavalier* vorausgesehen hatte: »Man wird sagen, daß eine allgemeine Erwartung wieder einmal
schmählich getäuscht wurde, daß dies ganz und gar nicht die komische
Oper ist, welche das deutsche Volk Jahrzehnte mit Sehnsucht erwartet.«[165]

Es hagelte Kritik: »Richard Strauss buhlt um die Gunst der Menge«,[166]
schrieb Felix Adler. Hofmannsthals Libretto wurde größtenteils als sze-
nisch unglücklich und zu weitschweifig abgelehnt. Musik und Dichtung
schienen den meisten nebeneinander herzulaufen. Als Lustspieloper sahen
viele das Werk mißglückt, da zu langweilig. Die Musik wurde als eine
»einzige Stillosigkeit«[167] verurteilt, und die Walzerthemen als niveaulos
und peinigend abgelehnt.

Doch nicht nur fachliche Bedenken, auch moralische wurden erhoben.
Albrecht Geiger entrüstete sich in der »Breslauer Landeszeitung« über den
»unanständigen« Anfang der Oper: »Denn – ein reifes Weib, das sich einem grünen Jungen, einem rechten Wiener ›Schlankerl‹ hingibt – (. . .) ist
mir nicht viel besser als eine Metze. Das ist ganz einfach eine widerwärtige
Verirrung, die man zum besten Falle als Verirrung bedauern kann, die aber

künstlerisch verwertet und mit allen satten Farben musikalischen Ausdrucks gemalt, kulturerzieherisch absolut zu verwerfen ist. Die Brutalität und Perversität der früheren Texte Straussens kehrt hier wieder, aber widerwärtiger, weil sie verzuckert ist.«[168]

Das Publikum strömte trotz der schlechten Kritiken in die Opernhäuser. Allein in Dresden waren in den ersten fünf Jahren nach der Uraufführung 89 Vorstellungen ausverkauft. In ganz Europa wurde das Werk gespielt – es trat einen Siegeszug in der ganzen Welt an, der bis heute andauert.

Strauss hatte sich im *Rosenkavalier* verändert, war nicht mehr der brutale, zynische Tondichter. Die Leidenschaft schien gezügelt, Perversion und Grausamkeit wurden von seiner Musik nicht mehr so laut und schrecklich herausgeschrieen. Seine Kunst war feiner, milder, lichter, und noch vielschichtiger, farbenreicher, mehrdeutiger als zuvor. Bewirkte dies die Zusammenarbeit mit dem feinsinnigen Wiener Dichter? Diese Frage kann weder verneint noch bejaht werden. Die beiden Künstler verschmolzen ihre jeweilige Kunst, so daß zwar beide gegenwärtig blieben, sich aber dennoch veränderten.

Die Personen der Oper sind im Grunde altbekannte Gestalten aus der Strauss'schen Welt. Da gibt es die Liebe zwischen dem Grafen Octavian Rofrano und der Feldmarschallin Fürstin Werdenberg, also zwischen einem jungen, noch nicht einmal Zwanzigjährigen und einer reifen, verheirateten Frau. Strauss wird sich an Dora Wihan zurückerinnert haben – und vielleicht auch an Frau Begas. Da gibt es den Baron Ochs von Lerchenau, den Triebmenschen, der nach Erotik und Geld giert – und von nichts genug bekommen kann – ein ländlicher Don Juan. Da gibt es schließlich den Herrn von Faninal, einen reichen Neugeadelten, der im Grund ein Bürger, ein Spießer und Philister ist. Noch immer scheinen also die Abgründe des Perversen, Unmoralischen, der Triebwelt und der bürgerlichen Heuchelei hindurch.

Doch *Der Rosenkavalier* ist viel reicher und vielschichtiger. Die Strauss'schen Figuren wirken hier plastischer, schillernder, ambivalenter. Salome kannte nur eine Leidenschaft, die Liebe zu Jochanaan, Elektra nur die Rache an ihrem Vater. Im *Rosenkavalier* taumeln die Personen scheinbar orientierungslos, hin- und hergerissen durch die Welt: Die Marschallin liebt Octavian und weiß, daß er bald eine jüngere haben wird – und sie einen anderen. Octavian beteuert zwar die Liebe zu seiner älteren Freundin, verschaut sich aber dann doch in die junge Sophie, die wiederum den um vieles älteren Baron Ochs heiraten soll. Der aber ist vernarrt in den als Stubenmädchen verkleideten Octavian. Was für ein Vexierspiel!

Weder Zeit noch Ort spielen eine Rolle. Die Handlung ist zwar im Wien der Kaiserin Maria Theresia angesiedelt – aber sind dies nicht auch Menschen am Ende des österreichischen Kaiserreiches? Daß Strauss Walzer

*Figurinen zum »Ro-
senkavalier«, entwor-
fen von Alfred Roller:
Octavian und Feld-
marschallin*

erklingen läßt, einen Tanz, den es im 18. Jahrhundert noch gar nicht gab,
ist zwar unhistorisch, aber ein Stilbruch? Wenn man so will: Stilbrüche
gibt es noch viel mehr. Da kollidieren gravitätisch verschnörkelte Rokoko-
motive – etwa zur Charakterisierung des Baron Ochs – mit grell dissonanter, höchst moderner Musik im Vorspiel zur Beiselszene. Da gibt es Rezitative, Arien, Duette und Terzette, und doch ist das Werk durchkomponiert.
Da werden ernste und tiefe Betrachtungen angestellt, wie im Zeitmonolog
der Marschallin, und dann dringen – wie viele meinten – höchst triviale
Walzer aus der Operette herein.

Ist also diese Musik nicht doch, wie viele Kritiker bemängelten, ein einziger Stilbruch? Sie hatten im Grunde recht. Der Stilbruch ist das Prinzip
dieser musikalischen Komödie. Hofmannsthal legte sie bereits so an, als er
sich von Molière, den Stichen Hogarths über *The Rakes Progress* anregen
ließ, lächerliche Typen der Commedia dell'arte wie den Notar zeigte, sich
eine Kunstsprache zurechtdichtete, »ein Volapük des achtzehnten Jahrhunderts«[169] im Wiener Dialekt, mit genauem Gefühl für Sprechweisen des
Adels, der Bürger, der Italiener, des Liebhabers und der Adeligen, und da-

*Figurinen zum »Rosenkavalier«, entworfen von Alfred Roller: Baron Ochs und Sophie von Faninal*

bei Menschen zeigte, die modern fühlen und von ihren Träumen und Alpträumen, von Leidenschaft und Geldgier getrieben werden.

Als Ganzes ist diese Komödie sowohl ein Intrigenstück wie in der Opera buffa – Baron Ochs wird im Duell vom jungen Grafen Octavian verletzt und als Heiratskandidat unmöglich gemacht, indem er vom als Kammerzofe verkleideten Octavian im Séparée eines Beisels verführt wird – als auch ein Konversationsstück über Liebe, Moral und das Alter sowie eine psychologische Studie über Leidenschaft und Liebe und ein Moralstück über die Verwerflichkeit der Sitten.

Fragen über Fragen – und Stilbrüche über Stilbrüche. Doch eines ist sicher: Die beiden Künstler begingen diese Stilbrüche bewußt. Ihre Komödie spielt mit Figuren, Theaterformen, Musikformen der Geschichte. Diese ist ihnen nicht sakrosankt, kein totes Museum, sondern lebendig, befruchtend, Inspiration für Ironie und ein Mozartsches Gelächter – so wie es Hermann Hesse im *Steppenwolf* beschrieb. Nie war Strauss dem Mozartschen Geist so nahe. *Der Rosenkavalier* hat die Leichtigkeit von Mozarts Musik, seine Distanz, Spontaneität und Fülle von Überraschungen, seine musikalischen Pointen und geistvollen Wendungen.

Wurde Strauss durch die Zusammenarbeit mit Hofmannsthal ein anderer? Gewiß, seine Kunst war nun reicher, denn sie hatte eine vierte Dimension, die der Zeit. Er hatte sich vom Historismus befreit und spielte nun mit den Kunststilen, musikalischen Formen und zeittypischen Motiven. Zum Lokalkolorit wie dem Wiener Walzer kam das Zeitkolorit hinzu. Seine Musik erhob alles – auch die Epoche Maria Theresias – zur Gegenwart.

Welchen Sinn hat das? Die zeitgenössischen Kritiker wußten darauf keine Antwort – und bis heute wird *Der Rosenkavalier* mehr als kulinarische Oper genossen, denn als ernstzunehmendes Zeitstück verstanden. Doch die Menschen strömten nach der Uraufführung in den *Rosenkavalier*, da sie hier einen Traum sahen, dem sie zumindest unterbewußt alle nachhingen. *Der Rosenkavalier* ist die wehmütige Rückschau auf die große Zeit bürgerlicher Kultur in der Monarchie, die vom 18. Jahrhundert bis zum Ersten Weltkrieg dauerte. Diese Oper ist der Abschied von einer Epoche, und Strauss komponierte diesen Schwanengesang gleichsam prophetisch vor der Katastrophe.

*Uraufführung »Der Rosenkavalier« in Dresden, 1911: II. Akt – Szene der Rosenüberreichung mit Minnie Nast (Sophie) und Eva von der Osten (Octavian)*

Strauss verband mit seiner Musik Gegenwart und Vergangenheit, verschmolz sie zur Einheit und versuchte gleichsam, die Zeit anzuhalten vor dem radikalen Umbruch zu Beginn des 20. Jahrhunderts. »Wie alles zerläuft, zwischen den Fingern, wie alles sich auflöst, wonach wir greifen, alles zergeht wie Dunst und Rauch«, singt die Felmarschallin – und die Musik löst sich impressionistisch auf. Schließlich hören wir den unregelmäßigen Schlag

der Uhr – nackte, unbegleitete Celesta- und Harfenklänge –, und dann steht alles still auf einem Ton: die Leere, das Nichts, ein langer, tiefer Ton mit Fermate.[170] »Manchmal steh' ich auf, mitten in der Nacht und laß' die Uhren alle, alle stehn«, singt die Feldmarschallin. In der Figur der Feldmarschallin, die schon das Ende ihrer Liebschaft mit dem jungen Octavian voraussieht, spiegeln Strauss und Hofmannsthal das baldige Ende der tausendjährigen Habsburger Monarchie. Die Marschallin wird zum Symbol einer untergehenden Epoche – des alten Österreich.

*Der Rosenkavalier* zeichnet das Bild der alten Gesellschaft. Die Schlüsselszene hierfür ist das Lever. Da defilieren die Stände vor der Fürstin – Notar, Sänger, Gelehrter, Flötist, Friseur, adelige Waisen, eine adelige Witwe, eine Modistin, ein Tierhändler – ein buntes Durcheinander und Gegeneinander: Während der Tenor seine Arie singt, spricht der Baron geldgierig mit dem Notar über die Morgengabe, die er von seinem zukünftigen Schwiegervater zu erpressen versucht. Polyphon, dissonant und verwirrend zeichnet Strauss dieses Getriebe. Aber dennoch hat es ein Ordnung – musikalisch wie gesellschaftlich. Es gibt noch die Hierarchie von Bürgertum und Adel. Das war die Gesellschaft, wie sie nun seit gut einem Jahrtausend bestand.

Im alten Wien war man – anders als in Preußen – genußsüchtig, ironisch bis zur Auflösung, verschämt, ließ vieles im Unklaren. Die Hierarchie und die Ordnung waren stabil und seit Jahrhunderten Tradition, aber man ging lässig damit um, man nahm es mit den moralischen Regeln nicht so genau und fand sich darein: Die unglücklich verheiratete Marschallin holt sich einen jungen Liebhaber ins Bett, der Baron Ochs will zugleich heiraten und noch das Tête-à-tête mit einen Stubenmädchen genießen. Abgründe der Lust und Begierde öffnen sich. Die Walzermotive, ihre Veränderungen und Mutationen spiegeln Leidenschaft, Aggression und Trieb wieder.

Doch ein Vorhang von Wehmut, Skepsis und märchenhaft-irrealem Glanz verdeckt die rauhe und harte Brutalität. »'s ist doch der Lauf der Welt«, singt die Feldmarschallin, die Hofmannsthal nicht nur als Liebhaberin, sondern als weise, große Frau nach dem Vorbild der Kaiserin Maria Theresia formte: »Maria Theresia besaß wahrhaftig jenes Janusgesicht der guten und großen Fürsten, die mit einem Augenpaar die Vergangenheit festzuhalten, mit dem andren in die Zukunft vorauszuschauen scheinen. (. . .) So offenbarte sie bis in den Tod hinein die wunderbare Vereinigung zweier so seltener als widersprechender Eigenschaften in einer Natur: der vollkommensten Menschlichkeit und Weiblichkeit, Weichheit, Herzenswärme, mit einer unbeugsamen Stärke der Seele. (. . .) So hatte Maria Theresia einen naiven und großen Begriff vom Volk, dem wir unendlich viel verdanken, weil er intuitiv und darum unerschöpflich ist.«[171]

»Mißtrauen gegen Begriffe und Zutrauen auf den Menschen« rühmte Hofmannsthal an der Kaiserin. Gerade dies zeigten Dichter und Komponist im *Rosenkavalier*: eine ambivalente, heitere, schwierige, aber doch schöne

Welt, die ihre inneren Abgründe als Schicksal ebenso hinnimmt wie den gnadenlosen Lauf der Zeit: »Die Zeit ist ein sonderbar' Ding. Wenn man so hinlebt, ist sie rein gar nichts. Aber dann auf einmal, da spürt man nichts als sie.«

## An der Grenze des Fortschritts

Strauss war – erst 47 Jahre alt – nach der Uraufführung des *Rosenkavalier* populär und international anerkannt. Von dieser Popularität zeugen auch die Karikaturen im »Simplizissimus«, die G'stanzln und Parodien, die über ihn verbreitet wurden. Jede Wendung seines Schaffens wurde mit Witz und Geist kommentiert, auch die im *Rosenkavalier* zurück zum 18. Jahrhundert und zum Wiener Walzer:

> »Der Zarathustra wirkt nur wenig –
> denkt Strauss, drum werd ich Walzerkönig«,

lautete eines der G'stanzln des »Rosenkavalier-Alphabets vom lustigen Maxl« – und ein noch böseres war darin zu finden:

> »Der Neger holt das Taschentuch.
> Neutöner wirken wie ein Fluch.«[172]

*Karikatur: Der »Rosenkavalier« in Begleitung von Salome und Elektra*

Straussens Reichtum und seine Abkehr von den »Neutönern« wurden aufs Korn genommen. Besonders böse unternahm dies ein Autor mit dem Pseudonym »Mephistopheles« in der Zeitschrift »Die Musik«. Er schrieb eine Satire mit dem Titel »Der Hosenkavalier. Szenen aus einem Heldenleben«.[173] Der Meister wird in seiner »eroperten Villa in der bayrisch-sächsischen Schweiz« belauscht, wie er komponiert. »Aus der Ferne hört man die Schafherde der Bewunderer schöner blöken als das *Don Quixote*-Orchester, und in der Nähe quinquiliert ein junges Ferkel. Friedliche Abendstimmung. Schauen und Schaffen.« Doch komponiert der Meister wirklich? Nein, er »schaut in eine Logarithmentafel«: »Er lächelt vergnügt, denn er hat soeben berechnet: wenn die Theater so dumm sind und bei Ankauf seiner neuen Oper sich verpflichten, die beiden alten Ladenhüter, die nicht mehr so recht ziehen, jedes Jahr doch noch viermal aufzuführen, dann kann er sich bald ein Zeppelin-Luftschiff anschaffen, in dem er samt der Berliner Hofkapelle an den Nordpol fährt, um dort der Freude schöner Götterfunken eine noch viel kältere Aufnahme als im Berliner Eispalast zu bereiten.«

Strauss wird als Geschäftsmann belächelt: Schauen, so schreibt der Satiriker, tue er lieber auf die Rechenmaschine, als schaffen: »Ja, es ist heutzutage – so überlegt er – nicht leicht, auf der Höhe der nie dagewesenen Sensation sich zu halten. Mit dem Grauslichen ist kein Geschäft mehr zu machen, die alten Hebräer und antiken Griechen, man mag sie noch so modern zurechtstutzen, locken keinen Hund mehr vom Ofen. Die Leute wollen jetzt lieber vergnügt sein und tanzen; abgeschlagene Köpfe und hy-

*Die Strauss-Villa in Garmisch*

sterische Weiber ziehen dank der weisen Fürsorge des Zensors nur noch in England.« Überhaupt erscheinen ihm nun »Tonica und Dominante einträglicher als alterierte Kakophonien«. Nun »lechzt man wieder nach einem neuen Mozart«, trägt wieder »eine Perücke, natürlich ohne Zopf, denn der wäre ein Majestätsverbrechen am geheiligten Fortschritt«, und freut sich an Walzerklängen: »Ich sag's immer, ein Tausendsassa ist der Richard, und sein Rezept ist unfehlbar: erst etwas, das selbst die gescheitesten Leut' nicht kapieren, und gleich drauf etwas, das auch die dümmsten Rindviecher nachsingen können. Dann kommen sich die gescheitesten Leut' recht dumm vor, und die dummen meinen, sie wären recht gescheit.« Am Schluß dieser gepfefferten Satire macht sich »des Helden Gefährtin« mit Flatterzunge fortissimo bemerkbar, »indem sie einen zudringlichen Trödeljuden im Garten abfertigt«. Der Trödeljude fragt: »Nix zu handle, nix zu schachre? E feines Geschäft hab ich for dem genädige Herrn . . .«

War aus dem Zukunftsmusiker ein Unterhaltungskünstler und Geschäftsmann geworden? Die Honorare, die Strauss von den Verlegern für seine Opern erhielt, sprengten in der Tat damalige Dimensionen. 1905, im letzten Brief vor seinem Tod, mahnte der Vater Franz Strauss besorgt: »Pauline sagte uns, daß Du von Fürstner 60 000 M. für die *Salome*-Partitur verlangst. Lieber Richard, sei bescheiden und bedenke, daß der Verleger mit beiden Werken keine großen Geschäfte machen kann, der große Haufe des Publikum kauft lieber die *Fledermaus* als den *Fidelio*.«[174] Doch der »tapfere Berliner Verleger Adolph Fürstner« – so nannte ihn Strauss zurückblickend im Alter – hatte den »Mut, das Werk zu drucken, worum ihn anfänglich andere Kollegen (z. B. Hugo Bock) nicht im geringsten beneideten.«[175]

Strauss kaufte sich mit dem Geld in Garmisch ein Grundstück. Dabei verwechselten ihn die »Münchner Neuesten Nachrichten« mit dem Wiener Walzerkönig Johann Strauß, der freilich schon seit sieben Jahren tot war – ein bezeichnender Irrtum; denn vielen schien es unmöglich, daß ein Komponist der ernsten Muse so viel Geld hatte, ein Gelände von fünf Tagwerken zu erwerben und sich darauf von dem berühmten Münchner Architekten Emanuel Seidl »eine stattliche Villa« errichten zu lassen. Drei Tage später berichtigte die Zeitung ihre Falschmeldung und schrieb schwarz auf weiß: »Nicht der Wiener, sondern der Münchner in Berlin an der k. Hofoper dirigierende Hofkapellmeister und Professor Dr. Richard Strauss . . .«[176]

Da hatte er es also geschafft! Wohnte in einer herrschaftlichen Villa wie die Pschorrs und wie die Malerfürsten Lenbach und Stuck. Er war nun arriviert, reich, beschäftigte zahlreiche Dienstboten – ein Großunternehmer der Musik. Weder einem Schriftsteller wie Thomas Mann noch einem Kunstmaler wie Hans von Stuck wurde solcher Reichtum verübelt, wohl aber einem Musikanten. Im deutschen romantischen Verständnis hatte dieser nämlich arm, bescheiden und dem Hunger nahe zu sein, sonst war er ein Unterhaltungskünstler wie Johann Strauß. Gelangte er zu Wohlstand, dann durfte dies nur durch höhere Gnade geschehen wie im Fall Richard Wagners: Dieser wäre im Schuldturm gelandet, hätte ihn nicht König Ludwig II. davor gerettet. Aber Richard Strauss war – ganz im Stirnerschen Sinn – durch eigene Leistung und Geschäftstüchtigkeit zu Wohlstand gelangt. Das war verdächtig. Der einst selbst antisemitisch eingestellte Strauss wurde nun oft nach dem gängigen Vorurteil im Umfeld der Juden gesehen, wie der Schluß der oben wiedergegebenen Parodie zeigt. Aber auch ernstzunehmende Zeitgenossen sahen Strauss als »Juden«. So soll – nach Alma Mahlers Erinnerung – Arthur Schnitzler gesagt haben: »Wenn von den beiden, Gustav Mahler oder Richard Strauss, einer ein Jud ist, so ist es doch sicher . . . Richard Strauss.«[177]

Gewiß meinte Schnitzler die Geschäftstüchtigkeit von Strauss – ganz dem antisemitischen Denken seiner Zeit entsprechend. Dieser Vergleich stimmte jedoch in ganz anderer Hinsicht; denn Strauss arbeitete nun gerne mit Juden zusammen – mit Hofmannsthal, später mit Arnold Zweig und mit seinem Verleger Adolph Fürstner, der von der *Salome* bis zur *Schweigsamen Frau* alle Opern von Strauss verlegte: »Der kluge und gütige Jude hatte sich damit aber auch den *Rosenkavalier* erobert. Ehre sei seinem Andenken!«[178] Strauss war kein Antisemit mehr, im Gegenteil, er schätzte die Weltgewandtheit, Bildung und Klugheit der Juden, die zudem sein bayerisch-bürgerliches Verständnis von Kunst teilten und Musik für einen Broterwerb wie jeden anderen auch hielten.

Doch schlossen sich Broterwerb und Zukunftsmusikertum nicht gegenseitig aus? Mußte ein erfolgreicher Komponist nicht notwendigerweise nur ein Fabrikant von technisch perfekt und raffiniert beherrschtem musikalischem Kunstgewerbe ohne Tiefe und voller Banalität werden? Viele Kritiker stellten beim *Rosenkavalier* die Abkehr von der Zukunftsmusik fest, worüber sich konservative Schreiber freuten. Sie stellten eine »moderne Klassizität«[179], ein Anknüpfen an Mozarts *Figaro*[180] fest, und der von *Salome* und *Elektra* abgeschreckte Friedrich Brandes war nun wieder mit Strauss versöhnt.[181] Mit dem *Rosenkavalier* – so empfanden viele Zeitgenossen – verabschiedete sich Strauss von den Zukunftsmusikern. Claude Debussy schrieb 1910: »Richard Strauss ist nur ein gesteigerter Wagner, ein Künstler und zugleich ein bewundernswürdiger Taschenspieler, wenn er seine eigenen Werke dirigiert.«[182]

1903 dagegen hatte Debussy noch festgestellt: »Im gegenwärtigen Deutschland ist er so gut wie der einzige Komponist von wirklicher Eigenständigkeit.«[183] Er hatte in der Musik von Strauss »ein Bilderbuch«, »sogar Kino« gesehen und »die freie und bestimmte Haltung« des »hochgewachsenen« Dirigenten als die »jener großen Forscher, die mit einem Lächeln auf den Lippen die Gebiete wilder Völkerschaften durchziehen«, beschrieben. Damals – in den ersten Jahren des 20. Jahrhunderts – galt Strauss neben

Nr. 49　　　· JUGEND ·　　　1898

DER STREIT ÜBER DIE ALTE UND NEUE MELODEI

R. M. Eichler (München).

*Karikatur von R. M. Eichler in der »Jugend« (1898): Die beiden avantgardistischen Komponisten Debussy und Strauss, der erstere unter dem Bild Beethovens, der letztere unter dem Wagners (»Der Streit um die alte und neue Melodei«)*

Mahler als wichtigste Leitfigur des Fortschritts. Arnold Schönberg hob seine Bedeutung für die Entwicklung der modernen Harmonik hervor, »die von Wagner über Mahler, Reger, Strauss und Debussy zu unserer heutigen Harmonik geführt«[184] habe.

So revolutionär waren die Neuerungen von Strauss, daß er zeitweise darüber sogar seinen besten Freund verlor. Ludwig Thuille hatte nämlich »als Lehrer die Erfahrung gemacht, daß Deine Musik – auch diejenige, die mir speziell ans Herz gewachsen ist – in jungen Köpfen sehr häufig eine ganz heillose Verwirrung anzurichten pflegt, derer Herr zu werden in vielen Fällen nur mit Gewaltmitteln durchführbar ist«.[185] Der Münchner Professor schimpfte deshalb nicht wenig bei seinen Studenten über die Musik seines Jugendfreundes, was Strauss hintertragen wurde, so daß er den Kontakt mit Thuille abbrach, sich allerdings 1906, ein Jahr vor dem Tod Thuilles, wieder mit ihm versöhnte.

Feindschaft dagegen entstand zu den Wagnerianern in Bayreuth, wo *Salome* und *Elektra* als »Verunreinigung« des Theaters beschimpft wurden. Siegfried Wagner nannte die »ekelhafte *Salome*«, die *Elektra* und den »jämmerlichen *Rosenkavalier*« »Augenblickssensationen«, »Momenterfolge«, »Eintagsfliegen«: »Mein Vater würde sich im Grab umdrehen, wenn er von dem Niedergang der Musik erfahren könnte«, schrieb er voller Haß über die neuen Strauss'schen Klangfarben: »Da fahren die Violinbogen umgekehrt – mit der Holzseite – über die armen Saiten, um Geräusche hervorzubringen, schauerliche Geräusche. Das nenne ich nicht Musik, sondern Auswürfe von Malaria und Fieberphantasie.«[186]

Nach Mahlers Tod wurde dieser als der wahre fortschrittliche Komponist betrachtet, Strauss dagegen als Reaktionär angegriffen. Strawinsky
hätte »gerne alle Srauss-Opern einem, gleichgültig welchem, Purgatorium
überlassen, das triumphierende Banalität bestraft«, und konnte die
»Quartsext-Akkorde von Strauss nicht ertragen«: »Die *Ariadne* erweckt in
mir den Wunsch zu kreischen.« Er freute sich, daß die »jungen Musiker
von heute« herausfinden, »wer in unserer Musik bedeutender it als er:
nämlich Gustav Mahler«.[187]

So undankbar erwies sich das Schicksal: Strauss ebnete dem Komponisten Mahler den Weg zu öffentlicher Geltung, und nun wurde er selbst im
Nachhinein dafür bestraft. Obwohl es bei Mahler, wenn man dies so sehen
will, ebensoviele triviale Motive und Melodien gibt, wurde Strauss in Zukunft wegen der angeblichen Banalität seiner Musik verurteilt. Doch was
ist der Kern dieses Streits, der bis heute andauert? Mahler komponierte gewiß anders als Strauss. Nur in ihrer genialen Instrumentation haben die
beiden Komponisten etwas Gemeinsames. Aber Mahlers Musik wirkt gebrochen, stückhaft, zerrissen, leidend, gequält, die von Strauss dagegen hat
Schwung, leuchtet, klingt und hat – ganz wie die Musik der Klassiker –
eine werkhaft in sich geschlossene Einheit, nun in den Opern sogar zwischen dramatischem und musikalischem Aufbau, Sprache und Klang. Gewiß kennt die Musik von Strauss auch das Durcheinander und Nebeneinander, die Polyphonie der modernen Welt – wie beispielsweise in der
Lever-Szene des *Rosenkavalier* –, aber als Ganzes findet sie doch wieder
zur Einheit.

Strauss war – verglichen mit Mahler und Schönberg – weniger deutsch
vergrübelt und tiefsinnig forschend; er erscheint viel europäischer. So fand
beispielsweise Debussy in Strauss mehr Einflüsse von Berlioz und von Itali-
en als von Wagner (was freilich etwas einseitig war). Jedenfalls sah der
Franzose nicht das nördlich-düstere Deutschland in Straussens Musik, sondern – von Nietzsches Sehnsucht nach dem Süden beeinflußt – die Sonne:
»Von ihm muß er auch seine herrliche Verachtung gegenüber einfältigen
Gefühlsduseleien übernommen haben, von ihm mag sein Wunsch geweckt
worden sein, daß die Musik nicht ewig fortfahre, unsere Nächte – mehr
schlecht als recht – zu erhellen, sondern daß sie die Sonne ersetze.«[188]

Strauss erforschte mit seiner Musik neue Welten und neue Ausdrucksbereiche. Doch das zählte nun nicht mehr als Fortschritt. Die Musikfach-
leute schauen bis heute hauptsächlich auf die Entwicklung der Harmonik.
Daran hatte gewiß Arnold Schönberg den maßgeblichsten Anteil, als er die
Emanzipation der Dissonanz, wie sie in *Salome* und *Elektra* bis zur Spren-
gung der Tonalität getrieben wurde, zum musikalischen Entwicklungsge-
setz erhob. Bi- und Polytonalität, schließlich Zwölftonmusik und serielle
Musik wurden zum alleinigen Maßstab für Zukunftsmusik, und jede andere Musik, die noch in den herkömmlichen Tonarten komponiert war, be-

trachtete man als reaktionär. Nicht mehr Inhalte, Stoffe, Ideen zählten, sondern technische Merkmale – Musik wurde gleichsam naturwissenschaftlich weiterentwickelt.

Doch war damit nicht eine Grenze des Fortschritts erreicht? Wer wollte und konnte diese Musik überhaupt noch hören? Schönberg wird einige Jahre später in Wien den »Verein für musikalische Privataufführungen« gründen. Die Komponisten wandten sich von der Masse des Publikums ab, zogen sich in sich selbst zurück, suchten nicht das Gespräch mit den Zuhörern, sondern grübelten über ihren Partituren. Das Resultat dieses Rückzugs aus der Öffentlichkeit ist bis heute noch erlebbar: Zeitgenössische Musik fristet seit Schönberg ein eher abgelegenes Dasein in Spezialkonzerten.

Strauss dagegen war der letzte deutsche Komponist – ähnlich wie der sechs Jahre ältere Puccini in Italien –, der noch ein großes Publikum fesselte. Klassische Musik war immer auch populär bei den Zeitgenossen, das galt schon für Haydn und ebenso für Mozart und Beethoven, auch wenn damals viele Hörer Schwierigkeiten hatten, diese für sie neue Musik zu verstehen. Und dies stimmte auch noch für Richard Strauss: Seine Musik schreckte zwar viele Menschen auf, aber sie traf doch den Nerv ihrer Zeit. Auch insofern war Strauss der letzte Komponist des bürgerlichen Zeitalters. Er komponierte für sein gegenwärtiges Publikum – und nicht für ein utopisches in ferner Zukunft. Er vertraute nicht auf das Urteil von Spezialisten, Hochschulprofessoren oder Kritikern, sondern auf jenes des »normalen, unverbildeten« Hörers. Auf die Frage: »Gibt es für die Musik eine Fortschrittspartei?« antwortete Strauss in einem kurzen Aufsatz folgendermaßen: »Aber schließlich haben doch nicht diese Parteigänger [er meinte die Wagnerianer] den Fortschritt erzwungen, der treibende und in letzter Instanz entscheidende Faktor, der auch einen Richard Wagner, wie jedem anderen großen Neuschöpfer zu endgültigem Siege verholfen hat, war die große Masse des unbefangen genießenden Publikums, das sich in seiner naiven Empfänglichkeit für jede neue und bedeutende Kunstleistung in der Regel als der zuverlässigste Träger jeglichen Fortschrittsgedankens bewährt hat. Gegenüber der in der Geschichte immer wieder erhärteten Tatsache, daß eine große künstlerische Erscheinung vom großen Publikum sozusagen als ein Naturgegebenes instinktiv richtig erfaßt, wenn auch nicht durch klares Urteil im einzelnen begriffen wird, ist das Wirken eines etwa als Fortschrittspartei zu bezeichnenden engeren fachmännischen Kreises nicht von ausschlaggebender Bedeutung.«[189]

Strauss vertraute also auf das Publikum, Schönberg dagegen verachtete es. Hier wurde mit einer Tradition gebrochen, die uralt war. Musik wurde nicht mehr als Botschaft, als Sprache angesehen, um sich mit den Zeitgenossen zu verständigen, sondern war der Gegenwart entwachsen, wurde nur für die Zukunft komponiert, so hofften wenigstens die Komponisten.

Strauss verstand von nun an die Entwicklung des sogenannten Fortschritts nicht mehr. »Dem armen Schönberg« – soll er gesagt haben – »kann heute nur der Irrenarzt helfen.«[190] An Alma Mahler schrieb Strauss ironisch: »Wenn ich auch glaube, daß es besser wäre, wenn er Schneeschaufeln würde, als Notenpapier vollzukritzeln – so geben Sie ihm immerhin die Stiftung (gemeint war die Stiftung Alma Mahlers für bedürftige Musiker), da man ja nie weiß, wie die Nachwelt darüber denkt.«[191] Der Fortschritt hatte Strauss überrollt. Noch vor wenigen Jahren hatte er sich als Zukunftsmusiker gefühlt, und nun waren junge Komponisten am Werk, die seine Musik bereits für konservativ und veraltet erklärten. Doch Strauss komponierte unbekümmert so weiter, wie es ihm entsprach.

Aber auch er hatte sich geändert. Im Alter schrieb er über die Bitonalität in der *Salome*: »Man kann es als ein einmaliges Experiment an einem besonderen Stoff gelten lassen, aber zu Nachahmung nicht empfohlen.«[192] Strauss überschritt die Grenze zur Atonalität nicht. Er erkannte die Grenzen des Fortschritts – zumindest seines Fortschritts. Weiter konnte und wollte er nicht gehen. Wenige Jahre nach dem Tod seines Vaters wurde er diesem immer ähnlicher, als ob er nun nicht mehr gegen dessen Autorität protestieren müßte. *Der Rosenkavalier* war die Rückkehr zur Melodie, zur Leichtigkeit, zur Klarheit und zur Klassik, wie es Franz Strauss immer gefordert hatte. Wie der Vater anerkannte er nun Grenzen, die nicht überschritten werden durften. Gewiß war seine geistige Welt größer, weiter, offener, kühner und waghalsiger als die des königlichen Kammermusikers, aber sie war immer noch geordnet nach traditonellen Maßstäben.

Doch die Zeit, welche die Feldmarschallin im *Rosenkavalier* so gerne angehalten hätte, mißachtete die Grenzen bürgerlicher Ordnung und Tradition. Das Handwerkliche spielte keine Rolle mehr, die Massenware trat in den Vordergrund; Musik war nun entweder die triviale Unterhaltungskunst der Schlager oder elitäre, abgezirkelte Erforschung neuer Klangwelten. Die Künstler schätzten das Urteil ihres bürgerlichen Publikums gering, sie vertrauten nicht – wie Strauss – darauf, daß sich das wirklich Gute auch beim Publikum durchsetzt.

Heute wissen wir, daß auch die atonale Musik nur eine Episode war, daß sich nun wieder viele Komponist zur Tonalität zurückwenden und daß kein Komponist nach Strauss mehr Werke schuf, die im Repertoire des Musikbetriebs Fuß fassen konnten. Strauss war der letzte, dem dies noch gelang – der letzte in der Reihe von Bach über Mozart, Beethoven bis Wagner, Brahms und Liszt.

Mahler, der andere bedeutende Komponist seiner Generation, war tot. Strauss fühlte sich von nun als an ein Relikt aus einer vergangenen Zeit. Da war es eine glückliche Fügung – und wie viele solcher Fügungen bestimmten seinen Weg! –, daß er den Dichter Hofmannsthal gefunden hatte. Hofmannsthal sah seine Aufgabe darin, zu bewahren, die europäische Kultur lebendig zu halten, zu sammeln, das alte Österreich in die neue Zeit hinüberzuretten. Schon 1905 schrieb Hofmannsthal: »Es hat keinen Sinn, zu denen, die klug sind und viele Vergangenheit in sich tragen, zu sagen: ›Ihr seid die Späten, ihr seid ohne Zukunft.‹ Denn dort, wo im jungen Gras abgestorbene Blätter vom vorigen Jahre liegen, dort hat sie der Gärtner sorgfältig zusammengetragen, um unter den geheimen Kräften ihrer Verwesung das Kostbarste zu bergen: Samen, aus dem er junge Bäume ziehen will.«[193]

Von nun an suchte Strauss in der Vergangenheit »Samen«, um neue Werke zu schaffen. Er spielte mit der Geschichte, mit der Kultur des über tausendjährigen Habsburger Reiches, das im Ersten Weltkrieg bald untergehen sollte, überschritt nie die von ihm gesetzte Grenze des Fortschritts, befand sich gleichsam nach der Moderne, die er in Gang gesetzt hatte, war ein Postmoderner zu Beginn des 20. Jahrhunderts.

## Spiel mit Traumbildern: *Ariadne auf Naxos*

Strauss war ein Spieler. Wann immer er Skatpartner fand, zog er die Karten aus der Tasche – nach der Probe, vor der Aufführung, im Zug, auf dem Schiff oder auch in Garmisch, wo dann freilich die Freunde des öfteren von Pauline verscheucht wurden, damit Richard endlich zum Komponieren kam.

Spielte er so leidenschaftlich, weil dies für ihn die einzige Möglichkeit war, der Musik zu entfliehen? Oder war er nicht auch als Komponist ein Spieler, der alle möglichen Kombinationen ausprobierte – und dabei stets doch die Regeln beachtete?

In der Musik pokerte Strauss hoch und wußte, daß kein Gewinn ohne Verlust erreicht werden kann. Stets wagte er das Ganze, ob er in *Zarathustra* das neue Lebensgefühl zum Ausdruck brachte, in der *Feuersnot* die Münchner Philister aufs Korn nahm, in *Elektra* die Wunde von Gewalt und Grausamkeit aufriß oder im *Rosenkavalier* mit der Leichtigkeit des 18. Jahrhunderts über die Abgründe von Moral und Zeit philosophierte. Doch das Spiel par excellence ist das Theater. Da kann man in verschiedenste Rollen, Charaktere, Stile, Zeiten und Räume schlüpfen, kann Wirklichkeit und Traum, bittere Wahrheit mit Komödie vermischen.

Im Kleinen Theater in Berlin lernte Strauss das neue Theater kennen, das nicht mehr – wie einst in Meiningen – auf der Bühne Wirklichkeit erstehen ließ; in dem statt dessen wieder die von Pappmaché, Schminke und Maske hervorgezauberten Illusionen zu ihrem Recht kamen. Dieses Theater war nicht mehr naturalistisch, sondern »farbig, mimisch und visuell orientiert«,[194] war nicht »historisch, sondern unmittelbar«,[195] kannte keine Kulturgrenzen, keine geschichtlichen Schranken, mischte antikes Drama, katholische Zeremonien und Rituale, Commedia dell'arte, Volkstheater, realistisch-expressive Gefühlsdarstellung zu einem Spiel, das »Schaulust, Lachlust, Lust an Rührung, Spannung, Aufregung, Durschschütterung«[196] weckte. Dieses Theater zeigt die Welt in einer viel deutlicheren, schöneren, schrecklicheren Weise, als es der Alltag je könnte. Hofmannsthal beschrieb 1903 die Bühne nicht mehr als Abbild der Wirklichkeit, sondern als »Traumbild«: »Unbeschreiblich ist die Ökonomie der Träume: wer kann vergessen, wie sich in ihnen ungeheure Gewalt mit wundervoller Kahlheit, Nacktheit geltend macht?«[197] Im Traum gibt es keine Schranken mehr zwischen Tier, Pflanze und Mensch, zwischen Vergangenheit, Gegenwart und Zukunft, zwischen Grauen und Freude. Alles hat Bedeutung, auch wenn die Bedeutung oft ein unentschlüsselbares Rätsel ist. Kleinste Gesten erhalten die Magie von Ritualen, Zeremonien und Beschwörungen. Das Theater zeigt Visionen einer geistigen Überwirklichkeit, läßt das Surreale für einige Stunden Wirklichkeit werden. Das ist sein Zauber, seine Magie.

Der Zauberer, der diese neue, und doch so alte Form von Theater wieder erweckte, war Max Reinhardt. Er eröffnete 1901 das »Kleine Thea-

*Max Reinhardt*
*(1873–1943)*

ter«, das sich zunächst »Schall und Rauch« nannte. Dort sah Richard Strauss die *Salomé* und später die *Elektra*. Reinhardts bahnbrechende Theaterrevolution prägte von nun an das Musiktheater von Richard Strauss. Doch Reinhardt bildete auch die Klammer zu Hofmannsthal; denn dessen *Elektra* war auf die Anregung des genialen Regisseurs hin entstanden, und diese wiederum erweckte in Strauss den Wunsch nach Zusammenarbeit mit dem Dichter.

Reinhardt hatte bis dahin noch nicht direkt mit Strauss zu tun gehabt. Dies änderte sich erst beim *Rosenkavalier*. Als Strauss in Dresden die erste Bühnenprobe sah, war ihm sofort bewußt, »daß der dortige brave Regisseur alten Schlages vollkommen unfähig sei, das Stück zu inszenieren.« Strauss schlug dem Generalintendanten Graf Seebach vor, Reinhardt hinzuziehen, was aber sehr heikel war: Was würde der Regisseur Georg Toller sagen? Schließlich erlaubte Seebach, daß Reinhardt kommen könne, aber nicht die Bühne betreten dürfe: »Der brave Reinhardt kam, ohne irgendeine Forderung zu stellen, fügte sich als kunstbegeisterter Jude sogar obiger Bedingung, und wir fanden uns alle auf der Probebühne zusammen, Reinhardt als bescheidener Zuschauer, während ich in meiner Unbeholfenheit den Sängern, so gut ich konnte, die Rollen vormimte. Nach einer Weile sah man Reinhardt mit Frau von Osten in einer Saalecke stehen und flüstern, bald dasselbe Bild mit Frl. Siems, Perron etc.«[198] In dieser Probe lehrte Reinhardt die Sänger so viel Schauspielkunst, daß am nächsten Tag alles »verwandelt« erschien. Der Generalintendant erlaubte Reinhardt nun, auf die Bühne zu kommen. Seine Opernregie erwies sich als bahnbrechend: »Das Resultat war ein neuer Stil in der Oper«, schrieb Strauss.

Die Opern von Strauss erfordern Darsteller mit Wagner-Stimmen, Darsteller, die zugleich feinsinnig, kammerspielartig gestaltende Schauspieler und außerdem – für *Salome* und *Elektra* – Ausdruckstänzer sind. *Der Rosenkavalier* war ebenso eine Form des Reinhardtschen »Welttheaters«, wie der 1911 von diesem genialen Regisseur uraufgeführte Hofmannsthalsche *Jedermann* und die im selben Jahr in London mit 2000 Mitwirkenden inszenierte Pantomime *Mirakel*. Pantomime, Burleske, feinsinnige Komödie, Oper, Märchen, Brauchtum, Zeremoniell und Ritual – alle die neuen Elemente des antinaturalistischen Theaters finden sich hier. Dabei kommt die Musik voll zu ihrem Recht, ist das Medium für Visionen, Träume und Alpträume. Wer den *Rosenkavalier* nur nach Dissonanzen absucht, kann gewiß keinen Fortschritt gegenüber *Salome* verbuchen. Aber diese Oper war eine Revolution des Musiktheaters.

Doch konnte man dieses Spiel mit Traumbildern nicht noch weiter treiben? Konnte man nicht Theater und Oper auf eine ganz neue Weise miteinander verbinden und ineinander übergehen lassen? Die Gelegenheit dazu bot sich: Als Dank für Reinhardts Hilfe beim *Rosenkavalier* planten Hofmannsthal und Strauss ein seltsames neues Werk; zunächst sollte eine

Komödie Molières als reines Schauspiel zu sehen sein, dann als Nachspiel eine Oper: »Die Idee war reizend: anfangend in nüchternster Komödien-prosa, durch Ballett und Commedia dell'arte zu den Höhen reinster, wort-loser Musik geführt . . .«[199] Hofmannsthal sah die »30-Minuten-Oper« be-völkert mit »heroisch-mythologischen Figuren im Kostüm des XVIII. Jahrhunderts in Reifröcken und Straussenfedern und aus Figuren der Com-media dell'arte, Harlekins und Scaramouches, welche ein mit dem heroi-schen Element fortwährend verwebtes Buffo-Element tragen.«[200]

Während im Kopf des Dichters schon die Figuren Gestalt annahmen, dachte der Komponist viel abstrakter: Ihm schwebte ein Schauspiel vor, das vom Sprechtheater zum Musiktheater, schließlich zur Koloraturarie der Zerbinetta, also zur reinsten Musik, führt.

Doch wie war dies zu verwirklichen? Hofmannsthal fand Molières *Bür-ger als Edelmann* für den Plan passend; denn in diesem Stück konnte man anstelle der ursprünglichen »Türkischen Zeremonie« die Oper *Ariadne auf Naxos* einfügen.

Molière zeigt in seiner Komödie den zu Geld gekommenen Neureichen, den Philister, der nach Höherem strebt und sich lächerlich macht. Er gibt in seinem Hause eine Oper, da »es große Herren immer so machen«. Der Zuschauer erlebt die Vorbereitungen zur Aufführung und sieht dann als Theater im Theater *Ariadne auf Naxos*, die fremd und wie aus einer ande-ren Welt in die protzige Festgesellschaft hineinplatzt. Ariadne weint in »starrer Trauer« und »zerrüttet« ihrem Geliebten Theseus nach, dem sie einst den Weg aus dem Labyrinth des Minotauros gezeigt und der sie nun auf Naxos verlassen hat.

*»Ariadne auf Naxos«: Szenenbild*

Eine schicksalhaft-mythische Tragödie wird der Komödie über den lächerlichen Bürger als Edelmann gegenübergestellt. Strauss komponiert hier Arien wie in der Barockoper. Doch der heroischen Frauengestalt sind Komödianten, eine Zerbinetta, ein Harlekin, Brighella und Truffaldino aus der Commedia dell'arte beigesellt. So wird die Opera seria durch die Opera buffa gespiegelt und gebrochen. Die Komödianten sollen Ariadne trösten und wieder zum Lachen bringen. Zerbinetta singt eine der schwierigsten Koloraturarien der gesamten Opernliteratur: »Großmächtige Prinzessin, wer verstünde nicht, daß so erlauchter und erhabener Personen Traurigkeit mit einem anderen Maß gemessen werden muß als der gemeinen Sterblichen.« Erhabene Gefühle herrschen hier, und vergessen ist die banale Welt der Bürger, Neureichen und Spießer. Doch Ariadne läßt sich von den Komödianten nicht trösten. Sie überwindet ihren Schmerz erst, als der Gott Bacchus erscheint, sich in sie verliebt, und die Musik voller Sinnlichkeit und Ekstase zu einem glücklichen Ende führt: Bacchus und Ariadne werden ein Paar.

Wieviele Brüche, Spiegelungen, Anspielungen prägen diese seltsame Verbindung von Theater und Oper! Wie barock gaben sich nun Strauss und Hofmannsthal, und wie modern zugleich! Dieses Werk ist eine Zeitmaschine, die bedenkenlos zwischen Antike, Barock, dem 18. Jahrhundert und der Gegenwart hin- und herwandert. Es handelt wieder, wie alle Strauss'schen Werke, vom Zwiespalt zwischen Moral – hier der Treue zu Theseus – und Leben – hier der neuen Liebe zu Bacchus. Hinzu kommt das Motiv der Metamorphose: Ariadne verwandelt sich in den Armen des Gottes. Dies ist die zentrale Szene der Oper, wie Hofmannsthal schrieb: »Verwandlung ist Leben des Lebens, ist das eigentliche Mysterium der schöpferischen Natur; Beharren ist Erstarren und Tod. Wer leben will, der muß über sich selbst hinwegkommen, muß sich verwandeln: er muß vergessen. Und dennoch ist ans Beharren, ans Nichtvergessen, an die Treue alle menschliche Würde geknüpft. Dies ist einer von den abgrundtiefen Widersprüchen, über denen das Dasein aufgebaut ist, wie der delphische Tempel über seinem bodenlosen Erdspalt.«[201]

Eine lächerliche Komödie über dem bodenlosen Erdspalt zwischen Vergessen, Verdrängen, Leben und Festhalten, Erinnern, menschlicher Würde – dies also zeigt uns Ariadne. Sie ist freilich viel mehr als nur ein Spiegel der Jahre vor dem Ersten Weltkrieg, weist vielmehr auf ein Grundproblem des 20. Jahrhunderts: Wie kann Neues geschaffen werden und entstehen, ohne das Alte zu vergessen und zu verdrängen?

Die Vorbereitungen der Premiere gestalteten sich zunächst wie das Stück selbst – lächerlich und erhaben zugleich. Lange stritten sich Strauss, Hofmannsthal und Reinhardt über den möglichen Uraufführungsort. Dabei griff auch Pauline temperamentvoll ein: »Du brauchst keineswegs Reinhardt, er braucht Dich! Seine Dresdner Gefälligkeit ist 10mal wett, da er in Verbindung mit Deinem Namen und der Hofbühne Dresden stand, darauf sieht er ja!« Für Reinhardts Kunst hatte die Komponistengattin, die mehr der Theaterkunst der Meininger nachhing, kein Verständnis: »Keine Pappe à la Reinhardt, was mich jedesmal abstößt, der Geruch von billigster Pappe und Malerei.« »Sei kein Schwächling und schreibe Reinhardt ab«,[202] riet sie ihrem Mann, und dieser folgte ihr: Keines der Berliner Theater Reinhardts erhielt die Uraufführungsrechte, sondern das neu zu eröffnende kleine Stuttgarter Haus, das ihm der dortige Intendant und Freund Schillings zur Verfügung stellte. Nun mußte also Reinhardts Berliner Ensemble ein Gastspiel in Stuttgart geben; Gesangsstars wie die Sopranistin Jeritza, der Tenor Jadlowker und Frieda Hempel wurden in die schwäbische Hauptstadt geholt, und die Proben begannen. Doch was so »erhaben« geplant war, endete in den Niederungen der allzumenschlichen Komödie. Das Stuttgarter Personal war auf die berühmten Berliner Theaterleute eifersüchtig, und – »ob Bosheit – ob Zufall«, erinnerte sich Strauss später – während der *Ariadne*-Generalprobe wurde im großen Haus *Undine* angesetzt, »zu der ein wichtiger Teil des technischen Personals (Inspizienten), dessen ich dringend bedurfte, abkommandiert war. Die Folge war, daß bei mir alles drunter und drüber ging. Es gab falsche und verspätete Auftritte, dekorativ klappte es nicht. Kurz, es war eine Schweinerei, ich schäumte vor Wut, die sich in einem Anfall gegen Schillings entlud, der natürlich so unschuldig war, daß ich, der Dumme, mich nachträglich noch bei Putlitz entschuldigen mußte.«

*Maria Jeritza als Ariadne*

Die Komödie setzte sich bei der Aufführung fort. Ein normal Sterblicher fand in dem kleinen, 400 Zuschauer fassenden Theater sowieso keinen Einlaß, denn das »Sondermilieu des schwelenden mondänen Dunstkreises eines großen internationalen Kunstereignisses«[203] herrschte, nachdem die Reklame zuvor schon wochenlang ein regelrechtes Premierenfieber in ganz Deutschland entfacht hatte. In dieser mondänen Uraufführungsatmosphäre ging die so reizvolle Idee, Theater und Oper ineinander übergehen zu lassen, unter. Denn »der liebenswürdige König Wilhelm von Württemberg hielt in bester Absicht« – so Strauss grantig – »einen 3/4 stündigen Cercle ab.« Theater und Oper waren also doch voneinander getrennt, das Publikum reagierte »etwas verstimmt und ermüdet«. Überhaupt, so meinte Strauss, waren die Zuschauer nur auf seine neue Oper gespannt, weshalb sie »dem prächtigen (von Reinhardts Schauspielern, besonders dem genialen Arnold, herrlich gespielten) Molière nicht das nötige Interesse entgegenbrachten«. So war also das »Theaterexperiment« mißglückt. Die Zuschauer verließen das Theater, so wie im Theater der Bürger als Edelmann das Theater betrachtete: »Er erwacht, hat eine Welt an sich vorbeirollen sehen und hat nichts gemerkt.«[204]

Strauss, Hofmannsthal und Reinhardt waren gescheitert. Das Werk wurde umgearbeitet: *Ariadne auf Naxos* wurde von Molières Stück abgetrennt, zu einer selbständigen Oper ausgebaut und am 4. Oktober 1916, also vier Jahre später, in Wien uraufgeführt. Hofmannsthal seinerseits bearbeitete Molières *Bürger als Edelmann*, der mit Strauss'scher Bühnenmusik in Reinhardts Regie 1918 am Deutschen Theater Berlin gegeben wurde.

Was als Ganzes, als große Verwandlung vom Theater zur Oper geplant war, wurde wieder geschieden. Das Bestehende und Beharrende hatte gesiegt, wie Strauss resümierte: »Die hübsche Idee – von der nüchternsten Prosakomödie bis zum reinsten Musikerlebnis – hatte sich praktisch in keiner Weise bewährt; ganz banal gesprochen: weil ein Publikum, das ins Schauspielhaus geht, keine Oper hören will, und umgekehrt. Man hatte für den hübschen Zwitter kein kulturelles Verständnis.«[205]

## Weltbürger in Zeiten des Chauvinismus: *Josephslegende*

Bei einem Gastspiel in Berlin sah Strauss Serge Diaghilews Russisches Ballett und war so »entzückt«, daß er die Pantomime *Josephslegende* dafür komponierte. Die 1909 in Paris erstmals vorgestellte Kompanie verband modernen Ausdruckstanz, den Barfußtanz der Isadora Duncan, mit der Virtuosität, Leichtigkeit und Perfektion klassisch ausgebildeter russischer Tänzer. Diaghilew hatte die Schriften Wagners gelesen, bewunderte den symbolistischen Dichter Baudelaire und verwirklichte eine neue Vision von Ballett: Bühnenbild, Kostüme, Musik, Pantomime und Tanz sollten eine Einheit bilden und zur Sprache ohne Worte werden. Strauss, Hofmannsthal und dessen Freund Graf Keßler fühlten hier künstlerische Verwandtschaft.

Die *Josephslegende* ist Ballett und Pantomime. Die Hauptrollen spielen nicht nur Tänzer: Potiphars Weib wurde von der Sängerin Marie Kussnetzoff dargestellt, Joseph von Leonid Massine, der damals erst am Anfang seiner Tänzerkarriere stand. Er sprang für den erkrankten Vaclav Nijinsky ein, für den Strauss und Hofmannsthal eigens die Szene »Suchen und Ringen nach Gott« vorsahen: Nijinsky hätte hier mit seinen berühmten hohen Sprüngen brillieren können. Doch was Massine an Tanztechnik fehlte, glich er durch hervorragendes Schauspiel aus: er traf genau die richtigen Bewegungen des noch unschuldigen, halb kindlichen, halb männlichen Joseph.

*Leonid Massine*

Schon wieder wagten also Strauss und sein Librettodichter ein Theaterexperiment – eine Mischform zwischen Ballett und Schauspiel. Wieder pokerte Strauss hoch: Nach Strawinskys *Feuervogel*, *Petruschka* und *Sacre du Printemps* in den Jahren 1910 bis 1913 und Maurice Ravels 1912 gespieltem Ballett *Daphnis et Chloé* folgte bei den Ballets Russes nun Strauss.

Die Geschichte der *Josephslegende* war für Strauss kein Neuland: Bibel und Orient lieferten bereits den Stoff für *Salome*. Die *Josephslegende* ist eine weitere Variation des alten Strauss'schen Themas: Liebe zwischen einer älteren Frau und einem Jüngling. Nur, dieses Mal wurde die moralische Ungeheuerlichkeit gezeigt, daß eine ältere, verheiratete Frau einen noch unerfahrenen, fast kindlich-träumerischen Jüngling zu verführen sucht. Die Frau Potiphar gehört der Welt des »Reichtums, der Macht, Schönheit, Lebenskunst« an. Diese Welt, so schrieb Harry Graf Keßler, sei »prunkhaft, üppig, schwül, voll von seltsamen Düften und Geschöpfen wie ein tropischer Garten, aber ohne Geheimnis, klassisch, hart, schwer«. Joseph dagegen ist ein unverdorbener Hirtenknabe, »ein Tänzer und Träumer«, der »Entdecker und Schöpfer einer neuen, fernen, lichten Welt«. Der »noch nicht mit einem Weibe zusammengekommene Knabe« hat »eine reflexartige Scheu vor der Frau«, denkt an die »tiefverschleierten, keuschen Mädchen seines Stammes«.[206] Er wehrt sich gegen die Liebkosungen der lasziven Frau, deshalb haßt sie ihn und läßt ihn foltern und töten.

Mit der Welt Potiphars verband Hofmannsthal die Bilder von Veronese. Orient und Renaissance gingen also ineinander über. Doch war diese Welt voller Reichtum und Prunk nicht auch die Gründerzeit, die sich gerne als neue Renaissance verstand? Joseph dagegen symbolisiert das Neue, das danach kommt. Worin dieses Neue besteht, bleibt allerdings auch in der *Josephslegende* ein Geheimnis.

*Potiphar und seine Frau in der »Josephslegende«, Figurinen von Léon Bakst zur Uraufführung in Paris*

Strauss erfand für diese Geschichte eine ganze andere Musik als zur *Salome*. Die schon im *Rosenkavalier* und vor allem in *Ariadne* angewandte Reduktion der Orchestermittel setzte er fort. Nicht mehr der Mischklang, sondern harte Konturen, einzelne Farbstriche, scharfe Dissonanzen herrschen vor. Weniger Ekstase, weniger Schwung besitzt diese Musik. Sie wirkt spröder, härter, moderner. Die Dissonanzen treten mehr hervor. Strauss gewinnt damit Klarheit, geistige Schärfe und Direktheit des Ausdrucks. Momente der Sinnlichkeit, etwa wenn Frau Potiphar Joseph zu verführen sucht, wirken dadurch umso stärker. Diese Musik ist nackter, grausamer und radikaler, verzichtet auf den Rausch der Klangfarben, den Duft des impressionistischen Orchesterklanges. Strauss komponierte also einige Jahre vor Strawinsky bereits »klassizistisch«, für kleines Orchester und melodiebetont. Strauss war damals bald 50 Jahre alt, aber noch wandlungsfähig, und sein künstlerischer Instinkt war noch immer seiner Zeit voraus.

Bei der Uraufführung im Théâtre National de l'Opéra in Paris glänzte das Russische Ballett durch »seine verschwenderische Kunstentfaltung in Szenerie und Kostümen«[207], das Werk fand »eine enthusiastische Aufnahme«, das »Gefühl der Franzosen der Bewunderung für Strauss an der Stelle, auf der einst Richard Wagner scheiterte«, wurde von dem deutschen Kritiker Leopold Schmidt mit Stolz »als Erfolg deutscher Kunst im Ausland«[208] gefeiert.

Die Zusammenarbeit zwischen der russischen Ballettkompanie, dem französischen Opernorchester, dem österreichischen Dichter und dem deutschen Komponisten sahen viele als hoffnungsvolles Zeichen der »wachsenden Staatenverbrüderung«.[209] In der Tat: die *Josephslegende* war ein Werk, das viele europäische Einflüsse in sich aufnahm und zu etwas Neuem gestaltete. Dämmerte hier also eine neue Zeit, die Nationalismus und Chauvinismus überwinden und zur Einheit Europas führen würde?

Nein, dieses Ballett blieb nur eine Vision. Am 28. Juni, nur etwas mehr als einen Monat nach der Pariser Uraufführung, wurde diese zarte Blüte europäischer Kultur durch den beginnenden Ersten Weltkrieg niedergewalzt. Die Nationalisten und Chauvinisten hatten wieder das Sagen.

Die *Josephslegende* ist ein Werk, komponiert und aufgeführt hart am Rand des Abgrunds – und dieser Abgrund öffnete sich nicht nur in der äußeren Welt der Politik und Wirtschaft, sondern auch im Innern der Menschen. Sie alle waren vom gefährlichen Virus des Nationalismus angesteckt – auch Richard Strauss. Seine Freunschaft mit Romain Rolland zeigt, was für Welten Deutsche und Franzosen damals voneinander trennten und wie schwierig es für beide war, sich zu verstehen. Strauss hatte sich in dieser Freundschaft vom Nationalisten und musikalischen Chauvinisten, der er in seiner Jugend gewesen war, zum Individualisten und Weltbürger gewandelt.

Doch wie kritisch – trotz aller Bewunderung – sah ihn Romain Rolland. Der französische Schriftsteller beschrieb Strauss als »Helden«: »Aber der Wille ist heroisch, beherrschend, leidenschaftlich und mächtig bis zum Erhabenen. Durch ihn ist Richard Strauss groß, durch ihn steht er heute einzig da. In ihm fühlt man die Kraft, die den Menschen beherrscht.« Rolland erkannte in der Musik von Strauss die Fortsetzung der Gedanken von Beethoven und Wagner, wodurch er »vielleicht einer der größten Dichter des heutigen Deutschlands« sei, »das sich in ihm wie in seinem Helden wiederkennt«. Doch das Psychogramm dieses Helden ähnelte merkwürdig der Mentalität des deutschen Volkes, das 1870/71 die Franzosen besiegt und sich daraufhin zum Deutschen Reich vereinigt hatte. Strauss »ist ein Idealist«, schrieb Rolland 1908, »der einen grenzenlosen Glauben an die herrschende Macht des Geistes und an die befreiende Kunst hat«. Doch die »Niedrigkeit der Welt und die Hindernisse, denen er begegnet«, entrüsten und erregen ihn nicht nur, sondern führen zu »Ekel« und Sarkasmus (in *Till Eulenspiegel*) und enden im »verachtenden Heldentum«: »Wie peitscht und geißelt sein Lachen im *Zarathustra*! Wie zermalmt und kritisiert sein Wille im *Heldenleben*! Er ist sich seiner Kraft durch den Sieg bewußt geworden: jetzt kennt sein Stolz keine Grenzen mehr; er erhebt sich, er unterscheidet nicht mehr die Wirklichkeit von seinem maßlosen Traum, ganz wie das Volk, dessen Abbild er ist. Es gibt heute in Deutschland Krankheitskeime: einen Wahnsinn des Hochmuts, einen Ichglauben und eine Verachtung der andern, die an das Frankreich des 17. Jahrhunderts erinnern.«[210]

*Romain Rolland
(1866–1944)*

Romain Rolland fühlte sich angesichts der Musik von Strauss an die Stiche in den Schaufenstern Berlins erinnert, die »ruhig sagen: Dem Deutschen gehört die Welt!« und stellte traurig fest: »Wenn der Geist an diesen Punkt gelangt ist, beginnt er irre zu reden.« Den Wahnsinn des deutschen Geistes erblickte Rolland in der Unfähigkeit, »über seine innere Welt zu herrschen«. Doch, so warf er seinem Nachbarvolk vor, den Deutschen werde es nun schwindlig, der »Strudel der äußeren Bilder« betöre sie, und die Helden würden, kaum daß sie gesiegt hatten, »schwach«; denn jedes der Werke von Strauss endet mit einer Niederlage: Guntram wirft den Degen weg, nachdem er Herzog Robert erstochen hat, Zarathustra lacht über seine Ohnmacht, Don Juan endet im Ekel. »Alle diese Helden entsagen im Ekel, in der Verzweiflung oder in einer noch traurigeren Resignation als der Verzweiflung.« Rolland sah »ein heroisches Volk, trunken von seinen Triumphen, von seinem ungeheuren Reichtum, seiner Zahl, seiner Kraft, die die Welt mit seinen weiten Armen umspannt, sie bezähmt und – innehält, durch seinen Sieg zerbrochen – und sich fragt: Warum habe ich gesiegt?«

War die Musik von Strauss ein Abbild des deutschen Volkes? Kaiser Wilhelm hätte dagegen gewiß schärfstens protestiert. Die einzige Oper seines Hofkapellmeisters, die er sah, war der *Rosenkavalier*. Danach befand er: »Diese Musik ist nichts für mich.« Nein, in den Strauss'schen Hauptwerken gibt es weder Militärmärsche, simple Vereinfachungen, wie sie im Kasernenton üblich waren, noch Aufrufe zu preußischer Weltbeherrschung. Im Gegenteil: Strauss zeigt mit seiner Musik stets die Niederlage der Helden, ihren Untergang, ihre Perversität, ihren Wahnsinn, das Blut, das – zumeist – umsonst fließt. Nein, diese Musik empfand man in Berlin nicht als deutsch, vielmehr als international, großstädtisch und moralisch zweifelhaft.

Romain Rolland urteilte aus der Sicht des Franzosen. Er konnte nicht verstehen, daß Strauss sein Genie an Wildes dekadentes Theaterstück *Salomé* vergeudete, anstatt eine Tragödie wie Shakespeares *Lear* für die Oper zu entdecken: »Ich sagte mir: Warum nicht den *König Lear*? Was für einen *König Lear* könnte Strauss komponieren! Man hätte nie etwas gesehen, das dem gleich käme!«[211] Rolland vermißte bei Strauss den deutschen Idealismus eines Beethoven und Wagner. Er hörte den ungeheuren Schwung, die gewaltigen Steigerungen, die in der Tat den Aufschwung der Gründerjahre, das »Mir gehört die Welt« besingen, und konnte nicht verstehen, daß diese Steigerungen nicht zu einem Ziel führten, sondern im Gegenteil in Katastrophen, Zusammenbrüchen oder im Rückzug von der Welt endeten.

Doch war Strauss nicht der Wahrheit näher? Er wollte ja nicht als Künstler für irgendwelche sittlichen Ziele eintreten, sondern nur zeigen, wie die Welt ist. Das – so wurde ihm bewußt – prägte alle wirklich große Kunst. Und im übrigen war ihm seitdem auch aufgegangen, daß nicht er komponierte, sondern *es* in ihm komponierte – und er im Grunde für die dabei entstehende Musik nichts konnte. Das war sein Genie, das er nicht willentlich beeinflussen konnte. Ja, das war eine ganz andere Existenz. Im Alltag war er der bieder, korrekt in Anzug und Schlips gekleidete Dr. Strauss, der auch einen Kommerzienrat hätte abgeben können. Doch wenn er vor dem Notenpapier saß, war er ein anderer, da hatte er Visionen, Träume und Alpträume, die weit über seine bürgerliche, deutsche Existenz hinausgingen.

In Berlin war man damals wohl dem Puls der Zeit näher als in Paris, fühlte die innere Hohlheit, die Auflösung, die Perversität der neuen Großstadt-, Industrie- und Massenkultur stärker als in Paris und London, deren Aufschwung in den vergangenen Jahrzehnten nicht so ungesund schnell und vehement vonstatten gegangen war.

Doch ganz konnte Strauss die Brille des Nationalismus nie ablegen. Als er nämlich die *Salome* komponierte, die Oscar Wilde im Original auf französisch geschrieben hatte, beschäftigte sich der deutsche Komponist intensiv mit der französischen Sprache und bat Romain Rolland um Hilfe. Anfänglich huldigte Strauss noch dem Vorurteil, daß die französische Musik noch in der Künstlichkeit des 18. Jahrhunderts stecken geblieben sei, während Deutschland durch Richard Wagner den wahren Fortschritt erzielt habe: Er – so meinte Strauss – habe in der Musik wieder das Gefühl für die Bedeutung der Sprache entdeckt.[212]

Rolland antwortete höchst verärgert: »Ihr seid erstaunlich, ihr anderen, ihr Deutschen; ihr begreift nichts von unserer Dichtung, absolut nichts; und dennoch beurteilt ihr sie mit einer unerschütterlichen Sicherheit. – Sie sagen mir, daß wir dasselbe in Frankreich tun? – Nein. Wir beurteilen nicht ihre Dichter, wir kennen sie nicht. Aber es ist besser, nichts zu wissen, als zu glauben etwas zu wissen, wenn dies nicht wahr ist.«[213]

In den folgenden Briefen gab Rolland nun Strauss einige Lektionen über die Besonderheiten der französischen Sprache, deren Poesie und deren musikalische Vertonung bei Debussy, die Strauss anfangs ziemlich falsch vorkam. Strauss hatte so in Rolland wieder einen »Oppositionsteufel« gefunden. Er ließ sich belehren, hatte am Schluß nicht nur für sein musikalisches Handwerk viel gelernt, sondern auch etwas mehr Verständnis für die französische Kultur gewonnen.

Diese Episode zeigt, wie fremd damals französische und deutsche Kultur einander waren und in welch einem gegenseitigen Wettstreit sich Deutsche und Franzosen befangen fühlten, auch wenn sie wie Strauss und Rolland um gegenseitiges Verständnis bemüht waren. Doch während Hofmannsthal, sein Freund Keßler, Max Reinhardt, Rolland und Strauss sich um kulturelle Zusammenarbeit und Befruchtung in Europa bemühten, wurden von anderen tiefe Gräben aufgerissen.

Als die *Josephslegende* nach der Pariser Uraufführung vom Russischen Ballett in London gegeben wurde, schrieb der Kritiker Ernest Newman:

»Für einige von uns war das Aussitzen des neuen Balletts von Strauss gleichsam das Beiwohnen des Begräbnisses eines verlorenen Anführers. Denn offensichtlich ist Strauss nun ziemlich tot, was die Musik betrifft. Hanslick sagte, daß in England – er hätte mit gleicher Wahrheit sagen können in der ganzen künstlerischen Welt – es schwierig ist, Ansehen zu gewinnen und unmöglich, es zu verlieren. Strauss mag sich gratulieren für diesen Zug hündischer Treue im Publikum.«[214] Newman hielt die große Linie »teutonischer« Komponisten, die von Liszt und Wagner ausging, für versiegt. Während er die früheren Werke von Strauss ihrer neuen Sprache, ihres neuen Idioms und ihrer neuen Psychologie wegen bewunderte, hielt er Strauss nun für erschöpft, die *Josephslegende* für langweilig, ohne Genie und nicht einmal mehr für handwerklich gekonnt. Diesem Verdikt widersprach George Bernard Shaw in einer scharfen öffentlichen Kontroverse in der Zeitung »The Nation« aufs schärfste. Er stufte die *Josephslegende* als ein Meisterwerk ein.

Schon anläßlich der englischen Premiere von *Elektra* gerieten die beiden bedeutendsten englischen Musikkritiker einander in die Haare. Bereits damals war ihr Streit nicht nur ästhetisch, sondern politisch geprägt gewesen. Newman anerkannte zwar, daß Strauss der größte lebende Musiker sei, kritisierte aber die »Häßlichkeit« der Musik und den »teutonischen Sinn für Übertreibung«. Strauss sei »unfähig zu sehen, daß die Hälfte oft größer als das Ganze ist.«[215] Auch dem widersprach Shaw vehement. Er sah in dieser Oper die Anklage gegen die Verkommenheit der heutigen Plutokratie und eine der treffendsten Darstellungen des krebsgeschwürartigen Übels:

*George Bernard Shaw*
*(1856–1950)*

»Und daß die Gewalt, mit der dies dargestellt wird, nicht die Gewalt des Übels selbst ist, sondern die Leidenschaft, die es verabscheut und es schließlich zerstört, ist das, was dieses Werk groß macht und uns sogar an seinem Schrecken Freude empfinden läßt.«[216]

Im folgenden Abschnitt wandte sich Shaw gegen die »Dummköpfe« und »Geldwechsler«, die »versuchen, uns in einen Krieg mit Deutschland zu treiben«. Denn Shaw glaubte an die deutsche Kultur und meinte, allein Beethovens und nun Strauss' wegen dürfe man Deutschland nicht bekriegen.

So widersprüchlich war also das Bild von Strauss in England: Newman hielt ihn für einen Teutonen wie Kaiser Wilhelm, Shaw für einen humanen, an das Gute glaubenden Menschen wie einst Beethoven. Auch im Ausland spaltete Strauss die Meinungen, war umstritten, rüttelte die Zuhörer auf, schied sie in Parteien, nur weil seine Musik zeigte, wie die Welt ist.

Strauss erinnerte sich später an die »antideutsche Stimmung« in London während des Gastspiels am Covent Garden. Plötzlich war er *der* deutsche Komponist, der Vertreter dieser alten, bewunderten Musiknation, die sich im Gehabe ihres obersten Repräsentanten freilich so arrogant, kulturlos und teutonisch gab. Es war eine Tragödie. Der Chauvinismus hatte gesiegt. Der Weltbürger mußte wieder ein deutscher Patriot werden.

# X
# Im Schatten der Katastrophe

Der Erste Weltkrieg markiert einen Wendepunkt im Leben von Richard Strauss. Davor galt Strauss als fortschrittlicher Zukunftsmusiker, danach als Konservativer, als ein Musiker aus der »Welt von Gestern«, wie Stefan Zweig sie nannte. Gewiß, im *Rosenkavalier* hatte er diese Wende nach rückwärts bereits vollzogen, doch bewußt wurde es ihm erst in der Weimarer Republik, daß er nun nicht mehr an der Spitze des Fortschritts stand. Nun fühlte er den großen Verlust jener alten Ordnung, die noch auf Kaiser und Fürsten beruhte und die im Prinzip noch dieselbe gewesen war wie zu Mozarts Zeit. Seine musikalische Phantasie wandte sich jetzt der Vergangenheit zu. Dabei gewann seine Musik neue, menschlichere Töne. Anstelle der Emphase des heroischen Aufschwungs und des Vorwärtsstürmens erklingen nun Klänge voller Weichheit, Demut, Mitleid und Wärme.

## Die Krise

Die Berliner Jahre bis 1911 waren die große Zeit von Richard Strauss. Damals war er glücklich, eins mit sich selbst und von scheinbar unerschöpflicher Produktivität erfüllt. Zugleich war er so erfolgreich wie selten ein Komponist vor ihm und keiner mehr nach ihm. Strauss-Feste wurden veranstaltet, 1910 sogar in seiner Heimatstadt München. Jede Premiere war ein großes Ereignis, die ersten meist ein Skandal, die späteren mondäne gesellschaftliche Veranstaltungen. In Frankreich, England und Italien gewann seine Musik viele begeisterte Anhänger. 1907 wurde Strauss in Paris sogar zum Offizier der Ehrenlegion ernannt. Dies alles gelang ihm, noch bevor er 50 Jahre alt wurde.

Doch nach dem *Rosenkavalier* setzte eine Krise ein. Über die Arbeit an der *Alpensinfonie* schrieb er Hofmannsthal 1911: »Ich warte auf Sie und quäle mich inzwischen mit einer Sinfonie herum, was mich aber eigentlich weniger freut wie Maikäfer schütteln.«[1] Strauss mokierte sich gerne über Kollegen, die über Schwierigkeiten beim Komponieren klagten, insbesondere über Pfitzner. Doch nun passierte ihm dasselbe. Der alte Schwung war verloren. Strauss bekannte, daß ihm etwa zur Figur des Joseph in der *Josephslegende* nichts einfalle, quälte sich mit seinen Werken und fühlte sich zum Komponieren verdammt, da er nichts anderes gelernt hatte. So schrieb er dem 18jährigen Sohn: »Ich selbst bedauere es heute lebhaft, daß gerade meine Gymnasialvorbildung so starke Lücken aufweist, weil ich mich frühzeitig und vorwiegend mit Musik beschäftigt habe. Heute würde es mir mehr Vergnügen machen, den Homer und Horaz im Original zu lesen, ebenso Shakespeare – statt meiner Musik, die ich nun schon seit 30 Jahren erschöpfend betreibe, und lieber anderen Wissenschaften huldigen.«[2]

Hatte er das Komponieren satt? Der musikalische Schöpfungsakt war für ihn immer etwas Erotisches, Leidenschaftliches und Sinnliches: Empfand er nun Überdruß und Ekel an seiner Kunst? In seiner Musik nach dem *Rosenkavalier* fehlen der jugendliche Schwung, der sinnliche Klang und die Ekstase der früheren Werke.

Strauss begann zu altern. Bis zum *Rosenkavalier* verlief sein Leben in einem großen Crescendo. Doch nun plagte er sich mit seiner letzten Tondichtung ab. Erste Skizzen zur *Alpensinfonie* finden sich schon 1902. Im Grunde schwebte ihm dieses Werk seit seiner Jugend vor – seit jener denkwürdigen Gebirgswanderung zum Herzogstand. Aber erst 1915 konnte er die Komposition vollenden. Für *Don Juan* brauchte er nur wenige Monate, für die *Alpensinfonie* mehr als ein Jahrzehnt!

Die Jahre von 1911 bis 1919 waren eine schwierige Zeit. Nur ein überragendes Werk komponierte Strauss, *Die Frau ohne Schatten*, während die anderen Problemkinder waren: *Ariadne auf Naxos* erwies sich in der Urfassung als nicht lebensfähig, weshalb sie überarbeitet werden mußte. Die *Josephslegende* reichte beileibe nicht an *Salome* heran, Hofmannsthal hielt sie für »kein sehr geglücktes, oder sagen wir, kein sehr glückliches Werk«,[3] und auch die *Alpensinfonie* war kein so genialer Wurf wie die früheren Tondichtungen.

Aber diese Krise war nicht nur altersbedingt. Die Welt veränderte sich, während der Komponist in den alten Bildern, Gedanken und Empfindungen verhaftet blieb. Die Kritiker nannten Strauss'sche Melodien nun banal und wenig originell. Doch hatte nicht auch Mozart stets mit Melodieformeln komponiert, die damals Allgemeingut waren und auch bei anderen – mittelmäßigen – Komponisten gefunden werden können? Nun wurde etwas völlig Neues erwartet, das radikal mit den alten Traditionen brach, so wie es etwa Béla Bartók in Ungarn, Leos Janáček in Böhmen, Igor Strawinsky aus Rußland und zwei geniale Franzosen, Claude Debussy und Maurice Ravel, vorexerzierten.

Romain Rolland liebte zwar die Musik von Strauss sehr, doch er schrieb über Debussy, den er persönlich nur wenig schätzte: »Er ist für mich der originellste – der einzige originelle – gegenwärtig in Europa lebende Musiker – (wenigstens von denen, die ich kenne) – der Schöpfer einer neuen musikalischen Sprache, völlig neu und sehr perfekt.«[4] Debussy brach mit der klassischen, deutschen, auf Bach, Mozart, Beethoven und Wagner zurückgehenden Tradition. Seine Musik nimmt außereuropäische Elemente auf, ist also nicht mehr allein Musik des Abendlandes wie die von Strauss.

Der Bürgerschreck von einst war kein musikalischer Revolutionär mehr, sondern ein Bewahrer, und fühlte sich ziemlich allein. Der einzige große Konkurrent und Freund aus seiner Generation, Gustav Mahler, starb 1911: »Der Tod dieses hochstrebenden, idealen und energischen Künstlers ein schwerer Verlust. Die ergreifenden Memoiren Wagners mit Rührung gelesen. Lecture deutsche Geschichte im Zeitalter der Reformation. Leop. Ranke: durch sie wird mir hell bestätigt, daß alle dort die Cultur fördernden Elemente seit Jahrhunderten nicht mehr lebenskräftig, wie alle großen politischen und religiösen Bewegungen nur eine Zeitlang wirklich befruchtend wirken können. Der Jude Mahler konnte im Christentum noch Erhebung gewinnen. Der Held Richard Wagner ist als Greis durch den Einfluß Schopenhauers wieder zu ihm herabgestiegen. Mir ist absolut deutlich, daß die deutsche Nation nur durch die Befreiung vom Christentum neue Tatkraft gewinnen kann. Ich will meine *Alpensinfonie*: den Antichrist nennen, als da ist: sittliche Reinigung aus eigener Kraft, Befreiung durch die Arbeit, Anbetung der ewigen herrlichen Natur.«[5]

Das war seine Gedankenwelt: die Überwindung des Christentums, Nietzsches »Antichrist«, Arbeitsethos, Naturverehrung. Trotzig schuf Strauss in seinem gewaltigsten Orchesterwerk, der *Alpensinfonie*, dieser Weltanschauung ein Monument. Die Bergbesteigung geschieht in Form einer Fuge – und Fuge bedeutete für ihn zugleich »Arbeit«. Die Musik arbeitet sich über pastorale Naturidylle wie »Jagd«, »Wald«, »Wasserfall mit Wasserfee«, »Blumige Wiesen« und »Alm« durch gefahrvolles Dickicht und über todbringende Gletscher zur Höhe empor: die Bergbesteigung als Sinnbild für den »Höhenmenschen«. Dort auf dem Gipfel gelingt Strauss eine außerordentlich schöne, schwerelos entschwebende Musik wie in alten Zeiten. Sie beschwört die Vision von Größe, Geistigkeit und Übermenschentum, fern aller teutonischen Marschseligkeit und Übertreibung. Doch Sturm und Gewitter reißen die Bergsteiger in die Tiefe. Eine gewaltige, musikalische Katastrophe zerstört die Vision vom neuen Menschen. Die Natur erweist sich als stärker als der Mensch, seine Kultur und seine Arbeit. Dies ist die Botschaft von Strauss' letzter Tondichtung.[6]

## »Ehrfurchtvolles Stillschweigen« / Der Erste Weltkrieg

Als 1914, wenige Wochen nach der Uraufführung der *Josephslegende* in Paris, der Krieg ausbrach, entpuppte sich die schwüle, lähmende Windstille und Strauss' persönliche Schaffenskrise als Vorahnung der großen Katastrophe, die jetzt Wirklichkeit wurde.

Bei Kriegsbeginn war Strauss in Italien. »Wir kamen mit Müh und Not durch österreichische Truppentransporte über den Brenner nach Hause. Als wir Franzensfeste passierten, hatte sich ein österreichischer Offizier aus Nervosität über die hohe Brücke in die Eisack gestürzt. Am 1. August beschlagnahmten die Engländer mein bei Edgar Speyer in London liegendes Vermögen – die Ersparnisse dreißigjähriger Arbeit . . .«[7]

Für Strauss brach eine Welt zusammen: Die Grenzen wurden geschlossen, die internationalen Auftritte als Dirigent und die Gastspiele mit

*Beginn des Ersten Weltkriegs: Einberufene Zivilisten auf dem Weg in die Kasernen*

seinen Werken wurden abgesagt, und sein ganzes Vermögen, das er vermeintlich krisensicher in London angelegt hatte, wurde von den Engländern als Feindesgut eingezogen. Ein Traum war geplatzt: Er wollte von seinem 50. Lebensjahr an nur noch – wie ein Privatier – in der Garmischer Villa komponieren und mußte nun wieder von vorne anfangen.

Aber Strauss war ein viel zu robuster Tatmensch, als daß er den Kopf hätte hängen lassen. »Acht Tage war ich reichlich deprimiert, dann fuhr ich in meiner soeben begonnenen *Frau ohne Schatten* weiter . . .« Die seelischen Depressionen zu Kriegsbeginn, so schrieb er an Hofmannsthals Frau Gerty, bekämpfe er wacker durch unaufhörliches Arbeiten.[8] Doch, so fügte er mit vaterländischem Patriotismus hinzu, »jetzt wo die großen Siegesnachrichten kommen, ist der ekelhafte Zustand so gut wie überwunden«. Der Sieg der bayerischen Armee bei Metz am 20. August beflügelte ihn so sehr, daß er die Skizzen zum III. Akt der *Frau ohne Schatten* vollendete. Plötzlich erschien ihm der Krieg wie eine heilsame Entladung der schwülen Atmosphäre zuvor. Er sah »eine große herrliche Zeit« heraufdämmern und meinte in naiver Begeisterung: »Man schämt sich nachträglich jedes bösen kritischen Wortes, das man je über dies brave, starke deutsche Volk gesagt hat. Man hat das erhebende Bewußtsein, daß dies Land und Volk erst am Anfang einer großen Entwicklung steht und die Hegemonie über Europa unbedingt bekommen muß und wird.« Das waren markige Sätze – aber so dachten damals die meisten Deutschen. Strauss ließ sich von der allgemeinen Kriegsbegeisterung anstecken.

Allerdings reichte sie nicht sehr weit. So konnte er nicht begreifen, daß sich Hofmannsthal freiwillig zum Kriegsdienst meldete: »Dichter könnte man wirklich zu Hause lassen, wo sonst so reichlich Kanonenfutter vorhanden ist: Kritiker, Regisseure mit eigenen Ideen, Molièrespieler etc.«[9] Und im bereits erwähnten Brief an Gerty von Hofmannsthal fügte er sarkastisch hinzu: »Hugo hat die verdammte Pflicht, den Tod fürs Vaterland nicht zu sterben, bevor ich meinen III. Akt habe, der ihm, hoffe ich, noch mehr Ehre einbringen wird, als eine schöne Todesanzeige in der Neuen Freien Presse.«

Seine Kunst stellte Strauss höher als den großen Krieg. Da war er noch ganz ein Egoist Stirnerscher Prägung: Die Musik war ihm wichtiger als alles andere, mochte auch die Welt untergehen. Er heulte mit den Wölfen und war für den Krieg begeistert – solange der seine Kunst nicht störte und sein eigenes Leben nicht betraf. Als sich der 18jährige Sohn Franz 1915 freiwillig zum Kriegsdienst meldete, war Strauss erleichtert, daß der bayerische Stabsarzt die Einberufung nicht zuließ: »Der unerhörte Glücksfall, der Dich und uns trifft, daß Du in Folge Deiner langsamen Körperentwicklung nun von diesem greulichen Kriege an Leib und Leben verschont bleibst – gegen Deinen braven und tapferen Willen, ich weiß, – wird Dich hoffentlich nun doppelt aneifern, auf dem Weg der Wissenschaft der schönen Künste zu edler Kulturarbeit strebend – immer mehr Dich zu bilden und ein tüchtiger Arbeiter des Geistes zu werden . . .«[10]

Als »Arbeiter des Geistes« sah sich Strauss also noch immer – und noch immer fühlte er sich auch als Mackayscher Anarchist. Was konnte man denn als »einfacher« Arbeiter anderes tun, als wenigstens sein eigenes Lebensschiff erfolgreich zu steuern? Von der Politik hielt Strauss nicht viel: »Alle Historie ist fast nur eine unaufhörliche Kette von Taten der Dummheit und Bosheit, Gemeinheiten, Habsucht, Betrug, Mord und Zerstörung. Wie wenig haben die, die berufen sind, Geschichte zu machen, aus ihr gelernt!«[11]

Zunächst setzte er – schon im Oktober 1914 – auf einen baldigen Friedensschluß: »Hoffentlich diktiert den Frieden Hindenburg und nicht Jagow«, schrieb er an Hofmannsthal.[12] Doch als dieser politisch naive Glaube enttäuscht wurde, teilte er Hofmannsthal ungeduldig mit: »Meiner Schwester Bedienter schrieb aus dem Felde: verehrte Frau Generalin, ich hätte jetzt genug! So geht's mir auch: aber wer kann ein Ende ersehen? Sollen wir nie mehr den Louvre, nie mehr die National Gallery sehen? Und Italien?«[13]

Wie merkwürdig gespalten war das Denken von Strauss! Einmal freute er sich patriotisch über die Tapferkeit der deutschen Soldaten, dann war er froh, daß seinem Sohn der Krieg erspart blieb. Er beklagte sein in England verlorenes Vermögen, während Tausende in den Schützengräben verwundet, verstümmelt und gemordet wurden, forderte für die Deutschen die Vorherrschaft in Europa und schimpfte über den »Vandalismus«, daß während des Krieges Theater geschlossen und Orchester aufgelöst wurden. Ungeduldig wartete er auf den großen Sieg, und als die Niederlage immer wahrscheinlicher wurde, vergrub er sich in seine Arbeit. Während des Krieges lud er Romain Rolland zu sich nach Garmisch ein und beschwerte sich bei ihm zugleich, daß deutsche Kriegsgefangene in Frankreich unmenschlich behandelt würden. In der Öffentlichkeit schwieg er, komponierte keine Märsche und vaterländischen Lieder und begründete seine Haltung mit »ehrfurchtvollem Stillschweigen dem großen Ereignisse gegenüber«.[14]

Strauss verstummte. Seine Sprache als Musiker wie als Mensch wich einem höchst ambivalenten Schweigen, in das sich Furcht, achtungsvolle Scheu und Respekt vor den erhabenen Ereignissen mischten, eine Wesensart, die Strauss bislang fremd war. Aus dem jugendlichen Feuerkopf wurde ein ängstlicher Bürger. Wie anders verhielten sich dagegen seine Freunde!

Hofmannsthal meldete sich – wie bereits erwähnt – freiwillig zur Armee, um seinen Teil zu dem »Ereignis gigantischer Art« beizutragen, »das eine Epoche beendet, deren tiefste Tendenzen es in sich zusammenfaßt und in einer grandiosen Dissonanz zum Ausdruck bringt«, und doch zugleich »neue Kräfte«, »Geist und geistige Leidenschaft« durch das »gemeinsam Erlittene« entfesseln wird.[15] Der feine Ästhet fand angesichts des Krieges seine Berufung: für die Vision eines eigenständigen Österreichs zu kämpfen, das ihm als ein Europa im Kleinen erschien. Auch auf ihn wirkte der Krieg wie ein reinigendes Gewitter, das endlich den Stillstand der vergangenen Jahre durchbrach und wie ein Naturergnis, ein Vulkanausbruch, ein gigantisches Erdbeben eine neue Zeit ankündigte. So dachte Hofmannsthal, so empfand Richard Strauss, und so fühlten die meisten Menschen, die begeistert in den schrecklichen Krieg zogen.

Einer der ganz wenigen, die klarer sahen, war Romain Rolland. Er widmete 1916 zu Allerseelen »Den hingeschlachteten Völkern« einen Aufruf, der nicht in idealen Sphären wie die Texte Hofmannsthals oder Thomas Manns schwebte, sondern eine nackte Wahrheit aussprach, indem er einen Text von Rabindranath Tagore zitierte: »Die europäische Zivilisation ist eine Zerstörungsmaschine. Sie verbraucht die Völker, die sie erobert. Sie rottet die Rassen aus und zerstört, die seinen Siegesschritt hemmen. Sie ist eine kannibalische Zivilisation, sie unterdrückt die Schwachen und bereichert sich auf ihre Kosten. Sie sät überall Eifersucht und Haß aus, sie verbreitet eine Leere um sich her. Sie ist eine wissenschaftliche Zivilisation und keine menschliche.«[16]

So sah ein Inder die Europäer, und hatte er nicht recht? Romain Rolland forderte das Ende des Krieges, die Abkehr von der Herrschaft des Geldes und soziale Erneuerung. Doch er war einer der ganz wenigen, die so pazifistisch dachten: »Ich fühle mich allein, ausgeschlossen aus dieser blutigen Gemeinschaft. Einmal mehr seit der Dreyfus-Affäre fühle ich mich vom Rest der Welt ausgeschlossen.«[17]

Strauss dagegen konnte sich nicht entscheiden zwischen Patriotismus und Pazifismus. Da er kein Mann der Sprache war, konnte er seine Unsicherheit hinter der Musik verstecken. Im Grunde wollte er alles: daß die Deutschen siegen, daß er in der ganzen Welt seine Musik spielen könnte, daß er weiterhin seine Freunde im Ausland besuchen und einladen dürfte und daß er wieder im Louvre seine geliebten Gemälde betrachten könnte. Er lebte so sehr auf dem Gipfel seiner Kunst und des Geistes, daß er die Niederungen des Lebens übersah und schwieg.

Romain Rolland hielt in seinem Kriegsjournal Auszüge aus einem Artikel von Richard Specht über Strauss fest: »Als man Unterschriften für das berühmte Manifest der deutschen Künstler und Intellektuellen sammelte, verweigerte Richard Strauss die seinige. Er sagte, daß er mit Freude seinen Ehrendoktortitel von Oxford zurückgeben würde, wenn im Gegenzug ein

*Richard Strauss, Marie Gutheil-Schoder und Leo Slezak 1917 in Den Haag*

englisches Schlachtschiff ausgeliefert oder versenkt würde; aber Erklärungen über Dinge des Krieges und der Politik gebühren nicht dem Künstler, der sich mit seinem Werk und seiner Arbeit beschäftigen soll; das ist die Sache von denen, die daraus ihre Lebensaufgabe und ihre Karriere gemacht haben. Deshalb enthielt er sich aus freiem Antrieb von allen Manifesten, Deklarationen, Interviews, gedruckten Meinungen, Fanfaren und Parolen, und vor allem von jeglicher beleidigender Wertung des gegnerischen Verhaltens.«[18]

Diese Enthaltsamkeit von politischen Stellungnahmen brachte Strauss auf beiden Seiten in Verruf: Im Ausland erschien er als Anhänger des teutonischen Eroberungsdrangs, und im Inland wurde ihm mangelnder Patriotismus vorgeworfen. Strauss beklagte sich in einem Brief an Hofmannsthal: »Traurig genug, daß wir gereiften, ernst und künstlerischen Idealen treu arbeitenden Künstler solche Rücksichten nehmen müssen auf Menschen, denen die große Zeit nur ein Vorwand ist, um ihre eigenen mittelmäßigen Leistungen an die Oberfläche zu bringen, die gute Gelegenheit sehen, wirkliche Künstler als hohle Ästheten und schlechte Patrioten zu verschreien ... Es ist widerlich, in den Zeitungen von der Regeneration der deutschen Kunst zu lesen, wo man noch vor zwanzig Jahren dem deutschesten aller Künstler: Richard Wagner, ›romantische Brunst‹ vorgeworfen hat, zu lesen, wie Jung-Deutschland gereinigt und geläutert aus diesem ›herrlichen‹ Krieg zurückkehren soll, wo man froh sein kann, wenn die armen Kerle erst von Läusen und Wanzen gereinigt und von allen Infektionen geheilt und erst wieder des Mordens entwöhnt werden müssen.«[19]

Aus diesen Zeilen spricht wenig Kriegsbegeisterung, vielmehr Realitätssinn, aber auch ein merkwürdiges Verständnis von Politik. Strauss fühlte sich für den Staat und seine Politiker nicht verantwortlich, war überzeugt, daß sie Fachleute auf ihrem Gebiet wären, so wie er einer auf seinem war, redete ihnen nicht drein und verachtete sie freilich, war doch die Geschichte eine monströse Sammlung von Irrtümern, Unfähigkeit, Machttrieb und verbrecherischer Überheblichkeit der Mächtigen. Helden, das hatte er in seinem *Heldenleben* kühn den Herrschenden ins Stammbuch komponiert, sind immer Helden des Geistes – Dichter, Maler oder ein Musiker wie er.

In dieser Verachtung der Politik stimmte Strauss mit den meisten gebildeten Bürgern seiner Zeit überein. »Denn die deutsche Humanität widerstrebt der Politisierung von Grund aus, es fehlt tatsächlich dem deutschen Bildungsbegriff das politische Element«, schrieb Thomas Mann in den *Betrachtungen eines Unpolitischen*.[20] Er stellte sich den deutschen Bürger als Handwerker mit »unverwechselbarem nationalem Gepräge, irgendwie altertümlich holzschnitthaft, nürnbergisch-bürgerlich« vor: »Was hätte dieser Treue, Würdige und Demütige, was dieser metaphysische Handwerker mit Politik in irgendeinem westlich-demokratischen Gassensinn zu schaffen? Er ist national, natürlich ist er es, wenn auch viel zu human und urban, kosmopolitisch umgetan und bürgerlich gebildet, um in Zeiten friedlicher Arbeit mit dem Nationalen einen trumpfenden Unfug zu treiben; er ist national und wird sich dessen innig bewußt werden, wenn er das nationale Wesen in physischer und namentlich geistiger Bedrängnis sieht. Aber ein Politiker? Ein Manifestant und Tumultant? Ein Menschenrechtler und Freiheitsgestikulant? Nein, nein!«[21]

Auch Strauss gehörte diesem deutschen Bürgertum an, das noch aus der Zeit des Biedermeier gewohnt war, die Herrschenden herrschen zu lassen, sich nur um die Arbeit und den wirtschaftlichen Erfolg zu kümmern, sich ins Private zurückzuziehen und den Idealen einer humanistischen Bildung zu huldigen, die freilich wenig mit der Wirklichkeit zu tun hat.

## Das allomatisch Real-Surreale: *Die Frau ohne Schatten*

Während des Ersten Weltkriegs brach eine Welt zusammen. Nicht nur Richard Strauss war verunsichert. Alle Künstler sahen sich vor einem Abgrund. Das Irrationale, das Unterbewußte war zu Tage getreten und richtete ein so schreckliches Blutbad wie noch nie zuvor in der Geschichte an. Die Menschen verloren ihre Ideale, Illusionen und ihre Orientierung, und die Künstler glaubten nicht mehr an das Kunstwerk. So machten sich einige in die Schweiz emigrierte Maler, Musiker und Literaten der Gruppe Dada über alles lustig, was man bislang an der Kunst für hoch und heilig gehalten hatte. Die Bürger waren schockiert, daß diese Avantgardisten plötzlich niedere Alltagsgegenstände der künstlerischen Darstellung für würdig hielten, daß sie sogar noch weiter gingen und behaupteten, jedes Objekt, das ein Künstler für Kunst erklärt, sei Kunst, wie beispielsweise Marcel Duchamp, der 1917 eine Kloschüssel zur Kunstausstellung in New York einreichte. Doch als Gipfel des Unsinns und der Verspottung empfand man, daß die Künstler den Zufall zum Prinzip erhoben, »zufällig« ihre Leinwände bemalten, Formen, Farben und Muster in Collagen zusammenfügten. Damit war Kunst, wie man sie bisher verstand, in Frage gestellt.

Auch in der Musik gärte es. Als Frechheit empfanden viele Erik Saties Ballett *Parade*, das 1917 – also drei Jahre nach der *Josephslegende* – vom Russischen Ballett in Paris gespielt wurde. Jean Cocteau erfand das Szenarium, Leonid Massine gestaltete die Choreographie, Pablo Picasso malte die Bühnenbilder und entwarf die Kostüme. Satie komponierte seine Musik für »Instrumente« wie Schreibmaschinen, Sirenen, Flugzeugpropeller, Börsentelegraph und Lotterierad und benützte Jazzmelodien. Im Manifest, das Guillaume Apollinaire zur Uraufführung schrieb, wurde erstmals der Begriff »Surrealismus« verwendet: »eine Art von Sur-Realität, in der ich einen Ausgangspunkt für eine Reihe von Manifestationen des Neuen Geistes sehe, der verspricht Künste und Lebensformen mit universaler Freude von der Höhe auf den Boden zurückzuholen.«[22]

Das Erhabene, das Hehre, das Religiöse, das Kunst bis ins 19. Jahrhundert auszeichnete, wurde nun verneint, in den Schmutz gezogen, wie nun viele schimpften. Der deutsche Komponist Hans Pfitzner warnte vor der »Futuristengefahr«.[23] Strauss dagegen schrieb keine Pamphlete gegen die Avantgardisten. Noch vor kurzem war er selbst einer von ihnen gewesen, als er die erhabene und ernste Oper in *Feuersnot* mit Satire, Spott und Gassenliedern, in *Salome* mit dem Nackttanz zum Varieté und im *Rosenkavalier* mit den Walzern zur Operette »erniedrigte«, als sich die Hörer an seiner Musik störten, die ihnen mehr als Geräusch, denn als Klang erschien. Doch das war längst vergangen, nun galt er »als der Repräsentant der deutschen Musikerschaft im In- und Auslande«: »Es gibt keinen, der an Macht und Ansehen ihm annähernd zu vergleichen wäre«,[24] schrieb der Strauss-Kritiker Paul Bekker 1921. Auch Bekker war einst von Strauss begeistert gewesen, und fragte sich nun, ob »der berauschende Schwung seines Wesens und sein echtes Musikantentum« nur ein Irrtum gewesen sei: Aber nein, »es war kein Irrtum und keine Täuschung. Strauss ist der nämliche geblieben, der er einstmals war – nur wir sind anders geworden. Das Weltbild hat sich uns geändert, unsere Forderungen an die Menschen, unsere Vorstellungen über das Wesen der Kunst haben sich gewandelt. Es geht eine tiefe Sehnsucht nach einem neuen Glauben durch die Menschheit. Wir schauen aus nach einer Kunst, in der etwas von diesem neuen Glauben anklingt. Wir suchen nach neuen Maßstäben, nach neuen Wertbegriffen, nach einer prophetischen Kunst, die sie uns kündet. Und dieser Sehnsucht, diesem Suchen bietet sich nun die Musik von Richard Strauss – eine Musik aus der nur das Gespenst einer leeren, abgelebten Vergangenheit erkennbar wird, eine Musik, aus der wir die abgebrauchten Formeln einer billigen Gefälligkeitsmelodik, einer künstlichen Temperamentserhitzung, einer gewaltsamen Steigerungsmanier, einer psychointellektuellen, illustrativen Kompositionstechnik heraushören.«[25]

Wiederholte sich Strauss nur noch, war er ein musikalischer Popanz, ein Geschäftemacher, ein Mächtiger im Reich der Töne, der sich ebenso im Krieg überlebt hatte, wie Kaiser Wilhelm, der nach der Niederlage abdanken mußte?

Wäre Strauss wie Mahler 1911 gestorben, dann hätte man ihn als Wegbereiter der Neuen Musik gefeiert, hätte erlebt, wie seine Musik zunächst als Avantgarde bekämpft und verachtet worden wäre und sich noch kurz vor seinem Tod durchgesetzt hätte, nicht aber, daß sie als veraltet kritisiert worden wäre. Der *Rosenkavalier* wäre dann sein letztes Werk gewesen. Strauss hätte nicht mit ansehen müssen, wie ihn die Jungen zum alten Eisen der im Ersten Weltkrieg zusammengebrochenen Gründerzeit warfen. Doch dieses »hätte« gilt nicht. Die Zeit fordert den Menschen erbarmungslos.

Strauss lebte, komponierte, schuf noch acht Opern. Gewiß, er war nun ein Altmeister, wurzelte im 19. Jahrhundert. Aber hatte Bekker recht, daß er sich nicht mehr wandelte? Mußte man denn mit Schreibmaschinen, Autohupen oder Flugzeugpropellern musizieren, um »modern« zu sein? Strauss fühlte sich fremd in der neuen Zeit. Doch war er nicht immer fremd gewesen? Komponierte »es« in ihm nicht immer gegen den Strom der Zeit, war er nicht immer ein Außenseiter, einer, an dem sich die Zeitgenossen zerrieben? Und wer kann so leicht sagen, was wirklich modern und fortschrittlich ist? War nicht noch immer das Publikum auf seiner Seite? Und waren die Kritiker nicht schon immer gegen ihn?

Strauss hatte sich während des Ersten Weltkriegs verändert. Die Kälte und Härte, die sein Freund und Konkurrent Gustav Mahler im Umgang mit ihm beklagt hatte, milderten sich. Er wurde bescheiden, zeigte offen seine Unsicherheit und hatte Angst, den Ansprüchen seiner Kunst noch genügen zu können. So lobte er 1914 überschwenglich den soeben von Hofmannsthal vollendeten 2. Akt der *Frau ohne Schatten* und hegte Zweifel hinsichtlich der eigenen Kunst: »Jedenfalls haben Sie noch nichts Schöneres und Geschlosseneres in Ihrem Leben gedichtet und schmeichle ich es mir als mein Verdienst, Sie durch unsere gemeinsame Arbeit dazu gebracht zu haben. Hoffentlich wird meine Musik ihrer schönen Dichtung würdig. Ich bin bis jetzt noch sehr unzufrieden mit mir, habe allerdings meine Ansprü-

*Hugo von Hofmannsthal meldete sich als Kriegsfreiwilliger. Für ihn war der Zusammenbruch des österreichischen Kaiserreiches ein Trauma.*

che an mich sehr hoch gesteigert, aber bis jetzt entspricht das Geschaffene nur teilweise meinen Erwartungen.«[26] Auch als das Werk abgeschlossen war, blieb Strauss selbstkritisch: »Ich bin durch unsere sehr wohltätige Unterhaltung so unsicher geworden, daß ich überhaupt nicht mehr recht weiß, was gelungen, was schlecht ist. Und das ist recht: denn in meinem Alter gerät man zu leicht ins Fahrwasser der bloßen Routine und die ist der Tod der wahren Kunst.«[27] Strauss war schon immer sehr selbstkritisch gewesen. Doch nun zeigte er sich als Mensch, wie er war – gutmütig, an sich selbst zweifelnd, Höchstes von sich fordernd, die anderen lobend . . .

Aber änderte sich auch seine Kunst? Strauss selbst sah es so; denn er glaubte, daß er in *Die Frau ohne Schatten* den »Wagnerschen Musizierpanzer« abgeworfen und Hofmannsthals »Notschrei gegen das Wagnersche Musizieren« ihm »die Tür zu einer ganz neuen Landschaft aufgestoßen habe«: zum »Gebiet der unwagnerschen Spiel-, Gemüts- und Menschenoper«. In *Die Frau ohne Schatten*, deren Entstehung fünf Jahre, von 1911 bis 1916, dauerte, überwand Strauss in der Tat seine Schaffenskrise und fand seinen Altersstil. Er wurde nun zum musikalischen Menschendarsteller.

So differenziert, wie die Melodie und das Orchester den Färber Barak und seine Frau, die Hauptpersonen der *Frau ohne Schatten*, charakterisieren, war es ihm zuvor noch nie gelungen. Vor allem die Gestalt des Färbers bringt neue Farben und Töne ins Spiel. Dieser einfache Mann, der mit seiner Arbeit nicht nur seine Frau, sondern auch seine drei ungeratenen Brüder ernährt und freigebig, obwohl er selbst nicht viel hat, allen Notleidenden hilft, ist ein Mensch, wie er bislang in keiner Strauss-Oper auftrat: Er ist arm, ein Antiheld, ein Arbeiter »fleißig wie keiner und stark wie ein Kamel«,[28] gutmütig, erträgt alle Launen seiner Frau und hat doch innere Ruhe, unerschöpfliche Kraft, Bodenständigkeit, Überlegenheit, Güte, ist unscheinbar und zugleich stärker als alle anderen. Die Melodien, die er singt, atmen Schlichtheit und doch Größe, Demut und doch Überlegenheit, Kraft ohne Aggressivität, Güte und Verzeihung.

Strauss holte in dieser Figur auf seine Weise die Kunst auf den Boden zurück. Der einfache Arbeiter, der Färber Barak, wurde zum Helden seiner neuen Oper, kein Herrscher wie Macbeth, kein Don Juan, keine Salome und auch kein Octavian. Doch während die großen Helden – aus der Bibel, der Geschichte oder dem Mythos – seiner früheren Werke alle ein böses Ende nahmen, »siegt« Barak – und damit das Leben. Denn Barak ist der Mensch, der nicht aufgibt trotz aller Not und Widerwärtigkeit der Welt, der Kinder aufziehen will trotz all der Katastrophen und schrecklichen Ereignisse. Er ist der Lebenstrieb, das Schöpferische, die Kraft der Natur, die das Negative, die Angst, die Ichsucht und das Destruktive durch stete Beharrlichkeit, Milde, Güte und Geduld überwindet.

Der reife, alte Strauss porträtiert sich in der Gestalt des Färbers Barak selbst. Und Pauline war das Vorbild für die Färberin, wie Hofmannsthal

*Alfred Roller, Figurinen zu »Die Frau ohne Schatten«: des Färbers Weib, Barak der Färber*

dem Komponisten anvertraute, als er die Idee zu dieser Oper erstmals skizzierte: »Mir schwebt da etwas ganz Bestimmtes vor, etwas, das mich sehr fasziniert (. . .), es ist ein Zauberstück, worin zwei Männer und zwei Frauen einander gegenüberstehen, und zu einer dieser Frauen könnte man sehr wohl ihre Gattin mit aller Diskretion Modell stehen lassen – dies aber ganz unter uns gesagt, es ist auch nur halbwichtig, die eine ein Fabelwesen, die andere irdische eine bizarre Frau mit einer sehr guten Seele im Grunde, unbegreiflich, launisch, herrisch, und dabei doch sympathisch, sie wäre sogar die Hauptfigur . . .«[29]

Die Färbersfrau ist schon dreieinhalb Jahre mit dem Färber verheiratet und hat noch kein Kind. Nun verbietet sie ihrem Mann die »Gelüste« nach ihrem Körper. Sie bricht mit der althergebrachten Ordnung, daß sie als Frau ihrem Mann »gehöre«: »Mein Mann steht vor mir! Ei ja, mein Mann, ich weiß, ei ja, ich weiß, was das heißt! Bin bezahlt und gekauft, es zu wissen, und gehalten im Haus und gehegt und gefüttert, damit ich es weiß, und will es von heut ab nicht wissen, verschwöre das Wort und das Ding!«[30] Diese Frau will nicht mehr das Eigentum ihres Mannes, nicht sein Sexualobjekt sein und sich nicht für seine Kinder aufopfern, sondern ihren eigenen Weg

DIE·FRAU·OHNE·SCHATTEN
DER·KAISER — JAGDGEWAND

DIE·FRAU·OHNE·SCHATTEN
DIE·KAISERIN — MAGDGEWAND

*Alfred Roller, Figurinen zu »Die Frau ohne Schatten«: der Kaiser, die Kaiserin*

gehen, sich von der Schwere, Not und Härte des Färberdaseins befreien. Sie ist eine moderne emanzipierte Frau, die von Höherem träumt.

Färber und Färberin leben in der Menschenwelt und die ist schrecklich: »Menschendunst« ist »Todesluft«, riecht nach »rostigem Eisen und gestocktem Blut, nach alten Leichen«, der »Menschentag« ist ein »wildes Getümmel, gierig – sinnlos«, voller »Gauner« und »Ungeziefer«. War das nicht die Realität von 1914? Mit stampfendem Rhythmus, drohend und roh zeigt Strauss diese Welt, in der er – in der Maske des Färbers Barak – verurteilt war zu komponieren, für sein Brot zu sorgen und mit seiner Frau zu streiten.

Doch Strauss entwickelte sich nun nicht nur zu einem Meister der musikalischen Menschendarstellung, sondern auch der »Spiel- und Gemütsoper«. Wie die Surrealisten zeigte er zwar die Alltagsrealität in krassem Naturalismus, stellte sie aber in irreale Zusammenhänge. Er wurde zum Zauberer, wie ihn Nietzsche in *Also sprach Zarathustra* beschrieben hatte.

Dem irdischen Färberehepaar steht nämlich die Welt des Märchens, der Vorstellungen und der archetypischen Symbole gegenüber: die Kaiserin und der Kaiser sowie das Geisterreich des Keikobald mit dem Falken, dem Boten und den ungeborenen Kindern. In einer für Hofmannsthal typischen

»allomatischen«, also alles zur Einheit zusammenfassenden Konfiguration spiegeln diese Gestalten das irdische Geschehen.

Auch die Kaiserin ist unfruchtbar. Sie ist – so schrieb Hofmannsthal 1911 in sein Skizzenbuch[31] in Anspielung auf Paulines tägliche, schmerzvolle Schlankheitsmassagen[32] – eine Frau, »die ihre Kinder aufgeopfert hat, um schön zu bleiben und ihre Stimme zu erhalten«.

Auf der Jagd hatte der Kaiser einst die Kaiserin erobert: »Da sprang aus einer weißen Gazelle, die sein Pfeil am Hals verwundet hat, ein junges schönes Weib . . .«[33] Als er sie heiratete, verlor sie die »zauberische Gabe, sich in ein Tier verwandeln zu können, aber völlig zu den Menschen gehörte sie auch nicht, denn sie wirft keinen Schatten, und sie fühlt sich nicht Mutter«. Der Kaiser verbringt zwar die Nächte mit ihr, tags aber – und oft länger als einen Tag – frönt er seiner Jagdleidenschaft: »Wenn ich jage, es ist um sie und aber um sie! Und was ich erjage, mit Falke und Hund, und was mir fällt von Pfeil und Speer: es ist anstatt ihrer! Denn meiner Seele und meinen Augen und meinen Händen und meinem Herzen ist sie die Beute aller Beuten ohn Ende!«[34]

Doch diese Liebe zwischen Kaiser und Kaiserin war rein sinnlich, körperlich, unproduktiv und erstarrte. Deshalb befahl Keikobald, der Herrscher der Geisterwelt und der Vater der Kaiserin, daß der Kaiser nach einer Frist von drei Tagen zu Stein werden müsse, wenn die Kaiserin keinen Schatten werfe.

Nun beginnt die Zeit der Prüfungen. Die Amme führt die Kaiserin hinab zu den Menschen und will der Färbersfrau den Schatten abkaufen. Diese Amme ist Zauberin, Diplomatin, hat unter den Menschen viele Ziehsöhne und -töchter: »Hocken wie Ungeziefer auf mir!«[35] Sie stiftet Unfrieden und Streit unter den Färbersleuten. Schließlich will sogar der gute Färber seine Frau töten. Doch zuletzt verzichtet die Kaiserin auf den Schatten der Färbersfrau, da sie nicht deren Leben zerstören und sich mit Unrecht beladen will. So erstarrt der Kaiser zu Stein. Als ihn die Kaiserin so sieht, drückt sie mit einem schrecklichen Schrei ihre Verzweiflung, ihr Mitleid und damit ihre Liebe aus und erlöst ihn dadurch von dieser Folter.

Hier erweist sich *Die Frau ohne Schatten* als Märchen und Spieloper: Wie in Mozarts *Zauberflöte* spiegeln sich hohe und niedere Sphären und siegt am Schluß das Leben, die Kinder. Doch Strauss und Hofmannsthal versetzen die Prüfungen der *Zauberflöte* ins reale Leben: Das Feuer, durch das die Kaiserin gehen muß, ist die Menschenwelt; und nicht mehr die Ideale der Aufklärung, sondern das Unterbewußtsein ebnet den Weg aus der Hölle.

Was für eine Fülle von Symbolen, Archetypen, Träumen und Alpträumen! Die Jagd war schon im Mittelalter ein Symbol für Erotik. Don Juan jagte nach Frauen, so wie der Kaiser nach Tieren im Waldesdickicht sucht, um in ewiger Wiederkehr seine Frau als Beute zu erlegen. Doch die Frau ist nicht nur Beute, sie ist das Fabelwesen der Feenwelt und das wilde, unzähmbare Tier. Freilich, durch die Heirat verlor sie diese Aura, und das einzige, was noch daran erinnert, ist der fehlende Schatten. Diese Ehe ist unproduktiv, weshalb die Leidenschaft erkaltet und die Liebe erstarrt. Der Kaiser wird einsam, er hat nur noch seinen Falken, und er wird zu Stein im Panzer seiner Ichbezogenheit und Unmenschlichkeit.

Der Kaiser und die Kaiserin sind die Höhenmenschen. Sie fühlen sich erhaben über die Niederungen – wie das Künstlerehepaar Strauss. Hofmannsthal schuf in diesem Märchen ein Porträt des größten Musikers seiner Zeit. Fühlte sich Strauss nicht unfruchtbar in seiner Schaffenskrise? War die Liebe zur bizarren Pauline nicht erkaltet und in der Krise? War Strauss so abgehoben von der Wirklichkeit, so distanziert von seiner Umwelt, so fixiert auf seine Kunst (ähnlich wie der Kaiser nur die Jagd als Ersatz für fehlende Liebe kannte), daß er kein Mensch mehr war? Fehlte dem Übermenschen menschliche Wärme? Sah sich Strauss nicht zugleich als »Arbeitstier« wie Barak und aristokratischen Jäger wie der Kaiser?

Barak war er, wenn er sich von seiner Frau tyrannisieren ließ, gutmütig all seinen Kollegen half und voller Selbstüberwindung sein übergroßes Arbeitspensum erfüllte, Kaiser, wenn er in seiner Kunst herrschte, Orchestermusiker mit dem Dirigentenstab führte und seine Macht als bekanntester deutscher Musiker ausübte. Ja, er war beides, gespalten, einsam und in Gefahr, im Wagnerschen Musizierpanzer zu versteinern.

Das Real-Surreale in *Die Frau ohne Schatten* wurde so zum Sinnbild des eigenen Lebens und der Zeit von Strauss. Er ließ die Oper zu einem metaphysischen Spiel werden, das hinter der Wirklichkeit unzählige neue Wirklichkeiten offenbarte und einen Appell an die Nachkriegszeit richtete: menschlich zu werden wie Barak.

Das Publikum, das in diese Oper strömte, verstand offenbar diese Botschaft, die Kritiker in den Zeitungen dagegen nicht. *Die Frau ohne Schatten* wurde nämlich mit der *Zauberflöte* verglichen, das Libretto von Hofmannsthal als zu kompliziert verworfen, Strauss als Altmeister und Klassiker gefeiert. Doch kaum jemand bemerkte, daß sich der Komponist gewandelt hatte, daß er höchst modernes Musiktheater schuf, eine Art metaphysischer Oper entwickelt hatte voller Phantastik, Strenge und Komplexität.

1905 ließ sich ein junger italienischer Maler in München nieder. Er studierte an der Akademie bei Max Klinger, war von Böcklin und Nietzsche begeistert, suchte nach verborgenen Bedeutungen hinter der Oberfläche und war wie besessen von leeren italienischen Plätzen, umgeben von Renaissancegebäuden. 1911 zog er nach Paris und begründete dort eine neue Richtung: die metaphysische Malerei.

Giorgio de Chirico war 14 Jahre jünger als Richard Strauss. Doch ihre Kunst weist bei allem Trennenden Parallelen auf: Beide gingen sie von

Nietzsche aus, beide bewunderten sie Böcklin, beide fühlten sich in der mediterranen Welt und in der Renaissance zu Hause, blickten tief hinter die Oberfläche, brachen nicht mit der Tradition und schufen doch etwas Neues: de Chirico verwandte die Zentralperspektive, Strauss die Tonalität, um Disparates, Auseinanderbrechendes doch zur metaphysisch-surrealen Einheit werden zu lassen. De Chirico freilich wurde von den Avantgardisten in Paris gefeiert, Strauss dagegen nicht.

## Von Berlin nach Wien

1917 veröffentlichte Hofmannsthal in der »Vossischen Zeitung« eine Gegenüberstellung von Preußen und Österreichern. Sein Heimatland, schrieb er, sei »gewachsen«, ein »geschichtliches Gewebe«, »von Natur reich«, die Menschen besäßen »mehr Frömmigkeit, mehr Menschlichkeit« als die Preußen, die dafür mit »mehr Tugend, mehr Tüchtigkeit« ausgezeichnet seien und in einem »künstlich geschaffenen, von Natur armen« Land lebten. Preußen sei geprägt von der »präzisen Maschinerie« der »homogenen Beamtenwelt«, das Volk sei die »disziplinierbarste Masse«, die Autorität der Armee grenzenlos. Dagegen sei »die Mechanik« der österreichischen Gesellschaft »unpräzise«, ein »unbegrenzter Individualismus« herrsche dort, die Menschen hätten »historischen Instinkt«, seien selbstironisch »bis zur Auflösung«, dächten sich in andere bis »zur Charakterlosigkeit hinein«, benähmen sich »lässig, verschämt, eitel, witzig«, voller »Schauspielerei« und »Genußsucht«, während die Preußen Ordnung, Konsequenz auszeichnete, sie streng nach Vorschrift arbeiteten, sich »selbstgerecht, anmaßend und schulmeisterlich«, »unfähig sich in andere hineinzudenken« verhielten – »gewollte Charaktere« voller »Streberei« und »Selbstgefühl«.[36]
Strauss war Bayer. Aber schon in der Jugend fühlte er sich zu Preußen hingezogen: Preußische Selbstdisziplin und ein unbedingtes Arbeitsethos, strenge Konsequenz, ein scheinbar grenzenloses Selbstgefühl prägten ihn schon früh; auch »drängte es ihn zu Krisen« – wie Hofmannsthal die preußische Mentalität charakterisierte –, sei es in seinen Werken, sei es im Umgang mit seiner Frau, mit Intendanten, Opernhäusern oder Kritikern. Er war auch ein »gewollter Charakter«: Mit viel Willensanstrengung und Selbstdisziplin hatte er sich seinen Platz im Musikleben erkämpft.
Doch er war nicht »selbstgerecht, anmaßend oder schulmeisterlich«, er konnte sich sehr gut in andere hineindenken, wie seine Musikdramen zeigen. Nun, im Alter, wich seine arrogante Tüchtigkeit einer gütigen Menschlichkeit. Und genossen hatte er sein Leben schon immer, das Private war ihm stets wichtig – sogar in seinen Werken –, Ironie prägte ihn bereits in der Jugend, und über seine preußische Fortschrittsgläubigkeit gewann jetzt der Sinn für Geschichte und Tradition die Oberhand.

So bewegte sich Strauss auch ideell immer mehr auf Wien zu – und wandte sich damit wieder seinem geographischen Ursprung zu. Ein Kreis schloß sich, allerdings auf einer höheren Ebene; denn Wien war mehr als München, kein »Biersumpf«, sondern eine Weltstadt, wo einst Haydn, Mozart und Beethoven gelebt hatten.

Strauss verließ Berlin gerade in dem Augenblick, als es das Zentrum des Fortschritts wurde: Brecht brachte dort seine frechen Stücke heraus, Maler wie Nolde oder Dix zeigten expressionistisch und grell das Großstadtleben, an der Staatsoper wurden Werke von Schreker, Milhaud, Busoni, Pfitzner und mit besonderem Erfolg Alban Bergs *Wozzeck* gezeigt, und die Kroll-Oper schockierte mit avantgardistischen Stücken von Schönberg, Hindemith, Janáček und Weill, zu denen Futuristen wie Oskar Schlemmer und László Moholy-Nagy die Bühnenbilder entwarfen. Trotz der Wirtschaftsnot tanzten hier die Menschen durch die Goldenen Zwanziger.

Strauss war dieses neue, demokratische, unkaiserliche Berlin fremd. Er wandte der Weimarer Republik den Rücken zu, die im Grunde von den meisten Bildungsbürgern verachtet wurde, wie Heinrich Mann in seiner Autobiographie *Ein Zeitalter wird besichtigt* feststellte,[37] und suchte die Spuren der Vergangenheit. Wien – auch dieser letzte Ortswechsel entsprach wieder seiner inneren Entwicklung – war hierfür die ideale Stadt.

Von Berlin löste Strauss sich in mehreren Schritten. Seit 1908 wurde die Garmischer Villa, die zunächst nur als Sommerresidenz gedacht war, immer mehr zu seinem Zuhause. Im inneren Konflikt zwischen seinen Pflichten als Generalmusikdirektor, wozu er zusammen mit Muck 1908 ernannt worden war, den Verlockungen der Gastdirigate in der ganzen Welt und der Ruhe, die er zum Komponieren benötigte, siegte zumeist der Egoismus des Tonschöpfers. Schon 1908 hatte sich Strauss ein Jahr beurlauben lassen, um *Elektra* zu komponieren. 1910 entließ ihn Generalintendant Hülsen vorzeitig aus seinem Vertrag. Über 700 Opernabende hatte Strauss seit 1898 geleitet. Von nun war er als »Ehrengast« der Oper unter den Linden verbunden, durfte sich die Werke, die er dirigieren wollte, selbst heraussuchen und leitete zumeist Aufführungen eigener Opern. Er genoß die Freiheit des Unentbehrlichen, die ihm großzügig in Berlin gegeben wurde. Was für ein Unterschied zu Gustav Mahler, der sich in Wien als Operndirektor zerrieb und zermürbte!

1918 kam es zum Konflikt mit dem Berliner Institut. Baron Hülsen fühlte sich durch das primadonnenhafte Benehmen von Strauss düpiert; die von Strauss diktierten Termine – er legte gerne ein Dirigat der Sinfoniekonzerte mit der Leitung einiger Opern zusammen, wenn er in Berlin war – wurden für die Spielplangestaltung zu einem fast unlösbaren Problem. Strauss sollte entlassen werden.

Doch dann überschlugen sich die Ereignisse. Der Krieg endete mit der Niederlage, der Kaiser mußte abdanken, und auch Hülsen mußte gehen.

Strauss wurde nun gebeten, die Oper zu leiten. »Opfermütig aus reiner Liebe zur Sache und aus alter Anhänglichkeit« stand er dem Haus in der Notlage bei. So idealistisch, wie er es formulierte, war er freilich nicht. Denn damals verhandelte er bereits mit der Wiener Oper und dachte allen Ernstes daran, beide Häuser gleichzeitig zu leiten.[38] Noch nie wäre ein Dirigent so mächtig gewesen.

Aber war Strauss der richtige Mann, nun in den Nachkriegswirren ein Opernhaus zu führen? Der Freund Hofmannsthal bezweifelte dies: »Ich glaube, Sie wären für eine so dringend nötige Wiedergeburt des Wiener Instituts der ideale Mensch gewesen vor etwa 15 Jahren, und ich kann nicht glauben, daß sie es heute noch sind«, schrieb er, nachdem er erfahren hatte, daß Strauss den »Gedanken nicht ablehne, eventuell einer Berufung nach Wien zu folgen«.[39] In großer Offenheit hielt er dem Komponisten vor, daß er »heute die Bequemlichkeit seiner Person und vor allem die Selbstsucht des schöpferischen Musikers über den höheren, schwer zu erkämpfenden Vorteil des Instituts setzen würde«, daß er nicht mehr willig »zu einer wahren Hingabe an den Aufbau des Repertoires, (...) zu schweren, strengen Proben« wäre, und so zwar der Wiener Oper »äußeren Glanz in der Gestalt eines bedeutenden und berühmten Dirigenten« verleihe, aber »keinen wahren entscheidenden inneren Nutzen bringen würde«, weshalb seine Berufung »im Interesse des Instituts abzulehnen ist«. Hofmannsthal fuhr fort, daß ihm alles »Persönliche ein Greuel«, dagegen die »in einem Institut verkörperte Idee, so kläglich sie fast beständig herabgewürdigt und prostituiert wird, ihm alles« wäre. Offen bekannte er, wie er Strauss sah: »Ich habe Ihr Gutes und Schönes, wo es mir an dem Künstler und blitzartig auch an dem Menschen entgegentritt, sehr lieb. Aber«, fuhr er fort, »die große Gefahr ihres Lebens ist Kulturlosigkeit, der Sie, in fast rhythmischem Wechsel, sich hingeben und sich zu entziehen suchen. Jedes Stellen der eigenen Person über die Ideen und Institutionen ist kulturlos und muß sich, sofern Ihre Werke auch ein Teil der Kultur sind, schließlich an diesen, denen Sie doch unbedingt zu dienen meinen, rächen. Ich glaube aber nicht, daß Sie heute schon so weit sind, diesen Zusammenhang zu verstehen.«

Das war hart und freimütig. Strauss antwortete weder beleidigt noch böse, sondern ebenso offen und freundschaftlich. Er nahm »ohne jede Empfindlichkeit die Nachricht zur Kenntnis«, daß Hofmannsthal »ein Gegner davon« war, daß er »eventuell den Posten eines Hofoperndirektors in Wien annehmen könnte«,[40] ja gab ihm sogar recht: So wie Mahler würde er jetzt den Posten nicht mehr übernehmen können und wollen. Doch Strauss verteidigte sich auch gegen Hofmannsthals Kritik. Seine Berliner Tätigkeit werde von ihm »falsch beurteilt«, da sie nicht seinen »innersten Neigungen entsprechen würde«, und er klagte: »So hören Sie denn, daß es seit dreißig Jahren mein innigster Wunsch war, die wirkliche künstlerische Oberleitung eines großen Hofoperntheaters zu bekommen. Es blieb mir versagt, sei es daß ich stets als das Gegenteil des so sehr beliebten Routiniers galt, sei es daß man mir als einer allzu selbständigen künstlerischen Persönlichkeit, als Komponisten von Ruf nicht das genügende Interesse eines rein Reproduzierenden für den Durchschnittsbetrieb des Theaters mit seinen Alltagsbedürfnissen zutraute. So bin ich denn in zwanzigjähriger Tätigkeit in Berlin, bei dem durchaus selbstherrlichen und jedem Einfluß unzugänglichen Grafen Hülsen mich schließlich jedes Versuches auf die Leitung des Instituts miteinzuwirken begebend, das geworden, als was Sie mich heute so streng beurteilen.«

In Berlin habe er nur noch dirigiert, um seinen »eigenen Werken am ersten Kunstinstitut Deutschlands die liebevolle Hand des Vaters nicht zu entziehen«, und aus »Freude an einem prachtvoll disziplinierten, auf mich völlig eingespielten Orchester«. Doch nun in Wien hoffte Strauss auf einen »Spätsommer«: Er wollte dort im Winter zwanzig bis dreißig Opernabende leiten und »in einer Art von beratender Tätigkeit (neben einem amtierenden Direktor) beim Aufbau eines wirklich künstlerischen Spielplans«, der Auswahl von Kapellmeistern und Sängern mitwirken. Er werde jeden Monat »die vollständige Neueinstudierung eines hervorragenden Meisterwerkes übernehmen und nach eigener Wahl vollständig autoritativ, sei es ihm wertvoll erscheinende Opern des laufenden Repertoires, sei es Erstaufführungen von der Förderung würdigen Werken des In- und Auslandes dirigieren.«

War das realisierbar? Hofmannsthal ließ sich von Strauss überzeugen und legte nun sein Wort und Gewicht beim neuen Intendanten, seinem Freund Leopold Freiherr von Andrian, für den bayerischen Komponisten ein: »Strauss hat sehr große Fehler und Schwächen, aber er ist ein Mensch von Rang und lügt durchaus nicht. Ich entnehme nun aus dem Brief, daß er gerne käme.«[41]

Strauss' Bekenntnis läßt tief blicken: Über zwanzig Jahre lang dirigierte er an der Berliner Oper, ohne von der Arbeit dieses Instituts wirklich überzeugt gewesen zu sein. Beim Dirigieren hatte er also einen Kompromiß mit dem künstlerischen Alltag geschlossen: Wenn schon große Kunst nicht möglich war, da Hülsen seinen radikalen Vorstellungen nicht folgte, so wollte er doch als Dirigent in Berlin »wie ein Vater« für seine Werke sorgen.

Aber war das nicht eine allzu idealistische Verbrämung? Dachte er nicht vor allem an seinen geschäftlichen Erfolg? War er hier Künstler oder Bürger? In Berlin verhielt er sich endlich so, wie sein Vater es ihn gelehrt hatte, machte Konzessionen und hatte Erfolg. Doch dies wurde nun auch wieder getadelt. Hätte er nicht wie Mahler einst in Wien sich verzehren oder es ganz bleiben lassen müssen?

Auch der »Spätsommer« in Wien stand unter keinem glücklichen Stern. Strauss wollte nun alles: komponieren und dirigieren und eines der traditionsreichsten Opernhäuser der Welt leiten. Plötzlich wurde er wieder unbescheiden, wollte es noch einmal wissen. Damals in Weimar war er als junger Feuerkopf gescheitert. Da hing sein Herzblut noch an seinem Ensemble. Doch dann folgte die Niederlage in München, und in Berlin hielt er sich klug und diplomatisch zurück. Jetzt aber wollte er zeigen, wie ein Richard Strauss ein Opernhaus zum Erfolg führt. Seine Pläne waren wieder – wie einst in Weimar und München – künstlerisch faszinierend, aber unbescheiden und realitätsfremd. Er plante, alle wichtigen Opern von Gluck bis hin zum ausgehenden 19. Jahrhundert »ohne Unterschied der Nationalität und Stilrichtung« einzustudieren. Die Staatsoper als »Opernmuseum« sollte durch eine »Novitäten- und Probierbühne«, die Volksoper,[42] ergänzt werden, an der neue, unbekannte Werke gespielt würden. Richtig und weitblickend waren diese Pläne allemal. Wien wäre, wie der Intendant Leopold Andrian feststellte, »mit drei Hofopernbühnen« und »einem Repertoire, wie es keine andere Opernstadt der Welt aufzuweisen gehabt hätte, ein musikalisches Zentrum von beispielloser Anziehungskraft und eine den Traditionen der musikalischsten Dynastie Europas würdige Hauptstadt geworden.«[43]

Doch wieder – wie einst in Weimar – holte die Wirklichkeit die ideale künstlerische Idee ein. Strauss hatte noch immer nicht eingesehen, daß es etwas anderes ist, Partituren zu schreiben, als mit Menschen umzugehen. Immerhin nahm der Strauss'sche Wunsch mithilfe seines Freundes Hofmannsthal bald konkrete Züge an. Franz Schalk sollte der amtierende Direktor werden und Strauss beratend und dirigierend dem Haus Glanz und künstlerisches Profil verleihen. Schalk begrüßte diese Lösung, und auch Strauss freute sich auf die Zusammenarbeit.

Aber so einfach und klar konnte sich Strauss noch nicht entscheiden. Politisch wußte damals niemand, wie sich Deutschland und Österreich weiterentwickeln würden. Sollte er in Berlin bleiben, wo er im November 1918 interimistisch die Leitung der Oper übernommen hatte, oder nach Wien gehen oder beides miteinander verbinden? In Alltagsentscheidungen war Strauss keineswegs so konsequent wie als Künstler.

Inzwischen formierten sich in Wien seine Gegner. Der Kritiker Julius Korngold schrieb in der »Neuen Freien Presse« böse Kommentare, und Strauss machte es ihm nicht schwer, trug selbst zu Verwirrung und Mißverständnissen bei.[44] Eine Pressekampagne kam ins Rollen, Telegramme und Gegentelegramme wurden ausgetauscht, aber maßgebende Wiener Intellektuelle, neben Strauss-Freunden und -Bewunderern wie Hofmannsthal und Stefan Zweig der Architekt Adolf Loos, Alma Gropius-Mahler und Arthur Schnitzler, setzten sich für ihn ein. Auch Felix Weingartner, der Dirigent der Philharmoniker, begrüßte das Kommen von Strauss, nachdem er wegen alter Animositäten im Verdacht stand, gegen ihn Intrigen auszuspinnen. Franz Schalk, der übergangsweise die Oper leitete, bekannte offen: »Es wäre weit mehr nach meinem Geschmack, mich in das wüste Durcheinander der Meinungen, Angriffe und Verdächtigungen, die der Fall Strauss aufgeregt hat, nicht einzumengen. Da aber diese Angelegenheit von Stunde zu Stunde unklarer wird, und schließlich mein Schweigen einer ganz falschen Auslegung begegnen könnte, will ich kurz und bündig erklären: Ich bin für Strauss.«[45]

Das Opernpersonal und die Philharmoniker jedoch waren mißtrauisch gegen das doppelte Direktorat von Schalk und Strauss. Die Höhe der Gage des Künstlerischen Oberleiters Strauss, Angst vor Entlassungen und die Gefahr, daß die Oper ein »Richard-Strauss-Theater« würde, führten zu einer regelrechten »Revolte« in Form einer Resolution.[46] Es war nicht mehr wie zu Kaisers Zeiten. Das Personal ließ sich nicht mehr willfährig führen, was sich auch in Berlin zeigte, wo nun durchgesetzt wurde, daß der Leiter der Oper vom künstlerischen Personal gewählt werden mußte. Die Wahl fiel nicht auf Strauss, sondern auf seinen Freund Max von Schillings.

In Wien öffneten sich noch andere Gräben. Der alte Direktor Hans Gregor, dem vorgeworfen wurde, daß er als Nachfolger von Mahler und Weingartner das Haus habe herunterkommen lassen, führte am 1.Mai 1919 im »Neuen Wiener Journal« einen Angriff gegen Strauss. Süffisant gestand er ihm zu, »ein bedeutender Komponist« zu sein, hielt ihn »zwar nicht für den König der Könige, aber doch für einen, dessen Werke wahrscheinlich ihren Urheber eine Weile überleben werden und auf jeden Fall als Entwicklungsetappen ihren dauernden Platz in der Geschichte der deutschen Oper behalten werden«.[47] Gregor warf die Frage auf, ob die Oper denn einen Komponisten und nicht vielmehr einen Direktor bräuchte und ob nicht aus der Staatsoper ein »Richard-Strauss-Theater« würde. Dann holte er zu einem verletzenden Schlag aus, indem er behauptete, Strauss sei menschlich für dieses Amt nicht geeignet: »Strauss hat für keinen Menschen ein Herz als nur für sich selbst, er ist Ich-Mensch in reinster Kultur, betrachtet jedes Ding, jede Sache, jede Angelegenheit nur unter dem Gesichtswinkel: Frommt sie dir?« Ob er Organisationstalent habe, wisse man nicht, nur eines sei sicher, nämlich daß er »ein hervorragender Kaufmann ist«. In bezug auf Berlin warf er ihm vor, nicht die »Direktionssorgen«, sondern nur »die Direktionseinkünfte« gesucht zu haben. In Wien, meinte er, würde er sich gewiß nicht ändern.

Strauss erhielt damals in Berlin für viermonatiges Dirigieren in der Oper 40 000 Mark, für zehn Sinfoniekonzerte 13 000 Mark und für die Meisterklasse an der Akademie 12 000 Mark, also insgesamt 65 000 Mark. In Wien würde er fünf Monate dirigieren müssen und 10 000 Mark weniger einnehmen. Finanziell war Wien also eine Verschlechterung. Ein guter »Kaufmann« wie Strauss wollte sich deshalb auch Berlin erhalten. Doch Not würde er auch ohne Berlin nicht leiden. Wie viele Komponisten wären froh gewesen, eine Meisterklasse unterrichten zu können und jährlich 12 000 Mark zu verdienen! Aber Strauss maß seinen Wert nicht an den Einkünften von Hochschulprofessoren, sondern an denen der Stars des Musiklebens, und da mußte er feststellen, daß eine Sängerin wie Maria Jeritza viel mehr als er in Wien einnahm, nämlich über 100 000 Mark!

Er war kein Idealist, er verkaufte sich nicht unter Wert. Aber warum wurde ihm dies zum Vorwurf gemacht, anderen Künstlern aber nicht? Auch Gustav Mahler war nicht bescheiden in seinen Honorarforderungen, Strawinsky galt als geldgierig ... War es, weil Strauss zu ehrlich war und in aller Öffentlichkeit seinen Reichtum zeigte, weil er so gar nicht dem Idealbild des armen, idealistischen deutschen Musikers entsprach und auch noch offen über Geld redete? Wie dem auch sei, Strauss war gewiß nicht weniger auf hohe Honorare erpicht als andere Musiker, aber auch nicht mehr. Nur trat er zu ehrlich, bayerisch-naiv und offen als Kaufmann auf und war allzu erfolgreich ...

Am 17. Mai 1919 stellte Franz Schalk Strauss in einer feierlichen Ansprache dem Opernpersonal vor: »Es ist der Augenblick, in welchem Richard Strauss unter uns tritt, um das ganze Gewicht seiner künstlerischen Persönlichkeit für die Zukunft unseres Instituts einzusetzen. Sein Name leuchtet weithin durch die Welt der Geister, durch die Welt der Kunst ...«[48] »Eine starke, gerade und ehrliche Führung« ohne die »geschickten und listigen Kniffe geprüfter Theaterdirektoren« versprach Schalk: »Wir wollen jeden einzelnen künstlerisch fördern, ihm weiter- und vorwärtshelfen, wie wir können. Wir wollen keinen ohne Stütze, ohne Ermutigung lassen, auf dem steilen und gefährlichen Weg zur Vollendung.«

*Richard Strauss und*
*Franz Schalk*

Das waren große Worte. Strauss dagegen antwortete schlicht, unverblümt und ohne jegliches Pathos – ganz in der Art eines Geistesarbeiters. Offen sprach er seine Gegner an, nannte die Turbulenzen um seine Person »Mißverständnisse«, versicherte, daß in seinem Herzen »kein Stachel und kein Rest von Verstimmung zurückgeblieben« sei, und würdigte das Vertrauen, das ihm in einem Brief ausgesprochen wurde: »Ihre soziale Stellung zu kräftigen und zu festigen, und die Erfüllung ihrer Forderung, speziell jener, die jetzt mit der Not des Tages zu kämpfen haben, Orchester, Chor und Bühne, herbeizuführen, werde ich mit vollem Einsatz meines Einflusses anstreben.« Dann beendete er seine Ansprache unpathetisch: »Und nun gehen wir an unsere gemeinsame Arbeit . . .« So könnte auch ein Handwerksmeister sprechen. Strauss hatte keine großen Worte nötig. Vielleich war gerade diese Verbindung von Größe und Schlichtheit, von künstlerischer Sensibilität und zupackendem Wesen im Alltag vielen ein Ärgernis. So stellte man sich einen bedeutenden Künstler nicht vor, zumindest nicht in Deutschland.

Strauss ging sofort an die Arbeit, versuchte, seine alten Ideale nun endlich zu verwirklichen, die Werke von Mozart bis Wagner stilistisch korrekt, in den richtigen Tempi, mit ausdrucksvoller, sprechender Artikulation und einer aus dem Historischen schöpfenden Regie aufzuführen. Er wollte ganz den Werken dienen, so wie es einst Gustav Mahler in Wien vorgeführt hatte, und eine überzeugende Einheit zwischen Musik, Theater und Bühnenbild entstand.

Dies war nur möglich durch ein hervorragendes, eingespieltes Ensemble. Aus der Mahler-Ära wirkte der Bühnenbildner Alfred Roller mit. So bedeutende Sängerinnen wie Maria Jeritza, Lotte Lehmann, Selma Kurz, Marie Gutheil-Schoder, Maria Ivogün, Elisabeth Schumann, hervorragende Tenöre wie Erik Schmedes, Leo Slezak und Alfred Piccaver und der außergewöhnliche Bassist und Komödiant Richard Mayr gehörten zur Wiener Oper. Als Kapellmeister konnte 1922 der junge Clemens Krauss gewonnen werden, nachdem Wilhelm Furtwängler abgesagt hatte.

*Alfred Roller (1864–1935)*

Strauss' Träume schienen in Erfüllung zu gehen. Endlich würde Oper so verwirklicht werden, wie er es sich vorstellte. Sein Ruhm wuchs noch mehr, strahlte von Wien ins Ausland, und er selbst unternahm wieder – wie in besten Zeiten – große Auslandstourneen. Mit den Wiener Philharmonikern reisten er und Schalk von August bis November 1920 nach Südamerika und feierten Triumphe mit *Salome* und *Elektra*. Zwei Jahre später zog es ihn noch einmal nach Nordamerika, 1923 erneut nach Südamerika. Mit erstaunlicher Spannkraft überstand der bald 60jährige all die Strapazen.

Aber hatte er sich nicht zuviel »aufgeladen«, wie schon Hofmannsthal 1919 vorausgesehen hatte?[49] Selbstverständlich gab es auch Kritik. Dem Spielplan wurde vorgeworfen, daß er viel zu wenige und nur die bekannten

Werke enthalte, daß kaum noch moderne Opern gespielt würden. Strauss verteidigte sich: Qualität ginge vor Quantität.

Immerhin wurden Hans Pfitzners *Palestrina*, Franz Schrekers *Die Gezeichneten* und *Der Schatzgräber*, Giacomo Puccinis Trittico: *Der Mantel*, *Schwester Angelica* und *Gianni Schicci*, Erich Wolfgang Korngolds *Die Tote Stadt* gezeigt. Seinen Plan, Strawinskys *Petruschka* in Wien erstmals aufzuführen, konnte Strauss wegen der schlechten finanziellen Situation der Hofoper allerdings nicht verwirklichen, und so blieb die eigentliche internationale Moderne außerhalb des Spielplans. Wien wurde seinem Ruf als konservative Opernstadt mehr als gerecht.

Dies lag freilich keinesfalls in der Absicht von Strauss. Er mußte mit ansehen, wie seine großen künstlerischen Pläne scheiterten. Politik interessierte ihn nicht – nur Musik. Aber kann man Musik von der Wirklichkeit trennen? Man konnte nicht, wie sich bald zeigte. Die grandiosen Strauss'schen Ideen hätte vielleicht ein Monarch wie einst die Kaiserin Maria Theresia im fernen 18. Jahrhundert oder König Ludwig II. in Bayern im nun auch schon historischen 19. Jahrhundert verwirklichen können. Aber die junge österreichische Republik hatte ganz andere Sorgen als Opernspielpläne und gigantische Honorarforderungen von Gesangsstars, die nach New York abzuwandern drohten. Sie kämpfte ums nackte wirtschaftliche Überleben. Der Etat der Oper wurde gekürzt. Schalk konnte mit Mühe und Not gerade noch das Erreichte bewahren, und Strauss hatte hierfür kein Verständnis, denn er war besessen von Musik.

Auch das Doppeldirektorat war zum Scheitern verurteilt. Schalk saß das ganze Jahr in seinem Direktionsbüro, mußte alle organisatorischen und künstlerischen Entscheidungen treffen und sie in die Tat umsetzen. Er war bedächtig, österreichisch umsichtig, auch lässig und behutsam. Doch selbst ihn ärgerte es, daß ein Oberleiter Strauss in der Ferne in Garmisch oder sonst irgendwo auf der Welt bei jeder Entscheidung um sein Einverständnis gefragt werden mußte. Denn Strauss wollte dem Institut zwar nicht mit seiner ganzen Energie dienen, aber dennoch alles bestimmen. Das mußte selbst dem Gutmütigsten gegen den Strich gehen. Strauss dagegen erlebte immer häufiger, wie gefaßte Entscheidungen kurzfristig aus der Not des Tages heraus umgeworfen wurden, ohne daß man ihn informierte, und fühlte sich blamiert. War er nur ein »Scheindirektor«?

Er trieb an, war ungeduldig und gab dies auch zu, wie er an Schalk schrieb: »Im Deutschen lügt man, wenn man ›höflich‹ ist und es scheint mir wirklich, daß ich mich Ihnen gegenüber, wenn ich recht klar und präzise sein will, oft im Ton vergreife und Sie unnötig kränke, was mir ferne liegt.« Er begründete dies mit den »leisen Gegensätzen zwischen oberer und unterer Donau«: »Sie wissen, wie ich Österreich liebe, aber so ein Schuß Bocheblut in Eure etwas zu sehr ›beharrende‹ Gemütlichkeit tut wirklich gut und ich glaube, Sie dürfen sich da unbedenklich meiner Führung anvertrauen.«[50] Doch Schalk wollte sich trotz aller Verehrung für Strauss nicht führen lassen, er wollte keine »Boche-Aufführungen«, sondern etwas Eigenes, Wienerisches.

Unschöne Intrigen verschlechterten zudem das gespannte Verhältnis zwischen Strauss und Schalk. Strauss beauftragte den für die Verwaltung zuständigen »Direktionssekretär« (ab 1920 Direktionsrat) Karl Lion, Schalk diskret zu überwachen, und dieser wiederum kritisierte an Lion »das Gehabe« wie in einem »norddeutschem Theaterbüro«.[51] 1922 mußten Hofmannsthal und Roller für Frieden zwischen den beiden Direktoren sorgen.

Es kam noch schlimmer. Aufgrund der wirtschaftlichen Depression mußte eine finanzielle Sanierung der Staatstheater in Angriff genommen werden. Sparmaßnahmen waren die Folge – und Strauss reagierte wütend. Am 4. Februar 1924 schrieb er an Schalk: »In Wien sieht es ja trübe aus: darum heben Sie sich diesen Brief als Andenken an unsere ehrliche, wenn auch fruchtlose gemeinsame künstlerische Tätigkeit gut auf. Es ist vielleicht der letzte.«[52] »So kann es nicht weitergehen«, schimpfte er aus Rom. »Für *Schlagobers* ist kein Geld da, für *Intermezzo* kein Geld und Theater. An *Oberon, Orpheus, Trojaner* ist nicht zu denken. Was soll ich da noch als ohnmächtiger ›Oberleiter‹ der Staatsoper? Das ist eine Farce! 4 Jahre habe ich zugewartet, das vorhandene Gute mit Ihnen nach Kräften zu erhalten gesucht in der Hoffnung auf bessere Zeiten. Nun soll es noch schlechter werden: man ist sogar noch unzufrieden mit uns, spricht vom Bankerott der Staatsoper . . .« Er spielte nun schon mit dem Gedanken, sich zurückzuziehen, und fand dafür genügend Gründe. Doch wäre ein Rücktritt nicht eine große Blamage? Einen Spätsommer hatte er sich erhofft, und ein Fiasko war es geworden. Gemessen an der Leistung seines toten Freundes, Konkurrenten und großen Vorgängers Gustav Mahler waren seine Erfolge bescheiden. Doch wie sollte er das Gesicht wahren: »Bloß von Herrn Korngold hinausekeln lasse ich mich ungern, aber ein Bleiben muß auch einen Zweck haben.« Aber was war der Zweck? Die Rettung der Staatsoper in der schwierigen Wirtschaftkrise wäre das Ziel gewesen. Doch Strauss verkannte die Lage, hatte wenig Verständnis für die Probleme der Nachkriegszeit und ersehnte sich die alte, untergegangene Monarchie zurück.

1924, im Jahr seines 60. Geburtstags, war Strauss auf der Höhe seines Ruhms. Strauss-Wochen wurden in Berlin, Dresden, München, Breslau und anderen Städten gefeiert, Dresden ehrte ihn mit einem Strauss-Platz, Wien und München mit der Ehrenbürgerwürde, Salzburg mit der des Ehrenpräsidenten der Festspiele. Noch nie war ein Komponist so gefeiert geworden.

Zu Beginn des Jahres fand eine privates Fest statt: Der Sohn, inzwischen Doktor der Jurisprudenz, heiratete Alice von Grab, die Tochter eines aus Prag stammenden jüdischen Großindustriellen. Strauss komponierte

*Der Wiener Stadt-Palast von Strauss an der Jaquingasse*

ein Hochzeitspräludium und war glücklich über die Schwiegertochter, die in wenigen Jahren seine engste Vertraute und Mitarbeiterin werden sollte. Auch Pauline war einverstanden, verband sich der Sohn doch mit einer adeligen und reichen Familie. Man war in besten aristokratischen Kreisen!

Damals herrschten große Arbeitslosigkeit und Not, Strauss jedoch baute sich in Wien ein Schloß. Das Grundstück an der Jaquingasse am Belvedere erhielt er vom Staat; er überließ dafür der Wiener Staatsbibliothek die Autographen vom *Rosenkavalier, Schlagobers* und der *Ägyptischen Helena*. Das Geld für den Bau verdiente er sich bei seinen Amerika-Tournee, den Rest lieh er sich vom Schwiegervater des Sohnes. Das riesige Gebäude war ein Prachtbau, wie ihn einst Fürsten als Stadtresidenz erstellten. Doch war das nicht ein Anachronismus? Mußte das nicht die Neider auf den Plan rufen?

Strauss gab sich als Fürst, als Herrscher im Reich der Töne, wie später die Karajans, Böhms und Pavarottis. Aber den jungen Musikern war dies suspekt. Sie komponierten atonal, dissonant und schwer verständlich, versperrten sich den Weg zum großen Massenpublikum, wollten keine Musik zur Unterhaltung liefern und sahen beides – hohen Anspruch und Publikumsgunst – für unvereinbar an. Strauss schuf zwar auch schwierige und vielschichtige Werke wie *Die Frau ohne Schatten*, aber er war populär, da seine Musik noch eine Breitenwirkung hatte, im Musikantischen wurzelte, was freilich stets – wie die Kritiker meinten – die Gefahr, ins Triviale abzugleiten, heraufbeschwor. Im Leben trat dem kultivierten, geistvollen Komponisten Strauss immer wieder der neureiche Bourgeois gegenüber, und dieser Zug zur »Kulturlosigkeit«, wie es Hofmannsthal nannte, brach 1924 besonders vehement aus. Nun war sogar das Komponieren davon betroffen. Im Sieg scheiterte Strauss, wie es Roman Rolland schon vor beinahe zwei Jahrzehnten erkannte hatte.

Strauss komponierte nämlich als Geburtstagsgeschenk für die Stadt Wien das Ballett *Schlagobers*. Im Mittelpunkt steht das Kaffeehaus Demel, in dem sich ein Firmling so viele Süßigkeiten aussuchen darf, wie er will. Die Küche des Zuckerbäckers wird lebendig, Marzipane, Zwetschgenmänner und Lebkuchen tanzen einen Reigen, Prinzessin Teeblüte, Prinz Kaffee, der Holländer Kakao werden von Don Zuckero umworben – sehr schön fand der Kritiker Ernst Decsey die »Szene des zigarettenrauchenden, träumenden, visionär entrückten Kaffees«[53] –, dann schlägt der riesige Zuckerbäcker Schaum, und »aus der Schüssel überquirlend entwickelt sich allmählich das gesamte jüngere weibliche Balletkorps in Weiß zu einem groß gesteigerten Walzerfinale«. Dem jungen Firmling wird es übel ob der vielen Süßigkeiten, und er liegt krank im Bett. »Die Musik tristanisiert dazu, eine der deutlichsten Illustrationsmusiken, die es gibt, denn sie würgt und gurgelt so naturnah, daß man Angst vor Übelkeiten bekommt.« Doch der Arzt lindert die Schmerzen, und der Firmling träumt: ». . . sieht die Prinzessin Praliné in ihrem Prunkwagen, den Springtanz der Knallbonbons und den Tanz der feinen Liköre.« Nun gibt es sogar politische Anspielungen; denn in der ursprünglichen Fassung sollte die französische Marianne von Frankreich aus einer großen Chartreuseflasche emporsteigend einen Versöhnungstanz mit einem Alkohol namens Michel vorführen. »Ein naiver

*Uraufführung von »Schlagobers« 1924: Gretl Theimer als Firmling, umgeben von Tänzern, die den Schlagobers darstellen.*

*Prinz Kaffee und
Prinzessin Teeblüte*

Traum, den die nachfolgende Ruhrbesetzung jedoch beeinträchtigt hat«, und so tanzt sie nun mit Ladislaw Sliwowitz, und der Russe Boris Wutki soll Mariannes Schleppe tragen, fällt aber auf den »Popo, ein etwas primitiver, aber wie sich beim sonstigen Handlungsmangel zeigt, noch immer wirksamer Effekt.« Dann ereignet sich gar in einer »trostlosen, kahlen, nüchternen Vorstadtdekoration« eine »Revolution Münchener Stils«: »Die proletarischen Mehlspeisen balgen sich offenbar mit den feinen, die Mazzes in Gestalt orientalischer Magier wiegeln die Völker auf, werfen Zeitungen unter die Menge, die erst beruhigt wird, als zwei mächtige Fässer Hofbräu ihren Inhalt ausleeren.« Der Schluß ist dann freilich ein Happy- End: »große Apotheose, Pralinés versöhnen sich mit anderen Süßigkeiten . . .«

Auch wenn *Schlagobers* nur als harmlos-lebensfreudige Apotheose Wienerischer Gemütlichkeit gedacht war, fühlten sich damals viele Zuschauer in Anbetracht der großen Not wie vor den Kopf gestoßen. Strauss hätte aus diesem Sujet anklagende Kunst machen können, er hätte ein musikalischer Brecht werden können. Aber nein, er stellte Nippes auf die Bühne, Porzellanfiguren, kleinbürgerlich-rührselige Sentimentalit.

Gewiß gibt es auch in *Schlagobers* einige musikalische Kostbarkeiten, wie den »derb volkstümlichen Ländler«, die »exotisch gewürzten Tänze der Teeblüte, des Kaffees und des Kakaos«, die »originell verarbeiteten

Altpfälzer Tanzmotive«, die »große Passacaglia, die das Revolutionschaos begleitet«, den »zierlich schmiegsamen Schlagoberswalzer«, aber selbst der für Strauss eingenommene Kritiker Richard Specht gab zu, daß dieses Werk zu den weniger großen gehörte, die von der Nachwelt zu Recht vom »Schatten der Vergessenheit« umhüllt werden sollten.[54] Ernst Decsey drückte es noch sarkastischer aus: »Auch der Musiker blickt bewundernd zu der Einfalt dieser Handlung empor, und zu dem Meister der *Salome* und *Elektra*, zum Schöpfer des parodistischen Geniestreichs *Till Eulenspiegel*, der dazu Musik erfinden konnte. Fast berührt es versöhnend, daß er dazu eben keine erfinden konnte.«

*Schlagobers* war ein künstlerischer Sündenfall. Doch wie konnte es dazu kommen? War Strauss in seinem Werturteil so wenig gefestigt? Wie konnte einer, der Mozart so großartig dirigierte, der so vielschichtige, schattierungsreiche Partituren geschrieben hatte, so geschmacklos werden? Ein Grund ist sicher der, daß Strauss dieses Ballett ohne Librettisten schuf, ohne Widerstand, ohne Hugo von Hofmannsthal. Er brauchte einen Kritiker, an dem er sich reiben konnte, sonst wurde er hilf- und kulturlos. Er suchte noch immer den »Vater«; fehlte der, so verlor Strauss den Halt.

*Schlagobers* war für die Strauss-Feinde ein willkommener Anlaß zu Kritik: War nicht das ganze Jubiläumsjahr 1924 eine von Strauss selbst initiierte und arrangierte »Strauss-Feier«? Der Musikschriftsteller Emil Petschnig nahm es Strauss übel, daß er sich vom österreichischen Unterrichtsminister Schneider »in übertriebenster Weise anstrudeln« ließ: »Wien sei durch Richard Strauss die musikalische Hauptstadt der Welt geworden!« Waren die beiden Strauss-Wochen in Wien nicht überflüssig, da man sowieso das ganze Jahr über die Werke von Strauss hörte? Strauss sei der »epigonale Nutznießer der harten Kämpfe und Leiden eines Liszt und Wagner« und »nun der rücksichtslose Ausbeuter der österreichischen Gemütlichkeit (um nicht zu sagen: Dummheit), welche Rolle er anscheinend nicht so bald aufzugeben gesonnen ist, baut er sich doch jetzt hier eine prächtige Villa auf von der Gemeinde kostenlos überlassenem Grundstükke«, schimpfte Petschnig.

Die alten Vorurteile wurden alle bestätigt: Strauss, der geldgierige Musikkaufmann, der Musiktyrann, ein Mächtiger aus alten, überholten Zeiten, der nun in seinem neuesten Werk, eben *Schlagobers*, »Äußerlichkeit« und »Empfindungsarmut« auf die Spitze trieb.[55] Richard Specht allerdings nahm Strauss in Schutz, bezeichnete die bösen Verrisse als »widersinnig und ungerecht einer so herrlichen Erscheinung gegenüber wie Richard Strauss eine ist, diesem zu Lebzeiten zum Klassiker gewordenen Meister, diesem kühnsten Eroberer neuer Bezirke, diesem stolzen Bewahrer unserer Musik vor der Anarchie unserer Tage, diesem Großen, für den die Musik noch eine Kunst der Freude ist.« Specht gab zu Bedenken, daß auch ein Großer einmal das Recht habe, etwas minder Hohes zu schaffen.

Das äußerlich so glanzvolle Jahr des 60. Geburtstags von Richard Strauss endete noch mit einer weiteren Niederlage. Zwischen ihm und Franz Schalk war nämlich nun ein offener Machtkampf ausgebrochen, der eine weitere Zusammenarbeit unmöglich machte und in dem der letztere schließlich siegte: Schalk blieb Operndirektor, und der Komponist reichte seine Demission ein.

Dennoch bezog Strauss das neue Wiener Stadtpalais, und Pauline zeigte sich zufrieden: »Gratulieren Sie mir, Gott sei Dank, daß er die schwere Bürde von sich warf. Ich und meine Familie sind glücklich, daß es so gekommen ist. Wir werden unser schönes Wiener Haus beziehen und angenehm in und mit der Wiener Gesellschaft leben. Was mein Mann zum Unterhalt braucht, das verdient er sich in vier Wochen, er soll dann schön ruhig komponieren.«[56]

Strauss hatte eine Niederlage erlitten – so wie immer, wenn er ein verantwortungsvolles öffentliches Amt innehatte. Die Diskrepanz zwischen seinem künstlerischen Anspruch und der Wirklichkeit, die er nicht wahrhaben wollte, war allzu groß. Aber er hatte auch die von seinem Vater stets angemahnte Bescheidenheit verloren. Er litt im Taumel von Erfolg, Ruhm und Geld unter Wirklichkeitsverlust, und dies berührte nicht nur seine Persönlichkeit, sondern auch sein Werk, wie Hofmannsthal vorausgesagt hatte. Aber nun war er wieder ohne ein öffentliches Amt, und jetzt erst begann der wahre Spätsommer – nicht als Operndirektor, sondern als Komponist.

## Lust an der Niederlage /
## Ein Selbstporträt mit Familie: *Intermezzo*

Fast alle großen Komponisten kämpften gegen Ungemach und Unglück: Bach wurde nie so anerkannt, wie es seinem Rang entsprochen hätte, Haydn litt unter seiner zanksüchtigen Frau, Mozart verarmte, Beethoven ertaubte, Schubert starb an Syphilis, Schumann endete im Irrenhaus, Wagner wurde als Revolutionär verfolgt und wäre beinahe wegen seiner Schulden ins Gefängnis geraten, Mahler litt unter Depressionen, Schönbergs Musik wurde fast nie aufgeführt und der Komponist ins amerikanische Exil verbannt . . .

Gewiß gibt es Ausnahmen, aber selten tat ein sogenanntes normales, gutbürgerliches und erfolgreiches Leben den Werken eines Künstlers gut. Doch im ausgehenden 19. Jahrhundert schien sich dies zu ändern: Kunstmaler wie Lenbach und Stuck, Schriftsteller wie Paul Heyse und Thomas Mann lebten wie Fürsten und Potentaten des Geistes. Auch Mahler und Strauss fühlten sich seinerzeit so. Der Künstler war bürgerlich geworden, insbesondere in München, um auf ein altes Thema von Thomas Mann

*Paßfahrt im Auto.
Richard Strauss war
ein begeisterter
Autofahrer.*

zurückzukommen. Wurde er erfolgreich, so lebte er wie ein Bourgeois der Gründerjahre. Doch jetzt herrschten Chaos, Revolutionen, Revolten und die ungeliebte, verachtete Demokratie . . .

Strauss war unter den Musikern das Extrembeispiel für den Typ des bourgeoisen Kunstpotentaten der Gründerzeit. Fehlten deshalb seiner Musik Tiefe, Durchgeistung, die Dimension des Leidens, welche die Werke weniger glücklicher Genies auszeichnet? Die landläufigen Vorurteile gegen seine Kunst zielen in diese Richtung.

Alma Mahler charakterisierte Strauss als einen Menschen, der vor seiner Frau »zitterte«, von sich sagte »I brauch dees« und von der »Sehnsucht« getrieben wurde, »unterlegen zu sein«.[57] Schon von Jugend an suchte er starke Frauen, und Pauline war die stärkste: »Pauline Strauss war Richard Strauss nicht nur wegen ihrer Nervenüberlegenheit, sondern auch als Musiker wichtig. Sie hatte einen starken musikalischen Instinkt, und ich habe sie einmal eine Rolle glänzend vorspielen sehen. Sie war schon richtig am Platz. Aber man mußte sehr auf der Hut sein, um nicht irgendeine große Taktlosigkeit an den Kopf geworfen zu bekommen. Sie sagte alles heraus, was und wie sie es dachte. Er hatte das gern. Ich selber habe sie bewundert – für ihre Wahrheitsliebe und ihre große Musikalität«, berichtete Alma Mahler.

Auch in den Werken von Strauss sind die Frauen stark und die Männer schwach: Salome, Elektra, die Marschallin, Potiphars Weib in der *Josephslegende*, Färberin, Amme und Kaiserin in der *Frau ohne Schatten* – sie alle beherrschen und besiegen die Männer. Die Opern von Strauss spiegeln die

Ängste, Visionen, Alp- und Wunschträume der Männer in einer von emanzipierten Frauen bevölkerten Welt wider.

Strauss errichtete nach außen die Fassade des großen Musikfürsten, benahm sich im persönlichen Umgang schlicht und direkt wie ein einfacher »Geistesarbeiter« und suchte privat geradezu masochistisch die Rolle des Unterlegenen. Wie war das auszuhalten? Nur durch Komponieren, und das durfte er, wie Alma Mahler berichtet, nicht am Konzertflügel im »pompösen Musiksalon«, sondern an einem kleinen Pianino in »einem winzigen Zimmerchen«: »Dort durfte er spielen, komponieren, ›Schmutz machen‹ (wie seine Frau sagte), und er lachte dazu.«

Während Strauss an der Wiener Hofoper die Farce als Direktor spielte, komponierte er eine Farce über sein Familienleben, eine sublime Rache an seiner Frau. *Intermezzo*, »eine bürgerliche Komödie mit sinfonischen Zwischenspielen«, so lautet der Untertitel, offenbart das Privateste aus dem Strauss'schen Familienleben und ist in seiner Offenheit und seiner Selbstironie einzigartig in der gesamten dramatischen Literatur. Max Reinhardt war allein vom Text, den Strauss selbst verfaßte, so begeistert, daß er die Oper am liebsten als reines Sprechstück aufgeführt hätte.

Pauline erscheint in *Intermezzo* als herrschsüchtige Frau, die über zuviel Hausarbeit klagt, obwohl diese von den Hausangestellten erledigt wird, wie der Ehemann – Hofkapellmeister Storch in der Oper – einwendet. Doch sie muß den Dienstboten »alles befehlen«, »immer und überall nachsehn, ob auch alles richtig geschieht . . .«, muß »telephonieren«, »muß den ganzen Tag denken«, ist beklagenswert, wie sie findet. Aber benimmt sie

*»Intermezzo«-Uraufführung in Dresden, 1924: Das Bühnenbild entspricht dem Garmischer Vorbild. Josef Correck als Robert Storch, Lotte Lehmann als seine Frau Christine, Lisel von Schuch als Anna und Erna Frese als Stubenmädchen.*

sich nicht nur so, um sich wichtig zu machen? Leidet sie nicht darunter, daß sie in Wirklichkeit ein nutzloses Luxusgeschöpf ist, wie die meisten Frauen der reichen Bürger, denen die Arbeit von den Dienstboten abgenommen wurde? Der Mann jedenfalls nimmt sie nicht ernst, behandelt sie wie ein Kind: »Nur produzierendes Denken beim Künstler, beim Gelehrten, bei einem Erfinder« zählt für ihn: »Das ist Kopfarbeit, und das müßte eigentlich ein Vergnügen sein: für mich ist es wirklich.« Doch sie antwortet ganz aristokratisch: »Arbeit ist nie ein Vergnügen«, und der Mann begütigt: »Dann laß sie doch! Du hast es doch nicht nötig!« Nun erwacht ihr Hausfrauenehrgeiz: »Alles würde verkommen und im Dreck ersticken«, und er nennt sie lächelnd einen »Putzteufel«, gibt zu Bedenken: »Es leben doch tausend Familien nicht so genau und peinlich und wahrscheinlich vergnüglicher als wir.« Sie wirft ihm vor: »Bei deiner Herkunft bist du es nicht besser gewohnt!«, nennt ihn einen »Plebejer« und wird grob: »Mach daß du fortkommst«.

Der Hofkapellmeister, der in wenigen Minuten verreisen muß, packt konzentriert seinen Koffer mit Hilfe von Anna, während die Frau ständig »Reisekissen, Schuhlöffel, Handschuhe . . .« erwähnt, die er nicht vergessen soll. Er beschwert sich: »Du störst nur mich und Anna«, und sie fängt erneut einen Streit an, da er schweigt: »Ich denke, wenn man auf zwei Monate fortgeht, hätte man mit seiner Frau doch manches Wicht'ge zu besprechen.«

Er erwidert: »Wenn Sie bei Vernunft ist.«

Sie: »Du bist ein Flegel«.

Er: »Du bist auch nicht gerade liebenswürdig.«

Sie: »Ich verbitte mir diesen Ton! Du bist ein Musikant.«

Er: »Weiß schon, also in deinen Augen so etwas Minderwert'ges.«

Sie: »Das nicht, aber mir paßt das ganze Milieu nicht, die Öffentlichkeit und was sich so alles an den Künstler drängt: diese schamlosen Dichter, die all ihre Erlebnisse auf die Straße tragen, so ein Kapellmeister, der den Vollgefreßnen unten im Parkett den Hampelmann macht und seine brünstigen Gefühle im Viervierteltakt preisgibt! Pfui Teufel!«

Der Hofkapellmeister gibt darauf klein bei, daß er nicht mehr umsatteln könne, da er nichts anderes gelernt habe.

Der Schlitten fährt vor, sie gibt ihm keinen Abschiedskuß – »Ekelhaft bist du mir!« –, und er appelliert an ihr weiches Herz hinter der stacheligen Schale: Was könnte ihm nicht alles passieren vom Zugunglück bis zur Lungenentzündung, worauf sie besorgt und mütterlich wird. Aber Briefe will sie ihm keine schreiben, nicht mit ihm »aus der Ferne plaudern«, wie er es liebt, und er geht wütend zum Schlitten: »Dann also zum Teufel! Laß es bleiben, du unausstehliche Kratzbürste du! Adieu!«

Die Musik ist voller Nervosität, kurzatmig, nur wenige Takte dauernde Themen werden dem Hörer entgegengeschleudert, Brüche, überraschende

Wendungen erinnern an Mozarts geistvoll-dramatischen Stil. Der Gesang bildet das natürliche Sprechen ab, gibt bis in den Tonfall den Charakter wider: einerseits bizarre Rhythmen und Sprünge für die Frau, andererseits Gefühl, Sanftheit beim Mann. Strauss gelang hier eine moderne, naturalistische Psychokomödie über die 20er Jahre.

Wie unverblümt zeigte Strauss hier sein Innerstes in aller Öffentlichkeit: seine Unterlegenheit gegenüber der streitsüchtigen Frau, seine Komplexe wegen der »niederen, plebejischen« Herkunft, wegen seines »Musikantenberufes« und seiner bisherigen Werke, in denen er seine erotischen Gefühle preisgegeben hatte. Strauss stellte sein so gar nicht idyllisches Familienleben ungeschminkt, in nackter Wahrheit dar. Dabei wird deutlich, daß auch seinem Leben trotz des äußeren Glanzes nicht die Dimension des Leidens fehlte.

Auch daß er nicht nur von Musik, sondern ebenso vom Skatspiel besessen war, gibt er unumwunden zu. Die Skatfreunde in Wien, wo Hofkapellmeister Storch dirigiert, unterhalten sich, bevor er auftritt, über dessen Frau. Der Kommerzienrat nennt sie ein »Ekel«, der Kapellmeister Stroh entschuldigt sie, sie sei halt »sehr temperamentvoll, zu hitzig, ein bißchen wild und rücksichtslos«.

Doch der erstere beharrt darauf: wen sie näherer Bekanntschaft würdige, der habe schlaflose Nächte. Der Meister kommt endlich, entschuldigt sich für die Verspätung und verteidigt seine Frau, als der Kommerzienrat bemerkt, daß er, hätte er eine solche Gattin, längst im Irrenhaus säße.

Storch dagegen erwidert, seine Frau sei »hitzig, starker Phantasiemensch, von etwas mangelnder Selbstdisziplin, oft rührend hilflos»: »Das hat mir die Nerven gestählt. Nervosität gibt's nicht. Mangel an Selbstzucht«, und bekennt, er habe ein »Talent zum Verdösen, Verbummeln«: »Was aus mir geworden, danke ich ihr: besonders die Gesundheit. Sie hat mich aufgepulvert.«

»Aufpulvern, das kann sie: Dynamit!« wirft der Kommerzienrat ein, und Storch singt eine Hymne auf sie: »Ich muß Leben und Temperament um mich haben.« Seine Frau zeige nicht nur ihre »angenehme Fläche«, sondern gehöre zu den »ganz zarten, schamhaften Naturen mit rauher Schale, ich kenne manche, es sind die Besten! Ein Igel nach außen mit Stacheln gepanzert.« Was für ein Einfühlungsvermögen hatte Strauss!

Sie dagegen schimpft – allein in Garmisch zurückgeblieben – vor dem Kammermädchen Anna über ihren Mann, daß er sie »rasend mache«, da er nie »richtig grob und brutal« sei »wie ein richtiger Mann«. Er spiele den »ewig weichen Günstler«, zeige »diese ruhige süffisante Überlegenheit«, sehe auf alle Frauen herab, halte sie für »dumme Gänse«, besitze eine »Bauernpfiffigkeit«, mit der er sich »heimtückisch beherrschen, verstellen« könne, während sie immer mit allem »herausplatze«, »nicht die richtigen Worte finde« und es dann diese »scheußlichen Szenen« gebe, mit denen sie sich »ins Unrecht« setze. Sie sei dadurch »der schwächere Teil«, denn er wolle seine Ruhe haben, würde ihr deshalb immer nachgeben, und sie wäre dann das Scheusal: »Ach, Anna, ich bin recht unglücklich.«

Strauss analysierte seine Ehe klug, mit viel psychologischem Verständnis. Die Musik ist hart, konturenscharf, keineswegs romantisch, sondern expressive Nervenmusik, welche die Schärfe der modernen Welt widerspiegelt. Das Orchester wird sparsam eingesetzt. Strauss entdeckt neue Klangfarben. Besonders eindrucksvoll ist das Klavier in der Skatszene, in welcher der motorische Rhythmus des Maschinenzeitalters herrscht. Die Menschen wirken wie getrieben, wie Rädchen in einer Psychomaschine.

Während Kapellmeister Storch in der Ferne seiner Arbeit nachgeht, läßt sich seine Frau von Baron Lummer unterhalten, tanzt und rodelt mit ihm, sorgt für ihn wie eine Mutter, während dieser versucht, sie finanziell auszunehmen. Diesen harmlosen Flirt stört ein Brief, der an den Kapellmeister Storch adressiert ist und von einer gewissen Mieze Maier stammt: »Lieber Schatz! Schicke mir doch wieder zwei Billette morgen zur Oper! Nachher an der Bar wie immer! Deine Mieze Maier.«

Jetzt glaubt die Frau, ihren Mann endlich ertappt zu haben, und geht zum Notar, um sich scheiden zu lassen: der Ehekrieg ist ausgebrochen. Kapellmeister Storch erhält beim Skatspielen ein wütendes Telegramm und fällt aus allen Wolken. Er ist sich keiner Schuld bewußt und weiß nicht, wie er seine Frau beruhigen soll. Schließlich gesteht ihm Kapellmeister Stroh, daß er mit der Mieze Maier gut bekannt ist, und der Brief wohl auf einer Verwechslung beruhe. So klärt sich alles auf, Stroh muß nach Garmisch und die Frau von der Geschichte überzeugen.

Ende gut, alles gut? Als Storch nach den zwei Monaten wieder zu Hause ankommt, wird er von seiner Frau so streitsüchtig, launenhaft und widerborstig wie gewohnt empfangen. Am Schluß singen sie in einem Duett eine Hymne auf ihre Ehe, ihre Zanksucht und ihre Liebe.

Strauss gelang in *Intermezzo* eine moderne musikalische Komödie. Der Gesang erscheint als eine Art Sprechen, eine direkte Umsetzung von Wortbetonung, -melodie und Ausdruck in Melodie und Rhythmus. Dadurch fand er neue musikalische Gestaltungsmittel. Besonders eindrucksvoll ist der Wechsel von gesprochenen, vom Orchester nicht begleiteten und gesungenen Teilen. Dissonanzen, kühne Glissandi, moderne sachlich-kühle Klangfarben zeichnen dieses Werk aus. Allein, daß *Intermezzo* die Tonalität wahrt, die Dissonanzen in Konsonanz aufgelöst werden und die Handlung ein freilich sehr fragwürdiges Happy-End findet, läßt dieses Werk als nicht so »modern« erscheinen wie die der damaligen Avantgarde.

In seinen Tondichtungen und früheren Opern ließ Strauss das Geschehen tragisch enden, doch seit dem *Rosenkavalier* setzte er zumeist einen positiven Schluß und betonte damit, daß Musik, welche die Tonalität wahrt – und nur das war für Strauss wahre Musik –, eine Kunst der

*Szene aus »Intermezzo«: Lotte Lehmann als Christine, Theo von Strack als Baron Lummer, Lisl von Schuch als Anna*

Harmonie ist, die viele verschiedene Stimmen zu einem Ganzen, zu einem konsonanten Akkord vereinigen und dadurch das Disparate, Auseinanderfallende doch noch zur Einheit verbinden kann. Strauss schenkte seinen Mitmenschen Freude, zeigte ihnen mit seiner Musik, daß doch noch Harmonie existiert und ein positives Weiterleben möglich ist – trotz all der Widerwärtigkeiten. Seine Musik gab dem Publikum, was es im Leben vermißte. Auch jetzt komponierte er wieder gegen seine Zeit.

Doch Strauss half sich mit seiner Musik auch selbst über die Widrigkeiten des Alltags hinweg. Als er unter sexueller Enthaltsamkeit litt, schrieb er *Don Juan*, als er sich an München rächen wollte, *Feuersnot*, als er die dumpfe, blutig-schwüle und dekadente Atmosphäre der wilhelminischen Ära verarbeiten mußte, *Salome* und *Elektra*, als er das Altwerden und das Ende seiner Epoche spürte, den *Rosenkavalier*, als er den Panzer seiner Selbstsucht, der Gefühlskälte, der eisernen Disziplin und die unmenschliche Härte des Karrierelebens durchbrechen wollte, *Die Frau ohne Schatten* – und nun *Intermezzo*: Er litt unter seiner tyrannischen Frau, sehnte sich nach einer harmonischen und glücklichen Ehe.

Doch diese Strauss'schen Privatleiden spiegelten allgemeine Leiden seiner Zeit wider. Viele Menschen sehnten sich zurück nach der Monarchie und sahen den Adelsstand noch immer als Ziel des gesellschaftlichen Aufstiegs. Sie bauten die Fassade von Größe und Macht auf, obwohl sie zu Hause Pantoffelhelden waren, vor der Obrigkeit sich unterwürfig zeigten – und Deutschland den Krieg verloren hatte. *Intermezzo* ist eine »bürgerliche Komödie« nach der Niederlage und vor dem Abgrund des Faschismus.

## Vergessen und Verdrängen: *Die Ägyptische Helena*

Mit Strauss war auch sein Publikum älter geworden. Die Fortschrittlichen von damals, die seine Tondichtungen, *Feuersnot* und *Salome* bejubelt hatten, zählten nun zu den Konservativen und Arrivierten. Gewiß konnte keine der späteren Opern mehr den Erfolg von *Salome* und *Rosenkavalier* erreichen. Aber noch immer traf Strauss den Nerv seines Publikums.

Strauss blickte zurück, seine Musik faßte die Traditionen von Gluck bis Wagner – allegorische Opera seria, Mozartsche musikalische Komödie, Wagnersches Musikdrama, Johann Strauß'sche Operette – zusammen und gewann ihnen ein letztes Mal Neues und Schöpferisches ab. Der alte Strauss zeigte sich als anachronistischer Vollender einer Kultur, die im Ersten Weltkrieg untergegangen war. Seine Kunst war nun eine späte, überreife, im Grunde zu späte Blüte. Das war seine Tragik – und das gerade macht seine letzten Werke faszinierend und bewegend.

Seine Musik wurde von den Sängern und Dirigenten geliebt. Lotte Lehmann, Maria Jeritza, Elisabeth Schumann, Viorica Ursuleac, Alfred Jerger, Karl Böhm und Clemens Krauss waren Künstler der jüngeren Generation, die seine Opern in exemplarischen Interpretationen weitertrugen.

Strauss hatte das Glück, daß die Oper damals trotz Wirtschaftsnot und politischer Instabilität blühte. Die Oper war nun zum Symbol für die Sehn-

*Richard Strauss mit Elisabeth Schumann in Paris (links), mit seinem Sohn Franz und Marie Gutheil-Schoder (rechts)*

sucht nach der alten Zeit und für die alten Werte geworden. Sie zeigte die kollektiven Träume, die zum Überleben in der chaotischen, unsicheren neuen Zeit notwendig schienen – und die Musik von Strauss wurde zum Inbegriff des Klassischen, von Harmonie, Ordnung und Schönheit.

Strauss wurde in diese Rolle des Bewahrers auch von Hofmannsthal gedrängt. Er selbst war im Grunde viel moderner als der Dichter. So suchte er seit dem *Rosenkavalier* nach dem Stoff für ein Psychodrama, dachte dabei auch an d'Annunzio als Dichter und schrieb es schließlich selbst, nachdem Hofmannsthal und der von ihm empfohlene Hermann Bahr davor zurückgeschreckt waren: *Intermezzo.*

Seit der *Frau ohne Schatten* ruhte die Zusammenarbeit mit Hofmannsthal. Der Dichter interessierte sich mehr für rein literarische Arbeiten, schrieb in dieser Zeit einige seiner Hauptwerke wie *Der Schwierige, Das Salzburger Große Welttheater* und *Der Unbestechliche.* Er fand in dieser Zeit seine neue und letzte Aufgabe: in einer »konservativen Revolution«[58] für die Erneuerung Österreichs und damit der alten Habsburger Zeit zu kämpfen. Dieses Österreich wurde von ihm geistig durchdrungen, seine Qualität erkannt und bei aller auch von ihm gesehenen Morschheit doch zum Modell eines neuen, friedlichen Europas erhoben. Er fand hier eine andere Qualität des Deutschseins als in Preußen, »Züge eines älteren und höheren Deutschtums«: »Wer sagt ›Österreich‹, der sagt ja: tausendjähriges Ringen um Europa, tausendjähriger Glaube an Europa.«[59] Doch wie konnte man diesen Glauben in der Gegenwart bewahren, die von Haß, Nationalismus, Antisemitismus, wirtschaftlichem Niedergang und dem Chaos einer noch jungen, ungeübten Demokratie beherrscht wurde? Hofmannsthal fühlte sich in dieser neuen Zeit heimatlos und fremd: »Eben weil ich mit dem Zusammenbruch Österreichs das Erdreich verloren habe, in welches ich verwurzelt bin, eben weil es sich, wenn einer die Verstrickung hier von allem mit allem lichtvoll darlegt, das In-eins des schicksalsgebundenen Politischen mit dem geistig-Kulturellen, das In-eins der Schuld und des Unglücks, das Paradoxon des scheinbaren Noch-Bestehen-Könnens bei tatsächlichem Ende – eben weil dies mein eigenes Erlebnis ist, weil mein eigenes dichterisches Dasein in diesem Zusammensturz fragwürdig geworden ist, eben darum weil dies alles mir so furchtbar nahe, so unausdenklich bedeutsam ist – kann ich über diese Dinge nur schweigen – wofern ich mich nicht schwer zerrütten will«,[60] schrieb er an den Juristen, Politiker und Historiker Josef Redlich. Hofmannsthal war damals gespalten: Einerseits mischte er sich in die Politik ein, versuchte eine »schöpferische Restauration«,[61] andererseits lähmten ihn Depressionen und Ängste.

Nach acht Jahren Pause schrieb der Dichter wieder etwas für seinen Komponisten: *Die Ägyptische Helena.* Er wandte sich wieder der Oper zu, da nun auch Strauss wie er ein Konservativer geworden war, der sich – so

*Maria Jeritza als Ägyptische Helena in Wien*

schrieb Alma Mahler[62] – »hermetisch« von allem abschloß, was moderner als seine Musik war. Der Dichter und der Komponist konnten und wollten nicht glauben, daß alles, was man früher für groß und bedeutend gehalten hatte, keinen Wert mehr haben sollte, daß also der Krieg nur ein Hinschlachten, das Schicksal nur eine kapitalistische Gewinn- und Verlustrechnung, die Welt ein dissonantes, auseinanderfallendes Chaos von Ideen, Gedanken, Wahrheiten und Gefühle sei, wie es nun Brecht, Otto Dix oder Arnold Schönberg darstellten. Es mußte doch – trotz allem – noch Werte und Autorität geben! Strauss und Hofmannsthal wurden in ihrer Jugend von der Monarchie geprägt. Sie stand für Ordnung, Größe und Bedeutung. Wenn also dieser verlorene Krieg nicht nur ein schreckliches Blutbad war, dann mußte diese Zeit nach der Niederlage einen Sinn haben: »Denn wenn sie etwas ist, so ist sie mythisch – ich weiß keinen anderen Ausdruck für eine Existenz, die sich vor so ungeheuren Horizonten vollzieht – für dieses Umgebensein mit Jahrtausenden, für dies Hereinfluten von Orient und Okzident in unser Ich, für diese ungeheure innere Weite, diese rasenden inneren Spannungen, dieses Hier und Anderswo, das die Signatur unseres Lebens ist.«⁶³ In »bürgerlichen Dialogen«, wie Strauss es in *Intermezzo* tat, konnte man dieses neue Zeitgefühl nicht einfangen, meinte Hofmannsthal: »Machen wir mythologische Opern, es ist die wahrste aller Formen. Sie können es mir glauben.«

Doch *Die Ägyptische Helena* ist keine Oper, die das Archaische, Wilde und Primitive in mythischer Vergangenheit sucht, wie etwa Strawinskys 1927 uraufgeführtes Opern-Oratorium *Ödipus Rex*, vielmehr zeigt Hofmannsthal ein modernes Ehedrama, das – wenn man die »kleinen Zaubereien« der mythologischen Oper wegließe – ein »psychologisches Konversationsstück« wäre: »Ehe als Problem, Schönheit als Problem, ein Rattenschwanz von Problemen.« Hofmannsthal wollte weder ein Konversationsstück schreiben, noch ein expressionistisch-realistisches Drama schaffen, wie es Alban Berg in *Wozzeck* gelang, der 1925 von Erich Kleiber mit großem Erfolg an der Berliner Staatsoper uraufgeführt wurde.

Nein, »mythologische Oper« verstand er noch ganz im alten Sinne des Barock: Menschen und Probleme von heute spiegelte er, ins Große und Heroische gesteigert, in Gestalten des griechischen Mythos. Wieder steht die Ehe im Mittelpunkt: Helena ist eine berückend schöne Frau, die von Paris entführt und dann erst seine, später auch die Freundin von zehn oder zwölf anderen Söhnen des Priamos wurde: »Welche Situation für einen Ehemann! Sie übersteigt die Einbildungskraft.«⁶⁴ Helena ist also eine antike Lulu, eine mythische »femme fatale«. Menelaos dagegen erscheint als geprellter Ehemann, als Pantoffelheld – eine altbekannte Figur aus den Strauss'schen Opern – allerdings zur mythischen Figur vergrößert.

Die Oper spielt nach dem Trojanischen Krieg, dem mythischen Bild für den Ersten Weltkrieg. Menelaos kehrt von diesem Krieg zurück, führt seine untreue Frau – die Ursache des Krieges und all des Schreckens – in seinem Schiff mit sich und will sie selbst mit dem Schwert als Götteropfer töten. Er ist zwar »kein Wahnsinniger«, aber »in dem Zustand völliger Zerrüttung, den man in so vielen Kriegslazaretten bei denen, die aus allzu furchtbaren Situationen kamen, tage- und wochenlang beobachtet hat.«⁶⁵

Durch einen Sturm wird sein Schiff an der Strand einer Felseninsel geworfen, auf der die Nymphe Aithra, eine ägyptische Königstochter, Zauberin und die Geliebte des Meergottes Poseidon, herrscht. Damals – so schrieb Hofmannsthal – ging es wie jetzt »zwischen Moskau und New York« zu: Die junge Nymphe wird von ihrem Liebhaber viel allein gelassen und hat deshalb eine Muschel, »die alles weiß, was auf dem Meere vorgeht«, ein »Mittelding zwischen Radio und Zeitung«.

Diese Zauberin hat Mitleid mit Helena und gibt der schönsten aller Frauen »einen wunderbaren Trank zur Hand, aus Lotos bereitet«, der »schnelles Vergessen jeglichen Übels« bewirkt. Menelaos dagegen erzählt sie eine erlogene Geschichte: Helena sei auf diese Insel von den Göttern gebracht worden, während er und die Griechen zehn Jahre lang einem Phan-

*Maria Jeritza und
Richard Strauss bei der
Premiere der »Ägypti-
schen Helena«*

tom nachgejagt und von einem Trugbild zum Krieg verführt worden seien. Menelaos glaubt diese schöne Geschichte, die Zauberin versetzt das neu verliebte Paar auf eine einsame Inel, wo es »kein Publizität« gibt und Helena freilich bald neue Männer verführt. Aber schließlich endet alles gut, und Helena wird als Hausfrau im Palast des Menelaos glücklich . . .

Das Real-Surreale wird hier mit dem Mythos amalgamiert. Die Musik »zaubert«, und ein Traum entsteht, den damals viele träumten: daß der Krieg nur ein Phantom, eine böse Gespenstergeschichte gewesen sei, daß man ihn vergessen könne, daß man der modernen »Publizität«, welche die Wunden aufreißt und die schlimme Realität ins Bewußtsein rückt, entfliehen könne. Auf der einsamen Insel erkennt zwar Menelaos, daß die Zauberin ihm eine Lügengeschichte aufgetischt hat, aber diese Lüge hat das Paar wieder zusammengeführt. Zauber und Trug bewirkten also Gutes.

Könnte nicht eine solche Lügengeschichte wieder Frieden schaffen in der Welt? Diese Hoffnung teilten damals viele. Die Bildungsbürger freuten sich, daß ihre Zeit im Spiegel der antiken Mythen Bedeutung und Größe gewann. Das »schreckliche Ereignis« wurde in »einer leichten Art«, fast wie in einer Operette, dargestellt, die eigene Zeit von einer hohen Warte aus gezeigt, in der die Probleme viel kleiner und wesentlich einfacher lösbar erschienen. Dies war für viele ein Trost, die – wie Hofmannsthal selbst – an der Nachkriegsrealität verzweifelten.

Man durfte in dieser Oper lachen, vergessen, verdrängen, hoffen. Doch zugleich war dieses neue Werk von Strauss und Hofmannsthal höchst modern. Nahezu respektlos »spielten« sie mit der Geschichte, der Mythologie,

*Loge der Wiener Oper: Strauss und vor ihm sitzend Pauline*

dem Zauber und der Realität. Die beiden fühlten sich jenseits der Moderne, drehten und wendeten alte Muster und Formeln aus verschiedensten Epochen sowohl in der Musik wie in der Dichtung, um etwas Neues zu schaffen: einen schönen, surrealen Traum – und nahmen dabei das Phänomen der Postmoderne vorweg, das in den 80er Jahren desselben Jahrhunderts, die ebenfalls eine Periode der Restauration waren, eine Rolle spielen sollte.

## Hymne auf die Vergangenheit: *Arabella*

Auch die letzte Oper, die Strauss und Hofmannsthal miteinander schufen, handelt vom Vergessen. Arabella singt am Schluß dieser »lyrischen Komödie«:

> Das Glas da hab ich austrinken wollen ganz allein
> auf das Vergessen von dem Bösen, das gewesen ist
> und still zu Bett gehen, und nicht mehr denken an Sie und mich,
> und an das Ganze was da zwischen uns gewesen ist
> bis wieder heller Tag gekommen wäre über uns . . .

1926 schrieb Hofmannsthal an den Schweizer Diplomaten, Dichter und Gelehrten Carl J. Burckhardt: »Für mich ist Wien ein sehr schwer erträglicher Ort. Der jetzige Zustand ist nur für einen Fremden erträglich, für mich ist er versteinernd. Für Sie ist das Ganze eine Theaterdekoration und spricht Ihnen von Dingen, die tot sind, aber das ist für sie ein Charme mehr. Für mich ist fast alles furchtbar.«[66]

Für Hofmannsthal und Strauss war durch den Ersten Weltkrieg eine Welt, ihre Welt untergegangen. Der Dichter litt noch mehr als der Komponist, der sich mit eiserner Selbstdisziplin auf die Musik konzentrierte. Hofmannsthal dagegen verfiel in Depressionen; kleinste Klimaschwankungen führten zur Lähmung seiner Arbeitsenergie, und er fühlte sich, obwohl erst 53 Jahre alt, dem Tod nah. Vergessen müßte man das Böse können – dachte er –, damit die Vergangenheit nicht »versteinern« würde, sondern wieder lebendig werden könnte. Und viele wollten damals »vergessen«, wollten wieder so unbeschwert wie früher leben.

In *Arabella* beschwören Strauss und Hofmannsthal das alte kaiserliche Wien. Freilich ist es bereits die dekadente Donaustadt aus dem Jahr 1860, nicht mehr die blühende Residenz der Kaiserin Maria Theresia. Der Rittmeister a.D. Graf Waldner lebt in einem Stadthotel, ist dem Spiel verfallen und steht kurz vor dem Bankrott. Dieser Graf wird in der Oper einmal »hoher Herr« genannt. Er versinnbildlicht das alte Kaiserreich, zwar morsch, dem Untergang geweiht, aber menschlich, liebenswert – freilich bis

*Viorica Ursuleac als Arabella bei der Uraufführung in Dresden 1933 (rechts); Richard Strauss gibt Ellice Illiard, der Fiaker-Milli, Regieanweisungen (links).*

zur Charakterlosigkeit. Der Graf hat zwei Töchter; die eine, Zdenka, muß er als Bub verkleiden, da er sie nicht standesgemäß als Mädchen erziehen kann, die andere, Arabella, ist schön, hat viele Verehrer und kann sich zwischen ihnen nicht entscheiden. Aber sie muß die Familie durch eine lukrative Heirat retten.

Es ist wie in der Operette – und diese Oper ist fast eine Operette. Ein reicher Mann, Mandryka, kommt aus der fernen Walachei, angelockt vom Vater durch ein Bild, und verliebt sich in Arabella und sie sich in ihn. Auf einem Ball lernt er sie kennen. Reich wie er ist, will er sofort die Verlobung mit größter Verschwendung feiern, doch Eifersucht zerstört die zarte Liebe, es kommt fast zum Duell und dann doch zum guten Ende: Sie trinken ein Glas Wasser auf »das Vergessen von all dem Bösen«.

Arabella ist die verführerische Frau, bevor sie ihre Unschuld verliert. Sie ist noch ein Mädchen und hat Angst, erwachsen zu werden. Doch dieses Erwachsenwerden, der Abschied von der Mädchenzeit, wird hier als Inkubationsperiode gezeigt, die zu all dem Bösen führt – zu Beleidigungen, Verdächtigungen, Ehekrieg, bevor die Ehe überhaupt begonnen hat.

Arabella versinnbildlicht die schöne, unbeschwerte und unschuldige Jugendzeit – als Strauss noch der musikalische Revolutionär war und Hofmannsthal in der »Jugend« seine Gedichte veröffentlichte. Wie gern wären sie noch so jung, noch nicht erwachsen, noch Kinder gewesen. Künstler müssen sich den Sinn für das jugendlich Naive, die Freude am Spiel bewahren. Doch wie konnte man das, wenn die eigene Epoche unter den Füßen wegbrach?

Auch in *Arabella* trafen sie einen Nerv der kollektiven Wunschträume. Das Bürgertum wollte nach dem Ersten Weltkrieg »unpolitisch« bleiben, wollte nicht die Bürde, Last und den Ernst selbständiger Entscheidungen auf sich nehmen, sondern lieber »unmündig«, jugendlich unerwachsen die Politik anderen überlassen. Wie unbeschwert genoß man das Leben früher im alten Wien, in dem der Kaiser alle Entscheidungen traf, auch wenn sein Regime bankrott war. Konnte man das Böse dieser Zeit nicht einfach vergessen?

*Arabella* war für Strauss nicht nur eine nostalgische Erinnerung an Wien, sondern auch der Abschied von Hofmannsthal. Der Dichter schickte am 10. Juli 1929 den umgearbeiteten I. Akt – die beiden anderen Akte wa-

*Hugo von Hofmannsthal auf dem Totenbett in seinem Arbeitszimmer in Rodaun (15.7.1929)*

ren schon längst fertig – und schrieb: »... war mir aber nicht sicher, es Ihnen damit recht zu machen. Daher, als Ihr Brief kam, war mir ein Stein vom Herzen.«[67] Strauss telegraphierte am 14.7. aus Garmisch: »Erster Akt ausgezeichnet. Herzlichen Dank und Glückwünsche. Treu ergeben. Dr. Richard Strauss«,[68] was der Dichter aber nicht mehr lesen konnte. Am 15. Juli, als das Telegramm eintraf, lebte Hugo von Hofmannsthal nicht mehr. Nur zwei Tage zuvor hatte sich sein Sohn, bei einem »schweren dumpfen Gewitter durch einen Schuß in die Schläfe das Leben genommen«. »Die Ursache dieser schweren Tat liegt unendlich tief: in den Tiefen des Charakters und des Schicksals«,[69] schrieb Hofmannsthal noch an Carl J. Burckhardt. Als er am folgenden Tag zum Leichenbegräbnis seines Sohnes gehen wollte, traf ihn ein Schlaganfall, und er verschied noch am selben Abend.

Der wichtigste Weggefährte von Strauss war tot. Die beiden Männer waren sich zwar persönlich im Alter etwas näher gekommen, vermieden es aber, sich mit »Du« anzureden. Hofmannsthal begann seine Briefe immer mit der distanzierten Anrede »Lieber Dr. Strauss« und Strauss hatte immerhin das »Lieber Herr von Hofmannsthal« in »lieber Freund« gewandelt. Ihre Zusammenarbeit dauerte nun schon über zwanzig Jahre.

Strauss war sehr betroffen, als er von Hofmannsthals Tod erfuhr. »Ich vermag es noch nicht zu fassen und meinem Schmerz noch keine Worte zu verleihen. Es ist zu schrecklich! Dieser geniale Mensch, dieser große Dichter, dieser feinfühlige Mitarbeiter, dieser gütige Freund, diese einzigartige Begabung! Noch nie hat ein Musiker so einen Helfer und Förderer gefunden – Niemand wird ihn mir und der Musikwelt ersetzen«,[70] schrieb er an die Witwe Gerty von Hofmannsthal. Er selbst war aufs »tiefste erschüttert«, war »unpäßlich«, konnte deshalb nicht selbst zum Begräbnis nach Wien kommen und schickte seinen Sohn Franz und die Schwiegertochter Alice.

Jetzt sah Strauss *Arabella*, »die herrliche Dichtung, die er mir kurz vor seinem tragischen Ende geschickt hat«, ganz anders als noch vor wenigen Monaten. Nun war dieses Werk der Schwanengesang ihrer Zusammenarbeit. Der Komponist fand die schönste, traurigste, melancholischste Musik, die er je komponiert hatte. Die Melodien dieser lyrischen Komödie erinnern an Schubert. Bisher bei Strauss unbekannte Ausdrucksbereiche öffneten sich: Was für ein Milde, was für eine Sanftheit, was für eine Menschlichkeit liegt in dieser Musik! Liebe ist hier nicht mehr wie einst Leidenschaft oder Trieb, sondern ein seelisches, fast schon religiöses Verlangen. Arabella und Zdenka singen mit einer Melodienseeligkeit, die von einer erträumten, unendlichen Schönheit und Güte erzählt. Liebe ist hier Demut, Anschmiegsamkeit, Zartheit und Zärtlichkeit – und vor allem Verzeihen.

Ein neues Frauenbild entsteht in dieser Oper. Nicht mehr die bizarre Pauline scheint das Vorbild dieser Mädchen gewesen zu sein, sondern die

Schwiegertochter Alice, von der Hofmannsthal sagte, daß sie ebenso »gescheit« wie »sympathisch«[71] sei, und die nun die engste Mitarbeiterin von Strauss, die Stütze seines Alters wurde. Selbstlose Liebe und Frieden, was er bei seiner Frau nicht fand, gab sie ihm. *Arabella* ist die Hymne auf die Liebe, die alte Zeit und die alte Freundschaft. Strauss gewann hier die Milde und Güte des Alters.

*Richard Strauss verneigt sich von seiner Loge aus, als er nach dem II. Akt von »Arabella« Beifall erhält.*

# XI
## Der Höhenmensch steigt herab

Das Leben von Strauss, dem Optimisten, endete tragisch. Seine Epoche, das, was er für Fortschritt hielt, seine geistige Welt, die von der Antike bis zur Sinnenfreudigkeit und dem hellen Zauber Nietzsches reichte, die seit Jahrhunderten geltenden musikalischen Gesetze der Tonalität, die Strauss zwar in Frage stellte, doch nie außer Kraft setzte, die Monarchie, die Welt der Kunst und Kultur – all dies brach unter ihm hinweg.

Doch dieses Leben endete auch tragisch, weil Strauss eine andere Welt in seinem Kopf hatte, als jene, die draußen herrschte. Er glaubte an Ordnung, an die Einheit von künstlerischem Können und äußerem Erfolg, an Selbstüberwindung und Selbstdisziplin, an Größe, Bildung und Tradition, meinte, ein Volk müsse so wie ein Orchester geführt werden, undemokratisch zwar, aber kompetent, von einem Fachmann, der nur das Beste will. Doch nun wurde die Tradition lächerlich gemacht, Bertolt Brecht etwa beschäftigte sich nicht mit hoher Kultur, sondern mit dem, was ein Bildungsbürger damals als primitiv und trivial erachtete. Chaos herrschte in der Weimarer Republik – so erschien es wenigstens einem unter dem bayerischen König und dem deutschen Kaiser aufgewachsenen, unpolitischen Musiker.

Dann kam Adolf Hitler, der um ihn warb und der ihn endlich – freilich nur scheinbar – ernstnahm. Der Diktator weckte in Strauss ein letztes Mal und so stark wie noch nie den Dämon: Nicht ein einzelnes Opernhaus, wie in Wien, sondern das gesamte Musikleben eines Landes wollte er leiten. Er verband sich mit dem Tyrannen und führte zugleich einen Kampf gegen ihn, in dem er, der alte Mann, letztlich der schwächere war. Doch geschlagen gab er sich auch gegenüber einem Hitler nicht.

Diese letzte Niederlage prägte nicht nur Strauss, sondern auch sein Bild in der Nachwelt: Wurde er – wie er selbst, seine Familie und die meisten seiner Biographen glauben machen wollten – von den Nazis nur mißbraucht oder war er nicht selbst ein Teil dieser schrecklichen Zeit? Wollte er nur Gutes tun und Schlimmes verhindern, oder ging es ihm oppurtunistisch um den eigenen Erfolg? War er mitschuldig oder ein Opfer?

Eindeutig beantworten lassen sich diese Fragen kaum. »Allomatisch«, wie es Hofmannsthal nannte, war alles verflochten und verbunden, ging ineinander über, war verschieden und doch ein und dasselbe. Für die Nachwelt und die Außenstehenden ist es leicht zu urteilen und zu verurteilen, in Nazis und Nichtnazis zu trennen. Doch eine Biographie hat nicht die Aufgabe, nach Schuld oder Unschuld zu fragen, sondern zu erzählen, soweit das möglich ist, wie es war, was der »Held« oder »Antiheld« dachte, empfand, wollte, wie er handelte und welche Konsequenzen dies für seine Musik zeitigte.

# Die konservative Revolution

Wie es dazu kam, daß sich Strauss mit Goebbels, Göring und Hitler an einen Tisch setzte, hat eine lange Vorgeschichte. Im Grunde begann letztere mit dem Ende des Ersten Weltkriegs. Damals war Strauss noch frech, respektlos und wagemutig. Er gab sich modern, ganz auf der Höhe der Zeit. So vertonte er 1918 mit grellen Dissonanzen von Alfred Kerr gedichtete Spottverse, den *Krämerspiegel*, in dem er die Musikverleger seiner Zeit böse und frech aufs Korn nahm. Dort hieß es etwa über den Schott-Verlag und seinen Inhaber, den Geheimen Kommerzienrat Dr. Ludwig Strecker:

»Unser Feind ist, großer Gott
wie der Brite so der Schott.
Manchen hat er unentwegt
auf das Streckbett hingelegt,
täglich wird er kecker –
O du Strecker!«

Mit gepfefferter Münze zahlten Kerr und Strauss den Verlagen Bote & Bock, Breitkopf & Härtel, Gebrüder Reinecke, C. F. Kahnt, Robert Lienau, Schott's Söhne und dem Dreimasken Verlag die Rechnung für deren Feindschaft im damaligen Kampf um das Urheberrecht zurück. Dieses Lied war zwar ein Scherz, geißelte aber doch den Kapitalismus im speziellen Fall des Musikgeschäfts. Mit seinen collagenhaften Zitaten, seinen Klängen, die hart an der Grenze der Tonalität waren, dem schneidend scharfen Sprachrhythmus war es ein Vorbild für die Nachkriegsmoderne. Strauss schien wieder, wie einst zu Beginn des Jahrhunderts, an der Spitze des Fortschritts zu komponieren.

Im *Krämerspiegel* sagte er den Musikverlegern den Kampf an. Denn er machte sich große Hoffnungen, daß in der Republik mehr für die Musiker erreicht werden könne als im Kaiserreich. Als er interimistisch – wie bereits erwähnt – die Leitung der Berliner Oper übernahm, schrieb er an den Wiener Kritiker Ludwig Karpath: »Ich bin in die Bresche gesprungen, um das Institut in seiner jetzigen Qualität zu retten und womöglich mit meiner ganzen Energie und Autorität bei der Regierung die notwendigen und richtigen socialen Reformen durchzusetzen und zu verhindern, daß Streber Dummheiten machen.«[1] Im selben Brief lobte er die Kulturpolitik der neuen Regierung, die »zu den schönsten Hoffnungen nach endlicher Verwirklichung kühnster Künstlerträume« berechtige, wenn die Siegermächte »noch überhaupt einen Groschen in der Tasche« lassen würden. Obwohl er damals nach Wien überwechseln wollte, schrieb er an Pauline, wie »nötig« er für seinen Freund Rösch sei, um ihn »bei der Organisation der Verbände freier Künstler und der verschiedenen Musikverbände, mit denen der Minister ausdrücklich zu arbeiten wünscht«, zu unterstützen.[2]

Damals war er also noch voller Hoffnungen auf die Republik, dachte und handelte modern; denn Verbände sind – wie wir heute wissen – in einer Demokratie ein wichtiges Mittel, um sich Einfluß und Macht zu verschaffen. Und zugleich war dies ganz im Sinn von John Mackay, dem gewaltlosen Anarchisten: Die freien Musiker vereinigten sich zu Genossenschaften. Was für Perspektiven!

Aber diesen Hoffnungen standen auch Ängste gegenüber. Musiker sind viel mehr als Angehörige anderer künstlerischer Berufe auf Ordnung und Disziplin trainiert. Genau legte Strauss in seinen Partituren fest, was jeder einzelne Orchestermusiker zu spielen hatte; in zahllosen Proben wurde jede Ausdrucksnuance abgestimmt, damit das Orchester zu einem homogenen Klangkörper zusammenschmolz. Doch nun zerfiel Deutschland in ein Chaos! Als Strauss Ende Februar 1919 von München nach Berlin fuhr, wäre er fast in einen Spartakistenaufstand geraten: »Die Soldaten luden bereits die Gewehre und es hieß: gleich geht's los, die Spartakisten sind im Anmarsch.«[3] München erschien Strauss damals als »ganz blödsinnig« und »verrückt«, Berlin dagegen »eine wahre Wohltat auf die Stadt der Bazis«: »Das gute alte Berlin ist viel manierlicher als das verrückte München. Man sieht Offiziere, die Soldaten alle anständig angezogen ...« Doch auch dort waren die Straßen nachts unsicher und die Reisemöglichkeiten eingeschränkt; denn die Züge benötigten bis zu »88 Stunden«, man mußte mit einem 1.-Klasse-Billett in der 4. »stehend oder im Viehwagen« vorlieb nehmen, so daß Strauss ernsthaft daran dachte, ein Luftschiff zu mieten, um nach Wien zu gelangen, wovon ihm freilich Luftunterstaatssekretär Erler »dringend« abriet, und was ein Dr. Vogel »ebenso verboten hat wie eine Autofahrt«.[4]

Im fernen Berlin machte sich Strauss Sorgen um Frau und Kind, da es in Bayern noch immer rumorte. Zwar waren die Spartakisten in Starnberg von den Regierungstruppen besiegt worden, nun aber »hausten« 1000 Spartakisten in Garmisch und »sollten« laut Presseberichten Kohlen und Lebensmittel requirieren. Er schrieb an Pauline: »Gott sei Dank übertreiben die Zeitungen und lügen so furchtbar, daß schließlich nur 1 Prozent sich wirklich ereignet hat.«[5] Ängstlich fragte er aber, ob sein Haus wie die Villa des Architekten Seidl ausgeplündert worden sei.

Ein neues Gespenst erschreckte die Bürger: der Bolschewismus. Strauss war er zutiefst zuwider; er sah sich als Künstlerfürst wie Lenbach und Stuck und fürchtete, seinen hart erarbeiteten Besitz zu verlieren.

Die Zeiten waren schwierig; die Siegermächte knebelten das Land von außen, und die Revolutionäre bedrohten es von innen. Früher, unter dem Kaiser, war alles anders und besser, dachten viele. Als die Weimarer Republik die Strauss'schen Hoffnungen auf eine Kulturpolitik in seinem Sinn enttäuschte, als dort die Musik von Berg, Hindemith, Schönberg, Strawinsky und all den anderen Neutönern die Schlagzeilen beherrschte und er nur noch als Klassiker und Mann von Gestern galt, war dies für ihn ein harter Schlag, der ihm sein Alter bewußt machte, ihn in eine Verteidigungsrolle drängte. Doch da er ein Mann der Tat und des Angriffs war, eröffnete er seinen Krieg gegen die Moderne: Zwar ließ er sich zum Ehrenpräsidenten des Deutschen Tonkünstlerverbandes ernennen, aber sobald auf einem Musikfest atonale Musik erklang, verließ er den Konzertsaal, und Paul Hindemith soll er gefragt haben, warum er nicht tonal komponiere, er sei doch so begabt.

Die junge Generation verachtete die Älteren, fühlte sich von ihnen hinters Licht geführt: »Betrogen die Mütter, die ihre Kinder geopfert, betrogen all jene, die patriotisch Kriegsanleihen gezeichnet, betrogen jeder, der einer Versprechung des Staates Glauben geschenkt, betrogen wir alle, die geträumt von einer neuen und besser geordneten Welt«,[6] beschrieb Stefan Zweig das Lebensgefühl nach dem Ersten Weltkrieg.

Betrogen fühle sich Strauss gewiß auch, aber er zog nicht die Konsequenz, wie es die junge Generation nun tat: »Was Wunder, wenn da eine ganz junge Generation erbittert und verachtungsvoll auf ihre Väter blickte, die sich erst den Sieg nehmen lassen und dann den Frieden? War es nicht verständlich, wenn jedwede Form des Respekts verschwand bei dem neuen Geschlecht? Eine ganz neue Jugend glaubte nicht mehr den Eltern, den Politikern, den Lehrern; jede Verordnung, jede Proklamation des Staates wurde mit mißtrauischem Blick gelesen. Mit einem Ruck emanzipierte sich die Nachkriegsgeneration brutal von allem bisher Gültigen und wandte jedweder Tradition den Rücken zu . . .« Die Jugendlichen zogen als Wandervögel in »organisierten und sexuell gründlich instruierten Scharen durch das Land«, Mädchen trugen progressive »Bubiköpfe«, aus Protest wurde es nun Mode, homosexuell oder lesbisch zu sein, man war extravagant, ekstatisch, betrieb Theosophie, Okkultismus, Spiritismus, Somnambulismus, Anthroposophie, nahm Rauschgift, Morphium, Kokain und Heroin, bestaunte in Theaterstücken Inzest, Völkermord, war in der Politik entweder extrem kommunistisch oder faschistisch, und »unbedingt verfemt« wurde »jede Form der Normalität und Mäßigung«, berichtet Stefan Zweig.

Diese Epoche »wildesten Experimentierens«, in dem sich »die wildeste Rache der Jugend gegen unser Elternhaus triumphierend austobte«, ergriff auch die Künste. Die Maler schufen surrealistische und kubistische Bilder, in der Sprache wurde »der Satzbau auf den Kopf gestellt«, »man schrieb steil und keß im Telegrammstil«, und »die Musik suchte starrsinnig eine neue Tonalität und spaltete die Takte . . .« Es war eine chaotische und rauschhafte Zeit, die alles in den Schatten stellte, was einst um 1900 passiert war. Die Strauss'sche *Salome* nahm zwar diese Revolte der Perversionen vorweg, erschien nun aber als geradezu keusches Märchen und der *Krämerspiegel* als harmloser Spaß.

Die Republik enttäuschte Strauss. Sie war ein Chaos von einander widerstrebenden Interessen, zerfallen in allzu viele Parteien, ohne stabile Regierung, und sie ließ ein Kulturleben erblühen, dem Strauss verständnislos gegenüberstand. Alban Bergs *Wozzeck* verließ er nach dem I. Akt und mit dem Jazz konnte er überhaupt nichts anfangen; einige Jahre später wird er in Frankreich eine Hochzeit, eine »Spießbürgerhochzeit«, wie er es nannte, erleben und entsetzt über die dort gehörte Jazzmusik schreiben: »Man glaubt bei Kannibalen zu sein, nur daß sich dort unter freiem Wüstenhimmel die Sache viel menschlicher anläßt.«[7] Seine neuen Werke außer *Intermezzo*, diesem republikanisch-ironischen Selbstporträt, ernteten nicht mehr den Beifall wie einst: Das junge Publikum liebte andere Musik. Mußte einer wie Strauss nicht zum Konservativen, zum deutschen Patrioten und zum Verächter der Demokratie werden?

Großen Einfluß auf ihn hatte Hugo von Hofmannsthal, der nach dem Ersten Weltkrieg von einer »konservativen Revolution« träumte, wie er es am 10. Januar 1927 bei einer Ansprache in München verkündete. Er wollte die »Geistesbedrängnis«, »diese Zerklüftungen« überwinden, nicht Freiheit erschien ihm wichtig, sondern »Bindung«, er hoffte auf etwas »aus dem Chaos hervortretendes Geistiges mit dem Anspruch auf Lehrerschaft und Führerschaft – mit noch verwegeneren Ansprüchen – mit dem Anhauch des Genies auf der hohen Stirn, mit dem Stigma des Usurpators im scheulosen Auge«, auf eine »gefährliche hybride Natur, eines Liebenden und Has-

*Bühnenfoto von Ernst Kreneks Oper »Jonny spielt auf«, in der Jazz-Elemente verarbeitet sind*

senden und Lehrers zugleich.«[8] Der feinsinnige Ästhet und Dichter brütete gefährliche Tagträume aus und dachte nicht an ihre möglichen Folgen. Thomas Mann dagegen, der sich zum Anhänger der Republik entwickelt hatte, wies 1929, im Todesjahr von Hofmannsthal, auf die Gefahr des Mißbrauchs dieser Gedanken hin.

Strauss und Hofmannsthal freilich sahen in der konservativen Revolution einen Weg aus dem Chaos. Der Komponist war praktischer veranlagt, dachte handfest, zupackend und bajuwarisch. So erinnerte sich Harry Graf Keßler an ein Frühstück im Jahr 1928: »Bei Hofmannthals in Rodaun gefrühstückt mit Richard Strauss, seinem Sohn und seiner Schwiegertochter. Das Gespräch kam nicht recht in Fluß, da jeder etwas andres wollte. Strauss äußerte unter anderem seine drolligen politischen Ansichten, Notwendigkeit einer Diktatur usw., die niemand ernst nimmt.«[9] Hofmannsthal war dies so peinlich, daß er sich später bei Keßler für Strauss entschuldigte.

Der Dichter scheute vor der Realität zurück, verstand die konservative Revolution als etwas Geistiges, eingebunden in Europa. Auch Strauss hoffte nicht auf eine Diktatur in Form des Faschismus, das war ihm zu primitiv. Die Braunhemden galten als Krawallmacher, verbrecherische Naturen, Aufwiegler, Revolutionäre, die den Bürgerfrieden störten, das Bild Deutschlands in der Welt verdunkelten und so die internationale Konzerttätigkeit von Strauss gefährdeten. Er nannte Hitler deshalb einen »Verbrecher« und »Ignoranten«,[10] und 1930 ärgerte er sich über die antideutsche Stimmung in Paris nach »den blöden Hitlerwahlen«: »Man sprach nur von Krieg, den Deutschland in den nächsten Tagen beginnen wolle.«[11] Den »Hitlerianer« Rosenberg charakterisierte Strauss als einen »26jährigen Buben, der keine Ahnung hatte und dessen leere Phrasen von Defaitismus und Pazifismus von Curtius mit wenigen dürren Worten abgefertigt wurden«.

Da hatte er beispielsweise vor dem Außenminister der Republik viel mehr Achtung, einen Diktator wie diesen Hitler wünschte er keinesfalls, vielmehr hoffte er auf einen klugen, gebildeten und dennoch mächtigen Politiker, im Grunde auf die Wiedergeburt des Kaiserreichs, des römischen Reiches deutscher Nation, das sein vor einem Jahr verstorbener Freund Hofmannsthal mit den folgenden Worten idealisierte: »Es war ein heiliges Reich, die einzige Institution, die auf Höheres als auf Macht und Bestand und Selbstbehauptung gestellt war.«[12]

Zum Inbegriff dieses Höheren wurde Strauss das Werk Richard Wagners. Er bewunderte den Bayreuther Meister im Alter fast noch mehr als in seiner Jugend, fühlte sich ihm gegenüber unbedeutend und von seinem mächtigen Schatten erdrückt. »Er wisse wohl«, bekannte er gegenüber Stefan Zweig, »daß es mit der Oper als Kunstform eigentlich vorbei sei. Wagner sei ein so ungeheurer Gipfel, daß niemand über ihn hinauskommen könne. ›Aber‹, fügte er mit breitem bajuwarischem Lachen bei, ›ich habe mir geholfen, indem ich einen Umweg um ihn gemacht habe.‹«[13] Früher hatte Strauss geglaubt, daß seine Musik ein Fortschritt über Wagner hinaus wäre – und nun meinte er, er habe ihn nur umgangen.

Am 10. Februar 1933 hielt Thomas Mann im Auditorium Maximum der Universität München einen Vortrag, der das Wagner-Bild der Konservativen erschütterte. Nicht daß Mann Wagner geringschätzte, aber er holte ihn aus der deutschnationalen Ecke heraus und zeigte ihn nicht als gottgleiches Genie, sondern als Menschen, nicht allein als deutschen Komponisten, vielmehr als europäische Erscheinung. Die Wagnerianer waren schockiert, als Mann behauptete, »daß Wagners Kunst ein mit höchster Willenskraft und Intelligenz monumentalisierter und ins Geniehafte getriebener Dilettantismus ist«,[14] daß er »Hanswurst, Lichtgott und sozialistischer Sozialrevolutionär auf einmal«,[15] daß er ein »Bauchredner Gottes« sei, wie es Nietzsche nannte, zwar nicht bürgerlich im Sinn »irgendwelcher Regelrechtheit und Angepaßtheit«, vielmehr in einer tieferen Sicht, nämlich wegen seines »moralischen Pessimismus«, wegen der »Verfallsstimmung mit Musik«, und vor allem, daß seine Musik deutschnational sei: »Denn außerdem, daß dieses Werk eine eruptive Offenbarung deutschen Wesens ist, ist es auch eine schauspielerische Darstellung davon, und zwar eine Darstellung, deren Intellektualismus und plakathafte Wirksamkeit bis zum Grotesken, bis zum Parodistischen geht ...«[16] Er nannte Wagners Kunst die »sensationellste Selbstdarstellung und Selbstkritik deutschen Wesens«, sah »Nationalismus mit europäischer Artistik druchtränkt« und wehrte sich gegen jede »Versimpelung«, etwa wenn Bassisten demagogisch und »tendenziös jenes Kern- und Schlußwort der Meistersinger: ›Zerging’ in Dunst das Heil’ge Röm’sche Reich, uns bliebe gleich die heil’ge deutsche Kunst‹ ins Parterre donnern, um eine patriotische Nebenwirkung zu erzielen.« Doch Wagners Nationalismus »bekundete eine schlechthin anarchische Gleichgültigkeit gegen das Staatliche, falls eben nur das geistig Deutsche, die ›Deutsche Kunst‹ bewahrt bleibt«, sagte Thomas Mann.

So wie Mann Wagner charakterisierte, fühlte auch Richard Strauss. Auch ihm war alles Staatliche »wurscht«, wie der Bayer sagt, aber er liebte die deutsche Kultur. Strauss hörte Manns Rede nicht, dagegen erzählte ihm der Direktor der Münchner Akademie der Tonkunst Sigmund von Hausegger aufgebracht von dieser »Nestbeschmutzung«, wie die Wagnerianer diese Rede empfanden, und erreichte es, daß sich auch der Komponist am »Protest der Richard-Wagner-Stadt München« gegen diese Rede beteiligte – neben so bekannten Männern aus Kunst, Wissenschaft und Wirtschaft wie dem Musikschriftsteller Alexander Berrsche, dem Generalintendanten Clemens Frankenstein, dem Maler und Akademieprofessor Olaf Gulbransson, dem Geheimen Kommerzienrat und Strauss-Cousin Josef Pschorr und selbstverständlich Hans Knappertsbusch und Hans Pfitzner, den eigentlichen Drahtziehern, wie Thomas Mann hinterbracht wurde.

Der Protest wollte »das Andenken an den großen deutschen Meister Richard Wagner vor Verunglimpfung« schützen, bezeichnete dessen Musik als »musikalisch-dramatischen Ausdruck tiefsten deutschen Gefühls, das wir nicht durch ästhetisierenden Snobismus beleidigen lassen sollen, wie das mit so überheblicher Geschwollenheit in Richard-Wagner-Gedenkreden von Herrn Thomas Mann geschieht.« Dann gehen die Protestler auf »das Unglück« des Schriftstellers ein, der »seine früher nationale Gesinnung bei der Errichtung der Republik eingebüßt und mit einer kosmopolitisch-demokratischen Auffassung vertauscht« habe. Der Protest schloß mit dem martialischen Satz: »Wir lassen uns eine solche Herabsetzung unseres großen deutschen Musikgenies von keinem Menschen gefallen, ganz sicher nicht von Herrn Thomas Mann, der sich selbst am besten dadurch kritisiert und offenbart hat, daß er die *Gedanken eines Unpolitischen* nach seiner Bekehrung zum republikanischen System umgearbeitet und an den wichtigen Stellen in ihr Gegenteil verkehrt hat. Wer sich selbst als dermaßen unzuverlässig und unsachverständig in seinen Werken offenbart, hat kein Recht auf Kritik wertbeständiger deutscher Geistesriesen.«[17]

Strauss gab später zu, daß er Manns Vortrag nicht gelesen hatte, aber den Text des Protestes kannte er gewiß, und dieser entsprach so sehr seinem konservativen Denken, daß er ihn bedenkenlos unterschrieb, zumal es ja nicht um Politik, wie er fälschlich meinte, sondern um Kultur, ja um die von ihm so heiß geliebte Musik Wagners ging. Strauss und Mann hatten sich gegenläufig entwickelt: Während Thomas Mann bis zum Ersten Weltkrieg betont konservativ war und sich während der Weimarer Republik zum Demokraten wandelte, war Strauss in seiner Jugend der Fortschrittlichere, nun aber ein Anhänger der konservativen Revolution.

Jetzt wurden die konservativen Wagner-Anhänger von Hitlers Propagandamaschinerie mißbraucht, um den verhaßten Schriftsteller zum Schweigen zu bringen. Thomas Mann erkannte die Gefahr, las dieses »hundsföttische Dokument«, wie er es nannte, in dem er die Namen enger Freunde – nämlich die von Pfitzner und Knappertsbusch – entdeckte, in Lugano und entschloß sich daraufhin, nicht mehr nach Deutschland zurückzukehren. Für Thomas Mann begann damit die Emigration.

## Strauss im Dritten Reich

»Es bleibt ein unumstößliches Gesetz der Geschichte, daß sie gerade den Zeitgenossen versagt, die großen Bewegungen, die ihre Zeit bestimmen, schon in ihren ersten Anfängen zu erkennen.«[18] Mit diesem Satz begann Stefan Zweig das Kapitel über Hitler in seiner Autobiographie *Die Welt von Gestern*.

Auch Strauss spürte anfangs nicht, was hier Neues und Gefährliches geschah. Zu viele Revolutionen, Regierungen, Parteien und Denkrichtungen waren im Strudel des letzten Jahrzehnts wieder untergegangen. Strauss beharrte auf seinem Kunstegoismus, unternahm alles, um sein Werk und seine Karriere zu fördern, wie er es immer getan hatte.

Was für ein Idyll war damals sein Garmisch! Der alte Komponist saß im Salon und komponierte, während die Enkel Richard und Christian zu seinen Füßen spielten; seine Frau war so temperamentvoll wie immer, der Sohn Franz übernahm das Geschäftliche und die Abfassung der Verträge, die »Kontrollreisen« zu Opernaufführungen mit den Werken des Vaters, und die geliebte Schwiegertochter Alice war seine rechte Hand, seine Sekretärin und sein Ruhepol. Alles wurde in dieser Familie gemeinsam geplant und ausgeführt, es gab kein »mein« und »dein«. Die Straussens waren ein Familienbetrieb, der Musik produzierte, für sie Reklame machte und sie erfolgreich »verkaufte«. So arbeiten Handwerker, um auf die von Thomas Mann festgestellte Eigenart des Münchner Kunstlebens zurückzukommen.

Doch nun hatte sich Deutschland verändert, nahm das Übel seinen Lauf, ohne daß es den meisten bewußt war. Am 30. Januar 1933 wurde Adolf Hitler als Reichskanzler vereidigt, ab 23. März galt das sogenannte Ermächtigungsgesetz, de facto waren die Demokratie beseitigt und Hitler Diktator. Dies nahmen die meisten nicht sehr ernst, hatten doch im letzten Jahrzehnt schon so viele Regierungen gewechselt. Hitler wurde »nur als provisorischer Platzhalter und die nationalsozialistische Herrschaft als Epi-

*Strauss spielte leidenschaftlich Skat, da er sich nur dabei von der Musik erholen konnte.*

sode«[19] betrachtet, wie sich Zweig erinnerte. Zudem gab sich Hitler sympathisch, als Weltmann, Kulturmensch und überparteilicher »Führer«, wie er sich nannte: »So vollkommen wußte er nach allen Seiten hin durch Versprechungen zu täuschen, daß am Tage, da er zur Macht kam, Jubel in den allergegensätzlichsten Lagern herrschte. Die Monarchisten in Doorn meinten, er sei des Kaisers getreuester Wegbereiter, aber ebenso frohlockten die bayerischen, wittelsbachischen Monarchisten in München, auch sie hielten ihn für ihren Mann. Die Deutschnationalen hofften, er werde ihnen das Holz kleinschlagen, das ihre Öfen heizen sollte, die Schwerindustrie fühlte durch Hitler sich von der Bolschewistenangst entlastet...« Auch das Kleinbürgertum, die kleinen Händler, die Militärs waren begeistert von Hitler, den die meisten vor einigen Jahren noch für einen ungebildeten, primitiven Fanatiker und Verbrecher gehalten hatten.

So beschrieb Stefan Zweig den Beginn der Nazizeit. Er hatte damals gerade für Strauss das Libretto zur Oper *Die schweigsame Frau* vollendet. Als er ein Jahr zuvor dem Komponisten den Entwurf zu dieser Oper vorgelegt hatte, schrieb dieser überschwenglich: »Ich wiederhole begeistert: er ist entzückend – die geborene komische Oper – für Musik geeignet wie weder der *Figaro* noch der *Barbier von Sevilla*.«[20] Und einige Monate später, am 24. Januar 1933, also wenige Tage vor Hitlers Machtergreifung, freute sich Strauss überglücklich: »Gelungen auch der III. Akt: ich danke und gratulie-

*Stefan Zweig*
*(1881–1942)*

re! Wüßte nichts auszusetzen, außer daß sich beim Componieren vielleicht die Notwendigkeit einiger Kürzungen ergeben könnte. Aber das hat Zeit, ebenso wie die Entscheidung über den Schluß, den ich bis jetzt ausgezeichnet finde. Wenn die Oper heraus ist, wäre Ihnen wohl eine Weltreise von 3 Jahren zu empfehlen, denn Sie werden sich vor Libretto verlangenden Componisten nicht retten können. Ich skizziere schon fleißig am I. Akt – er componiert sich glänzend.«[21] An Zweigs Libretto mußte er sogar weniger feilen als an denen von Hofmannsthal. Einfühlsam und kongenial arbeitete der erfolgreiche, 17 Jahre jüngere Schriftsteller.

Zweig seinerseits, der mit Ferruccio Busoni, Arturo Toscanini, Bruno Walter und Alban Berg befreundet war, freute sich ebenso über die Zusammenarbeit: »Aber ich wußte keinen produzierenden Musiker unserer Zeit, dem ich zu dienen williger bereit gewesen wäre als Richard Strauss, diesem letzten aus dem großen Geschlecht der deutschen Vollblutmusiker, das von Händel und Bach, über Beethoven und Brahms bis in unsere Tage reicht.«[22]

Beim ersten Zusammentreffen schlug Zweig Ben Jonsons *The Silent Woman* als Opernstoff vor, und Strauss war sofort einverstanden. Zweig bestaunte die Klarsichtigkeit, rasche Auffassungsgabe und »erstaunliche dramaturgische Kenntnis« des bald siebzigjährigen Komponisten: »Noch während man ihm einen Stoff erzählte, formte er ihn schon dramatisch aus und paßte ihn sofort – was noch erstaunlicher war – den Grenzen seines eigenen Könnens an, die er mit einer fast unheimlichen Klarheit übersah.«[23] Strauss gestand dem jüngeren Mann freimütig, daß er nun nicht mehr »die ursprüngliche Kraft der Inspiration besitze«, daß ihm Tondichtungen »kaum mehr gelingen« würden, aber daß ihn »das Wort noch immer inspiriere«, er deshalb nur noch Opern komponiere, auch wenn er wisse, »daß es mit der Oper als Kunstform eigentlich vorbei sei«, daß ihm nur kurze Melodien einfielen, er aber aus ihnen alles »herausholen« könne. Als er zusammen mit Zweig in Salzburg, wo der Schriftsteller damals wohnte, eine Probe der *Ägyptischen Helena* besuchte, »trommelte er auf einmal mit den Fingern ungeduldig auf die Stuhllehne« und »flüsterte«: »Schlecht! Ganz schlecht. Da ist mir gar nichts eingefallen.« Zweig war »voll Bewunderung, mit welcher Sicherheit und Sachlichkeit dieser alte Meister sich selbst in seinen Werken gegenüberstand«.

Strauss, so charakterisierte ihn der Autor, »arbeitete sachlich und kühl wie Johann Sebastian Bach, wie alle diese sublimen Handwerker ihrer Kunst – ruhig und regelmäßig.« Als Zweig ihn in Garmisch besuchte, beobachtete er den Tagesablauf des Komponisten: »Um neun Uhr morgens setzte er sich an seinen Tisch und führt genau an der Stelle die Arbeit fort, wo er gestern zu komponieren aufgehört, regelmäßig mit Bleistift die erste Skizze schreibend, mit der Tinte die Klavierpartitur, und so pausenlos wei-

ter bis zwölf oder ein Uhr, Nachmittags spielt er Skat, überträgt zwei, drei Seiten in die Partitur . . . Jede Art von Nervosität war ihm fremd.«[24]

Was steckte hinter diesem Bürgerfleiß: War sein Komponieren nur Handwerk, Artistik, Ornament? Nein, wenn sein »Auge auffunkelte«, notierte Zweig, »spürt man, daß etwas Dämonisches in diesem merkwürdigen Menschen tief verborgen liegt, der zuerst durch das Pünktliche, das Methodische, das Solide, das Handwerkliche, das scheinbar Nervenlose seiner Arbeitsweise einen ein wenig mißtrauisch macht, wie ja auch sein Gesicht zuerst eher banal wirkt mit seinen dicken kindlichen Wangen, der etwas gewöhnlichen Rundlichkeit der Züge und der nur zögernd zurückgewölbten Stirn. Aber ein Blick in seine Augen, diese hellen, blauen, stark strahlenden Augen, und sofort spürt man irgendeine besondere magische Kraft hinter dieser bürgerlichen Maske. Es sind vielleicht die wachsten Augen, die ich je bei einem Musiker gesehen, nicht dämonische, aber irgendwie hellsichtige, die Augen eines Mannes, der seine Aufgabe bis zum letzten Grund erkannt.«[25]

Gewiß, als Komponist hatte er seine Aufgabe und seine Grenzen erfaßt und war »hellsichtig«. Aber als Person des öffentlichen Lebens wurde Strauss nun auf eine gefährliche Probe gestellt – und tappte dabei genauso

*Strauss dirigiert 1949 im Münchner Prinzregententheater zum letzten Mal den »Rosenkavalier«.*

wie die meisten Menschen seiner Zeit im Dunkeln. Er war ein Herrscher im Reich der Töne, einer abstrakten, mathematischen Innenwelt voller Empfindungen, Leidenschaften, aber ohne die Schwere und Verstrickung irdischer Realität. Sein Instinkt verließ ihn, wenn es um die äußere Wirklichkeit ging.

Als Strauss am 20. März 1933 gebeten wurde, anstelle von Bruno Walter in Berlin ein Konzert zu dirigieren, sagte er zunächst ab, da ihn Walters Frau darum bat – »ein Strauss springt nicht ein« –, dann aber dirigierte er doch, nachdem Hugo Rasch und Julius Kopsch, beide Parteimitglieder der ersten Stunde und mit Strauss als Mitarbeiter im Komponistenverband eng befreundet, ihn überredet hatten. Einzuspringen auf die Bitte von Bruno Walter hin, wäre ein Affront gegen die Nazis gewesen, doch das andere war im Sinn der NS-Propaganda. Später rechtfertigte sich Strauss damit, er habe das Konzert dem Orchester zuliebe dirigiert und noblerweise auf ein Honorar verzichtet. Dies entsprach gewiß seinem besten Wissen und Wollen, aber der unpolitische Musiker bedachte nicht, daß er damit Hitler nützte. Freilich war auch persönliche Antipathie gegen Bruno Walter im Spiel, den er nicht leiden konnte – und die Berichte über die Judenhetze der Nazis nahm er nicht so ernst, wie die meisten Menschen damals.

Einige Monate später sprang Strauss wieder ein, nun für den weltberühmten Arturo Toscanini in Bayreuth. Zum letzten Mal hatte er dort 1894 (den *Tannhäuser*) dirigiert, also vor 39 Jahren. Nun kehrte er als fast Siebzigjähriger an den Ort seiner Jugendträume und -sehnsüchte zurück. Dabei waren auch Ehrgeiz und musikalischer Machtwillen im Spiel. Bay-

*Arturo Toscanini und Siegfried Wagner*

reuth bedeutete ihm mehr als jedes andere Musikzentrum – eine geheiligte Stätte deutscher Kultur, wo nun endlich anstelle eines italienischen Stars der deutsche Musiker nach so langer Zeit wieder dirigierte – und zwar den *Parsifal*, der nach des Meisters Willen nur in Bayreuth gespielt werden und für alle anderen Opernbühnen tabu sein sollte, wofür sich Strauss sein ganzes Leben lang einsetzte. Für Strauss war es ein erhebender Augenblick, endlich wieder in Bayreuth zu dirigieren, sich wieder mit Bayreuth zu versöhnen, auch wenn nun Hakenkreuzfahnen in den Straßen hingen, SS und SA aufmarschierten. Er war gewiß sogar befriedigt, daß nun die neuen Herrscher dem »deutschen Olympia«, wie er es bei seiner Ägypten-Reise genannt hatte, ihren Tribut zollten. Hier traf Strauss zum ersten Mal mit Hitler zusammen und begegnete häufig Goebbels, zu dem sich ein fast freundschaftliches Verhältnis entwickelte. An Winifred Wagner schrieb er im September zurückblickend aus Garmisch: »... meine bescheidene Hilfe für Bayreuth war nur ein ehrfurchtsvolles Tilgen der großen Dankesschuld, die ich dem Meister gegenüber im Herzen trage, für alles, was er der Welt und mir im besonderen geschenkt hat, und daß ich an meinem Lebensabend an geweihter Stelle noch einmal das erhabene Werk dirigieren durfte, dafür habe ich eigentlich Ihnen zu danken: es war mir eine hohe Ehre und Genugtuung.«[26]

So idealistisch sah das Ausland dieses Einspringen für Bruno Walter und Toscanini keineswegs. Strauss wurde mangelnde Solidarität mit den vielen jüdischen Musikern vorgeworfen, die nun Deutschland verlassen mußten. In der ausländischen Presse wurde er scharf kritisiert, und die

*Strauss im Gespräch mit Josef Goebbels*

*Strauss vor Wagners Villa Wahnfried in Bayreuth, wo er als Dirigent des »Parsifal« 1933 und 1934 wohnte*

Zahl der Aufführung seiner Werke ging vor allem in Wien zurück. Er galt als Repräsentant des Hitler-Regimes, auch wenn er nie eine politische Wirkung erzielen wollte. Thomas Mann, der ihn aus der Ferne grimmig und verletzt beobachtete, notierte anläßlich des von Strauss übernommenen Bruno-Walter-Konzerts in sein Tagebuch »Lakaien«[27], womit neben Strauss auch Furtwängler gemeint war, der die *Meistersinger*-Ouvertüre vor allen Nazigrößen dirigiert hatte.

Wenige Monate später, am 15. November 1933, wurde in einem feierlichen Staatsakt die Reichskulturkammer gegründet. Der Führer war anwesend, Furtwängler dirigierte Beethovens *Egmont*-Ouvertüre, Strauss sein eigenes *Festliches Präludium*, Goebbels hielt eine lange Rede über das Kulturverständnis der Nationalsozialisten, über die »Volkwerdung der deutschen Nation, die seit 2000 Jahren das Ziel aller guten Deutschen gewesen« sei, »die Niederwerfung des Liberalismus« und über die »Revolution«, die auch die Kultur erfassen werde. Er polemisierte gegen »artistischen Snobismus«, »Anarchie« und »Formlosigkeit« in der modernen Kunst. Zum Schluß dieser Rede stellte er die Präsidenten der einzelnen Kammern vor, darunter Richard Strauss. Neben Furtwängler war er der einzige prominente Künstler, der sich für die Sache hergab.

In den Wochen nach der Ernennung komponierte Strauss das Lied »Du Bächlein silberhell und klar«, das er Goebbels zur Erinnerung an den 15. November widmete. Die letzte Strophe dieses Liedes lautete sinnigerweise:

Drum hab ich frohen Kindersinn,
es treibt mich fort, weiß nicht wohin.

Der mich gerufen aus dem Stein,
der, denk' ich, wird mein Führer,
mein Führer, mein Führer sein!

Als Strauss das Amt übernahm, glaubte er also noch an den Führer – gewiß unpolitisch und naiv, aber immerhin –, da Hitler endlich die konservative Revolution zu verwirklichen schien. Wie konnte es so weit kommen, daß er sich in die Propagandamaschinerie Hitlers einspannen ließ? Warum mischte er sich nun in die Politik ein, von der er sich bislang immer ferngehalten hatte? War er blind für das häßliche Gesicht des Faschismus?

Er sah durchaus Gefahren, vor allem für seine geliebte Schwiegertochter und die Enkel, betrachtete sich aber noch immer als unpolitschen Musiker, beharrte stur darauf, daß er mit seinem Einspringen nur den Berliner Philharmonikern und Bayreuth helfen und mit seinem Präsidentenamt Gutes für die Musiker tun und Schlechtes verhüten wollte. Er dachte einfach, pragmatisch, ohne Ecken und Windungen und politisch naiv.

Selbstverständlich war es auch seine Absicht, auch unter den Nazis erfolgreich für sein Werk und seine Familie zu sorgen. Das, so glaubte er, könne er am besten, indem er ihnen »besonders entgegenkam, da er« – so schrieb Stefan Zweig – »in nationalsozialistischem Sinne ein mächtiges Schuldenkonto hatte«: eine jüdische Schwiegertochter und halbjüdische Enkel. »Er mußte fürchten, daß seine Enkel, die er über alles liebte, als Auswurf von den Schulen ausgeschlossen würden; seine neue Oper war durch mich belastet, seine früheren Opern durch den nicht ›rein arischen‹ Hugo von Hofmannsthal, sein Verleger war ein Jude.«[28]

War es aus Angst, daß Strauss zum »Lakaien« wurde, wie es Thomas Mann nannte? Nein, Strauss fühlte sich auf seinem Gebiet, der Musik, stark, betrachtete sich als den größten und bedeutendsten lebenden Komponisten in Deutschland, und gegenüber Hitler war er etwas viel Höheres, ein Herrscher des Geistes, erhaben über alle Kritik und Niederungen des Alltags. Und Hitler war schließlich nur ein Politiker, und die, so wußte er aus der Geschichte, entpuppten sich zumeist als Verbrecher oder Versager.

Aber Strauss wurde auch von seinem »Dämon« getrieben, der ihn zwang, in die Öffentlichkeit zu gehen, zu bestimmen, sich idealistisch einzusetzen und dabei Menschen zu leiten, nicht nur als Künstler, sondern auch als Bürger in Amt und Würden anerkannt sein zu wollen. Strauss wäre »alt genug gewesen, um sich zurückzuziehen und fernhalten zu können«, urteilte später Hermann Hesse in einem Brief an Ernst Morgenthaler: »Daß er es nicht konnte, ist ja vermutlich nur die Folge seiner Vitalität. ›Leben‹, das heißt für ihn: Erfolge, Huldigungen, riesige Einnahmen, Bankette, Festaufführungen etc. etc.«[29]

Strauss wollte noch einmal in einem öffentlichen Amt seine Ideen verwirklichen – trotz der Niederlagen in Weimar, München und jüngst in

Wien. Doch dieses Mal führte er kein Opernhaus, sondern war gleichsam der Generalmusikdirektor des gesamten deutschen Volkes. War ein Musiker jemals mächtiger?

Hitler gab sich dem Komponisten gegenüber kultiviert, schwärmte Franz Strauss in Bayreuth von seinem ersten *Salome*-Erlebnis in Graz vor, als er noch jung gewesen war und sich das Geld für die Anreise von Verwandten geliehen hatte – und Richard Strauss war stolz, in den innersten Kreis der Führung aufgenommen zu werden. So berichtete er seiner Frau am 10. Februar 1934 aus Berlin: »Heute abend Filmball, Dienstag bei Funk mit Hitler und Dr. Goebbels im kleinsten Kreis. Göring war begeistert von mir, telefonierte noch an Tietjen: ich sei ›ganz große Klasse‹!«[30]

Im persönlichen Kontakt erschienen ihm die »Verbrecher« und »Ignoranten« menschlich, jovial, er fand endlich jene Kameradschaft, die im eiskalten Konkurrenzkampf des Kulturbetriebs fehlte – selbst Hofmannsthal war ihm menschlich kaum näher gekommen, und sogar die Frau zu Hause schuf mit ihren bizarren Launen kühle Distanz. So merkte er nicht, daß die Nazis sein Gefühl politisch ausbeuteten, meinte vielmehr, sie für seine Ziele einsetzen zu können.

Er übersah geflissentlich die verbrecherische Seite des Nationalsozialismus, saß mit dem Diktator und seiner Clique an einem Tisch, feierte und ließ sich burschikos von ihnen loben. In ihm saß tief noch der alte preußische Untertan. Sein Vater hatte einst den König fragen müssen, um heiraten zu dürfen. Auch ihm erschien es selbstverständlich, daß man dem Kaiser geben mußte, was des Kaisers ist, und der Kaiser war nun Hitler. Und

*Franz Strauss, Adolf Hitler und Richard Strauss, 1933*

schließlich: Wer vom Herrscher empfangen wurde, war selbst wichtig, wurde bewundert, geachtet und gefürchtet. So war dies in Deutschland und nicht nur dort.

Thomas Mann charakterisierte den Weg des deutschen Bürgertums in seiner Wagner-Rede als Entwicklung, die auch Strauss prägte: »von der Revolution zur Enttäuschung, zum Pessimismus und einer resignierten, machtgeschützten Innerlichkeit.«[31] Ein Pessimist war Strauss zwar nie, vielmehr ein unverbesserlicher Optimist, aber enttäuscht und resigniert war er nun im Alter schon, und seine unpolitische Haltung entsprach dem Rückzug des deutschen Bürgertums im 19. Jahrhundert in eine »Innerlichkeit«, die von Politikern, von König Ludwig II., Kaiser Wilhelm II., später von Rathenau und Brüning und jetzt von Hitler geschützt wurde. Macht war nötig, aber teilhaben an diesem schmutzigen und blutigen Geschäft wollte kein vom Kaiserreich geprägter Bürger. Lieber blieb man Untertan, kümmerte sich nur um Beruf und Familie, schimpfte über Politik am Biertisch und floh vor der Wirklichkeit in die Welt der Musik, Literatur und Kunst.

Strauss war jetzt der »Generalmusikdirektor« Deutschlands. Seine Erlasse und Ideen waren für alle Musiker des Landes maßgebend. Soviel Macht hatte ein Staat noch nie zuvor einem Komponisten übertragen, weshalb Strauss gewillt war, manches zu übersehen oder nicht so bedeutend zu nehmen, denn er glaubte damals fest daran, daß er Hitler als Präsident der Reichsmusikkammer überstehen werde . . .

*Erster deutscher Komponistentag unter dem Präsidenten der Reichsmusikkammer Richard Strauss: Joseph Marx (1), Wilhelm Kienzl (2), Hugo Rasch (3), Hans Pfitzner (4), Clemens Schmalstich (5), Richard Strauss (6), Hermann Unger (7), E. N. von Reznicek (8), Hermann Graener (9)*

So schlimm, wie von der Presse dargestellt, erschienen ihm nämlich die Nazis nicht. Thomas Mann bekam im Mai 1934 von Strauss ausgerichtet, »es sei doch schade – ich könne doch sehr gut in Deutschland leben – es habe doch niemand etwas gegen mich – Aber der Protest? – Nun ja, das sei eine etwas übereilte Sache gewesen – Hausegger habe ihn bearbeitet – und in dem geistreichen Aufsatz ständen ja immerhin zurückzuweisende Dinge.«[32]

Hitlers Antisemitismus unterschätzte Strauss, dachte, das würde bald wieder vorübergehen, und unterschrieb einen Erlaß der Reichsmusikkammer, in dem die verschärften Aufnahmebedingungen von Nicht-Ariern in die Reichsmusikkammer geregelt wurden.[33] Selbstverständlich befürwortete Strauss ein internationales Musikleben, aber er hatte doch Angst vor dem großen Erfolg eines Verdi und Puccini, seiner Hauptkonkurrenten. Also gab er die Richtlinie heraus, daß in den Opernspielplänen und Konzertprogrammen ausländische Komponisten nur zu 30 Prozent vertreten sein dürften.

Besonders schmerzte ihn der Erfolg von Operetten Lehárs und Millökkers. Da seine eigene Musik, besonders in *Rosenkavalier* und *Arabella*, viele Operettenelemente aufweist, wollte er sich abgrenzen und bestimmte, daß Operetten in Opernhäusern mit Ausnahme der Johann Strauß'schen *Fledermaus* nicht aufgeführt werden dürften. Als junger Dirigent schockierte er einst sein Publikum, indem er Strauß-Walzer in ernsten Sinfoniekonzerten spielen ließ, und jetzt dieses Verbot! Die Grenze des Fortschritts, die er sich nach *Elektra* gesetzt hatte, verordnete er nun dem ganzen deutschen Musikleben. Jetzt, als »musikalischer Führer« Deutschlands, verbot er generell solche Musik: Atonalität erschien ihm als Sinnbild des Chaos in der Weimarer Republik, Tonalität dagegen als die Ordnung, wie sie im Kaiserreich geherrscht hatte und wie sie nun Hitler wieder neu schuf.

Ein Kreis schloß sich: Strauss verfiel erneut in den Fanatismus seiner Jugend – in einen kulturpolitischen Extremismus, in dem sich Minderwertigkeitskomplexe und die Idee vom Übermenschentum zu einem gefährlichen Gemisch vereinigten. Der einst von Hofmannsthal erkannte Hang zur Kulturlosigkeit siegte in ihm noch einmal. Strauss machte seine eigenen Interessen und Ängste zu denen der Allgemeinheit – und die Nationalsozialisten kamen ihm in vielem entgegen: Auch sie verehrten Richard Wagner, waren gegen Ausländer, gegen atonale Musik und Jazz.

Doch Strauss wollte nicht nur der musikalische Führer Deutschlands sondern ganz Europas sein. Er übernahm zusätzlich das Amt des Präsidenten des »Ständigen Rates für die internationale Zusammenarbeit der Komponisten«. Diese Organisation hielt Musikfeste nur mit tonaler Musik ab. Strauss legte die Programme fest und berief auch seine Stellvertreter: den Italiener Adriano Lualdi, den Franzosen Albert Roussel und den Finnen

Jean Sibelius. Der von den Nazis und Strauss kontrollierte »Ständige Rat« richtete sich gegen die Internationale Gesellschaft für Neue Musik (IGNM) und deren Musikfeste, in denen – wie das »Amt Rosenberg« formulierte – »Stammeleien der Zukunftsmusiker«, »Dilettantismus«, »Jazzimitationen« und »Unmusik« verbreitet würden.[34] Eine Gegenmacht gegen »die Gefährlichkeit des Internationalen Judentums in der Kunst«,[35] wie es der nationalsozialistische Kritiker Gerigk 1934 formulierte, wurde so aufgebaut. Strauss sollte – so wünschten die Nazis – »eine Revolutionierung des künstlerischen Denkens der Welt einleiten«: »Auch in der völkerverbindenden Musik bricht nun eine neue Zeit an, von der wir uns viel versprechen, da ja Meister Strauss hier der Führer ist«, schrieb Gerigk. Strauss als musikalischer Führer der ganzen Welt: was für ein Aufstieg für den Bierbrauer- und Musikantensohn! Der Siebzigjährige erlebte noch einmal den Aufschwung der Gründerjahre.

Doch schon bald rieb Strauss sich an der Wirklichkeit, die dieses Mal nicht von einem gütigen Bronsart, einem künstlerisch verständnisvollen Levi oder einem gutmütig-wienerischen Schalk repräsentiert wurde, vielmehr von eiskalt berechnenden Machtmenschen. Kurz nach Strauss' Ernennung schickte Gustav Havemann, ein Mitglied des Präsidialrates, folgende Meldung an die Reichsleitung der NSDAP: »Ich erlaube mir offiziell die Mitteilung zu machen, daß bei der öffentlichen Versammlung der Reichsmusikerschaft in Berlin am 17. Februar sowohl der Präsident der Reichsmusikkammer Herr Dr. Richard Strauss, wie auch sein Stellvertreter, der Preußische Staatsrat Dr. Furtwängler beim Singen des Horst-Wessel-Liedes den deutschen Gruß unterließen. Es führte leider in der Versammlung dazu, daß ältere Nazis durch Protestrufe ›Konzentrationslager‹ ihrem Unwillen Ausdruck gaben. Er richtete sich nicht gegen den 70jährigen Richard Strauss, der vielleicht zum ersten Mal dem Absingen des Horst-Wessel-Liedes beiwohnte, wie gegen den preuß. Staatsrat Dr. Furtwängler . . .«[36]

Diese Denunziation hatte noch keine Folgen. Aber gegen Strauss wurde weiteres Material gesammelt. Schon im August 1934 schrieb Rosenberg einen geharnischten Brief an Goebbels,[37] in dem er die Zusammenarbeit von Strauss mit Stefan Zweig tadelte. Wer mit einem Juden zusammen eine Oper komponiert habe, könne nicht Präsident der Reichsmusikkammer sein, war der Tenor dieses Briefes. Doch auch Kritik an der Strauss'schen Amtsführung wurde laut. Der Geschäftsführer der Reichsmusikkammer, Heinz Ihlert, klagte seinem Vorgesetzten Hans Hinkel, dem Geschäftsführer der Reichskulturkammer, am 22. Mai 1935, daß Strauss »seine eigene Hauspolitik« betreibe: Gegen Furtwängler habe Strauss Opposition betrieben, da Furtwängler »zu wenig Strauss-Opern aufführe«, er habe Clemens Krauss an die Berliner Staatsoper gebracht, da dieser ein »Strauss-Dirigent« sei, und er habe die Satzungen des Berufsstandes deutscher Komponisten nicht unterschrieben, die vorsahen, daß keine Juden aufgenommen werden dürften.

Doch Strauss ließ sich nicht aus seinem Amt verdrängen. Als sich Furtwängler im November 1934 zu Hindemiths Musik bekannte und deshalb von seinem Amt in der Reichsmusikkammer zurücktreten mußte, übte Strauss keine Solidarität mit seinen beiden Kollegen, obwohl die Nazis sogar Gerüchte von seinem Rücktritt lancierten. Vielmehr bekundete er seine Übereinstimmung mit den Nazis. Goebbels hielt nämlich nach dem Rücktritt Furtwänglers in der Reichskulturkammer eine feurige Rede gegen die »chaotischen Zustände« vor 1933, gegen »weltanschauliche Entgleisungen schlimmster Art aus der Vergangenheit« und den angeblichen »geistigen Terror absterbender Kunstcliquen und -claquen«. Er forderte zum »rücksichtslosen Kampf gegen jede Art von Nichtskönnern, die hinter einer modischen Dissonanzsucht ihre Unzulänglichkeit zu verbergen suchen«, auf.[38] Da Strauss wegen einer Konzerttournee nicht an dieser Festkundgebung im Berliner Sportpalast teilnehmen konnte, schickte er an Goebbels ein von seinem Sohn Franz entworfenes Telegramm: »Zur großartigen Kulturrede sende herzliche Glückwünsche und begeisterte Zustimmung. In treuer Verehrung, Heil Hitler, Richard Strauss.«[39] Solidarität zeigte er also nicht mit einem ungeliebten, atonal komponierenden Kollegen wie Hindemith oder mit einem Konkurrenten wie dem Dirigenten Furtwängler, statt dessen fühlte er sich im Kampf gegen die Avantgardisten mit Goebbels eins. Thomas Mann notierte in sein Tagebuch: »Die miserabelste Rolle spielt R. Strauss, der dem Goebbels ein begeistertes Glückwunschtelegramm mit ›Heil Hitler‹ zur ›Kulturrede‹ des Lügenmauls geschickt hat. Wie sieht es in diesen Köpfen aus?«[40]

Wie sah es im Kopf von Strauss aus? Er wußte es wohl selbst nicht genau, hoffte, daß die Nazis bald wieder die Macht verlieren würden, zeigte aber guten Willen in Telegrammen und Gelegenheitswerken wie der Olympiahymne und schrieb grantig an Zweig: »Ich vertreibe mir die Adventslangeweile damit, eine Olympiahymne für die Proleten zu komponieren, ich, der ausgesprochene Feind und Verächter des Sports. Ja: Müßiggang ist aller Laster Anfang.«[41] Aber in einem Punkt blieb er unnachgiebig und verteidigte mutig und eisern seinen Freund und Librettisten Stefan Zweig: Am Antisemitismus beteiligte er sich nicht.

Doch Strauss ahnte nicht, daß sogar Goebbels, der ihn für seine Propaganda so dringend brauchte, heimlich seine Absetzung betrieb. Vielmehr wurde Strauss selbst mit seinem Amt höchst unzufrieden, ärgerte sich, daß alle seine Reformvorschläge im Sand verliefen, und nahm deshalb am 16. Oktober 1934 nicht an den Sitzungen der Reichsmusikkammer teil, da – wie er an Kopsch schrieb – »bei allen Sitzungen der Reichsmusikkammer gar nichts herauskommt«: »Ich höre, daß der Arierparagraph verschärft und *Carmen* verboten werden soll. An derartigen Blamagen wünsche ich

als ›Verfemter des Geistes‹ mich sowieso nicht zu beteiligen. Meine ausgiebigen und ernsthaften Reformvorschläge hat Goebbels abgelehnt. Meine Zeit ist mir zu kostbar, um mich an diesem Dilettantenunfug weiter zu beteiligen.« Ein dreiviertel Jahr später war er amtsmüde und deutete seinen Rücktritt an: »Der gute Herr Minister redet nach wie vor von Propaganda, hat aber keine Zeit, Sie und mich zu empfangen und die wichtigsten Reformen zu besprechen und durchzuführen. Herr Rosenberg predigt nach wie vor Weltanschauung: Resultat eine neue Musik zum Sommernachtstraum.«[42] Ein »letztes Mal« skizzierte Strauss seine Vorstellungen: Nissen müsse ein halbes Jahr zu allen Opernhäusern reisen, ihre Bedürfnisse feststellen, nötige Subventionserhöhungen aufzeigen, damit die Opern weiterhin mit dem Film konkurrieren könnten, sollte endlich durchsetzen, daß Operetten gar nicht und ausländische Opern nur zu 30 Prozent aufgeführt würden . . .: »Dies meine letzte ›allerhöchste‹ Kundgebung.«

Jetzt erst erkannte er, daß die Nazis nur seinen prominenten Namen benützten, und wieder zeigte sich die Realität unvereinbar mit seinen künstlerischen Idealvorstellungen. Denn in wie vielen Dingen er mit den Nationalsozialisten auch einer Meinung war, in ebenso vielen war er anderer

Ansicht. Dies betraf den Antisemitismus, der ihm nun zu schlimm wurde, aber noch mehr musikalische Fragen. Die Verschärfung des Arierparagraphen nannte er nur eine »Blamage« im Ausland – er hielt es in einem Kulturland wie Deutschland für undenkbar, daß bald bei Judenpogromen und in Konzentrationslagern Tausende von Menschen grausam ermordet werden würden – und empfand die Ablehnung seiner Reformvorschläge als viel gravierender.

Strauss fühlte sich noch immer sicher und unantastbar, war er doch ein Herrscher des Geistes im Reich der Töne, das ihm viel mehr galt als das »Proletengebaren«, wie er es nannte, des Volkes der »Bauern, Arbeiter und Bürger«.[43] An Stefan Zweig schrieb er Briefe, die weniger Prominente als ihn entweder in die Emigration oder ins Konzentrationslager gebracht hätten. Mutig hielt er nämlich an Zweig als Textautor fest und versuchte ihn zu einem weiteren Opernprojekt zu überreden, wobei der jüdische Schriftsteller heimlich den Text verfassen sollte.

Aber Zweig lehnte ab: »Sie kennen meine Verehrung für Sie und diese allein gibt mir das Recht der Aufrichtigkeit.«[44] Wie noch vor einigen Jahren Hofmannsthal erkannte er den Charakter von Strauss viel besser als dieser selbst. War nicht Strauss allzu bescheiden? Benahm er sich nicht wie ein beliebiger Untertan – etwa ein Regierungsrat oder Professor, die damals größtenteils vor den Nazis katzbuckelten? Zweig schrieb an Strauss: »Ich habe manchmal das Gefühl, daß Sie – und ich ehre dies sehr – der ganzen historischen Größe Ihrer Stellung selbst sich gar nicht ganz bewußt sind, daß Sie zu bescheiden von sich denken. Alles was Sie tun, ist bestimmt, historisch zu werden. Ihre Briefe, Ihre Entschlüsse werden einst wie jene Wagners und Brahms' Gemeingut sein. Darum scheint es mir nicht gut möglich, daß heute etwas in Ihrem Leben, in Ihrer Kunst heimlich geschieht...« Zweig forderte Strauss zu offenem, mutigem Handeln ohne Bauernschläue und Opportunismus auf: »Ein Richard Strauss darf sich jedes Recht öffentlich nehmen und nichts heimlich tun. Sie haben durch Ihr grandioses und in der künstlerischen Welt unvergleichliches Werk die Verpflichtung, sich nicht in Ihrem freien Willen und Ihrer künstlerischen Wahl einschränken zu lassen.«

Doch so mutig war Strauss nicht. Vor der Uraufführung der *Schweigsamen Frau* schrieb er an Pauline: »Du kannst ganz beruhigt sein, dieser Oper kann niemand etwas anhaben: vielleicht sprüht sie für die heutige Welt zu sehr von Geist und Witz! Aber es gibt noch ein 21. Jahrhundert!«[45] Er wollte kein Opfer Hitlers werden, kannte die Übermacht der rohen, politischen Gewalt über den Geist, hoffte, die Nazis zu überleben, und verdrängte voller Naivität, daß er durch sein Handeln Hitler beim Bildungsbürgertum hoffähig machte und diesem im Ausland Prestige verschaffte.

Zweig bot Strauss großzügig an, gerne einem anderen, arischen Autor, etwa seinem Freund Josef Gregor, mit Rat und Tat zur Seite zu stehen.

*Strauss mit Enkel*
*Richard am Klavier*

Doch gegen diese Idee wehrte sich Strauss. Geradezu rührend versuchte er, Zweig umzustimmen: »Ihr schöner Brief hat mich sehr traurig gemacht: wenn Sie mich auch noch im Stich lassen, muß ich eben von jetzt ab das Leben eines arbeitslos dahinsiechenden Privatiers führen.«[46] Der einzige begabte Libretto-Dichter werde ihm genommen, klagte er; denn – so führte er in dem Brief weiter aus – er habe sowohl Goebbels wie Göring wiederholt erklärt, wie schwierig ein gutes Operntextbuch zu finden sei, daß deutsche Dichter wie Gerhart Hauptmann, Hermann Bahr oder Ernst von Wolzogen daran scheiterten, während Wildes *Salomé* und vor allem die Zusammenarbeit mit dem »einzigen« Hofmannsthal besondere Glücksfälle waren: »Nach seinem Tod glaubte ich endgültig verzichten zu müssen, ein Zufall (kann man es so nennen?) führte mich zu Ihnen. Ich gebe Sie auch nicht auf, auch nicht, weil wir jetzt gerade eine antisemitische Regierung haben.«

Seine Idee, zunächst heimlich einige Opernbücher auszuarbeiten, hielt Strauss nicht für »unwürdig«, sondern für »klug«. Er bekannte: »Den anderen Dichter finde ich nie!«

Der Künstler Strauss spürte, daß er des geistvollen, von Vorurteilen und Ideologien freien, aber von Bildung und Wissen bestimmten Umganges mit Menschen wie Hofmannsthal und Zweig bedurfte. Merkwürdigerweise waren fast alle, die ihn in der letzten Zeit verstanden und förderten, Juden – bis hin zu seiner geliebten Schwiegertochter Alice. Doch gleichzeitig stand er einer Institution der Nazis vor, die Juden aus Deutschland hinauswarfen und deren Vernichtung vorbereiteten, las er in den Zeitungen antisemitische Propaganda und arbeitete doch mit dieser Regierung zusammen.

Zweig weigerte sich beharrlich, heimlich mit Strauss zusammenzuarbeiten. Ihn störte, daß dieser – wie nun in den ausländischen Zeitungen zu lesen war – mit dem Regime verbunden war. Zweig konnte nicht mit dem Komponisten Hitlers – als solcher erschien Strauss damals – Opern schreiben, wollte er nicht seine vertriebenen und bedrängten jüdischen Mitmenschen verraten.

Doch Strauss rechtfertigte sich in einem für sein Denken sehr aufschlußreichen Brief: »Dieser jüdische Eigensinn! Da soll man nicht Antisemit werden! Dieser Rassestolz, dieses Solidaritätsgefühl – da fühle sogar ich einen Unterschied!«[47] Wie sehr hielten die Juden zusammen, dachte er, und entgegnete: »Glauben Sie, daß ich jemals aus dem Gedanken, daß ich Germane (vielleicht, qui le sait) bin, bei irgend einer Handlung mich habe leiten lassen? Glauben Sie, daß Mozart bewußt ›arisch‹ komponiert hat?« Dann bekannte er sich sarkastisch und bayerisch grantig zu seinem künstlerischen Credo: »Für mich gibt es nur zwei Kategorien von Menschen: solche, die Talent haben, und solche, die keins haben, und für mich existiert das Volk erst in dem Moment, wo es Publikum wird. Ob dasselbe aus Chinesen, Oberbayern, Neuseeländern oder Berlinern besteht, ist mir gleichgültig, wenn die Leute nur den vollen Kassenpreis bezahlt haben!« Jetzt wurde er ungeduldig und verärgert. Zweig, schrieb er, solle endlich das Sujet ausarbeiten, ihm seine Bedingungen nennen, und man werde dann schon sehen. Doch auf keinen Fall sollte die neue Oper – *Friedenstag* – unter getarntem Namen, nämlich dem Gregors veröffentlicht werden. Da war nun er stur; denn er war fest überzeugt, daß in zwei bis drei Jahren sich diese Fragen von selbst erledigt hätten, da dann wieder eine andere Regierung herrschen würde. Erbost entrüstete er sich über Zweigs Vorwurf, er habe sich politisch zu weit vorgewagt: »Weil ich für den schmierigen Lauselumpen Bruno Walter ein Concert dirigiert habe? Das habe ich dem Orchester zuliebe – weil ich für den andern ›Nichtarier‹ Toscanini eingesprungen bin – das habe ich Bayreuth zuliebe getan. Das hat mit Politik nichts zu tun. Wie es die Schmierenpresse auslegt, geht mich nichts an und Sie sollten sich auch nicht darum kümmern. Daß ich den Präsidenten der Reichsmusikkammer mime? Um Gutes zu tun und größeres Unglück zu verhüten. Einfach aus künstlerichem Pflichtbewußtsein! Unter jeder Regierung hätte ich dieses ärgerliche Ehrenamt angenommen . . .«

Er schrieb an Zweig so zornig, da er spürte, in was für eine verfahrene Situation er geraten war. Doch war er nicht blind? Er hielt sich für unpolitisch und wirkte doch politisch, handelte wie die meisten Bildungsbürger seiner Zeit aus Pflichtgefühl, ohne an größere Zusammenhänge, Verantwortung oder an die Zukunft zu denken, folgte seinem Unterbewußtsein, seinen Gefühlen und ließ sich von der kollektiven Verführungskunst Hitlers beeinflussen. So ging Deutschland den Konzentrationslagern, dem Holocaust und dem Zweiten Weltkrieg entgegen. Romain Rolland hatte einst an Strauss und an Deutschland die Unfähigkeit zu siegen bemängelt. Ähnliches dachte 1933 der Philosoph Graf Hermann Keyserling, der Hitler als »Selbstmördertyp« und als »Verkörperung eines Grundzuges des deutschen Volkes« charakterisierte, »das immer in den Tod verliebt gewesen sei«, wie er Hofmannsthals Freund Graf Keßler erklärte: »Die Deutschen fühlten sich nur in dieser Situation ganz deutsch, sie bewunderten und wollten den zwecklosen Tod, das Selbstopfer, und sie ahnten, daß Hitler sie wieder einer Nibelungennot, einem grandiosen Untergang entgegenführe . . .«[48]

Selbstopfer gibt es in den Tondichtungen und Opern von Strauss viele – vom Macbeth bis hin zu Kapellmeister Storch in *Intermezzo*. Sein schöpferisches Unterbewußtsein sah schon Jahrzehnte zuvor die Katastrophen voraus, die nun eintraten. Ob Hitler von *Salome* so fasziniert war, weil sie sich für ihre blutig-erotische Perversion aufopferte?

Doch nun hatte Strauss eine heitere, lustige und geistvolle Oper fertiggestellt, *Die schweigsame Frau*. An ihr war nichts Anstößiges wie einst beim *Rosenkavalier*, sie erzählte die Komödie des alten Seemannes Morosus, der jeden Lärm scheut und deshab eine schweigsame Frau sucht. Seinen Neffen enterbt er, da er Mitglied einer Komödiantentruppe und mit einer Sängerin verheiratet ist. Doch dieser spielt ihm einen bösen Schabernack, verheiratet seinen Onkel zum Schein mit seiner eigenen Frau, die – kaum daß sie im Stand der Ehe ist – laut wird, schreit und schimpft und sogar das Mobiliar zerschlägt. Als Morosus den Spaß erkennt, ist er froh, daß er nicht wirklich verheiratet ist, freut sich wieder am Leben und verzeiht seinem Neffen den Schauspielerberuf und die laute Frau. Diese Komödie spielt eine neue Variante des alten Strauss-Kosmos' durch: Morosus ist der ruhebedürftige musik- und kulturfeindliche Bürger, Aminta, seine Scheinbraut, das ungebändigte Weib. Die Oper ist eine der schlagkräftigsten und geistvollsten Musikkomödien von Strauss.

Anstößig an dieser harmlosen Komödie war allerdings, daß ihr Text von einem Juden stammte. Die Maschinerie des Nazistaates stand vor einem großen Problem: Wie konnte man diese Aufführung verhindern? Die

Reichsschrifttumskammer und das Propagandaministerium hetzten ihre Beamten auf den Text, suchten zum Schutz der deutschen Moral nach anstößigen Stellen, die Gestapo durchforschte ihr Archiv nach Äußerungen Stefan Zweigs gegen die deutsche Nation, Goebbels, Göring, Kulturrat und Unterrichtsministerium, alle befaßten sich mit dem Libretto, das zur Staatsangelegenheit wurde. Konferenzen folgten, schließlich wurde Zweigs Text Hitler höchstpersönlich vorgelegt, und der »Allgewaltige« zitierte Strauss zu sich und teilte ihm »in persona« mit, »daß er die Aufführung, obwohl sie gegen alle Gesetze des neuen deutschen Reiches verstoße, ausnahmsweise gestatte«, erinnerte sich Zweig voll Schadenfreude an die Schwierigkeiten, in die er die Nazis gebracht hatte.

Strauss, der Herrscher der Töne, errang also einen Sieg über den Führer. Die Oper wurde in Dresden unter Karl Böhm einstudiert, die Parteiführung, selbst Goebbels und Göring, sagten ihr Kommen zu. Freilich, wenige Tage vor der Uraufführung mußte Strauss feststellen, daß auf dem Theaterzettel der Name von Zweig fehlte, »nach Ben Jonson« stand statt dessen darauf. Strauss drohte sofort mit seiner Abreise, worauf die Nazis nachgaben und widerwillig den Namen des jüdischen Autors aufdruckten: »So brach dieser schwarze Tag für das nationalsozialistische Deutschland heran, daß noch einmal eine Oper aufgeführt wurde, wo der geächtete Name Stefan Zweig auf allen Anschlagzetteln paradierte«,[49] freute sich der Librettist.

Der Erfolg der Oper war enorm, die Nazigrößen ließen sich freilich nicht sehen, und die meisten Kritiker schrieben sehr freundlich und »nutzten begeistert«, wie Zweig feststellte, »die gute Gelegenheit, noch einmal, zum letztenmal ihren inneren Widerstand gegen den Rassenstandpunkt zeigen zu dürfen, indem sie die denkbar freundlichsten Worte über mein Libretto sagten.« Alle wichtigen Opernhäuser in Deutschland planten in der nächsten Saison, die Oper aufzuführen.

Doch so weit kam es nicht. Nach der zweiten Vorstellung wurde die Oper abgesagt und in ganz Deutschland verboten. In den Zeitungen las man, daß Richard Strauss aus Gesundheitsgründen von seinem Amt als Präsident der Reichsmusikkammer zurückgetreten sei. Dies traf die meisten Menschen wie ein Blitz, auch Stefan Zweig.

Was war geschehen? Der Brief von Strauss an Stefan Zweig vom 17. Juni 1935 war von der Gestapo abgefangen und an Hitler weitergeleitet worden. Der Diktator wartete die Uraufführung ab, die immerhin für ihn den Nutzen hatte, daß das Ausland verwirrt wurde – vielleicht ist der Antisemitismus doch nicht so schlimm, dachten viele –, dann aber griff der Machtapparat zu.

Die Oper wurde zunächst wegen einer vorgeschobenen Krankheit der Hauptdarstellerin abgesagt, dann ging an alle anderen Bühnen die Weisung, daß die *Schweigsame Frau* verboten sei. Schließlich besuchte am 6.

# Sächsische Staatstheater
## Opernhaus

Montag, am 24. Juni 1935

Anfang **6** Uhr

Außer Anrecht

Uraufführung

# Die schweigsame Frau

### Komische Oper in drei Aufzügen

Frei nach Ben Jonson von Stefan Zweig

## Musik von Richard Strauß

Musikalische Leitung: Karl Böhm          Inszenierung: Josef Gielen

Personen:

| | | |
|---|---|---|
| Sir Morosus | .......................... | Friedrich Plaschke |
| Seine Haushälterin | .......................... | Helene Jung |
| Der Barbier | .......................... | Matthieu Ahlersmeyer |
| Henry Morosus | | Martin Kremer |
| Aminta, seine Frau | | Maria Cebotari |
| Isotta | | Erna Sack |
| Carlotta | Komödianten .......... | Marion Hundt |
| Vanuzzi | | Kurt Böhme |
| Farfallo | | Ludwig Ermold |
| Morbio | | Rudolf Schmalnauer |

Chor der Komödianten und Nachbarn

Ort der Handlung:

Zimmer des Sir Morosus in einem Vorort Londons

Zeit: etwa 1780

Chöre: Karl Maria Pembaur / Tanz im dritten Akt: Werner Stammer

Bühnenbild: Adolf Mahnke          Einrichtung: Georg Brandt          Trachten: Leonhard Fanto

Pausen nach dem ersten und zweiten Akt

Krank: Liesel von Schuch, Hermann Kutzschbach, Horst Falke

Sämtliche Plätze müssen vor Beginn der Vorstellung eingenommen werden

Textbücher sind für 1,00 R.M vormittags an der Kasse und abends bei den Türschließern zu haben

Gekaufte Karten werden nur bei Änderung der Vorstellung zurückgenommen

Einlaß 5¹/₄ Uhr          Anfang 6 Uhr          Ende geg. 9³/₄ Uhr

*»Die Schweigsame Frau«, Szenenfoto der Inszenierung in Salzburg, 1959*

Juli Ministerialrat Keudell vom Propagandaministerium Strauss in Garmisch und legte ihm nahe, sein Amt als Präsident der Reichsmusikkammer aus gesundheitlichen Gründen niederzulegen.[50] Strauss war empört, daß sein Brief geöffnet worden war, fühlte sich »als guter Deutscher« nach einer »Lebensarbeit von 80 großen, in der ganzen Welt anerkannten Werken« über jede Kritik erhaben und schrieb wenige Tage nach seinem erzwungenen Rücktritt an Hitler: »Mein Führer!« begann er untertänig und entschuldigte den Brief an Zweig damit, daß er ihn »in einem Augenblick der Verstimmung gegen Stefan Zweig selbst, ohne weitere Überlegung rasch hingeworfen« habe.[51] Diplomatisch lavierend vermied er klare Aussagen, meinte, »daß dieser Brief und alles, was an improvisierten Sätzen er birgt, nicht irgendeine weltanschauliche oder auch für meine wahre Gesinnung charakteristische Darlegung bedeutet.« Er berief sich auf sein unpolitisches Leben als Musiker, benützte es als Maske, Entschuldigung und Tarnung: »Mein Führer! Mein ganzes Leben gehört der deutschen Musik und unermüdlichen Bemühungen um Hebung der deutschen Kultur – als Politiker habe ich mich niemals betätigt oder auch nur geäußert, und so glaube ich bei Ihnen als dem großen Gestalter des deutschen Gesamtlebens Verständnis zu finden, wenn ich in tiefster Erregung über den Vorgang meiner Entlassung als Präsident der Reichsmusikkammer Sie ehrfurchtsvoll bedeute, daß auch die wenigen, mir vom Leben noch zugeteilten Jahre nur den reinsten und idealsten Zielen dienen werden.« Strauss bat, zur Verabschiedung vom Führer persönlich empfangen zu werden, um sich rechtfertigen zu können. Doch er erhielt nie Antwort.

Strauss, der Musiker, hatte Hitler, den Tyrannen, herausgefordert, gesiegt und dann doch verloren. Mit Mut und bayerischer Dickköpfigkeit hielt er zu Stefan Zweig und notierte in sein Tagebuch Sätze, die – wenn sie entdeckt worden wären – ihn ins KZ hätten bringen können: »... während ich im Gegenteil, so oft ich konnte, betont habe, daß ich die Streicher-Goebbelsche Judenhetze für eine Schmach für die deutsche Ehre, für ein Armutszeugnis, für das niedrigste Kampfmittel der talentlosen faulen Mittelmäßigkeit halte. Ich bekenne offen, daß ich von Juden so viel Förderung, so viel aufopfernde Freundschaft, großmütige Hilfe und auch geistige Anregung genossen habe, daß es ein Verbrechen wäre, dies nicht in aller Dankbarkeit anzuerkennen. Gewiß hatte ich auch in der jüdischen Presse Gegner. Meine schlimmsten und bösartigsten Feinde waren ›Arier‹, ich nenne nur die Namen Perfall, Oscar Merz, Theodor Döring, Felix Mottl, Franz Schalk, Weingartner und die ganze Parteipresse: Völkischer Beobachter etc.«[52]

In diesem Tagebucheintrag offenbarte Strauss auch, wie es in seinem Innern aussah, setzte er die Maske von Selbstkontrolle, Kälte und Wurschtigkeit ab. Klar und hellsichtig erkannte er seine Lage. Daß er sich nicht »von vorne herein von der nationalsozialistischen Bewegung ferngehalten habe«, so schrieb er, kostete ihm viele Opfer. Vor allem saß tief, daß wegen seines Einspringens für Bruno Walter und Toscanini »ein Sturm gegen ihn in den ausländischen, besonders aber den Wiener jüdischen Zeitungen begann, der mir in den Augen aller anständigen Menschen mehr Schaden getan, als je die deutsche Regierung an mir wieder hätte gutmachen können. Man verdächtigte mich als servilen, eigennützigen Antisemiten ...«

Da bekannte er also, daß er sich »nicht ferngehalten«, sondern anfangs mitgemacht habe. Enttäuschung, Verbitterung und Trotz sprechen aus dieser Aufrechnung. Damals begann er zu ahnen, wie sehr die Verbindung mit den Nazis dem Nachleben seines Werkes schaden würde.

Die Emigranten wurden nun seine bittersten Gegner. Der Geiger Adolf Busch, dessen Bruder Strauss seine Oper *Arabella* gewidmet hatte, sprach voll Verachtung mit Thomas Mann über den Komponisten, dessen »Musik seinem Charakter entsprechend, oberflächlicher Mist« sei.[53] Thomas Mann empfand, als er *Salome* sah, »stark die Oberflächlichkeit, Überholtheit und törichte Kälte des Schmißwerkes und seines bürgerlichen Ästhetizismus von vor dem Kriege. Ist nicht dieser Strauss«, fragte er, »dies naive Gewächs des Kaiserreiches, viel unzeitgemäßer geworden als ich? Müßte er als Künstler nicht viel unmöglicher im ›3. Reich‹ sein als ich? Er ist dumm und elend genug, ihm seinen Ruhm zur Verfügung zu stellen, und er macht ebenso dumm und elend Gebrauch davon. Der Jude Hofmannsthal schrieb ihm die Texte. Jetzt komponiert er ein Libretto des Juden Zweig.«[54]

Doch war diese Verurteilung nicht allzu bitter und ungerecht? Zweig beurteilte Strauss wesentlich differenzierter und einfühlsamer. Auch Alma

Mahler-Werfel sah Strauss weniger kritisch. Als Golo Mann ihr und Remarque gegenüber Strauss und Hauptmann verdammte, nahmen sie die beiden in Schutz, weshalb sie der junge Schriftsteller für »Halb-Nazis« hielt. Alma Mahler bemerkte: »Das Schimpfen auf die alten Genies, die in Deutschland bleiben mußten, bringt mich in Siedehitze.« Hauptmann, so schrieb sie, wäre in Amerika verhungert, da er dort ziemlich unbekannt war, und Strauss »würde zweimal in der Met mit dem *Rosenkavalier* zur Aufführung kommen – und nicht öfter, weil es ja kein selbständiges Opernhaus außer in New York gibt. Davon aber kann er nicht leben.« Deutschland hätten nur die verlassen, die es mußten: »Das ist ein großer Unterschied, ob man mußte oder freiwillig ging . . . und da weiß ich wenige, bei denen nicht ein offener oder versteckter Grund vorlag, um zu fliehen.«[55] Strauss hatte in der Tat im Grunde keine andere Wahl, war zu alt, zu verwurzelt, zu sehr mit der deutschen Opernkultur verbunden, um freiwillig ins Ausland zu gehen.

So blieb er, »lavierte sich«, wie es Alice Strauss nannte, hindurch, dirigierte bei den Olympischen Spielen die von ihm komponierte Olympiahymne, obwohl er erklärtermaßen den Sport, Aufmärsche und das dort zu findende »Proletenpublikum« verabscheute, blieb Vorsitzender des Ständigen Internationalen Rates für Musik, da er hier die Tonalität verteidigen konnte, komponierte noch vier Opern, spielte mit den Machthabern Katz und Maus – bei der Premiere von *Friedenstag* 1939 flog Hitler nach Wien und traf sich zum Lunch mit Strauss – und hielt sich mit seinem sarkastisch bajuwarischen Witz keineswegs zurück. So traf er im Sommer 1938 Severus Ziegler, der die Ausstellung »Entartete Musik« organisierte, und meinte mit Galgenhumor, daß dieser »den ganzen Franz Lehár vergessen habe – das sei die Entartung der Operette – (dabei lachte er halb grimmig, halb schalkhaft), u. die vier Juden in seiner *Salome*, die rein atonal sängen!«[56]

Strauss war zum komischen Alten geworden, zum Hofnarren der Nationalsozialisten. Sein Ziel war es zu überleben, und das des Diktators, ihn für seine Propaganda zu benutzen. Es war eine Tragödie und zugleich eine Farce.

## »Letzter Ausläufer« / Historische Standortbestimmung im Alter

Strauss wollte 1933 seine Vision der Einheit von Kultur und Macht verwirklichen: Der Führer des Staates und der »Führer« der Kultur würden sich verbinden, um endlich die Kulturnation Deutschland zu schaffen, was – wie Strauss immer bitter beklagt hatte – weder Bismarck, Wilhelm II. noch der Republik gelungen war.

Doch dies war eine Vision von gestern, im Grunde aus dem Barock. Damals wurde ein letztes Mal die Welt als großer Zusammenhang, der von der Natur über die menschliche Gesellschaft bis zu Gott reichte, verstanden, und die Künste hatten die Aufgabe, diese Einheit sinnlich erfahrbar werden zu lassen. Hofmannsthal sah sich als spätgeborener Barockdichter.[57] Auch Strauss beschwor mit seiner Musik das 18. und 19. Jahrhundert, faßte noch einmal alle Traditionen zusammen, die nun im 20. Jahrhundert zusammenbrachen. Er war der letzte Komponist, dem dies gelang – und ihm war das bewußt.

Strauss war nun über 70 Jahre alt, dachte über sich und seine Stellung in der Musikgeschichte nach. Dabei betrachtete er die Musik nicht isoliert von den anderen Künsten, hielt sie vor allem mit der Sprache für untrennbar verbunden, ja sie erschien ihm als letzte Vollendung der Sprache und des Theaters: »Der *Tristan* ist die allerletzte Conclusion von Schiller und Goethe und die höchste Erfüllung einer 2000jährigen Entwicklung des Theaters«,[58] schrieb er seinem zukünftigen Librettisten, dem Wiener Theaterforscher Joseph Gregor.

Diese »Conclusion« gelang, wie Strauss überzeugt war, durch die »Erfindung des modernen Orchesters«: »Das von Haydn, Weber, Berlioz und Wagner geschaffene moderne Orchester ist das Instrument geworden, das allein fähig war, jenes Incommensurable, von dem der alte Goethe spricht (das dem Verstand nicht erreichbar ist), darzustellen in Symbolen, die nur dem ahnenden Gefühl sich erschließen; nur die Musik kann es wagen, das ›Reich der Mütter‹ ohne Schauder und Entsetzen zu betreten.«

Oper als »Ohrenschmaus«, das könne Gregor vernachlässigen, aber – beharrte der Komponist – »die musikdramatischen Gebilde, die sich von der

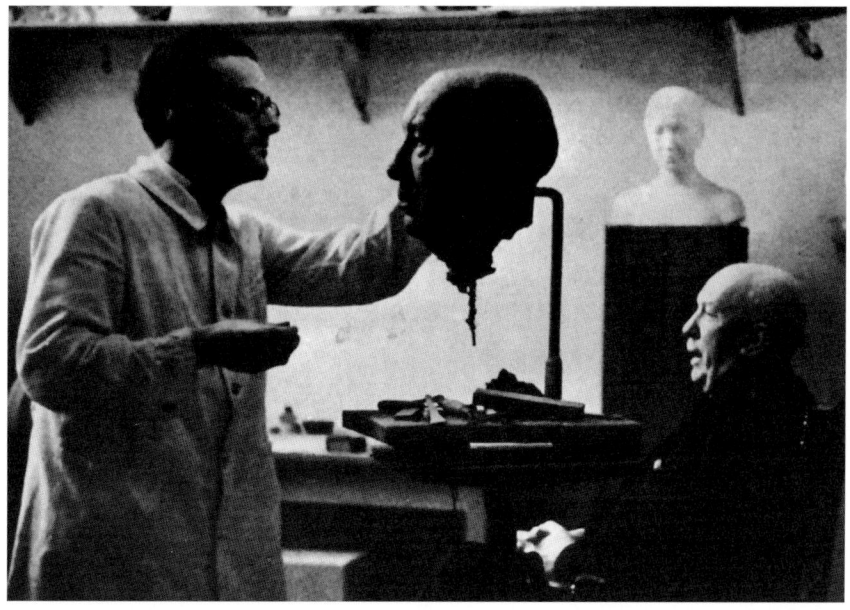

*Der Bildhauer Franz Mikorey, Neffe des Tenors Max Mikorey, der bei der Uraufführung in München den Guntram sang, modelliert eine Büste von Strauss.*

Gluckschen *Iphigenien* über den Mozartschen *Don Juan* (Comthurscene), die *Zauberflöte* mit dem Isis Chor, die psychologischen Finessen von *Così fan tutte* über *Freischütz, Euryanthe, Tannhäuser* bis zum *Nibelungenring* erstrecken, sind eben durch das Orchester letzte Erfüllung mit einem Gefühlsinhalt und einer inneren Geistigkeit, die der genialste Wortdichter mit Hilfe des größten Schauspielers und der kompliziertesten Theatermaschinerie niemals zu voller Erscheinung zu bringen imstande ist.«

Strauss dachte in Entwicklungslinien – typisch für seine von Darwin geprägte Generation –, sah aber die Kultur als Ganzes, nicht allein die technische Entwicklung der Musik wie Schönberg, der die Emanzipation der Dissonanz von der klassischen Harmonik zur erweiterten Tonalität in der Romantik zur Polytonalität, Atonalität bis zu seiner Zwölftonmusik zum historischen Gesetz erhob. Strauss betrachtete die Musik als eine Fortführung von Sprache und Theater, wie dies schon in der Renaissance, im Barock und auch noch in der Klassik geschah. Dabei galt ihm sein Jahrhundert als Epoche der Zusammenfassung: Im *Lohengrin*-Vorspiel erschienen ihm »die ganzen Mysterienspiele des Mittelalters«, im *Parsifal* die Errungenschaften des Jesuitentheaters zusammengefaßt, und das moderne Orchester war für ihn in seiner »äußersten Differenzierung« die »höchste Vollendung« des Welttheaters: »Was die schönsten Verse der größten Dichter in seitenlangen Umschreibungen der Phantasie des Lesers oder Hörers allenfalls suggerieren vermögen, mit einem Akkord gelingt es der Musik, die Empfindung selbst anzusprechen: das Gefühl der Liebe, der Sehnsucht, der Bußfertigkeit, der Todesbereitschaft.«

Bayreuth – er schrieb diesen Brief Anfang 1935, also vor seiner Entlassung als Präsident der Reichsmusikkammer – bezeichnete er als Ziel der gesamten kulturellen Entwicklung des neuzeitlichen Europas: Bayreuth, das deutsche Olympia! Er begrub den alten Zwist mit Cosima und Siegfried Wagner und lobte die Witwe des Bayreuther Meisters über alles: die »Wiedererweckung des *Tristan*, der *Meistersinger*, des *Tannhäuser*, *Lohengrin* durch den genialen Regisseur Cosima verdient über die Leistungen eines Georg von Meiningen, eines Possart und des besonders um Shakespeare verdienten Max Reinhardt gestellt zu werden«, ja auch die gegenwärtige Wagner-Pflege, an der er nun selbst als *Parsifal*-Dirigent wieder mitwirkte, erschien ihm bedeutender als die »Glanzperioden« des Theaters unter Georg von Meiningen und Reinhardt. Alles gipfelte für ihn in Bayreuth. Der alte Strauss kehrte zu den Ideen seiner Jugend zurück, allerdings verändert, mit weiterem Horizont; denn er vereinigte die Klassikerverehrung seines Vaters mit der Wagner-Begeisterung seiner eigenen Generation.

Freilich, wenn sich Künstler Entwicklungen und Konstruktionen der Weltgeschichte ausdenken, dann verhalten sie sich wie Politiker. Hitler sah sein Tausendjähriges Reich als Vollendung der deutschen Geschichte an. Strauss gab sich zwar viel bescheidener, wenn er Wagner als die Vollendung von zweitausendjähriger Theatergeschichte betrachtete, fand aber in diesem Geschichtsbild doch auch einen Platz für sich: »Ohne unbescheiden zu sein, darf ich zum Schluß – natürlich in gehörigem Abstand – noch mein im Verein mit Hofmannsthal geschaffenes Lebenswerk nennen – als vielleicht letzter Ausläufer der Welttheaterentwicklung ins Reich der Musik.« Dieser Gedanke – ein Abschluß, oder wie er bescheiden schrieb, »ein letzter Ausläufer« zu sein – war mehr als die bei alten Menschen oft zu beobachtende Rückwärtsgewandtheit und ihr Unverständnis für die neue Zeit, hier zeigte sich die von Zweig beobachtete Hellsichtigkeit des Komponisten, wenn er versuchte, sich selbst zu erkennen. Denn in der Tat, Strauss bildete mit seiner Musik den Abschluß einer Epoche, indem er sich um 1910 geweigert hatte, den radikalen Traditionsbruch der Künste mitzuvollziehen, und seitdem gegen die eigene Zeit und die Entwicklung der neuen Musik ankämpfte. Daß er dabei seine eigene Entwicklung als die der »Welttheaterentwicklung« verabsolutierte, war dem Egoismus des Genies zuzuschreiben und der damals allgemein verbreiteten deutschen Arroganz: Als »Kulturvolk« erachteten sich die Deutschen den anderen Nationen überlegen. Für Strauss war es selbstverständlich – obwohl ihn vor über zwanzig Jahren Romain Rolland eines besseren zu belehren versucht hatte –, daß die deutsche Musik mit Wagner und ihm als »letztem Ausläufer« der Gipfel vergangener und zukünftiger Zeiten sei. Doch die Ironie des Schicksals wollte es anders: Gerade in der Zeit von Strauss verlor die deutsche Musik die Vorherrschaft, und gerade jetzt, da der alte Mann über seine Stellung in der Geschichte nachdachte, erwies sich sein Volk, wie er erbittert feststellen mußte, nicht als Kulturnation, sondern als das Gegenteil.

Strauss beschrieb in diesem Brief an Gregor die Errungenschaften seines eigenen Schaffens: »Ahnungslose Kritiker haben *Salome* und *Elektra* ›Sinfonien mit begleitenden Singstimmen‹ genannt«, beklagte er sich und gab zu Bedenken, sie hätten übersehen, daß nur ein sinfonisches Orchester (statt des in der Oper meist nur den Gesang begleitenden) eine Handlung bis zum letzten Ende entwickeln kann, wie sogar in meiner dramatischen Biographie *Intermezzo* eigentlich nur die sinfonischen Zwischenspiele kundgeben, was innerlich in den Darstellern vorgeht . . .«

Nein, seine Opern waren keine »Oper«, sondern mehr: Musiktheater, Welttheater, auch wenn dies, wie er schrieb, wohl erst die »Nachkommen voll und ganz begreifen«: »Hofmannsthal hat im Schluß der *Ariadne* vielleicht auch die letzte Conclusion zwischen Renaissancetheater und Commedia dell'arte gezogen. Auch nur mein so fein differenziertes Orchester mit seinem subtilen Nervencontrapunkt, wenn der gewagte Ausdruck gestattet ist, konnte in der Schlußszene der *Salome*, in Klytämnestras Angstzuständen, in der Erkennungsszene zwischen Elektra und Orest, im II. Akt der *Helena*, im Traum der Kaiserin (II. Akt *Frau ohne Schatten*) sich in Gebiete vorwagen, die nur der Musik zu erschließen vergönnt waren.«

Die Steigerung der Bedeutung des Orchesters, die Darstellung des inneren, psychischen Dramas im Menschen, seiner Triebe, Leidenschaften, Sehnsüchte und Träume, betrachtete er als seine große Leistung. Strauss ließ mit seiner Musik das Unterbewußtsein zu Tage treten, er stellte Vorgänge im Seelenleben des Menschen auf der Bühne in aller Öffentlichkeit dar, erweckte das »Reich der Mütter«, das von gesellschaftlichen Konventionen, dem vernunftbestimmten modernen Denken unterdrückt, aber von einem anderen genialen Seelenforscher, Sigmund Freud, wissenschaftlich beschrieben wurde. Wie bei anderen Künstlern seiner Generation drang in seiner Musik ans Tageslicht, was in seiner Zeit allgemein gärte: das Unterbewußte, Dunkle, Charismatische, Perverse, Sadistische, Heilshoffnungen, Angst- und Herrschaftsträume, jene grandios-gefährliche Gefühlslage, die den Boden für den Faschismus bildete.

Dies war das »Allomatische«, das Verflochtensein mit allem, das einst Strauss und Hofmannsthal im *Rosenkavalier* gezeigt hatten. Entfliehen konnte man dem nicht. Auch ein genialer Künstler, und gerade ein Genie wie er, war nur ein Teil seiner Zeit, die er freilich durch seine unvergänglichen Werke zeitlos werden ließ.

## Bekenntnis gegen den Krieg: *Friedenstag*

Der vitale alte Meister ließ sich nicht von den Nationalsozialisten und auch nicht von den kritischen Stimmen der Emigranten um Thomas Mann beirren, sondern blieb in seiner Heimat und komponierte von seinem 70. bis 80. Lebensjahr noch vier weitere Opern, sein Alterswerk und sein Vermächtnis an eine spätere Welt.

Strauss hatte um Stefan Zweig gekämpft, und hatte dafür bezahlen müssen. Der auf die *Schweigsame Frau* folgende *Friedenstag* war seine »Rache« an Hitler. Denn die Idee zum Libretto ging auf Stefan Zweig zurück; dieser beriet auch den nun »offiziellen« Librettisten Joseph Gregor bei der Abfassung des Textes und schrieb selbst den Schluß. Das Stück spielt während des Dreißigjährigen Krieges, ist also ein historischer Stoff, doch dies war nur eine Folie, denn Strauss gab auch in dieser Oper wieder ein persönliches Bekenntnis: zum Frieden!

Strauss und – inkognito – Stefan Zweig leisteten in diesem Werk Widerstand gegen Hitler, ohne offen – was in Deutschland unmöglich gewesen wäre – gegen ihn aufzutreten, vielmehr erzählten sie eine Parabel aus der Vergangenheit. Die Oper spielt auf der Zitadelle einer belagerten Stadt. »Verwitterte, martialische Gestalten« halten »regungslos« Wache – »man weiß nicht, ob sie schlafen oder nur erstarrt sind vor Müdigkeit und Entbehrung« – umgeben von »ihren gewaltigen Waffen«. Dazu erklingt ein grausamer Marsch, in dem taktweise konsonante Dreiklänge und disso-

*Richard Strauss und Joseph Gregor in Garmisch, um 1936*

nante Cluster aufeinander folgen und einen schrecklich-schaurigen Kontrast bilden. Dies ist ein Trauer- und Todesmarsch, realistisch, nackt und grausam. Der Schütze erzählt dem Wachtmeister beim anbrechenden Morgen, was er in der Nacht gesehen hat: wie der Feind ein Gehöft »verbrannt« habe, »aus flammendem Tor, geblendet, stürzt das Vieh, der Bauer folgt, gebeugt am Stock, ohne Laut der Klage«. Noch nie zuvor hatte Strauss so anklagend und realistisch das Elend gezeigt, das er – oder vielmehr sein in ihm komponierendes »es« – voraussah.

Ein Piemonteser, der einen Brief vom Kaiser durch die Feindesscharen hindurchschmuggelt, singt auf italienisch ein Lied von seiner Heimat, seiner Mutter, von jungen Mädchen, vom Frieden. Da ist endlich Musik, Sinnlichkeit, Gesang! Doch die Soldaten wissen überhaupt nicht mehr, was Frieden ist, können sich ein Leben ohne Krieg und Kriegssold nicht vorstellen, da schon bei ihrer Geburt Krieg geherrscht hat.

Das war also das Bild, das Strauss seinen Landsleuten entgegenhielt: Deutschland als Zitadelle, belagert, von Feinden umgeben, eine Nation, die überhaupt nicht mehr weiß, was Frieden ist, da schon so lange – im Grunde seit 1914 – »Krieg« herrscht, und die deshalb ein Fremder aus dem friedlichen Süden überhaupt nicht mehr versteht. Der Krieg wird hier nicht heroisch dargestellt, sondern dissonant sein Leid, seine Grausamkeit, seine Lebensfeindlichkeit beklagt.

Strauss zeigt nicht nur die Soldaten, sondern auch die Zivilisten, die »Volksmenge«, und zwar nicht von elitärer Warte, sondern mitfühlend, solidarisch und erschreckend hellsichtig. Das Leid der vom Krieg gedemütigten Menschen versinnbildlicht er durch die grellste Dissonanz, die es überhaupt gibt, die gleichzeitig erklingende kleine Sekunde, den Halbton. Dazu singt der Chor: »Hunger«, »Brot«. Erstmals baut Strauss in sein Werk eine große Chorszene ein, ja der Chor treibt die Handlung voran, wird zum Gegenspieler des Festungskommandanten.

Strauss war bekanntlich ein Verächter aller Volksmassen, ein erklärter Individualist. Daß er hier eine Massenszene, vergleichbar den Chorszenen in Mussorgskys *Boris Godunow*, zum Träger der Handlung macht, spiegelt seine innere Entwicklung wider. Strauss fand Töne und Klänge für die einfachen Menschen, für Mitleid und Menschlichkeit, gerade als seine Umwelt unmenschlich und barbarisch wurde.

Nun stürmen Tausende zum Festungstor. Für den Wachtmeister ist dies eine »offne Rebellion«, doch an der Spitze des Volkes marschieren der Bürgermeister und der Prälat, die sich beim Kommandanten Gehör erzwingen. Strauss zeigt eine Parabel, eine Vision der Vergangenheit. Wollte er damit zum Aufstand gegen Hitler, den »Festungskommandanten«, aufrufen? Gewiß nicht. Noch nie hatte er »politische« Musik komponiert. Er wollte nur ein Beispiel geben, Möglichkeiten des Widerstandes vorführen, zeigen, wie es war und ist.

Zu einem erschütterndem Trauermarsch in c-Moll mit schneidend scharfen Dissonanzen erscheint »wie eine Gespensterschar« die Deputation des Volkes, das in seiner Not, ohne abzulassen, nach Brot schreit und die Übergabe der Stadt an den Feind fordert. Doch der Kommandant wirft der Deputation eine Muskete vor die Füße, droht, dem Bürgermeister »in aller pflicht'gen Demut« das Herz auszureißen. Dieser jedoch, ein einfacher Mann, erwidert voll tiefer Bauernweisheit: »Verzeiht, wen wollt ihr denn besiegen? Ich hab den Feind gesehn . . . sind Menschen, so wie wir, sie leiden Not, draußen in ihren Gräben, genau wie wir.« Der Kommandant bekennt, daß die Not des Volkes auch seine sei, beharrt aber in preußischer Pflichterfüllung auf dem Kampf und dem Krieg, um nicht zum feindlichen Glauben übertreten zu müssen. Doch der Prälat hält ihm eine andere, christliche Wahrheit entgegen: »Nur wer sich demütigt, gewinnt den Sieg!«

Da dieses Wort gefallen ist – »Welch ein Fanal entfährt dem schwachen Munde!« –, peitscht sich die Musik zu heroischem Schwung empor, übertönt die Klagerufe des Volkes und erweckt den alten Siegesrausch der Gründerjahre und Heldenzeit. Doch ein Signal beendet den Freudentaumel, und ein Front-Offizier, über und über mit Schmutz bedeckt, die Uniform zerfetzt, den Kopf zum Teil verbunden, meldet, daß die Munition ausgegangen sei und man sich dem Feind wehrlos ausliefern müsse, wenn der Kommandant das Pulver, das in der Zitadelle gelagert sei, nicht herausgebe. Dieser jedoch lenkt ab, hat andere, schreckliche Pläne; denn der Kaiser hat ihn bei seiner Ehre verpflichtet, die Stadt zu halten oder sie in die Luft zu jagen. Eine Frau tritt aus dem Volk hervor und schreit verzweifelt: »Dreißig Jahre lang: gepflanzt kein Acker, dreißig Jahre lang: Raub und Mord!« Das Volk klagt: »Mord und Haß«, und die Frau beschimpft den Kaiser als »Mörder ihrer Kinder«, schließlich fällt das Volk in ihren Protest ein und nennt die Soldaten »Mörder alle!« Der Kommandant ist erschüttert, ersinnt ein Täuschungsmanöver, will Zeit gewinnen, sagt, sie sollten zurück an die Arbeit, und die allzu leichtgläubige Deputation gibt sich zufrieden: »Ihr gebt uns Leben, Hoffnung.« Der Kommandant freilich täuscht das Volk. Er will keineswegs nachgeben, sondern plant in den nächsten Stunden, die Zitadelle und damit die ganze Stadt, sich selbst und seine Soldaten in die Luft zu jagen.

Was Keyserling gegenüber Harry Graf Keßler andeutete, das zeigt auch diese Oper: den Todestrieb, den blinden Opferwillen des pflichttreuen deutschen Soldaten – und verallgemeinert: des deutschen Volkes.

Der Kommandant läßt alle Soldaten, die fliehen wollen, gehen. Er selbst – und einige Getreue bleiben, bereit zum Selbstmord. Da erscheint »des Kommandanten Weib«. Sie ist neben der Frau aus dem Volk das einzige weibliche Wesen in dieser heroisch-kalten Männerwelt. Die Musik wird heller, tröstlicher und menschlicher, gewinnt Sinnlichkeit, Atmosphäre. Strauss ist wieder in seinem Element: Die weibliche Welt hat ihn seit jeher mehr angezogen, inspiriert und fasziniert als die Männergesellschaft. Strauss stellt nun dem kalten, mordenden, selbstmörderischen Kriegshelden eine Frau gegenüber, die Gefühle zeigt. »Nur einer hat nie gelächelt. Nur dem Befehl, der Pflicht dient seine Lippe«, charakterisiert sie ihren Mann, der sich »so tief verborgen« vor ihr verschließt, dessen Brust »unsichtbar Erz« umspannt, das sie nie durchdrungen habe. Sie wurde, klagt sie, nicht mit einem Mann, sondern mit dem Krieg vermählt. Nur am Hochzeitstage habe er gelächelt, dann nie wieder, »denn es hieße Frieden«. Dieser Mann ist unmenschlich, kalt, gleichsam zu Stein erstarrt, wie der Kaiser in *Die Frau ohne Schatten*. Jetzt gesteht er ihr, daß er in wenigen Stunden die Zitadelle und sich selbst in die Luft jagen wolle. Aber sie bleibt bei ihm, will mit ihm sterben, und gemeinsam singen sie ein letztes Duett, wobei am Ende gleichzeitig ihr »Verflucht seist du Krieg« und sein »Gesegnet Krieg« erklingen.

Die Situation erscheint ausweglos, die Vernichtung der Stadt unvermeidbar, so erstarrt ist der Kommandant in seinem Ehr- und Pflichtgefühl. Doch Zweig und Strauss gaben der Oper einen positiven Schluß. Glocken erklingen plötzlich, die Soldaten sehen von der Zitadelle, wie die feindlichen Truppen auf die Stadt zu marschieren, das Volk jubelt, die Gegner tragen weiße Fahnen, die Frau des Kommandanten schöpft Hoffnung, der Bürgermeister kehrt beglückt zum Kommandanten zurück, doch der will und kann nicht an den Frieden glauben, so sehr ist sein Denken den Kategorien des Krieges, der Bosheit, des Mißtrauens und der kalten Berechnung verhaftet. Ein festlicher Marsch mit der Melodie »Ein feste Burg ist unser Gott« im Baß erklingt zum Einzug der bekränzten feindlichen Truppen, aber noch immer hält der Kommandant dies alles für Lug und Trug, will nicht wahr haben, daß in Münster Friede geschlossen wurde und der Dreißigjährige Krieg vorbei ist. Als die beiden Feldherren einander gegenüberstehen, streiten sie sich über Glaubensfragen, wollen schon wieder kämpfen. Doch die Frau des Kommandanten wirft sich dazwischen: »Mann, es ist Friede«, singt sie voller Leidenschaft und Schönheit. Da gibt nun endlich auch ihr Mann nach, und die beiden vormals feindlichen Feldherren fallen sich in die Arme. Der Chor singt eine große Hymne auf den Frieden, die Liebe und den »Herrscher Geist«.

Diese Oper war ein Bekenntnis gegen Hitler, gegen kriegerisches Heldentum, gegen Militarismus, für die Weiblichkeit, die Liebe, das Leben. Dies war mutig und voller bayerischer Schlitzohrigkeit, denn Goebbels freute sich, daß man nun endlich einen arischen Librettisten, Joseph Gregor, gefunden hatte, und ahnte nicht, daß Zweig der geistige Vater der Oper war. Die Nazis wurden hinters Licht geführt und merkten es nicht. Hitler flog – wie bereits erwähnt – zur Wiener Premiere und gab einen großen Empfang für Strauss, bei dem der Diktator als Opernkenner glänzte.[59] Thomas Mann vermerkte es wütend in seinem Tagebuch.

War Hitler zu dumm, um diese Herausforderung zu erkennen, oder wollte er sie nicht sehen? Immerhin, dachten wohl die Nazis, beschäftigte

*Adolf Mahnke: Bühnenbild zu »Friedenstag« für die Inszenierung in Dresden, 1938*

*Münchner Uraufführung von »Friedenstag«, 1938, Schlußbild: Viorica Ursuleac als Maria, Frau des Kommandanten, Hans Hotter als Kommandant, Ludwig Weber als Hornsteiner*

sich der berühmte alte Meister nicht mehr »mit spielerischen Problemchen« wie dem Alten Testament oder dem griechischen Altertum: »Dies bedeutet einen Aufstieg aus der bürgerlichen Welt in die nationale, aus der privaten in die Welt der Gemeinschaft; zugleich aus der launig-launenhaften Weltauffassung in die heroische«, lobte der dem NS-Regime angepaßte Kritiker Karl Laux[60] und hob den »militärischen Charakter« des Werkes aufgrund der vielen Märsche hervor. Selbstverständlich sahen die regimetreuen Kritiker im Kommandanten die positive Gestalt der Oper: »Spätere Geschlechter werden wohl in dieser Gestalt den festesten Kern einer Straußischen Ethik erkennen. Denn dies ist in Wahrheit ein Held aus innerem sittlichem Zwang. Ihm ist teuer, was einer Nation heilig sein muß: die Ehre, die sich niemals preisgibt«, schwadronierte Hans Schnoor im »Dresdner Anzeiger«.[61] Das Volk dagegen nannte er geringschätzig »aus Not feige«, »geistig und sittlich amorph«. Doch andere Kritiker waren so mutig, wesentlichere Aspekte hervorzuheben. So sah Alexander Berrsche einen Spiegel der »Zitadellen«-Situation von Deutschland und war tief betroffen: »Um über diese Oper ein ruhiges Wort zu sagen, müßte man sich ihrer erst erwehren können. Das erlaubt sie aber nicht. Sie hat eine Art, uns den Krieg und Heldentum, Friedenssehnsucht und Not miterleben zu lassen, daß alles, was uns je am tiefsten bewegt hat, wieder heraufkommt mit allem Sturm und Widerspruch der Gefühle. Wir sehen diesmal auf den Brettern niemand anderen als uns selber. Der Kommandant, seine Frau, der Wachtmeister, der Konstabel, der Schütze, also auch der Bürgermeister, der Prälat und die Frau aus der Menge, das sind alles wir, jede Gestalt ist ein Stück von uns . . .«[62]

*Schlußbeifall nach der Uraufführung von »Friedenstag«: Ludwig Weber (Hornsteiner), Ludwig Sievert (Bühnenbild), Joseph Gregor, Richard Strauss, Clemens Krauss, Viorica Ursuleac (Maria), Rudolf Hartmann (Regie)*

Die Uraufführung der Oper fand am 24. Juli 1938 im Münchner Nationaltheater in einer glänzenden Besetzung statt. Clemens Krauss dirigierte, Rudolf Hartmann führte Regie, Hans Hotter und Viorica Ursuleac sangen die Hauptrollen. Ein Jahr später begann der Zweite Weltkrieg.

## Visionen einer besseren Welt / Die drei letzten Opern

Am Ende von *Friedenstag* singt der Chor die sprachlich-poetisch nicht sehr überzeugenden Worte: »Aufwärts, Herrscher Geist, zu dir!« Joseph Gregor war kein Stefan Zweig und schon gar kein Hofmannsthal. Strauss wußte dies: »Der ganze Stoff ist eben doch ein bißchen zu alltäglich«, beklagte er sich über *Friedenstag* bei Stefan Zweig, »Soldaten – Krieg – Hungersnot – mittelalterliches Heldentum – gemeinsames Sterben – es liegt mir nicht recht – so guten Willen ich auch habe. Unser lieber Freund ist gewiß sehr begabt – aber es fehlt ihm doch höhere Kraft und Einfälle, die ein bißchen abseits der dramatischen Heerstraße liegen – auch sehr bedenklich die ganze scharfe Theaterwitterung. Das macht sich besonders bei *Daphne* fühlbar, dessen hübsche Grundidee so gar nicht ›gestaltet‹ ist. Viele Worte – Schulmeisterbanalitäten und keine Verdichtung auf den Brennpunkt. Es fehlt ein interessanter seelischer Conflict. Es fehlt eben bei Gregor, der sich an seinen eigenen Versen stets berauscht, am Letzten, Entscheidenden!«[63] Noch einmal warb er um Stefan Zweig, regte einen Briefwechsel mit getarnten Namen an – Zweig sollte sich Henry Mor wie der Tenor in der *Schweigsamen Frau* nennen, er wollte mit Robert Storch wie der Kapellmeister in *Intermezzo* unterschreiben.

Doch es kam anders, Zweig emigrierte nach London und von dort nach Südamerika, wo er zusammen mit seiner zweiten Frau 1942 Selbstmord beging. Strauss mußte mit Gregor vorliebnehmen, der ihn für seine Idee einer *Daphne*-Oper gewann. Der Komponist ging hart und kritisch mit seinem neuen Librettisten um, der arme Gregor machte Wechselbäder zwischen Begeisterung und tiefer Verletzung durch. Als der Sohn Franz Strauss sich über das *Daphne*-Textbuch lobend äußerte, erwiderte der Vater gallig: »Für einen arischen Text wirklich nicht übel!«[64]

Die schlimme Ideologie vom arischen Menschen erschien Strauss als Inbegriff von Geistlosigkeit und Primitivität, denn was Gregor so ungeschickt am Schluß von *Friedenstag* formulierte, wurde jetzt zum wichtigsten Anliegen des Komponisten: Er wollte in einer Zeit des Ungeistes den Geist retten, wählte nach *Friedenstag* Stoffe, die sich von der Gegenwart abwandten. So erzählt in *Daphne* die Musik altersklar und -weise vom Konflikt zwischen dem Rausch, der Ekstase und der Leidenschaftlichkeit von Dionysos und der Reinheit, Keuschheit und Geistigkeit Apollos. Daphne entscheidet sich schließlich für Apollo, also für den Geist, und kehrt zurück in die Natur, indem sie sich in einen Lorbeerbaum verwandelt.

Dies war eine Metapher für die geistige Entwicklung des alten Strauss, der von Sinnlichkeit und leidenschaftlicher Erotik geläutert die Sehnsucht hatte, eins mit der Natur zu werden und wegzukommen von der schreckli-

*Joseph Gregor und Richard Strauss in Garmisch*

*Margarete Teschemacher als Daphne bei der Uraufführung in Dresden, 1938*

chen Menschenwelt, in der er zu leben verdammt war. *Daphne* war seine Flucht zurück in die Antike.

Doch nicht nur in seinen Opern floh Strauss aus dem Norden, auch seine Reisen lenkte er nun häufig in den Süden. Wie in seiner Jugend, als er krank und enttäuscht nach Griechenland und Ägypten gefahren war, reiste er nun – wiederum von Deutschland gekränkt – so oft er konnte ins südliche Ausland. Im Frühjahr 1936 besuchte er Italien, wo in Genua *Arabella* und kurz danach in Mailand die *Schweigsame Frau* erstmals aufgeführt wurden. Er traf Gerhart Hauptmann in Rapallo, unternahm im geliebten Auto erholsame Fahrten durch Frankreich, wo er das gute Essen genoß – »Das ist alte Küchenkultur«[65] – und die französischen Kapellmeister lobte: »Keine ›Genies‹, dafür gehen die Werke besser und es wird nur ganz genau gespielt, was der Componist vorgeschrieben!«[66]

In Antwerpen erlebte er die »katastrophale« Stimmung gegen Deutschland, man plante schon, sein Gastspiel abzusagen, doch dann feierte er einen großen Erfolg, der Bürgermeister hielt seine Ansprache sogar auf deutsch: »Ein anderer deutscher Künstler soll mir das einmal nachmachen: in dieser Zeit, in diesem feindlichen Ausland. Dafür verdiene ich eigentlich schon die goldenste Medaille des Propagandaministeriums«, schrieb er ironisch an Pauline.[67]

Er reiste nach Paris, wo *Salome* und *Rosenkavalier* gegeben wurden, und zur Premiere der in Deutschland verbotenen *Schweigsamen Frau* besuchte er Zürich und London. Der Gesundheit zuliebe verbrachte er mit Pauline den Winter 1936/1937 in Sizilien und besuchte dort die antiken Stätten: »Wer weiß, ob ich noch einmal hierher komme? Ich glaube kaum,

*Richard und Pauline Strauss in Girgenti, Sizilien, Winter 1937/38*

drum will ich von Griechenland geziemenden Abschied nehmen«,[68] notierte er wehmütig. Bei der Rückreise ließ er seine Frau im Zug vorausfahren, um gemütlich und geruhsam mit dem Auto nochmals die Relikte antiker Kultur abfahren zu können. So sagte er dem Süden Lebewohl. Er sah ihn nie wieder.

Deutschland rüstete sich zum Krieg, die Konzentrationslager füllten sich, »entartete« Kunst und Literatur, wie es die Nazis nannten, wurde ausgestellt und verbrannt. Strauss nahm Abschied von der niederen Wirklichkeit, stieg wieder hinauf in die Höhe des Geistes, in die Traumwelt der Antike, der Mythen und des Theaters. Der von ihm ausersehene Biograph Willi Schuh machte ihn 1936 auf ein altes, 1920 von Hofmannsthal entworfenes Szenarium, *Die Liebe der Danae*, aufmerksam, das Strauss Gregor zur Ausarbeitung übergab. Sehnsuchtsvoll dachte er an den alten Freund zurück, und bitter wurde ihm bewußt, wie sehr er ihm fehlte. Denn für diese Parabel, in der die Liebe über das Geld siegt, hätte er den feinsinnigen, in Symbolen und andeutenden Sprachgesten gestaltenden Dichter dringend benötigt. Gregor schrieb zu grob, zu vordergründig, war kein Dichter. So wurde dieses Werk nur ein Nachglanz von einst.

Dann griff Strauss wieder auf eine Idee von Zweig zurück, der eine Oper über einen alten musikästhetischen Streitfall plante: Was ist wichtiger – Sprache oder Musik? *Capriccio*, so nannte Strauss später sein Werk, knüpft an Mozarts Zeit an. 1786 nämlich trugen dieser und Salieri einen denkwürdigen Wettstreit zwischen italienischer Oper und deutschem Singspiel aus – Mozart führte seinen *Schauspieldirektor* und Salieri die Opera

*Strauss im Gespräch mit Clemens Krauss, der ihn bei der Komposition von »Capriccio« beriet*

»Capriccio«-Urauffüh-
rung München 1942,
Szenenfoto

buffa *Prima la musica e poi le Parole* ins Gefecht. Strauss griff diese alte Streitfrage, die schon Monteverdi und Gluck bewegt hatte, wieder auf, ließ Gregor sieben Entwürfe schreiben, die er alle wieder beiseite legte, und verfaßte schließlich, von Clemens Krauss beraten, korrigiert und unterstützt, den Text selbst.

Diese seine letzte Oper wurde wieder ein Meisterwerk, war keine landläufige Oper, sondern eine geistvolle, witzige, gedankenreiche Abhandlung auf Theaterbrettern über Musik und Sprache – etwas Neues und Einmaliges.

Strauss schuf dieses Werk, als der Zweite Weltkrieg bereits begonnen hatte. Es war sein Widerstand gegen die schreckliche Zeit. Gegen das Unmaß an Ungeist setzte er noch einmal seinen ganzen Reichtum an Bildung, Kultiviertheit und Phantasie.

## Seine Welt zerbricht / Der Zweite Weltkrieg

Am 2. August 1941 vollendete Strauss *Capriccio*. In diesem schicksalhaften Jahr hatte die deutsche Armee fast ganz Europa besetzt, und Hitler griff nun in seinem unersättlichen Eroberungswahn auch die Sowjetunion an, jagte das schlecht ausgerüstete Heer in den russischen Winter, wo es sich zerrieb und zermürbt wurde.

Einsam war es um den Alten in Garmisch geworden. 1939 wurde sein 75. Geburtstag noch mit Strauss-Wochen in Dresden, Berlin und München gefeiert, die Wiener Philharmoniker spielten ihm zu Ehren ein Konzert, und in Paris wurde im Dezember, also bereits nach Kriegsbeginn, die *Salome* zum 100. Mal gegeben. Doch an Reisen ins Ausland war jetzt nicht mehr zu denken. Deutschland wurde zur Zitadelle, die auch ein Künstler nicht mehr verlassen konnte. Schon bei seinem Geburtagskonzert in Wien spürte Strauss die nahende Katastrophe. Als er im Künstlerzimmer den Taktstock wegwarf, »murmelte er merkbar erschüttert: ›Jetzt ist alles aus‹ und begann bitterlich zu weinen«.[69]

*Richard Strauss dirigiert 1944 beim Festkonzert der Wiener Philharmoniker zu seinem 80. Geburtstag die »Sinfonia Domestica«*

Strauss war endgültig klar, daß er sich in Hitler getäuscht hatte. Sarkastisch schrieb er an seine Schwiegertochter, daß sich das Studium der Geschichte, »seit sie von Weinreisenden und Pferdehändlern fabriziert wird, höchstens bis Maria Theresia, bis zur Pompadour oder allenfalls den Liebesaffären der russischen Katharina« lohne.[70] Denn was er jetzt erlebte, hatte nichts mehr mit dem historischen Bewußtsein zu tun, das ihn angesichts der antikisierenden Bauten von König Ludwig I., den Historiendarstellungen Pilotys oder den Geschichtsmythen Richard Wagners geprägt hatte. Wie trivial und banal war nun die Welt!

Mit seinen drei letzten Opern komponierte Strauss gegen die »Grundforderungen«[71] seiner Zeit, wie es der Kritiker Herbert Gerigk formulierte. Er leistete keinen offenen Widerstand, zeigte aber doch ein gewisses Maß an Mut. Angst hatten Strauss und seine undiplomatisch offen redende Pauline noch immer nicht. In Briefen schrieb er manch Anstößiges, obwohl er nun wußte, daß sie überwacht wurden. Als seine Opern in Graz von einem übereifrigen »Kulturwärter«, wie er geringschätzig schrieb, verboten wurden, teilte er seinem Neffen, dem Dirigenten Richard Moralt, den er »nicht in die Sache hineinziehen wollte«, mit: »Daß *Salome* (in der fünf Juden direkt lächerlich gemacht werden) eine ›jüdische Ballade‹ sein soll, ist sehr humoristisch«,[72] und erinnerte an die Begeisterung des jungen Hitler für diese Oper. Über die Berliner Kulturbürokratie witzelte er, daß bei ihr »infolge des ständigen ›im Keller Übernachtens‹ allmählich Gehirnerweichung« eintrete.[73] Der alte Komponist behielt seine stählernen Nerven und ließ sich nicht von Kulturwarten und anderen Nazis einschüchtern.

Seine Stärke bezog er auch daraus, daß er sich nicht eben intensiv um das Schreckliche, das um ihn herum geschah, kümmerte. Er war kein Mensch, der sich für Leiden, für pessimistische Grübeleien, für Nachforschungen interessierte; er sprach »über unangenehme Dinge nicht gerne«, wie sich sein Sohn erinnerte, verbreitete vielmehr »durch seine Ruhe und durch seine Zuversicht vollkommene Sicherheit«.[74] Er liebte das Leben und klammerte sich daran – erst recht jetzt, da es tausendfach zerstört wurde. Die Abgründe des Bösen sah er nicht, hielt sie für unmöglich und wollte sie auch nicht wahrhaben; denn hätte er sonst noch an eine deutsche Kulturnation glauben können?

Wie gutgläubig die Familie Strauss war, wird aus den Erinnerungen von Alice deutlich, die damals meinte, Theresienstadt und Auschwitz wären nur Arbeitslager, und daß die Juden später in ihnen zugewiesenen Gebieten angesiedelt werden sollten. Richard Strauss legte sogar während des Krieges bei einer Bahnfahrt von Wien nach Berlin in Theresienstadt einen Zwischenhalt ein, ging zum Lagertor, nannte seinen Namen und wollte Alices Großmutter besuchen. Doch die Wachleute kannten ihn nicht und hielten ihn für verrückt.[75] Nach dem Krieg erfuhr Alice, daß 26 ihrer Angehörigen von den Nazis umgebracht worden waren.

Strauss erlebte, wie ohnmächtig Kultur – und damit auch er – nun war. Ein letztes Mal setzte er sich für das Urheberrecht ein und reiste zu einer Besprechung mit Goebbels am 28. Februar 1941 nach Berlin. Am Ende des vorangegangenen Jahres hatte Goebbels nämlich eine von Strauss als Präsident der Reichsmusikkammer durchgesetzte Regelung aufgehoben, die Komponisten ernster Musik besser stellte als die von Unterhaltungsmusik. Strauss protestierte und beharrte in naiver Verkennung der »Gleichschaltung« von Komponistenverbänden mit der nationalsozialistischen Kulturpolitik darauf, daß die Komponisten selbständig über diese Frage entscheiden müßten und sich »der Doktor Goebbels nicht einzumischen hätte«. Nun »stand er«, wie sich Werner Egk, der an der Unterredung teilnahm, erinnerte, »gebeugt wie unter einer schweren Last« vor der Tür zum Ministerbüro und ging allein hinein, während die anderen – darunter Egk – draußen warteten. Sie hörten »einen immer erregter werdenden Dialog«, dann einen »langen, hysterischen Schrei des Doktor Goebbels«. Schließlich wurden auch sie ins Ministerbüro hineingelassen, »der drahtige kleine Goebbels stand mit zornrotem Gesicht vor seinem Schreibtisch, ihm gegenüber Strauss, verstört, gebeugt, wie gebrochen«. Egk mußte mitansehen, wie der alte Komponist von Goebbels wie ein Schuljunge heruntergeputzt wurde: »Schweigen Sie, und nehmen Sie zur Kenntnis, daß Sie keine Vorstellung davon haben, wer Sie sind und wer ich bin«, schrie der Minister, der vor einigen Jahren noch so freundlich mit ihm über Musik geplaudert hatte. »Hören Sie endlich auf mit dem Geschwätz von der Bedeutung der Ernsten Musik! Damit werden Sie sich nicht aufwerten! Die Kultur von morgen ist eine andere als die von gestern! Sie, Herr Strauss, sind von gestern!« Der alte Mann war sprachlos, es war eine »unerträgliche persönliche Demütigung«, und – so erinnert sich Egk – »die Hände vor das Gesicht geschlagen, murmelte er vor sich hin: ›Hätte ich doch meiner Frau gefolgt und wäre in Garmisch geblieben.‹ Die Tränen liefen ihm über die Wangen, als er die Hände vom Gesicht nahm.«[76]

Einen eisernen Panzer hatte sich Strauss um seine sensiblen Nerven gelegt, galt deshalb als kalt und unnahbar. Doch bei dieser Kaltschnäuzigkeit verlor selbst er seine Fassung und weinte über so viel Machtarroganz und Kulturlosigkeit.

Strauss zog sich immer mehr zurück, versuchte unauffällig weiterzuleben und zu überleben. Er spürte, daß er und vor allem die Seinen in Gefahr schwebten, hielt sich aber dennoch nicht zurück, wenn sein Privatleben beschnitten und eingeschränkt wurde. Als 1943 sein Chauffeur keine erneute Freistellung vom Militär erhielt und außerdem der NS-Kreisleiter von Garmisch, Windeisen, ankündigte, daß in der Strauss-Villa Flüchtlinge und Ausgebombte einquartiert werden sollten, platzte dem Komponisten der Kragen. Zornig antwortete er auf den Vorwurf des Kreisleiters, auch er müsse Opfer »für den Heldenkampf des Volkes« bringen, daß nicht er, sondern der »Herr Hitler« den Krieg verursacht habe: »Wegen mir braucht kein Soldat zu fallen. Ich habe diesen Krieg nicht gewollt, ich habe nichts damit zu tun.«[77] Der alte Mackaysche Anarchist trat wieder zum Vorschein. Strauss fühlte sich als Mächtiger im Reich des Geistes, als Individualist, der keinerlei Verantwortung für die Taten irgendeines Politikers, schon gar nicht eines »Herrn Hitler« trägt. Windeisen verließ die Strauss-Villa im Streit und war empört, daß der Komponist das Wort »Führer« vermied, und nur geringschätzig »Herr Hitler« gesagt hatte.

Unklug war dieser bajuwarische Zornesausbruch gewiß. Doch Strauss war mit dem ehemaligen Justizminister und derzeitigen Generalgouverneur von Polen, Dr. Hans Frank, seit Jahren befreundet, und der besänftigte den schneidigen Kreisleiter. Frank, der Hunderttausende von Polen hinrichten, fast alle polnischen Juden in Ghettos einsperren und in Konzentrationslager abtransportieren ließ, bewunderte schon seit den zwanziger Jahren die Musik von Richard Strauss. Wie viele andere Nazis vereinigte er bedenkenlos die Begeisterung für deutsche Kultur mit skrupellosem Machtmißbrauch.

Wie gut, daß Franz und Alice mit den Enkelkindern in Wien waren! Dort beschützte sie Baldur von Schirach, der als Sohn eines deutschen Theaterdirektors Musik und Oper liebte und nun als Gauleiter von Wien Strauss benützte, um seine Herrschaft – er vertrieb Juden und Tschechen aus der alten Kaiserstadt – mit kulturellem Glanz zu verbrämen. Er verfügte, daß die Strauss-Enkel nicht mit Judensternen durch die Straßen gehen mußten. Aber bedroht war ihr Leben trotzdem. 1944 wurden Alice und Franz Strauss nachts um 2 Uhr von der Gestapo verhaftet und verhört, aber wieder freigelassen. Ihnen wurde plötzlich bewußt, daß sie und die Kinder jederzeit abtransportiert werden konnten. Ihr Schicksal hing an seidenen Fäden: an der Gunst Schirachs, des Wiener Kulturreferenten Walther Thomas und – so ahnte der Komponist – an der von Goebbels und Hitler.

Diese beiden Allgewaltigen bewunderten seine Musik. Über die Olympiahymne notierte der Propagandaminister 1936 in sein Tagebuch: »Sie ist wirklich wunderbar. Komponieren kann der Junge.«[78] Von den Liedern war er hingerissen: »Welch ein Kunstwerk – unbeschreiblich – mir ging es ganz auf.«[79] Für ihn und Hitler bedeutete die Musik von Strauss viel, sie ergriff und weckte ihren Dämon unterbewußt wie ein Rauschmittel – vielleicht noch mehr als Wagners Musik. Doch als Mensch verachteten sie Strauss, da war er einer von gestern, noch schlimmer, Goebbels hielt ihn für »charakterlos«: »Keiner liebt ihn.«[80] Dennoch schützten sie ihn vor Bestrafung, wie Goebbels 1944 mit Hitler nach dem Strauss'schen Protest gegen die Einquartierung besprach: »Der Führer will nicht, daß Richard Strauss Unbill angetan wird. Er hat sich nur sehr über ihn geärgert, daß er sich in den Fragen der Aufnahme von Evakuierten so schofel benommen hat. Trotzdem sollten seine Werke ungehindert aufgeführt werden.«[81] Freilich, Furtwängler zogen sie dem alten Komponisten bei weitem vor, ihm brachte »der Führer große Hochachtung entgegen«, weshalb er anordnete, daß man ihm einen eigenen Bunker baute: »Es wäre ihm, so sagte er, eine schreckliche Vorstellung, daß Furtwängler einem Bombenangriff zum Opfer fallen könnte.«

Was für eine gefährliche, merkwürdige und perverse Vermischung von Kultur und Kulturlosigkeit bestimmte das Denken von Goebbels und Hitler! Wie sollte man daraus klug werden? Strauss wurde zugleich von ihnen bewundert und war ihr Opfer.

Doch die Macht der Nazis währte nicht ewig. Die Städte wurden zerbombt, fielen in Schutt und Asche. An seinen Enkel Christian schrieb Strauss zu dessen 12. Geburtstag, der »mit der fast völligen ($^8/_9$) Zerstörung der Reichshauptstadt zusammenfiel«, daß die Menschen immer solche fürchterlichen Katastrophen, wie schon vor 165 Jahren das Erdbeben von Lissabon, als Zeitwende ansehen würden, aber nicht kulturelle Ereignisse wie die Premiere von Glucks *Iphigenie*, »wo mit der neuen Musik eine 3000jährige Culturentwicklung ihrem Abschluß entgegen ging und vom Himmel die Mozartsche Melodie herabgesandt und in ihr die menschliche Seele geoffenbart wurde.« Stur hielt er auch jetzt daran fest, daß nicht Kriege und Heldentaten zählten, sondern die Leistungen der Kultur: Das, beschwor er seinen Enkel, seien die wirklichen Heldentaten, die nun freilich vergeblich und sinnlos erschienen, nachdem er sich »fast siebzig Jahre lang um eine deutsche Kultur und um Ehre und Ruhm seines Vaterlandes bemüht« habe. Dagegegen herrschte jetzt eine »Barbarei, unter deren Greueltaten heute unser schönes Deutschland in Schutt und Asche fällt.«[82]

Als im Oktober 1944 München durch schwere Luftangriffe zerstört wurde, schrieb Strauss sarkastisch und mit Galgenhumor an den Wiener Kulturreferenten Walther Thomas: »Noch ein solcher Angriff und das bayerische Pompeji wird eine große Sensation! Ich danke Ihnen herzlich für Ihre teilnahmsvollen Worte zur Zerstörung meines lieben alten ›Hoftheaters‹, in dem ich mit sechs Jahren zuerst den *Freischütz* hörte, wo mein Vater 49 Jahre am ersten Hornpult saß und in dem zuletzt die Freude meines Alters, die vorbildlichen Aufführungen meiner Werke unter Clemens Krauss, für mich wenigstens auf immer in Schutt und Asche gesunken sind.«[83]

Für den 80jährigen Strauss endete im Krieg das wirkliche Leben, nämlich das Komponieren. Nach *Capriccio* versiegte seine schöpferische Energie, er verstummte, schuf keine Werke mehr, die – wie er meinte – zählten. Aber da er noch immer von Musik besessen war, hörte er dennoch nicht auf, Noten zu schreiben, »Handgelenksübungen«, wie er es nannte, die »keinerlei musikgeschichtliche Bedeutung, ebensowenig wie die Partituren all der anderen Sinfoniker und Variationiker« hätten, sondern

Musik zum Zeitvertreib sei, »um Langweile müßiger Stunden zu vertreiben, da man nicht den ganzen Tag Wieland lesen und Skatspielen kann.«[84] Er bearbeitete eigene Werke und komponierte Lieder sowie – erstmals seit Jahrzehnten wieder – Instrumentalstücke, darunter ein 2. Hornkonzert zum Andenken seines Vaters. Getreu seiner Meinung, daß es nach der Tondichtung keine selbständige Instrumentalmusik mehr geben könne, setzte er nur noch zu den Liedern Opuszahlen, nicht aber zu den neuen Orchester- und Kammermusikwerken. Für ihn war die Geschichte abgeschlossen.

*Capriccio* konnte 1942 noch in München uraufgeführt werden. Clemens Krauss hatte dort ein Ensemble von wundervollen Stimmen aufgebaut, erreichte eine später nie mehr erzielte Einheit von Musik und Szene und führte die Opern seines väterlichen Freundes mustergültig auf. Für Strauss war es ein großes Glück, dies noch erleben zu dürfen, aber er mußte auch mitansehen, wie diese außergewöhnliche Opernkultur unterging.

Die Künstler und das Publikum klammerten sich bis zum Kriegsende an die Oper, die zu dem wenigen gehörte, was ihnen blieb und ihnen einen Lebenssinn gab. Sie war der Abglanz einer anderen, unschuldigeren,

*Richard Strauss und Hans Hotter bei der Uraufführung »Die Liebe der Danae« in Salzburg, 1944*

leichtsinnigeren, sinnenfreudigeren und schöneren Welt. Richard Strauss ragte aus ihr noch herüber.

Gespenstisch mutet es an, daß im Sommer 1944 zum 80. Geburtstag des Komponisten seine *Danae* wider Erwarten doch noch uraufgeführt werden konnte. Die Nazigrößen durften, wie ein Befehl Martin Bormanns bestimmte, keinen persönlichen Umgang mit Strauss pflegen, aber der Aufführung seiner Musik wurden keine Schwierigkeiten gemacht. Trotz des »totalen Krieges«, der von Goebbels ausgerufen worden war, genehmigte der Salzburger Gauleiter die Proben unter Clemens Krauss und dem Regisseur Rudolf Hartmann mit so hervorragenden Sängern wie Hans Hotter als Jupiter, Franz Klarwein als Merkur, Viorica Ursuleac als Danae und Horst Taubmann als Midas. Die Generalprobe am 16. August, zu der nur geladene Gäste Zutritt hatten, wurde zur inoffiziellen Uraufführung des Werkes. Das Krauss'sche Ensemble wuchs über sich hinaus, gab sein Äußerstes an Intensität, Ernst, Schönheit und Heiterkeit angesichts des Todes und der grauenvollen Katastrophe. Für alle, die mitwirkten oder zuhörten, war dies ein unvergeßliches Erlebnis. Dort, für einige Stunden, siegte die Kultur über den Ungeist. Rudolf Hartmann erinnerte sich: »Und nun geschah das Seltsame, allen Anwesenden in gleicher Intensität fühlbar; im Fortschreiten des letzten Bildes verdichtete sich die Atmosphäre zu einem schmerzlichen und wehmütigen Ernst. Aus der Vollendung der von Krauss mit letzter Meisterschaft musikalisch interpretierten Szene, aus den idealen gesanglichen und darstellerischen Leistungen Ursuleacs und Hotters erwuchs mehr und mehr die schlackenlose Reinheit

*Am Rand des Abgrunds: Uraufführung von »Die Liebe der Danae« in Salzburg vor ausgewähltem Publikum, August 1944. Bühnenbild von Emil Preetorius.*

*Richard Strauss und*
*Viorica Ursuleac*

höchster künstlerischer Erfüllung. Zutiefst berührt und im Innersten aufgewühlt, glaubte man die Gegenwart unserer Gottheit ›Kunst‹ beinahe körperlich zu fühlen und erlebte eine der kostbaren, ganz seltenen Stunden, in
denen alle Mühsal im Dunkel der Vergangenheit versinkt, überstrahlt von
dem unerhörten Glück reinsten geistigen Genusses.«

Nach dieser merkwürdigen Uraufführung am Rand des Abgrunds
herrschte tiefstes Schweigen. Die Musik von Strauss hatte den Künstlern
und den wenigen Zuschauern eine Gegenwelt des Geistes beschworen, derer sie jetzt so dringend bedurften. Der Zauber der Strauss'schen Kunst
wirkte in dieser Ausnahmesituation noch intensiver als früher im friedlichen Alltag. Noch einmal setzte der greise Komponist einen Kontrapunkt
zu seiner Zeit: Als die Welt zu Beginn des Jahrhunderts noch in Ordnung
zu sein schien, verstörte er seine Zeitgenossen mit den Perversionen der *Salome* und den quälenden Dissonanzen der *Elektra*, nun, da die alte Welt in
Ruinen lag, zeigte er, was Schönheit, Liebe, Glück und Geist ist.

»Strauss«, so berichtet Hartmann, »trat an die Orchesterbrüstung, hob
dankend die Hände und grüßte die Philharmoniker mit tränenerstickter
Stimme: ›Vielleicht sehen wir uns in einer besseren Welt wieder.‹ Zu weiteren Worten fehlte ihm die Fassung.«[85]

# XII

## »Nun der Tag mich müd gemacht«

## *Metamorphosen* und *Letzte Lieder*

Ein Aufschwung, doch wie mühsam und kläglich: Während die drei oberen Violoncelli nach oben streben, fallen die tiefen und die Kontrabässe in traurigen Halbtonschritten klagend nach unten: e-es-d-cis. Nichts ist mehr zu hören von den tollkühnen Sprüngen des Anfangs von *Heldenleben*, wo die Violoncelli innerhalb eines Taktes vom tiefen Es zum g', also zwei Oktaven und drei Töne hochschnellten. Nun erklingt die Musik müde und ermattet. Der Abstieg, das Absinken, die Todesmelodie überwiegen.

Die ersten Takte der *Metamorphosen*, die Strauss am 13. März 1945, als München in Trümmern lag und Deutschland zu einer Ruine wurde, zu komponieren begann, zeugen vom Schmerz des greisen Komponisten. Alles war ihm genommen: das Erotisch-Sinnlich-Überschwengliche durch das Alter, der Glaube an Helden, der patriotische Stolz der Gründerjahre, der Zukunftsoptimismus und die Hoffnung auf die deutsche Kulturnation, die in seiner Jugend zum Reich vereinigt worden war.

Ihm blieb nur abgrundtiefe Trauer, und er komponierte einen Klagegesang, der scheinbar unendlich dahinfließt – ein Weinen ohne Ende. Er ver-

zichtete auf die reiche, von ihm so kunstvoll entwickelte Farbpalette des Orchesters: auf Trompetenfanfaren, Pauken und Hörnerklang. Nur für Streichinstrumente, für 23 Solostreicher, komponierte er sein letztes großes Instrumentalwerk. Es ist ein Klagechor ohne menschliche Stimmen, nur Melodie, ein Gesang ohne Sprache – denn das Grauen macht sprachlos.

Diese Musik hat einen Ernst und eine Strenge, eine Abstraktheit und Transzendenz wie kein anderes Werk von Strauss. Sie erinnert an Bach, an die Vokalpolyphonie des 16. Jahrhunderts, zeigt noch einmal das immense handwerkliche Können von Strauss, läßt den reinen Streichersatz in den verschiedensten Schattierungen und in großen Spannungsbögen zu einem Klagegesang im Forte anschwellen und wieder im Pianissimo ersterben. Das Dunkle überwiegt, die Musik ist ein kontrapunktisches Geflecht, hier gibt es nicht mehr nur eine Richtung; Aufschwung ist zugleich Abschwung, Leben zugleich Tod, erzählt diese Musik, die wie ein Strom der Trauer fließt, sich in vielen Metamorphosen verändert und doch immer Klage bleibt.

Im *Heldenleben* zeigte sich Strauss als Held. Er kämpfte, freute sich über seine Gefährtin, er siegte und zog sich danach in die Kontemplation zurück. Das war ein deutscher Held, dem der Sieg wenig, die Kultur alles galt. Er ging den typisch deutschen Weg, wie Thomas Mann es nannte, in die machtgeschützte Innerlichkeit. Die *Metamorphosen* sind dagegen nur noch Innenwelt; denn der einst so sinnenfreudige Strauss konnte den Anblick der Außenwelt nicht mehr ertragen. Aber nicht einmal seine Innenwelt blieb ihm: Sie wurde von keiner Macht mehr geschützt, und die letzte Macht, die sie vorgeblich verteidigte, erwies sich als barbarisch, verbrecherisch und böse.

Der alte Strauss war aufgerieben, gesundheitlich geschwächt und floh im Oktober 1945 in die Schweiz – nicht nur, weil die Versorgung mit Medikamenten und Lebensmitteln dort besser war, sondern auch, weil er so der Entnazifizierung entkam. Dort lebte er von der Unterstützung einiger Musikliebhaber in verschiedenen Hotels. Er war entwurzelt, heimatlos und gedemütigt, denn zu Hause saß man in seiner Abwesenheit über ihn zu Gericht: War er ein Nazi? Viele ausländische Zeitungen nahmen dies als sicher an. Die Einnahmen, die er nun von den Aufführungen seiner Werke erhielt, wurden konfisziert. Zum zweiten Mal hatte er sein Vermögen verloren, doch dieses Mal durfte er nicht einmal mehr Geld verdienen und war abhängig von der Gnade anderer. Endete so das Leben eines Helden? Nein, er war nicht einmal mehr ein lächerlicher Held wie Don Quixote, sondern ein Flüchtling, ein großer alter Mann, der alles verloren hatte – sein Vermögen, seinen guten Ruf, seine Ideale, seine Wertvorstellungen und Hoffnungen.

Die *Metamorphosen* entstanden aus einer tiefen Verzweiflung und Depression heraus. Strauss, der Optimist, der in Tönen so oft das Bild einer schönen, farbenfrohen, durchgeistigten, dionysisch rauschhaften, heroischen und harmonischen Welt beschworen hatte, endete als gebrochener, enttäuschter und vom Weltlauf getäuschter Mensch.

Dissonanzen wie Schmerzensschreie erschüttern die Musik der *Metamorphosen*: Nur einen halben Ton unter dem Liegeton setzt ein Thema an, das zu Seufzerfiguren führt, die auch im Trauermarsch von Beethovens *Eroica* erklingen. Wie ein Stachel, wie ein alptraumhaftes Leitthema taucht dieses Motiv stets von neuem auf, dissonant, zerspaltend, aufrüttelnd und quälend zugleich.

Die *Metamorphosen* sind moderne Musik, ein erschütterndes Dokument über den Zweiten Weltkrieg. Paul Sacher und sein Collegium musicum, die sich so häufig schon für moderne Musik eingesetzt hatten, spielten die Uraufführung. Strauss kam zu den Proben und wies die Musiker in die feinen Tempodifferenzierungen, die dieses Werk erfordert, ein. Noch einmal, schon über 80 Jahre alt, entwickelte sich der vitale Musiker weiter, war durch die Hölle gegangen und menschlicher, tiefer, transzendenter geworden.

Das Schmerzensthema bildet stets den Kontrapunkt zu den lebendigeren, sinnenfreudigeren Themen der *Metamorphosen*, und es ist das einzige, das bleibt und sich am Schluß vervollständigt und zu einem Ganzen wird: zur Melodie des Trauermarsches von Beethovens *Eroica*. Das Schmerzensthema – das wird nun deutlich – war der Schlußteil des Beethovenschen Trauermarsches, und jetzt, am Ende der *Metamorphosen*, erklingt auch sein Anfang. Gerade dort notierte Strauss: »In memoriam«.

*Heldenleben* hatte Strauss seine *Eroica* genannt. Warum besann er sich gerade im Krieg auf Beethovens *Eroica*? Konnte und durfte man angesichts der schrecklichen Niederlage Deutschlands überhaupt noch an Heroisches denken? Kurz nach Kriegsende wurde der Verdacht laut, Strauss habe Hitler ein Andenken gesetzt, wie einst Beethoven Napoleon. Doch war dies – betrachtet man das letzte Jahrzehnt – nicht absurd? Wollte Strauss nicht vielmehr daran erinnern, daß er, ebenso wie Beethoven von Napoleon, der sich zum Kaiser krönen ließ, von Hitler enttäuscht wurde, da dieser nicht den Frieden und die Kultur brachte, sondern Krieg und Barbarei? Oder wollte er nur an Beethoven als den Inbegriff deutscher Kultur gemahnen, daran und daß von dessen *Eroica* nichts anderes übrig blieb als der Trauermarsch, der »Marcia funebre«, also das Dunkle, Böse und Schreckliche, das c-Moll, keineswegs aber das heroisch-glänzend-siegreiche Finale in Es-Dur? Oder wollte er ganz schlicht um sein München trauern, wie er in den Skizzen zu den *Metamorphosen* notierte? Die *Metamorphosen* sind ein Alterswerk. Sie bleiben ein Rätsel, wie Beethovens späte Streichquartette oder Michelangelos letzte Skulpturen.

Ein langer Weg war es gewesen, vom ungestümen, wilden jungen Strauss, von der Kälte, »Wurschtigkeit« und Selbstüberwindung zum alten, trauernden, nun so oft den Tränen nahen, gezeichneten Greis der Nachkriegsjahre. Dieses Leben war nicht mehr sein Leben, war ein Leben nach dem Leben, und Strauss zeigte jetzt, wie es um ihn stand, verhüllte sein sensibles, so anfälliges Nervenkostüm nicht mehr hinter der Maske des Gründerzeithelden. Er gab sich als alter Mann, dessen Reich hinter der Zeitmauer versunken war. In den Trümmern muß man nichts mehr vortäuschen und spielen.

Doch war es nicht ein Fehler gewesen, daß er so viel dem Musikalisch-Heroischen geopfert, sich mit den Mächtigen verbündet hatte, um in deren Schutz selbst ein Mächtiger des Geistes zu sein, war er nicht verwoben und verbunden, war er nicht auch mitschuldig in einem höheren Sinn? Strauss sprach nicht gerne über unangenehme Dinge. Doch wenn er nun seine Musik von dieser Zeit, in der er gelebt hatte, weit wegrückte und als Ende einer »3000jährigen Kulturentwicklung« sah, dann erschien ihm Deutschlands Untergang nicht als zufälliges, sondern als notwendiges Schicksal. Deutschlands »Weltmission« – dachte er – sei nun beendet, »nachdem es die Musik von der *Matthäuspassion* bis zum *Parsifal* geschaffen« hatte, und danach mußte es – wie Athen nach der Zerstörung durch den Römer Sulla – in Ruinen zusammenbrechen, mußte Wahnfried zerstört, das »geweihte Haus geschändet« werden, und »das Chaos in die Kulturwelt hereinbrechen«.[1]

So schrieb Strauss aus Ouchy-Lausanne in das von den Siegern besetzte Bayreuth an Wieland Wagner. Doch diese Ideen galten in der neuen Zeit nichts mehr. Sie waren von gestern. War Strauss deshalb ein Nazi? Arnold Schönberg, der Feind in musikalischen Fragen, der emigrieren mußte, verneinte dies: »Ich glaube nicht, daß er ein Nazi war, ebenso wenig wie W. Furtwängler. Sie waren beide Deutschnationale, beide liebten sie Deutschland, deutsche Kultur, Kunst, Landschaft, Sprache und Deutschlands Bürger, ihre Landsleute. Sie werden beide ihr Glas erheben, wenn ein Toast auf Deutschland erbracht wird, ›hoch Deutschland‹. Ihre Begeisterung – natürlich auf hohem Niveau – war in ihrer Natur eng mit der Bierbank und der des Deutschen Männergesangsvereins verbunden.«[2] Schönberg bedauerte den alten Strauss, daß er, der »sein ganzes Leben lang geschrieben und Dinge geschaffen hat, die 90 % der Musikliebhaber auf der Erde lieben«, nun wieder alles verloren hatte, aus seiner Heimat fliehen mußte, »gegenwärtig in zwei Zimmern in der Schweiz von der Wohltätigkeit lebt, die ein hervorragender Kunstfreund, Herr Reinhart aus Winterthur, ihm gewährt«, und fügte hinzu: »Ich spreche nicht als Freund von Strauss. Ich spreche vom Standpunkt der Ehrenhaftigkeit.«

Andere dagegen beurteilten ihn weniger gerecht, sahen in ihm »einen alten Routinier des Erfolges«, so Hermann Hesse, der bemängelte, daß Strauss »trotz seiner Anpassung an die Nazis zu den ganz wenigen Deutschen gehörte, die sofort von den Herren Siegern die Ausreiseerlaubnis in die Schweiz bekamen«, während andere wie etwa sein Verleger Peter Suhrkamp, der 1945 aus dem KZ entlassen worden und gesundheitlich sehr geschwächt war, sich vergeblich um die Einreise in die Schweiz bemühten.[3]

Als Hermann Hesse im Hotel von Josef und Franz Xaver Markwalder in Baden weilte, wo sich auch Strauss aufhielt, hätten sie zusammentreffen können. Der Komponist jedenfalls freute sich darauf, doch Hesse vermied eine Begegnung, obwohl ihm »der schöne alte Herr« gut gefiel: »Wir haben kein Recht, ihm große Vorwürfe zu machen. Aber ich glaube, wir haben doch das Recht, uns von ihm zu distanzieren.«

Hesse freilich hatte noch nie etwas mit der Musik von Strauss und Wagner anfangen können. Schon 1934 erschien sie ihm als »Verfallskunst«, die »ein echtes und legitimes Ergebnis geschichtlicher Zustände«, eine »rauschende Musik« sei, welche »der Seele eines heutigen Großstädters« entspräche. Doch man könne sie nicht für »richtig« befinden, schrieb der Dichter, aber »lieben«: »Man kann auch das Entartete und Kranke lieben, man kann und soll es aber nicht für ›richtig‹ halten, sondern für das, was es ist. Denn wie sagt Lu Bu We? Wenn die Musik rauschend wird, zerfallen die Sitten und die Staaten sind bedroht.«[4]

Hatte Hesse recht? Sollte Musik »richtig« sein, hatte sie eine ethische Bedeutung? Strauss rang sich als junger Mensch zu der Erkenntnis durch, daß Kunst weder gut noch böse sei, sondern kontemplativ, die Welt so widerspiegelte, wie sie ist. Strauss wollte nie mit seiner Musik zu gutem oder bösem Handeln verführen. Zu ambivalent und vieldeutig erschien ihm die Welt, und zu hoch stand für ihn die Kunst über dem banalen Alltag.

Aber erstaunlich ist es doch, wie wenig Strauss noch vom Rausch und der Ekstase in seinen Tondichtungen und in der *Salome* sprach, und daß er übersah, was für Impulse diese Werke der neuen Musik, die er nun mißbilligte, gegeben hatte. Er war im Alter auch in seiner Musik bürgerlich geworden, stilisierte sich zum klassischen Meister und sagte sich in *Daphne* vom dionysischen Rausch seiner Jugendwerke los. Hatte er im tiefsten Inneren Angst bekommen vor den Geistern, die er mit seiner Musik weckte? Gehörte zu diesen Geistern auch Hitler, der *Salome* bewunderte?

Der alte Herr sprach darüber nicht. Er spekulierte lieber über die deutsche Opernkultur als Ziel- und Endpunkt einer 3000jährigen Entwicklung und entwarf, als die Wiener Staatsoper wieder eröffnet wurde, für Karl Böhm ein »Opernmuseum«,[5] in dessen Spielplan ausgewählte Werke von Gluck, Mozart, Beethoven, Weber, Berlioz, Bizet, Verdi, Richard Strauss und Wagner aufgenommen werden sollten. Wenig bescheiden nahm er dabei von sich neun Werke auf, von Mozart fünf, von Verdi nur drei, während er Wagner den Vorrang einräumte: Von *Rienzi* bis zur *Götterdämmerung* sollten alle seine Musikdramen gespielt werden. Dagegen verbannte er Leoncavallos *Bajazzo*, Dvořáks *Jakobiner*, d'Alberts *Tiefland*, Johann Strauß' *Fledermaus*, Mussorgskys *Boris Godunow*, Pfitzners *Palestrina*, die

Opern von Tschaikowsky, *Guntram*, *Feuersnot*, *Ariadne*, *Intermezzo*, *Arabella*, *Die schweigsame Frau* und *Capriccio* sowie fast alle Verdi-Opern in die dem großen Haus angegliederte Spieloper. Debussy, Ravel und Strawinsky vergaß er ganz, und Verdis *Macbeth*, *Luise Miller* und *Die Sizilianische Vesper* hielt er als Ganzes für »unerträglich«, weshalb er Potpourris einzelner Szenen empfahl. Dieses Vermächtnis zeigt, daß Strauss noch immer ein künstlerischer Egomane war, der die Musikgeschichte auf sein Schaffen zurechtschnitt.

Doch wie sehr fielen nun Selbsteinschätzung und Wirklichkeit auseinander! Er lebte mit Pauline in Hotelzimmern, wußte oft nicht mehr, wie er die Rechnung bezahlen konnte, seine Frau stritt mit dem Bedienungspersonal, da sie sich fremd und zur Untätigkeit verdammt fühlte, während ihr Mann immerhin noch seine Notenblätter hatte, und beide hofften sie, endlich wieder in der Welt anerkannt zu werden, weshalb Strauss in unzähligen Briefen für seine Rehabilitierung kämpfte.

Die Freunde machten sich rar, viele gingen ihm aus dem Weg, auch der Dichter Hermann Hesse, den er freilich dann doch noch einmal sprach und dem er ankündigte, er werde einige seiner Gedichte vertonen. Es wurden

seine *Letzten Lieder*, die Hesse als »virtuos, raffiniert, voll handwerklicher Schönheit« empfand, aber »ohne Zentrum, nur Selbstzweck«: »Ich habe sie nur dreimal im Radio gehört.«[6] Hesse beurteilte die Musik von Strauss voreingenommen, sah in ihr nicht, was sie war – große Kunst –, sondern was sie – wie er unterstellte – bei den Hörern bewirkte: Rausch, Ekstase, bloßes kulinarisches Gefallen.

Aber konnte dieser musikalische Rausch gleichgesetzt werden mit dem Rausch, den Hitler auf seinen Reichsparteitagen bei den Massen ausgelöst hatte? War das ein und dasselbe? Und was konnte Richard Wagner für Hitler, was Nietzsche? Sie alle wurden von den Nationalsozialisten bewundert und vereinnahmt, ohne daß es die Urheber gewünscht hätten.

Von Musikern wurde Strauss dagegen bewundert und verehrt. Sie dachten nicht politisch, sondern in Tönen, ihnen bedeutete die Strauss'sche Kunst etwas ganz anderes als den Literaten, sie sahen das meisterhafte Handwerk, die Geistigkeit seiner Kunst, ihre Universalität, welche die Musik von Bach und Mozart bis zu Beethoven, Berlioz und Wagner zusammenfaßt und einen letzten Abglanz der Schönheit und der Musiksprache einer untergegangenen Epoche hörbar macht.

Fritz Busch versöhnte sich wieder mit Strauss, alte Bekannte wie Maria Jeritza, die Ägyptische Helena von einst, suchten seinen Kontakt, und ein Freund aus glanzvolleren Tagen half ihm aus finanzieller Not: 1947 lud Sir Thomas Beecham Strauss zu einem kleinen »Strauss-Festival« nach London ein. Der 83jährige Komponist bestieg zum ersten Mal ein Flugzeug und dirigierte in der Royal Albert Hall zum letzten Mal ein großes öffentliches Konzert mit seinen Werken: »Vor 7500 Menschen hat mich nicht im geringsten angestrengt«, berichtete er voller Vitalität. »Die Ovationen waren ungeheuer, in der Presse kein feindlicher Mißton, nur Begeisterung und Anerkennung, das Orchester ausgezeichnet, besonders von meiner ruhigen Art des Dirigierens entzückt«,[7] teilte er seinem Enkel Christian mit.

Noch einmal erlebte er den Rausch des Erfolgs, wurde von Tausenden bejubelt und durfte wieder Hoffnung schöpfen, daß sein Werk fortbestehen würde. Trotz aller Katastrophen, die er erlebt hatte, blieb er ein Optimist.

Im ersten der *Vier Letzten Lieder*, in »Frühling«, beschwor Strauss das Leben, den Glanz des Lichts mit sparsamen, abgeklärten Orchesterfarben – wie von Ferne, wie ein Unbeteiligter. Dieses Lied führt vom dunklen c-Moll, in dem die *Metamorphosen* enden, zum lichten und freudigen A-Dur, das zart und milde im Piano erklingt. War dies der Weg von Erdenschwere ins Licht?

Müde war Strauss geworden, auch wenn er es nur ungern zugab. Er vertonte 1948 noch zwei andere Gedichte von Hermann Hesse: das Maria Jeritza gewidmete »September« und »Beim Schlafengehen«. Beide Lieder sprechen von Abschied: »Sommer lächelt erstaunt und matt in den sterbenden Gartentraum. Lange noch bei den Rosen bleibt er stehn, sehnt sich nach Ruh. Langsam tut er die müd gewordnen Augen zu«, dichtete Hesse in »September«; der Schlaf wird zum Symbol für den Weg nach innen: »Und die Seele unbewacht, will in freien Flügen schweben, um im Zauberkreis der Nacht tief und tausendfach zu leben« – diese Zeilen vertonte Strauss in entrücktem, matt und doch silbrig-fremd klingendem Des-Dur.

Strauss vollendete als letzes der vier Lieder »September«. Knapp drei Monate später mußte er in Lausanne ins Krankenhaus, überstand eine schwierige Blasensteinoperation und erholte sich so gut, daß er am 10. Mai 1949 wieder nach Hause, nach Garmisch, reisen konnte. Dort genoß er den Garten, freute sich, nach vier Jahren wieder an seinem Schreibtisch zu sitzen und seine Bücher und Partituren studieren zu können. Sein 85. Geburtstag wurde am 11. Juni mit Staatsakt umd Empfang offiziell gefeiert. Es schien alles wie früher . . .

Doch Richard Strauss war von der Krankheit allzu geschwächt, mußte vom 13. August an das Krankenzimmer hüten und starb am 8. September 1949.

Vier Tage später wurde sein Leichnam auf dem Münchner Ostfriedhof eingeäschert. Wie er es gewünscht hatte, erklang das Terzett aus dem *Rosenkavalier*. Pauline, die neben ihrem Sohn Franz saß, wird – so berichtet Alois Melichar – »je mehr nun das Terzett aufblüht, je mehr die vertrauten Klänge und Harmonien sich entfalten, desto mehr von immer wilderem Schluchzen geschüttelt«: »Am Höhepunkt strecken sich ihre Arme ekstatisch vom Körper weg, ihre Hände verkrampfen sich und greifen wild in die Luft, als wollten sie etwas Entschwindendes mit beschwörender Kraft zurückhalten.«[8] Pauline konnte ohne ihren Mann nicht weiterleben, sie starb nur wenige Monate später, am 13. Mai 1950.

In Eichendorffs »Abendrot«, dem letzten der *Vier Letzten Lieder*, komponierte Strauss ein langes, sanftes Niedersinken der Musik in die Tiefe der Nacht: »Wir sind durch Not und Freuden gegangen Hand in Hand. Vom Wandern ruhen wir nun überm stillen Land.« Waren diese Verse nicht ein Sinnbild für ihn und Pauline? Und war es nun nicht »Schlafenszeit, daß wir uns nicht verlieren in Einsamkeit«?

»O weiter, stiller Friede! So tief im Abendrot. Wie sind wir wandermüde – ist dies etwa der Tod?« – und das Orchester weitet sich zu einem fernen, transzendenten Ces-Dur-Akkord. Todesahnung und Jenseitshoffnung sind in einem einzigen Klang verdichtet, der andeutet, was Strauss schon fünfzig Jahre zuvor in *Tod und Verklärung* als junger Tondichter gewußt hatte: Sein Ideal würde er auf dieser Welt nicht finden, sondern erst im Tod.

# Anmerkungen / Quellen

## Häufig zitierte Literatur:
(Abkürzungsverzeichnis)

B    Richard Strauss: *Der Strom der Töne trug mich fort: die Welt um Richard Strauss in Briefen*, herausgegeben von Franz Grasberger, Tutzing 1967.

BB    Hans von Bülow: *Briefe*, herausgegeben von Marie von Bülow, Leipzig 1896ff.

BCW    Cosima Wagner: *Das zweite Leben*, herausgeben von Dietrich Mack, München 1980.

BCWS    *Cosima Wagner – Richard Strauss. Ein Briefwechsel*, herausgegeben von Franz Trenner, Tutzing 1978.

BBS    *Richard Strauss – Hans von Bülow. Ein Briefwechsel*, in: Richard-Strauss-Jahrbuch, herausgegeben von Willi Schuh, Bern 1954.

BE    Richard Strauss: *Briefe an die Eltern*, herausgegeben von Willi Schuh, Zürich 1954.

BHS    *Hugo von Hofmannsthal – Richard Strauss. Briefwechsel*, herausgegeben von Willi Schuh, ⁵1978.

BMS    *Gustav Mahler – Richard Strauss. Briefwechsel*, herausgegeben von Herta Blaukopf, München 1980.

BRS    *Romain Rolland – Richard Strauss. Briefwechsel und Tagebuchnotizen*, herausgegeben von Maria Hülle-Keeding, Berlin 1994.

BSS    *Franz Schalk – Richard Strauss. Ein Briefwechsel*, herausgegeben von Günter Brosche, Tutzing 1983.

BTS    *Richard Strauss – Ludwig Thuille. Ein Briefwechsel*, herausgegeben von Franz Trenner, Tutzing 1980.

BUE    Richard Strauss: *Betrachtungen und Erinnerungen*, herausgegeben von Willi Schuh, Zürich 1981.

BWS    *Richard Strauss – Franz Wüllner. Ein Briefwechsel*, herausgegeben von D. Kämper, Köln 1963.

FS    Franz Trenner: *Franz Strauss*, in: Strauss-Jahrbuch, herausgegeben von Willi Schuh, Bonn 1959/60.

FSP    Gerhard Ohlhoff: *Die Personalakte des Kammermusikers Franz Strauss*, in: Richard-Strauss-Blätter, Wien, Juni 1980, Neue Folge.

H    Hugo von Hofmannsthal: *Gesammelte Werke*, herausgegeben von Herbert Steiner, Neuausgabe herausgegeben von Bernd Schoeller, Frankfurt 1979.

J    Johanna von Rauchenberger-Strauss: *Jugenderinnerungen*, in: Richard-Strauss-Jahrbuch, herausgegeben von Willi Schuh 1959/60.

R    Hugo von Hofmannsthal – Richard Strauss: *Der Rosenkavalier*, Fassungen, Filmszenen, Briefe, herausgegeben von Willi Schuh, Frankfurt 1971.

S1    Max Seidl: *Richard Strauss – eine Charakterskizze*, 1896, in: Straußiana, Regensburg 1914.

S2    Max Steinitzer: *Richard Strauss*, Berlin 1911.

S3    Willi Schuh: *Richard Strauss*, Zürich 1976.

SK    Kritiken zu den Uraufführungen der Bühnenwerke von Richard Strauss, herausgegeben von Franzpeter Messmer, Pfaffenhofen 1989.

SSK    Franz Trenner: *Die Skizzenbücher von Richard Strauss aus dem Richard-Strauss-Archiv in Garmisch*, Tutzing 1977.

SW    Franz Grasberger: *Richard Strauss und die Wiener Oper*, Tutzing 1969.

TS    Reinhold Schlötterer: *Die Texte der Lieder von Richard Strauss*, Pfaffenhofen 1988.

## Ein Heldenleben?/I Glückliche Kindheit in der Großstadt

1 Vgl. Richard Strauss: *Ein Heldenleben*, Tondichtung für großes Orchester op. 40, Taschenpartitur, Eulenburg, hrsg. v. Richard Specht, London 1924, S. 1–28.

2 Vgl. Brief von Richard Strauss an Hans von Bülow, 27.6.1888, in: S 3, S. 134.

3 Eulenburg Partitur, ab S. 29.

4 Eulenburg Partitur, ab S. 45, Ziffer 22.

5 Eulenburg Partutur, ab S. 83, Ziffer 44.

6 Eulenburg Partitur, ab S. 155, Ziffer 80. *Don Juan* – Motive im Horn: 5 Takte nach Ziffer 83, dann in den Geigen und Holzbläsern: 7 Takte nach Ziffer 83. *Zarathustra*: Celli, tiefe Klarinetten, 5.–8. Horn: 7 Takte nach Ziffer 83. *Tod und Verklärung* in Celli und Bässen, Geigen: Ziffer 87, drei Themen aus *Don Quixote* in Flöten (2 Takte nach Ziffer 87), Geigen (5 Takte nach Ziffer 87), Baßklarinette (Ziffer 88); *Macbeth* in Fagotten (Ziffer 90), *Guntram* im Horn (2 Takte vor Ziffer 90).

7 Eulenburg Partitur, ab S. 188, 7 Takte vor Ziffer 94. Hirtenthema: S. 199, Ziffer 99.

8 Brief von Franz Strauss an Georg Pschorr, in: *B*, S. 3.

9 FS, S. 33.

10 FSP, S. 65.

11 J, S. 8.

12 J, S. 8.

13 BUE, S. 203.

14 BUE, S. 199.

15 Vgl. Brief von Franz Strauss an seine Frau, 1882, in: FS, S. 35.

16 Vgl. Franzpeter Messmer: *Die »wahre Proteusnatur« des Horns. Das Horn in den Orchesterwerken von Richard Strauss*, in: »Das Orchester«, Heft 10, 1991, S. 1098f.

17 BUE, S. 200.

18 FS, S. 37.

19 BUE, S. 200f.

20 BUE, S. 201.

21 FSP, S. 63.

22 Vgl. Elfi Baumann, München 1972, S. 107ff.

23 Vgl. zu Familie Pschorr: Walter Gais, Max Schüler: *150 Jahre Pschorrbräu*, 1820–1970, München 1970.

24 BUE, S. 194.

25 J, S. 7.

26 FS, S. 31.

27 BUE, S. 194.

28 FS, S. 31.

29 FSP, S. 58.

30 FSP, S. 60.

31 BUE, S. 195.

32 BUE, S. 195.

33 BUE, S. 194.

34 BB, Band IV, S. 371.

35 FSP, S. 67.

36 J, S. 8.

37 J, S. 9.

38 Franz Strauss, Brief vom 17.5.1868, in: J, S. 9.

39 J, S. 11.

40 Franz Strauß, Brief vom 17.5.1868, in: J, S. 12.

41 J, S. 10.

42 Zitat aus: »Das Bayerische Vaterland«, 16.5.1872, in: Ludwig und Elli Merkle: *München damals, Böse alte Zeit*, München 1972, S. 54.

43 Zitat aus »Münchner Volks-Zeitung« vom 26.6.1873, in: Merkle: *München damals*, S. 52.

44 Zitat aus »Der Bayerische Landsbote«, 21.4.1875, in: Merkle: *München damals*, S. 11f.

45 J, S. 12.

46 Zitat aus »Neues Münchner Tagblatt«, 4.5.1877, in: Merkle: *München damals*, S. 21.

47 Zitat aus »Neue freie Volks-Zeitung«, 20.1.1875, in: Merkle: *München damals*, S. 23.

48 Zitat aus »Süddeutsche Presse«, 14.7.1871, in: Merkle: *München damals*, S. 34.

49 J, S. 9.

50 J, S. 11.

51  J, S. 11.

52  J, S. 13.

53  BUE, S. 203.

54  Brief von Strauss an Thuille, Mitte Juni 1879, in: *BTS*, S. 67.

55  J, S. 10.

56  S2, S. 182.

57  Brief von Strauss an Julie Hörburger vom 15. Februar 1872, in: S3, S. 38.

58  Brief von Franz Strauss an seine Frau vom 1. Juni 1872, in: S3, S. 34.

59  J, S. 13.

60  Brief von Strauss an seinen Vater, 13.6.1872, in: J, S. 10.

61  J, S. 26.

62  J, S. 26.

63  Johanna Rauchenberger erinnert sich in ihren Jugenderinnerungen (J, S. 23), daß Frau Nagiller der Mutter von Ludwig Thuille berichtete und sie diesen 1872 erstmals nach München einlud. Dagegen vermutet Friedrich Munter: *Ludwig Thuille, Ein erster Versuch*, München 1923, daß Thuille Frau Nagiller erst 1876 kennenlernte. Aus dem ersten erhaltenen Brief von Richard geht hervor, daß sich die beiden im September 1877 in Innsbruck trafen. Richards Brief vom 21.12.1878 an Thuille, BTS, S. 58, beweist, daß sich die beiden erst 1877 kennenlernten.

64  BTS, 5. 10.1877, S. 25.

65  BTS, 21.12.1877, S. 28.

66  BTS, 31.12.1877, S. 29.

67  BTS, ohne Datum, S. 51.

68  BTS, 28.10.1878, S. 52.

69  Vgl. zur Lebensgeschichte von Ludwig Thuille: Franz Trenner: Vorwort, in: *BTS*, S. 7f.

70  BTS, 5.10.1877, S. 25.

71  BTS, 5.10.1877, S. 26.

72  BTS, 21.12.1877, S. 28.

73  BTS, 10.1.1878, S. 31.

74  BTS, 22.7.1879, S. 69.

75  BTS, Dezember 1978, S. 56.

76  BUE, S. 203.

77  J, S. 23.

78  J, S. 23.

79  BTS, Vorwort, S. 9.

80  Zitate aus den Briefen zwischen Thuille und Pauline Nagiller aus: BTS, Vorwort, S. 9f.

81  BTS, 5.10.1877, S. 25.

82  BTS, 10.1.1878, S. 31.

83  Festschrift zur Jubiläumsfeier des Ludwigs-Gymnasiums München, München 1949.

84  J, S. 13f.

85  Richard Strauss: Brief an Franz Strauss, 25.7.1879, in: J, S. 14.

86  J, S. 15.

87  BTS, S. 32.

88  BTS, S. 34.

89  BTS, 21.12.1878, S. 58.

90  BTS, ohne Datum, S. 51.

91  BTS, 21.12.1878, S. 58.

92  BTS, 26.8. (wahrscheinlich 1879), S. 71f.

93  J, S. 16.

94  BTS, 5.10.1877, S. 27.

95  BTS, 31.12.1877, S. 29.

96  BTS, 6.2.1878, S. 33.

97  BTS, 6.6.1878, S. 49.

98  BTS, 4.4.1878, S. 41.

99  BTS, Dezember 1878, S. 55.

100  BTS, 22.2.1879, S. 59.

101  BTS, März 1878, S. 40.

102  BTS, Juni 1879, S. 67.

103  BTS, 6.6.1878, S. 48.

104  BTS, S. 30.

105  BTS, S. 62.

106  BTS, März 1878, S. 39.

107  BTS, 26.1.1778, S. 32.

108  BTS, ohne Datum, S. 46.

109  Alfred Steinitzer: Aus der Familiengeschichte und Jugendjahren, in: *Richard Strauss und seine Vaterstadt*, München 1934, S. 13.

110  Hans Fischer-Hohenhausen, *Richard Strauss*, 1929.

111  S3, S. 67f.

112  S3, S. 69.

113  Fischer-Hohenhausen, S. 73.

114  S1, S. 14.

115   J, S. 15.
116   J, S. 15.
117   S2, S. 23.
118   S2, S. 23.
119   J, S. 24.
120   S2, S. 36.
121   J, S. 24.
122   S2, S. 36.
123   S3, S. 63.
124   »Münchner Neueste Nachrichten«, 3.4.1881, in:
      S3, S. 65.
125   S2, S. 31.
126   S1, S. 11.
127   J, S. 25f.

# II
# Jahre der Muße und Suche

1 J, S. 26.

2 Führer durch die Internationale Kunstausstellung in München, München 1879, S. 139.

3 Illustrierter Katalog der Internationalen Kunstausstellung im Königlichen Glaspalaste, München 1883.

4 Strauss: Letzte Aufzeichnung, 19.6.1949, in: BUE, S. 182.

5 Vgl. Robert Münster: *König Ludwig II. und die Musik*, Rosenheim 1980, S. 133.

6 Führer durch die Internationale Kunstausstellung in München, S. 39.

7 Illustrierter Katalog der Internationalen Kunstausstellung, München 1883, S. 37.

8 Vgl. Führer durch die Internationale Kunstausstellung 1879, S. 52b.

9 Vgl. Führer durch die Internationale Kunstausstellung 1879, S. 102.

10 Vgl. Führer durch die Internationale Kunstausstellung 1879, S. 57.

11 Strauss: Erinnerungen an meinen Vater, BUE, S. 201f.

12 FS, S. 35.

13 Strauss: Erinnerungen an meinen Vater, Betrachtungen, S. 196.

14 S2, S. 20.

15 Vgl. Münchner Orchester Wilde Gungl, Informationen, Aus der Geschichte unseres Vereins, München 1970.

16 Vgl. 100 Jahre Orchesterverein Wilde Gung'l, Festschrift, München 1964.

17 S2, S. 20.

18 S2, S. 37.

19 BB, VI. Band, S. 112f.

20 Strauss: Brief an seinen Vater, Wien, 4.12.1882, in: BE, S. 20.

21 Strauss: Brief an seinen Vater, in: S3, S. 68.

22 S2, S. 37.

23 Strauss: Brief an die Eltern, Heilbrunn 7.7.1883, in: BE, S. 21.

24 Strauss: Brief an die Eltern, Heilbrunn 11.7.1883, in: BE, S. 21.

25 Strauss: Brief an Lotti Speyer, München 19.10.1883, in: B, S. 7.

26 Zitiert nach: TS, S. 180.

27 Lotti Speyer: Brief an Richard Strauss, Frankfurt 4.2.1884, in: B, S. 14.

28 Strauss: Brief an Lotti Speyer, in: S3, S. 88.

29 Vgl. hierzu: Michael Schattenhofer. *München unter den Königen Max. II. und Ludwig II.*, in: Die Münchner Schule, Ausstellungskatalog, hrsg. v. Bayerische Staatgemäldesammlungen und Haus der Kunst e. V., München 1979, S. 10.

30 J, S. 28.

31 S3, S. 72.

32 Strauss: Brief an seine Eltern, Leipzig 5.12.1883, in: BE, S. 23.

33 Strauss: Brief an seine Eltern, Leipzig 5.12.1883, in: BE, S. 23.

34 S3, S. 75.

35 Franz Strauss, Brief an Richard Strauss, München 16.12.1883, in: B, S. 10.

36 Strauss: Brief an seine Eltern, Dresden 12.12.1883, in: BE, S. 25.

37 Strauss: Brief an seine Eltern, Dresden 14.12.1883, in: BE, S. 25.

38 Strauss: Brief an seine Eltern, Dresden 18.12.1883, in: BE, S. 27.

39 Strauss: Brief an seine Eltern, Dresden 12.12.1883, in: BE, S. 24f.

40 Franz Strauss: Brief an Richard Strauss, München, 16.12.1883, in: B, S. 10.

41 Strauss: Brief an seine Mutter, Berlin 22.12.1883, in: BE, S. 29.

42 BE, a. a. o.

43 Strauss: Brief an seine Mutter, Berlin 26.12.1883, in: BE, S. 30.

44 Strauss: Brief an seine Eltern, Heilbrunn, 11.7.1883, in: BE, S. 21.

45 Strauss: Brief an seine Mutter, Berlin, 26.12.1883, in: BE, S.29.

46 BE, a. a. o.

47 BE, a. a. o., S.30.

48 BE, a. a. o.

49 Strauss: Brief an seine Eltern, Berlin 6.1.1884, in: BE, S.33.

50 BE, a. a. o.

51 Vgl. Strauss: Brief an seine Eltern, Berlin 18.1.1884, in: BE, S.35.

52 Franz Strauss: Brief an Richard, München 10.1.1884, in: BE, S.33.

53 Strauss: Brief an seine Eltern, Berlin 11.1.1884, in: BE, S.34.

54 Strauss: Brief an seine Eltern, Berlin 18.1.1884, in: *BE*, S.36.

55 BE, a. a. o.

56 Strauss: Brief an seine Eltern, Berlin 11.1.1884, in: BE S.35.

57 Strauss: Brief an seinen Vater, Berlin 25.1.1884, in: BE S.37.

58 Franz Strauss: Brief an Richard Strauss, München 28.1.1884, in: B, S.12.

59 Vgl. Brief vom 30.1.1884, in: BE, S.37.

60 Strauss: Brief an seine Eltern, Berlin 1.2.1884, in: BE S.38.

61 Strauss. Brief an seine Mutter, Berlin 7.2.1884, in: BE S.40.

62 Franz Strauss: Brief an Richard Strauss, München 28.1.1884, in: B, S.12f.

63 B, a. a .o.

64 Strauss: Brief an seinen Vater, 11.1.1884, in: B, S.34.

65 Strauss: Brief an Thuille, 13.1.1884, in: BTS, S.73.

66 Strauss: Brief an Thuille, 8.3.1884, in: BTS, S.81.

67 S3, S.86.

68 Strauss: Brief an Thuille, 8.3.1884, in: BTS, S.81.

69 Strauss: Brief an seine Eltern, 1.2.1884, in: BE, S.38.

70 Strauss: Brief an seine Eltern, 1.2.1884, in: a. a. o.

71 Strauss: Brief an seine Eltern, 11.1.1884, in: BE, S.34.

72 Josephine Strauss: Brief an Richard Strauss, München 15.1.1884, in: B, S.11.

73 Strauss: Brief an seine Mutter, Berlin, 7.2.1884, in: BE, S.41.

74 Strauss: Brief an seine Mutter, Berlin, 19.2.1884, in: BE, S.42f.

75 Strauss: Brief an seinen Vater, Berlin 24.2.1884, in: BE, S.45.

76 Strauss: Brief an seinen Vater, Berlin 24.2.1884, in: BE, S.46.

77 Strauss: Brief an seine Mutter, Berlin 7.2.1884, in: BE, S.40.

78 Strauss: Brief an seine Eltern, Berlin 18.1.1884, in: BE, S.36.

79 Thuille: Brief an Strauss, München 7.3.1884, in: BTS, S.77.

80 Strauss: Brief an Thuille, Berlin 8.3.1884, in: BTS, S.80.

81 Strauss: Brief an den Vater, Berlin 24.2.1884, in: BE, S.45.

82 Strauss: Brief an Thuille, Berlin 8.3.1884, in: BTS, S.81.

83 Strauss: Brief an seine Eltern, Berlin 25.2.1884, in: BE, S.46.

84 Strauss: Brief an seine Mutter, Berlin 19.2.1884, in: BE, S.44.

85 Strauss: Brief an seinen Vater, Berlin 29.2.1884, in: BE, S.46f.

86 BB, Band 7, S.114, Anmerkung.

87 Strauss: Brief an seine Mutter, Berlin 10.3.1884, in: BE, S.50.

88 Strauss: Brief an seinen Vater, Berlin 22.3.1884, in: BE, S.53.

89 Strauss: Brief an seinen Vater, Berlin 26.3.1884, in: BE, S.53.

90 Strauss: Brief an seine Mutter, Berlin 18.3.1884, in: BE, S.51.

91 Strauss: Brief an seine Mutter, Berlin 18.3.1884, in: BE, S.52.

92 Brief von Frau Begas an Strauss, zitiert nach: S3, S.87.

93  Brief von Franz Strauss an seinen Sohn, 16.12.1883, in: B, S. 11.

94  Franz Strauss: Brief an seinen Sohn, 11.2.1884, in: BE, S. 42.

95  Strauss: Brief an seine Eltern, 6.1.1884, in: BE, S. 32.

96  Strauss: Brief an seine Eltern, 1.2.1884, in: BE, S. 38.

97  Strauss: Brief an Thuille, 8.3.1884, in: BTS, S. 80.

98  Strauss: Brief an seinen Vater, 11.1.1884, in: BE, S. 34.

99  Franz Strauss: Brief an seinen Sohn, 8.3.1884, in: BE, 48f.

100  BUE, S. 194ff.

101  BUE, S. 196.

102  Strauss: Brief an seine Mutter, Berlin 10.3.1884, in: BE, S. 49.

103  S3, S. 94.

104  S3, ebd.

105  Franz Strauss: Brief an seine Tochter, München 18.4.1885, in: S3, ebd.

106  Strauss: Brief an seine Schwester, 26.4.1885, in: S3, S. 95.

107  Vgl. Carl Kraus: *Die Irrenbehandlung und Irrenpflege vor 50 Jahren in Bayern und deren Fortschritt bis in die Gegenwart*, München 1880, S. 5.

108  A.a.o. S. 32.

109  A.a.o. S. 50.

110  Strauss: Brief an seinen Vater, Meiningen, 22.12..1885, in: BE, S. 74.

111  Franz Strauss an seinen Sohn, München 27.12.1885, in: B, S. 28.

112  A. a. o.

113  S3, S. 93.

114  Strauss an seine Eltern, Köln 12.1.1885, in: BE, S. 54.

115  Strauss an Franz Wüllner, München 23.2.1885, in: BWS, S. 5.

116  S3, S. 95.

117  Strauss: Brief an seine Schwester, München 14.4.1885, in: S3, S. 167.

118  Franz Strauss: Brief an seinen Sohn, München 13.6.1885, in: S3, S. 168.

119  Franz Strauss: Brief an seinen Sohn, in: S3, S. 97.

# III
# Famoses Debüt in Meiningen

1 Marie von Bülow: Brief an ihren Mann, Meiningen, 13.10.1885, in: S3, S. 103.

2 Strauss an seinen Vater, Meiningen 26.2.1886, in: BE, S. 88.

3 Bülow: Brief an Eugen Spitzweg, 15.10.1884, in: BB, Bd. 6, S. 309.

4 Strauss: Erinnerung an Hans von Bülow, in: BUE, 6. Band, S. 184f.

5 Bülow: Brief an Spitzweg, Berlin 7.5.1885, in: BB, 6. Band, S. 359.

6 Strauss: Brief an Thuille, Frankfurt 15.6.1885, in: BTS, S. 83.

7 Marie von Bülow: Brief an ihren Mann, Meiningen 15.10.1885, in: S3, S. 103.

8 Hans von Bülow: Brief an Herzog Georg II. von Sachsen-Meiningen, Frankfurt 11.6.1885, in: BB, 6. Band, S. 367f.

9 Strauss: Brief an Thuille, 15.6.1885, in: BTS, S. 83.

10 Strauss: Erinnerung an Hans von Bülow, in: BUE, S. 186.

11 Franz Strauss: Brief an seinen Sohn, München 9.10.1885, in: BE, S. 58f.

12 Strauss: Brief an seinen Vater, Meiningen 12.10.1885, in: BE, S. 59.

13 Strauss: Erinnerung an Hans von Bülow, in: BE, S. 189.

14 Strauss: Brief an seinen Vater, Meiningen 18.10.1885, in: BE, S. 62f.

15 Strauss: Brief an seine Mutter, Meiningen 20.10.1885, in: BE, S. 63.

16 Strauss: Erinnerung an Hans von Bülow, in: BUE, S. 189f.

17 Bülow: Brief an Hermann Wolff, Meiningen 17.10.1885, in: BB, 6. Band, S. 383f.

18 BB, 6. Band, S. 393ff.

19 Strauss: Brief an seine Eltern, Meiningen 12.12.1885, in: BE, S. 71.

20 Strauss: Brief an seinen Vater, Meiningen 20.12.1885, in: BE, S. 73.

21 Bülow: Brief an Strauss, Petersburg, 11.12.1885, in: BB, 7. Band, S. 12.

22 Josephine Strauss: Brief an ihren Sohn, München 20.2.1886, in: B, S. 31.

23 Franz Strauss: Brief an seinen Sohn, 26.10.1885, in: BE, S. 64.

24 Franz Strauss: a. a. o.

25 Strauss: Brief an seine Mutter, Meiningen, 28.10.1885, in: BE, S. 68.

26 Strauss: Brief an seine Schwester, Meiningen, Anfang November 1885, in: S3, S. 109.

27 Artikel aus »Isaria« vom 21.2.1886, in: BE, S. 90.

28 Strauss: Brief an seinen Vater, Meiningen 18.10.1885, in: BE, S. 62.

29 Vgl. Strauss: Erinnerungen an Hans von Bülow, in: BUE, S. 190.

30 Franz Strauss: Brief an seinen Sohn, München 26.10.1885, in: BE, S. 65.

31 Strauss: Brief an seine Mutter, Meiningen 28.10.1885, in: BE, S. 65ff.

32 Thuille: Brief an Strauss, München 5.1.1886, in: BTS, S. 93.

33 Strauss: Brief an seine Eltern, Meiningen 6.1.1886, in: BE, S. 77.

34 Franz Strauss: Brief an seinen Sohn, München 9.1.1886, in: BE, S. 77f.

35 Marie von Bülow: Brief an ihren Mann, Meiningen 11.11.1885, in: S3, S. 103.

36 Strauss: Brief an seinen Vater, Meiningen 11.1.1886, in: BE, S. 78ff.

37 Franz Strauss: Brief an seinen Sohn, München 20.1.1886, in: B, S. 29f.

38 Franz Strauss: Brief an seinen Sohn, München 4.4.1886, in: BE, S. 90f.

39 H. Schwendt: Thüringen, Meyers Reisebücher, Leipzig 31879, S. 606f.

40 Strauss: Brief an seine Eltern, Meiningen, 3.10.1885, in: BE, S. 57.

41 Strauss: Brief an seine Eltern, Meiningen, 12.1.1886, in: BE, S. 80.

42  Strauss: Brief an seine Eltern, Meiningen, 31.1.1886, in: BE, S. 84.

43  Strauss: Brief an seine Eltern, Meiningen, 27.1.1886, in: BE, S. 83.

44  Eduard Hanslick: *Vom Musikalisch Schönen*, Leipzig 1854, Nachdruck Wiesbaden [16]1978, S. 59.

45  Franz Strauss: Brief an Richard Strauss, München 2.2.1886, in BE, S. 86.

46  Strauss: Brief an seinen Vater, Meiningen, 31.1.1886, in: BE, S. 84.

47  Strauss: Brief an seine Mutter, Meiningen, 8.10.1885, in: BE, S. 58.

48  Sigmund von Hausegger: *Alexander Ritter*, Berlin 1907, S. 70f.

49  Strauss: Brief an seinen Vater, Meiningen, 12.10.1885, in: BE, S. 60.

50  S.v.Hausegger: *Ritter*, S. 78.

51  S.v.Hausegger: *Ritter*, S. 74.

52  S.v.Hausegger: *Ritter*, S. 13.

53  Richard Wagner: Brief an Julie Ritter, Bordeaux, 22.3.1850, in: S.v.Hausegger: *Ritter*, S. 15f.

54  Martin Gregor-Dellin: *Richard Wagner*, München 1980, S. 303.

55  BUE, S. 210.

56  Vgl. Heinz Kindermann: *Theatergeschichte Europas*, Bd. VII, Salzburg 1965, S. 239.

57  Robert Prölß: *Das herzoglich Meining'sche Hoftheater*, Leipzig 1887, S. 11f.

58  Ebd. S. 16.

59  Ebd. S. 21.

60  Ebd. S. 12.

61  Ebd. S. 33.

62  Vgl. Kindermann, *Theatergeschichte Europas*, Bd. VII, S. 234.

63  Strauss: Meine Jugend- und Lehrjahre, in: BUE, S. 209.

64  Prölß S. 30.

65  Prölß, S. 31f.

66  Strauss: Aus meinen Jugend- und Lehrjahren, in: BUE, S. 209.

## IV
## Durchbruch in Italien

1  Vgl. Franzpeter Messmer: *Musiker reisen*, München 1992, S. 149ff.

2  S3, S. 143.

3  Strauss: Brief an Lotti Speyer, 23.6.1887 in: S3, S. 143.

4  Strauss: Brief an seinen Vater, 11.1.1886, in: BE, S. 79.

5  Strauss: Brief an seinen Vater, 6.4.1886, in: BE, S. 91.

6  Alexander Ritter: Bericht für die »Deutsche Allgemeine Musikzeitung«, nach: S.v.Hausegger: *Ritter*, S. 79f.

7  Strauss: Brief an seinen Vater, 6.4.1886, in: BE, S. 92.

8  Vgl. K. Baedeker: *Unteritalien, Handbuch für Reisende*, Leipzig 1876, S. XVII.

9  Strauss: Brief an seine Eltern, Florenz 19.4.1886, in: BE, S. 93.

10  Strauss: Brief an seine Eltern, Rom, 22.4.1886, in: BE, S. 93.

11  Strauss: Brief an seine Eltern, Rom, 27.4.1886, in: BE, S. 94.

12  Franz Strauss: Brief an seinen Sohn, München, 29.4.1886, in: BE, S. 94f.

13  Strauss: Brief an seine Eltern, Neapel 7.5.1886, in: BE, S. 96.

14  Strauss: Brief an seine Eltern, Capri, 5.5.1886, in: BE, S. 95.

15  Strauss: Brief an seine Eltern, Rom 10.5.1886, in: BE, S. 98.

16  Strauss: Brief an seine Eltern, Rom 11.5.1886, in: BE, S. 98.

17  Strauss: Brief an seine Eltern, Rom 27.4.1886, in: BE, S. 94.

18  Vgl. Adolf Hosenberg: *Lenbach*, Bielefeld 1898, S. 96.

19  S3, S. 168.

20  Strauss: Brief an seine Eltern, Rom 11.5.1886, in: BE, S. 98.

21  Strauss: Brief an seine Eltern, Rom 22.4.1886, in: BE, S. 93.

22  Strauss: Analyse von »Aus Italien«, in: S3, S. 145.

23  Strauss: Analyse von »Aus Italien«, in: »Deutsche Allgemeine Musikzeitung«, 1889, S. 263.

24  Strauss: Brief an seine Eltern, Neapel, 7.5.1886, in: BE, S. 97.

25  Strauss: Analyse von »Aus Italien«, in: »Deutsche Allgemeine Musikzeitung«, 1898, S. 263f.

26  Strauss: Analyse von »Aus Italien«, in: »Deutsche Allgemeine Musikzeitung«, 1889, S. 263f.

27  S2, S. 228.

# V
# Auf dem Weg zum Zukunftsmusiker

1  Vgl. Skizzenbuch 1.

2  J, S. 30.

3  Strauss: Aus meinen Jugend- und Lehrjahren, in: BE S. 212.

4  Emil Peschkau: Auch ein Zukunfts-Musiker, in »Münchner Neueste Nachrichten«, 6.10.1886.

5  Michael Georg Conrad: Jugend, in: »Die Gesellschaft«, Januar 1895, S. 1.

6  Ebd. S. 2.

7  S2, S. 45.

8  Vgl. Roswitha Schlötterer: Richard Strauss und sein Münchner Kreis, in: *Jugenstil-Musik? Münchner Musikleben 1890–1918*, Ausstellungskatalog Bayerische Staatsbibliothek, Wiesbaden 1987, S. 17ff.

9  Vgl. Gregor-Dellin: *Wagner*, S. 768 und 797f.

10  S3, S. 136.

11  S2, S. 45.

12  Strauss: Brief an seinen Vater, Bayreuth, 4.7.1889, in: BE, S. 109.

13  S2, S. 44.

14  Strauss: Meine Freunde und Förderer, in: S3, S. 137.

15  Strauss: Lebensskizze 1898, zitiert nach S2, S. 43.

16  Strauss: Brief an Johann L. Bella, Weimar 13.3.1890, in: S3, S. 154.

17  Arthur Schopenhauer: *Die Welt als Wille und Vorstellung*, Frankfurt ³1859, hrsg. v. Arthur Hübscher, Zürich ³1972, S. 322.

18  Ebd. S. 324.

19  Eduard Hanslick: *Vom Musikalisch Schönen*, S. 59.

20  Strauss: Brief an Johann L. Bella, München 2.12.1888, in: S3, S. 153.

21  Friedrich von Hausegger: *Musik als Ausdruck*, Wien 1885, S. 15ff.

22  Ebd. S. 161.

23  Strauss: Brief an Bülow, München 24.8.1888, in: BBS, S. 70.

24  Ebd. S. 70.

25  Ebd. S. 69.

26  Strauss: Brief an seinen Vater, Weimar 31.12.1889, in: S3, S. 148.

27  Strauss: Brief an seine Eltern, Frankfurt, 17.1.1889, in: BE, S. 104.

28  Emil Mauerhof: Lady Macbeth, in: »Die Gesellschaft«, Jg. 3, 1887, S. 824.

29  Ebd.

30  Ebd. S. 816.

31  Strauss: Skizzenbuch 1.

32  Strauss: Aus meinen Jugend- und Lehrjahren, in: BUE, S. 211.

33  Mauerhof: Lady Macbeth, S. 817.

34  Strauss: Brief an Bülow, München 23.6.1886, in: BBS, S. 32.

35  Bülow: Brief an Strauss, Genf 27.6.1886, in: BBS, S. 33.

36  Strauss: Brief an Bülow, München 15.9.1886, in: BBS, S. 37.

37  Vgl. Strauss: Brief an Bülow, München 13.12.1886, in: BBS, S. 39.

38  Strauss: Aus meinen Jugend- und Lehrjahren, in: BUE, S. 212.

39  J, S. 30.

40  Strauss: Brief an Bülow, München 17.5.1887, in: BBS, S. 46.

41  Bülow: Brief an Strauss, Frankfurt 18.5.1887, in: BBS, S. 47.

42  J, S. 29.

43  S2, S. 48.

44  Strauss: Brief an Hörburger, München, 4.3.1887, in: S2, S. 48.

45  Vgl. Strauss: Aus meinen Jugend- und Lehrjahren, in: BUE, S. 217.

46  Strauss: Brief an Bülow, München 11.3.1887, in: BBS, S. 45.

47  Bülow: Brief an Strauss, Frankfurt 18.5.1887, in: BBS, S. 47.

48  Strauss: Brief an Bülow, München, 13.12.1886, in: BBS, S. 38.

49  Strauss: Brief an Bülow, München 14.12.1886, in: BBS, S. 40.

50  Strauss: Brief an Bülow, München 29.10.1887, in: BBS, S. 43.

51  Strauss: Brief an Bülow, München 26.12.1887, in: BBS, S. 55.

52  Ebd.

53  Bülow: Brief an Strauss, Hamburg 27.3.1888, in: BBS, S. 59.

54  Bülow: Brief an Strauss, Hamburg 11.4.1888, in: BBS, S. 61f.

55  Strauss: Brief an Bülow, München 17.6.1888, in: BBS, S. 63f.

56  Bülow: Brief an Strauss, Hamburg, 22.8.1888, in: BBS, S. 68.

57  Ebd. S. 69.

58  Ebd. S. 70.

59  Strauss: Brief an seinen Vater, Wiesbaden, 19.6.1889, in: BE, S. 105.

60  Strauss: Brief an Dora Wihan, München 9.4.1889, in: S3, S. 170ff.

61  Dora Wihan: Brief an Strauss, Lixouri, 15.10.1889, in: S3, S. 175.

62  S3, S. 158.

63  Strauss: Pauline Strauss-de Ahna, in: BUE, S. 247

64  Ebd.

65  Sören Kierkegaard: *Entweder – Oder*, Kopenhagen 1843, Neuausgabe: München 1975, S. 70.

66  Ebd. S. 85.

67  Ebd. S. 115.

68  Ebd. S. 123.

69  Strauss: Brief an Bülow, München, 24.8.1888, in: BBS, S. 69.

70  Paul Heyse: *Don Juan's Ende*, Trauerspiel in fünf Akten, Gesammelte Werke Bd. XXI, Neue Serie, 11. Band, Dramen IV, Berlin 1886.

71  S3, S. 151.

72  Heyse: *Don Juan*, S. 302.

73  Ebd. S. 357.

74  Kierkegaard, *Entweder-Oder*, S. 109.

75  Kierkegaard: *Entweder-Oder*, S. 74f.

76  S3, S. 151.

77  Vgl. Margret Dietrich: Don Juan, in: *Theater der Jahrhunderte, Don Juan*, hrsg. v. Joachim Schondorff, München 1967, S. 34.

78  Takt 9ff.

79  Takt 18ff.

80  Wilhelm Mauke: *Don Juan, Der Musikführer*, No. 114, Frankfurt 1897, S. 8.

81  Takt 44.

82  Takt 45–48.

83  Takt 48f.

84  Takt 52ff.

85  Takt 63–72.

86  Mauke: *Don Juan*, S. 9.

87  Takt 73ff.

88  Takt 90ff.

89  Takt 149ff.

90  Takt 169f.

91  Takt 9f.

92  Takt 193f.

93  Takt 203ff.

94  Mauke: *Don Juan*, S. 10.

95  Hector Berlioz: *Instrumentationslehre* ergänzt und revidiert von Richard Strauss, Berlin 1904, Neuauflage Leipzig 1955, S. 189.

96  Ebd. S. 178.

97  Takt 269–273.

98  Takt 297–307.

99  Takt 314f.

100 Vgl. *Des Knaben Wunderhorn*, Heidelberg 1806, Neuausgabe Frankfurt 1976, S. 33.

101 Takt 351ff.

102 Mauke: *Don Juan*, S. 14.

103 Takt 52f.

104 Takt 353f.

105 Mauke: *Don Juan*, S. 14.

106 Takt 383ff.

107 Takt 560f.

108 Strauss: Brief an seinen Vater, Hamburg 18.1.1887, in: S3, S. 139.

109 Strauss: Brief an Bülow, München 29.10.1887, in: BBS, S. 53.

110 Strauss: Brief an Bülow, München 26.12.1887, in: BBS, S. 56.

111 Bülow: Brief an Alexander Ritter, Hamburg 30.12.1887, in: BB, Bd. VII, S. 174.

112 Vgl. Bülow: Brief an Hermann Wolff, Hamburg 23.8.1887, in: BB, Bd. VII, S. 127.

113 Strauss: Brief an seinen Vater, Berlin 24.1.1888, in: BE, S. 103

114 Otto Lessmann, Kritik von »Aus Italien«, in: »Deutsche Allgemeine Musikzeitung«, 1888, S. 38.

115 Strauss: Brief an Bülow, 30.12.1888, in: BBS, S. 71.

116 Strauss: Brief an Bülow, 24.8.1888, in: BBS, S. 70.

117 Strauss: Brief an Dora Wihan, 9.8.1889, in: S3, S. 171.

118 Cosima Wagner: Brief an Felix Mottl, Bayreuth 11.5.1889, in: BCW, S. 179.

119 Strauss: Brief an seine Eltern, Bayreuth, 12.7.1889, in: BE, S. 110.

120 Cosima Wagner, Brief an Strauss, Bayreuth 12.10.1889, in: BCW, S. 193.

121 Emanuel Swedenborg: *Himmel und Hölle*, London 1758, Neuauflage Zürich 1992, S. 310.

122 Immanuel Kant: *Träume eines Geisterssehers*, Königsberg 1766, in: Werkausgabe, hrsg.v. Wilhelm Weischedel, Frankfurt 1977, Bd. II, 2, S. 988.

123 Arthur Schopenhauer: *Die Welt als Wille und Vorstellung*, Bd. II, 2, S. 596.

124 Wilhelm Mauke: *Tod und Verklärung*, Frankfurt 1897.

125 Vgl. Mauke: *Tod und Verklärung*, S. 3.

126 Strauss: Brief an Hausegger, in: Friedrich von Hausegger: *Gedanken eines Schauenden*, München 1903, vgl. S3, S. 185

127 SSK, S. 2.

128 Takt 30ff.

129 Takt 67f.

130 Takt 94f.

131 Takt 121ff.

132 Takt 125f.

133 Takt 161ff.

134 S3, S. 187.

135 Takt 186ff.

136 Strauss: Brief an Friedrich von Hausegger, in: a. a. o., S. 185.

137 Takt 235ff.

138 Takt 270f.

139 Takt 88ff.

140 Takt 378ff.

141 Takt 395ff.

142 Takt 105ff.

143 Strauss: Brief an Friedrich von Hausegger, in: a. a. o., S. 185.

144 Strauss: Brief an Wilhelm Bopp, 9.2.31, in: S3, S. 188.

# VI
## In Weimar: der überwagnerte Wagnerianer

1 Strauss: Brief an seine Eltern, Weimar 11.9.1889, in: BE S.113.

2 Vgl. H. Schwendt: Thüringen, Meyers Reisebücher, Leipzig 31879, S. 127.

3 Ebd.

4 Strauss: Brief an Bronsart, in: Gerhard Ohlhoff: Richard Strauss' Berufung nach Weimar, »Schweizerische Musikzeitung«, 1964, Nr. 3, S.155f.

5 Ebd.

6 Strauss: Brief an seine Eltern, Weimar 11.9.1998, in: BE, S.113.

7 Strauss: Brief an seine Eltern, Weimar 2.10.1889, in: BE, S.114.

8 Strauss: Brief an seine Eltern, Weimar 6.10.1889, in: BE, S.115.

9 Strauss: Brief an Cosima Wagner, Weimar, 9.10.1889, in: BCWS, S.4.

10 Cosima Wagner: Brief an Strauss, Wahnfried, 12.10.1889, in: BCWS, S. 9.

11 Strauss: Brief an seine Eltern, Weimar 12.10.1889, in: BE, S.116.

12 Franz Strauss: Brief an Richard, München 20.10.1889, in: BE, S.116f.

13 S3, S.183.

14 Strauss: Brief an die Eltern, Weimar 29.10.1889, in: BE, S.119.

15 Strauss: Brief an die Eltern, Weimar 8.11.1889, in: BE, S.119.

16 Strauss: Brief an die Eltern, Weimar 10.11.1889, in: BE, S.120.

17 Bülow: Brief an Marie von Bülow, Weimar 13.11.1889, in: BB, Bd. VII, S.273.

18 Franz Strauss: Brief an Richard, München 14.11.1889, in: BE, S.121.

19 Strauss: Brief an seinen Vater, Weimar 15.11.1889, in: BE, S.121.

20 Cosima Wagner: Brief an Strauss, Wahnfried, 25.2.1890, in: BCWS, S.26.

21 Strauss: Brief an C. Wagner, Weimar, 3.3.1890, in: BCWS, S.29.

22 Strauss: Brief an seine Mutter, Weimar 8.12.1889, in: BE, S.123f.

23 Strauss: Brief an seinen Vater, Dresden, 11.1.1890, in: BE, S.126.

24 Bülow: Brief an August Steyl, Hamburg, 2.2.1890, in: BB, Bd. VII, S.294.

25 Bülow: Brief an Bronsart, Hamburg, 17.1.90, in: BB, Bd. VII S.294.

26 Strauss: Brief an seine Eltern, Berlin, 31.1.1890, in: BE, S. 127.

27 Strauss: Brief an seine Eltern, Weimar 5.2.1890, in: BE, S.128.

28 Lessmann: Aus dem Konzertsaal, »Deutsche Allgemeine Musikzeitung«, 1890, S.68.

29 Bülow: Brief an Bronsart, Hamburg, 22.1.1890, in: BB, Bd. VII, S.285f.

30 Strauss: Brief an seine Eltern, Weimar 15.2.1890, in: BE, S.130f.

31 C.Wagner: Brief an Strauss, Wahnfried 25.2.1890, in: BCWS, S.26.

32 Strauss: Brief an Cosima Wagner, Weimar 19.1.1890, in: BCWS, S.22f.

33 Strauss: Brief an Cosima Wagner, Weimar 22.3.1890, in: BCWS, S.35.

34 C.Wagner: Brief an Strauss, Wahnfried 26.3.1890, in: BCWS, S.38f.

35 Bülow: Brief an Bronsart, Hamburg 22.1.1890, in: BB, Bd. VII, S.285.

36 Strauss: Brief an Ritter, zitiert nach: S3, S.199.

37 Strauss: Brief an seine Schwester, zitiert nach: S3, S.200.

38 S3, S.203f.

39 Strauss: Brief an C. Wagner, Weimar 17.5.1890, in: BCWS, S.47.

40 Strauss: Brief an seine Schwester, Eisenach 18.6.1890, in: S3, S.241.

41 Bülow: Brief an seine Frau, Berlin 10.1.1891, in: BB, Bd. VII, S.325f.

42 Strauss: Brief an Bronsart, 1.7.1890, in: S3, S.208.

43 Bronsart: Brief an Strauss, 8.7.1890, in: S3, S.206f.

44 Strauss: Brief an C. Wagner, München 29.7.1890, in: BCWS, S.56.

45 C.Wagner: Brief an Strauss, Bayreuth, 12.8.1890, in: BCWS, S.58.

46 Vgl. Schuh: *Strauss*, S3, S.208.

47 Franz Strauss: Brief an seinen Sohn, München 17.10.1890, in: BE, S.134.

48 S3, S.230.

49 Franz Strauss: Brief an Richard, München 13.12.1890, B, S.56f.

50 Strauss: Brief an C. Wagner, Weimar, 2.10.1890, BCWS, S.61.

51 Strauss: Brief an C. Wagner, Weimar, 22.11.1890, BCWS, S.66.

52 Strauss: Brief an C. Wagner, Weimar, 20.1.1891, BCWS, S.73.

53 Strauss: Brief an C. Wagner, Weimar, 22.11.1890, BCWS, S.67.

54 Strauss: Brief an seinen Vater, Weimar 9.12.1890, in: BE, S.136.

55 Strauss: Brief an C. Wagner, Feldafing, 20.6.1891, in: BCWS, S.95.

56 Bülow: Brief an Spitzweg, Hamburg 14.1.1891, in: BB, Bd. VII, S.331.

57 Franz Strauss: Brief an Strauss, München 5.2.1891, in: B, S.61.

58 Lessmann: Aus dem Konzertsaal, in: »Deutsche Allgemeine Musikzeitung« 1891, S.116f.

59 Strauss: Brief an seinen Vater, Berlin, 21.2.1891, in: BE, S.137.

60 S3, S.241.

61 C. Wagner: Brief an Strauss, Bayreuth ohne Datum, BCWS, S.79f.

62 Strauss: Brief an Alexander Ritter, in: S3, S.231.

63 Pauline de Ahna: Brief an Strauss, Feldafing, 22.8.1889, in: B, S.41.

64 Adolph de Ahna: Brief an Strauss, München 27.9.1889, in: B, S.45.

65 Strauss: Brief an C. Wagner, Weimar 22.4.1890, in: BCWS, S.36.

66 C.Wagner: Brief an Strauss, Wahnfried, 26.3.1890, in: BCWS, S.39.

67 Strauss: Brief an C. Wagner, Weimar, 22.11.1890, in: BCWS, S.68.

68 C. Wagner: Brief an Pauline de Ahna, Wahnfried, 27.12.1890, in: BCWS, S.72.

69 Ade Ahna: Brief an Strauss, München 29.5.1890, in: B, S.54.

70 Strauss: Brief an Pauline de Ahna, Weimar 24.12.1890, in: B, S.58.

71 Strauss: Brief an Pauline de Ahna, Weimar 25.2.1891, in: B, S.62.

72 Strauss: Brief an Pauline de Ahna, Weimar 2.4.1891, in: B, S.62.

73 S3, S.228.

74 C. Wagner: Brief an Strauss, Bayreuth 18.5.1892, in: BCWS, S.134.

75 Franz Strauss: Brief an seinen Sohn, München 31.12.1891, in: B, S.64.

76 C. Wagner: Brief an Strauss, Wahnfried 12.6.1891, in: BCWS, S.91f.

77 Eva Wagner: Brief an Strauss, Wahnfried 7.6.1891, in: BCWS, S.90.

78 Strauss: Brief an C. Wagner, Feldafing 12.6.1891, in: BCWS, S.93.

79 Strauss: Brief an C. Wagner, Feldafing 20.6.1891, in: BCWS, S.95.

80 Strauss: Brief an seine Eltern, Bayreuth 3.7.1891, in: BE, S.139.

81 C. Wagner: Notiz, Bayreuth ohne Datum, in: BCWS, S.98.

82 Strauss: Brief an C. Wagner, Marquartstein 24.8.1891, in: BCWS, S.99.

83 C. Wagner: Brief an Strauss, Bayreuth 25.8.1891, in: BCWS, S.100.

84 Vgl. Unveröffentlichte Einleitung zu der Besprechung der Festspiele 1891 in den »Bayreuther Blättern« seitens A. R. (Alexander Ritter), in: BCW, S.265.

85 C. Wagner: Brief an George Davidsohn, Luzern 11.9.1891, in: BCW, S. 256.

86 Strauss: Zum Tannhäuser in Bayreuth, in: BUE, S. 76ff.

87 Strauss: Brief an seinen Vater, Weimar 24.11.1891, in: BE, S. 142.

88 Strauss: Brief an seinen Vater, Weimar 2.10.1891, in: BE, S. 140.

89 Strauss: Brief an seinen Vater, Weimar 15.10.1891, in: BE, S. 141.

90 Franz Strauss: Brief an seinen Sohn, München 31.10.1891, in: B, S. 64.

91 Strauss: Brief an C. Wagner, Weimar 12.1.1891, in: BCWS, S. 110.

92 Franz Strauss: Brief an seinen Sohn, München 7.1.92, in: BE, S. 145.

93 Strauss: Brief an C. Wagner, Weimar 23.1.1892, in: BCWS, S. 115f.

94 C. Wagner: Brief an Strauss, Bayreuth, 26.2.1892, in: BCWS, S. 116f.

95 C. Wagner: Brief an Siegfried Wagner, Bayreuth 1.3.1892, in: BCW, S. 295.

96 C. Wagner: Brief an Konrad Fiedler, Bayreuth, Dez. 1892, in: BCW, S. 317.

97 S3, S. 237.

98 Strauss: Brief an seine Eltern, Weimar 21.1.1892, in: BE, S. 146.

99 A. de Ahna: Brief an Strauss, München 28.1.1892, in: B, S. 66.

100 Franz Strauss: Brief an seinen Sohn, München 29.2.1892, in: B, S. 67.

101 Bülow: Brief an Spitzweg, Hamburg 8.3.1891, in: BB, Bd. VII, S. 332.

102 Bülow: Brief an Spitzweg, Hamburg 16.11.1891, in: BB, Bd. VII, S. 350.

103 Strauss: Brief an seine Eltern, Weimar 1.3.1892, in: BE, S. 149.

104 Bülow: Brief an Spitzweg, Berlin 28.2.1892, in: BB, Bd. VII, S. 373.

105 Strauss: Brief an seine Eltern, Weimar 18.3.1892, in: BE, S. 152.

106 Strauss: Brief an seinen Vater, Weimar 7.4.1892, in: S3, S. 261f.

107 Bülow: Brief an John Mackay, Hamburg 17.2.1892, in: BB, Bd. VII, S. 357.

108 Bülow: Brief an John Mackay, Hamburg 21.7.1892, in: BB, Bd. VII, S. 393.

109 Max Stirner: Der Einzige und sein Eigentum, Berlin 1844, Neuausgabe Stuttgart 21991, S. 27.

110 Ebd. S. 37.

111 Ebd. S. 44.

112 Vgl. S3, S. 265.

113 Ebd. S. 46.

114 Ebd. S. 55.

115 Ebd. S. 101.

116 Ebd. S. 105f.

117 Strauss: Entwurf zu einer Don-Juan-Oper, zitiert nach: S3, S. 262.

118 Strauss: Brief an seine Schwester, Juni 1892, in: S3, S. 188.

119 S3, S. 264.

120 Strauss: Brief an C. Wagner, Bayreuth 14.3.1892, in: BCWS, S. 119.

121 C. Wagner: Brief an Bodo von dem Knesebeck, Bayreuth, 8.5.1891, in: BCW, S. 238

122 Strauss: Brief an C. Wagner, 28.3.1892, in: BCWS, S. 122.

123 C. Wagner: Brief an Mary Fiedler, Bayreuth 31.3.1891, in: BCW, S. 234f.

124 Strauss: Brief an C. Wagner, Weimar 31.3.1892, in: BCWS, S. 124f.

125 Strauss: Brief an C. Wagner, Weimar, 28.3.1892, in: BCWS, S. 123.

126 Strauss: Brief an die Eltern, Weimar, 24.3.1892, in: BE, S. 153.

127 Strauss: Brief an C. Wagner, Auf der Wartburg, 18.4.1892, in: BCWS, S. 127.

128 Strauss: Brief an seine Eltern, in: S3, S. 247.

129 Franz Strauss: Brief an Johanna Strauss, in: S3, S. 248.

130 Strauss: Brief an C. Wagner, München 14.5.1892, in: BCWS, S. 136.

131 Pauline de Ahna: Brief an Strauss, München 15.8.1892, in: B, S. 74.

# VII
## Die große Reise

1  Strauss: Brief an C. Wagner, Weimar 20.10.1892, in: BCWS, S.138.

2  Strauss: Brief an seinen Vater, Weimar 2.10.1892, in: BE, S.153.

3  Wagner: Über Staat und Religion, 1864, in: Richard Wagner: *Mein Denken*, hrsg. v. Martin Gregor-Dellin, München 1982, S.295.

4  S3, S.304.

5  Strauss: Brief an C. Wagner, Kairo, 9.12.1892, in: BCWS, S.141.

6  Strauss: Reisetagebuch, in: S3, S.305.

7  Strauss: Briefe an seine Eltern aus Athen, vgl. S3, S.306.

8  Franz Strauss: Brief an seinen Sohn, München, 28.11.1892, in: BE, S.156f.

9  Strauss: Brief an C. Wagner, Kairo, 9.12.1892, in: BCWS, S.142.

10  Strauss: Tagebuch, nach: S3, S.309.

11  Strauss: Brief an C. Wagner, Luxor 1.3.1893, in: BCWS, S.147f.

12  C. Wagner: Brief an Strauss, Wahnfried 15.3.1893, in: BCWS, S.151.

13  Strauss: Brief an seine Mutter, Luxor 25.1.1893, in: BE, S.158.

14  Strauss: Brief an C. Wagner, Luxor, 1.3.1893, in: BCWS, S.147.

15  Strauss: Brief an seine Eltern, Luxor, 25.1.1893, in: BE, S.159.

16  Strauss: Brief an seine Eltern, Luxor, Januar 1893, in: BE, S.158.

17  Strauss: Tagebuch, in: S3, S.316.

18  Strauss: Brief an seine Schwester, Luxor 17.1.1893, in: S3, S.310.

19  Strauss: Tagebuch, in: S3, S.319.

20  Strauss: Brief an C. Wagner, Luxor 1.3.1893, in: BCWS, S.148.

21  Franz Strauss: Brief an seinen Sohn, in: S3, S.321.

22  Thuille: Brief an Strauss, München 30.1.1893, in: BTS, S.125.

23  Strauss: Entwurf zu »Der Reichstag zu Mainz» in: S3, S.320ff.

24  Strauss: Brief an seine Mutter, 18.3.1893, in: BE, S.166.

25  Franz Strauss: Brief an Richard, München 16.3.1893, in: BE, S.167.

26  Strauss: Brief an C. Wagner, 23.3.1893, in: BCWS, S.153.

27  Strauss: Brief an C. Wagner, 23.4.1893, in: BCWS, S.157.

28  Strauss: Brief an C. Wagner, 10.4.1893, in: BCWS, S.155.

29  C. Wagner: Brief an K. Fiedler, Dezember 1892, in: BCW, S.317.

30  C. Wagner: Brief an K. Fiedler, 13.3.1893, in: BCW, S.332.

31  Strauss: Brief an seinen Vater, Taormina, 14.4.1893, in: BE, S.171.

32  Strauss: Brief an C. Wagner, 10.4.1893, in: BCWS, S.155.

33  Friedrich Nietzsche: *Jenseits von Gut und Böse*, 1885, Werke in zwei Bänden hrsg. v. Ivo Frenzel, München 1967, Bd. II, S.142.

34  Nietzsche: *Jenseits von Gut und Böse, Zur Naturgeschichte der Moral*, Bd. II, S.90f.

35  Nietzsche: *Jenseits von Gut und Böse, Unsere Tugenden*, Bd. II, S.122.

36  Vgl. Strauss: Brief an seinen Vater, Taormina 15.4.1893, in: BE, S.173.

37  C. Wagner: Brief an M. v. Meysenbug, Bayreuth 8.10.1900, in: BCW, S.548.

38  Strauss: Brief an den Vater, Taormina, 14.4.1893, in: BE, S.172.

39  Strauss: Brief an den Vater, Taormina, 19.4.1893, in: BE, S.175.

40  Strauss: Brief an seine Eltern, Syrakus, 30.4.1893, in: BE, S.176f.

41  Strauss: Brief an den Vater, Palermo, 10.5.1893, in: BE, S.178.

42  Strauss: Brief an seine Mutter, Ramacca, 29.5.1893, in: BE, S. 178f.

43  Strauss: Brief an Bülow, Ramacca, in: S3, S. 331.

44  Strauss: Brief an seine Eltern, Florenz, 10.6.93, in: BE, S. 179.

45  Strauss: Brief an C. Wagner, Florenz, 13.6.1893, in: BCWS, S. 165.

46  Strauss: Brief an C. Wagner, Florenz, 15.6.1893, in: BCWS, S. 167.

47  Strauss: Brief an den Vater, Florenz, 17.6.1893, in: BE, S. 182f.

48  Strauss: Brief an seine Eltern, Simplon, 20.6.1893, in: BE, S. 184.

49  Strauss: Brief an seine Eltern, Zermatt, 22.6.1893, in: BE, S. 184.

50  Strauss: Brief an seinen Vater, Taormina, 14.4.1893, in: BE, S. 173.

51  Strauss: Guntram, I. Aufzug, 1. Szene.

52  John Henry Mackay: *Die Anarchisten*, 1891, Neuauflage: Leipzig 1992.

53  Strauss: Guntram, I. Aufzug, 2. Szene.

54  Strauss: Guntram, II. Aufzug, 1. Szene.

55  Ritter: Brief an Strauss, München 17.1.1893, in: S3, S. 286f.

56  Strauss: Brief an Ritter, Luxor, 3.2.1893, in: S3, S. 290.

57  S1, S. 44f.

58  S1, S. 50f.

59  C. Wagner: Brief an Strauss, Gardone 21.10.1893, in: BCWS, S. 171.

60  Strauss: Brief an seinen Vater, Weimar 19.9.93, in: S3, S. 333.

61  Strauss: Brief an seinen Vater, Weimar 25.10.93, in: BE, S. 186f.

62  Levi: Brief an Strauss, München 29.7.93, in: S3, S. 337.

63  S3, S. 338.

64  Strauss: Brief an C. Wagner, Weimar 18.10.1893, in: BCWS, S. 169.

65  C. Wagner: Brief an Konrad Fiedler, Bayreuth 23.1.1895, in: BCW, S. 386.

66  Weingartner: Brief an Levi, 6.8.1892, in: BCW, 795f.

67  Vgl. Strauss: Brief an C. Wagner, 18.10.1893, in: BCWS, S. 169.

68  Strauss: Brief an seine Eltern, 30.10.1893, in: BE, S. 187.

69  Mahler: Brief an Strauss, Hamburg 24.12.93, in: BMS, S. 20.

70  Strauss: Brief an den Vater, 4.11.1893, in: BE, S. 188f.

71  Strauss: Brief an die Eltern, 1.12.1893, in: BE, S. 190.

72  Strauss: Brief an die Eltern, 18.12.1893, in: BE, S. 190f.

73  Strauss: Brief an C. Wagner, 20.12.1893, in: BCWS, S. 173.

74  S3, S. 346.

75  Strauss: Brief an Humperdinck, 9.1.94, in: S3, S. 348.

76  Strauss: Brief an die Eltern, Weimar 9.1.1894, in: BE, S. 191.

77  Strauss: Brief an Mahler, Weimar 22.10.93, in: BMS, S. 19.

78  Strauss: Brief an die Eltern, Hamburg 22.1.1894, in: BE, S. 193f.

79  Strauss: Brief an seinen Vater, Weimar, 6.2.1894, in: BE, S. 194.

80  Mahler: Brief an Strauss, Hamburg, 3.2.94, in: BMS, S. 25.

81  Mahler: Brief an Strauss, Hamburg, 26.2.94, in: BMS, S. 30f.

82  Daniela Thode: Brief an Strauss, zitiert nach S3, S. 352.

83  Mackay: *Die Anarchisten*, S. 222.

84  Mackay: *Die Anarchisten*, S. 229.

85  S1, S. 34.

86  Strauss: Brief an Eugen Lindner, Schwarzburg, 14.6.1892, in: S3, S. 266ff.

87  Strauss: Brief an seine Eltern, Frankfurt, 18.1.1894, in: BE, S. 193.

88  Strauss: Brief an den Vater, Weimar, 2.3.1894, in: BE, S. 195.

89  Franz Strauss: Brief an Richard, München 9.1.1894, in: BE, S. 192.

90  Strauss: Brief an den Vater, Weimar 6.2.1894, in: BE, S. 194.

91  Franz Strauss: Brief an Richard, München 3.3.1894, in: BE, S. 196.

92  Strauss: Brief an C. Wagner, Weimar 8.3.1894, in: BCWS, S. 180.

93  C. Wagner: Brief an Strauss, Bayreuth 9.3.1894, in: BCWS, S. 181.

94  C. Wagner: Brief an Strauss, Bayreuth 13.3.1894, in: BCWS, S. 184.

95  Strauss: Brief an C. Wagner, Weimar 11.3.1894, in: BCWS, S. 182.

96  Strauss: Brief an C. Wagner, Weimar 11.3.1894, in: BCWS, S. 183.

97  Strauss: Brief an die Eltern, Weimar 3.4.1894, in: BE, S. 196f.

98  Strauss: Brief an die Mutter, Weimar 11.4.1894, in: BE, S. 197.

99  Strauss: Erinnerungen an die ersten Aufführungen meiner Opern, in: BUE, S. 220.

100  Edith Stargardt-Wolff: *Wegebereiter großer Künstler*, Wiesbaden 1954, S. 161.

101  Ebd. S. 161f.

102  Lotte Lehmann: *My many Lives*, New York 1948, S. 196.

103  Pauline de Ahna: Brief an Strauss, Weimar 24.3.1894, in: S3, S. 358.

104  Strauss: Erinnerungen an die ersten Aufführungen meiner Opern, in: *BUE*, S. 220f.

105  Besprechung von Max Hasse in: »Weimarer Zeitung«, 16.5.1894, in: SK, S. 9ff.

106  »Münchner Neueste Nachrichten«, 11.5.1894.

107  C. Wagner: Brief an Strauss, Wahnfried 18.7.1894, in: BCWS, S. 192.

108  George Bernard Shaw: Bericht aus Bayreuth, 22.7.1894, in: *Shaw's Music*, Volume 3, S. 288ff.

109  S2, S. 72.

## VIII
## Musikalischer Revolutionär

1   Vgl. S3.

2   Thomas Mann: *Gladius Dei*, in: *Erzählungen 1893–1903*, Frankfurt, 1991, S. 192ff.

3   Ebd. S. 193.

4   Thomas Mann: *Buddenbrooks* (1901), Frankfurt 1971, S. 209.

5   Ebd. S. 251.

6   Anonym: Beschauliche Briefe eines Münchner Eremiten, in: »Die Gesellschaft« 1895, S. 252ff.

7   Ebd. S. 255ff.

8   Ebd. S. 395.

9   Vgl. Jürgen Kolbe: *Heller Zauber, Thomas in München*, Berlin 1987, S. 108.

10  Münchens Niedergang als Kunststadt, a. a. o., S. 108.

11  Handwerk: Kultus des Nackten, in: »Die Gesellschaft«, 1897, S. 300.

12  Vgl. Kolbe, S. 139.

13  Thomas Mann: *Betrachungen eines Unpolitischen*, Berlin 1918.

14  Zitiert nach: Kurt Wilhelm: Die geplante Volksoper »Till Eulenspiegel«, in S3, S. 535.

15  Strauss: Brief an seinen Vater, 1.2.94, in: S3, S. 332.

16  S1, S. 58.

17  Strauss: *Wenn...*, in: »Jugend«, Heft 4, 25.1.1896.

18  Strauss: Aus meinen Jugend- und Lehrjahren, in: BUE, S. 215.

19  Curt Heinrich: Bürgerweisheit, in: »Die Gesellschaft«, Februar 1895, S. 149.

20  Strauss, Brief an Wüllner, München 20.10.95, in: S3, S. 402.

21  Mauke: Konzertführer

22  Wüllner: Programmheft zur Uraufführung, in: S3, S. 405.

23  Mauke: Musikführer zu »Till Eulenspiegel«

24  Strauss: Telegramm an Wüllner, in: S3, S. 402.

25  S3, S. 406.

26  Partitur: 4 Takte nach Ziffer 9.

27  Partitur: 4 Takte vor Ziffer 11.

28  Partitur: 4 Takte nach Ziffer 11.

29  Partitur: 8 Takte vor Ziffer 13.

30  S3, S. 406.

31  Partitur: 7 Takte nach Ziffer 18.

32  Partitur: Ziffer 20.

33  Partitur: 4 Takte vor Ziffer 26.

34  Hans Merian: Lumpe als Helden. Ein Beitrag zur modernen Ästhetik, in: »Die Gesellschaft«, 1891, S. 64ff.

35  S3, S. 407.

36  Vgl. Franzpeter Messmer: Musikstadt München, in: Friedrich Prinz, Marita Krauss: *München – Musenstadt mit Hinterhöfen*, München 1988, S. 287.

37  Partitur Ziffer 40.

38  De Ahna: Brief an seine Tochter, 9.4.1894, in: S3, S. 362

39  Pauline Strauss: Brief an Richard, 24.3.1894, in: S3, S. 358.

40  S3, S. 359.

41  Johanna Elberskirchen: Die Stellung der Frau zur Kunst und zum Mann, in: »Die Gesellschaft«, 1888, S. 407.

42  De Ahna: Brief an Pauline, 9.4.94, in: S3, S. 362.

43  S3, S. 401.

44  Vgl. Julius Bahle: *Umgebung und Tat im musikalischen Schaffen*, Leipzig 1939, vgl. S3, S. 470.

45  Oskar Merz: Guntram, »Münchner Neueste Nachrichten« 18.11.1895, in: S3, S. 394.

46  Schreibkalender von Strauss, 8.2.1896, in: S3, S. 395.

47  Pamela M. Reber: Korrespondentenbericht, »Neue Zeitschrift für Musik«, 1897, S. 7.

48  Zitiert nach S3, S. 442.

49  Strauss: Brief an Pauline, in: S3, S. 442.

50  Strauss: Brief an die Eltern, Paris, 30.11.1897, in: BE, S. 208.

51 Hanslick: Konzertkritik, 1900, in: S3, S. 468.

52 Paula Reber: Korrespondentenbericht, »Neue Zeitschrift für Musik«, 1899, S. 509.

53 Nietzsche: *Jenseits von Gut und Böse*, S. 122.

54 Heinz Starkenburg: Die Frauenbewegung und die Liebe der Zukunft, in: »Die Gesellschaft«, 1898, S. 289ff.

55 Ebd. S. 369.

56 Strauss: Pauline Strauss-de Ahna, Lugano 22.5.1947, in: BUE, S. 249.

57 Strauss: Brief an Pauline, Lüttich 9.12.1896, in: S3, S. 436.

58 Strauss: Brief an Pauline, Antwerpen 8.12.96, in: S3, S. 436. Da dieser Brief nur einen Tag vor dem Lütticher Brief geschrieben wurde, kann er nicht die Auslösung des Streites sein, wie Schuh anmerkt. Aber man kann annehmen, daß durch ähnliche Bemerkungen die Eifersucht von Pauline geweckt wurde.

59 Strauss: Brief an Pauline, Frankfurt 28.10.97, in: S3, S. 438.

60 Strauss: Brief an seine Eltern, München 1896?, in: BE, S. 202.

61 S3, S. 473.

62 Strauss: Brief an seine Eltern, München 16.4.1897, in: BE, S. 206.

63 Hanslick: Kritik über *Also sprach Zarathustra*, in: S2, S. 235.

64 S2, S. 235.

65 Cosima Wagner: Brief an Michael Balling, Bayreuth, 8.2.1897, in: BCW, S. 446.

66 Telegramm von C. Wagner, 17.4.1897, in: B, S. 103.

67 Strauss: Brief an C. Wagner, München 17.4.1897, in: B, S. 103.

68 S3, S. 428.

69 Max Bruns: Dekadents, in: »Die Gesellschaft«, 1898, S. 368.

70 Rodolf Klein: Nietzsche und unsere Zeit, in: »Die Gesellschaft«, 1897, S. 48ff.

71 Friedrich Nietzsche: Brief an Erwin Rohde, Nizza 22.2.1884, in: Nietzsche Werke I, S. 799.

72 Partitur Takt 1–19.

73 SSK, S. 6.

74 Nietzsche, *Zarathustra*, Werke I, S. 562.

75 Ebd. S. 563.

76 Partitur Takt 32.

77 SSK, S. 6.

78 Partitur Takt 75ff.

79 Nietzsche, Werke I, S. 701.

80 Partitur Takt 115ff.

81 Partitur Takt 162ff.

82 Nietzsche, Werke I, S. 566f.

83 SSK, S. 6.

84 Nietzsche, Werke I, S. 619.

85 Partitur, Takt 169ff.

86 Partitur, Takt 201.

87 Partitur, Takt 239ff.

88 Nietzsche: Werke I, S. 758ff.

89 Nietzsche: Werke I, S. 697f.

90 Partitur, Takt 408ff.

91 Strauss: Über Johann Strauss, in: BUE, S. 115.

92 Nietzsche: Werke I, S. 617.

93 Ebd. S. 618.

94 SSK, S. 6.

95 Nietzsche: *Der Genesende*, Werke I, S. 697.

96 Partitur S. 202.

97 Nietzsche: *Das Nachtlied*, Werke I, S. 615f.

98 Strauss: Brief an Martin Hürlimann, 1946, in: Schuh S. 429.

99 Oskar Merz: Guntram, in: »Münchner Neueste Nachrichten«, 18.11.1895, in: S3, S. 391.

100 Ebd.

101 Strauss: Erinnerungen an die ersten Aufführungen meiner Opern, in: BUE, S. 221f.

102 Ebd. S. 221.

103 Merz: Guntram, ebd.

104 Paula Reber: Korrespondentenbericht, »Neue Zeitschrift für Musik«, 1895, S. 563.

105 Ihre Premiere hatte diese Neuinszenierung am 22.5.95.

106 Heinrich Bihle: Die Musikalische Akademie in München, Festschrift, München 1911, S. 119.

107 Zitiert nach S3, S. 388.

108 Otto Lessmann, in: »Allgemeine Musikzeitung«, 1895, nach S3, S. 387.

109 Paula Reber: Korrespondentenbericht, 10.8.1897, in: »Neue Zeitschrift für Musik«, S. 484.

110 Strauss: Die Münchner Oper, in BUE, S. 119.

111 Wagner: *Das Publikum in Zeit und Raum*, 1878.

112 Oskar Merz: Figaros Hochzeit, in: »Münchner Neueste Nachrichten«, 16.2.1895, S. 3.

113 Vgl. Franzpeter Messmer: Musikstadt München, in: Prinzregentenzeit, S. 285f.

114 Paula Reber: Korrespondentenbericht, 28.8.1898, in: »Neue Zeitschrift für Musik« S. 392.

115 Paula Reber: Korrespondentenbericht, 17.8.1897, in: »Neue Zeitschrift für Musik« S. 532.

116 Meldung in: Neue Zeitschrift für Musik, 28.8. 1898, S. 533.

117 Paula Reber: Korrespondentenbericht, 17.8.1897, in: »Neue Zeitschrift für Musik« S. 392.

118 Jules Saint-Froid: Die geisteskranken Psychiater, in: »Die Gesellschaft«, 1896, S. 365.

119 Ebd. S. 367.

120 S3, S. 478.

121 Oskar Panizza: Der Klassizismus und das Eindringen des Variété. Eine Studie über den zeitgenössischen Geschmack, in: »Die Gesellschaft«, 1896, S. 1254.

122 Norman Del Mar: *Richard Strauss – A critical survey of his life and works*, London, 1962.

123 Romain Rolland: *Musiker von heute*, München 1927, S. 167.

124 Romain Rolland: *Aus meinem Leben*, Amsterdam 1949, S. 307.

125 Strauss: Brief an seine Mutter über die Uraufführung von Don Quixote, Frankfurt 30.3.1898, in: BE, S. 209.

126 S3, S. 475.

127 Strauss: Brief an Pauline, Moskau, 18.3.1896, in: B, S. 98.

128 Strauss: Brief an die Eltern, Moskau, 13.3.1896, in: BE, S. 199.

129 Strauss: Brief an Pauline, Antwerpen, 8.12.1896, in: S3, S. 436.

130 Strauss: Brief an seine Eltern, Antwerpen 8.12.1896, in: BE, S. 201.

131 Alphons Diepenbrock, Brief an Carl Smulders, zitiert nach S3, S. 437f.

132 S3, S. 438.

133 Strauss: Brief an Pauline, Amsterdam 8.10.97, in: S3 S. 438.

134 Strauss: Brief an Pauline, Barcelona, 11.11.97, in: S3, S. 439.

135 Strauss: Brief an Pauline, Barcelona, 12.11.97, in: B, S. 110.

136 Strauss: Brief an den Vater, Barcelona, 12.11.97, in: BE, S. 207.

137 Strauss: Brief an Pauline, Barcelona, 12.11.97, in: B, S. 111.

138 Strauss: Brief an seinen Vater, Paris 25.11.1897, in: BE, S. 208.

139 Vgl. Romain Rolland: *Musiker von heute*, S. 163.

140 Romain Rolland: Journal, in: S3, S. 499.

141 Romain Rolland: *Musiker von heute*, S. 172.

# IX
# Weltbürger und Kapellmeister des Kaisers

1   Strauss: Brief an seine Mutter, 10.4.1898, in: BE, S. 210f.

2   Strauss: Notiz, 16.3.1898, in: S3, S. 491.

3   Strauss: Brief an seine Mutter, 10.4.1898, in: BE, S. 211.

4   Franz Strauss: Brief an Richard, München 30.11.1904, in: B, S. 156.

5   Willy Pastor: *Berlin, wie es war und wurde*, Berlin o. J., S. 90.

6   Ebd. S. 91.

7   Ebd. S. 97.

8   Strauss: Brief an seinen Vater, Charlottenburg 22.11.1898, in: BE, S. 213.

9   Vgl. Friedrich Hartau: *Wilhelm II*, Reinbek 1992, S. 33.

10  A. a. o., S. 33f.

11  S2, S. 83.

12  Strauss: Brief an Pauline, Kassel 25.5.1899, in: B, S. 123.

13  S2, S. 83.

14  S2, S. 83.

15  Strauss: Brief an Georg von Hülsen-Haeseler, Marquartstein 10.8.1905, in: B, S. 162.

16  Strauss: Brief an seine Frau, Rio de Janeiro 19.9.1920, in: B, S. 256.

17  BCW, S. 752.

18  Vgl. Hartau: *Wilhelm II*, S. 94.

19  Feuersnot, Ziffer 187-8.

20  Feuersnot, Ziffer 182+7.

21  Carl Söhle: Feuersnot, in: »Musikalisches Wochenblatt«, 1901, S. 665, in: SK, S. 29.

22  Franz Strauss: Brief an Richard, München, 25.12.1900, in: B, S. 135.

23  Georg Richter: Feuersnot, »Neue Zeitschrift für Musik«, 1901, S. 603f, in: SK, S. 20.

24  Vgl. Julius Kapp: 185 Jahre Staatsoper, Festschrift zur Wiedereröffnung des Opernhauses Unter den Linden, Berlin 1928, S. 78.

25  Richard Strauss: *Der Geist der Opposition*, hrsg. von Stephan Kohler, in: »Feuersnot«, Programmheft der Bayerischen Staatsoper, München 1980, Tagebuchnotiz aus dem Jahr 1949, S. 7.

26  Ebd. Tagebuchnotiz aus dem Jahr 1945, S. 7.

27  Vgl. Hans Ostwald: *Das galante Berlin*, Berlin 1928, S. 165ff.

28  Ernst von Wolzogen: Brief an Strauss, München 18.3.1899, in: B, S. 121.

29  Strauss: Brief an seine Eltern, Charlottenburg 24.11.1900, in: BE, S. 238.

30  Feuersnost, Ziffer 110-8 bis 126.

31  Claude Debussy: Konzertkritik, Gil Blas, 30.3.1903, in: Programmheft.

32  S2, S. 169.

33  Zitiert nach S2, S. 172, Anmerkung 1.

34  Romain Rolland: *Aus meinem Leben, Erinnerungen an Kindheit und Jugend*, Amsterdam 1949, S. 299f.

35  SSK, S. 17.

36  Strauss: Brief an seine Eltern, Charlottenburg 4.6.1899, in: BE, S. 224.

37  Sinfonia Domestica, bis Ziffer 3.

38  SSK, S. 17.

39  Franz Strauss: Brief an Richard, München 6.4.1903, in: BE, S. 272f.

40  Strauss: Brief an die Mutter, Charlottenburg 8.4.1903, in: BE, S. 273.

41  Mann: *Betrachtungen eines Unpolitischen*.

42  Sinfonia Domestica, Ziffer 3 bis 8.

43  Strauss: Brief an Pauline, Isle of Wight 26.5.1902, in: B, S. 141f.

44  Strauss: Brief an Pauline, Marquartstein 18.9.1904, in: B, S. 154.

45  Alma Mahler: *Gustav Mahler, Erinnerungen und Briefe*, Amsterdam 1940, S. 38.

46  Ebd. S. 39.

47  BMS, S. 174.

48   Alma Mahler: *Gustav Mahler*, S. 368.

49   Franz Strauss: Brief an Richard, München 3.3.1905, in: B, S. 157.

50   Sinfonia Domestica Ziffer 8 bis 14.

51   Sinfonia Domestica Ziffer 14 bis 16.

52   Sinfonia Domestica Ziffer 15.

53   Sinfonia Domestica Ziffer 16+2.

54   Sinfonia Domestica Ziffer 18.

55   Sinfonia Domestica Ziffer 18+9.

56   SSK, S. 17.

57   Sinfonia Domestica Ziffer 40.

58   SSK, S. 17.

59   Sinfonia Domestica Ziffer 44-2.

60   Sinfonia Domestica Ziffer 48-2 bis 49.

61   Vgl. Richard Specht: *Richard Strauss*, Leipzig 1921, Bd. 1, S. 308.

62   Sinfonia Domestica Ziffer 85+10.

63   Sinfonia Domestica Ziffer 87.

64   Sinfonia Domestica Ziffer 92.

65   SSK, S. 17.

66   Strauss: Brief an die Eltern, Berlin 11.2.1904, in: BE, S. 286.

67   Strauss: Brief an die Eltern, Schnelldampfer Moltke, 20.2.1904, in: BE, S. 287.

68   Ebd. S. 288.

69   Strauss: Brief an die Eltern, Morgantown 14.3.1904, in: BE, S. 293.

70   Strauss: Brief an die Eltern, New York 2.3.1904, in: BE, S. 291.

71   Pauline Strauss: Brief an die Eltern, Pittsburgh 13.3.1904, in: BE, S. 292.

72   S2, S. 87f.

73   Strauss: Brief an die Eltern, Morgantown 14.3.1904, in: BE, S. 294.

74   Strauss: Brief an die Eltern, Providence 22.3.1904, in: BE, S. 295.

75   Strauss: Brief an die Eltern, Morgantown 14.3.1904, in: BE, S. 293.

76   Strauss: Brief an die Eltern, Providence 22.3.1904, in: BE, S. 295f.

77   Strauss: Brief an die Eltern, New York 2.3.1904, in: BE, S. 291f.

78   Pauline Strauss: Brief an die Eltern, Pittsburgh 13.3.1904, in: BE, S. 292.

79   Franz Strauss: Brief an Richard, München 30.11.1904, in: B, S. 156.

80   Hans Ostwald: *Das galante Berlin*, Berlin 1928, S. 217.

81   Vgl. ebd. S. 214ff.

82   Ebd. S. 215f.

83   Brandes: Uraufführungskritik, in: SK, S. 34.

84   Strauss: Salome, in BUE, S. 224.

85   Strauss: Entwurf zu Der Reichstag zu Mainz, vgl. S3, S. 323.

86   Strauss: Entwurf zu einer Don-Juan-Oper, vgl. S3, S. 262.

87   Ebd.

88   Nietzsche: *Also sprach Zarathustra*, Tanzlied, in: Werke I. S. 617f.

89   Strauss: Salome, in BUE, S. 225f.

90   Strauss: Salome, in BUE, S. 225.

91   Relda: Uraufführungskritik, in: »Neues Wiener Journal«, 10.12.1905, in: SK, S. 53f.

92   Friedrich Brandes: Uraufführungskritik, in: »Signale für die Musikalische Welt«, 1905, S. 1289ff, in: SK, S. 34ff.

93   Georg Stolz: Uraufführungskritik, in: »Chemnitzer Allgemeine Zeitung«, 12.12.1905, in: SK, S. 36f.

94   Ludwig Hartmann: Uraufführungskritik, in: Leipziger Neueste Nachrichten, 10.12.1905, in: SK, S. 37.

95   H. St.: Uraufführungskritik, in: »Dresdner Nachrichten«, 11.12.1905, in: SK, S. 37.

96   Hartmann, a. a. o., SK, S. 40.

97   Georg Gräner: Uraufführungskritik, in: »Die Schaubühne«, 14.12.1905, in: SK, S. 41.

98   Carl Krebs: Uraufführungskritik, in: »Neues Wiener Tagblatt«, 12.12.1905, in: SK, S. 48.

99   Paul Pfitzner: Uraufführungskritik, in: »Musikalisches Wochenblatt«, 14.12.1905, in: SK, S. 49.

100  Strauss: Salome, in: BUE, S. 227.

101  Ludwig Hartmann: Uraufführungskritik, »Leipziger Neueste Nachrichten«, 10.12.1905, in: SK, S. 50.

102 Strauss: Brief an Cosima Wagner, Charlottenburg 20.4.1905, BCWS, S. 255.

103 Franz Strauss: Brief an Richard, München
3.3.1905, in: B, S. 157.

104 Franz Strauss: Brief an Richard, München
20.3.1903, in: B, S. 146.

105 Franz Strauss: Brief an Richard, München
15.12.1898, in: B, S. 119.

106 Franz Strauss: Brief an Richard, München
18.6.1899, in: B, S. 124.

107 Franz Strauss: Brief an Richard, München
12.10.1900, in: B, S. 133.

108 Franz Strauss: Brief an Richard, München
12.10.1903, in: B, S. 151.

109 Strauss: Salome, in: BUE, S. 226.

110 Walther Rathenau: *Schriften und Reden*, Frankfurt 1964, S. 249.

111 Ebd. S. 237.

112 Georg Simmel: Zur Psychologie und Soziologie
der Lüge, in: *Aufsätze und Abhandlungen 1894–
1900*, GA Bd. 5, Frankfurt 1992, S. 418.

113 Oswald Spengler: *Der Untergang des Abendlandes*, 1917, München ⁷1983, S. 1194.

114 Strauss: Elektra, in: BUE, S. 229f.

115 Strauss: Brief an Hofmannsthal, Garmisch
6.7.1908, in: BHS, S. 41.

116 Elektra, Partitur Ziffer 40 bis 41.

117 Strauss: Elektra, in: BUE, S. 232.

118 Hofmannsthal: Brief an Ernst Hladny.

119 Elektra, Partitur Ziffer 35-3ff.

120 Elektra, Partitur Ziffer 46ff.

121 Elektra, Partitur Ziffer 55ff.

122 Ferdinand A. Geißler: Uraufführungskritik, »Die
Musik«, 1909, S. 244, in: SK, S. 69.

123 Strauss: Elektra, in BUE, S. 230.

124 Elektra, Partitur Ziffer 64-2.

125 Elektra, Partitur Ziffer 86.

126 Elektra, Partitur Ziffer 124ff.

127 Elektra, Partitur Ziffer 130f.

128 Elektra, Partitur Ziffer 136f.

129 Elektra, Partitur Ziffer 256ff.

130 Strauss: Elektra, in: BUE, S. 230.

131 Elektra, Ziffer 50a bis 68a.

132 Alma Mahler: *Mein Leben*, S. 223.

133 Elektra, Partitur Ziffer 247a ff.

134 Vgl. Geißler: Uraufführungskritik, »Die Musik«,
1909, S. 244ff, in: SK, S. 69.

135 Ebd.

136 August Spannuth: Nachträge zur Elektra-Auf-
führung, in: Signale für die Musikalische Welt,
1909, S. 165ff, in: SK, S. 75.

137 Hermann Bahr: Elektra, in: *Theater der Jahrhundertwende*, hrsg, von Heinz Kindermann,
Wien 1963, Kritik aus: »Neues Wiener Tagblatt«, 15.5.1905, in: SK, S. 71f.

138 Strauss: Brief an Hofmannsthal, Charlottenburg
14.12.1900, in: BHS, S. 16.

139 Strauss: Brief an Hofmannsthal, Berlin
17.11.1906, in: BHS, S. 17.

140 Hofmannsthal: Ein Brief, 1902, in: *Erzählungen,
Erfundene Gespräche und Briefe, Reisen*,
S. 461ff.

141 Egon Friedell: *Kulturgeschichte der Neuzeit*,
1927, München 1974, S. 1468f.

142 Ebd.

143 Hofmannsthal: Zum Geleit (1927), in: R,
S. 224.

144 Hofmannsthal: Brief an Keßler, Rodaun
26.3.1909, in: R, S. 228.

145 Ebd.

146 Hofmannsthal: Brief an Strauss, Rodaun
24.4.1909, in: R, S. 230.

147 Strauss: Brief an Hofmannsthal, Garmisch
21.4.1909, in: R, S. 229.

148 Strauss: Brief an Hofmannsthal, Garmisch
4.5.1909, in: R, S. 230.

149 Hofmannsthal: Brief an Strauss, Rodaun
12.5.1909, in: R, S. 231.

150 Strauss: Brief an Hofmannsthal, Garmisch
16.5.1909, in: R, S. 231.

151 Keßler: Brief an Hofmannsthal, Marseille
17.5.1909, in: R, S. 232f.

152 Hofmannsthal: Brief an Keßler, Rodaun
20.5.1909, in: R, S. 235.

153 Hofmannsthal: Brief an Keßler, Rodaun
30.5.1909, in: R, S. 240.

154 Hofmannsthal: Brief an Keßler, Starnberg 12.6.1909, in: R, S.244.
155 Vgl. Werner Volke: *Hofmannsthal*, Reinbek 1967, S.97.
156 Hofmannsthal: Brief an Strauss, Hinterhör 27.2.1923, in: BHS, S.488.
157 Strauss: Brief an Hofmannsthal, Mürren 9.7.1909, in: R, S.248.
158 Strauss: Brief an Hofmannsthal, Mürren 10.7.1909, in: R, S.250.
159 Hofmannsthal: Brief an Strauss, Rodaun 11.7.1909, in: R, S.251.
160 Strauss: Brief an Hofmannsthal, Garmisch 16.7.1909, in: R, S.251.
161 Hofmannsthal: Brief an Strauss, Aussee 14./18.7. 1909, in: R, S.252.
162 Keßler: Brief an Hofmannsthal, Arles 3.8.1909, in: R, S.256.
163 Hofmannsthal: Ungeschriebenes Nachwort, 1911, in: R, S.221.
164 Fritz Jacobsohn: Uraufführungskritik, in: »Der Roland von Berlin«, 2.2.1911, in: SK, S.107.
165 Vgl. Hofmannsthal: Zum Geleit, in: R, S.224.
166 Felix Adler: Uraufführungskritik, »Neue Freie Presse«, Wien 2.2.1911, in: SK, S.80.
167 Jacobsohn, a. a. o.
168 Albert Geiger: Unpassende Worte eines Dilettanten, in: »Breslauer Landeszeitung«, 5.4.1911, in: SK, S.80.
169 Hofmannsthal: Zum Geleit, in: R, S.224.
170 Rosenkavalier, Partitur Ziffer 311+5.
171 Hofmannsthal: Maria Theresia, 1917, in: H, *Reden und Aufsätze II*, S.448–452.
172 Zitiert nach: SK, S.111f.
173 In: »Die Musik«, 1911, S.195ff, in: SK, S.113ff.
174 Franz Strauss: Brief an Richard, München, 3.3.1905, in B, S.157.
175 Strauss: Salome, in: BUE, S.227.
176 Vgl. Kurt Wilhelm: *Richard Strauss*, München 1984, S.131.
177 Alma Mahler, S.346.
178 BUE, S.227.
179 Heinz Tiessen, Uraufführungskritik, »Allgemeine Musikzeitung«, 1911, S.391f, in: SK, S.104.
180 Richard Specht: Uraufführungskritik, »Der Merker«, 1.2.1911, in: SK, S.105.
181 Friedrich Brandes: Uraufführungskritik, »Dresdner Tageszeitung«, 28.1.1911, in: SK, S.104f.
182 Claude Debussy: Eine Renaissance des klassischen Ideals? Umfrage in Paris Journal, 20.5.1910, in: Monsieur Croche S.289.
183 Debussy: Richard Strauss, Gil Blas 30.3.1903, in: Monsieur Croche S.140f.
184 Arnold Schönberg: Probleme der Harmonie, 19.1.1927, in: *Stil und Gedanke, Aufsätze zur Musik*, Gesammelte Schriften Bd.1, Frankfurt 1976, S.232.
185 Thuille: Brief an Strauss, München 9.1.1906, in: BTS, S.175.
186 Siegfried Wagner gegen Richard Strauss, in: »Der Turm«, BCWS, S.280.
187 Igor Strawinsky: *Gespräche mit Robert Craft*, Zürich 1961, S.102.
188 Debussy: *Strauss*, S.141ff.
189 Strauss: Gibt es eine Fortschrittspartei in der Musik, 1907, in: BUE, S. 16.
190 Schönberg: Brief an einen Unbekannten, Berlin 22.4.1914, in: Briefe S. 48.
191 Alma Mahler: *Mein Leben*, S.224.
192 Strauss: Salome BUE, S.225.
193 Hofmannsthal: *Zukunft*, 1905, in: H, *Reden und Aufsätze I*, S.618.
194 Vgl. Leonhard M. Fiedler: *Max Reinhardt*, Reinbek 1975, S.39.
195 Hofmannsthal: *Reinhardt bei der Arbeit*, 1923, in: H, *Reden und Aufsätze II*, S.299.
196 Hofmannsthal: *Komödie*, 1922, in: H, *Reden und Aufsätze II*, S.269.
197 Hofmannsthal: *Die Bühne als Traumbild*, 1903, in: H, *Reden und Aufsätze I*, S.490.
198 Strauss: Rosenkavalier, in: BUE, S.233f.
199 Strauss: Ariadne auf Naxos, in: BUE, S.238f.
200 Hofmannsthal: Brief an Strauss, Rodaun 20.3.1911, in: BHS, S.112.

201 Hofmannsthal: Ariadne, 1912, in: H, *Dramen V*, S. 297.

202 Pauline Strauss: Brief an Richard, 27.2.1911, in: B, S. 194.

203 Arthur Neissen: Uraufführungskritik, »Bühne und Welt«, 15.11.1912, S. 153 f.

204 Paul Stefan: *Der Ungehörte Ruf*, Charlottenburg 1914, S. 22ff.

205 Strauss: Ariadne auf Naxos, BUE, S. 241.

206 Harry Graf Keßler: Die Handlung der Josephslegende, in: Hofmannsthal: H, *Dramen VI*, S. 91 ff.

207 August Spannuth: Uraufführungskritik, »Signale für die Musikalische Welt«, 1914, in: SK, S. 175.

208 Leopold Schmidt: Uraufführungskritik, »Der Merker«, in: SK, S. 176.

209 Arthur Neissen: Uraufführungskritik, »Neue Zeitschrift für Musik«, 1914, in: SK, S. 177.

210 Romain Rolland: *Musiciens d'aujourd'hui*, Paris 1908, deutsche Übersetzung: München 1927, S. 175.

211 Rolland: Brief an Strauss, 14.5.1907, in: BRS, S. 116.

212 Strauss: Brief an Rolland, 15.7.1905, in: BRS, S. 50.

213 Rolland: Brief an Strauss, 16.7.1905, in: BRS, S. 51.

214 Newman: Kontroverse mit Shaw, in: *Shaw's music*, Bd. 3, S. 648.

215 Newman: Kontroverse mit Shaw, in: *Shaw's music*, Bd. 3, S. 598.

216 Shaw: Kontroverse mit Newman, in: *Shaw's music*, Bd. 3, S. 607.

# X
## Im Schatten der Katastrophe

1  Strauss: Brief an Hofmannsthal, 15.5.1911, in: BHS, S.115.

2  Strauss: Brief an den Sohn Franz, 22.11.1915, in: B, S.215.

3  Hofmannsthal: Brief an Strauss, Rodaun 6.2.1915, in: BSH, S.296.

4  Rolland: Brief an Elsa Wolff, Paris 12.11.1906, in: Rolland: *Fräulein Elsa*, Paris 1964, S.92.

5  Strauss: Tagebuch 1911, zitiert nach: BMS, S.210f.

6  Vgl. Messmer: »Eine Alpensinfonie« op. 64 von Richard Strauss, in: »Das Orchester«, November 1984, S.941ff.

7  Strauss: Josephslegende, in: BUE, S.243f.

8  Strauss: Brief an Gerty von Hofmannsthal, Garmisch 22.8.1914, in: BHS, S.288.

9  Strauss: Brief an Hofmannsthal, Garmisch 31.7.1914, in: BHS, S.287.

10  Strauss: Brief an seinen Sohn Franz, 22.11.1915, in: B, S.215.

11  Strauss: Notiz, 1947, in: Wilhelm: *Strauss*, S.202.

12  Strauss: Brief an Hofmannsthal, 8.10.1914, in: B, S.289.

13  Strauss: Brief an Hofmannsthal, 16.1.1915, in: B, S.293f.

14  Strauss: Brief an Hofmannsthal, Berlin, Februar 1915, in: BHS, S.298.

15  Hofmannsthal: *Krieg und Kultur*, 1915, H, *Reden und Aufsätze II*, S.418f.

16  Romain Rolland: *Den hingeschlachteten Völkern*, 1916, Übersetzung von Stefan Zweig: Zürich 1918, S.6.

17  Rolland: *Journal des Années de Guerre, 1914–1919*, Paris 1952, S.34.

18  Rolland: ebd., S.531.

19  Strauss: Brief an Hofmannsthal, Berlin Februar 1915, in: BHS, S.298.

20  Thomas Mann: *Betrachtungen eines Unpolitischen*, 1918, Frankfurt 1993, S.103.

21  Ebd. S.105f.

22  Apollinaire: *Parade*, Manifest.

23  Hans Pfitzner: *Futuristengefahr*, Leipzig ²1918.

24  Paul Bekker: *Kritische Zeitbilder*, Berlin 1921, S.126.

25  Ebd. S.127.

26  Strauss: Brief an Hofmannsthal, Garmisch 16.7.1914, in: BHS, S.283.

27  Strauss: Brief an Hofmannsthal, Garmisch, 16.8.1916, in: BHS, S.358.

28  Hofmannsthal: Die Handlung, in: H, *Die Operndichtungen* S.382.

29  Hofmannsthal: Brief an Strauss, Rodaun 20.3.1911, in: BHS, S.112f.

30  Hofmannsthal: Frau ohne Schatten, in: H, *Operndichtungen*, S.321.

31  Michael Kennedy: Die Frau ohne Schatten – Werkeinführung.

32  Lotte Lehmann: *Singing with Strauss*, London 1964, S.25f.

33  Hofmannsthal: Die Handlung, in: H, *Operndichtungen*, S.381.

34  Hofmannsthal: Die Frau ohne Schatten, in: H, *Operndichtungen*, S.311.

35  Hofmannsthal: Die Frau ohne Schatten, in: H, *Operndichtungen*, S.317.

36  Hofmannsthal: *Preusse und Österreicher*, in: H, *Reden und Aufsätze II*, S.459ff.

37  Heinrich Mann: *Ein Zeitalter wird besichtigt*, 1945, Frankfurt 1988, S.354ff.

38  Vgl. Julius Kapp: *Richard Strauß und die Berliner Oper*, 2. Folge, Berlin 1939, S.25.

39  Hofmannsthal: Brief an Strauss, Rodaun, 1.8.1918, in: BHS, S.416f.

40  Strauss: Brief an Hofmannsthal, Aschau 5.8.1918, in: BHS, S.418ff.

41  Zitiert nach: SW, S.33.

42  Strauss: Erwägungen zum Opernspielplan, 1922, in: BUE, S.45.

43  Zitiert nach: SW, S.34f.

44  SW, S. 41.

45  SW, S. 50.

46  SW, S. 46.

47  SW, S. 52.

48  SW, S. 57.

49  Hofmannsthal: Brief an Strauss, 4.1.1919, in: BHS, S. 435.

50  Strauss: Brief an Schalk, Garmisch 28.9.1921, in: BSS, S. 246.

51  SW, S. 81f.

52  Strauss: Brief an Schalk, Rom 24.2.1924, in: BSS, S. 371.

53  Ernst Decsey: Uraufführungskritik, in: »Die Musik«, 1924, S. 665ff.

54  Vgl. Richard Specht: Uraufführungskritik, »Münchner Neueste Nachrichten« 13.5.1924, in: SK, S. 215.

55  Emil Petschnig: Uraufführungskritik, in: »Neue Zeitschrift für Musik«, 1914, S. 312.

56  Ludwig Karpath: Demission von Strauss, in: Neue Freie Presse, 7.11.1924, zitiert nach: SW, S. 212.

57  Alma Mahler: *Mein Leben*, S. 222f.

58  Vgl. Werner Volke: *Hofmannsthal*, Reinbek 1967, S. 150.

59  Vgl. aao. S. 145.

60  Hofmannsthal: Brief an Josef Redlich, Volke, S. 146.

61  Vgl. Volke, S. 137.

62  Alma Mahler, S. 149.

63  Hofmannsthal: *Die Ägyptische Helena*, in: H, Dramen V, S. 512.

64  Hofmannsthal: *Die Ägyptische Helena*, in: H, Dramen V, S. 499.

65  Hofmannsthal: *Die Ägyptische Helena*, in: H, Dramen V, S. 506.

66  Hofmannsthal: Brief an Carl J. Burckhardt, in: Volke, S. 164.

67  Hofmannsthal: Brief an Strauss, Rodaun 10.7.1929, in: BHS, S. 696.

68  Strauss: Telegramm an Hofmannsthal, 14.7.1929, in: BHS, S. 696.

69  Hofmannsthal: Brief an Carl J. Burckhardt, 14.7.1929, in: Volke, S. 163.

70  Strauss: Brief an Gerty von Hofmannsthal, Garmisch 16.7.1929, in: BHS, S. 698.

71  Hofmannsthal: Brief an Strauss, Rodaun 1.2.1925, in: BHS, S. 535.

# XI
# Der Höhenmensch steigt herab

1 Strauss: Brief an Ludwig Karpath, Berlin 17.11.1918, in: B, S. 232.

2 Strauss: Brief an Pauline, Berlin 6.3.1919, in: B, S. 237.

3 Strauss: Brief an Pauline, Berlin 1.3.1919, in: B, S. 236.

4 Strauss: Brief an Pauline, Berlin 30.4.1919, in: B, S. 238f.

5 Strauss: Brief an Pauline, Berlin 1.5.1919, in: B, S. 240.

6 Stefan Zweig: *Die Welt von Gestern*, 1944, Frankfurt 1992, S. 342.

7 Strauss: Brief an Pauline, Dijon 17.3.1936, in: B, S. 374.

8 Hofmannsthal: *Das Schrifttum als geistiger Raum der Nation*, H, Reden und Aufsätze III, S. 32.

9 Keßler: *Tagebücher 1918–1937*, Frankfurt ⁴1979, S. 563.

10 Willi Schuh an Gerhard Splitt, in: Splitt: *Richard Strauss 1933–1935*, Pfaffenweiler 1987.

11 Strauss: Brief an seinen Sohn, Paris 25.10.1930, in: B, S. 332.

12 Hofmannsthal: Brief an Bodenhausen, Juli 1917, in: Volke: *Hofmannsthal*, S. 153.

13 Zweig: *Die Welt von Gestern*, S. 420.

14 Thomas Mann: *Leiden und Größe Richard Wagners*, in: *Essays* Bd. 3, S. 74.

15 Ebd. S. 99.

16 Ebd. S. 111.

17 Zitiert nach: Jürgen Kolbe: Heller Zauber, S. 402f.

18 Zweig: *Die Welt von Gestern*, S. 408.

19 Zweig: Ebd. S. 413.

20 Strauss: Brief an Zweig, Baden 24.6.1932, in: B, S. 339f.

21 Strauss: Brief an Zweig, Garmisch 24.1.1933, in: B, S. 343.

22 Zweig: *Die Welt von Gestern*, S. 419.

23 Zweig: Ebd. S. 419f.

24 Zweig: Ebd. S. 422.

25 Zweig: Ebd. S. 422f.

26 Strauss: Brief an Winifrid Wagner, Garmisch 23.9.1933, in: B, S. 347.

27 Thomas Mann: *Tagebücher 1933–1935*, S. 15.

28 Zweig: *Die Welt von Gestern*, S. 425.

29 Hermann Hesse: Brief an Ernst Morgenthaler, in: *Musik, Betrachtungen, Gedichte, Rezensionen und Briefe*, hrsg. v. V. Michels, Frankfurt ²1978, S. 187f.

30 Strauss: Brief an Pauline, in B, S. 351.

31 Mann: *Leiden und Größe Richard Wagners*, S. 108.

32 Ebd.

33 Mann: Tagebücher 1933–1935, S. 422.

34 Vgl. Splitt, S. 183.

35 Vgl. Splitt, S. 183.

36 Vgl. Splitt, S. 110f.

37 Vgl. Splitt, S. 204ff.

38 Vgl. Splitt, S. 158f.

39 Vgl. Splitt, S. 159.

40 Mann: *Tagebücher 1933–1935*, S. 587.

41 Strauss: Brief an Zweig, 21.12.1934, zitiert nach: Wilhelm: *Strauss*, S. 344.

42 Strauss: Brief an Bruno von Nissen, Garmisch 11.6.1935, in: B, S. 365.

43 Strauss: Brief an Gerhart Hauptmann, 29.8.1934, in: Splitt, S. 215.

44 Zweig: Brief an Strauss, Wien 23.2.1935, in: B, S. 362f.

45 Strauss: Brief an Pauline, Dresden 13.6.1935, in: B, S. 366f.

46 Strauss: Brief an Zweig, Garmisch 26.2.1935, in: B, S. 363f.

47 Strauss: Brief an Zweig, Dresden 17.6.1935, in: B, S. 368f.

48 Harry Graf Kessler: *Tagebücher*, S. 726.

49 Zweig: *Die Welt von Gestern*, S. 438.

50 Vgl. Splitt, S. 220.

51 Vgl. Splitt, S. 221.

52 Zitiert nach Wilhelm, S. 331.

53 Mann: *Tagebücher* 1933–1935, S. 209.

54 Ebd. S. 408.

55 Alma Mahler: *Mein Leben*, S. 320.

56 Zitiert nach: Fred K. Prieberg: *Musik im NS-Staat*, Frankfurt 1982, S. 212.

57 Vgl. Splitt, S. 142.

58 Vgl. Volke, S. 161.

59 Strauss: Brief an Joseph Gregor, Garmisch 8.1.1935, in: B, S. 358ff.

60 Karl Laux: Uraufführungskritik, »Berliner Tagblatt«, 26.7.1939, in: SK, S. 279f

61 Hans Schnoor: Uraufführungskritik, »Dresdner Anzeiger« 25.7.1938, in: SK, S. 281.

62 Alexander Berrsche: Uraufführungskritik, »Münchener Zeitung«, 25.7.1938, in: SK, S. 280f.

63 Strauss: Brief an Zweig, 31.10.1935, in: Wilhelm: *Fürs Wort brauche ich Hilfe*, München 1988, S. 34.

64 Strauss: Brief an seinen Sohn, Nervi 25.2.1936, in: B, S. 372.

65 Strauss: Brief an Pauline, Dijon 17.3.1936, in: B, S. 375.

66 Strauss: Brief an Pauline, Monte Carlo 5.3.1936, in: B, S. 373.

67 Strauss: Brief an Pauline, Antwerpen 25.3.1936, in: B, S. 376.

68 Zitiert nach: Wilhelm, *Fürs Wort brauche ich Hilfe*, S. 39.

69 Otto Strasser: *Und dafür wird man noch bezahlt*, Wien 1974, S. 182.

70 Strauss: Brief an Alice, Garmisch 28.11.1940, in: B, S. 404f.

71 Gerigk. Uraufführungskritik zu Daphne, »Die Musik« 1938, in: SK, S. 288.

72 Strauss: Brief an Rudolf Moralt, 8.8.1939, in: B, S. 392.

73 Strauss: Brief an Julius Kopsch, 27.12.1940, in: B, S. 406.

74 Franz Strauss: Vorwort zu B, S. X.

75 Vgl. Wilhelm: *Strauss*, S. 391.

76 Werner Egk: *Die Zeit wartet nicht*, München 1981, S. 341ff.

77 Vgl. Wilhelm: *Strauss*, S. 376.

78 Goebbels: *Tagebücher* Bd. 3, S. 963.

79 Ebd. S. 978.

80 Ebd. S. 972.

81 Goebbels: *Tagebücher* Bd. 5, S. 2012f.

82 Strauss: Brief an Christian Strauss, Garmisch 3.3.1944, in: B, S. 419.

83 Strauss: Brief an Walther Thomas, Garmisch 16.10.1944, in: B, S. 428f.

84 Strauss: Brief an Willi Schuh, 8.10.1943.

85 Rudolf Hartmann, in: Wilhelm, S. 386f.

# XII
## »Nun der Tag mich müd gemacht«

1 Strauss: Brief an Wieland Wagner, 18.6.1946, in: B, S. 453.

2 Schönberg: Über Strauss und Furtwängler, in: Hans Heinrich Stuckenschmidt: *Schönberg*, Zürich 1974, S. 499ff.

3 Hermann Hesse: Brief an Ernst Morgenthaler, 1.2.1946, in: Hesse: *Musik*, Frankfurt 1977, S. 188.

4 Hesse: Brief an Ninon Hesse, 3.11.1934, in: Hesse: *Musik*, S. 170.

5 Strauss: Künstlerisches Vermächtnis, Brief an Karl Böhm, 27.4.1945, in: BUE, S. 72ff.

6 Hesse: Brief an Herbert Schulz, 23.6.1957, in: *Musik*, S. 222.

7 Strauss: Brief an Christian Strauss, Montreux 11.11.1947, in: B, S. 466.

8 Alois Melichar: Abschied, in: B, S. 479.

# Abbildungsnachweis

Archiv des Autors: S. 39, 175, 342, 343, 361, 382, 383

Alle übrigen: Richard-Strauss-Archiv, Garmisch (Bereitstellung: Foto Sessner, Dachau)

# Personen- und Werkregister

# Z